ERNST CASSIRER

Zur Metaphysik der symbolischen Formen

Herausgegeben von

John Michael Krois

unter Mitwirkung von

Anne Appelbaum, Rainer A. Bast, Klaus Christian Köhnke und Oswald Schwemmer

FELIX MEINER VERLAG
HAMBURG

PHILOSOPHISCHE BIBLIOTHEK BAND 775

Dieser Band ist text- und seitenidentisch mit Band 1 der Ausgabe
»Ernst Cassirer: Nachgelassene Manuskripte und Texte (ECN)«,
Hamburg 1995.

Bibliographische Information der Deutschen Nationalbibliothek
Die Deutsche Nationalbibliothek verzeichnet diese Publikation in der Deutschen Nationalbibliographie; detaillierte bibliographische Daten sind im Internet abrufbar über ‹https://portal.dnb.de›.

ISBN 978-3-7873-4578-6
ISBN eBook: 978-3-7873-4579-3

www.meiner.de

 Druck und Bindung: Beltz Grafische Betriebe, Bad Langensalza. Gedruckt auf alterungsbeständigem Werkdruckpapier, hergestellt aus 100 % chlorfrei gebleichtem Zellstoff. Printed in Germany.

INHALT

BEILAGE

ANHANG

VORWORT DES HERAUSGEBERS

Als 1929 der Dritte Teil *(= Band 3) von Ernst Cassirers* Philosophie der symbolischen Formen, *die* Phänomenologie der Erkenntnis, *erschien, waren damit nicht alle, für diesen Band verfaßten Texte publiziert. Der für diesen Band geschriebene* Schlußabschnitt *fand keinen Platz mehr darin. In der* Vorrede *zu diesem Band berichtet Cassirer, daß er den Plan zu einem* Schlußabschnitt *aufgegeben habe, weil er zu umfangreich wurde und sachlich mit dem dritten Band nicht mehr zusammenpaßte. Dieser* Schlußabschnitt, *von Cassirer* Zur Metaphysik der symbolischen Formen *betitelt, ist mit anderen Texten zu diesem Thema im Konvolut 184 des Cassirer-Nachlasses aufbewahrt. Konvolut 184 enthält neben den nie verwendeten Texten für den genannten* Schlußabschnitt *(184b) auch andere Entwürfe zur Metaphysik der symbolischen Formen aus etwa der gleichen Zeit (184a, von Cassirer betitelt:* Symbolische Formen. Zu Band IV.*) sowie spätere Texte zum Thema (184c, von Cassirer betitelt:* Basisphänomene*). Im Nachlaß finden sich einige Querverweise, in denen Cassirer auf diese Texte mit der Bezeichnung* Phil. d. s. F. IV *Bezug nimmt. Die Texte und Entwürfe im Konvolut 184 hätten gegebenenfalls in einem vierten Band der* Philosophie der symbolischen Formen *Verwendung finden können. Dennoch ist die Zugehörigkeit der Texte in 184c (über* Basisphänomene*) zu den anderen Texten nicht eindeutig. Mit den Überschriften im vorliegenden Band wird deshalb deutlich gemacht, daß es sich hier um verschiedene Texte aus einem Konvolut handelt. Ihre Beschaffenheit rechtfertigt weder eine getrennte Publikation noch die Behandlung als Teile eines einzigen Werkes. Die* Editorischen Hinweise *(s. S. 279) erläutern dies sowie die Gründe für die Reihenfolge ihrer Präsentation in diesem Band.*

Was spricht für die Vermutung, daß Cassirer einen weiteren, vierten Band seines Hauptwerks hat schreiben wollen? Die Antwort ist aus den hier publizierten Texten und Entwürfen selbst zu ersehen. Diese enthalten Entwürfe und Ausarbeitungen zu der im dritten Band (S. IX) angekündigten Kritik der zeitgenössischen Philosophie, wobei Cassirer über die in seinem Aufsatz "Geist" und "Leben" in der Philosophie der Gegenwart *(1930) behandelte Thematik weit hinausgeht. Zugleich erfährt Cassirers Darstellung seiner eigenen Philosophie hier eine Vertiefung: mit der Lehre von den* Basisphänomenen *versucht er, der 'Philosophie der symbolischen Formen' den Rahmen und den Mittelpunkt zu geben, den sie bis dahin – selbst im systematischen dritten Band – nur ansatzweise erhalten hatte. Cassirer gebraucht in den drei publizierten Bänden der* Philosophie der symbolischen Formen *zwar wiederholt Goethes Begriff des* Urphänomens, *ohne aber diesen Gebrauch zu begründen oder näher zu erörtern. Diese ausgebliebene Erklärung erfolgt hier in den Ausführungen zu den* Basisphänomenen.

Warum hat Cassirer den wohl ins Auge gefaßten, aber nicht gediehenen Band 4 nicht fertiggestellt? Die Erklärung liegt vielleicht in den Umständen, unter denen Cassirer gearbeitet hat. Noch am 13. Februar 1928 teilte er seinem Vetter Kurt Goldstein brieflich mit, er hoffe, Band 3 der Philosophie der symbolischen Formen *in den kommenden Ferien zu beenden. Den Abschluß des Textes* Zur Metaphysik der symbolischen Formen *datiert Cassirer mit dem 28. April 1928; Band 3 der* Philosophie der symbolischen Formen *erschien 1929 ohne diesen* Schlußabschnitt. *Von November 1929 bis November 1930 war Cassirer Rektor der Universität Hamburg; im darauffolgenden Forschungssemester arbeitete er vorwiegend in der Pariser* Bibliothéque Nationale *an der 1932 veröffentlichten* Philosophie der Aufklärung. *Die sich zuspitzenden Zeitumstände bis zum 30. Januar 1933 sowie Cassirers Emigration schon im Mai desselben Jahres haben wohl anderes in den Vordergrund treten lassen. Vier Querverweise in Konvolut 119 auf* Phil.d.s.F. IV *zeigen, daß Cassirer sich im Wintersemester 1939 und Sommersemester 1940 auf das Projekt eines Bandes 4 der* PsF *bezog. Als Cassirer und seine Frau am 20. Mai 1941 in die Vereinigten Staaten übersiedelten, lagen Entwürfe für dieses Projekt sowie weitere große und kleinere zur Veröffentlichung bestimmte Texte in einem ähnlichen oder noch fortgeschritteneren Stadium vor. Wegen der Risiken der Überfahrt ließ Cassirer viele seiner Manuskripte bei seinem Sohn Georg in Göteborg in der Erwartung zurück, später wiederzukehren. In den USA hat er deshalb in den knapp vier Jahren bis zu seinem Tod am 13. April 1945 die Arbeit an keinem seiner deutschsprachigen Texte wieder aufnehmen können. Auch gab es, als Cassirer 1941 nach Amerika kam, dort – wie in Schweden – kaum Chancen für die Veröffentlichung philosophischer Texte in deutscher Sprache. Hinzu kommt, daß in Amerika verschiedene andere, umfangreiche Schriften, die er in englischer Sprache verfaßte, seine Zeit beanspruchten. Sein deutschsprachiges Oeuvre konnte er nicht zu Ende bringen.*

Wenngleich ein Band 4 der Philosophie der symbolischen Formen *nicht realisiert wurde, dokumentieren die hier vorgelegten Texte und Materialien Cassirers Versuche, auch nach der Veröffentlichung des dritten Bandes seine philosophischen Grundideen weiterzuentwickeln.*

Näheres zum Inhalt des Textes und zu seiner Gestaltung ist im Anhang – in den Editorischen Hinweisen *und im Abschnitt* Zur Textgestaltung *– nachzulesen.*

Der Herausgeber ist der Yale University Press *als Eigentümer des Cassirer-Nachlasses und Rechtsinhaber von Cassirers Werk, seinem Direktor, Herrn John Ryden, sowie der früheren Lektorin für Philosophie, Jeanne Fer-*

ris zu mehrfachem Dank verpflichtet. Besondere Anerkennung gebührt Herrn Manfred Meiner vom Felix Meiner Verlag. In diesem Zusammenhang danke ich für vielfache Hilfe Herrn Prof. Dr. Yehuda Elkana von Tel Aviv University, *Prof. Dr. Enno Rudolph,* Forschungsstätte der Evangelischen Studiengemeinschaft, Heidelberg *und Prof. Dr. Donald Verene,* Emory University. *Vincent Giroud, Curator of Modern Manuscripts an der* Yale Beinecke Rare Book and Manuscript Library, *gewährte bei der Benutzung der Cassirer-Manuskripte immer wieder großzügige Hilfe. Stellvertretend für das Entgegenkommen aller Mitarbeiter in der* Beinecke Library *und für ihren besonderen Einsatz danke ich Frau Lori Misura. Frau Sabine Schmidt diente als wissenschaftliche Hilfskraft mit Sorgfalt der Arbeit an dem Band. Für Vorschläge und redaktionelle Mitarbeit danke ich Herrn Dr. Willfried Geßner, Berlin, und Frau Christiane D. Schmitz, Bonn. Besonderen Dank richtet der Herausgeber an Frau Anne Appelbaum (New York), Ernst Cassirers Tochter, für ihre vielfache freundschaftliche Hilfe.*

Für Hinweise und Hilfe dankt der Herausgeber außerdem: Prof. Dr. John Bacon (Sydney), Docent Dr. Peter Cassirer (Göteborg), Dr. Patricia Cook (Baltimore), Dr. Gérard Dubrulle (Düsseldorf), Prof. Dr. Michael Friedman (Chicago), Prof. Dr. Thomas Gelzer (Bern), Prof. Dr. Norbert Henrichs (Düsseldorf), Prof. Dr. Sabine Jordan (Laramie), Prof. Dr. Raymond Klibansky (Oxford), Dr. Eric Krakauer (New Haven), Eckart Krause (Hamburg), Prof. Dr. Paul Oskar Kristeller (New York), Hannelore Krois (Berlin), Prof. Dr. Donald Livingston (Atlanta), Prof. Dr. Rudolf A. Makkreel (Atlanta), Prof. Dr. Nicholas Mann (London), Prof. Dr. Ruth B. Marcus (New Haven), Prof. Dr. Sigrid Mayer (Laramie), Claudia Naber (Berlin), Prof. Dr. Friedhelm Nicolin (Düsseldorf), Prof. Dr. Carl Page (Atlanta), Prof. Dr. Carlo Pedretti (Los Angeles), Prof. Dr. Thomas Ryckman (Evanston), Prof. Dr. Claes G. Ryn (Washington, D.C.), Dr. Jean Seidengart (Paris), Prof. Dr. Karl Schuhmann (Utrecht), Margaret Wind (Oxford), Prof. Dr. Manfred Windfuhr (Düsseldorf), Dr. Christoph von Wolzogen (Frankfurt).

Mit finanzieller Unterstützung des Yale Cassirer Committee *wurde die erste Transkription der Texte erstellt und ihre Korrektur ermöglicht. Ein Forschungsstipendium der* Gerda-Henkel-Stiftung, *Düsseldorf, hat die Vervollständigung des Apparats ermöglicht. Entscheidende Arbeit konnte während eines Aufenthalts 1992 am* Wissenschaftskolleg zu Berlin *geleistet werden. Für ihre Bereitschaft, diese Ausgabe zu unterstützen, danke ich den Mitgliedern des philosophischen Instituts der* Humboldt-Universität zu Berlin, *vertreten durch ihren Geschäftsführer, Herrn Prof. Dr. Volker Gerhardt. Die Herausgabe des Cassirer Nachlasses sowie die Fertigstellung des vorliegenden Bandes erfolgt mit Unterstützung der* Deutschen Forschungsgemeinschaft.

John Michael Krois

ZUR METAPHYSIK DER SYMBOLISCHEN FORMEN

[Konvolut 184b – 1928]

ZUR METAPHYSIK DER SYMBOLISCHEN FORMEN

Erstes Kapitel
'Geist' und 'Leben'

Wenn wir am Ende des langen Weges,[1] den unsere Betrachtung durchmessen hat, den Blick rückwärts wenden, um die mannigfachen Aspekte, die sich uns in seinen verschiedenen Stadien dargeboten haben, mit einander zu vergleichen und in eins zu fassen, so stösst schon der Versuch einer solchen Vereinigung auf eine Schwierigkeit, die durch das Problem und die Methode unserer Untersuchung selber bedingt ist. Denn eben dies war die Einsicht, die sich uns im Verlauf der Untersuchung immer stärker aufdrängte, daß das eigentümliche Sinn-Ganze, das wir als unsere theoretische »Welt« zu bezeichnen pflegen, weit grössere Spannungen und Spaltungen in sich schließt, als wir gemeinhin annehmen. Es besitzt keineswegs jene einfache Bestimmtheit und jene durchaus einheitliche gedankliche Fügung, die wir ihm für gewöhnlich zusprechen. Zwar wenn wir die theoretische Welt als Gesamtheit der Welt des Sittlichen oder der Welt der Kunst gegenüberstellen – so erscheint sie in dieser Gegenüberstellung als eine in sich ruhende und in sich völlig geschlossene Form, als eine Eigenheit von unverkennbarem und unvertauschbarem Charakter. Deutlich heben sich hier jene festen Grenzlinien heraus, wie sie mit vollendeter kritischer und analytischer Meisterschaft Kant gezogen hat. Vom Bereich des "Seins" sondert sich scharf und klar das Gebiet des "Sollens": der Welt der "Natur" tritt die Welt der "Freiheit" gegenüber. Und zwischen ihnen steht, auf beide bezogen und doch von ihnen getrennt, das Reich des "Schönen" in seiner spezifischen Wesensart: als ein Selbständiges und Selbst-Bedeutsames. In dieser Drei-Einheit der theoretischen, der praktischen und der aesthetischen Sinngebung enthüllt sich uns der Kosmos der »Vernunft« in seiner Gliederung und Besonderung, wie in seiner Allgemeinheit und in seinem systematischen Zusammenhang. Gemessen an dieser fundamentalen Ordnung, mögen jetzt die Unterschiede der Struktur, wie sie sich innerhalb der einzelnen Hauptgebiete ergeben, als von relativ geringerem Belang erscheinen. Denn so wichtig diese Unterschiede rein inhaltlich betrachtet sind, so scheint doch eine philosophische Betrachtung, die nicht sowohl auf den Inhalt der Welt, als vielmehr auf ihre reine Form geht, von ihnen absehen und über sie hinaussehen zu müssen. Die reine Form des Theoretischen, des Sittlichen und des Aesthetischen kann in sich selbst nicht wiederum gespalten sein. Sie ist wesentlich-Eine: sie besteht in nichts anderem als in dem Walten einer durchgängigen und streng homogenen Gesetzlichkeit, in einem apriorischen Prinzip von strenger Notwendigkeit und Allgemeinheit. Die kritische Analyse weist dieses Prinzip auf – nicht indem sie den vielverschlungen[en] und in ihrer Mannigfaltigkeit unübersehbaren Wegen folgt, die der Geist in seiner Entwicklung nimmt, sondern indem sie lediglich das Ergebnis dieser Entwicklung und ihr jeweils höchstes und reifstes Resultat ins Auge fasst. An ihm und an ihm allein lässt sich der bestimmende Grund für jede einzelne Formwelt sichtbar machen, lassen sich die Kategorien, auf denen sie[A] als den "Bedingungen ihrer Möglichkeit" beruht, feststellen. So hebt der Weg, den die Zergliederung der theoretischen Erkenntnis innerhalb der »Kritik der reinen Vernunft« nimmt, mit der »Erfahrung« an, wobei diese anfangs noch im Sinne der unmittelbaren »Gegebenheit« genommen zu werden scheint – aber er zielt niemals auf diese Gegebenheit als solche, sondern er richtet sich alsbald auf jenen reinen Begriff der Erfahrung, wie er sich uns in der strengen Wissenschaft der Natur, in der mathematischen Naturerkenntnis, darstellt. An ihm wird die allgemeine »Form« der Erfahrung entdeckt, die, rückwärts gewandt, nun auch die vorangehenden Stadien, die Stadien der blossen »Wahrnehmung« oder »Anschauung« erleuchtet, die sie bedeutsam und sinnvoll macht. Erst das Ziel, das sie vorbereiten und auf das sie vorausweisen, giebt ihnen ihren theoretischen Sinn und Gehalt. Das Wesen des Theoretischen tritt nicht in den blossen Vorbereitungs- und Durchgangsstadien, sondern es tritt allein in seinem Ende, in seinem reinen und vollkommenen Ertrag hervor. Dieses Ende erst verleiht dem Theoretischen seine Vollendung und macht sie zugleich erkennbar: erst in ihm ist seine Form zum *actus purus* geworden, ist sie zu ihrer eigentlichen und wahrhaften "Wirklichkeit" gediehen.

Aber so notwendig und fruchtbar sich diese Blickrichtung, diese klare und bewusste Konzentration auf das reine »Telos«[B] der theoretischen Erkenntnis auch erweist, so konnte doch die "Philosophie der symbolischen Formen" bei ihr nicht stehen bleiben. Denn ihre Frage geht nicht lediglich auf den einfachen Bestand der Formen, auf das, was sie gewissermassen als statische Grösse sind. Sie betrifft vielmehr jene Dynamik der Sinngebung, in der und durch welche die Bildung und Abgrenzung bestimmter Seins- und Bedeutungssphaeren sich erst vollzieht. Was sie zu verstehen und zu erhellen sucht, ist das Rätsel der Form-Werdung als solcher – ist nicht sowohl eine fertige Bestimmtheit, als vielmehr der Prozess der Bestimmung selbst. Dieser Prozess aber verläuft nicht in einer einzigen, von Anfang an festge-

[A] sie] sie,
[B] »Telos«] »Telos«,

legten Bahn, die von einem bestimmten Anfang zu einem gleichfalls fixen, im voraus determinierten Ende hinführt. Der Gedanke bewegt sich hier nicht in einem fertigen, ihm zubereiteten Strombett, sondern er muss sich seinen Weg erst suchen – er muss sich gewissermassen sein Bett erst selbst graben. Und diese Bewegung des sich selber suchenden Gedankens ist nicht von vornherein auf eine einzige Richtung beschränkt. Vielmehr heben sich in ihr deutlich verschiedene Ansätze, verschiedene Kraftmittelpunkte und verschiedene dynamische Tendenzen heraus. Solche Tendenzen, solche Grundtypen nicht sowohl der »Welt« als vielmehr des theoretischen Verhaltens zur Welt waren es, die wir in der Sprache, im Mythos und schliesslich in der Form der wissenschaftlichen Erkenntnis aufzuweisen und die wir scharf gegen einander abzugrenzen suchten. Jede dieser Verhaltungsweisen musste nach ihrem eigenen ursprünglichen Prinzip gedeutet, musste nach den ihr eigentümlichen "Kategorien" befragt werden. Jetzt aber, nachdem diese Sonderung der einzelnen Wegrichtungen erfolgt ist, nachdem die phaenomenologische Analyse die Urform des sprachlichen, des mythischen[,] des wissenschaftlichen Denkens herauszustellen gesucht hat, scheint um so dringender und gebieterischer die Synthese wieder ihr Recht zu fordern. Die Analyse musste vorwiegend und einseitig auf die Erkenntnis der Differenzen gerichtet sein – aber sollten nicht gleichwohl eben diese Differenzen selbst wieder auf ein übergreifendes Ganze hinweisen, das sie, als Momente, umfasst und mit einander verknüpft? Sicherlich wird diese Verknüpfung nicht als blosse Angleichung verstanden werden dürfen, in der die charakteristischen Formprinzipien, wie sie sich uns im Aufbau des Mythos, der Sprache, der theoretischen Erkenntnis ergeben haben, sich wieder verwischen und nivellieren würden. An dem Unterschied der »Niveauflächen« als solchem muss vielmehr unbedingt und ohne Einschränkung festgehalten werden – aber gerade an ihm erhebt sich jetzt die Frage, ob er lediglich als Faktum hinzunehmen ist oder ob er sich selbst verständlich machen, ob er sich seinem Sinn und seiner geistigen Notwendigkeit nach begreifen lässt. Und es scheint als wenn diese Frage in dem Augenblick, in dem sie scharf und klar gestellt wird, auch schon beantwortet wäre. Denn nach der umfassenden Gattung, nach dem *»genus proximum«*, das die von uns aufgewiesenen spezifischen Differenzen umgreift und das sie wechselseitig bestimmt, brauchen wir – so scheint es – nicht lange zu suchen. Besitzen wir dieses Genus doch in jener Schicht des Erlebens, die sich von den abstrakten Trennungen der Reflexion, wie sie die fortschreitende Differenzierung der Kulturgebiete erfordert und mit sich bringt, noch relativ frei hält, und die sich ihnen gegenüber auch weiterhin als eine ungeschiedene Einheit, als die Einheit des "natürlichen Weltbildes" behauptet. Befragen wir dieses natürliche Weltbild, so finden wir in ihm die Fülle all der Motive wieder, die wir in der Gestaltung der

Sprache, des Mythos, der Erkenntnis wirksam sahen, – aber diese Fülle erscheint hier noch nicht zerlegt und gespalten. Sie giebt sich uns als ein gleichsam einhelliger und einfacher Lichtstrahl, der sich noch nicht in verschiedenen Medien des Sinnes gebrochen hat. Wir haben in den vorangehenden Betrachtungen[2] die geistige Dimension des "Ausdrucks" von der der "Darstellung" und von der der "Bedeutung" gesondert – und wir haben diese Dreiteilung als eine Art ideellen Bezugssystems benutzt, an dem sich die Eigenart der mythischen Form, der Sprachform, der reinen Erkenntnisform feststellen und gewissermassen ablesen liess. Das "natürliche Weltbild" erstreckt sich in alle diese Dimensionen[,] und es lebt und webt in ihnen, – ohne sie jedoch bewusst von einander zu trennen, ohne sie, *als* verschiedene, zu »haben«. Es ist erfüllt und durchdrungen von der symbolischen Funktion des Ausdrucks, wie von der der Darstellung und Bedeutung. Aber jene Gliederung und Abteilung, jenes "Eins, Zwei, Drei",[3] das der *Philosoph* an den Inbegriff dieser Funktionen, an dieses lebendige Gewebe des Geistes heranbringt, ist ihm selbst durchaus fremd. Es ist in sich ganz und geschlossen[,] und es ist in sich lebendig nur dadurch, daß hier Ein Tritt tausend Fäden regt und daß alle diese Fäden ungesehen fließen.[4] Statt des Diskretum der Formen, die der Gedanke nachträglich unterscheidet, herrscht hier ein ununterbrochenes Herüber und Hinüber, ein stetiger absatzloser Übergang von einem Extrem zum andern. Anaxagoras hat von den Gebilden der Natur gesagt, daß jedes von ihnen eine "Panspermie",[5] sei[,] d. h. daß sie sich nicht aus einzelnen, von einander abgesonderten Elementen zusammensetzen, sondern daß jede physische Ganzheit die Keime und Samen von *allen* Elementen in sich schliesst. Was hier von dem Bau der Natur, von der Gestaltung der Physis behauptet wird, das gilt in einem radikaleren und tieferen Sinne von den geistigen Gestaltungen. Wir dürfen ihre Trennungen und ihre inneren Unterschiede nicht derart denken, daß die einzelnen Gestalten, gemäss dem charakteristischen und praegnanten Vergleich des Anaxagoras, "wie mit dem Beil von einander abgehackt"[6] erscheinen. Die eigentliche, die "konkrete" Wirklichkeit des Geistes besteht vielmehr eben darin, daß alle seine verschiedenen Grundmomente in einander eingreifen und in einander verwachsen – daß sie im eigentlichen Sinne "konkreszieren". Es scheint demnach, als brauchten wir nur wieder auf diese ursprüngliche Grundeinheit, auf diese urtümliche Konkretion des Erlebens zurückgreifen, damit all die "künstlichen" Scheidungen der Reflexion sich wieder aufheben, – damit sich uns, über alle diese Scheidungen hinweg, die wesenhafte Ganzheit des Geistigen erschliesst. Wenn die Welt der Kultur, ihrem *objektiven* Sinn und Gehalt nach, sich immer deutlicher in selbständige "Schichten" zerlegt und wenn diese Schichten sich gegenseitig zuletzt mehr und mehr zu entfremden drohen, so ist doch dieser Zerklüftung und Entfremdung von Anfang an nach der entgegengesetzten, nach der "subjektiven" Seite hin, eine ganz bestimmte Grenze gesetzt. Denn all diese verschiedenen Formen und Richtungen der Kultur begegnen und durchdringen sich doch immer wieder in der schöpferischen Subjektivität selbst. In der Art, in der sich die objektiven Gebilde aus dieser letzteren entfalten, in der sie sich aus ihr losringen und sich ihr gegenüberstellen, besitzen sie eine innere Gemeinsamkeit, die sie nicht aufgeben oder verleugnen können, so weit sie auch in ihren Zielen auseinandergehen mögen. Selbst die[A] freiesten, die eigentlich autonomen Taten des Geistes haben in all der Selbstherrlichkeit, mit der sie sich gegenübertreten, hier noch ihre natürliche Bindung und Verbindung. So weit sie, vom Standpunkt der reinen »Idee«, vom Standpunkt der objektiven Bedeutung, von einander entfernt scheinen, rückt doch das derart Auseinanderstrebende wieder zusammen, wenn wir es gewissermassen perspektivisch unter dem Blickpunkt der Subjektivität betrachten. So scheint etwa das Weltbild des Mythos mit dem der Wissenschaft in keinem Zuge vergleichbar zu sein – und doch verschlingen sich Mythos und Wissenschaft, wenn man beide als Taten des menschlichen Geistes versteht, in eigentümlicher Weise in einander. Sie sind gerade in ihrem äussersten Gegensatz noch Entfaltungen und Ausprägungen jenes Wesens der "Menschheit", das wir nicht anders als ein solches *ἓν διαφερόμενον ἑαυτῷ*, denken und bestimmen können. Die Einheit, die die fertigen Produkte uns versagen, scheinen wir daher unmittelbar zurückzugewinnen, wenn wir statt ihrer selbst vielmehr die Art ihres Produzierens, ihres Hervorgehens ins Auge fassen.[B] Es ist dieses Hervorgehen, es ist gewissermassen der Akt des Sich-Losreissens von dem einfachen Natur- und Lebensgrund, in dem sich das Wesen des menschlichen Geistes und sein in allen Gegensätzen mit sich selbst identisches Sein am deutlichsten bezeugt. Die divergierenden Strahlen treffen sich wieder, sobald man sie auf diesen Focus, auf diesen Brennpunkt der Subjektivität bezieht und sie in ihm sich sammeln lässt.

Und doch handelt es sich in der Lösung, die sich uns hier anzubieten scheint, in Wahrheit nur um einen neuen Ausdruck und um einen neuen Ansatz des Problems. Denn wenn wir die objektive Gegensätzlichkeit der "Formen" in der Einheit des "Lebens" aufgehen lassen, so ist damit die Dialektik nicht beseitigt, sondern sie ist vielmehr nur in den Begriff des Lebens selbst zurückverlegt. Eben diese Dialektik ist es, auf die sich die Metaphysik des neunzehnten und des beginnenden zwanzigsten Jahrhunderts immer wieder hingeführt gesehen hat, und mit der sie, mit immer neuen Begriffsmitteln, gerungen hat. Der Gegensatz von »Leben« und »Geist« steht

[A] die] der
[B] fassen] fasst

im Mittelpunkt dieser Metaphysik: er erweist sich als so bestimmend und als so entscheidend, daß er allmählich alle anderen metaphysischen Begriffspaare, die im Verlauf der Geschichte der Metaphysik geprägt worden waren, in sich aufzunehmen und sie damit zum Verschwinden zu bringen scheint. Die Gegensätze von »Sein« und »Werden«, von »Einheit« und »Vielheit«, von »Stoff« und »Form«[,] von »Seele« und »Leib« – sie alle erscheinen jetzt gewissermassen aufgelöst in jene Eine, schlechthin grundlegende Antithese. In sie münden von allen Seiten her Problemreihen von ganz verschiedenem Ursprung und ganz verschiedenem Typus ein. Wie durch geheime unterirdische Kräfte werden die mannigfachsten und auf den ersten Blick divergentesten gedanklichen Ansätze immer wieder auf dieses eine metaphysische Zentrum hingelenkt. Hier, in diesem Einheitspunkt, begegnet sich die Philosophie der Natur mit der der Geschichte; hier durchdringt sich die Ethik und Wertlehre mit der Erkenntnislehre und der allgemeinen Wissenschaftslehre. Denker von so durchaus verschiedener Geistesart und von so verschiedener geistiger Herkunft wie Nietzsche und Bergson,$_{8}$ wie Dilthey$_{9}$ und Simmel$_{10}$ greifen in diese Bewegung der Umprägung des metaphysischen Grundgegensatzes ein. Man verkennt und missversteht diese Entwicklung, man macht sich blind gegen ihren Ursprung und gegen ihren eigentlichen geistigen Gehalt, wenn man sie als blosse "Modeströmung" abtun zu können vermeint.[1] Denn wie immer man über ihren endgültigen systematischen *Ertrag* urteilen mag: es ist unverkennbar, daß ihre *Motive* in einer Grund- und Urschicht des modernen Lebensgefühls und des spezifisch-modernen Kulturgefühls wurzeln. Es ist eine innere Spannung, eine polare Gegensätzlichkeit dieses Lebens- und Kulturgefühls selbst, die hier zum Ausdruck drängt. Von allen Denkern, die in dieser Bewegung stehen, hat vielleicht keiner diesen ihren Ursprung so stark empfunden und ihn sich so klar zum Bewusstsein gebracht, als es Simmel getan hat. Es entspricht Simmels geistiger Eigenart und seinem Streben nach der letzten dialektischen Zurüstung und Zuspitzung der Probleme, daß er nicht eher ruht, als bis er die gefühlte Polarität in eine rein gedachte verwandelt, bis er sie auf ihre einfachste logische *Formel* gebracht hat. Eine solche Formel wird freilich den metaphysischen Grundgegensatz, auf den sie hinzielt, nicht *lösen*, sie wird ihn nur von einer bestimmten Seite her *bezeichnen* und aussprechen können. Und diese Bezeichnung selbst kann in nichts anderem als in einer logischen Paradoxie bestehen. Als eine solche Paradoxie, als ein gedankliches Oxymoron hat Simmel den Begriff der "Transzendenz des Lebens" geprägt. Das Leben als solches scheint nichts anderes als reines Innen-Sein zu bedeuten; ja es

[1] Rickert,$_{11}$ Die Philosophie des Lebens. Darstellung und Kritik der philosophischen Modeströmungen unserer Zeit. Tübingen 1920.

scheint in seinem Grundcharakter durch eben dieses In-Sich-Sein und In-Sich-Verbleiben bestimmt zu sein. Was immer es aus seiner eigenen Fülle und Bewegtheit hervorgehen lässt, das bleibt doch zugleich in dieser ewig quellenden Fülle beschlossen: es hat seinen Gehalt und seine Bedeutung nur als Moment des Lebensprozesses selbst, nicht als ein Etwas, das ihm gegenübersteht oder das irgendwie von aussen zu ihm hinzukommt. Von dem Seinsbegriff der älteren Metaphysik und von ihrer "Ontologie" unterscheidet sich der Lebensbegriff in eben diesem Grundzuge: er kennt keine Substantialität als diejenige, die in der reinen Aktualität besteht und aufgeht. Und doch ist diese "Immanenz" des Lebens nur eines seiner Momente, das mit einem anderen diametral-entgegengesetzten behaftet und unlöslich mit ihm verknüpft erscheint. Denn so wenig das Leben je aus seiner Gestalt heraustreten kann, weil eben dieses Heraustreten selbst noch sein Werk und seine eigene Tat bleibt – so wenig kann es jemals in einer seiner Gestalten oder in irgend einer als abschliessbar gedachten Gesamtheit derselben aufgehen. Der Gedanke, daß es rein in sich selbst je zu seinem Ziel gelangt wäre, in dem es nunmehr feststehen und ausruhen könnte, – dieser Gedanke ist nicht minder unvollziehbar, wie der andere, daß das Ziel, daß das Telos seiner Bewegung, prinzipiell ausserhalb seiner selbst steht. Vielmehr ist es das Hin- und Hergetriebenwerden selber, ist es die Oszillation zwischen zwei extremen Phasen, worin die eigentliche Bewegtheit des Lebens besteht. Es ist niemals anders bei sich selbst als dadurch, daß es zugleich über sich hinaus ist. Der eigentümliche und einzigartige Akt des Aufbauens und Durchbrechens seiner Schranken bildet den Charakter jener Absolutheit, die wir ihm zusprechen dürfen. Sofern sich »Leben« überhaupt definieren lässt, hat es daher stets zwei einander ergänzende Definitionen. "Daß das Leben["] – so fasst Simmel seine Grundthese zusammen – ["]absatzloses Fliessen ist und zugleich ein in seinen Trägern und Inhalten Geschlossenes, um Mittelpunkte Geformtes, Individualisiertes, und deshalb, in der anderen Richtung gesehen, eine immer begrenzte Gestaltung, die ihre Begrenztheit dauernd überschreitet – das $_{12}$ ist seine wesensbildende Konstitution["]. Das Wesen des konkret erfüllten Lebens ["]ist (nicht etwas[,] was zu seinem Sein hinzukäme, sondern sein Sein ausmachend): daß ihm die Transzendenz immanent ist".[1] $_{13}$

Und in dieser seiner inneren und notwendigen Dualität erscheint damit das Leben nicht nur als das ursprüngliche Quellgebiet des Geistes, sondern auch als dessen Urbild und Prototyp. Denn dieselbe Doppelheit ist es, die sich im Sein des Geistes in einer neuen gesteigerten Gestalt darstellt[.] Die Steigerung, die Potenzierung besteht darin, daß der Geist diese Dop-

[1] Simmel, Die Transzendenz des Lebens (Lebensanschauung. Vier metaphysische Kapitel, München u. Lpz. 1918), S. 1 ff.

pelheit nicht nur, als einen Bestand seiner selbst, in sich h a t, sondern daß er auch von ihr w e i s s. "Daß wir unser Wissen und Nichtwissen selbst wissen und so fort in das potentiell Endlose – dies ist die eigentliche Unendlichkeit der Lebensbewegung auf der Stufe des Geistes. Hiermit ist jede Schranke überschritten, aber freilich nur dadurch, daß sie gesetzt ist, daß also etwas zu überschreiten da ist. Mit dieser Bewegung in der[A] Transzendenz seiner selbst erst zeigt sich der Geist als das schlechthin Lebendige".[14] Wir verfolgen hier nicht die allgemeinen metaphysischen Ausblicke, die Simmel an diese Begriffsbestimmung des Geistigen knüpft – sondern wir fassen sie nur von Seiten unseres eigenen Grundproblems, von Seiten der »Philosophie der symbolischen Formen«, ins Auge. Simmel selbst deutet in diese Richtung, indem[B] er der ursprünglichen Antithese von »Leben« und »Geist« alsbald einen anderen Ausdruck giebt: indem[C] er sie in die Antithese von »Leben« und »Idee« oder von »Leben« und »Form« verwandelt. Abermals erscheint hier das Leben als dasjenige, was in ein und demselben unteilbaren Akt die Form setzt und aufhebt, was sie fordert und negiert, was sie schafft und zerstört. Zwischen dem Lebensprozess und der Form besteht an sich, wenn man beide als weltgestaltende Prinzipien nimmt, ein tiefer Widerspruch. Form ist Grenze, ist somit Besonderung und Abhebung, ist Behauptung irgend eines eigenen Seins-B e s t a n d e s, der als selbständige Einheit sich aus dem stetigen Werden herauslöst. Auf der anderen Seite aber scheint nicht einmal der B e g r i f f einer solchen Absonderung in wirklicher Strenge denkbar zu sein, wenn wir das Werden selbst in seiner Ganzheit und in seiner ungebrochenen Einheit nehmen. Nicht einmal von fortwährender Zerstörung der Formen dürfte hier die Rede sein, weil etwas, das zerstört werden könnte, auf dem Boden der reinen Dynamik des Werdens selber gar nicht zu entstehen vermöchte[.] So scheint sich immer wieder die I n d i v i d u a l i t ä t, die eine notwendige Bedingung jeder geprägten Form ist, der K o n t i n u i t ä t des Lebensstromes, die keine geschlossene Prägung zulässt, entziehen zu müssen. Zwischen Leben und Form, zwischen Kontinuität und Individualität besteht ein unversöhnlicher Gegensatz. Daß die W i r k l i c h k e i t diesen Gegensatz in jedem Augenblick zu überbrücken, daß in ihr das Unbegreifliche g e t a n[15] zu sein scheint: dies bedeutet keine eigentliche A u f l ö s u n g der begrifflichen Antinomie, die hier vorliegt, sondern es drückt sich darin nur die unabweisliche, aber zugleich für unsere Denkmittel nie adaequat erfüllbare F o r d e r u n g einer solchen Lösung aus.[D] Das geistige Leben k a n n sich gar nicht

A der] die
B indem] in dem
C indem] in dem
D aus.] auf.

anders als in irgendwelchen Formen dartun, aber es kann andererseits niemals seine eigene Totalität in die Form hineinlegen und in die Grenze der Form bannen. "Indem es Leben ist, braucht es die Form, und indem es Leben ist, braucht es mehr als die Form. Mit diesem Widerspruch ist das Leben behaftet, daß es nur in Formen unterkommen kann und doch in Formen nicht unterkommen kann ... Daß unsere Vorstellungen und Erkenntnisse, unsere Werte und Urteile mit ihrer Bedeutung, ihrer sachlichen Verständlichkeit und geschichtlichen Wirksamkeit ganz jenseit [16] des schöpferischen Lebens stehen – das gerade ist das Bezeichnende für das Leben. Wie das Transzendieren des Lebens über seine aktuell begrenzende Form hin innerhalb seiner eigenen Ebene das Mehr-Leben ist, das aber doch das unmittelbare, unausweichliche Wesen des Lebens selbst ist, so ist sein Transzendieren in die Ebene der Sachgehalte ... das Mehr-als-Leben, das von ihm völlig unabtrennbar ist, das Wesen des geistigen Lebens selbst."[1] [A]

Geht man von diesen Betrachtungen aus, in denen in der Tat eines der Zentralprobleme der modernen "Philosophie des Lebens" mit musterhafter Praegnanz und Klarheit bezeichnet ist, so wird man zu seiner Überraschung gewahr, daß die moderne Metaphysik sich von der älteren zwar in ihrem Ziele, aber kaum in ihrem Wege, zwar in ihren inhaltlichen Voraussetzungen und Tendenzen, aber kaum in ihrer *Methode* unterscheidet. Denn auch sie geht in der Weise vor, daß sie zunächst bestimmte Gegensätze betrachtet und fixiert, die sich ihr in der Welt der Erfahrung, in der Welt des »Gegebenen«, darbieten, um sodann diese Gegensätze von der Relativierung, von den Schranken, die ihnen im Gebiet des endlichen Daseins anhaften, zu befreien und sie ins Unendliche zu projizieren. Kraft dieser Methode der Projektion wird das Unendliche zu dem Punkte, in dem alle Divergenzen, alle Gegensätze und Widersprüche, wie sie sich im Bereich des Endlichen darbieten, sich lösen sollen, in dem sie sich aber zugleich aufs höchste verdichten. Das letzte unbedingte Sein, zu dem der Gedanke vordringen kann, schließt diese Widersprüche nicht aus, sondern es nimmt sie in sich auf und befasst sie in sich – womit es freilich einen logisch nicht mehr bestimmbaren, einen schlechthin »irrationalen« Charakter erhält. Der moderne Begriff des *Lebens* muß hier, wie unter dem Zwange der metaphysischen *Denkart* selbst, den gleichen Weg gehen, den in der älteren Metaphysik der *Gottesbegriff* gegangen ist. Im Gottesbegriff entwickelt sich aus dem Gedanken der absoluten *Totalität* heraus mit systematischer Notwendigkeit und Folgerichtigkeit der Gedanke der *»coinci-*

[1] Simmel, a. a. O., S. 22 ff.

[A] selbst."] selbst.« *einheitliche Markierung des Zitatendes*

dentia oppositorum«.[17] Gott ist dasjenige Subjekt, das alle Wirklichkeit, das somit alles, was sich in irgend einem besonderen Prädikat aussagen lässt, in sich vereinigen soll: – aber er wird damit zum Zentrum und Angelpunkt auch all der Prädikate, die in der empirischen Sphaere und unter den Gesetzen der logischen Reflexion einander ausschliessen. Von ihm gelten alle Namen, weil und sofern keiner von ihm gilt: die absolute Position und die absolute Negation fallen in ihm in eins zusammen. Durch einen völlig analogen Doppelschritt des Denkens wird auch bei Simmel der Grundbegriff seiner Metaphysik: der Begriff der Absolutheit des Lebens erreicht. Die logische Schwierigkeit von seiten des Satzes der Identität: daß nämlich das Leben zugleich es selbst und nicht es selbst, weil mehr als es selbst sein soll – sie ist, wie er betont, nur Sache des Ausdrucks. In Wahrheit trifft dieser Widerspruch nicht das Sein, nicht die Wirklichkeit des Lebens selbst, sondern nur unser Denken dieser Wirklichkeit, das notwendig trennen und zerschneiden muss, was in ihm in reiner Ungesondertheit, in völliger Indifferenz enthalten ist. "Es ist ... eine nachträgliche Deutung des unmittelbar gelebten Lebens, wenn man es als Einheit von Grenzsetzung und Grenzüberschreitung, von individueller Zentriertheit und Hinausgreifen über die eigene Peripherie bezeichnet, denn gerade an dem Einheitspunkt hat man es hiermit ja zerschnitten. Für den begrifflichen Ausdruck können sich die Beschaffenheit des Lebens in seinem Quantum und Quale und das Jenseits dieses Quantums und Quale gewissermassen in diesem Punkte nur berühren, während das Leben, das sich an ihm befindet, dies Diesseits und Jenseits als reale Einheit in sich schliesst."[18] Zwischen dem "unmittelbar gelebten Leben" und seiner Deutung und Aussprache besteht hier somit genau derselbe Widerstreit, wie er in der "rationalen Theologie" zwischen dem Sein Gottes, das ein reines Jenseits, eine prinzipielle Transzendenz gegen alles Erkennbare sein soll, und dem Denken Gottes besteht. Und doch kann hier wie dort das reine, das absolute Sein auf das Organ seiner Sichtbarkeit, auf das Medium, kraft dessen es nicht nur ist, sondern kraft dessen es sich in sich selbst erfasst, nicht verzichten. Wie immer man auch diese Sichtbarkeit selbst von dem[,] was in ihr sichtig wird, zu unterscheiden sucht: so bleibt doch diese Unterscheidung selbst noch eine Art des Sehens, eine spezifische Form der »Sicht«. Wie auch alle "negative Theologie", in allem Verzicht auf den Logos, noch einen Akt, eine Tat des Logos darstellt – so ist auch der Rückgang in die reine Unmittelbarkeit des Lebens nur durch einen eigentümlichen Akt des "Schauens", der »Intuition« des Lebens, möglich. Und diese Intuition kann nie hinter die Welt der Formen schlechthin zurückgehen, weil sie selbst nichts anderes als eine Weise der Formung ist. Simmels Metaphysik unterscheidet sich von vielen Gestaltungen des modernen »Irrationalismus« eben dadurch, daß sie dieses Grundverhältnis selbst aufs klarste durchschaut hat. So sehr er immer wieder auf der Hinwendung zum Leben besteht, so sehr steht es andererseits für ihn fest, daß diese Hinwendung unlöslich mit dem verknüpft ist, was er als die »Wendung zur Idee« bezeichnet. Sie besteht nach ihm darin, daß dasjenige, was zunächst als reines Erzeugnis des Lebens, was seinem stetigen Lauf eingeordnet und dienend erschien, sich nicht ausschliesslich diesem Zusammenhang verhaftet, sondern mit einem eigenen Sinn, mit einer autonomen Bedeutung begabt erweist. Das Reich der "Idee" erschliesst sich uns und entsteht für uns, indem die Formen und Funktionen, die das Leben um seiner selbst willen, aus seiner eigenen Dynamik hervorgetrieben hat, derart selbständig und definitiv werden, daß umgekehrt das Leben ihnen dient, seine Inhalte in sie einordnet und daß erst diese Einordnung ihnen ihre letzte Wert[-] und Sinnerfüllung giebt. Erst wenn diese Wandlung erfolgt ist, werden die grossen geistigen Kategorien, die zuvor dem Leben gegenüber als etwas Passives, ihm Untertanes und Untergeordnetes erschienen, im eigentlichen Sinne produktiv: ihre sachlich eigenen Formen sind jetzt die Dominanten, die den Lebensstoff in sich aufnehmen und denen er nachgeben muss.[1]

Und hier nun stehen wir an eben jenem Punkt, an dem sich die moderne Lebens-Metaphysik unmittelbar mit unserem eigenen systematischen Grundproblem berührt. Denn was hier als die "Achsendrehung des Lebens"$_{19}$ beschrieben wird: das ist nichts anderes als jene eigentümliche Umkehr, jene geistige Peripetie, die es in sich erfährt, sobald es sich in dem Medium einer "symbolischen Form" erblickt. Die »Wendung zur Idee« erfordert überall diese Wendung zur »symbolischen Form« als Vorbedingung und als notwendigen Durchgangspunkt. Versetzen wir aber einmal die Frage auf d i e s e Ebene, stellen wir nicht einfach die "Unmittelbarkeit" des Lebens und die "Mittelbarkeit" des Denkens und des geistigen Bewusstseins überhaupt als starre Gegenpole gegen einander, sondern fassen wir rein den Prozess ihrer V e r m i t t l u n g ins Auge, wie er sich in der Sprache, im Mythos, in der Erkenntnis vollzieht – so nimmt das Problem alsbald eine andere Gestalt und einen anderen Charakter an. Nicht irgend ein Absolutes jenseit dieser Mitte, sondern allein sie selbst kann uns den Ausweg aus den theoretischen Antinomien gewähren. Je mehr Simmel sich in das reine Abstraktum der "Form" vertieft, um so mehr erscheint ihm dieses Abstraktum, diese Region der selbstbedeutsamen und der absolut selbstherrlichen Idee, als Gegensatz zur Konkretion des Lebensprozesses, zu seiner individuellen Fülle und seiner individuellen Bewegtheit. Indem das Leben in die Allgemeinheit der "Idee" hinausgreift[,] scheint es damit über seine eigene Wirklichkeit hinweggreifen, scheint es gewissermaßen den

[1] Vgl. Simmel, Lebensanschauung, Cap. II: Die Wendung zur Idee, bes. S. 38 f.

Sprung über den eigenen Schatten wagen zu müssen. Aber es ist bezeichnend für die Schranke, die auch diese scheinbar so weit gespannte Betrachtung nicht zu überschreiten vermag, daß sich in diese Beschreibung der »Transzendenz« unvermerkt immer wieder räumliche Analogien einmischen. Es ist[,] als würde das "Diesseits" und "Jenseits", das "In-Sich-Bleiben" und das "Über-Sich-Hinausgehen", das[A] »Innere« des Lebens und seine »Entäusserung« hier[,] trotz aller Kautelen, immer wieder im eigentlichen Wortsinne verstanden. Die Region des Lebens und die der Form erscheinen wie zwei Bezirke des Wirklichen, die sich gegenseitig den Gesamtraum des Seins streitig machen – und deren jede doch andererseits eben diesen Gesamtraum selbst vollständig und lückenlos erfüllen soll. Der Widerstreit, der sich aus dieser Vorstellungsweise ergiebt, wird von Simmel der "Ohnmacht des Begriffs" zugerechnet, der mit seinen Teilungen und Trennungen die ungebrochene und gegensatzlose Einheit des Absoluten nicht zu erfassen vermag[.] Aber sollte es sich hier wirklich um eine Schranke des Denkens überhaupt oder vielleicht nur um eine Schranke eines bestimmten Typus des Denkens handeln? Fällt der Widerspruch den logischen Kategorien als solchen zur Last – oder geht er nicht vielmehr auf eine bestimmte Richtung des räumlichen, des verräumlichenden Denkens zurück? Den rein symbolischen Charakter, den alle seine Beschreibungen und Vergleiche tragen, hat sich Simmel nicht verhehlt – aber darüber hinaus unterliegt seine Darstellung nach Inhalt und Form ständig der Gefahr[,] daß das, was als Symbol gemeint ist, unvermerkt zur Metapher wird und als Metapher wirkt. Die Kluft, die sich damit auftut, ist nicht die zwischen dem Bereich des Metaphysisch-Wirklichen und dem Bereich des »Sinnes« – sondern die zwischen dem »Sinn« in seiner idealen Reinheit und[B] seinem bildlichen und bildhaften Ausdruck. Als eigentlicher Quell der aufgewiesenen Aporien und Antinomien erscheint nicht sowohl die Umsetzung eines metaphysischen Grund- und Urverhältnisses in begriffliche Symbole, als seine Übersetzung in räumliche Schemata. Geht man von dem »Gegenüber«, von Unbegrenztem und Grenze, von Leben und Idee aus, so ist nicht mehr verständlich zu machen, wie beide sich nichtsdestoweniger wechselseitig bestimmen, wie sie zu einander korrelativ werden sollen. Und doch ist eben diese Korrelation das primär-Gewisse und primär-Gegebene, während die Sonderung ein bloss-Nachträgliches, eine Konstruktion des Denkens ist. Die Frage, wie das Leben zur Form, wie die Form zum Leben "gelangt" – diese Frage ist daher freilich unlösbar – aber sie ist es nicht darum, weil zwischen beiden eine unübersteigliche Kluft befestigt ist, sondern weil die Hypostase der »reinen« Form wie die

[A] das] die
[B] und] und dem

Hypostase des »reinen« Lebens bereits einen inneren Widerspruch in sich birgt. So tief wir in das Reich des organischen Werdens hinabsteigen, und so hoch wir uns in das Reich des geistigen Schaffens erheben mögen: wir finden niemals jene beiden Subjekte und gleichsam jene beiden Substanzen, nach deren »Harmonie«, nach deren metaphysischem Zusammenhang hier gefragt wird. Wir treffen so wenig auf ein schlechthin formloses Leben, wie wir auf eine schlechthin leblose Form treffen. Die Trennung, die unser Gedanke zwischen beiden vollzieht, geht daher nicht auf zwei metaphysische Potenzen, deren jede "für sich ist und für sich gedacht werden kann",[20] sondern sie betrifft gewissermassen nur zwei Accente, die wir im Fluss des Werdens setzen. Das Werden ist seinem Wesen nach weder blosses Leben, noch blosse Form, sondern es ist Werden zur Form – *γένεσις εἰς οὐσίαν*[,] wie Platon sagt.[21]

Wird dies schon an der Betrachtung der Kräfte der Natur deutlich, so tritt es vollends klar und unverkennbar an allen echt-geistigen Energien zu Tage. Denn sie alle »sind« nur, indem sie sich betätigen und indem sie in eben dieser Betätigung sich selber gestalten. Das vielleicht reinste Beispiel für diesen Zusammenhang tritt uns im Aufbau der Sprache entgegen. Man pflegt freilich auch hier zwischen dem schöpferischen[,] sprachlichen Prozess als solchem und den in ihm und durch ihn erzeugten Formen zu unterscheiden – und man betrachtet in dieser Unterscheidung die Form, man betrachtet das syntaktische Gefüge und die grammatischen "Kategorien" der Sprache nicht selten gleich einem starren Produkt, das sich der lebendigen Sprachbewegung entgegenstellt und sie beschränkt und hemmt. Aber gerade dieser äusserliche Dualismus wird immer wieder widerlegt, sobald man die Sprache im Humboldtschen Sinne, nicht als Ergon, sondern als Energeia, nicht als bloss Gewordenes, sondern als ein stetig sich Bildendes, fasst.[22] Humboldt hat immer wieder betont, daß die Sprache niemals anders wirklich ist, als in ihrer unmittelbaren Ausübung. Auch was wir ihre bleibende "innere Form" zu nennen pflegen, hat seine eigentliche Aktualität nur in der Mannigfaltigkeit der wechselnden und sich stets erneuernden Akte der Sprachbildung. Diese Akte sind es, in denen »Sprache«, wenn sie mehr als ein blosses Abstraktum sein soll, erst wahrhaft besteht und kraft derer sie immer aufs neue ersteht. Und hierbei geht der einzelne individuelle Sprachakt nicht derart von statten, daß das redende Subjekt nur in eine Welt schlechthin fertiger Formen hineingreift, unter denen[A] es zwar eine Auswahl trifft, die es aber im übrigen als gegebene, als geprägte Münze, hinnehmen muss. Der Sprachakt ist niemals in diesem Sinne ein Akt der blossen Aneignung, sondern er ist, in wie immer bescheidenem Maße, ein schöpferischer Akt: ein Akt der Prägung und Umprägung. Es ist eine

[A] denen] der

durchaus einseitige und unzureichende Vorstellung dieses Aktes, wenn man ihn so ansieht, als würde in ihm das Subjekt durch die schon vorhandene Formwelt auf Schritt und Tritt beschränkt und eingeengt, als müsste es sich gegen sie seinen Weg erkämpfen.[A] Die Form erweist sich hier nicht als solcher Hemmschuh, sondern als ein stets bereites Organ – und zwar als ein Organ, dessen Wert darauf beruht, daß es im höchsten Maße modifizierbar und gestaltbar ist. Hier herrscht also keineswegs jene Antithese, jene unüberbrückbare Kluft zwischen dem[,] was das »Leben« und dem, was die »Form« verlangt, zwischen dem Anspruch der Allgemeinheit und dem der Individualität. Vielmehr ist es ein und derselbe Prozess, ist es der lebendige Vollzug des Sprechens, der Individualität und Allgemeinheit als gleich berechtigte und als gleich notwendige Momente in sich fasst. Das Allgemeine erst baut die Welt des Individuellen, und das Individuelle erst baut die Welt des Allgemeinen auf. Nicht um Trennungen im Sein handelt es sich hierbei, um ein Gegenüber und Auseinander von Regionen, die sich zwar berühren, aber nie mit einander durchdringen können, sondern hier haben wir es mit einem Ineinanderwirken von Kräften, von Bewegungs-Impulsen zu tun. Jeder noch so flüchtige und vorübergehende Gebrauch einer sprachlichen Form ist ein solcher Impuls, der die Welt der Sprachformen nicht in dem Zustand belässt, in dem er sie vorgefunden hat, sondern der auf sie als Ganzes zurückwirkt, der sie, wie immer unmerklich, verändert, und der sie, in dieser Veränderung, für künftige neue Gestaltungen empfänglich macht. Im Verhältnis des »Absoluten« und des »Relativen« ergiebt sich hier also, verglichen mit der traditionellen metaphysischen Grundanschauung, eine völlige Umkehrung. Nach dieser sollen die Gegensätze, die sich im Endlichen nicht vereinen lassen, zum Verschwinden kommen, sobald man sie ins Unendliche projiziert, sobald man von der Sphaere des Bedingten in die des Unbedingten übergeht. Hier aber zeigt sich vielmehr das Gegenteil. Leben und Form, Kontinuität und Individualität klaffen immer wieder auseinander, sobald man beide als Absoluta nimmt, sobald man in ihnen metaphysische Seins-Weisen sieht. Aber die Kluft schliesst sich, wenn man sich statt dessen in den Mittelpunkt des konkreten Prozesses der Formwerdung und in die Dynamik dieses Prozesses versetzt, wenn man das Gegeneinander der beiden Momente als ein Gegeneinander nicht von Seienden, sondern von reinen Funktionen nimmt. Was, vom Sein aus gesehen, als Real-Opposition erschien – das wird zum In- und Miteinander, zu einer Korrelation und Ko-Operation, wenn man es *sub specie* des Tuns, des geistigen Schaffens betrachtet.

Es sind auf jedem Gebiet die eigentlich-produktiven, die im höchsten Sinne schöpferischen Geister, die dieses In- und Mit-Einander aufs stärkste

[A] erkämpfen] erkämpfen müßte

gefühlt haben. Was die Sprache anlangt, so giebt es freilich vielleicht keinen einzigen unter den grossen Sprachschöpfern, der die gegebene Welt der Sprachformen nicht bisweilen als Schranke und Bindung empfunden, der nicht gleich Goethe geklagt hätte, daß er in diesem "schlechtesten Stoff" Leben und Kunst verderben müsse.[23] Aber sie selber sind zugleich der lebendige und der stets erneute Beweis für jene geistige Spontaneität der Sprache, die diese Schranke immer wieder durchbricht. Denn für keinen von ihnen ist die Sprache ein Fertig-Gebildetes, sondern sie erweist sich in ihrer Hand als ein immer wieder Bildsames, als ein der reinen Energie des Bildens unbeschränkt Offenes. Was sie in jedem Augenblick ist, das hängt letzten Endes doch immer wieder von dieser Energie, von dem Ausdruckswillen und der Ausdruckskraft, die hinter ihr steht, ab. Wie Goethe selbst es in einem Jugendgedicht "Sprache" ausspricht, das, verglichen mit jenem venetianischen Epigramm, als dessen Gegenpol und Palenodie erscheint. "Was reich und arm! Was stark und schwach! – Ist reich vergrabener Urne Bauch? – Ist stark das Schwert im Arsenal? – Greif milde drein, und freundlich Glück – Fliesst, Gottheit, von dir aus! Fass an zum Siege, Macht, das Schwert, Und über Nachbarn Ruhm!"[24] Die[A] bildende Kraft der Sprache gleicht nicht einem Strome[,] der an die vorhandenen und gegebenen Sprachformen wie an einen festen Wall anprallt und sich an ihm bricht – sondern sie durchflutet beständig diese Formen selbst und erhält sie innerlich-beweglich. In diesem Prozess wird auch das Festgewordene immer wieder umgeschmolzen, sodaß es sich nicht zum schlechthin-Starren waffnen[25] kann – aber andererseits erhält in ihm auch jeder momentane Antrieb, erhält die Schöpfung des Augenblicks, erst ihre Stetigkeit und Ständigkeit. Diese Schöpfung müsste vergehen,[B] müsste sich gleich einem Hauch der Luft in Nichts auflösen, wenn sie nicht, mitten in ihrem Entstehen und Werden, auf frühere Schöpfungen, auf schon Entstandenes und Gewordenes, träfe. Aber dieses Entstandene ist für sie niemals lediglich "Stoff", sondern[C] es ist Erzeugnis und Bezeugung der gleichen Kräfte, denen sie selbst ihren Ursprung verdankt. So fliesst der einzelne, der zeitlich gebundene Sprachakt in das grosse Strombett der Sprache ein; aber er geht in ihm nicht schlechthin unter. Je stärker vielmehr seine Individualität war, um so mehr wird sie erhalten und um so kräftiger pflanzt sie sich fort, – derart[,] daß der Antrieb, den er enthält, sich nicht in einer momentanen Bildung erschöpft, sondern daß er weiter und weiter wirkt, daß er die Strömung als Ganzes, in ihrer Intensität und in ihrer Richtung, in ihrer Dynamik und Rhythmik, verändert und fortbestimmt. Nur in solchen dynamischen Gleichnissen, nicht in irgend

[A] Die] Der
[B] vergehen] *undeutlich geschrieben, vielleicht als* zergehen *zu lesen*
[C] "Stoff", sondern] "Stoff", hätte – sondern

welchen statischen Bildern lässt sich die Form als werdende Form, als *γένεσις εἰς οὐσίαν*, beschreiben. Wie die scholastische Metaphysik den Gegensatz zwischen dem Begriff der *»natura naturata«* und der *»natura naturans«* geprägt hat, so muss die Philosophie der symbolischen Formen zwischen der *»forma formans«* und der *»forma formata«* unterscheiden. Das Wechselspiel zwischen beiden macht erst den Pendelschlag des geistigen Lebens selbst aus. Die *»forma formans«*, die zur *»forma formata«* wird, die um ihrer eigenen Selbstbehauptung willen zu ihr werden muss, die aber nichtsdestoweniger in ihr niemals gänzlich aufgeht, sondern die Kraft behält, sich aus ihr zurückzugewinnen, sich zur *»forma formans«* wiederzugebären – dies ist es, was das Werden des Geistes und das Werden der Kultur bezeichnet. Hierin sind auch alle jene Prozesse beschlossen, die bei Simmel unter dem Ausdruck der "Wendung zur Idee" befasst werden[.] Er selbst versteht hierbei die Idee als eine dem Leben, wenn nicht feindliche, so doch ferne, ja eine ihm prinzipiell transscendente Sphaere, zu der der Übergang nur in einer Abkehr und Umkehr, in einer eigenartigen "Achsendrehung des Lebens" gefunden werden kann. Denn a l l e s Ideelle – das Ideelle, was wir Kunst oder Religion nennen nicht minder, als dasjenige, das wir mit dem Namen »Erkenntnis« oder »Wahrheit« bezeichnen – stellt einen eigenen selbständigen Sachverhalt und Sachgehalt dar und gehört damit der Ebene eines logisch-autonomen, nicht mehr vitalen Sinnes an.[1] Aber wie könnte das Leben diesen Sachgehalten sich "zuwenden", wenn nicht die Beziehung und Spannung, die "Intention" auf sie schon ursprünglich in ihm beschlossen läge – ja wenn nicht eben diese Intention ein Moment seiner selbst, seines Seins und seiner Erfüllung, wäre? So lässt sich die »Wendung zur Idee«, wenn wir sie im Spiegel der "symbolischen Formen" betrachten, nicht derart beschreiben, daß in ihr das Leben von sich selber gleichsam Abschied nimmt, um in ein ihm Fremdes und Fernes hinauszugehen, sondern dadurch, daß es in sich zurückgeht, daß es, im Medium der symbolischen Formen[,] "zu sich selbst kommt". In der geprägten Form hat und begreift es sich selbst als unendliche Formungs m ö g l i c h k e i t, als Wille zur Form und Kraft zur Form. So wird ihm noch seine Schranke zu seiner eigenen Tat; so erweist sich das, was von aussen gesehen als sein Schicksal erscheint, als seine Notwendigkeit und damit als Zeugnis seiner Freiheit, seiner Selbstgestaltung.

Wir haben bisher dieses Grundverhältnis am Beispiel der S p r a c h e aufzuweisen und zu erläutern gesucht – aber es tritt in gleicher Deutlichkeit und in der gleichen paradigmatischen Schärfe auch in der Bildung jeder an-

[1] Simmel, Die Transzendenz des Lebens, S. 24 (vgl. ob. S. 9).[A]

[A] (vgl. ob. S. 9)] *Ms.: 24 Seite im Ms.*

deren "symbolischen Form" heraus. Blicken wir etwa auf die Form des Mythos hin, so konnten wir sie, so konnten wir das, was der Mythos an objektivem "Sinn" und objektiver Gestaltung in sich schließt, nur dadurch verstehen, daß wir ihn nicht lediglich als Anschauungs- oder Denkform, sondern als ursprüngliche »Lebensform« begriffen. Wo immer uns spezifisch-menschliches Dasein und menschliches Leben fassbar wird – da finden wir es bereits wie eingehüllt in die Urgestalten des Mythos: es "hat" diese Gestalten nicht als ein bloss gegenständliches Gegenüber, sondern es ist in ihnen, ist in sie eingegangen und verwoben. Und dies gilt im Besonderen, wie es im Allgemeinen gilt: die Eigenart, die Färbung und Tönung des Lebensgefühls bestimmt den Charakter der mythischen Bildwelt, bestimmt die Form, die ihre Götter und Dämonen annehmen.[1] Je weiter wir zurückgehen, je mehr wir uns der eigentlichen Urschicht des Mythischen zu nähern scheinen, um so deutlicher tritt diese "Lebensnähe" der mythischen Gestalten heraus. Aber in den höheren und höchsten Bildungen der Religion ist freilich diese unmittelbare Lebensnähe einem anderen Verhältnis gewichen. Hier gelangen wir zu einer Form des Göttlichen, in der es über alles Leben und über alles Sein hinausgehoben erscheint. Wie immer es sich indess mit dieser Transzendenz verhält, die ihm an sich zukommen soll, tritt doch alsbald an ihm wieder eine andere Bestimmung hervor, sobald wir es in seiner Erscheinung, in seiner Offenbarung in der Menschenwelt erfassen. Diese letztere zeigt uns wieder dieselbe Polarität, wie wir sie in der Welt der Sprache wirksam fanden. Alle Schau des Göttlichen, und sei sie die persönlichste und individuellste, ist in dem Augenblick, in dem sie sich äussert und mitteilt, an einen[A] Bereich bestehender religiöser Ausdrucksform verwiesen und an denselben[B] gebunden. Aber den höchsten religiösen Konzeptionen ist es gegeben, daß sie, in ein und demselben geistigen Akt, diese Bindung eingehen und sie zugleich überwinden. Sie sind formzerstörend und formaufbauend in einem – sie begeben sich in die Bedingtheit der religiösen Formensprache, indem sie sich innerlich von ihr lösen, indem sie sie als Bedingtheit kenntlich machen. Alle eigentlich-religiösen, alle wahrhaft prophetischen Geister zeigen der Welt der Formen gegenüber[C] dieses Janus-Gesicht. Sie zerschlagen die *forma formata* – aber eben in diesem Vernichtungswillen und in diesem Vernichtungsakt machen sie den Weg zur *»forma formans«* wieder frei. Auch hier zeigt sich somit derselbe Rhythmus, derselbe charakteristische Pendelschlag – aber wiederum giebt es in ihm

[1] Vgl. hrz. bes. Bd. II, S. 216 ff.$_{26}$

[A] einen] ein
[B] denselben] dasselbe
[C] gegenüber] gegenüber,

kein »Hüben« und »Drüben«, kein Hinüberlangen von einem Gebiet in ein schlechthin Andersartiges, Jenseitiges, sondern nur ein In-Einander-Wirken von Kräften, die sich in ein virtuelles und freilich in jedem einzelnen Augenblick labiles Gleichgewicht setzen.

Und wieder von einer völlig anderen Seite her stellt sich uns schliesslich das gleiche Grundverhältnis dar, sobald wir das innere Gefüge der theoretischen Welt betrachten. Wenn irgendwo, so scheinen wir hier den Punkt erreicht zu haben, an dem uns statt des bloss labilen Gleichgewichts ein statisches Gleichgewicht gegeben ist. Wir stehen auf dem eigentlichen Grund und Boden des »Logischen« als solchen – und dieses ist durch seine unverbrüchliche Notwendigkeit, durch seine absolute Identität, – Platonisch gesprochen: durch das, "was immer auf die gleiche Weise sich verhält"$_{27}$ – definiert. Und doch gilt diese unbedingte Konstanz und Identität selbst hier nur für den Fall, daß wir die logische Form rein *in abstracto* betrachten, – daß wir sie von allen Verschlingungen mit der Welt des Werdens und mit den "Anwendungen", die sie in dieser erfährt, loslösen. Blicken wir dagegen auf diese letztere hin, – betrachten wir nicht sowohl die Idee als solche als vielmehr die "Teilhabe" der Erscheinung an der Idee – so zeigt sich auch hier alsbald ein anderes Bild. Denn diese Teilhabe wird nicht dadurch erreicht, daß die "Materie" der Empfindung in ein System schlechthin fertiger theoretischer Formen aufgenommen und gemäss ihnen bestimmt wird. Bei Kant gewinnt es, gemäß der Einteilung und der architektonischen Gliederung der »Kritik der reinen Vernunft«, immer wieder den Anschein, als vollziehe sich der Aufbau der theoretischen Naturerkenntnis in der Weise, daß das "Gegebene" der Empfindung in die apriorischen Formen der reinen Anschauung und des reinen Verstandes, als in eine von Anfang an bereite und bestimmte Aufnahmestätte, eingeht. Aber wenn man hierin mehr als eine methodische Abstraktion sehen will, wenn man glaubt, daß die Elemente[,] die hier in der Analyse von einander gesondert werden, auch als trennbare Teile des Erkenntnisprozesses gegeben sein müssten – so ist diese Auffassung durch die Fortentwicklung, die die theoretische Naturerkenntnis seit Kant erfahren hat, mehr und mehr widerlegt worden. Denn was diese Entwicklung immer deutlicher erwiesen hat, ist eben dies, daß die reinen theoretischen Denkmittel dem Stoff der Erfahrung, der in sie eingehen und der durch sie geformt werden soll, keineswegs als ein bloss Äusserliches entgegen- und gegenüberstehen. Auch für sie gilt vielmehr, daß das, was sie sind, was sie theoretisch bedeuten, nur in ihrer lebendigen Funktion, nur in ihrer Arbeit und in ihrer Leistung erkannt werden kann. In dem Akt der Bestimmung, den sie vollziehen, gelangen sie selbst erst zu ihrer vollständigen Bestimmtheit. Und da dieser Akt nirgends zu Ende gelangt, so kann auch diese Bestimmtheit niemals als eine schlechthin abgeschlossene, keiner weiteren Modifikation mehr fähige angesehen werden. Auch die theoretische Form erweist sich vielmehr als einer unbeschränkten Erweiterung fähig – und dieser Verzicht auf ihre Endgültigkeit tut ihrer Allgemeingültigkeit in keiner Weise Abbruch. Denn die "Apriorität" der theoretischen Form bleibt auch in ihrer Fort- und Umbildung gewahrt; ja sie tritt erst in ihr in ihrer ganzen Bedeutung und ihrem eigentlichen Sinne nach zu Tage. Denn niemals sind die Begriffe und Sätze, auf denen die Einheit der theoretischen Naturerkenntnis, auf denen ihre Gliederung und ihre Systematik beruht, einfach der Erfahrung entnommen. Sie gehen ihr vielmehr logisch vorauf, in dem Sinne, daß sie die gedankliche Richtlinie für die Erfahrung darstellen, daß sie ihr das Ziel setzen und daß sie den Weg bereiten helfen, der zu diesem Ziele hinführt. Aber dieser Weg ist keine von Anfang an vorgezeichnete und abgesteckte Bahn; sondern seine Bahnung ist eben das, worin die eigentliche Aufgabe der theoretischen Denkmittel, worin die Leistung des Apriori besteht. Erst in der ständigen Berührung mit der empirischen Welt der "Tatsachen" und in der ständigen Rückwirkung, die sie von hier aus erfährt, vermag sich daher die theoretische Form selbst zu entfalten; vermag sie den ganzen Reichtum ihrer Gestaltungen, ihrer inneren "Möglichkeiten" aufzuschliessen. Sie giebt diesen Reichtum erst her, sofern er von der Gegenseite gefordert wird; aber das Moment, das die Forderung stellt, ist nicht zugleich dasjenige, was die Begründung der theoretischen Form in sich schliesst. Zu voller Deutlichkeit und zu voller Anerkennung ist diese Bildsamkeit der theoretischen Form innerhalb der Geschichte der exakten Wissenschaft gelangt, seit die theoretische Mathematik auf die "Einzigkeit" der Euklidischen Geometrie und die theoretische Physik auf die "Einzigkeit" der klassischen Mechanik verzichtet hat. Man hat diesen Verzicht nicht selten als eine Auflösung der theoretischen Form, als eine skeptische Resignation beurteilt. In Wahrheit aber wird durch ihn die systematische Einheit, ja die systematische Geschlossenheit der theoretischen Erkenntnis in keiner Weise verleugnet – sondern es wird nur der Weg zu dieser Einheit hin als ein keineswegs einfacher, sondern als ein höchst-komplexer erkannt. Am deutlichsten tritt dies heraus, wenn man das prinzipiell-neue Verhältnis betrachtet, das durch die moderne Physik zwischen Beobachtung und Messung hergestellt wird. Im Weltbild der älteren Physik erscheinen beide Funktionen zwar mit einander verknüpft; aber jede von ihnen besitzt nichtsdestoweniger eine relativ-selbständige Bedeutung und eine von der andern abtrennbare Leistung. Die "Axiome" der Messung lassen sich unabhängig von den "Tatsachen" der Beobachtung in schlechthin eindeutiger Weise formulieren – und eben sie scheinen dasjenige zu sein, was die reine "Form" der Erfahrung im Unterschied von ihrem blossem Inhalt, von den besonderen physischen Gegenständen und Ereignissen, die der Messung unterliegen, ausmacht. Jeder Einzelmessung liegt eine allgemeingültige

Metrik, die Metrik des Euklidischen Raumes, zu Grunde – und sie ist es, die für alle physikalische Erfahrung das feste Gehäuse, das fertige theoretische Gerüst hergiebt. Die einzelnen Beobachtungen werden gedanklich geformt, werden erklärt und begriffen erst dadurch, daß sie gewissermaßen in das zuvor bestimmte Schema "des" Raumes eingezeichnet werden. Aber dieser sozusagen substantivische Charakter des Raumes, als eines gleichförmigen Substrats für alle materiellen Erscheinungen, geht in der modernen relativistischen Physik verloren. In ihrem Aufbau tritt an die Stelle des Einen "absoluten" Raumes der Begriff des metrischen Feldes. Und dieses besitzt dem Stoff, besitzt der "Materie" gegenüber keineswegs mehr die gleiche Unabhängigkeit, da es vielmehr erst durch sie bestimmt und konstituiert wird. Jetzt wachsen daher auch »Form« und »Inhalt« der physikalischen Erfahrung, jetzt wachsen »Messung« und »Beobachtung«, die Gegenstände "im" Raum und "in" der Zeit und Raum und Zeit selbst, in ganz neuer Weise ineinander. Jedes dieser beiden Momente erweist sich nur am andern und durch das andere als bestimmbar. Das "metrische Feld" steht in Abhängigkeit von dem Materiellen, das die Welt erfüllt.[1] Die Form als "reine" Form ist damit keineswegs aufgehoben – aber sie besitzt nicht mehr jene Einförmigkeit und Starrheit, die ihr im klassischen System der Physik zukam: sie ist gleichsam feinmaschiger und differenzierter, sie ist unendlich schmiegsamer geworden. Jeder Punkt des physischen Raumes kann jetzt "seine" Metrik haben, ohne daß doch diese unendlich-vielfältigen Bestimmungen auseinanderfallen, ohne daß die Möglichkeit aufgehoben wird, sie in ihrer Konkretion und in ihrer Individualität zu einer gesetzlichen Einheit zusammenzuschliessen. So zeigt sich auch von Seiten der theoretischen, der streng-"exakten" Form aus, daß sie ihre Aufgabe um so vollkommener und um so sicherer erfüllt, je weniger sie als fixe Begrenzung verstanden wird, je grösser und freier sich ihre Beweglichkeit, ihre "Potenz" zur Gestaltung, erweist.

Und doch ist in dieser Aufweisung des "Prinzips der Bewegung", das jeder Form als solcher innewohnt, der Einwand, den die Metaphysik des Lebens gegen die Welt und gegen den Wert der Formen erhebt, keineswegs beschwichtigt oder abgewehrt. Denn die Frage scheint letzten Endes nicht darin zu bestehen, ob die Form der Bewegung fähig sei, sondern darin, ob die Bewegung, die sich in ihr und durch sie vollzieht, der reinen Lebensbewegung gewachsen und ob sie ihr gemäss ist. Bedeutet der Übergang zur Form eine Steigerung dieser reinen Lebensbewegung – oder bedeutet er nicht vielmehr eine Erschlaffung und Verkümmerung derselben? Ist die »Wendung zur Idee«, wenngleich sie als eine stetige F o r t s e t z u n g des Lebensprozesses erscheint, die

[1] Näheres z. B. bei Weyl, Raum Zeit Materie, 4. Aufl., § 12, § 27; vgl. auch ob. S. ...[28]

Vollendung dieses Prozesses[,] oder ist sie nicht der Abfall von ihm? Alle romantische Philosophie hat sich immer wieder für die letztere Alternative entschieden. Sie wiederholt und variiert das Wort des Byron'schen Manfred: »the tree of knowledge is not that of life«.[29] Und als Erkenntnis gilt ihr hierbei nicht nur die enge Sphaere der theoretischen, der eigentlich-"wissenschaftlichen" Wahrheit, sondern das ganze weite Gebiet des Bewusstseins, der »cogitatio« überhaupt. Wo der erste Strahl dieses "Bewusstseins" aufleuchtet, da ist damit eine dem Leben fremde, eine seiner innersten Tendenz entgegengesetzte und feindliche Macht erstanden. In der modernen Metaphysik ist diese romantische These von der unüberbrückbaren Kluft zwischen dem schöpferischen Urgrund und der Welt der *»cogitatio«*, zwischen "Leben" und "Geist" von Niemand so scharf betont und so radikal durchgefochten worden, als es von Klages[30] geschehen ist. Seine gesamte theoretische Lehre vom »Bewusstsein« drängt sich in den Nachweis dieser seiner lebenszerstörenden Bedeutung zusammen. Nur in der Ekstase, in der Abkehr vom Bewusstsein und im Auslöschen desselben, vermag nach ihm das Leben noch einen Rückgang zu sich selber zu gewinnen: aber in ihr ist es nicht etwa, wie man wähnt, der Geist des Menschen[,] der sich befreit, sondern es ist seine Seele – und sie befreit sich nicht vom Leibe, sondern eben vom Geist. Dies ist der Kampf, der alles Dasein und alle Geschichte der Menschheit durchzieht: der Kampf zwischen dem allverbreiteten Leben, als der eigentlich-schöpferischen, der kosmischen Urpotenz, und einer ausserraumzeitlichen Macht, die sich der in Raum und Zeit gebundenen Wirklichkeit entgegenstellt, sich über sie erhaben dünkt, und die doch eben in dieser Ablösung sich als im letzten Grunde ohnmächtig, als jeder echten Zeugenden Kraft bar erweist. Der Geist, der Ursprung aller unterscheidenden Besinnung und alles bezweckenden Willens, der Schöpfer der "Kultur", wird eben in dieser Schöpfung zur eigentlichen "Fluchmacht", die den Menschen, mitten in dem allumfassenden Strom des Lebens, vereinsamt und isoliert, die ihn zum selbständigen, d. h. aber aus den tiefsten Zusammenhängen des Kosmos gelösten Einzel-Ich, zu einem »Selbst« oder einer »Person« macht. »Während jedes aussermenschliche Lebewesen, wenn auch gesondert und eigener Innerlichkeit, im Rhythmus des kosmischen Lebens pulst, hat den Menschen aus diesem abgetrennt das Gesetz des Geistes. Was ihm als dem Träger des Ichbewusstseins im Lichte der Überlegenheit vorausberechnenden Denkens über die Welt erscheint, das erscheint dem Metaphysiker, wenn anders er tief genug eindringt, im Lichte einer Knechtung des Lebens unter das Joch der Begriffe.« [1] [A] Der Welt der geistigen Formen ist

[1] Klages, Vom kosmogonischen Eros, München 1922, S. 45.

[A] Begriffe.«] Begriffe." *einheitliche Markierung des Zitatendes*

damit das Urteil gesprochen: sie ist als in sich wesenlose Welt erkannt. Dem[A] Urgrund des Lebens gegenüber erscheint sie nicht nur als ein Anderes und als prinzipiell-»Transzendentes«, sondern auch als das absolut-Negative zu ihm. Will man diese Lehre verstehen, so muss man sie von Seiten ihrer eigenen immanenten Voraussetzungen nehmen – so muss man versuchen, auf das Urphaenomen zurückzugehen, von dem sie ausgeht und in welchem sie, systematisch wie psychologisch, wurzelt. Dieses Urphaenomen ist das reine Ausdrucks-Erlebnis. Es giebt in der gesamten Geschichte der Metaphysik vielleicht keine Lehre, die so stark nach dieser *einen* Seite hin orientiert ist, die einen so durchaus "physiognomischen" Charakter trägt, als es hier der Fall ist. Die persönliche Gabe, die Gesamtheit der Wirklichkeit in Ausdrucks-Charakteren zu erfassen und sie aus ihnen, als ein eigentümliches Ganzes,[B] wiedererstehen zu lassen – diese Gabe hat hier zu einer philosophischen *Theorie* geführt, deren Ausgangspunkt nicht das »Sein«, nicht irgend eine gegenständliche Bestimmung, sondern die reine *Funktion* des Ausdrucks als solche ist. Was Klages als *ὄντως ὄν*, als wahrhafte und ursprüngliche Realität, anerkennt: das bekundet sich und erschöpft sich in dieser einen Grundfunktion. Demgemäss ist es die Lehre von der »Wirklichkeit der Bilder«, die eine der wichtigsten Bestimmungen seiner Metaphysik und vielleicht deren systematischen Angelpunkt ausmacht. Das Bild-Sein erscheint hier, gegenüber dem dinglichen, dem gegenständlichen Sein, keineswegs als ein Sekundäres und Abgeleitetes, ein bloss-"Subjektives" – sondern es ist vielmehr das eigentlich kernhafte, das wahrhaft-ursprüngliche Sein. Immer wieder wird das Übergewicht der schauenden Innerlichkeit über das bloss wahrnehmungsfähige Eindrucksvermögen, – der Primat der "dämonisch-lebendigen Wirklichkeit der Bilder" vor der stets nur mechanisch bewegten Gegenstandswelt verkündet.[1] Mit dieser Grundauffassung vermag Klages' Lehre, wie kaum eine zweite, dem eigentümlichen Sinn des *Mythischen* gerecht zu werden. Sie will den Mythos nicht von aussen her »deuten«, sondern sie versetzt sich mitten in seine charakteristische und spezifische Blickrichtung; aber sie bleibt freilich auch, kraft dieser Blickrichtung, von Anfang an wie gebannt im Kreise der mythischen Anschauung. Wie für Bachofen[31] der Mythos nicht Erdichtung oder Erfindung ist, sondern zum Organ der Entdeckung der geschichtlichen Welt und der geschichtlichen Wirklichkeit wird, so wird er hier zum Organ der metaphysischen Erkenntnis. Für den Mythos ist das

[1] Klages, Vom kosmogonischen Eros, S. 94; zur Lehre von der "Wirklichkeit der Bilder" vgl. vor allem S. 74 ff.

[A] Dem] Sie Dem
[B] Ganzes,] Ganze,

Bild niemals etwas bloss Mittelbares, niemals lediglich "Zeichen" oder "Allegorie"; sondern in ihm fasst sich das Wesen selbst zusammen. Das Bild- und Ausdruckshafte einer Erscheinung hat keinen bloss darstellenden Charakter, der auf ein Objektives jenseit ihrer hinweist – sondern in ihm giebt sich uns ein Wirkliches hin, in ihm ergreift uns ein dämonisch-Lebendiges und steht in voller Gegenwart vor uns.[A] Klages' Lehre will gleichsam die Restitution und die Rehabilitation dieser Grundanschauung sein; – aber sie ist freilich zugleich zu ihrer metaphysischen Hypostase geworden. Und aus dieser Hypostase, aus dieser Erhöhung der Ausdruckswelt zur allein-wirklichen Welt, folgt nun unmittelbar, daß all das, was über diese Welt hinausgeht, – was nicht der Dimension des reinen Ausdrucks, sondern der der »Darstellung« oder der »Bedeutung« angehört, verblassen und zum blossen Schema werden muss. Schon die »Wahrnehmung«, wenn sie als etwas anderes denn als reines Ausdruckserlebnis verstanden wird, wenn sie auf etwas Objektives, Gegenständliches geht, verfällt diesem Verdikt. Wo wir die Welt dinghaft sehen und dinghaft gliedern, da haben wir bereits ihre unmittelbare, ihre lebendige Wirklichkeit zerstört. Und noch weiter wird der Abstand, noch unheilbarer wird der Riss, wenn der Gedanke sich in die Region der »reinen« Formen erhebt, in denen er, statt des Wahrhaft-Seienden, statt der Wirklichkeit des Lebens, immer nur sich selbst ergreifen und sich in sich selbst bespiegeln kann. Hier[,] wo die reine "Energie" des Denkens die höchste Stufe erklommen zu haben scheint, ist das Band, das die Welt des Menschen mit der des Kosmos verbindet, vollends zerschnitten – der Mensch ist "autonom" geworden, aber das Gesetz, das er jetzt selbstherrlich aufrichtet und das [er] mehr und mehr über alles Lebendige zu erstrecken sucht, ist leer und entseelt, ist allem, was der Wirklichkeit ihren Gehalt und Wert giebt, aufs tiefste entfremdet.

Soll diese Anschauung erwiesen, soll die Anklage, die hier von Seiten des Lebens gegen den "Geist" und gegen die Welt der geistigen Formen erhoben wird, gerechtfertigt werden, so scheint sich für diese Rechtfertigung nur ein einziger Weg darzubieten. Wiederum genügt es nicht[,] den »Geist« als ein blosses Abstraktum zu betrachten – sondern er muß in seiner konkreten Selbstentfaltung, in der Gesamtheit seiner Phaenomene und Äusserungen, ergriffen und begriffen werden. Für sie alle, für die Sprache und den Mythos, für die Kunst und für die theoretische Erkenntnis, für die Religion wie für die Sittlichkeit, kurz[:] für die ganze Sphaere des Bewusstseins, der *cogitatio*, wäre der Beweis der Grundthese, der These von der absoluten Negativität des Geistigen, zu fordern. Klages' eigene Argumentation aber geht nicht diesen langen und mühseligen Weg – sondern sie blickt von Anfang

[A] uns.] *danach Anm.-Ziffer* 1) *und auf der S. unten die dazugehörige Anm. gestrichen:* Zu diesem Grundcharakter des mythischen "Bildes" vgl. Bd. II, S.[32]

an auf eine bestimmte Seite, auf ein einzelnes Moment des Geistigen hin, das ihr das Ganze vertreten muss. Wo immer sie das Bewusstsein zu beschreiben, wo sie es in seiner Wesensart aufzuzeigen und in ihr gewissermassen blosszustellen sucht – da wird es von ihr nicht sowohl als »spekulatives«[,] als vielmehr als technisches Bewusstsein genommen. Sein Ziel besteht nicht in der reinen Betrachtung der Welt, sondern in ihrer Beherrschung und Unterjochung: und alle seine Leistungen, wie immer sie als rein "theoretische" erscheinen mögen, sind auf dieses Ziel gespannt. Das Wort Bacons: *scientia propter potentiam*[33] erscheint damit auf das gesamte Gebiet der *»cogitatio«* ausgedehnt. Was wir "Verstand", was wir "Wille", was wir "Kultur" nennen: dies alles sind nur andere Namen für den schrankenlosen Herrschaftstrieb der Menschheit, für jenen "rechenverständigen Aneignungswillen", der sich von der unerschöpflichen Fülle des Lebens trennt, um sie um so sicherer bewältigen und seinen Zwecken gefügig machen zu können. Der Mensch hat sich zerworfen mit dem Planeten[,] der ihn gebar und nährte, ja mit dem Werdekreislauf aller Gestirne, weil er besessen ist von dieser vampyrischen, dieser seelenzerstörenden Macht.[1] Aber so schneidend und so überzeugend diese Anklage gegen die menschliche Kultur ist, wenn unter dieser nichts anderes als ein Aggregat, als die immer erneute Anhäufung von "Gütern" verstanden wird: – so bleibt doch die Frage offen, ob mit dieser Entwertung der Kultur*güter* auch sie selbst in ihrem eigentlichen Zentrum getroffen, ob damit auch ihr eigentlicher[A] "Sinn" widerlegt ist. Und diese Frage wäre nur dann zu bejahen, wenn man diesen Sinn, statt ihn in seinem eigenen Wesen und in seinem eigenen geschichtlichen Werden zu fassen, von Anfang an in der Weise verstehen müsste, in der eine bestimmte Grundrichtung der Metaphysik des Lebens ihn verstanden und definiert hat. Klages' Lehre bildet hier den folgerechten systematischen und historischen Abschluß einer Entwicklung, die in ihrer Wurzel auf Schopenhauer[34] und Nietzsche zurückgeht. Hier zuerst entsteht jene Auffassung des Geistigen, jene Ansicht vom »Intellekt«, die ihn schlechthin zum Sklaven des Willens macht. Bei Schopenhauer ist diese Dienstbarkeit noch keine schrankenlose und unbedingte: – der Intellekt vermag sich[,] wenngleich er seiner *Entstehung* nach ein Geschöpf des Willens ist und bleibt, doch von dieser Verkettung zu lösen; er vermag sich von der Herrschaft des Willens loszureissen, ihn als "blinden Willen" zu erkennen und zu verneinen. Und in dieser Umkehr liegen die eigentlichen Taten des Geistes, – in ihr gründet sich die Kunst, die reine Erkenntnis, die Religion. Für

[1] Klages, Mensch und Erde, Fünf Abhandlungen, München 1920, S. 40 ff.; vgl. bes. die Abhandlung: Bewußtsein und Leben, ibid.[,] S. 49 ff.

[A] eigentlicher] eigentliche

Nietzsche haben sodann auch alle diese Taten den Schein der Selbständigkeit, mit dem sie sich schmücken, verloren: sie sind nichts anderes als blosse Verkleidungen, als immer neue Masken, mit denen der allgewaltige, der alleinherrschende "Wille zur Macht" sich zudeckt.[35] War einmal diese Demaskierung, diese "Entlarvung" des Geistes vollzogen, – so war damit der weitere Schritt: der Schritt zu seiner völligen Entwertung und Verwerfung gefordert. Und es ist vergeblich, gegen den Ausgang, gegen die Konsequenz dieser Entwicklung streiten zu wollen, wenn man ihre Praemissen stehen lässt. Nicht gegen die Folgerungen, die hier gezogen sind, sondern nur gegen den Begriff vom »Geist«, der hier vorausgesetzt wird, kann sich der Einspruch richten. Geht dieser Begriff auf ein Faktisches und Wirkliches, auf eine selbständige Macht, oder bezeichnet er nicht vielleicht ein blosses Idol, ein Trug- und Schreckbild, das sich die Lebens- und Willens-Metaphysik selbst erschaffen hat? Und ist dieses Bild nicht vielleicht nur der dunkle Schatten, den eben diese Metaphysik wirft – ein Schatten, der verschwindet, wenn man den Geist, statt in ihm eine fremde und transzendente, eine dämonische Schicksalsmacht zu sehen, die in die Welt des Lebens einbricht, vielmehr in seinen reinen Phaenomenen[,] in seinen "Taten und Leiden"[36] nimmt. Die Philosophie der symbolischen Formen hat diesen Weg – den Weg, der durch die konkreten Gebilde des Geistes hindurchführt – von Anfang an festzuhalten gesucht. Auf diesem ihrem Wege aber erschien ihr der Geist überall nicht sowohl als "Wille zur Macht", als vielmehr als Wille zur Gestaltung. Nicht blosse Herrschaft über die Welt, sondern Formung der Welt ist es, worum die Sprache, wie der Mythos, die Kunst, wie die Erkenntnis und die Religion ringen. In ihnen allen lässt sich freilich, wenn wir sie im Ganzen ihrer Entwicklung zu überblicken suchen, ein Stadium aufweisen, in dem sie noch wie magisch gebunden scheinen, in dem sie unter der Leitung des Affekts, unter der Leitung des Bedürfnisses und des Willens stehen. Sie werden gleich Zaubermächten und Zaubermitteln gebraucht, die dem Menschen die "Allmacht des Willens" geben und die sie ihm immer aufs neue bestätigen sollen. Aber dies alles bildet nur den Anfang, nicht das Ende ihrer Entwicklung. Schon im Mythos regen sich neue Kräfte, die dem Weltbild der Magie entgegentreten und die es zuletzt aus ihren Angeln heben. Schon in ihm tritt der Mensch gegen die Welt der Dinge zurück, um in einer Welt der reinen Gestalten zu leben: die mythische Wirk-Welt weicht allmählich der reinen mythischen Anschauungswelt.[1] Und noch klarer und schärfer zeichnet sich dieser Übergang vom magischen Wirken auf die Dinge zum reinen Schauen in der Sprache, in der bildenden Kunst, in der Erkenntnis ab. Sie alle gelangen zu ihrem spezifischen Gehalt erst dadurch, daß sie den Kreis der blossen "Nützlichkeit",

[1] Vgl. hrz. bes. Bd. II, S. 246 ff.

den Kreis[,] der durch den »Kampf ums Dasein« bezeichnet wird, durchbrechen. Sie müssen sich dem blossen Zweck-Mittel-Konnex entwinden, um zu ihrem eigenen Sinn, zur Einheit und Geschlossenheit ihrer Form durchzudringen, die selbst nicht mehr bloss zweckhaft ist, sondern als eine "Zweckmässigkeit ohne Zweck"[37] erscheint. In dieser Art verstanden kann die reine Schau der Wirklichkeit, wie sie sich in jeder einzelnen symbolischen Form und in ihrer Totalität vollzieht, niemals als ein gegen diese Wirklichkeit gerichteter Zwang betrachtet werden. Denn der Blickstrahl des Bewusstseins, der hier auf das Sein fällt und es zu erleuchten und zu durchdringen sucht, gehört selbst nicht mehr der Welt der Dinge, noch einem blossen Zusammenhang des "Wirkens" an. Er ist ein rein ideeller Strahl, der das, was er berührt, seiner "Existenz", seinem blossen Daseins-Bestand nach, unangetastet lässt. So wird in ihm über den Urgrund des "Lebens" zwar hinausgegangen – aber dieser wird damit weder zerstört, noch vergewaltigt. In dem Bereich der geistigen Bewusstheit, der[A] jetzt ersteht, ist vielmehr das Leben sich selbst sichtbar[,] ist es – um den Fichte'schen Ausdruck zu brauchen – zur reinen "Sehe"[38] geworden. In dieser Form des Sehens,[B] der *Θεωρία* in ihrem allgemeinsten und umfassenden Sinne, zehrt der Geist gewissermassen nicht mehr vom Mark der Objekte, der Gegenstände, sondern nur noch von seiner eigenen Substanz – er ist zum "Denken des Denkens", zur *νόησις νοήσεως*[39] geworden.

So bedeutet freilich die echte Theorie kein blosses Betrachten der Gegenstände und kein blosses Erleiden derselben, sondern sie stellt sich als eine höchste aktive Leistung dar: als eine Energie des Tuns, die jedoch gerade als solche, über alles blosse »Wirken« hinausgreift. Auch für diesen Unterschied, indes, besitzt die Metaphysik des Lebens, bei Klages so wenig wie bei Bergson, eine eigene Kategorie: sie lässt Tun und Wirken in einander aufgehen. Klages ist auch darin der echte Romantiker, daß er das Tun in seinem Werte tief herabsetzt, daß er von ihm zum reinen Leiden und Empfangen zurückverlangt. In seiner Lehre findet Friedrich Schlegels These von der Göttlichkeit des Nichts-Tuns, von der "heiligen Passivität"[40] ihre Wiederauferstehung. "Unter den indogermanischen Sprachen" – so betont er – "giebt es schwerlich auch nur eine, welche Tiefe und Mächtigkeit der Gefühle nicht als Widerfahrnis, Erleidnis, Anheimfall beschriebe. "Pathos" (*πάθος*), "Passion" (passio), "Leidenschaft": dreimal "Erleidnis" für den höchsten Steigerungsgrad des aus Seelentiefen brechenden Gefühls. Hätte man sich nur die naheliegende Frage gestellt: was denn eigentlich ist das Erleidende und was jenes andere, welches erleiden macht, so wäre die Antwort nicht zu verfehlen gewesen: passiv, erleidend, anheimfallend ist unser

[A] der] das
[B] Sehens] Sehen

Ich, und es fällt anheim der siegenden Gewalt des Lebens".[41] Die Metaphysik[A] muss sich von der Aktivität des blossen Denkens lösen, sie muss wieder lernen, leidend, empfangend, "pathisch" zu werden, wenn sie die Welt, statt sie in Begriffen zu konstruieren, im reinen Gefühl ergreifen und nachleben will. Und doch waltet in diesem Trieb zur Vernichtung des Denkens und zur Auslöschung des Selbst noch immer die geheime Voraussetzung, deren keine Mystik ganz zu entraten vermag: – die Voraussetzung, daß, mit Meister Eckhart zu reden, ein "Funke"[42] des Selbst zurückbleibt, der eben dieser Auflösung gewahr wird. Wenn der Gott, den er empfängt und erleidet, den Mystiker aus der Welt der Formen erlöst, so fällt er doch dort, wo er diesen Gott zu *schauen* versucht, immer wieder in irgend einer Weise dieser Welt anheim. Denn es giebt kein Schauen, das *blosses* Leiden wäre, das nicht eine Funktion des Gestaltens in sich schlösse. Auch der Mythos ist, wie weit wir ihn immer zurückverfolgen und wie sehr in ihm die rein "pathischen" Momente überwiegen mögen, eine Weise der Gestaltung. Er schliesst, als *Ausdruck* der Welt, notwendig ihre *Verwandlung*, ihre Umformung in ein Bild in sich. Und das Bild ist niemals in dem einfachen Sinne ein Stück Wirklichkeit, wie es in Klages' realistischer Lehre von der "Wirklichkeit der Bilder" erscheint. Es ist nicht einfach da und geht mit diesem reinen Dasein in das "Subjekt" über – so wie etwa nach der Wahrnehmungstheorie Epikurs der Wahrnehmungsprozess darin bestehen soll, daß die Bilder, die *εἴδωλα*[43] der Dinge, in das Ich eindringen. Sondern es verlangt den lebendigen Anteil, es erfordert die Mitwirkung der Energien des Ich, "*für*" welches es Bild werden soll. Ohne diesen Anteil wäre allenfalls seine Gegenwart, seine "Präsenz" im Geiste, aber nicht der Akt der Repräsentation, nicht die Funktion der Vergegenwärtigung, verständlich zu machen. Das Bild weist seinem Bestand, seinem konstitutiven Sinngehalt nach, immer auf die "Einbildungskraft" zurück – und diese zeigt sich, wenn wir auf ihre eigentliche Wurzel zurückgehen, niemals als eine bloss reproduktive, sondern als eine produktive Funktion. Wir brauchen dies hier nicht im einzelnen auszuführen und zu erweisen: ist es doch eben diese Leistung der "produktiven Einbildungskraft", die uns allenthalben im Aufbau der einzelnen Formwelten entgegengetreten ist und die gewissermassen das einigende ideelle Band ist, das sich um sie schlingt. Nicht das Leben, in seinem reinen An-Sich, enthält in seinem eigenen Schoße schon die Bilder des Seienden, die das Ich sodann nur von ihm zu empfangen, nur rezeptiv aufzunehmen hätte. Es ist, wie sehr man es immer als Urquell aller *Wirklichkeit* ansehen und preisen mag, für sich allein nie-

[1] [Klages,] Vom kosmogonischen Eros, S. 46 f.

[A] Die Metaphysik] *am Rande:* 46

mals der Quell der Symbole, in denen uns diese[A] Wirklichkeit erst fassbar und verständlich wird, in denen sie "zu uns spricht". Vernichtet man den Gegenpol, aus dem diese Symbole stammen, so hat man damit, nur in einer anderen Richtung, die Wirklichkeit "entseelt", sofern man sie ihrer wesentlichen Äusserungsweisen und Offenbarungen beraubt[B] und sie damit gleichsam in die Nacht des ewigen Schweigens zurückgestossen hat. Aus dieser Nacht kann sie nur durch die reinen Energien des Geistes, durch eine Art Schöpfungswort desselben, erlöst werden. Jetzt heben sich aus der Ungeschiedenheit und Unendlichkeit des Urgrundes bestimmte, begrenzte und insofern endliche Gestalten heraus. Aber diese stehen zu ihm selbst nicht in einem bloss gegensätzlichen, in einem rein negativen und negierenden Verhältnis, sofern man sie nur wieder, statt unter dem Gesichtspunkt der *forma formata*, unter dem Gesichtspunkt der *forma formans* erblickt. Denn die Unendlichkeit, die der fertigen Gestalt versagt ist, lebt in dem reinen Prozess der Gestaltung fort. Dieser erstarrt in keinem einzelnen Gebilde, sondern er ist ein ewig sich fortzeugender Akt. Das Sinngesetz, unter dem er steht und kraft dessen er sich immer von neuem gebiert, nicht das, was aus ihm erzeugt wird, bildet seinen eigentlichen Gehalt. Dieses Gesetz würde, wenn man es als schlechthin lebensfeindlich ansehen müsste, zugleich sich selbst in seiner Wesenheit vernichten. Denn es ist und gilt nur, sofern es sich betätigt, – und es kann sich nicht anders betätigen, als indem es in die Welt des Lebendigen eingreift und gleichsam immer wieder in sie zurücktaucht. Immer wechselnd, fest sich haltend, Nah und fern und fern und nah:[44] so steht der Geist, im Ganzen seines Schaffens, dem Leben gegenüber, ohne sich doch gegen es zu kehren, ohne jemals mit ihm zu zerfallen. Ohne dieses Wechselverhältnis, wie es sich vor allem in jeder echten künstlerischen Schöpfung offenbart und wie es sich hier ständig von neuem bezeugt, würde die Welt der geistigen Formen nur eine Welt von Schemen sein – würden Sprache und Erkenntnis, Dichtung und bildende Kunst in leere Phantasmagorien aufgehen.

Die Metaphysik des Lebens scheut freilich vor dieser letzten Konsequenz nicht zurück – aber sie muss sich hierbei, zum mindesten in einem Punkte, in eben jene Sphaere begeben, die sie uns verschliessen will; sie muss sich der Rechtsprechung des Geistes, die sie verwirft, bedienen und sie damit mittelbar anerkennen. Diese Anerkennung vollzieht sich überall dort, wo sie sich zur Wirklichkeit nicht lediglich schauend und deutend, sondern wo sie sich wertend zu ihr verhält. Klages' philosophische Lehre insbesondere ist ihrem gesamten Inhalt und Ursprung, ihrer eigentlichen Tendenz nach nicht sowohl Seins-Lehre, als vielmehr Wert-Lehre. Sie be-

[A] diese] *undeutlich geschrieben, vielleicht zu* die *geändert*
[B] beraubt] beraubt,

schreibt nicht schlechthin die Welt der Natur, wie die des Geistes, sondern sie beurteilt sie; – und dieses Urteil ist kein bloss logischer Akt, kein Akt des "reinen Denkens", sondern es misst die Welt an einer Forderung, die ihr gegenübertritt. Kein Satz dieser Lehre ist verständlich oder ist beweisbar, wenn man nicht das Wert-System annimmt, auf das sie sich gründet und das sie überall implizit voraussetzt. Die echte Philosophie soll wieder zur Prophetie werden: zur Umwertung all jener Werte, die die "Kultur", die der Glaube an die Selbstherrlichkeit des Geistes, an seine Autonomie und seinen "Fortschritt", geprägt hat. Eine neue Wert-Ordnung soll an die Stelle der alten[,] brüchig gewordenen treten. Aber – so kann und muss jetzt gefragt werden –: ist der *Wert* des Lebens ein rein in ihm selbst liegendes, ein immanentes Moment – oder gehört er nicht von Anfang an einer anderen Dimension an? Liegt er im blossen Sein des Lebens beschlossen, oder konstituiert er sich nicht erst dadurch, daß wir über diesem Sein eine Norm aufrichten und es an dieser Norm messen? Und der Sinn dieser Norm, das eigentlich wertsetzende Prinzip, kann zuletzt immer nur in der Welt des Geistes aufgewiesen werden. Zu Beginn der Geschichte des Idealismus der neueren Zeit steht der tiefe Gedanke des Nicolaus Cusanus,[45] nach welchem Gott als die "seinsgebende" Kraft, der menschliche Geist dagegen als die wertspendende und wertbegründende Kraft bezeichnet wird. Der Ursprung alles Wertes liegt nicht ausserhalb des Geistes, sondern in ihm – denn erst in ihm findet sich jenes Prinzip der Messung, der »aestimatio« und »mensuratio«,[A] auf dem alle *Unterscheidung* von »Gut« und »Böse«, von Wert und Unwert beruht.[1] Gilt dieser Satz, so ist damit der prinzipiellen Ent-Wertung des Geistes, von welcher Instanz immer sie versucht oder vollzogen werden mag, von vornherein eine feste Schranke gesetzt. Denn jede, auch rein negative Wertung des Geistes, bejaht ihn selbst in einer seiner höchsten, seiner wahrhaft positiven Leistungen. Es bleibt ein innerer Widerspruch der Funktion, auf der alle "Möglichkeit" des Wertes beruht, jede Wert-Wirklichkeit absprechen zu wollen. Selbst wenn die ganze Sphäre des Geistigen mit einem negativen Vorzeichen versehen wird, wenn alle seine Taten verleugnet und verworfen werden, – so ist doch schon die blosse *Setzung* eben dieses Vorzeichens selbst wieder eine neue Tat, die uns in der Welt des Geistes, der wir zu entfliehen hofften, aufs neue festhält. Denn nur der Geist vermag eben dies »Unmögliche«: nur er unterscheidet, wählet und richtet.[47] Dieses "Richten" ist freilich so beschaffen – und eben hierin liegt vielleicht seine eigentliche Tiefe und sein letztes Geheimnis –

[1] Näheres in meiner Schrift "Individuum und Kosmos in der Philosophie der Renaissance", Studien der Bibliothek Warburg[,] X, Leipzig 1927, S. 46 ff.[46]

[A] »mensuratio«] mensuratio«

daß es in sich einer Umkehr fähig ist: daß es das richtunggebende Prinzip zuletzt selbst nicht verschont, sondern sich gegen dasselbe wenden kann. Aber eben diese Rückwendung, diese "Reflexion", bedeutet[A] keinen Abfall des Geistes von sich selbst, sondern sie ist jene Form der Bewährung und der Selbst*bestätigung*, die ihm spezifisch zu eigen und deren er allein fähig ist. Was ihn ständig in sich zu entzweien droht, das führt ihn stets von neuem auf sich selbst zurück, weil eben dieses Zwei-in-Einem-Sein sein eigentliches Schicksal und seine eigentliche Leistung darstellt. Das Leben als solches kennt keine derartige Rückwendung und keine solche Bestätigung. Es scheint freilich ihrer auch nicht zu bedürfen[,] solange es in seiner ungebrochenen Einheit verharrt, in welcher es "selig in ihm selbst"[48] ruht. Und doch *ist* selbst diese Ruhe nicht schlechthin Seligkeit – sondern sie *wird* es erst für den Blick des Geistes, der sich auf sie hin und nach ihr zurück wendet. Seligsprechung und Verdammung sind nur für ihn vorhanden, der allein der Selbstverneinung fähig ist, für den jedoch andererseits eben diese Selbstverneinung immer noch einen Akt der Selbstbehauptung darstellt.

Zweites Kapitel
Das Symbolproblem als Grundproblem der Formen

1. [Das Problem der philosophischen Anthropologie]

Das Problem einer "philosophischen Anthropologie" steht als solches keineswegs ausserhalb des Gesichtskreises der kritischen Philosophie – und noch weniger steht es zu ihr in einem systematischen Gegensatz.[B] Bedürfte es hierfür eines historischen Beweises, so ergäbe er sich schon aus dem Umstand, daß es kein anderer als Kant selbst gewesen ist, der dieses Problem zuerst in seiner ganzen Bedeutung erfasst und der, auf einer weiteren und sichereren Basis als[C] die psychologischen Lehrmeinungen des 18ten Jahrhunderts sie darzubieten vermochten, ein System der Anthropologie aufzubauen versucht hat. In seiner Wirksamkeit als akademischer Lehre[r] bildet die Anthropologie einen Höhepunkt – einen Gegenstand, zu dem er immer wieder und mit besonderer Vorliebe zurückgekehrt ist. Ja es

[A] bedeutet] ist bedeutet
[B] Gegensatz.] Gegensatz,
[C] Basis als] Basis, als

giebt eine Epoche in Kants Denken, in welcher dieses Thema für ihn in den eigentlichen Mittelpunkt rückt, in der er, zum mindesten von pädagogischen und didaktischen Gesichtspunkten aus, den Primat der Anthropologie im System der Philosophie vertritt. In dieser Epoche fordert Kant selbst für die Ethik, die er später der Anthropologie so scharf und radikal entgegengesetzt hat, daß sie damit beginnen müsse, dasjenige historisch und philosophisch zu erwägen, was geschieht, ehe sie dazu übergeht, anzuzeigen, was geschehen soll. Er will "die Methode deutlich machen, nach welcher man den Menschen studieren muss, nicht allein denjenigen, der durch die veränderliche Gestalt, welche ihm sein zufälliger Zustand eindrückt, entstellt und als ein solcher selbst von Philosophen fast jederzeit verkannt worden; sondern die Natur des Menschen, die immer bleibt, und deren eigentümliche Stelle in der Schöpfung". "Diese Methode der sittlichen Untersuchung" – so fügt er hinzu – "ist eine schöne Entdeckung unserer Zeiten und ist, wenn man sie in ihrem völligen Plane erwägt, den Alten gänzlich unbekannt gewesen".[1] Dieser "völlige Plan" ist freilich, so klar Kant ihn konzipiert hat, und so sehr er, durch alle verschiedenen Epochen seines Denkens hindurch an ihm festgehalten hat, im System der Transzendentalphilosophie selbst nicht zur Durchführung und zur vollkommenen Ausreifung gelangt. Denn dieses System ist, seiner eigentlichen Grundtendenz nach, an der Frage des *»quid juris«*, nicht an der des *»quid facti«* orientiert. Sein Zentralproblem liegt in der "objektiven", nicht in der "subjektiven" Deduktion: in der Frage nach dem Bestand und dem begründenden Prinzip der einzelnen Sinnbereiche, die, wie immer wieder betont wird, mit der Frage nach ihrer subjektiven Repraesentation, nach ihrer Darstellung im "Bewusstsein" keineswegs gleichbedeutend, sondern von ihr methodisch aufs strengste zu scheiden ist. Schon die Vorrede zur »Kritik der reinen Vernunft« schärft diesen Unterschied ein. Die Betrachtung der reinen Verstandesbegriffe hat, wie sie darlegt, zwei Seiten: die eine bezieht sich auf die Gegenstände des reinen Verstandes und soll die objektive Gültigkeit seiner Begriffe a priori darthun und begreiflich machen – "die andere geht darauf aus, den reinen Verstand selbst, nach seiner Möglichkeit und den Erkenntniskräften, auf denen er selbst beruht, mithin ihn in subjektiver Beziehung zu betrachten." "Obgleich diese Erörterung in Ansehung meines Hauptzwecks von grosser Wichtigkeit ist, so gehört sie doch nicht wesentlich zu demselben, weil die Hauptfrage immer bleibt, was und wie viel kann Verstand und Vernunft, frei von aller Erfahrung, erkennen und nicht, wie ist das Vermögen zu denken selbst möglich? Da das letztere gleichsam eine Auf-

[1] Kant, Nachricht von der Einrichtung seiner Vorlesungen im Winterhalbjahr 1765/66, Werke (ed. Cassirer), Bd. II, S. 326.

suchung der Ursache zu einer gegebenen Wirkung ist, und insofern etwas einer Hypothese Ähnliches hat (ob es gleich ... sich in der Tat nicht so verhält), so scheint es, als sei hier der Fall, da ich mir die Erlaubnis nehme, zu meinen und dem Leser also auch freistehen müsse, anders zu meinen: In Betracht dessen muss ich dem Leser mit der Erinnerung zuvorkommen: daß, im Fall meine subjektive Deduktion nicht die ganze Überzeugung, die ich erwarte, bei ihm gewirkt hätte, doch die objektive, um die es mir hier vornehmlich zu thun ist, ihre ganze Stärke bekomme".$_{49}$

Wenn Kant in diesen Sätzen einen Faden der Untersuchung, den er selbst geknüpft hatte, im gewissen Sinne wieder fallen lässt – so hätte man erwarten können, daß die Folgezeit ihn wieder aufgenommen hätte. Schien sie doch wie keine andere Epoche dazu gerüstet, die Grundprobleme der philosophischen Anthropologie als solche zu erfassen und sie mit völlig neuen Mitteln zu bewältigen. Denn ihr stand das ganze gewaltige Material zu Gebote, das die vergleichende Morphologie und die Entwicklungsgeschichte inzwischen erarbeitet hatte. Jetzt erst schien die Forschung, wenn sie nach der "Stelle des Menschen in der Schöpfung"$_{50}$ fragte, sich auf festem und nach allen Seiten hin gesicherten empirischen Boden zu bewegen. Die Frage, wie sie Kant gestellt hatte, schien nunmehr freilich einer Neugestaltung und einer entscheidenden Umformung zu bedürfen. Denn Kant hat auch dort noch, wo er nach der Natur des Menschen forscht, seine bleibende, nicht seine veränderliche Natur im Auge – und diese letztere wird von ihm nicht im Sinne einer bloss empirischen Gleichförmigkeit, sondern einer idealen Bestimmtheit und einer idealen Wesenheit genommen. Sein Ziel ist zu wissen,[A] "welche Vollkommenheit dem Menschen im Stande der rohen und welche im Stande der weisen Einfalt angemessen sei, was dagegen die Vorschrift seines Verhaltens sei, wenn er, indem er aus beiderlei Grenzen herausgeht, die höchste Stufe der physischen oder moralischen Vortrefflichkeit zu berühren trachtet, aber von beiden mehr oder weniger abweicht".[1] Diese Fragestellung, die so durchaus den Geist des achtzehnten Jahrhunderts atmet, schien im neunzehnten Jahrhundert, im Jahrhundert des strengen "Positivismus"[,] endgültig überwunden und abgethan zu sein. Die "Natur" des Menschen – sie bedeutete fortan keine ideale, sondern eine rein faktische Größe; und diese ließ sich nirgends sicherer und exakter[B] als durch die Erforschung seiner physischen Organisation bestim-

[1] Kant, Nachricht von der Einrichtung seiner Vorlesungen 1765/66; Werke, Bd. II, S. 326.

[A] wissen,] *am Rande in Bleistift (Ms. S. 85):* <N.b. S. / 105-151$_{51}$ / am 23.XII mit- / genommen nach / Berlin (für Bergs[on]- / Vortr[ag]!)

[B] exakter] exakter,

men. Den Leitgedanken dieser Forschung aber bildete das Prinzip der Kontinuität und der stetigen Evolution der Naturformen. Je konsequenter dieses Prinzip durchgeführt, je rückhaltloser es auf alle Phaenomene des menschlichen Daseins und Wirkens erstreckt wurde, um so klarer schienen diese Phaenomene begriffen. Ihre »Erklärung« schien nichts anderes besagen zu können, als ihre Aufnahme in den allgemeinen Kausalzusammenhang des Werdens und die Bestimmung der Stelle, die ihnen innerhalb dieses Zusammenhangs zukommt. Auch alle reinen Sinn- und Bedeutungsfragen mussten unter diesen Gesichtspunkt gerückt werden, wenn anders sie ihrer metaphysischen Hülle entkleidet, – wenn anders sie zu streng-wissenschaftlichen Fragen erhoben werden sollten[.] Das Ziel der »philosophischen Anthropologie«, wie es Kant vor Augen gestanden hatte, war damit freilich weit in die Ferne gerückt: ja es schien sich nunmehr als eine blosse gedankliche Utopie zu erweisen. Noch bis vor kurzem konnte der Anschein entstehen, als bedeute diese[A] Entscheidung der Weisheit letzten Schluß – als sei die Anthropologie, gemäss der Vorstellung des Comte'schen Drei-Phasen-Gesetzes[,][52] aus ihrer "spekulativen" Epoche endgültig in ihre rein »positive« Epoche eingetreten. Und doch mehren sich, wenn man die neueste Entwicklung der Philosophie ins Auge fasst, die Zeichen dafür, daß die Methodik der Anthropologie, wie sie sich unter der Herrschaft des Entwicklungsgedankens und der grossen evolutionistischen Systeme, insbesondere unter der Herrschaft der Lehre Herbert Spencers,[53] herausgebildet hatte, nicht mehr fraglos und unerschüttert dasteht. Es sind insbesondere die[B] letzten Arbeiten Schelers[54] und der ihm nahe stehenden Denker, die diese Wendung deutlich bezeichnen. Wieder wird jetzt nach der "Sonderstellung des Menschen" in einem völlig anderen Sinne[C] als in dem einer naturwissenschaftlichen Formenlehre und einer naturwissenschaftlichen Entwicklungslehre gefragt: wieder sucht sich die Anthropologie als ein notwendiger und integrierender Bestandteil nicht sowohl der empirischen Naturforschung als der reinen »Wesensforschung« zu begreifen. Sie wird, so nahe und so notwendig sie sich auch auf die Grundprobleme der Naturphilosophie bezieht, nichtsdestoweniger zugleich zu einem wichtigen und wesentlichen Faktor im Aufbau einer "Sinnesphilosophie". Die "philosophische Anthropologie" soll sich jetzt in einer doppelten Richtung entfalten und gewissermassen in eine zweifache Dimension erstrecken, indem sie den Menschen nicht nur als Subjekt-Objekt der Natur, sondern zugleich als Subjekt-Objekt der Kultur begreift. "Die Ebene, auf die sich der Mensch immer von neuem unter Anstrengungen und Opfern aller Art hinaufspielen muss"[55] – so wird betont – "die Ebene geistigen Tuns,

[A] diese] dies
[B] die] der
[C] Sinne] Sinne,

schöpferischer Arbeit, die Ebene seiner Triumphe und Niederlagen, kreuzt sich mit der Ebene seines leiblichen Daseins. So hat der Existenzkonflikt, ohne den der Mensch eben nicht Mensch ist, eine Bedeutung auch für die philosophische Methode: er weist an der Janushaftigkeit dieses Lebewesens die Notwendigkeit einer Erkenntnis auf, die den Doppelaspekt seines Daseins – nicht etwa aufhebt oder vermittelt, sondern aus e i n e r Grundposition begreift".[1]

Wird die Aufgabe der philosophischen Anthropologie in diesem Sinne verstanden, so erscheint damit der Kreis der Fragen, der sie umspannt, unserem eigenen Problem unmittelbar nahe gerückt. Ja es lässt sich nunmehr voraussagen, daß die prinzipielle Entscheidung über jenen »Wesensbegriff« vom Menschen, die hier gesucht wird, nirgend anders als von Seiten einer Philosophie der "symbolischen Formen" wird erfolgen können. Denn diese Formen eben sind es, die die Ebene des geistigen Tuns des Menschen vorzüglich bezeichnen und die gewissermassen die allgemeinen Bestimmungselemente dieser Ebene in sich schliessen. Im Medium der Sprache und der Kunst, des Mythos und der theoretischen Erkenntnis vollzieht sich jene Umkehr, jene geistige Revolution, deren Ertrag darin besteht, daß der Mensch sich die Welt beseitigt, um die Welt an sich zu ziehen. Kraft ihrer wird ihm eine Nähe zur Welt und eine Ferne von ihr zu Teil, wie sie kein anderes Wesen besitzt. Will man diesen Prozess der Abgrenzung bezeichnen, will man gleichsam die Demarkationslinie zwischen dem Menschen und der Gesamtheit der Welt des Lebendigen ziehen, so kann dies nicht anders geschehen, als indem man von dem Inbegriff und von der Struktur dieser Gebilde ausgeht, und sie nicht sowohl in ihrem Werden als vielmehr in ihrem reinen Bestand zu ergreifen sucht. Keine Metaphysik und keine Empirie wird jemals im stande sein, uns den »Ursprung« dieser Gebilde in dem Sinne zu erhellen, daß sie uns in ihren zeitlichen Anfang zurückversetzt, daß sie uns unmittelbar ihre Entstehung belauschen lässt. Wir können niemals zu dem Punkte zurückdringen, an dem der erste Strahl des geistigen Bewusstseins aus der Welt des Lebens hervorbricht; wir können nicht den Finger auf die Stelle legen, an der die Sprache oder der Mythos, die Kunst oder die Erkenntnis "wird". Denn sie alle kennen wir immer nur in ihrem reinen S e i n : – als in sich geschlossene Formen, in denen^A jedes Einzelne

[1] Helmuth Plessner,[56] Die Stufen des Organischen und der Mensch. Einleitung in die philosophische Anthropologie, Berlin, 1928, S. 32. – Von Schelers seit längerer Zeit angekündigter philosophischen Anthropologie liegt zur Zeit der Niederschrift dieses Kapitels nur eine kurze Skizze vor, die unter dem Titel: "Die Sonderstellung des Menschen" in dem von Herm[ann] Keyserling herausgegebenen Sammelwerk "Mensch und Erde" (Darmstadt 1927), S. 161 ff., veröffentlicht ist.

^A denen] der

das Ganze trägt und von ihm getragen wird, in denen[A] wir daher kein »Früher« oder »Später«, kein der Zeit nach »Erstes« oder »Zweites« setzen können. Was uns übrig bleibt, ist der Rückgang von den relativ komplexeren Gestalten einer bestimmten Formwelt auf relativ einfachere – aber in jeder noch so einfachen Gestalt ist bereits das Gesetz der Formung als Ganzes gegenwärtig und wirksam. Jede Analyse, die dieses Ganze dadurch »erklären« zu können meint, daß sie es sozusagen in seine Sinn-Atome auflöst, geht daher prinzipiell in die Irre: denn schon der blosse Begriff solcher Sinn-Atome enthält einen inneren Widerspruch. Wir können immer nur geprägte Formen, wir können nur Sinn-Totalitäten einander gegenüberstellen, um uns kraft dieser Gegenüberstellung der spezifischen geistigen Norm, die ihren Aufbau beherrscht, bewusst zu werden – nicht aber können wir das gestaltende Prinzip, unter dem dieser Aufbau steht, auf ein noch-nicht-Gestaltetes zurückführen, es gewissermassen aus einer noch ungeformten »Materie« sich "entwickeln" lassen. Eine streng naturalistisch-gesinnte Anthropologie muss freilich immer von neuem diesen Versuch unternehmen: denn an seinem Gelingen hängt ihre eigene "Möglichkeit". Aber immer wieder läuft dieser Versuch zuletzt in einen Zirkel aus: man "entwickelt" aus den Elementen zuletzt nichts anderes, als was man zuvor implizit in ihnen bereits gedacht, was man, in wenn auch noch so versteckter Weise, in sie hineingelegt hatte. Der Weg, den alle Versuche dieser Art einschlagen müssen, und der allein zu einem Ziel zu führen verspricht, ist in vorbildlicher Schärfe und Klarheit bereits von Darwin$_{57}$ gewiesen worden. Darwins Werk über den "Ausdruck der Gemütsbewegungen" ist in seiner Art ebenso epochemachend und methodisch-grundlegend, wie es sein Werk über die "Entstehung der Arten" ist. Mit genialem Blick hat Darwin hier schon in der Problemstellung genau den Punkt erfasst, an dem die Welt des »natürlichen« Seins in die des »geistigen« Seins überzugehen, und an dem daher, wenn überhaupt, das Verhältnis der Kontinuität, das zwischen beiden besteht, unmittelbar aufweisbar zu werden scheint. Denn die Erscheinung des Ausdrucks scheint ein echtes Urphaenomen des Lebens zu sein, das bis in seine untersten Grade und Schichten herabreicht. Schon die Pflanzenwelt scheint in irgend einer Weise an diesem Phaenomen Anteil zu haben; schon die Pflanze scheint, wie Scheler es ausdrückt, eine gewisse "Physiognomik ihrer Innenzustände" (matt, kraftvoll, üppig, arm u.s.w.) zu besitzen.[1] Gelingt es daher[,] den Ausdrucksvorgang als reinen Lebensvorgang zu erfassen und ihn mit rein biologischen Kategorien zu beschreiben – so ist damit prinzipiell der Weg frei gemacht, der vom rein natürlichen Dasein,

[1] Scheler, a. a. O., S. 169.

[A] denen] der

in ununterbrochenem und stetigem Fortschritt, bis zu den höchsten geistigen Erzeugnissen heraufzuführen verspricht. Das Problem erschien bewältigt in dem Augenblick, in dem es gelang, die Sprache auf die reine Ausdrucksfunktion zurückzuführen und diese letztere selbst, soweit das "Prinzip ihrer Bewegung" in Frage kommt, als das Produkt rein vitaler Prozesse, als Endpunkt einer Entwicklungsreihe zu erweisen, der unter keinem andern Gesetz als dem der "natürlichen Zuchtwahl" der biologischen "Anpassung" steht. Das Verfahren, das Darwin hierfür einschlägt, ist bekannt: es besteht darin, die Ausdruckshandlung so zu deuten, daß sie als blosses Residuum einer reinen Zweckhandlung erscheint. Die geballte Faust ist nichts anderes als die Abschwächung einer "wirklichen" Angriffsbewegung; das Fletschen der Zähne, als Ausdruck des Zornes und der Wut, geht auf eine Epoche zurück, in der die Zähne, vor allem die scharfen Eckzähne, noch als wirkliche Kampf-Organe, als Mittel[,] den Gegner anzufallen und zu vernichten, gebraucht wurden.[58] Ist in dieser Weise der mimische Ausdruck als direkte Fortsetzung und gewissermassen als Sublimierung bestimmter Lebensakte erkannt, die rein unter dem Prinzip der Nützlichkeit stehen, so bedarf es jetzt nur noch des weiteren Schrittes, die Sprache, um sie völlig in den Bereich dieser Erklärungsart einzubeziehen, als eine Sublimierung der Ausdrucksfunktion zu erweisen. Noch Wundts[59] Werk über die Sprache geht diesen Weg. Die "Entwicklungstheorie" der Sprache, die Wundt vertritt,[60] fusst auf der Annahme, daß aller geistige Gehalt der Sprache ursprünglich aus der Ausdrucksbewegung stammt, daß sie gewissermassen nichts anderes als die systematisierte und regulierte Ausdrucksbewegung ist. Damit erscheint alsdann der Kreis geschlossen: die Welt der Kultur, deren Prototyp die Sprache bildet, ist in die der Natur aufgenommen und nach dem gleichen Prinzip wie diese erklärt. Alle rein »monistischen« Erklärungsweisen laufen zuletzt in diesem Punkte zusammen: sie sind, methodisch betrachtet, nichts anderes als Versuche, reine Sinngehalte dadurch zu verstehen, daß man sie aus dem natürlichen Dasein entstehen lässt, – daß man Zusammenhänge, die auf den ersten Blick einer anderen Dimension anzugehören scheinen, auf die Dimension des Geschehens zurückversetzt.

Was zu Versuchen dieser Art immer wieder anreizt und was ihnen ihr formelles Recht und ihren gedanklichen Rückhalt giebt, ist der Umstand, daß in der Tat, sobald man sich innerhalb der reinen Geschehensebene hält, in ihr nirgends ein "Sprung", eine Unterbrechung der Kontinuität des Werdens, erscheint. Alle Phasen des Werdens fliessen, rein als solche betrachtet, unmerklich in einander über. Aber dieses zeitliche In-Einander-Greifen der Phasen des Geschehens schliesst den scharfen Unterschied, ja den Gegensatz der ideellen Gehalte, die sich uns im Werden darstellen, keineswegs aus. Wie immer man die Frage für das Werden der Naturformen beantworten mag: im Gebiet des geistigen Werdens herrscht nicht sowohl das Gesetz der Evolution als vielmehr das Gesetz der Mutation. Hier folgt nicht einfach Welle auf Welle im gleichförmigen, stetig dahingleitenden Fluss, – sondern hier setzt sich klar und bestimmt eine Gestalt gegen die andere ab. Auch dort[,] wo die neue Gestalt sich unmittelbar an frühere Gestalten reiht, ist sie nicht einfach deren Resultat, sondern stellt ihnen gegenüber ein Eigenes und Selbständiges dar. Wie nahe sie sich auch mit dem, was ihr voraufgeht, berührt, sodaß nirgends eine "Lücke" zwischen ihr und ihren Antecedentien aufweisbar ist, so entspringt sie doch nicht aus diesen Antecedentien, noch ist sie aus ihnen erklärbar und ableitbar: "Alles Höchste, es kommt frei von den Göttern herab".[61] Die vorangehende Analyse der einzelnen symbolischen Formen hat uns an jeder von ihr diese eigentümliche Doppelbestimmung kennen gelehrt. Sie fragte nicht nach der *Entstehung* dieser Formen, sondern nach ihrem *Bestand*; sie war auch dort, wo sie diesen Bestand selbst zu zerlegen, wo sie verschiedene "Schichten" in ihm zu sondern suchte, nicht von einem genetisch-historischen, sondern von einem rein phaenomenologischen Interesse beherrscht. Aber auch innerhalb dieser phaenomenologischen Analyse der einzelnen Formen ergab sich immer wieder, wie unlöslich, insbesondere in den »primitiveren« Gestaltungen[,] die rein "geistigen" Gehalte mit "vitalen" verwoben sind und wie sehr sie in ihrem Aufbau von vitalen Tendenzen beherrscht werden. Eine Gestaltenwelt, wie die des Mythos, liess sich weder begreifen, wenn wir sie ausschliesslich als Denkform, noch wenn wir sie rein als Lebensform zu verstehen suchten: erst das Ineinander beider Bestimmungen ergab ihr eigentliches konstitutives Prinzip. Und ebenso zeigte sich im Aufbau der Sprache, wie der sprachliche Gedanke, der Logos selbst, mitten im Kreise des menschlichen *Tuns* entspringt und die verschiedenen Momente und Richtungen desselben in sich widerspiegelt – derart, daß sein "theoretischer" Sinn in einem ursprünglich-"praktischen" Sinn wie verankert und verwurzelt erscheint.[1] Aber wie nahe beide Sphaeren sich auch berühren, so führte dies doch niemals dazu, daß die eine sich in die andere auflöste. Das theoretische Moment des "Schauens" wurde nicht aus dem des Tuns abgeleitet, – sondern umgekehrt war es das Tun, das sich mehr und mehr von seinem anfänglichen Lebensgrunde, von seiner bloss "vitalen" Richtung loslöste, je mehr es sich mit den reinen geistigen Formen durchdrang. Nirgends stellt sich dies vielleicht so deutlich dar, als im Rahmen des "technischen" Wirkens selber. Dieses scheint der blossen Nutzbarkeit überall aufs stärkste verhaftet, ja es scheint ihr ein für alle Mal verfallen zu sein. Und doch ist das Grundmittel, kraft dessen sich der Mensch in der Technik mit dem Sein der Natur verbindet und kraft dessen er sich an dasselbe zu bin-

[1] Näheres s. bes. Bd. I, S. 208 ff.; [Bd.] II, [S.] 228 ff.; S. 246 ff., u.ö.

den scheint, der eigentliche Anfang zur Selbstbefreiung des Geistes. Denn im *Werkzeug* ist an Stelle des unmittelbaren Ergreifens der Objekte ein mittelbarer Bezug auf sie getreten. Die Ziele des Wollens und Begehrens rücken jetzt in die Ferne: statt wie durch einen instinktiven Zwang, durch eine Übermacht der Natur, der er nichts entgegenzustellen hat, auf sie hingetrieben zu werden, erblickt sie der Mensch gewissermassen in einem brechenden Medium. Das Werkzeug kann erst dort entstehen, wo der Geist fähig geworden ist, ein "mögliches" Objekt zu ergreifen und zu konzipieren, statt sich direkt an ein wirkliches herzugeben und an dasselbe zu verlieren. Und das *Bewusstsein* dieser neuen Stellung zur Wirklichkeit spricht sich darin aus, daß der Mensch das Werkzeug nicht nur schafft und gebraucht, sondern daß er es zugleich *verehrt*. In dieser Verehrung, die sich als eines der Grundmotive des mythischen Weltbildes erweisen liess, wird das Werkzeug über das[,] was es unmittelbar-stofflich ist und leistet, erhöht, wird es als eine geistige Kraft *angeschaut*; – und[A] diese seine Anschauung, diese seine Verwandlung und Projektion ins Ideelle, wird jetzt zum Keim und Ausgangspunkt einer neuen Gesamtansicht, die der Mensch von der Aussenwelt[B] und die er von sich selbst gewinnt.[1]

Es ergiebt sich schon aus diesem *einen* Beispiel, was die Analyse der einzelnen symbolischen Formen für die Aufgabe einer "*philosophischen* Anthropologie" zu leisten vermag. In der Tat giebt es kein anderes Mittel, die spezifisch-menschliche Welt gegen die Welt der Naturformen abzugrenzen, und sie als das, was sie ist, sichtbar werden zu lassen, als ihre Betrachtung innerhalb dieses Mediums. Wo immer dasselbe übersprungen oder nicht in seiner vollen Eigenart erkannt wird, da fehlt jede Sicherheit einer wirklich scharfen, einer prinzipiellen Grenzsetzung. Der nächstliegende und der sozusagen unverdächtigste Weg dieser Grenzsetzung scheint freilich darin zu bestehen, daß man sich an bestimmte rein "objektive" Kriterien hält – d.h. an solche, die sich unmittelbar als *physische* Bestimmungen aufweisen lassen. Geht man von der Voraussetzung aus, daß Natur weder Kern noch Schale hat, daß sie vielmehr "alles mit einem Male"$_{62}$ ist – so wird man für jede Differenz des "Inneren" eine Differenz des "Äusseren" als ihr notwendiges Korrelat finden müssen. Damit erst scheint uns ein sicherer Leitfaden der Untersuchung in die Hände gegeben, scheinen die Gefahren des "Subjektivismus" beschworen zu sein. Auf dieser methodischen Basis hat Uexküll$_{63}$ seine "Theoretische Biologie" errichtet. Der Grundgedanke dieser Biologie besteht darin, daß uns der Zugang zu den verschiede-

[1] Näheres hierüber s. bes. Bd. II, S. 262 ff.

[A] - und] *Lesart der Korrektur undeutlich*
[B] Aussenwelt] Aussenwelt,

nen Welten der einzelnen Lebensformen auf keinem anderen Wege[A] als durch das Studium ihres »Bauplanes« gewährt werden kann. Versenken wir uns in die anatomische Struktur eines Lebewesens u. verdeutlichen wir uns zugleich so scharf als möglich den Umfang der Leistung, die dieser Struktur entspricht, so haben wir damit das Feld seines Daseins und seines Wirkens abgegrenzt. Der Bauplan schafft selbsttätig die Umwelt eines Lebewesens, sodaß diese keineswegs als konstant, sondern als für jedes Wesen verschieden, als mit dem Bauplan variabel anzusetzen ist. Und ebenso objektiv[,] wie es die Faktoren der Umwelt sind, müssen die von ihnen hervorgerufenen Wirkungen im Nervensystem aufgefasst werden. Auch sie sind nirgends anders als von der körperlichen Struktur her bestimmbar, und sie sind von vornherein durch diese[B] gesichtet und geregelt. Die Gesamtheit dieser Wirkungen nun ist dasjenige, was wir als die »Innenwelt« eines Lebewesens bezeichnen, sodaß – wie Uexküll betont – auch die Feststellung dieser Innenwelt "die unverfälschte Frucht objektiver Forschung" bildet, die "nicht durch psychologische Spekulationen getrübt werden" soll.[C] "Über der Innenwelt und der Umwelt steht der Bauplan alles beherrschend. Die Erforschung des Bauplanes kann ... allein die gesunde und gesicherte Grundlage der Biologie abgeben ... Wird die Ausgestaltung des Bauplanes für jede Tierart in den Mittelpunkt der Forschung gestellt, so findet jede neuentdeckte Tatsache ihre naturgemässe$_{64}$ Stelle, an der sie erst Sinn erhält und Bedeutung".[1]

Das Verdienst dieser Forschungsrichtung soll in keiner Weise geschmälert; die wichtigen und aufschlussreichen Ergebnisse, die sie für die Biologie gezeitigt hat, sollen nicht bestritten werden. Dennoch lässt sie uns im Stich, sobald wir uns dem Grundproblem einer "philosophischen Anthropologie" zuwenden. Denn für diese ist der Begriff des Menschen nicht durch bestimmte aufzeigbare Merkmale seiner Struktur, sondern durch den Inbegriff, durch die Totalität seiner Leistungen bestimmt. Und die Gesamtheit dieser Leistungen lässt sich keineswegs einfach am "Bauplan" des Menschen, etwa am Bauplan des Gehirns und des Nervensystems, ablesen. Uexküll hat seine Forschungen vor allem im Gebiet der niederen Tiere durchgeführt – und aus den Resultaten, die er hier gewonnen hat, ist jenes allgemeine Schema abgeleitet, durch welches er den "Funktionskreis" der Lebewesen bezeichnet. Die »Umwelt« jedes Tieres lässt sich nicht allgemein, mit unseren Begriffen von »Gegenständen« und von objektiven

[1] v. Uexküll, Umwelt und Innenwelt der Tiere, Berlin 1921, S. 5.

[A] Wege] Wege,
[B] diese] *Lesart der Korrektur undeutlich*
[C] werden" soll.] werden soll".

»Eigenschaften« bestimmen, sondern sie entspringt aus dem Ganzen seiner Organisation und entspricht in jedem Zuge diesem Ganzen. In der Welt des Regenwurmes giebt es nur Regenwurmdinge, in der Welt der Libelle nur Libellendinge. Näher betrachtet zerfällt hierbei diese Umwelt in zwei Teile: in eine Merkwelt, die die Reize der Umweltdinge umfaßt, und in eine Wirkungswelt, die aus den Angriffsflächen der Effektoren, der Wirkungsorgane des Lebewesens, besteht. "Die gemeinsam ausgesandten Reize eines Objektes in der Umgebung eines Tieres bilden ein Merkmal für das Tier. Dadurch werden die reizaussendenden Eigenschaften des Objektes zu Merkmalträgern für das Tier, während die als Angriffsflächen dienenden Eigenschaften des Objektes zu Wirkungsträgern werden. Merkmalträger und Wirkungsträger fallen immer im gleichen Objekt zusammen: – so lässt sich die wunderbare Tatsache, daß alle Tiere in die Objekte ihrer Umwelt eingepasst$_{65}$ sind, kurz ausdrükken["].[1] Das Tier bemerkt somit kein Objekt ausser einem solchen, das in irgend einer Weise in den Umkreis seines Wirkens hineinfällt, das als Auslösung für eine bestimmte Aktion in Betracht kommt. Die Richtung dieser Aktion und ihr spezifisches "Interesse" ist dasjenige, was die Art seiner Gegebenheiten, seiner "Gegenstände" bestimmt. Eben diese Geschlossenheit des "Funktionskreises", dieses Ineinander von »Bemerken« und »Bewirken«, scheint sich indess um so mehr zu lockern, je mehr wir uns der Welt des Menschen nähern, – bis zuletzt in dieser Welt selbst, das Band, das überall sonst die Einheit des Organismus ausmacht, geradezu gesprengt zu werden scheint.[A] Der Mensch tritt – zunächst noch gewissermassen zögernd und ihm selber unbewusst, dann aber immer deutlicher und entschiedener – aus der Sphaere des blossen Bemerkens, wie des blossen Bewirkens heraus, um sich ein neues Gebiet, das Gebiet des "Betrachtens" zu erobern. Und je mehr die neue Kraft, die Kraft der Betrachtung, in ihm erstarkt – um so mehr sieht er sich damit dem Kräftespiel von »Aktion« und »Reaktion«, wie es überall sonst in der organischen Welt waltet, enthoben. Soweit dem Tier eine Umwelt zukommt und soweit dieselbe sich in gesonderte, gegen einander abgegrenzte Bestimmungen gliedert, ist sowohl das Dasein dieser Umwelt wie die Abgrenzungen in ihr von der Dynamik des tierischen Trieblebens abhängig. Der Trieb allein ist es, der dem Tier gewissermassen die Fackel entzündet, bei deren Schein es bestimmte Umweltgestaltungen zu unterscheiden vermag. Und nur so lange er unmittelbar wirk-

[1] v. Uexküll, a. a. O., S. 45 f.

[A] sonst die ... scheint.] *am Rande angeschlossen, nächste S. (Ms. S. 105) gestrichen. Dort wird in einer Anm. unter Hinweis auf* Bd. I, S. 254 ff., *und unter Hinweis auf* Sprache und Mythos, S. 32 ff., *die Rolle der Sprache bei der Erweiterung der Bedeutsamkeit hervorgehoben.*

sam und zwingend ist, besteht für das Tier die Möglichkeit des "Aufmerkens", des Wach-Seins gegen äussere Reize. So ist z. B., wie Uexkülls Versuche lehren, die "Merkwelt" des Tieres eine ganz andere für das Tier im Zustand der Sättigung,$_{66}$ als sie es für das hungernde Tier ist. Der Instinkt zur Nahrungsaufnahme giebt je nach seinem Anschwellen und Abschwellen dieser Welt eine durchaus verschiedene Gestalt. Ebenso ist es die Qualität, die Differenzierung der einzelnen Triebe, auf der die Sonderung der Umwelt in einzelne Daseinskreise beruht. Bei den meisten Tieren lässt sich eine Mehrheit von "Funktionskreisen" unterscheiden, die man etwa als Beutekreis, als Feindeskreis, als Geschlechtskreis, als Kreis des Mediums bezeichnen kann.[1] Die Inhalte, die in diesen Kreisen stehen, üben je eine andere Rückwirkung auf das Tier aus, werden zur Auslösung verschiedener und verschieden-gerichteter Bewegungen. "Der Aktionsplan des Tieres" – so fasst Plessner die Resultate Uexkülls zusammen – "ist das Netz, in dem sich die Welt fängt. Es herrscht ein ganz primitiver Primat des Praktischen, der die Merksphaere inhaltlich und formal nach den Kategorien des Motorischen gestaltet, indem er sie einfach in den Dienst der Nahrungssuche, der Verteidigung, der Begattung, der Eiablage u.s.w. stellt. Tritt ein Datum in der Merksphaere auf, so praesentiert es sich als Signal, nie als Objekt".[2] Dieser eherne Reif, der im Tiere das »Merknetz« mit dem »Wirknetz« verknüpft, und der beide in jedem Augenblick aufs genaueste zusammenfügt und ineinanderpasst, – er erscheint gebrochen, sobald wir in die Welt des spezifisch-menschlichen Bewusstseins und der spezifisch-menschlichen Gestaltungsweisen eintreten. Und mit diesem Bruch erscheint freilich der Mensch wie ausgestossen aus jenem Paradies des organischen Daseins, das gerade die einfachsten Lebensformen umschliesst, u. das sie mit besonderer Liebe zu umfassen und in sich zu bergen scheint. In der Schilderung von *Paramaecium candatum*, einer Infusorien-Art, braucht Uexküll den Vergleich, daß dieses Tier sicherer in seiner Umwelt ruhe, als ein Kind in der Wiege. "Überall ist es von den gleichen wohltätigen Reizen umgeben, die es vor Irrfahrten schützen und ihm immer wieder die Wege weisen zu den Quellen seiner Nahrung und seines Wohlbefindens. Paramaecium ist so in die Welt eingebaut, daß alles ihm zum Heile ausschlagen muss.$_{67}$ Tier und Umwelt bilden zusammen eine geschlossene Zweckmäßigkeit".[3] Auf solche Sicherheit und solchen Schutz verzichtet der Mensch, sobald er nicht nur in seiner Umwelt l e b t, sondern sobald er daran geht, sich diese Umwelt selbst zu e r b a u e n; sobald er sie in geistiger Formung vor sich hin und aus sich heraus stellt. Aber indem er sich des Schutzes des rein-organischen Daseins be-

[1] Vgl. Uexküll, a. a. O., S. 46.
[2] Plessner, a. a. O., S. 246.
[3] Uexküll, a. a. O., S. 41.

giebt, hat er sich damit zugleich von dem Zwang dieses Daseins befreit. Nun erfasst er eine Welt von Gegenständen, nicht nur nach dem, wie sie auf ihn wirken und was sie für sein vitales Dasein leisten, sondern nach dem, was sie in sich selbst sind und bedeuten. Sein "Bemerken" löst sich aus der Abhängigkeit von seinem Tun und Erleiden: es wird "frei von allem Interesse".[68] Kant hat diesen Grundzug der reinen Betrachtung innerhalb der aesthetischen Gegenstandswelt aufgewiesen, in welcher er in der Tat wie in seiner höchsten Potenzierung und Sublimierung zu Tage tritt. Aber er ist keineswegs auf diese Sphaere beschränkt, sondern er erweist sich für jegliche Art des »Schauens« und »Bildens«, für jede Erschaffung und Erfassung von Formwelten und Formwerten, als bezeichnend und bestimmend. Die Wendung zur Form, wie sie sich nicht nur in der Kunst, sondern nicht minder in der Sprache, im Mythos, in der theoretischen Erkenntnis vollzieht, ist stets eine Art Umstimmung, die das Subjekt in sich selbst, in der Gesamtheit seiner Lebensstimmung und Lebenshaltung, erfährt. Diese Umkehr, dieses *μετανοεῖν*[69] bildet den Anfang und die Voraussetzung jeglicher "Noesis" überhaupt. Die einfachste und praegnanteste Definition, die eine philosophisch-gerichtete "Anthropologie" für den Menschen zu geben vermöchte, wäre daher vielleicht die Bestimmung, daß er "der Form fähig" ist. *»Capaso formae«*: so könnte man ihn, unter Abwandlung eines scholastischen Terminus, knapp und scharf bezeichnen. Seine charakteristische Stellung zur Welt wie seine Stellung zu den Gegenständen ist hierin beschlossen. Schiller hat dieses Grundverhältnis bezeichnet, indem er die Betrachtung "das erste liberale Verhältnis des Menschen zu dem Weltall, das ihn umgibt",[70] nennt. "Wenn die Begierde ihren Gegenstand unmittelbar ergreift, so rückt die Betrachtung den ihrigen in die Ferne und macht ihn eben darin zu ihrem wahren und unverlierbaren Eigentum, daß sie ihn von der Leidenschaft flüchtet. Die Notwendigkeit der Natur, die den Menschen im Zustand der blossen Empfindung mit ungeteilter Gewalt beherrschte, lässt bei der Reflexion von ihm ab, in den Sinnen erfolgt ein augenblicklicher Friede, die Zeit selbst, das ewig Wandelnde, steht still, indem des Bewusstseins zerstreute Strahlen sich sammeln, und ein Nachbild des Unendlichen, die Form, reflektiert sich auf dem vergänglichen Grunde".[71] Diese Sätze, die Schillers Briefen über die aesthetische Erziehung des Menschen angehören, sind im Sinne seines spezifisch-aesthetisch gerichteten Humanismus zu nehmen: sie wollen den "aesthetischen Stand" des Menschen von seinem "ersten physischen Zustande" sondern. Aber sie greifen, ihrer Bedeutung nach, weit über dieses Ziel hinaus – sie sind gleich anwendbar auf jegliche Richtung der "Reflexion" und auf jegliche Formwelt, die sich in ihr und durch sie erschliesst.

Halten wir uns dieses Grundverhältnis vor Augen, so schwindet damit für uns die Hoffnung, diese Formwelten und das Gesetz, unter dem jede einzelne von ihnen steht, dadurch zu begreifen, daß wir die kausalen Bedingungen ihres Werdens, ihres zeitlichen Hervorgehens untersuchen. Denn wie eng wir hierbei auch die Welt des Geistigen an die des natürlichen Daseins heranrücken mögen, so erweist sich doch in prinzipieller Hinsicht der Abstand zwischen beiden nach wie vor als unaufheblich. Der Übergang von der einen zur andern stellt stets eine *μετάβασις εἰς ἄλλο γένος*$_{72}$ dar. Immer tritt in der Welt der »Betrachtung«, wenn wir sie der des organischen Geschehens und der des organischen Wirkens vergleichen, ein schlechthin originäres und originales Motiv hinzu. So wenig indess die Welt des Geistes sich im Sinne einer evolutionistischen Metaphysik aus der der[A] Natur »*ableiten*« lässt, so scheint doch in einem völlig anderen, ja entgegengesetzten methodischen Sinne, die *Erkenntnis* des Geistes an die der Natur gebunden zu sein. Nicht sowohl die *Kontinuität*, die wir zwischen beiden entdecken, als vielmehr der *Kontrast*, der sich zwischen ihnen auftut, scheint uns[B] das eigentliche Wesen beider erst wahrhaft aufzuschliessen. Keine der beiden Welten wird uns wahrhaft durchsichtig, solange wir sie lediglich in sich selbst und in ihrem eigenen bestimmenden Aufbauprinzip betrachten – wir müssen sie vielmehr gegeneinander halten, wir müssen gleichsam die eine in der anderen sich reflektieren lassen, um in solcher "wiederholten Spiegelung"$_{73}$ ein Bild von beiden zu gewinnen. Gelänge es uns, uns in eine Schicht des Daseins zurückzuversetzen, die noch *vor* jenem grossen Umformungsprozess liegt, wie ihn die einzelnen symbolischen Formen vollziehen – dann wäre für uns das Geheimnis dieser Formen erst völlig aufgedeckt. Wir wären nicht nur in ihnen befangen, sondern stünden zugleich über ihnen – wir wären uns, mitten in ihrem Vollzug[,] zugleich ihrer Grenzen bewusst. Der[C] Intellekt begreift sich nicht, so lange er in sich selbst verharrt. Sein höchstes Wissen von sich wird ihm erst zu Teil, wenn er über die ihm gemässe Form des *Denkens* hinausgeht – wenn er, über all seine »diskursiven« logischen Formen hinweggreifend, die Sphaere der reinen Intuition berührt. So wenig er von sich aus diese Sphaere *erfüllen* kann, so vermag er sie doch noch, als das prinzipiell »Andere« zu ihm, zu *erblicken* und kraft dieses Blicks nun erst sich selber in seiner Mittelbarkeit und Bedingtheit zu verstehen. Wir haben damit den Weg beschrieben, den die Metaphysik Bergsons gegangen ist: jene Metaphysik, die schon in ihrer eigenen Definition erklärt, daß sie ein Wissen sein wolle, das über jegliche Art von Mittelbarkeit, von blosser »Symbolik« hinausgeht.[1]

[1] Vgl. hrz. die Einleitung, bes. S. - ff.$_{74}$

[A] der] des
[B] uns] uns,
[C] Der] *S. endet mit Satzanfang* Denn der*; nächste S. beginnt:* Intellekt*; darüber mit Verweisungszeichen:* Der*; alter Satzanfang versehentlich nicht gestrichen*

Bergsons Begriff der "schöpferischen Entwicklung" steht nicht unter dem Leitgedanken der Stetigkeit, sondern unter dem der Scheidung, der grundsätzlichen »Diskretion« der Lebensbereiche. Keine der Stufen, die er unter den Namen *torpeur, intelligence, instinct*[75] befasst, ist auf die andere zurückführbar – jede stellt, gegenüber der andern, eine spezifisch-neue Gesamtrichtung des »Lebenswillens« dar. Der Grundirrtum, der alle Philosophie seit Aristoteles beherrscht hat – so erklärt er ausdrücklich – bestand darin, daß man im pflanzlichen Leben, im tierischen Instinkt und im Leben der Vernunft drei aufeinanderfolgende Phasen ein und derselben Entwicklungstendenz sah – während es sich in ihnen in Wahrheit um drei divergierende Richtungen handelt, deren Gegensätzlichkeit um so deutlicher hervortritt, je weiter die Entwicklung vorschreitet. "Der Unterschied ist kein blosser Intensitätsunterschied oder allgemeiner ausgedrückt ein Unterschied des Grades: er ist ein Unterschied des Wesens".[1][76] Hier stehen wir somit an einem Punkte, an dem die Metaphysik des Lebens, wie sie von Bergson entwickelt wird, sich in ihrem Ergebnis unmittelbar mit jener prinzipiellen Folgerung zu berühren scheint, die wir aus der Analyse der symbolischen Formen, also aus der reinen Philosophie des Geistes, gezogen haben. Denn der Trennungsstrich zwischen »Leben« und »Geist« wird auch von ihr in höchster Schärfe gezogen – das "Daß" der Trennung wird aufs klarste herausgearbeitet, wie immer schliesslich das Urteil über ihr Recht und über ihren Wert ausfallen mag. Aber eben von dieser Seite her erhebt sich nun, wenn man innerhalb der Voraussetzungen von Bergsons Lehre stehen bleibt, eine neue Frage. Das Leben als solches mag sich, als absolutes Sein, zugleich in sich selber spalten; es mag in die drei schlechthin divergierenden Richtungen der pflanzlichen Dumpfheit, des tierischen Instinkts, des menschlichen Intellekts auseinandergehen, – so genügt es doch für eine Metaphysik des Lebens niemals, dieses Auseinander einfach festzustellen und darzustellen. Denn die Metaphysik, die Philosophie des Lebens, steht als Philosophie[A] unter einer neuen Einheitsforderung. Die Spaltung im Sein kann nicht zu einer absoluten Spaltung im Wissen führen – wenn andererseits[B] dieses Wissen sein Ziel, ein Wissen vom Sein zu geben, erreichen soll. Das Nebeneinander der drei Lebensbereiche von *torpeur, instinct, intelligence*, erklärt nicht, wie es möglich ist, daß die letzte Stufe sich nicht nur real von den beiden ersteren unterscheidet, sondern daß sie sich auch ideell als von ihnen unterschieden erkennt. Dieses »Begreifen« ihrer selbst und ihrer eigenen Bedingtheit ist in sich sel-

[1] Bergson, L'évolution créatrice, Chap. 2, 2e édit. Paris 1907, S. 146 f.

[A] Philosophie] Philosophie,
[B] andererseits] anderes

ber schon wieder ein »Umgreifen« und »Übergreifen«: ein Erblicken der *Totalität* des Lebens vom "Standpunkt" der Intelligenz. Wie ist ein solcher Überblick über das *Ganze* und ein Rückblick auf dasselbe möglich, wenn wirklich die »Intelligenz« nichts anderes ist, als das, als was sie bei Bergson erscheint: ein Teil des Alls, der nie dem Ganzen gleichkommen, eine blosse Wirkung, die niemals ihre Ursache ausdrücken kann, eine "Laterne, die in einem Keller hergestellt ist, statt einer Sonne, die die Welt erleuchtet"?[1]$_{77}$ Hier liegt die für Bergsons *Methodik* wesentliche, die eigentlich-kritische Frage. Und er selbst ist sich aufs deutlichste bewusst, daß eine *rationale* Antwort auf diese Frage innerhalb seines Systems nicht möglich ist. Was uns diese Antwort allein zu verschaffen vermag, ist zuletzt keine Einsicht des Verstandes, sondern es ist ein Entschluß des Willens. Der gordische Knoten kann nicht gelöst – er kann nur zerhauen werden. Unser Gedanke muss sich entschliessen, den Sprung zu wagen: den Sprung in ein ihm selber dunkles und unzugängliches Gebiet. Niemals wird die Vernunft, indem sie ihren eigenen Kräften nachsinnt, dazu gelangen, diese Kräfte zu erweitern. Mag die Intelligenz noch so scharfsinnig ihren eigenen Mechanismus betrachten und zergliedern – niemals wird sie ihn auf diesem Wege überschreiten. Sie verwickelt sich hierbei nur immer enger in ihr eigenes Netzwerk – sie gelangt zu immer komplizierteren Bildungen, aber sie erreicht niemals etwas, was ihr überlegen oder auch nur von ihr unterschieden wäre. *»Il faut brusquer les choses, et, par un acte de volonté, pousser l'intelligence hors de chez elle«.*[2]$_{78}$

Der »Philosophie der symbolischen Formen« ist freilich, – so sehr auch sie den spezifischen Unterschied der Welt des »Geistes« von der des »Lebens« anerkennen und so scharf sie ihn ihrerseits betonen muss – *diese* Art der Lösung des Problems versagt. Sie kann sich nicht einfach dem Irrationalismus überantworten – sie kann nicht versuchen, durch ein Dekret des Willens, den Intellekt über sich selbst hinauszutreiben; sie kann nicht die Mittelbarkeit der *Analyse* durch die Unmittelbarkeit der *Intuition* vertauschen. Denn all dies ist ihr durch das Gesetz der Methode verwehrt, dem sie sich von Anfang an unterstellt hat. Diese Methode hält sie in den Schranken der Immanenz fest – wobei unter »Immanenz« freilich nicht das Verharren in irgend einer *Einzelform*, – etwa in der rein theoretisch-wissenschaftlichen Form – wohl aber in der *Gesamtheit* der möglichen Form- und Sinngebungen zu verstehen ist. Definieren wir die Welt des Geistes durch diese Gesamtheit, so kann für uns der "Archimedische Punkt" der Gewissheit, den wir für sie suchen, niemals ausserhalb ihrer, sondern stets nur in ihr selbst gesucht werden. Der Geist kann die For-

[1] Vgl. [Bergson,] L'évolution créatrice, Introduction, p. III.
[2] [Bergson,] L'évolution créatrice, S. 211.

men, in denen er lebt und ist, in denen er nicht nur denkt, sondern auch empfindet und wahrnimmt, anschaut und bildet, nicht gleich Schlangenhäuten von sich abstreifen, – er kann nicht, wie durch eine organische Metamorphose, in eine andere Wesens- und Lebensstufe, als der, in der er selbst steht, eingehen. Aber so wenig er sich jemals real seiner Grundform entäussern kann, so ist er doch andererseits in ihr nicht schlechthin festgebannt, nicht wie in den Wänden eines Kerkers eingeschlossen. Denn eben dies bildet seine Eigenart und sein Vorrecht, daß er nicht nur in bestimmten Formen »ist«, sondern zugleich diese seine Bestimmung, seine Determination w e i s s. Aber wenn irgend ein Wissen, so wird ihm dieses nicht durch unmittelbare Intuition zu Teil, sondern erfordert die Aufbietung und die höchste Anspannung all seiner »reflexiven« Kräfte. Das »Unmittelbare« selbst kann, sofern es besteht, nie unmittelbar ergriffen und unmittelbar erfahren werden: der Weg zu ihm ist selbst ein durchaus mittelbarer, sofern er der Weg der reinen R e d u k t i o n ist. Nur durch eine solche fortschreitende »Reduktion« ist es, wenn man näher zusieht, auch Bergson selbst gelungen, jenes Bild der Natur und des Lebens zu entwerfen, das er der »Intelligenz« gleich einem Spiegel vorhält. Die Kraft, in der seine eigene Metaphysik wurzelt und von der sie sich ständig nährt, ist selber eine spezifische Grundkraft der "Intelligenz": es ist ihre Fähigkeit[,] sich zu all dem, was sie erschafft, was sie aus ihrem eigenen Schoße gebiert, wiederum n e g a t i v zu verhalten; in ihrem Produkt nicht einfach zu »sein«, sondern beständig über dasselbe hinaus, ja g e g e n dasselbe, zu f r a g e n. Auch wir können und wollen dieser Frage nicht ausweichen; – aber wir müssen, nach all dem, was sich uns früher ergeben hat, ihre Beantwortung in einer anderen Richtung des Gedankens suchen. Wir haben bisher die einzelnen symbolischen Formen – die Sprache, den Mythos, die theoretische Erkenntnis – als Momente des A u f b a u s der geistigen Wirklichkeit zu erweisen gesucht. Jede von ihnen stellte uns ein selbständiges architektonisches Prinzip dar; ein ideelles »Gefüge«, oder, besser gesagt, – da es sich hier niemals um die Beschreibung rein statischer Verhältnisse, sondern um die Aufweisung eines dynamischen Prozesses handelte – eine charakteristische Weise der »Fügung« selbst. In der Darstellung dieses Prozesses aber sahen wir uns immer wieder einer bestimmten methodischen Schranke gegenüber. Denn niemals gelang es, eine Schicht der »Erfahrung«, des "unmittelbaren" Erlebens, blosszulegen, an der die verschiedenen formgebenden Kräfte, wie an einem stofflichen Substrat, angreifen und an dem, als einem b l o s s e n Stoff, sie ihre Leistung vollziehen konnten. Immer wieder mussten wir vielmehr diese Auffassung abwehren – die Auffassung[,] als finde in dem Prozess der "symbolischen Formung" nur die Umgestaltung einer gegebenen Empfindungswelt oder einer fertig-vorhandenen Wahrnehmungswelt statt – als trete zu ihr, als Grund- und Urschicht, nun nur noch eine Art von ideellem "Überbau"[79] hinzu. Es zeigte sich vielmehr, daß der jeweilige geistige Blickpunkt schon den Wahrnehmungsbestand als solchen bestimmte – daß beides sich nicht von einander abscheiden, sich nicht isoliert und gesondert aufweisen liess. Die verschiedenen Arten der »Sicht« bestimmten von sich aus je eine eigene Ordnung des »Sichtbaren«, – wobei das Sichtbare und die Sicht, Wahrgenommenes und Ideirtes, »Praesentes« und »Repraesentatives« immer nur in ihrem In-Einander, in ihrer wechselseitigen Verknüpftheit und Verwobenheit, sich aufzeigen liessen.

Aber ein neuer Ausblick scheint sich uns zu eröffnen, sobald wir den Kreis, in dem sich die bisherige Untersuchung bewegte, erweitern. Die Betrachtung des Reiches der Naturformen verspricht uns nunmehr zu gewähren, was die Betrachtung der geistigen Formen uns versagt hat und versagen musste. Denn hier ist, wie es scheint, durch die Wirklichkeit selbst die Trennung erfolgt, die unsere Philosophie, die die "Scheidekunst des Gedankens"[80] niemals in wirklicher Schärfe zu vollziehen vermag. Läge uns die Erlebniswelt anderer organischer Wesenheiten offen, – vermöchten wir in sie, wie in unsere eigenen Bewusstseinsphaenomene[,] Einblick zu nehmen – so würden wir in ihr eine vor-mythische, eine vor-sprachliche, eine vortheoretische Welt finden – und an ihr, als dem wahrhaft-Unmittelbaren, könnten wir nun die Art all dieser Vermittlungen erst vollständig ermessen und ablesen. Ausserhalb all der brechenden Medien, in denen unser geistiges Sein uns festhält, stünden wir nun erst dem Leben selber in seiner Absolutheit u. in seiner unermesslichen Vielgestaltigkeit Auge in Auge gegenüber. Jetzt erst liesse sich, um es in einem Gleichnis auszudrücken, das echte und ursprüngliche Metall der Wirklichkeit von der nachträglichen Prägung, die es in unserem Geiste erfahren hat, mit Sicherheit unterscheiden. Und nur die eine, methodisch freilich entscheidende Frage erhebt sich hier, mit welchen Mitteln wir diese »Transposition«, diese Versetzung in eine andere Erlebnis-Wirklichkeit, als es die unsere ist, gewinnen können? Wie unsicher, wie schlüpfrig hier jede logische Deduktion, jeder blosse Analogie-Schluss wäre, liegt auf der Hand – aber ebensowenig vermag uns an diesem Punkte die "Induktion", die Erfahrung und Beobachtung, weiter zu führen. Denn diese liefert uns, was die Welt anderer Lebewesen betrifft, immer nur den Rahmen des Bildes, nicht aber die Ausfüllung dieses Rahmens. Sie giebt uns nichts[A] anderes als die physischen Umrisse der Gestalt, des "Bauplanes" – und sie kann uns von sich aus, sie kann mit rein-empirischen Mitteln niemals mehr geben. Sollen wir hier, wo uns die Empirie im Stich lässt, die Phantasie zu Hilfe rufen – sollen wir uns, da die Logik unserer Begriffe und die Methodik der Beobachtung versagt, der Leitung der aesthetischen "Einfühlung" überlassen? Die Erfahrungswis-

[A] nichts] nicht

senschaft selber wird gegen ein derartiges Verfahren immer den schärfsten Einspruch erheben müssen. Die "Innenwelt" der Tiere mit seelischen Qualitäten auszumalen und aufzuputzen, die wir ebensowenig beweisen wie ableugnen können – dies kann, wie Uexküll erklärt, "keine Beschäftigung ernsthafter Forscher" sein.[1] Diesen Einspruch der strengen Empiriker kann eine kritisch-gerichtete und kritisch-gesinnte Philosophie nicht in den Wind schlagen. Aber ebensowenig vermag freilich die radikale Behauptung des "Behaviorismus"[,] kraft deren alles tierische Sein in dem beschlossen liegt, was uns im äusseren tierischen Verhalten zugänglich ist, dem philosophischen Problem, das hier vorliegt[,] gerecht zu werden. Denn auch hier ist eine methodische These in eine rein dogmatische These umgesetzt. Und diese letztere lässt sich nur kraft einer Umbiegung und Verleugnung dessen durchführen, was uns in den Phaenomenen selber wo nicht "gegeben", so doch zum mindesten "aufgegeben" ist. Keine Theorie vermag das Faktum zu beseitigen, daß innerhalb der "natürlichen Weltansicht" uns Tiere nicht als Maschinen, sondern als »belebte« Wesen – daß sie uns nicht als bewegte Körper, sondern als beseelte Leiber erscheinen. Die Welt des »Es« besteht hier nicht ursprünglich als eine selbständige Grösse – sondern sie ist nur aus einer gegebenen Welt des »Du« durch eine methodische Abstraktion zu gewinnen.[2] So scheint unser Denken, wenn es sich diesem Problem hingibt, sich immer wieder in ein unlösliches Dilemma verstricken zu müssen; – so scheint es notwendig zu einem Punkte hingeführt zu werden, von welchem aus es ebensowenig möglich ist, nach vorwärts wie nach rückwärts zu schreiten. Fast könnte es als der einzig mögliche Ausweg erscheinen, daß wir aus dieser Not eine Tugend machen – daß wir in einer Art bewusster methodischer Askese nicht nur auf die Problemlösung, sondern auch auf die Problemstellung verzichten. Wenn irgendwo, so scheinen wir hier an dem Punkt zu stehen, an welchem sich das Denken des *»intellectus ectypus«* dem des *»intellectus archetypus«*[83] als nicht gewachsen erkennen muss – an dem sich das "Abenteuer der Vernunft"[,][84] wie Kant den Versuch genannt hat, die Gesamtheit des Lebendigen nach einem gemeinsamen Plane überschauen und deuten zu wollen, als undurchführbar erweist.

Und doch giebt es noch einen andern Weg, um die Mannigfaltigkeit der organischen Lebensformen und der ihnen zugehörigen Phaenomene in den Blickpunkt des Geistes zu rücken, ohne daß wir uns zu jener "Brüskierung", auf der Bergson besteht, entschliessen – ohne daß wir von der

[1] Uexküll, a. a. O., S. 5.

[2] Zum Ganzen vgl. bes. ob., Cap. -, S. - ff.[81] Zur methodischen Kritik des "Behaviorismus" vgl. jetzt insbesondere die Darlegungen Bühlers, Die Krise der Psychologie, Jena 1927, S. 18 ff.[82]

»Intelligenz« verlangen müssten, daß sie ihre eigenen Grenzen überspringt und wie durch eine Art von Ekstase in ein schlechthin neues Sein eingeht. Nicht die Seinsform der Intelligenz können wir gegen eine andere vertauschen; nicht ihre »diskursive« Art des Begreifens durch eine unmittelbare Schau ersetzen. Aber innerhalb ihrer Begriffsform, innerhalb ihres *»discursus«* selber, können wir die Richtung der Bestimmung umkehren. Und wenn überhaupt, so kann nur durch eine solche Richtungsänderung die Welt des »Unmittelbaren« uns sichtbar werden. Was uns direkt durch keine metaphysische Intuition und durch keine empirische Beobachtung gegeben werden kann, das wird indirekt bestimmbar in jenem Gange der systematischen "Rekonstruktion",[85] der überhaupt die Methode darstellt, kraft deren sich uns die Eigenart des »Subjektiven« erschliesst. Solange wir allein in der Welt des »objektiven Geistes« stehen, solange unser Blick ausschliesslich auf den geistigen Gestaltungen als solchen ruht, um sie ihrem reinen Sachgehalt nach zu erfassen und zu durchdringen: solange ist alle Kraft der Betrachtung allein diesen Gestaltungen selbst zugewandt und in ihnen wie gefesselt. Und doch kann diese Bindung keine unbedingte und unauflösliche sein – denn eben dies macht den Grundcharakter des Geistes aus, daß er nicht nur gegen die »Aussenwelt«, gegen die Welt des physischen Daseins, sondern auch gegen sich selber, gegen das, was der adaequate Ausdruck seines eigenen Wesens ist, zurücktreten kann. Wenn er, in den mannigfachen Richtungen seiner Form- und Sinngebung, auf bestimmte objektive Gebilde "hinsieht" – so schliesst doch eben diese "Hinsicht" zugleich die Möglichkeit einer Umkehr in sich. Der Fähigkeit zu solcher Intention, zu solchem Bezogensein und Gespanntsein auf bestimmte Sachverhalte und Sinnverhalte, entspricht auf der anderen Seite die Fähigkeit zur »Abstraktion«. Und das eigentliche geistige Selbstbewusstsein entsteht erst, wo beide Momente sich wechselseitig bedingen und wo sie einander gleichsam die Waage[A] halten. Der Bestand des Selbstbewusstseins ist an diese Bedingung gebunden: – man könnte sagen, daß er nichts anderes als das Gleichgewicht darstellt, in dem sich die »produktiven« und die »abstraktiven«, die gestaltenden und die reflexiven Kräfte des Geistes halten. So kann die »Intelligenz« – wenn man dieses Wort in seinem weitesten Sinne versteht – zwar niemals sich selbst entfliehen; – so kann sie die grundlegenden Kategorien, kraft derer es für sie allein einen Kosmos des Seins und des Sinnes giebt, nicht von sich abstreifen. Aber was ihr gegeben ist, ist dies, daß sie sich, mitten im Vollzug dieser Kategorien, auf deren »Ursprung« zurückwenden, daß sie nach ihrem Grund und ihrer Bedeutung fragen kann. Und diese Frage bildet den Anfang einer neuen Besinnung. Der Vollzug als solcher erscheint jetzt wie angehalten, wie in einem bestimmten Punkte un-

A Waage] Wage

terbrochen: und in dieser Unterbrechung erst ist er "festgestellt", ist er zum Bewusstsein erhoben. Aber der Akt der Negation, die hierin liegt, kehrt sich nicht sowohl gegen die Substanz des Geistes als vielmehr gegen seine anfängliche Funktion. Der Geist giebt sich selbst nicht in seiner Wesenheit preis; sondern er durchschreitet diese seine Wesenheit in einer zwiefachen Bewegung. Sein diskursiver Gang hat nunmehr einen doppelten "Sinn", gewissermassen ein positives und ein negatives Vorzeichen, erhalten.[1] Wenn in seiner unmittelbaren Lebendigkeit alle seine Energien auf den Aufbau der einzelnen Formwelten gerichtet waren – so kann jetzt eine Art "Abbau" derselben versucht werden. Aber dieser Abbau kann freilich niemals im ontologischen, sondern er kann nur in rein methodischem Sinne verstanden werden. In ihm handelt es sich nicht darum, die Welt der objektiven geistigen Gestaltungen tatsächlich abzutragen, sondern nur darum, von ihnen in einem genau umgrenzten Sinne abzusehen. So wird hier der Intelligenz kein Sprung, kein *salto mortale* zugemutet. Sie kehrt sich freilich nunmehr in gewisser Hinsicht gegen sich selbst – aber nicht, um sich in ihrer Wesenheit zu negieren, sondern um sich in ihr zu erkennen. Diese Erkenntnis wird ihr nur zu Teil, wenn sie die einzelnen Phasen des Aufbauprozesses nicht lediglich durchläuft, sondern wenn sie auf sie und auf die Art, wie sie sich wechselseitig mit einander verknüpfen, zurückblickt. Und in diesem Rückblick erweitert sich ihr nun auch ihr eigener Kreis; – in ihm vermag sie – wenngleich stets nur in bedingtem und begrenztem Sinne – das Ganze nicht nur der Formen des Geistes, sondern auch der Formen des Lebens einzubeziehen. Wir sahen, wie nicht nur unsere Begriffswelt, sondern unsere gesamte Anschauungs- und Wahrnehmungswelt unter charakteristischen Formbedingungen steht und mit ihnen unlöslich verwoben ist. Aber dieser positive Zusammenhang und Zusammenhalt hat auch seine negative Kehrseite. Denn versuchen wir nunmehr, wenngleich rein hypothetisch, von diesen Bedingungen zu abstrahieren, so sind wir damit in eine Welt eingetreten, die, wie sie sich von der unseren der Form nach unterscheidet, auch in ihrer "Materie" als eine spezifisch-andere zu denken ist. Die »Wirklichkeit« dieser Welt, die Art der phaenomenalen »Gegebenheiten« in ihr, liesse[A] sich der unserer eigenen "Erlebniswelt" in keiner Weise gleichstellen. Niemals freilich können wir hoffen, auf Grund der theoretischen Einsicht in diesen Sachverhalt, uns nun auch faktisch seine andere Wirklichkeit *in concreto* vergegenwärtigen,

[1] Zu dieser Definition des "Plus- und Minus-Sinnes"$_{86}$ der Erkenntnis vgl. bes. die grundlegenden Bestimmungen in Natorps "Allgemeiner Psychologie" u. die kritische Auseinandersetzung mit diesen Bestimmungen, die früher (Buch -, Cap. -) gegeben wurde.

[A] ihr, liesse] ihr, müsste ließe *bei Korrektur* müsste *nicht getilgt*

geschweige sie uns in ihren Einzelzügen ausmalen, sie direkt nacherleben und kraft dieses Nacherlebens beschreiben zu können. Jeder Versuch solcher Ausmalung, solcher illustrierenden Verdeutlichung müsste uns notwending in die Irre führen. Dagegen ist es ein methodisch-möglicher und methodisch-berechtigter Versuch, das allgemeine Strukturprinzip, unter dem auch jene anderen Erlebniswelten stehen, als solches zu erfassen und es gegen die Prinzipien zu halten, die für unsere sinnlich-geistige Welt bestimmend sind. Dieser Gegen- und Widerhalt wird jetzt zu einem neuen Mittel der Unterscheidung, der kritischen Grenzsetzung zwischen »Natur« und »Geist«, zwischen »Leben« und »Bewusstsein« – welche Grenzsetzung sich nichtsdestoweniger rein innerhalb des geistigen Seins selber hält und nur mit dessen immanenten Mitteln sich vollzieht.

Und nun, nach diesen allgemeinen Vorerwägungen, lässt sich erst in wirklicher Schärfe der Dienst bezeichnen, den eine systematisch ausgebaute "Philosophie der symbolischen Formen" für die Grundlegung einer "philosophischen Anthropologie" zu leisten vermöchte. Sie könnte für sie in zwiefacher Hinsicht fruchtbar werden – sie würde ihr, Kantisch gesprochen, ebensowohl als "Propaedeutik" wie als "Disziplin"[87] dienen. Sie würde ihr den Grund und Boden bereiten – und sie würde zugleich verhüten, daß sie diesen sicheren Grund verlässt, daß sie sich in Spekulationen verliert, die durch keine "mögliche Erfahrung" bestätigt oder widerlegt werden können. Ehe wir indess daran gehen, diese Fruchtbarkeit der Philosophie der symbolischen Formen für den Problemkreis, um den es sich hier handelt, im einzelnen zu erweisen, muss noch ein generelles methodisches Bedenken gehoben werden. Setzen wir uns, – indem wir in diesen Problemkreis eintreten, nicht wieder allen Zweideutigkeiten und allen Gefahren des "Psychologismus" aus; werden wir nicht schon mit der bloßen Fragestellung selbst der Grundposition untreu, die Kant für die "kritische Philosophie" erarbeitet hat? Einem solchen Einwand lässt sich zunächst entgegenhalten, daß kein anderer als Kant selber es gewesen ist, der in der »Kritik der reinen Vernunft« nicht minder den Weg für die "subjektive Deduktion", wie den für die "objektive Deduktion" gewiesen hat. Er fragt nicht nur nach den Bedingungen der Möglichkeit der *Gegenstände* der Erfahrung, sondern Erfahrung ist ihm zugleich "eine Erkenntnisart, die Verstand erfordert",[88] und auch an diese Erkenntnisart, an "das Vermögen zu denken selbst", richtet er die kritische Frage.[1] In der Tat besteht das Wesen des Psychologismus nicht darin, daß der Weg der "subjektiven Deduktion" überhaupt *beschritten*, sondern darin, daß er nicht klar und scharf von den Aufgaben und der Methodik der "objektiven Deduktion" *gesondert* wird. Der eigentliche, der wahrhafte Sieg über den Psychologismus

[1] Vgl. ob. S. ...[89]

kann daher nicht darin bestehen, daß man den Problemen der "philosophischen Anthropologie" ausweicht, sondern daß man diesen Problemen innerhalb des Systems der Philosophie ihre sichere Stelle, ihren genau bestimmten Ort zuweist. Nur wo dieser Ort verfehlt wird, wo diese "transzendentale Topik" versagt, ergeben sich jene Grenzverschiebungen, jene "Subreptionen", wie sie zu dem Streit zwischen dem Psychologismus und der reinen Logik geführt haben.[A] Subreptionen dieser Art entstehen nicht nur dort, wo die richtige Trennung der Problemkreise, sondern auch, wo ihre richtige Verknüpfung verfehlt wird. Die kritische Analyse des Bewusstseins bleibt unvollständig und einseitig, sofern sie sich ausschliesslich auf die Welt des "Objekts" oder auf die des "Subjekts" bezieht, statt beide als auf einander hingewiesen, als korrelativ mit einander verknüpft zu erkennen. Sie muss sich ebensowohl auf die mannigfachen Modi des »Erscheinens« selber richten, wie auf den objektiven Sinn und den gegenständlichen Gehalt, der in diesen Modi erfasst wird. Ein Zwiespalt und eine Zweideutigkeit kann hieraus nur dann erwachsen, wenn beide an sich durchaus berechtigte und notwendige Fragestellungen, statt mit einander verknüpft zu werden, mit einander vermischt, wenn sie kritiklos in einander gewirrt werden. Der philosophische Gedanke darf sich keiner der beiden Wegrichtungen verschliessen – aber was von ihm zu fordern ist, ist dies, daß er w e i s s, in welcher von beiden er sich jeweilig bewegt. Schon die Analyse der einzelnen symbolischen Formen hat uns immer wieder auf diesen Sachverhalt hingewiesen – jetzt versuchen wir noch tiefer in ihn einzudringen, indem wir das, was sich dort im besonderen ergeben hat, in systematischem Rückblick zusammenzufassen und in dieser Zusammenfassung zu verallgemeinern suchen.

---

2. [Leben und symbolische Form]

Die B a s i s für jenes Verfahren der systematischen "Rekonstruktion", in welchem wir mit Natorp die eigentliche Methode einer "kritischen Psychologie" sehen, müssen wir so weit und umfassend als möglich wählen. In doppelter Beziehung besteht hier die Gefahr einer Verengung: indem das Gebiet, von dem aus zurückgefragt wird, entweder in einem intellek-

[A] geführt haben.] *danach Anm.-Ziffer* 1) *und auf der S. unten die dazugehörige Anm. gestrichen:* Vgl. hrz. Krit. d. r. Vernunft: Anmerk. zur Amphibolie der Reflexionsbegriffe, S. 324 ff.[90]

tualistischen oder in einem pragmatistischen Sinne eingeschränkt wird. Was Natorps eigenen Aufbau der Psychologie betrifft, so wird er von einem ganz universellen Plan beherrscht – aber dieser Plan hat sich in der Durchführung nur in einer ganz bestimmten Einzelrichtung ausgewirkt. Natorp geht im wesentlichen von der Kantischen Dreiteilung aus: der Objektivität des Seins entspricht eine ebenso reine Objektivität des Sollens[,] und zwischen beiden Reichen, zwischen dem Reich der "Natur" und dem der "Freiheit", steht die Welt der aesthetischen Gegenstände als "dritte Hauptrichtung der Kulturgestaltung".[1]$_{91}$ In der weiteren Verfolgung des Grundgedankens wird jedoch dieser ersichtlich mehr und mehr auf diese *erste* Stufe der Objektivität bezogen und fast ausschliesslich an ihr orientiert. Die Frage richtet sich – zum mindesten in der Fassung, die sie in Natorps "Allgemeiner Psychologie" erhalten hat – durchaus auf die »Natur« – und sie nimmt hierbei den Begriff der Natur selbst in jener Gestaltung und Ausprägung, die er durch die *Wissenschaft*, durch die exakte Naturerkenntnis erfährt. Diese bildet fortan den Prototyp und das Muster[A] für den Prozess der Objektivierung überhaupt. Dieser Prozess besteht darin, daß von der Konkretion des "unmittelbaren" Erlebnisses fortgegangen wird zu abstrakten, zu allgemeinen und notwendigen Gesetzesbegriffen. Das Erscheinende wird erkannt als Erscheinung eines Gegenstandes, indem es erkannt wird als bestimmt durch ein Gesetz oder durch eine allgemein obwaltende Beziehung. Die philosophische Selbstbesinnung, die nicht bei dieser Beziehung selbst stehen bleibt, sondern nach dem Grunde ihrer Gültigkeit, nach der Möglichkeit von Gesetzesbegriffen überhaupt fragt, muss freilich erkennen, daß der Gegensatz von »Gesetz« und »Einzelnem«, von »Allgemeinem« und »Besonderem«, von »Bestimmung« und »Unbestimmtem« niemals als absoluter, sondern immer nur als *relativer* Gegensatz zu fassen ist.[2] Aber eben als solcher bleibt er schlechthin fundamental: die *Richtung* auf das Objektive wird in *allen* Gebieten durch die Richtung auf das Gesetz, die Rückwendung zur Subjektivität wird durch die entgegengesetzte Beziehung, durch die Beziehung auf den "Einzelfall", erreicht. Wir haben bereits an einer früheren Stelle$_{92}$ unserer Untersuchungen darzulegen gesucht, daß und warum diese Fassung der Frage zu eng ist – wir haben darauf hingewiesen, daß nicht alle objektive "*Gestaltung*" sich in dem gleichen Sinne als "*Gesetzgebung*" verstehen lässt, in welchem z. B. bei Kant der Verstand in seinen Ka-

[1] Vgl. bes. Natorp, Allgem. Psychologie, Cap. 5. § 17, S. 125 ff.
[2] [Natorp,] Allgemeine Psychologie, Cap. 4, § 4 ff.; u. ö.

[A] den Prototyp und das Muster] das Prototyp und Muster

tegorien als "Gesetzgebung für die Natur"[93] erscheint. Nach der Seite der "Subjektivität" hin drückt sich die Einschränkung bei Natorp darin aus, daß hier als das letzte, rein theoretische "Element" des Bewusstseins die Empfindung ausgezeichnet wird. Wie wir der Welt des Sollens das Moment der "Strebung" als ihr subjektives Korrelat zuzuordnen haben, wie der Welt des Aesthetischen die Funktion der "Einbildung" entspricht, so weisen alle reinen Gesetzesbegriffe, in denen sich für uns die Erfahrung, als ein Inbegriff von Gegenständen und objektiven Beziehungen darstellt, auf Empfindung zurück. In diesem Sinne bildet sie ein letztes »Konkretes« und ein letztes »Gegebenes«, das freilich selbst niemals unmittelbar vorzufinden, sondern immer nur kraft des Rückgangs vom Objektiven, kraft der Methode der Rekonstruktion zu erschliessen ist. »Empfindung« ist in Rücksicht auf die Quantität zu definieren als das letzte Einzelne, in Rücksicht auf die Qualität als das letzte Identische, als das qualitativ Eine und Einfache im Bewusstsein.[1] Hinter sie selbst soll demgemäß nicht weiter zurückgefragt werden können: die Art, wie sie für uns ist und wie sie sich uns giebt, wie sie sich z. B. in bestimmte Qualitäten-Kreise sondert, wird als ein Datum hingenommen. Daß in eben dieses »Datum« selbst wieder ganz bestimmte theoretische Voraussetzungen eingehen, die eine wahrhaft durchgreifende Rekonstruktion als solche aufzuweisen und kenntlich zu machen hätte – dies ist hier nicht erkannt und anerkannt. In Wahrheit bildet jedoch die "einfache" Empfindung und ihre Zerlegung in bestimmt geschiedene Gruppen, in einzelne "Sinneskreise", nicht sowohl einen Ausgangspunkt der Psychologie, als vielmehr eine theoretische Konstruktion, die, wie immer man über ihr Recht und über ihre Notwendigkeit urteilen mag, jedenfalls kein echtes psychologisches Fundament, kein *»non plus ultra«* der Analyse bedeuten kann. Die Setzung der »Empfindung« als des blossen X, als des Bestimmbaren vor aller Bestimmung, und die Setzung der theoretischen Form- und Gesetzesbegriffe als der Mittel und Wege, um dieses Unbestimmte zu bestimmen: dies beides entspricht sich für Natorp wechselseitig – aber es zeigt zugleich, wie seine Analyse der rein theoretischen Welt gewissermassen nur eine Dimension derselben erfasst und sich ständig in ihr bewegt.[2]

In einem durchaus anderen Sinne vollzieht sich die Einschränkung der theoretischen Formwelt in der Kritik, die die Metaphysik des Lebens an ihr vollzieht. Auch hier ist es die Wissenschaft, und insbesondere die exakte Naturerkenntnis, auf welche die Kritik in erster Linie hinzielt. Sie ist das letzte und höchste Produkt der "Intelligenz": aber eben darum tritt in ihr auch deren prinzipielle Schranke aufs schärfste hervor. Diese Schranke liegt

[1] Vgl. z. B. Natorp, Philos[ophische] Propaedeutik, 3. Aufl., Marburg 1909, § 43.

[2] Vgl. hrz. die früheren Darlegungen: Buch -, Cap. -, S. -[94]

darin, daß die Wissenschaft[,] wie der Intellekt überhaupt, nur scheinbar für die Betrachtung, für die spekulative Erfassung der Wirklichkeit ausgerüstet sind, da beide ihrem Ursprung nach nichts anderes und nichts mehr als Organe des Handelns bedeuten. Ihre »Kategorien« sind nicht Formen des Erkennens, – wenn man unter Erkennen die wahrhafte Einheit von »Subjekt« und »Objekt«, das Einswerden mit dem Erkannten, versteht, – sondern sie sind Formen der Aktion. Bergsons Kritik der Intelligenz beruht durchweg auf dieser ihrer pragmatischen und pragmatistischen Definition. Unser Gedanke ist auch in seiner reinsten logischen Form ausser stande, die wahre Natur des Lebens, des Prozesses der schöpferischen Entwicklung zu ergreifen. Wie vermöchte er, der v o m Leben unter ganz bestimmten Bedingungen und für ganz bestimmte Zwecke geschaffen ist, das Leben selbst zu umfassen? Wie bei Klages, so soll auch bei Bergson der Intellekt dadurch gleichsam entlarvt werden, daß er als bloss technisches Werkzeug erkannt und als solches blossgestellt wird. “Wenn wir uns alles Stolzes entschlagen könnten, wenn wir, um unsere Gattung zu definieren, uns streng an das hielten, was Geschichte und Vorgeschichte uns als den dauernden Charakter des Menschen und der Intelligenz darbieten – so würden wir den Menschen, statt als *Homo sapiens*, vielmehr als *Homo faber* definieren. Die Intelligenz ist ihrer ursprünglichen Bestimmung und ihrem eigentlichen Ausgangspunkt nach nichts anderes als die Fähigkeit zur Herstellung künstlicher Werkzeuge, genauer gesagt von Werkzeugen, die wieder zur Verfertigung anderer Werkzeuge dienen können und sie ist zugleich das Vermögen, diese Herstellung unbegrenzt zu variieren”.[1] $_{95}$ Auf den ersten Blick scheint diese Definition mit dem Ergebnis unserer eigenen Analyse übereinzustimmen: hat doch auch sie uns auf jene charakteristische[A] Peripetie hingewiesen, die sich im geistigen Sein des Menschen vollzieht, sobald er in die Sphaere des Werkzeugs und des Werkzeug-Denkens eintritt. Aber dieses Denken erschien hierbei durchaus als Species, nicht als Genus – als ein Moment der “Intelligenz”, nicht aber als sie im Ganzen bedingend und im Ganzen erschöpfend. In der Hervorbringung des Werkzeugs und in seinem Gebrauch stellte sich uns eine bestimmte Form und Richtung der “Sicht”, der Voraus-Sicht, dar: nicht dagegen erwies sich jegliche Art von Sicht, jedes ideelle Schauen ü b e r h a u p t, an diese eine spezifische Art des Sehens gebunden. Wäre es anders, so würden sich alle geistigen Schöpfungen zuletzt in blosse Wirkungen auflösen; so würden z. B. die Sprache und der Mythos nichts anderes als menschliche “Erfindungen” sein, die um bestimmter Zwecke willen gemacht sind und deren gesamter

[1] Bergson, L’évolution créatrice, S. 151.

[A] charakteristische] charakteristischer

Sinn in der Erreichung dieser Zwecke aufgeht. Der moderne Irrationalismus schlägt hier dialektisch in sein Gegenteil um: er gerät in eine seltsame und gefährliche Nähe zu jenem Rationalismus der Aufklärungszeit, der z. B. die Sprache als rein technisches Produkt, als ein System von Zeichen, das lediglich dem Bedürfnis der Mitteilung und der wechselseitigen Verständigung dient, betrachtete. In der Tat sind ja für Bergson auch die Kategorien der Wissenschaft keineswegs echte und wahrhafte Erkenntnisformen, sondern sie sind soziale Aktionsformen: sie dienen dazu[,] zwischen verschiedenen Subjekten eine durchaus mittelbare und künstliche Verbindung zu setzen, die aber nicht die Brücke vom »Ich« zum »Du«, von einem Erlebniszentrum zum andern, schlägt, sondern beide nur in einer äusserlichen Sphaere, in der Sphaere des gemeinschaftlichen Tuns einander begegnen lässt. Einer solchen Auffassung gegenüber gilt es vor allem, die »Intelligenz«, ehe man sie mit anderen Potenzen des Seins vergleicht und sie an diesen Potenzen misst, in ihrem vollen Begriff wiederherzustellen. Wir dürfen sie weder in einem einseitig-intellektualistischen, noch in einem bloss pragmatischen Sinne verstehen, sondern wir müssen sie als den zentralen Einheitspunkt für alle Arten und Richtungen der geistigen Formgebung nehmen. Das Ganze dieser Formgebungen in ihrer inneren Mannigfaltigkeit und in ihrer spezifischen Besonderung, nicht aber eine einzelne unter ihnen, konstituiert erst die »Welt des Menschen«. Niemals lässt sich zu einer Beschreibung und zu einem Verständnis dieser Welt gelangen, wenn wir nur einen Teilausschnitt von ihr herausgreifen, wenn wir ihren Gesamtsinn an einem einzelnen gewissermassen privilegierten Bereich ablesen wollen. Mag man als diesen Bereich das Gebiet ansehen, in dem der Mensch der rein biologischen Sphaere noch unmittelbar nahe zu stehen und ihr durchaus verhaftet zu sein scheint – oder mag man den »Geist« soweit über das »Leben« erhöhen, daß er, als Subjekt der reinen Theorie, der *νόησις νοήσεως*[,] alle Brücken mit der Welt des Organischen abgebrochen zu haben scheint: immer wird dadurch nur Anfang oder Ende des menschlichen Universums, nicht aber es selbst in seiner Ganzheit, nicht sein[A] eigentlicher Schwerpunkt bestimmt. Nur von diesem Schwerpunkt aus aber lässt sich das dynamische Gefüge der geistigen Welt als solches verstehen, lassen sich die Sinn- und Wert-Accente in ihr richtig verteilen. Diese Welt bildet ein in sich geschlossenes Kraftfeld, in welchem alle verschiedenen Einzelkräfte, so sehr sie zu divergieren scheinen, doch auf eine gemeinsame Mitte bezogen und in ihr vereinigt sind.

Wie diese »Mitte« im allgemeinen zu bestimmen ist, kann nach dem Gesamtergebnis der früheren Untersuchung nicht mehr fraglich sein. Wir wa-

[A] nicht sein] nicht seine sein

ren durchweg davon ausgegangen, daß das Verständnis des Sinnes und des Wertes der einzelnen symbolischen Formen niemals völlig zu gewinnen ist, wenn man in jeder von ihnen nur eine Brücke sieht, die zwischen einer fertigen "Innenwelt" und einer fertigen "Aussenwelt", zwischen »Ich« und »Nicht-Ich« als gegebenen und fixen Ausgangspunkten geschlagen wird. Sie alle mussten vielmehr als Mittel für die Schaffung dieser polaren Gegensätze erkannt werden: als die Medien, in denen und kraft derer sich erst die »Auseinandersetzung von Ich und Welt« vollzieht. Immer erwies sich als die eigentliche ideelle Leistung, die hier zu vollbringen war, nicht die blosse Lösung von Gegensätzen, sondern die Spannung derselben. Die Harmonie innerhalb der Welt des Geistes erschien stets, gemäß dem Heraklitischen Worte, als "doppelstrebige Harmonie, wie die der Leier oder des Bogens".[96] Und eben hierin liegt nun das entscheidende Kennzeichen, durch welches sich nicht sowohl der Inhalt des spezifisch-menschlichen Daseins als vielmehr sein allgemeiner dynamischer Charakter bestimmen lässt. Die Eigenart dieses Charakters ist durch kein räumliches Bild zu bezeichnen, weil dieses das dynamische Motiv, das hier vorliegt, alsbald wieder in ein bloss-statisches Moment umdeuten – weil es jenes "Gegenüber", nach dessen Vollzug hier gefragt wird, als ein schon gegebenes und vorhandenes behandeln müsste. So lässt sich denn auch jene grosse »Krisis«, jener Prozess der Sonderung, durch den die Welt des Geistes erst eigentlich ersteht, durch keinen räumlichen Vergleich, durch kein »Hüben« oder »Drüben«, kein »Drinnen« oder »Draussen« verdeutlichen. Die Bildersprache des Raumes verstrickt uns hier unfehlbar in Aporien und Antinomien: jede Formel, die wir innerhalb ihrer versuchen, schlägt alsbald in ihr Gegenteil um. Die Welt des Geistigen ist der Welt des Lebens so wenig "immanent" wie sie ihr "transzendent" ist – sie bleibt so wenig "in" ihr gefangen, wie sie sich "über" sie erhebt. Denn diese Doppelheit des »Innen« und »Aussen«, des »Oben« oder »Unten« ist nicht eine an sich bestehende, schlechthin gegebene, sondern sie ist eine solche des geistigen Aspekts: sie ist nur für den »Blickpunkt« des Geistes da. Weil dieser Punkt nicht an sich feststeht, weil jede Blickrichtung die Möglichkeit ihrer eigenen Umwendung, die Möglichkeit der »Reflexion« in sich fasst – kann für uns, als geistige Subjekte, diese Zwiespaltigkeit entstehen und bestehen. Der scheinbare Dualismus, der Riss im »Dasein« ist in Wahrheit nichts anderes als die Folge jener notwendigen Dualität der »Sicht«. Er besagt, daß das Leben, ohne von sich selbst abgefallen, ohne schlechthin »ausser sich« geraten zu sein, sich selber durchsichtig, sich selbst gegenständlich geworden ist. An dieser Wendung vom blossen An-Sich-Sein zum Für-Sich-Sein[A] arbeitet jede einzelne symbolische Form

[A] Für-Sich-Sein] Für-Sich-Sein,

in ihrer Weise und mit ihren Mitteln mit, und durch sie wird, zugleich mit den objektiven Gestaltungen der Kultur, nun auch jene neue Weise, jener eigentümliche Modus der Bewusstheit erreicht, die sich im Menschen darstellt. Diese Bewusstheit ist zuletzt nichts anderes als der Ausdruck dafür, daß der Mensch nunmehr zur Welt des unmittelbaren Daseins, die ihn umfängt, eine »Gegenwelt«[97] errichtet hat – daß er nicht mehr unmittelbar mit den »Dingen«, sondern mit den »Zeichen«, die er sich geschaffen, verkehrt – daß er nicht nur selbst ein Stück der Welt ist, sondern daß er zur "Vorstellung", zur "Darstellung" der Welt übergegangen ist.

Und an diesem Punkt lassen sich nun die Ergebnisse einer kritisch gesinnten und kritisch fundierten Naturphilosophie unmittelbar an die Ergebnisse der Philosophie der symbolischen Formen anknüpfen und als mittelbare Bestätigung für deren Grundthese gebrauchen.[1] Denn eben dies ist es, was diese Naturphilosophie uns lehrt, daß die Wendung zur "Gegenständlichkeit" die eigentliche Grenzscheide zwischen der Welt des Menschen und der aller anderen organischen Wesenheiten bildet. Die tierische Welt scheint auch dort, wo sie sich mit der unsern am nächsten zu berühren scheint, notwendig und immer eine Welt von "Zuständen" zu bleiben, die sich nicht zu einer Ordnung von Gegenständen, geschweige zu einer Ordnung von Bedeutungen und Sachverhalten, erheben lässt. Was ihr ihre Sicherheit und Geschlossenheit, ihre innere organische Einheit giebt, ist der Umstand, daß alle diese Zuständlichkeiten sich fest mit einander verknüpfen, daß sie sowohl auf einander wie auf die "Umwelt", in der das Tier lebt, aufs genaueste abgestimmt sind. So ergiebt sich hier eine streng bestimmte und streng begrenzte Abfolge aller Lebensäusserungen, alles Leidens und Tuns des Tieres. Seine »Merkwelt« und seine »Wirkwelt« greifen gemäß einem festen Rhythmus in einander: jeder besonderen Klasse von »Eindrücken« entspricht je eine besondere Aktionsart und Aktionsrichtung. Was ausserhalb dieses Kreises der möglichen Eindrücke und der möglichen Bewegungen steht, das ist aus der Welt des Tieres überhaupt verbannt, ist für sie nicht vorhanden. Jedes Tier – so drückt Uexküll dieses Grundverhältnis aus – trägt seine Umwelt wie ein undurchdringliches Gehäuse sein Lebtag mit sich herum. "Wie die niederen Tiere sich die passenden chemischen und physikalischen Reize aussuchen, so sucht sich das hö-

[1] Dieser Zusammenhang tritt jetzt vor allem in Plessners Darstellung der "philosophischen Anthropologie" hervor, deren Resultat sich mit dem unsrigen aufs nächste berührt, wenngleich es auf einem durchaus anderen Wege gewonnen ist. Vor allem sei hier auf die beiden Schlusskapitel von Plessners Werk (a.a.O., S. 239 ff.) verwiesen. Auch mit Schelers Grundanschauung glaube ich mich hier, so weit ich sie mir aus der bisher allein vorliegenden kurzen Skizze seiner Anthropologie verdeutlichen konnte, in prinzipieller Übereinstimmung zu befinden.

here Tier mit seinem entwickelten Augenapparat die passenden Formen, Farben und Bewegungen aus, die seinen Reflexen als Anknüpfungspunkte dienen können und von denen es allein abhängt, unbekümmert und sicher schwebend in der Unermesslichkeit der Aussenwelt. Die Reize der Umwelt bilden zugleich eine feste Scheidewand, die das Tier wie die Mauern eines selbstgebauten Hauses umschliessen und die ganze fremde Welt von ihm abhalten".[1] So wenig das Tier diese Mauer jemals durchbricht, so wenig vermag es sie jemals zu bemerken, – sie als etwas Entgegenstehendes, Gegenständliches zu »haben«. Denn all seine Fähigkeit der »Unterscheidung«, so scharf wir sie immer ausgeprägt denken mögen, betrifft stets nur die Ebene der Zuständlichkeiten selbst, und kann diesen keine prinzipiell andere und neue *Dimension* hinzufügen. Der "Reiz" der Aussenwelt wirkt, indem er eine bestimmte Bewegung auslöst – aber er hat nicht über diese seine unmittelbare *Wirksamkeit* hinaus noch eine eigene und selbständige "*Wirklichkeit*". Sein "Bemerken" ist im wesentlichen auf den Augenblick seiner Einwirkung beschränkt: er kann nicht festgehalten und mit anderen gleichartigen zu einer "objektiven" Einheit zusammengefasst werden. Dies wird um so deutlicher, je weiter wir in der Tierreihe hinabgehen. Betrachten wir etwa – um eine der Schilderungen Uexkülls herauszugreifen – das Bild, das er von der Welt der Pilgermuschel entwirft, so ergiebt sich, wenn wir zunächst wiederum von der rein objektiven Betrachtung des Bauplanes ausgehen, daß das Tier eine grosse Anzahl von Augen besitzt, die bereits eine sehr vollkommene Organisation zeigen, Netzhaut und Linse besitzen und sogar Andeutungen eines Akkomodationsapparates aufweisen. Des weiteren zeigt sich jedoch, daß die einzelnen Einwirkungen, die auf diese Augen geübt werden, sich wechselseitig nicht bestimmen und nicht mit einander verknüpfen, daß es zu einer Differenzierung der Eindrücke, wie sie zum Entwurf eines "Bildes" der Aussenwelt erforderlich wäre, hier nirgends kommt. Jedes Auge benutzt den allgemeinen Reflexapparat, der so eingestellt ist, daß er auf die gleiche Erregung, die ihm von jeder beliebigen Seite aus zufliessen kann, in Tätigkeit gerät. Wenn man daher von höheren Tieren sagen kann, daß das Tier die Augen benutzt, so müsste man von der Pilgermuschel vielmehr sagen, daß die Augen das Tier benutzen. Sie dienen dazu, die einzige freie Bewegung, derer das Tier fähig ist, nämlich das Schwimmen[,] einzuleiten. "Eine Verdunkelung des Horizontes wirkt auf die zahlreichen kleinen Tentakel die das Auge umgeben und bringt sie zum Auseinanderschlagen, so daß das Blickfeld für die Augen frei wird. Darauf wird das Bild eines sich nähernden Gegenstandes auf der Netzhaut entworfen. Die Form und Farbe des Gegenstandes hat keinerlei

[1] Uexküll, a. a. O., S. 182, 219.[98]

Einfluss auf die Muschel, d.h. das Bild auf der Netzhaut wird nicht zur Erregung benutzt. Anders steht es mit der Bewegung des Bildes. Eine Bewegung von ganz bestimmter Geschwindigkeit – nicht zu schnell – nicht zu langsam – gerade das Tempo, das der Todfeind aller Muscheln, der Seestern Asterias, einschlägt, wird zum Erregung auslösenden Reiz. Darauf verlieren die um das Auge stehenden grossen Tentakel ihre Sperrung, das Schwellwasser, das im ganzen Tier unter Druck steht, dringt ein und die Tentakel flattern wie lange Wimpel dem sich Bewegenden entgegen. Ist es der Seestern, so werden die Rezeptoren vom Schleime gereizt und die Tentakel fahren zurück. Zugleich ist aber eine starke Erregungswelle dem Visceralganglion zugeeilt und dieses antwortet mit einer Erregung des Bewegungsmuskels, dessen schnelle Stösse die Muschel emporheben und sie durch kräftiges Schwimmen aus der gefährlichen Nähe des Feindes bringen”.[99] Es ist somit eine ganz bestimmte und eigenartige, von echter “Gegenständlichkeit” noch weit entfernte Art von “Wirklichkeit”, die wir hier vor uns haben. Statt der “Gegenstände” giebt es in der Welt der Pilgermuschel nur “Reizketten”, wie Uexküll es nennt. Ein Schattenreiz mit darauf folgendem optischem Bewegungsreiz, an den sich endlich noch ein chemischer Reiz anschliesst: diese Folge von Merkmalen macht die Charakteristik des Feindes, des Seesternes, aus; und sie genügt, um eine Reihe von Handlungen auszulösen, durch die das Tier vor Schädigungen und Gefahren bewahrt wird.[1]

Und wenn hier die Mannigfaltigkeit der Merkmale sich nicht zu einem festen dinghaften »Kern« verdichtet, wenn diese Merkmale als blosse Folge erlebt, aber nicht auf einen bestimmten Einheitspunkt bezogen werden, so geht diese Schranke nicht allein die Gegenstandswelt an, sondern sie betrifft nicht minder die reine Ich-Welt. Denn beides lässt sich von einander nicht ablösen: die Einheit des Ich geht der des Gegenstandes nicht voraus, sondern konstituiert sich erst an ihr. Die “Kritik der reinen Vernunft” benutzt diese Korrelation, um mit ihrer Hülfe den subjektiven, den psychologischen Idealismus zu widerlegen. Sie zeigt, daß der Gedanke des Ich als des einheitlichen Subjekts der Vorstellungen nicht anders möglich ist als durch den Gegenhalt, den er an dem empirischen Begriff der Substanz gewinnt. Nur durch die Setzung eines Etwas, das im Raume beharrt, wird die Vorstellung eines dauernden, in all seinen successiven Zuständen mit sich selbst identischen Ich möglich. So wird nur vermittelst der “äusseren” Erfahrung, der Erfahrung von konstanten gegenständlichen Einheiten, die innere Erfahrung selbst fassbar und bestimmbar.[2] Ohne das Be-

[1] Zum Ganzen vgl. Uexküll, a.a.O., S. 144 ff.

[2] Vgl. Krit. d. r. Vernunft, 2te Aufl., S. 274 ff.[100]

wusstsein einer im Raume ausgebreiteten Körperwelt, und insbesondere ohne die Erfahrung von der relativen Konstanz jenes empirischen Objekts, das wir den eigenen *Leib* nennen, kann sich auch kein empirisches Selbstgefühl, keine Erfahrung vom eigenen *Ich* herausbilden. Wieder aber zeigt sich, daß innerhalb der tierischen Welt diese Voraussetzung noch nirgends in wirklicher Strenge erfüllt ist. Insbesondere die niederen Tiere scheinen jene Scheidung zwischen dem "eigenen" Körper und den Körpern der Umgebung, der "Aussenwelt", noch keineswegs scharf zu vollziehen. Denn die Bewegungen, die das Tier *vollzieht*, sind ihm hier im allgemeinen nicht als "seine" Bewegungen gegeben, da nach der gesamten Anlage des Bauplans der rein "rezeptorische" Apparat von dem "motorischen" völlig getrennt ist. Bis zu den höchsten Wirbellosen, zu den Arthropoden und Oktopoden hinauf, herrscht nach Uexküll diese Trennung, sodaß hier der rezeptorische Apparat niemals auch nur das geringste von der Tätigkeit des motorischen "erfährt". Da die Tiere ihre eigenen Bewegungen nicht als Reize zurück empfangen, so kann hier noch nicht jenes eigentümlich-reflexive Verhältnis bestehen, gemäß welchem jedes höhere Lebewesen Leib "ist" und zugleich einen Leib, als den seinigen, "hat". Die Grenzen zwischen der Welt des »Eigenen« und der des »Fremden« fliessen hier noch ständig ineinander: der »eigene« Körper ist aus seiner Umgebung noch in keiner Weise bestimmt abgehoben, noch nicht aus ihr herausgesondert. Ohne solche Ersonderung des Leibes, als des stofflichen Substrats, aber lässt sich auch keine nähere Bestimmung in der Art der "Bewusstheit", in der Art des »Für-Sich-Seins« denken. Die gleiche prinzipielle Schranke scheint für alle Inhalte zu gelten, die in irgend einer Weise in den "Funktionskreis" des Tieres eintreten. Sofern diese Inhalte überhaupt für das Tier vorhanden sind, sind sie es doch keineswegs als konstante Bestimmtheiten, als "Dinge" mit dauernden "Eigenschaften", sondern die Art ihrer Bestimmtheit hängt durchaus von der Art des jeweiligen Auftretens, von den besonderen Bedingungen ab, unter denen der Eintritt in den Funktionskreis sich vollzieht. So ergab sich bei Volkelts bekannten Versuchen an der Radspinne,$_{101}$ daß die Spinne sich völlig anders gegen ein Insekt verhält, das in gewohnter Weise in ihr Netz einfliegt, als gegen dasselbe Insekt, wenn es ihr unter ungewohnten Bedingung[en] direkt in die Höhle gesetzt wird, in der sie auf die Beute zu lauern pflegt. Das Insekt wird in beiden Fällen keineswegs als der "gleiche" Gegenstand behandelt, sondern es findet ihm gegenüber ein völlig verschiedenartiges Verhalten statt.[1] Volkelt sucht diesen Sachverhalt dadurch zu erklären, daß das Tier, statt in "Dingen" und mit Dingen, vielmehr in »Komplexqualitäten« lebe – daß es immer nur eine bestimmte

[1] Vgl. ob. S. -$_{102}$

relativ ungeschiedene *Gesamtsituation* [ist], nicht aber einzelne "Elemente" dieser Situation sind, die das Handeln des Tieres bestimmen. Auf tierischer Stufe sind es nicht dinghafte Gebilde, in die die Gesamtheit der Sinnesdaten gegliedert wird, und ebenso sind hier diese Daten [nicht] in einzelne Sinnesatome, in einfache "Empfindungen" zerspalten. Statt dessen wird vielmehr jeweils ein weites Feld des sinnlich-Gegebenen, vielleicht der ganze jeweils gegenwärtige Komplex, umspannt von *einer* alles enthaltenden, alles zugleich umfassenden Qualität, die sich als ungegliederte und diffuse, dabei aber doch spezifische Komplexqualität bezeichnen lässt. Der Fluss solcher diffuser Qualitäten, der in sich selbst als regelmässig ablaufend und als rhythmisch gegliedert anzusehen ist, nicht aber die Beharrlichkeit und Festigkeit bestimmt gegen einander abgegrenzter räumlicher Objekte, ist also das, was die "Vorstellungswelt" der Tiere ausmacht.[1] So lebt das Tier, statt in Gegenständen, die es "vor sich hinzustellen", die es als selbständige "anzuschauen" vermag, vielmehr wie in sinnlichen Melodien dahin. Die Landschaft etwa, die eine Brieftaube unter sich erblickt, gleicht[A] nicht einer Landkarte, sondern sie erscheint der Taube relativ ungegliedert und diffus, *so* ähnlich wie uns bei flüchtigem Hinsehen ein Muster erscheinen mag. "Die einander folgenden Eindrücke der Landschaften setzen sich nicht zusammen zu einer Reihe von in sich gegliederten und gegeneinander abgegrenzten Bildern, sondern sie sind gleichsam eine optische Melodie ... An diesen Melodien$_{103}$ finden sich die Tiere weiter von Landschaft zu Landschaft, wie jemand, der ein Lied reproduziert, sich weiterfindet von Ton zu Ton".[2]

Wir haben alle diese tierpsychologischen Beobachtungen und Theorien hier nicht um ihrer selbst willen angeführt, – sie sollten uns vielmehr nur als Gegenbild dienen, um den spezifischen Wert der einzelnen "symbolischen Formen" für den Aufbau des geistigen Bewusstseins zu bestimmen. Dieses Bewusstsein ist gegenständliches Bewusstsein, sofern es Selbst-Bewusstsein ist – und es ist umgekehrt Selbst-Bewusstsein nur darin und dadurch, daß es gegenständliches Bewusstsein ist. Ob diese Wendung, die nicht sowohl der Inhalt, als der Modus des »Erlebens« im Menschen erfährt, ein *Werk* der symbolischen Formen ist, oder ob umgekehrt die letzteren nur den Ausdruck, das charakteristische "Symptom" für diese Wendung darstellen: diese Frage ist im Grunde eben so müssig, wie sie unbeantwortbar ist. Denn *erfassbar* sind für uns beide Bestimmungen

[1] Hans Volkelt, Über die Vorstellungen der Tiere, Lpz. u. Berlin 1914, S. 79 ff.
[2] Volkelt, a.a.O., S. 125 f.

[A] gleicht] gleich

immer nur in ihrem reinen »Zumal«: wir haben hier nirgends ein "Vor" oder "Nach" selbständiger Elemente, sondern immer nur ein[e] Korrelation von Momenten vor uns. Und vom Standpunkt der reinen Analyse, die mit den Fragen der Genese nicht vermengt werden darf, ist hier nur das eine wesentlich: daß das Grundverhältnis, das wir hier vor uns haben, insofern noch einer näheren Determination fähig ist, als es sich in den verschiedenen symbolischen Formen in sich selber wiederum abstuft. Der Mythos, die Sprache, die Kunst, die Erkenntnis – sie alle sind als geistige Urpotenzen an der Umgestaltung und Umstimmung, die das organische Leben erfährt, sobald es in die spezifisch-menschliche Sphaere eintritt, beteiligt; aber sie sind es nicht sämtlich in gleicher Weise. Und diese ihre Ungleichheit bietet sich uns nun als ein neues methodisches Mittel dar, kraft dessen wir den in sich einheitlichen Prozess der »Anthropogonie«$_{104}$ in einzelne Phasen auseinanderbreiten können. Der Wechsel des Blickpunkts, der sich beim Übergang von der einen Form in die andere vollzieht, liefert uns verschiedene perspektivische Ansichten, aus deren Zusammenfassung sich für uns erst das vollständige Bild dieser Anthropogonie ergiebt.

Beginnen wir hier mit der Betrachtung der mythischen Welt – so scheint diese auf den ersten Blick noch ganz die gleiche relativ-diffuse Gestaltung aufzuweisen, wie wir sie für die Vorstellungswelt des Tieres als charakteristisch ansehen mussten. Denn eben dies ist ein Grundzug der mythischen "Gegenstände", daß sie keineswegs scharf, nach Klassen und Arten, gegen einander abgegrenzt sind, sondern daß sie eines fast unbeschränkten Gestaltenwandels fähig sind. Das mythische Sein steht unter dem Grundgesetz der Metamorphose; es kann sich nicht anders manifestieren, als dadurch, daß es sich in immer neue Formen einhüllt. Alle "natürlichen" Grenzen, alle Gegensätze zwischen dem Reich des "Organischen" und "Anorganischen", oder zwischen dem pflanzlichen, dem tierischen, dem menschlichen Dasein, wie sie uns die unmittelbare empirische Beobachtung darzubieten scheint, werden hier übersprungen – und eben dieser Sprung ist es, worin das Prinzip des Mythos, worin der "Anfang seiner Bewegung" zu bestehen scheint.[1] Und immer bleibt, soweit auch der Mythos über diesen seinen Anfang hinausgehen mag, die Gesamtrichtung[,] in der er fortschreitet, die gleiche. Nirgends zeigt sich hier jene Art der objektiven Bestimmtheit und der objektiven Konstanz, wie sie im Erfahrungsdenken gefordert und durch dasselbe gesetzt wird. Das *»principium individuationis«*, von dem das letztere beherrscht wird: die Absonderung der Gegenstände nach ihrem »Hier« und »Jetzt«, nach der festen und eindeutigen Stelle, die ihnen im Raume und in der Zeit zukommt, – eben dies Prinzip versagt hier, ja es scheint in sein Gegenteil umzuschlagen. Denn diese Ein-

[1] Zum Ganzen vgl. bes. Bd. II, S. 221 ff. u. ö.

zigkeit der raum-zeitlichen Bestimmung und diese Festigkeit der raumzeitlichen Begrenzung giebt es in der Welt des Mythos nicht. Sein Raum und seine Zeit sind nicht als ein klares und scharfes »Auseinander« von Elementen gegeben, sondern in ihnen findet ein stetes In-Einander-Übergehen, ja eine völlige Durchdringung der einzelnen Orte, wie der einzelnen Momente statt. Hier herrscht jene Viel-Gegenwart, jene *multiprésence*, wie Lévy-Bruhl[105] sie genannt hat, kraft [derer] ein mythisches Sein sich gleichzeitig an beliebig vielen von einander verschiedenen Orten befinden kann, ohne darum im geringsten aufzuhören, "dasselbe" Sein zu bedeuten. In dieser Wandelbarkeit, in dieser Flüssigkeit und Flüchtigkeit ihrer Inhalte scheint die mythische Welt der Form des tierischen Erlebens und des tierischen "Vorstellens", wie sie sich auf Grund der Handlungsbilder der Tiere rekonstruktiv erschliessen liess, noch unmittelbar nahe zu stehen. In der Tat hat die moderne Entwicklungspsychologie versucht, beide Welten aus dem gleichen Prinzip heraus zu erklären: wie man für die Darstellung des tierischen "Bewusstseins" den Begriff der "Komplexqualität" als Schlüssel benutzte, so wies man auf die Form des "komplexen Denkens" hin, um die eigentümliche »Logik« der mythischen Gebilde zu bezeichnen.[1] Und doch handelt es sich hier um keinen eigentlichen und strengen Parallelismus – denn das gemeinsame Moment, auf das sich die Vergleichung stützt, das *tertium comparationis*[,] das hier verwandt wird, ist im wesentlichen negativer, nicht positiver Art. Es drückt den Gegensatz zur "objektiven" Richtung und zur objektiven Gestaltung des empirisch-theoretischen Weltbildes treffend aus – aber es droht andererseits die spezifische Differenz zu verwischen, kraft deren sich die "Komplexion" des mythischen Bewusstseins von der des tierischen Bewusstseins unterscheidet. Vignoli[107] hat in einer originellen und merkwürdigen Schrift *»Mito e scienza«* über eine grosse Reihe von ihm jahrelang fortgesetzter Tierbeobachtungen berichtet, die dem Nachweis dienen sollten, daß die eigentlichen Wurzeln des mythischen Vorstellens und der mythischen Geistestätigkeit überhaupt bis ins Reich des Tierischen hinabreichen: denn schon dem Tier sei jene Gabe zur "Personifikation"[108] eigen, aus der die mythische Welt erwächst. Betrachtet man indess diese Beobachtungen und Versuche näher, so können sie vielmehr umgekehrt dazu dienen, uns die scharfe Grenzscheide, die auch in dieser Hinsicht zwischen der tierischen und der menschlichen Welt besteht, deutlich vor Augen zu rücken. Denn was durch sie erwiesen wird, ist nichts anderes als der Umstand, daß die tierische Welt, statt eines objektiven Sach-Charakters vielmehr einen vorwiegend oder ausschliesslich "physiognomischen" Charakter besitzt – daß sie sich nicht als ein Ganzes von

[1] Näheres bei Heinz Werner,[106] Einführung in die Entwicklungspsychologie, bes. § 13, § 22, § 34 ff.

"Dingqualitäten" oder von "Empfindungsqualitäten", sondern als ein Ganzes von Ausdruckswerten darstellt. Die ausserordentliche Empfindlichkeit[,] die insbesondere die höheren Tiere für solche Ausdruckswerte besitzen, ist auch sonst durchweg bezeugt: so berichtet z. B. Köhler $_{109}$ von seinen Anthropoiden, wie sie auf einen bestimmten Ausdruck des menschlichen Gesichts alsbald »sympathisch« reagierten, sich z. B. durch den Ausdruck der Angst, auch ohne den geringsten "objektiven" Anlass, in Furcht und Schrecken versetzen liessen.[1] Überhaupt spricht alles dafür, daß alles tierische »Erkennen« und Unterscheiden im wesentlichen in dieser Richtung geht – daß also die verschiedenen "Funktionskreise", in welchen das Tier lebt, sich für dasselbe nicht nach bestimmten objektiven "Eigenschaften", sondern nach "physiognomischen" Bestimmungen von einander sondern.[2] Der Beutekreis, der Geschlechtskreis, der Feindeskreis, der Kreis der Artgenossen: dies alles scheint nicht sowohl durch sachliche "Merkmale", als durch solche affektive Qualitäten, durch die Qualität des Anziehenden oder Abstossenden, des Lockenden oder Furchterregenden u.s.f. unterschieden zu sein. Aber es wäre ein Fehlschluss, wenn man aus dieser Nicht-Sachhaftigkeit und Nicht-Sachhaltigkeit der tierischen Welt folgern wollte, daß sie personal-bestimmt und personal gegliedert sein müsse. Aus dieser negativen Bestimmung allein ist die positive niemals durch einfache Umkehr zu gewinnen und abzuleiten; sondern diese setzt ein eigenes, gleichfalls positives geistiges Auffassungs- und Gestaltungsprinzip voraus. Die Theorie Vignolis muss dem Tiere nicht nur die Fähigkeit zur "Personifikation", sondern auch zur "Entifikation" zusprechen: es soll nicht nur imstande sein, mannigfache Abstufungen und Abschattungen des Ausdrucks im unmittelbaren Erleben zu erfassen, sondern es soll diese erlebten Unterschiede auch zu Unterschieden des »Wesens« umformen.[3][A] Eben in diesem letzteren Zug aber enthüllt sich die ganze Problematik dieser Theorie. Denn die »Entifikation«, die »Erhebung zum Sein«, bleibt stets ein Akt *sui generis,* – eine selbständige geistige Tathandlung, die als solche weit über die Grenzen des tierischen "Bewusstseins" hinausliegt. Wir fanden im Verlauf der Analyse der mythischen Denkform immer aufs neue, wie sehr auch sie in ursprünglichen Ausdruckserlebnissen wurzelt und in ihnen gebunden bleibt. Aber die Mannigfaltigkeit der mythischen Gestalten entspringt nicht unmittelbar aus diesen Erlebnissen selbst, sondern aus der eigentümlichen »Verdichtung«, die sie erfahren. Die Welt des Ausdrucks wird rein als

[1] Vgl. ob. S. - $_{110}$

[2] Belege finden sich wiederum bei Werner, [Einführung in die] Entwicklungspsychologie[,] § 13 u. ö.

[3] Zur Theorie Vignolis vgl. Bd. II, S. 28, Anm.

[A] umformen.] umformen;

solche zunächst noch nirgends überschritten: aber in ihr selbst findet eine Konzentration, eine Sammlung um bestimmte Einheitspunkte statt. In dieser Sammlung und Zusammenfassung erst wird sie zur *dämonischen* Welt. Denn der Dämon mag noch so vage und flüchtig gedacht werden – er hat stets bereits irgend einen persönlichen »Charakter«, kraft dessen er sich unterscheiden und an dem er sich wiedererkennen lässt. Er ist hülfreich oder feindselig, grausam oder gütig, schutzbereit oder arglistig und tükkisch. Mag er in seinem Verhalten noch so unberechenbar, in seinen einzelnen Äusserungen noch so launisch und wandelbar erscheinen: er besitzt doch bestimmte Grenzen seines Wesens und seiner Eigenart, aus denen er nicht heraustritt. Alle Willkür, alle Zufälligkeit seines Tuns und Wirkens hebt diese Bestimmtheit seines Seins nicht auf. Und so ist auch hier, in diesen ersten und primitivsten Gebilden des Mythos, der entscheidende Schritt bereits getan. Das Chaos der Affekte hat begonnen sich zu lichten, und aus ihm treten einzelne Gestalten heraus, die Bestand und Dauer gewinnen. Der mythische Prozess der Dämonisierung bildet die Vorbereitung und die Vorbedingung für die Individualisierung der Wirklichkeit. Jetzt wird die Welt des Lebens um ihn herum vom Menschen nicht nur in unbestimmten Gemeingefühlen erfasst, sondern sie erscheint in sich selbst abgeteilt und fängt an, um feste Zentren zu kreisen. Wo der Mensch sich zur mythischen Gestaltung erhoben hat, da dringen die vielfältigen Laute der Wirklichkeit nicht nur wie von aussen auf ihn ein, sondern da beginnt er sie als gleichbleibende und wiederkehrende *festzuhalten*. Mannhardt[111] hat in seiner Darstellung der Wald- und Feldkulte dargetan, wie eine Fülle von Gebilden, mit denen das mythische Denken Feld und Flur, Hain und Busch bevölkert, solcher Festhaltung ihren Ursprung verdanken – wie sie aus dem Rauschen der Baumwipfel, aus dem Rascheln des Laubes, aus dem Grollen des Windes, dem Flüstern des Baches gebildet sind. Und auch Herder[112] sieht hierin eine der tiefsten Wurzeln alles mythischen Fühlens und Denkens. "Indem die ganze Natur tönt, so ist einem sinnlichen Menschen nichts natürlicher, als daß sie lebt, sie spricht, sie handelt. Jener Wilde sah den hohen Baum mit seinem prächtigen Gipfel und bewunderte: der Gipfel rauschte – das ist webende Gottheit!, der Wilde fällt nieder und betet an."[1][113] In solchen Akten der Anbetung, der Erhebung und Erhöhung zum Göttlichen, steht der Mensch dem Ganzen des Daseins nicht mehr bloss leidend, bloss "pathisch" gegenüber. Aus dem dumpfen Stimmengewirr dieses Daseins werden jetzt einzelne Stimmen vernehmlich und unterscheidbar, – und je weiter die mythische Gestaltung fortschreitet, um so mehr fassen sich diese Stimmen, indem jede von ihnen gesondert bleibt, zu einer Einheit und Ganzheit zusammen, um so mehr werden sie zu den Klängen

[1] Herder, Über den Ursprung der Sprache, Werke (Suphan), [Bd.] V, S. 53.

eines einzigen Geisterchors. Die Betrachtung der mythischen Welt hat uns freilich gezeigt, wie langsam dieser Prozess in ihr von statten geht. An ihrem Beginn scheinen durchweg Bildungen zu stehen, die noch ohne feste Begrenzung und Individualisierung sind. Solche Bildungen, – wie wir sie im *mana* der Melanesier, im *orenda* der Irokesen, im *wakanda* der Sioux vor uns sehen$_{114}$ – bezeichnen, wie man gesagt hat, eher eine unbestimmte Beschaffenheit, als eine klar bestimmte Wesenheit. Sie sind nicht selbst Dämonen, sondern gleichsam Bezeichnungen für das Dämonische überhaupt – für das Verehrungswürdige oder Furchtbare, das Schreckhafte, das Übermächtige, das Gefahr- und Unheildrohende, das Fremdartige und Unheimliche schlechthin. Wenn irgendwo, so stehen wir hier noch innerhalb der blossen Ausdrucks-Sphaere, in einem mythischen Gemeingefühl, das sich in sich selber noch nicht differenziert, noch nicht zu besonderen Gestaltungen verdichtet hat. Aber je weiter der mythische Prozess fortschreitet, um so mehr weicht diese Unbestimmtheit.[A] Aus der Welt der unpersönlichen magischen Kräfte treten wir jetzt in die der mythischen Einzelgestalten und schliesslich in die der persönlichen Götter ein. Wir haben gesehen, wie dieser Fortgang zugleich eine innere Wandlung bedeutet, die das Selbstbewusstsein des Menschen erfährt. Der Mensch formt nicht sowohl die Götter nach seinem Bilde, als stünde dieses von Anfang an fest, als wäre es ein ursprüngliches Datum – sondern er findet sich selbst erst im Prozess der mythischen und der religiösen Gestaltung; er erfüllt sein Wesen, indem er es in dieser Gestaltung aus sich herausstellt.[1]

Zugleich aber haben wir hierin den Kreis, dem Mythos und Religion angehören, bereits überschritten und sind unvermerkt in eine neue geistige Ebene gelangt. Denn wie früher im einzelnen dargelegt wurde, ist es die Sprache, die an diesem Prozess der »Theogonie« entscheidenden Anteil hat. Die Bestimmtheit des Gottes vollendet sich erst in dem Namen, den er empfängt – der Eigenname erst sichert ihm das eigene Sein. In ihm ist sein Wesen, sein individueller Charakter derart zusammengefasst, daß, nach einer allgemeinen mythischen Grundansicht, die Kenntnis des Gottesnamens dem, der sie besitzt, auch alle Kräfte des Gottes zu eigen giebt.[2] Aber der Name als solcher umfasst einen noch wesentlich weiteren Kreis und übt eine noch weit allgemeinere Leistung aus.[B] Er ist nicht vornehmlich und in erster Linie "Eigenname", sondern seine eigentliche Kraft tritt erst

[1] Zur näheren Begründung muss hier auf die eingehendere Darstellung in »Sprache und Mythos« (Stud[ien] der Bibl[iothek] Warburg, VI), S. 51 ff. verwiesen werden; s. auch Bd. II, S. 246 ff.

[2] Belege vor allem in ["]Sprache und Mythos["], S. 37 ff.

[A] Unbestimmtheit.] Unbestimmtheit; um so

[B] aus.] aus;

dort hervor, wo er als "Dingname" gebraucht wird. Wie sich in dem zuvor betrachteten Zusammenhange sagen liess, daß der Name des Gottes erst diesen selbst und seine individuelle Bestimmtheit, seinen »Charakter« als persönlicher Gott konstituierte, so zeigt sich jetzt die gleiche Leistung in umgekehrter Richtung. Die Funktion des "Benennens" wird zum ersten Ansatzpunkt und zum Vehikel für die Funktion der gegenständlichen Bestimmung – oder, besser gesagt, für die Funktion der Bestimmung *zum* Gegenstande. Indem ein Inhalt benannt wird, wird er damit erst für die gegenständliche Betrachtung und für die rein gegenständliche Anschauung reif. Im Namen hat er eine Konstanz, eine Beharrlichkeit und Dauer erlangt, wie sie den flüchtigen Erlebnisinhalten, an die sich keine Namengebung knüpft, versagt bleibt. Was nicht durch diese letztere aus dem gleichmäßigen Fluss der Inhalte emporgehoben, was nicht durch ein sprachliches Merk- und Kennzeichen bestimmt wird, das kann sich nicht als ein Festes und Bleibendes heraussondern. Es gelangt gewissermassen nicht zur selbständigen "Existenz" – sofern unter Existenz eben dieses Ex-Sistere, dieses Heraus- und Hervortreten aus der fliessend immer gleichen Reihe [115] der Vorstellungen verstanden wird. Erst die Funktion des "Hinweisens" und "Aufzeigens", die rein demonstrative Funktion, wie sie sich etwa innerhalb der Sprache im Gebrauch des Artikels bekundet,[1] grenzt ein solches Eigengebiet der Existenz ab. Nun entsteht die Anschauung des »Dinges« – als eines Identischen und Beharrenden, an dem die wechselnden Eigenschaften oder Zustände auftreten, eines "Zentrums" der Objektivität, in dem alles veränderliche Dasein befasst und auf das es bezogen ist. Der Empirismus und Skeptizismus pflegt es der Sprache in der Kritik, die er an ihr vollzieht, vor allem als Mangel anzurechnen, daß sie in der relativ geringen Zahl von Namen, über die sie verfügt, bei weitem nicht im stande ist, das All der Wirklichkeit auch nur im entferntesten zu treffen und zu "betreffen". An Stelle der individuellen Fülle und der individuellen Verschiedenheit der Vorstellungsinhalte könne sie stets nur ein dürftiges Allgemeines setzen, in dem alle besonderen Nuancen verloren gegangen und ausgelöscht seien. Aber was hier der Sprache als Mangel vorgerückt, was ihr als ihre prinzipielle Grenze entgegengehalten wird: darin gründet sich vielmehr ihr Reichtum und ihre beste Kraft. Nur in dieser Beschränkung kann sie ihre Meisterschaft erweisen. Indem sie ihr Licht nicht gleichmässig auf alle Teile der Vorstellungswelt verteilt, sondern es vielmehr in bestimmten Brennpunkten sammelt, schafft sie erst dadurch eine "Zentrierung", eine Organisation dieser Welt. Was in dieser Weise vom Strahl der Sprache getroffen wird, tritt damit aus einem relativ unbestimmten Hintergrund als bestimmte Gestalt

[1] Über diese Funktion des Artikels und seinen Zusammenhang mit den demonstrativen Fürwörtern vgl. Bd. I, S. 151 ff.

heraus. Diese Verteilung der Accente und die dadurch erreichte Abteilung in "Vordergrund" und "Hintergrund" bildet jene *gedankliche* Artikulation der Vorstellungswelt, von der die Artikulation im Laut nur der äussere Ausdruck ist. Vom Standpunkt des[A] unmittelbaren Erlebnisses aus muss jede derartige Unterscheidung, jede stärkere Betonung einzelner Elemente, freilich immer wie eine Art Vergewaltigung erscheinen: aber eben durch diese gegen das Unmittelbare gerichtete Gewalt kann es allein zur Loslösung von ihm, zur Abhebung und Bestimmung einer gegenständlichen Wirklichkeit kommen. Aus den vorübergleitenden, niemals in strenger Einerleiheit wiederkehrenden Inhalten greift die Benennung ein einzelnes Moment heraus, das durch sie mit einem festen *Zeichen* versehen wird, und das, auf Grund dieser, wenn man will, "künstlichen" Einheit, nun als »dasselbe« betrachtet und behandelt wird. Damit erst ist der Grund zu[B] der Auffassung gelegt, die das Gegebene nicht einfach als eine Summe gleichartiger und relativ gleichwertiger Elemente hinnimmt, sondern die es in relativ bedeutsame und relativ bedeutungslose, in "typische" und "zufällige" Bestimmungen abteilt. Solange die Funktion der Sprache noch nicht ausgebildet oder noch nicht zur vollen Stärke gediehen ist, giebt es eine eigentliche scharfe Scheidung solcher Kreise der "Bedeutsamkeit" noch nicht – und damit fehlt auch die Voraussetzung dafür, daß das Gegebene sich dinghaft gliedert, daß an ihm ein fester substantieller "Kern" herausgehoben und von den wandelbaren accidentellen Bestimmungen unterschieden wird. Nicht nur in der Welt des Tieres, sondern auch in der Welt des Kindes scheint es, *bevor* das Kind in seinem Empfinden und Vorstellen unter die Allgewalt der Sprache geraten ist, eine solche Scheidung, eine Abhebung des Bleibenden vom Veränderlichen, des Zentralen vom Peripheren, noch nicht zu geben. Es gehört zu den bekanntesten Tatsachen der Kinderpsychologie, daß das Kind einen ihm sonst vertrauten Gegenstand seiner Umgebung nicht mehr "erkennt", sobald er auch nur im geringsten modifiziert erscheint, – daß z. B. eine geringfügige Änderung in der Tracht der Mutter genügt, um ihm die Mutter unkenntlich zu machen, um sie nicht mehr als "dieselbe" erscheinen zu lassen. Wollte man diese Tatsache dadurch erklären, daß das Kind noch nicht gelernt hat, die "wesentlichen" Merkmale von den "unwesentlichen" zu unterscheiden, so würde eine solche Behauptung ersichtlich eine *petitio principii* in sich schliessen: sie würde das Erklärungsbedürftige selbst als Prinzip der Erklärung benutzen. Denn der Unterschied des »Wesentlichen« vom »Unwesentlichen« liegt nicht als ein selbstverständlicher, schlechthin gegebener der Sprachbildung und der logischen Begriffsbildung voraus, sondern er gilt nur vom Standpunkt dieser letzte-

A Standpunkt des] *am Rande in Bleistift:* recogn.

B Grund zu] *am Rande:* recogn. – / path. – / sine Met. – / Tel? / *στατ*$_{116}$

ren selbst. Erst nachdem feste Sprachbegriffe geprägt und durch sie gewisse Momente des anschaulichen Erlebnisses in irgend einer Weise ausgezeichnet sind, ergiebt sich, rückblickend von ihnen, eine Grenze zwischen einer Sphaere des "Notwendigen" und "Zufälligen", des "Wesentlichen" und "Unwesentlichen". Das ist der richtige Kern in der These des "Nominalismus", nach welcher »Begriff« und »Wort« nicht zu trennen ist. Das Wort als *flatus vocis* schafft zwar nicht den Begriff – aber ohne die Stütze, die es ihm giebt, ohne den Halt, den er am Worte gewinnt, müsste der Begriff[,] kaum erstanden[,] alsbald wieder zerflattern und in Nichts zergehen. Und das Gleiche gilt von der gegenständlichen Anschauung überhaupt, die sich nicht anders als durch das Medium der Begriffe gewinnen und nur kraft derselben sichern und fixieren lässt. So gehören »Sache« und »Name« zusammen: nicht in dem Sinne, daß der Name die zuvor gegebene Natur der Sache in irgend einer Weise "nachahmt" oder wiedergiebt, sondern in dem Sinne[,] daß kraft seiner, kraft der allgemeinen Nenn-Funktion das Bewusstsein sich erst in die Sphaere der Sachlichkeit überhaupt erhebt. Die Sprache wird zur Bedingung der »Rekognition im Begriff« – und diese selbst bildet wiederum eine ganz bestimmte Stufe, eine notwendige Durchgangsphase für jene "Einheit des Mannigfaltigen", für jene Form der »Synthesis«, auf welcher die Möglichkeit beruht, die Vorstellung auf einen »Gegenstand« zu beziehen.[1] Und kraft dieser eigentümlichen sprachlich-logischen Beziehung ist nun das Bewusstsein erst über jenes gleichsam labile Gleichgewicht hinausgelangt, wie es auch in der mythischen Gestaltenwelt noch herrschte. Seine einzelnen Inhalte erscheinen jetzt nicht mehr einem rastlosen Wandel unterworfen, sondern sie haben einen selbständigen Bestand, eine eigentümliche »Stabilität« erlangt. Wie viel dieser Prozess der »Konsolidierung« der Sprache verdankt und wie sehr er an sie gebunden bleibt: dafür liefern vor allem die pathologischen Störungen der Sprache einen deutlichen Beleg. Denn sie betreffen, wie wir gesehen haben, niemals die Namengebung allein – sondern mit ihrem Verlust oder ihrer Beeinträchtigung erscheint auch das Ganze des Bewusstseins wie auf ein anderes Niveau zurückgeworfen. Statt sich in feste und scharfe dingliche Einheiten zu gliedern, scheint es sich jetzt wieder in jenen rein "sensorischen Melodien" zu bewegen, wie wir sie für die Vorstellungsweise des Tieres charakteristisch fanden. Es gleitet in einer Folge äusserlicher Bestimmungen dahin, ohne aus ihnen ein Beharrendes abzusondern, ohne sie an ein gegenständliches "Substrat" zu binden. Die einzelnen Qualitäten, die Qualitäten des Warmen oder Kalten, des Harten oder Weichen, des Glatten oder Rauhen werden unterschieden: aber nicht wird auf Grund all dieser

[1] Zur näheren Begründung vgl. die früheren Darlegungen: Buch -, Cap. -, S. - ff.$_{117}$

Unterscheidungen ein Gegenstand »rekognosziert« und mit einem bestimmten Dingnamen belegt.[1] Die Welt ist gewissermassen wieder flüssiger und flüchtiger geworden – das Ich wird im Strome seiner sinnlichen Einzelerlebnisse dahingetragen, aber nicht ballt sich ihm, wie in der Goetheischen Legende,$_{119}$ die bewegte Welle zu krystallener Kugel.

Die Analyse der Sprache hat uns gezeigt, daß sie diese ihre eigentümliche Leistung keineswegs *unmittelbar* erreicht und vollzieht, sondern daß es für ihre Vollbringung mannigfacher Vorbereitungen in ihr selbst und in ihrer eigenen Gedankenwelt bedarf. Jener "Primat der Aktion", der für die Weise des tierischen Vorstellens und Bemerkens charakteristisch ist, scheint auch die ursprünglichen Sprachbegriffe noch völlig zu beherrschen. Sie zeigen deutlich eine »teleologische« Fügung: sie beziehen sich nicht sowohl auf den Kreis der »Dinge« und ihrer »Eigenschaften«, als vielmehr auf den Kreis der Mittel und Zwecke, wie er sich im Wünschen und Wollen, im Tun und Vollbringen des Menschen abgrenzt. Ein Inhalt wird »benannt« – nicht sowohl nach dem[,] was er in einem rein objektiven Sinne »ist«, als vielmehr nach dem[,] was er *leistet*. Sein »Sinn« erwächst ihm erst in seinem Gebrauch – und der Hinblick auf diesen ist es, der die primären sprachlichen, wie die primären mythischen Begriffsbildungen in ihrer Fügung bestimmt. Die mythische Klassen- und Reihenbildung scheint erst aus diesem Prinzip heraus verständlich zu werden. Nicht dasjenige wird zusammengefasst[,] was nach irgendwelchen "sachlichen" Kategorien zusammengehört, sondern dasjenige, was im mythischen *Funktionskreis*, was z. B. im Kreis der magischen Aktionen und Operationen, einander entspricht. Die Elemente, die sich innerhalb dieses Kreises wechselseitig vertreten, die für einander einstehen können, werden, ungeachtet aller Unterschiede in ihrer objektiven Struktur und Bestimmtheit, ohne weiteres in eins gesetzt; sie bilden, mythisch gesehen, keine Vielheit mehr, sondern einen einzigen »Gegenstand«. Aus diesem Prinzip heraus vermochten wir jene merkwürdigen Einheitssetzungen zu verstehen, die das dem reinen Sachsinn nach Disparateste nicht nur mit einander verknüpfen, sondern es auch für streng *identisch* erklären.[2] Auch das sprachliche Denken scheint zunächst noch diese Wegrichtung inne zu halten – und insbesondere die Kindersprache ist reich an Bildungen, in denen sich diese Grundtendenz zeigt, in denen das Bestreben hervortritt, nicht sowohl das objektiv-Gleich*artige*, als das affektiv-Gleich*bedeutende*, das[,] was den Willen in glei-

[1] Näheres hierüber s. Buch -, Cap. -, bes. S. - ff.$_{118}$

[2] Ich verweise etwa auf die Identität, die im mythischen Gedankenkreis der Huichol-Indianer zwischen dem Getreide, dem Hirsch und dem Peyote, einer Kaktusart, besteht. Vgl. Lumholtz,$_{120}$ Symbolism of the Huichol Indians, S. 17 ff. – Näheres s. Bd. II, S. 223 ff. sowie bei Lévy-Bruhl, Das Denken der Naturvölker, S. 98 ff.

cher Weise erregt oder anspricht, in einen Sprachbegriff zusammenzunehmen.[1] Aber in ihrer höchsten logischen Leistung greift die Sprache über diesen Kreis weit hinaus. Aus der Sphaere des Emotionalen ist sie nun in die rein »theoretische« Sphaere übergegangen: die Ordnung nach Mitteln und Zwekken weicht der Ordnung nach gegenständlichen Merkmalen und gegenständlichen Zusammenhängen. Jetzt gelangt sie zu einer Form des Betrachtens, die nicht mehr ausschliesslich im Gebiet des Bewirkens stehen bleibt: sie umschreitet und umschreibt nicht nur den menschlichen Aktionskreis, sondern sie schafft sich einen freien Überblick über das Ganze der Wirklichkeit; sie grenzt sich einen geistigen Horizont, einen Gesichtskreis ab, in welchem sie dieses Ganze befasst. In diesem Fortgang vom »Aktionskreis« zum »Gesichtskreis« ist vielleicht einer der am meisten charakteristischen Unterschiede zwischen der Bewusstseinswelt des Menschen und der Erlebniswelt des Tieres bezeichnet. Auch das Tier vermöchte sich nicht als selbständiger Organismus gegenüber seiner Umwelt zu behaupten, wenn es ihr nicht in seinen Handlungen angepasst wäre, wenn es nicht jede der Fragen, die von der Umwelt an es gestellt werden, in bestimmter Weise durch eine mehr oder weniger zweckmässige Bewegung beantwortete. Aber das Ganze dieser Antworten zeigt ein durchaus starres Gefüge. Bestimmte Situationen rufen bestimmte Ketten von Aktionen hervor, die immer in gleicher Weise abrollen. Das Tier vollzieht diese Aktionen, aber es steht ihnen nicht "gegenüber" und vermag sie sich weder im Ganzen noch im Einzelnen "gegenständlich" zu machen. Wir erinnern, um dies zu verdeutlichen, etwa an jenes früher erwähnte Beispiel, das Fabre in seinen *»Souvenirs Entomologiques«*[121] berichtet.[2] Die Sandwespe pflegt eine Beute, die sie heimbringt, nicht unmittelbar in ihrer Höhle zu bergen, sondern sie legt sie vor dem Eingang nieder, dringt ohne sie in die Höhle und schleppt erst dann, wenn sie diese zur Aufnahme bereit gefunden hat, das Beutestück hinein. Wird nun, während das Tier sich im Innern der Höhle befindet, die Beute entfernt, so findet sie die Wespe zwar wieder, aber sie kann sie auch jetzt nicht einfach in die Höhle hineintragen, sondern muss zuvor die eben vollzogene Untersuchung der Höhle aufs neue vornehmen – und dieser Kreislauf von Handlungen kann sich, bei einem erneuten Eingriff von seiten des Beobachters, beliebig oft wiederholen. Der Erklärung dieses Tatbestandes würde man kaum nahe kommen, wenn man etwa annehmen wollte, daß das Tier das Bild der Höhle, unmittelbar nachdem es sich in ihm fixiert hat, wieder vergisst – daß es dasselbe, wenn auch für noch so kurze Zeit[,] nicht festzuhalten und zu bewahren vermag. Man wird vielmehr auch hier einen Schritt zurückgehen müssen. Der Mangel der Erinnerung, des »im Innern Behaltens« geht nach allem, was sich sonst über das

[1] Belege hierfür s. z. B. in ["]Sprache und Mythos["], S. 33 ff.

[2] Volkelt, Über die Vorstellungen der Tiere, S. 29; vgl. ob. S. -[122]

tierische "Vorstellungsleben" erschliessen lässt, vielmehr auf einen ursprünglichen Mangel des Inne-Werdens zurück. Die echte »Erinnerung« ist korrelativ auf ihren Gegensatz und auf ihr scheinbares Gegenteil bezogen: wir erinnern uns nur dessen, was wir zuvor gleichsam aus uns heraus, was wir, als eine selbständige objektive Anschauung, uns gegenüber gestellt haben. Eben diese Entgegen-Setzung aber ist es, die sich beim Tiere noch nirgend in wirklicher Schärfe findet. Denn sie ist an die Bedingung der "Repraesentation" gebunden, die selbst wiederum aufs engste mit der Darstellungsfunktion der Sprache verknüpft ist. Wo diese letztere noch nicht ausgebildet ist, da geht das Bewusstsein in der einfachen Gegenwart seiner Inhalte auf; aber es fehlt ihm das wichtigste Mittel zu ihrer Objektivierung, zu ihrer "Gewärtigung" und Vergegenwärtigung. In dem eben betrachteten Falle bildet somit die Untersuchung der Höhle einen Teil des tierischen Handlungskreises; aber dieser Teil kann aus der Verkettung und Verklammerung mit dem Aktions-Ganzen nicht befreit werden[,] er kann nicht, als ein selbständiges Moment, in den Gesichtskreis des Tieres eintreten. Und auch hier sind es in einer schon weit vorgeschrittenen menschlichen Sphaere wieder die pathologischen Störungen der Sprache, die uns den Unterschied beider Kreise eindringlich vor Augen rücken können. Im Krankheitsbild der Aphasie besteht eines der am häufigsten beobachteten Symptome darin, daß die reinen Dingnamen, deren Gebrauch der Kranke verloren hat, durch andere sprachliche Wendungen ersetzt werden, in denen nicht der Gegenstand selber benannt, sondern sein Gebrauch beschrieben wird. Der Kranke findet zwar den Namen des Messers nicht, kann aber angeben, daß es "zum Schneiden" da ist; er gebraucht das Wort »Fleisch« nicht, giebt aber an, daß es »zum Essen« bestimmt sei. In solchen Fällen scheint die Sprache gewissermassen einen Schritt rückwärts getan zu haben – scheint sie sich wieder der blossen Wiedergabe von Aktionen, statt der Darstellung von Gegenständen zuzuwenden. Und in dieser Rückwendung giebt sich uns mittelbar ihre eigentliche Leistung um so klarer und eindringlicher zu erkennen – jene Leistung, die man gewissermassen als die geistige Eroberung der gegenständlichen Anschauung bezeichnen könnte.

Aber in dieser ihrer Grundfunktion steht die Sprache nicht allein; sondern hier ist sie von Anfang an mit einer anderen Potenz des Geistes aufs nächste verbündet. Denn die Erhebung zur Gegenständlichkeit vollzieht sich nicht lediglich durch die Kraft der Benennung, sondern nicht minder durch die der bildnerischen Gestaltung. Hier liegt die zweite starke und triebkräftige Wurzel für alle gegenständliche Anschauung überhaupt. Der Zugang zur Welt der »Vorstellung« ist stets nur durch die Pforte der »Darstellung« zu gewinnen – diese selbst aber weist hierbei zwei verschiedene aufeinander nicht zurückführbare Urformen auf. Derselbe Prozess der Objektivation, der »Gewärtigung«, der uns zuvor an der Sprache entgegentrat, stellt sich uns, gleichsam in einer neuen Dimension, in aller bildenden Kunst dar. Wie die geistige Leistung der Sprache, so wird die der bildenden Kunst völlig unzulänglich beschrieben, wenn man in ihr nichts anderes als die »Wiedergabe« einer schon vorhandenen Formwelt sieht. Hier wie dort liegt vielmehr der Wiedergabe ein echtes, ein originäres »Geben« zu Grunde. Der Mensch gelangt zur Anschauung der Form der Dinge nicht dadurch, daß er sie von diesen, als eine ihnen anhaftende Bestimmung, einfach abliest, sondern dadurch, daß er ihr Bild in sich entwirft und daß er diesen Entwurf bildend aus sich herausstellt. In diesem Akt der bildenden Verkörperung gewinnt die Welt für ihn erst Gestalt und Körperlichkeit, gewinnt sie erst Grenze und Bestimmung. Der Grundakt dieser Determination ist daher ebensowohl an die Funktion der Sprache, wie an die der Kunst gebunden. Auch sie hat die gleiche Aufgabe zu bewältigen[A] wie die Sprache: sie kann das Bild der Wirklichkeit nicht einfach nach einem vorhandenen Muster, nach einem gegebenen "Modell", nachzeichnen, sondern sie muss es als solches hervorbringen. Sie zieht nicht die Kontur der Dinge, die sie als solche passiv empfängt, bloss nach; sondern ihre Kraft besteht in der Erschaffung dieser Kontur, in ihrer ideellen Vorzeichnung. Die aesthetische Gestaltung schafft, gemeinsam mit der sprachlichen Gestaltung, erst einen klaren und bestimmten Umriss der Gegenstandswelt. <Und sie bedient sich hierbei desselben Mittels wie diese: des Grundmittels der "Verdichtung". Wie die sprachliche Benennung kraft der Auswahl, die sie vollzog, den unbestimmten Fluss der sinnlichen Erlebnisse in sich abteilte, wie sie in ihm feste Zentren der »Bedeutung« schuf, wie sie dem, was hier gleichsam flächenhaft neben einander lag, eine verschiedene Tiefe, einen Vordergrund und Hintergrund gab – so geschieht das Gleiche auch in jedem künstlerischen Bild-Entwurf und in jeder künstlerischen Bild-Gestaltung.> Hier liegt der Kern jener mehr als bloss-"aesthetischen", jener echt "theoretischen" Leistung, die das echte Kunstwerk vollbringt. Die Darstellung der Welt, die es in sich schliesst, ist eine wahrhafte Welt-Entdeckung. Goethe sagt vom künstlerischen Stil, daß er auf den tiefsten Grundfesten der Erkenntnis ruhe: "auf dem Wesen der Dinge, in so fern es uns erlaubt ist, es in sichtbaren und greiflichen Gestalten zu erkennen".[123] Und so ist ihm allgemein das Schöne eine "Manifestation geheimer Naturgesetze, die uns ohne dessen Erscheinung ewig wären verborgen geblieben".[B][124] Aber diese Gesetze sind nicht solche, die der Begriff, die der Verstand in die Natur "hineinlegt" – sondern solche, die die produktive, die künstlerische Phan-

[A] bewältigen] bewältigen,
[B] verborgen geblieben"] *am Rande, nach einem Querstrich:* Raum – / Renaissance – / Leonardo – guter t[*unleserlich*] / saper vedere![125]

tasie an[A] ihr rein anschaulich erfasst. Die Gebilde dieser Phantasie sind nicht willkürlich und zufällig, nicht schlechthin "subjektiv", sondern in ihnen drückt sich eine echte und notwendige Gesetzlichkeit der Gestalt selbst aus. Es sind nicht Schatten, die der Wahn erzeugte, sondern Wesen, die wir an ihnen besitzen – und doch stehen diese wesenhaften Gestalten in der Wirklichkeit nur darum, weil sie das Auge des Künstlers dahin geschickt hat. <Der[B] Akt der Determination hält auch hier, wie in der Sprache, die Richtung von innen nach aussen, nicht die von aussen nach innen ein. Genauer gesagt besteht freilich ein solcher Gegensatz niemals an sich, sondern er wird nur durch eine falsche Betrachtungsweise von uns in den streng einheitlichen Prozess der "Bestimmung zum Gegenstand" hineingetragen. Diese Bestimmung ist immer und notwendig doppelseitig: sie ist eine vom Inneren an das Äussere, vom Äussern an das Innere ergehende Offenbarung. <Und diese Offenbarung ist ebenso notwendig Entfaltung, als sie Begrenzung ist. Max Liebermann[126] hat einmal gesagt, daß die Kunst des Zeichnens in der "Kunst des Weglassens"[127] bestehe. In dieser Art des "Weglassens", des »Absehens« von zufälligen Bestimmungen, um den reinen Wesenskern der anschaulichen Form herauszustellen, bekundet sich dieselbe Gabe der Negativität, der "Abstraktion", wie wir sie fort und fort in der Sprache gefunden und wie wir sie als die Vorbedingung zu ihren höchsten positiven Leistungen erkannt haben. Denn jede echte geistige Produktion muss dem Unmittelbar-Gegebenen und dem Unmittelbar-Erlebten gegenüber zugleich als Reduktion erscheinen.> Die Art, in welcher diese Reduktion sich vollzieht, das Gesetz, unter dem sie steht, der »Gesichtspunkt«, von dem aus sie unternommen wird: dies ist es, was die besondere Bestimmung der einzelnen Künste ausmacht. Jede von ihnen verfährt hierin anders; jede setzt einen verschiedenen Bedeutungsaccent und hebt, gemäss diesem ihr eigenen "Sinn", eine andere Welt der Form als wesenhaft heraus. Die Malerei, die Plastik, die Architektur – sie alle gehen hierin ihren eigenen Weg; und der spezifischen Raumgestaltung, die in ihnen waltet, entspricht je eine spezifische Gegenstands-Gestaltung. Es ist die Aufgabe der systematischen Aesthetik[,] alle diese Gestaltungsweisen im einzelnen zu verfolgen und das charakteristische "Prinzip", dem sie gehorchen, aufzuweisen.[C]

Hier kann diese Aufgabe nicht mehr in Angriff genommen werden; sondern wir müssen uns mit der Aufweisung der allgemeinen Wegrichtung, der

A an] *im Ms. gestrichen*

B <Der] *im Ms. wird unten (Z. 14 v.o.) eine zweite Klammer geöffnet, ohne diese zu schließen*

C aufzuweisen.] *hier (Ms. S. 201) Markierung eines Absatzes durch zwei vertikale Striche, die mit einem Pfeil auf die am Rande stehende Ziffer* 233 *hinweisen (S. 233 im Ms. entspricht im vorliegenden Bd., S. 90)*

Richtung der bildenden Gestaltung überhaupt, begnügen. Und auch sie bildet, in dem Zusammenhang unseres gegenwärtigen Problems, nicht sowohl um ihrer selbst willen, als vielmehr um des Zusammenhangs und um der Verschiedenheit willen, die zwischen ihr und den anderen "symbolischen Formen" besteht, den Gegenstand unserer Frage. Mit ihnen allen ist die bildende Kunst, ihrem Sinn wie ihrem geschichtlichen Werden nach, aufs engste verknüpft – und von ihnen allen muss sie sich andererseits in gewissem Sinne ablösen, um das Eigentümliche ihres Wesens und ihrer Bestimmung zu finden. Sie scheint in ihren ersten Anfängen noch ganz der mythischen Sphaere anzugehören: die Bilder, die sie entwirft, stehen nicht um ihrer selbst willen da, sondern sind in bestimmte magische Zweck-Zusammenhänge verflochten. Wie das Wort, so ist auch das Bild nicht von Anfang an als ein rein »ideelles« konzipiert, sondern es steht ihm eine eigene, über den Umkreis des "Natürlichen", des Physisch-Wirklichen hinausgehende, aber eben hierin durchaus reale Wirksamkeit zu. Wortzauber und Bildzauber stehen im Mittelpunkt der magischen Weltansicht; sie erscheinen als die eigentlichen Mittel, kraft deren der Mensch die Kräfte der Natur in seinen Dienst nimmt. Nur allmählich und schrittweise vollzieht sich die Emanzipation aus diesem Kreise.[1] Aber auch nachdem diese Befreiung erfolgt [ist], nachdem die bildnerische Gestaltung sich in ihrer völligen Unabhängigkeit und Autarkie erkannt hat, bleibt sie mit der Welt der Sprache noch wie durch geheime und zarte Fäden verwoben. Denn mit ihr ist sie, wie immer beide sich in dem Medium der Formgebung unterscheiden, nach wie vor durch den Hinblick auf ein übergreifendes geistiges Ziel verknüpft. In der Sprache wie in der bildenden Kunst findet erst die Erhebung des Menschen von der Stufe der sinnlichen "Wahrnehmung" zur Stufe des eigentlichen "Sehens" statt. Sie sind die beiden, in ihrem Gebrauch zusammengehörigen und zusammenwirkenden Organe für die Gewinnung eines anschaulichen Weltbildes – für das *saper vedere*,$_{128}$ wie Leonardo da Vinci, für das "Sehen mit Geistes Augen",$_{129}$ wie Goethe es bezeichnet hat.

Der innere systematische Zusammenhang, der sich von hier aus zwischem dem Grundproblem der Aesthetik und den Problemen der Sprachphilosophie ergiebt, ist kaum jemals mit wirklicher Schärfe erfasst worden. Nur Benedetto Croce$_{130}$ hat diese Wechselbedingtheit von Aesthetik und Sprachphilosophie klar erkannt, und er hat beide aus einer gemeinsamen Wurzel abzuleiten gesucht. Aber er sucht ihre Einheit an einer anderen Stelle -: er begründet sie nicht sowohl in der Funktion der Darstellung und in dem, was diese Funktion für den Aufbau der Gegenstandswelt leistet, als vielmehr in der Funktion des "Ausdrucks". Die Aes-

[1] Vgl. hrz. z. B. ["]Sprache und Mythos["], S. 37 ff., 79 f.

thetik wird zur allgemeinen "Wissenschaft des Ausdrucks",[131] der sich die Sprachphilosophie als ein Teilmoment einfügt. Von einer anderen Seite her wird die Verwandtschaft, wie der Gegensatz zwischen dem Phaenomen der Sprache und dem Urphaenomen, das aller bildenden Gestaltung zu Grunde liegt, bei demjenigen modernen Aesthetiker bestimmt, der in seinem Ausgangspunkt und in seiner philosophischen Methodik unserem eigenen Grundproblem am nächsten steht. Von allen Aesthetikern des 19ten Jahrhunderts ist Konrad Fiedler[132] derjenige gewesen, der am klarsten die Notwendigkeit gesehen hat, das System der Aesthetik auf einem gesicherten erkenntniskritischen Fundament aufzubauen. Er war vielleicht der Erste, der, von Kant ausgehend, die "Copernikanische Drehung",[133] die dieser für die Welt der theoretischen Erkenntnis gefordert hatte, in voller methodischer Klarheit auf die Welt der künstlerischen Gestaltung übertrug. Wie Kant gezeigt hatte, daß das Ganze der theoretischen Formwelt nicht einen an sich bestehenden äusseren Gegenstand abbildet, sondern daß durch dasselbe der Gegenstand der Erkenntnis erst konstituiert wird, – so sucht Fiedler den analogen Nachweis für die künstlerische Formwelt zu führen. Und auf diesem Wege begegnet er der Sprache, die sich gleichsam als ein Mittleres zwischen theoretischer und aesthetischer Form darstellt. Auch der Sprache gegenüber dürfen wir, wie Fiedler darlegt,[134] nicht auf dem Standpunkt des "naiven Realismus" verharren, – auch sie verkennen und entwerten wir, wenn wir ihr lediglich die Aufgabe zuschreiben, ein Wirkliches, das abgesehen von der sprachlichen Form das Recht des ["]Vorhandenseins" besitzt, einfach abzubilden und es zum Gegenstand unseres Denkens und Erkennens zu machen. Nicht ein blosses Zeichen, nicht ein Ausdruck für ein Sein liegt in ihr vor; vielmehr ist sie eine Form des Seins selbst. Der Sinn, den das Wunder der Sprache hat, ist nicht der, daß sie ein Sein bedeutet, sondern der, daß sie ein Sein *ist*. Dieses Sein selber dürfen wir hierbei freilich selbst nicht wiederum dinglich, sondern wir müssen es rein bedingend fassen: es besagt, daß das sinnliche, durchaus vage und fliessende Bewusstsein im Wort um ein neues Element, um einen neuen Stoff bereichert wird, in dem überhaupt erst die Möglichkeit eines in sich zusammenhängenden und bestimmten Wirklichkeitsaufbaues gegeben ist. Und eben ein solcher Aufbau, der jedoch in einer ganz anderen Richtung als in der Sprache sich bewegt und der mit durchaus anderen Mitteln vollzogen wird, ist es, den wir in der bildenden Kunst vor uns sehen. "Wenn von alters her zwei grosse Prinzipien, das der Nachahmung und das der Umwandlung der Wirklichkeit, um das Recht gestritten haben, der wahre Ausdruck des Wesens der künstlerischen Tätigkeit zu sein, so scheint eine Schlichtung des Streites nur dadurch möglich, daß an die Stelle dieser beiden Prinzipien ein drittes gesetzt wird: das Prinzip der Produktion der Wirklichkeit. Denn nichts anderes ist die Kunst, als eins der Mittel, durch die der Mensch allererst die Wirklichkeit gewinnt".[1] Um diese These in ihrer eigentlichen Bedeutung und Tiefe zu erfassen, muss freilich radikal mit dem Vorurteil gebrochen werden, als ob das, was wir die sichtbare Wirklichkeit der Dinge nennen, als gegebenes und fertiges Substrat vor aller bildenden Tätigkeit des Geistes gegeben und vorhanden sei. "Das Problem des Kunstwerks" – so spricht ein Aphorismus aus Fiedlers Nachlass seine Grundanschauung vielleicht am knappsten und praegnantesten aus – "kann nur der verstehen, der die sichtbare Natur als etwas durchaus Unfeststehendes, als etwas gar nicht im gewöhnlichen Sinne Reales erkannt hat, gerade so wie das Problem des Erkennens nur von dem erfasst werden kann, dem es klar geworden ist, daß nicht die Wirklichkeit der Dinge das Beharrende ist, sondern allein die Form, die das Wirkliche durch uns annimmt".[2] So muss die Kunsttheorie die transzendentale Frage, die Frage nach der "Möglichkeit der Beziehung unserer Vorstellungen auf einen Gegenstand" wiederholen: aber sie richtet sie nicht auf den Gegenstand als Gegenstand der Erkenntnis, der mit den Mitteln des wissenschaftlichen Begreifens und Urteilens aufgebaut wird, sondern auf den Gegenstand als Objekt des reinen Schauens; – sie geht nicht auf ihn als ein Denkbares und im Denken Bestimmbares, sondern auf ihn als ein rein-Sichtbares. Die "Sichtbarkeit" – so muss jetzt erkannt werden – ist weder ein Prädikat, das den Dingen als solchen, als absoluten Dingen, zukommt, noch besteht sie in dem einfachen passiven Besitz bestimmter Sinnesdaten, bestimmter optischer Empfindungen oder Wahrnehmungen. Sie schliesst vielmehr ein geistiges Tun, einen Akt der Spontaneität in sich. Die »Dinge« gewinnen ein »Gesicht« erst dadurch, daß der Geist es ihnen, in einer bestimmten Art und Richtung seiner Tätigkeit,[A] verleiht. Und diese Tätigkeit ist keine andere als die der künstlerischen Darstellung. Diese bildet nicht Gesehenes nach – sondern ihre Grundbedeutung und ihre eigentliche Leistung besteht darin, daß sie das bloss-Empfundene oder dumpf Gefühlte in ein Gesehenes verwandelt. Damit ist der zweite entscheidende Schritt zur Objektivierung, zur Erfassung der Welt als eines Ganzen von Gestalten getan. "Wenn das Auge den Menschen all der Herrlichkeit gegenüber, in die es ihn mit einem Schlage versetzt, doch schliesslich im Stiche lässt; wenn er auf ein stumpfes Hinstarren angewiesen bleibt, und das, was er durch das Auge empfängt, nur dadurch für die Entwicklung seines Bewusstseins nutzbar machen kann, daß er es in ein anderes Material, das der Sprache, umsetzt: so zeigt

[1] Konrad Fiedler, Moderner Naturalismus und künstlerische Wahrheit, [in:] Schriften über Kunst, hg. von H. Konnerth, 2 B[ände], München 1913; [Bd.] I, S. 180.

[2] [Fiedler,] Aphorismen aus dem Nachlass (Ausg. Konnerth, No. 88) [,] Bd. II, S. 65[f.]

[A] Richtung seiner Tätigkeit,] Richtung, seiner Tätigkeit

ihm die Fähigkeit, die er in sich vorfindet, das, was er sieht, zum Gegenstand des bildenden Darstellens zu machen, den Weg, auf welchem seinem durch die Tätigkeit des Auges erweckten Bewusstsein eines sichtbaren Seins eine fortschreitende Entwickelung auf der eigenen Bahn möglich ist".[1] 135 Hier ist klar und scharf das geistige Band bezeichnet, das die Sprache mit der bildenden Kunst verknüpft[A] und das zwischen ihnen eine Art "Union" stiftet. Diese Union wird nur unvollkommen erkannt, wenn man lediglich von der Ausdrucksfunktion ausgeht, wenn man an der Kunst wie an der Sprache sozusagen nur das lyrisch-expressive Moment erfasst. Sie findet ihre eigentliche Begründung, ihre Legitimation erst dadurch, daß man die Sprache wie die Kunst als Grundmittel der Objektivation, der Erhebung des Bewusstseins zur Stufe der gegenständlichen Anschauung versteht. Diese Erhebung ist zuletzt nur dadurch möglich, daß das "diskursive" sprachliche Denken und die "intuitive" Tätigkeit des künstlerischen Schauens und Gestaltens in einander greifen[B] und daß sie vereint am Kleid der "Wirklichkeit" weben.[2]

In Fiedlers eigenem aesthetischen System ist freilich der Durchführung dieses Grundgedankens von Anfang an eine bestimmte Schranke gesetzt – eine Schranke, die aufs engste mit dem Moment zusammenhängt, auf dem die eigentliche Kraft dieses Systems beruht. Die "objektivistische" Begründung der Aesthetik erfährt schliesslich insofern eine methodische Zuspitzung und Überspitzung, als sie dazu hindrängt, die rein subjektiven Faktoren des aesthetischen Erlebnisses völlig zurückzudrängen. So wenig sie sich rein faktisch aus ihm ausschalten lassen, so folgt doch nach Fiedler aus diesem rein tatsächlichen Beisammen nichts für ihre Bedeutung und Gültigkeit. Der psychologische Zusammenhang darf nicht mit einem konstitutiven Zusammenhang verwechselt werden: die Gefühlserregungen, die die Aufnahme eines Kunstwerks zu begleiten pflegen, dürfen nicht als Wesensmomente desselben angesehen werden. Sie sind vielmehr rein zufällige Bestimmungen, die das Sein des Kunstwerks als solchen nichts angehen, – die daher zur Definition des künstlerischen »Urphaenomens« nicht verwendet werden dürfen. Die "Sichtbarkeit der N a t u r" ist das eigentliche, ja einzige Ziel der künstlerischen Tätigkeit. Die Einsicht, daß dem menschlichen Geist das reine und klare Gebiet der sichtbaren Form der Dinge verschlos-

[1] [Fiedler,] Über den Ursprung der künstlerischen Tätigkeit (Schriften [über Kunst, Bd.] I, [S.] 276).

[2] Über diesen Unterschied der "diskursiven" sprachlichen Form von der "intuitiven" künstlerischen Form vgl. bes. die Ausführungen Fiedlers in »Wirklichkeit und Kunst«, 2tes Bruchstück, [in:] Schriften[, Bd.] II, S. 238 ff.

[A] verknüpft] verknüpft,

[B] greifen] greifen,

sen bleibt, solange er sie nur sinnlich zu empfangen, nur in unmittelbaren oder reproduzierten Wahrnehmungen zu erfassen sucht, führt zu der anderen Einsicht, daß es der künstlerischen Tätigkeit bedarf, um diese Form ans Licht zu heben. "Erst dadurch, daß er nicht mehr als bloss wahrnehmendes, sondern als tätiges Wesen an der Sichtbarkeit der Dinge beteiligt ist, wird ihm diese voll gegenwärtig, und je mehr sie ihn mit ihrer lebendigen Gegenwart erfüllt, desto mehr wird alles von ihr hinwegtreten, was sich sonst bei der Betrachtung der Dinge in den Vordergrund seines Bewusstseins drängte und die Sichtbarkeit verdunkelte".[1]$_{136}$ Als eine solche blosse Verdunklung der reinen Sichtbarkeit werden von Fiedler zuletzt alle Umstände angesehen, die rein der "subjektiven" Seite angehören, die nicht der Welt des Sichtbaren[,] sondern der Welt des "Emotionalen", angehören. Die Beziehung der Kunst auf diese Sphaere erscheint zuletzt als eine blosse sentimentale Verirrung. Nur der wird die Kunst in ihrer eigenen Sprache verstehen, der gelernt hat, ihre Werke in ihrem reinen »An-Sich« zu fassen und auf den Genuss zu verzichten, den die Ausbeutung eines Eindrucks durch das Gefühl gewährt. Der Gewinn der vollen und reinen Gegenständlichkeit kann somit hier nur durch eine Art Askese erkauft werden, die der Künstlerisch-Schaffende[A] wie der Künstlerisch-Betrachtende[B] dem eigenen Ich und seinen Regungen auferlegen muss. Aber mit dieser Auffassung droht nun nicht nur die Einheit des künstlerischen Erlebnisses verloren zu gehen, sondern sie enthält, näher betrachtet, bereits einen Verstoss gegen die Grundvoraussetzungen von Fiedlers Erkenntnislehre. Denn in dieser besteht kein Zweifel darüber, daß die "subjektive" Wirklichkeit so wenig wie die "objektive" unmittelbar "gegeben" ist. Immer wieder wird betont, daß es eine nicht minder dogmatische Annahme sei, wenn die Erkenntnislehre vom Sein einer fertig-vorhandenen Vorstellungswelt ausgehe, als wenn sie von der Existenz einer fertigen Dingwelt ausgeht. Alles Sein – mögen wir es nun als "objektives" oder "subjektives" Sein betrachten, – setzt vielmehr einen Akt der Bestimmung und gewisse Formen, in denen dieser Akt sich vollzieht, voraus. Ist dem aber so, so wird die philosophische Analyse und die philosophische Begründung dieser Formen niemals bei der Aufweisung der Leistung stehen bleiben können, die sie im Aufbau des Gegenstandsbewusstseins vollziehen. Sie muss sie vielmehr auch dort aufsuchen, wo sie sich in scheinbar entgegengesetzter Richtung betätigen – wo sie die Welt des »Ich«, des »Selbstbewusstseins« aufbauen helfen. Was insbesondere die Sprache und der Mythos für eine solche Kon-

[1] Fiedler, Ursprung der künstl[erischen] Tätigkeit; Schriften[, Bd.] I, [S.] 319.

[A] Künstlerisch-Schaffende] Künstlerisch-Schaffende,
[B] Künstlerisch-Betrachtende] künstlerisch-Betrachtende

stituierung des Selbstbewusstseins leisten, haben wir eingehend verfolgt.[1] Überall zeigte es sich uns, daß in beiden nicht etwa nur eine zuvor vorhandene, aber in sich verschlossene Ichwelt nach aussen tritt, sondern daß die Bildung dieser Welt sich erst in diesen Formen und kraft ihrer vollzieht. Dieses Ergebnis erfährt eine Erweiterung und Vertiefung, wenn wir auf die Form und den Ursprung des geschichtlichen Bewusstseins reflektieren. Hier tritt die Notwendigkeit der Vermittlung, auf die wir uns allenthalben hingewiesen sahen, alsbald wieder in hellstes Licht. In Rücksicht auf die Gegenständlichkeit der »Natur« bedarf es immer erst der erkenntniskritischen Besinnung, um diese Vermittlung scharf und klar hervortreten zu lassen. Hier hat der "naive Realismus" seine eigentliche Stätte: die Wirklichkeit, wie sie sich in den Formen des Erfahrungsdenkens, in den Formen von Raum und Zeit, von Substantialität und Kausalität darstellt, wird als die "absolute" Wirklichkeit angesehen. Was dagegen die Wirklichkeit der Geschichte betrifft, so kann sie von Anfang an nicht in dieser sozusagen handfesten Dinglichkeit genommen werden. Es drängt sich alsbald die Überzeugung auf, daß eine historische Welt immer nur relativ zu einem historischen Bewusstsein zu definieren ist und daß die Form dieses Bewusstseins den Gegenstand, den wir unter dem Namen »Geschichte« begreifen, selbst erst bestimmt. Auf der anderen Seite zeigt sich, daß sich erst hier der Ring des spezifisch-menschlichen Daseins schliesst. Die neue Dimension, in die wir eintreten, wenn wir von den verschiedenen Formen des organischen Lebens in die Welt des Menschen übergehen, hebt sich an diesem Punkt vielleicht am deutlichsten ab. Denn wie reich entwickelt wir uns auch immer die tierische Wahrnehmungs- und Vorstellungswelt denken, und wie sehr wir insbesondere den höheren Tieren bestimmte "Intelligenzleistungen" zutrauen mögen – so reicht dies alles nicht entfernt an die primitivsten Gestaltungen des geschichtlichen Bewusstseins heran. Man kann freilich den Organismus geradezu derart definieren, daß man ihn als ein Sein bezeichnet, das nicht in einem blossen Gegenwartspunkt, in einem Hier und Jetzt aufgeht, sondern das in dessen Gegenwart die Spuren des Vergangenen aufbewahrt. Aber dieses reale Aufbehaltensein, diese blosse Nachwirkung, die die Vergangenheit übt, macht kein Dasein und kein Leben in der Geschichte aus. Dieses setzt vielmehr wiederum die entscheidende Wendung: den Übergang von dem blossen »Aktionskreis« in den »Gesichtskreis« voraus. Schon in der höheren Tierwelt ist der Aktionskreis nicht mehr schlechthin starr und geschlossen: er umfasst nicht nur solche Handlungen, die nach den festgefügten Regeln des "Instinkts" in immer gleicher Weise abrollen müssen, sondern er ist der Beeinflussung, der Umgestaltung durch frühere Erfahrungen zugänglich. Aber diese Form des tie-

[1] Vgl. Bd. I, S. 208 ff.; Bd. II, S. 191 ff.; S. 216 ff.

rischen "Lernens" schließt noch nichts von jener spezifischen Form des "Inne-Werdens" ein, die wir mit dem Namen "Erinnerung" bezeichnen. Hier herrscht Gedächtnis, nicht Erinnerung; *habit-memory*, nicht *knowledge-memory*.[1] Denn die letztere Funktion erfordert etwas durchaus anderes als den einfachen Fortbestand des Vergangenen in einer irgendwie modifizierten Daseinsweise: sie verlangt eine eigentümliche Wendung der Blickrichtung, kraft derer im Gegenwärtigen das Vergangene »erscheint« und kraft derer es zugleich als Vergangenes gewusst wird. Dieser Wechsel des Blickes, – dieses Fussen in der Gegenwart, ohne in ihr im eigentlichen Sinne zu »stehen«, ohne dem Hier und Jetzt verhaftet zu sein[,] ist der Anfang alles historischen Bewusstseins. Um in diesen Anfang zurückzudringen, genügt es indessen nicht, wenn man dieses Bewusstsein in der Form betrachtet, zu der es sich im Stadium der theoretischen Erkenntnis erhoben und zu welcher es sich kraft der Denkmittel, die in ihr bestimmend und herrschend sind, gestaltet hat. Vielmehr gilt für die Geschichte[A] wie für die[B] Natur die Forderung, die Hegel in der "Phaenomenologie des Geistes" aufgestellt hat. Wenn der Begriff der Geschichte und der der Natur sich erst in der Wissenschaft von beiden vollendet, so muss doch andrerseits verlangt werden, daß die Wissenschaft selbst sich nicht damit begnügt, uns die Welt der Natur und die der Geschichte in den für die Wissenschaft gültigen Formen und Kategorien aufzuzeigen und darzulegen: sie soll vielmehr dem Bewusstsein "die Leiter reichen",$_{138}$ die zu eben diesem Standpunkt der theoretischen Erkenntnis erst hinaufführt. Und wieder erweisen sich hier die mythische, die sprachliche, die künstlerische Formung als die wichtigsten Sprossen dieser Leiter.$_{139}$ Alles geschichtliche Selbstbewusstsein der Menschheit, alles Inne-Werden ihrer eigenen Zustände wird ihr unmittelbar nicht in der Form der Historie, sondern in der Form des Mythos zu Teil. Wie uns im Bereich der Natur, im Umkreis der gegenständlichen Auffassung die Dämonisierung als Anfang und Vorbedingung aller Individualisierung erschien, so erscheint im Gebiet der Geschichte die Heroisierung als das einzige ursprüngliche Mittel, um aus dem Fluss des Geschehens und aus der unbestimmten Dämmerung der Vorzeit einzelne Gestalten herauszuheben. Das Wissen um sich selbst und um die Lebensphasen, die sie in ihrer eigenen Entwicklung durchmessen hat, gewinnt die Menschheit erst, indem sich ihr diese Phasen zu mythischen Individuen verdichten. In dieser Anschauung der mythisch-heroischen Existenz tritt

[1] Über diesen Unterschied vgl. Russell, The Analysis of Mind, London 1921, Lecture IX (vgl. oben S. ...).$_{137}$

[A] Geschichte] Geschichte,
[B] die] die der

sie zum ersten Mal aus sich heraus und sich selbst gegenüber. Alle Errungenschaften der Kultur werden in dieser Weise gesehen – werden nicht dingartig, als blosse Ergebnisse und Produkte, sondern in mythischer Hypostase als Taten des Helden und des Heilbringers verstanden. Und der Kult des Helden, der Kult der heroischen Vorahnen bildet fortan das festeste und sicherste Band, das den Menschen mit der Vorzeit verknüpft. In ihm wird diese Vorzeit nicht nur erinnert, sie wird zugleich angeschaut: das vergangene Geschehen wird nicht nur subjektiv in der Vorstellung erneuert, sondern es steht in der unmittelbaren Gegenwart des Kultes in objektiver Form vor den Menschen. Das längst Vergangene und Versunkene findet hier jetzt seine Wiederauferstehung: denn das Leben des Helden, sein Tun und Leiden selber, ist es, was in der Kulthandlung[A] nicht nur mittelbar dargestellt wird, sondern was sich in ihr ständig wiederholt. Sie[B] dient nicht nur dem Gedächtnis der Ahnen, sondern sie selber sind es, die in ihr[C] wiedergeboren werden, und sich durch sie[D] mit dem gegenwärtigen Geschlecht stets aufs neue verbinden. Damit erst schliesst sich der Ring der Geschlechter: dem Menschen wird mitten im Fluss des Daseins die Gewissheit der Einheit seines Wesens[E] und das Gefühl seiner unzerstörbaren Dauer zu Teil. Und in diesem Gefühl formt sich ihm erst die Kette der Begebenheiten zur Geschichte; in ihm ist das Werden selber zur Form des Seins erhoben. Zu solcher Erhebung ist ursprünglich nur der Mythos fähig: denn ihm allein gelingt es, das Vergangene als Vergangenes anzuschauen und es nichtsdestoweniger in die reine Form der Gegenwart zu bannen. Im Bilde der Vergangenheit, wie er es in der Anschauung der heroischen Ahnen vor sich hinstellt, ist der Mensch über das Vergehen selber, als blosse Tatsache der Natur, hinausgewachsen. Das organische Phaenomen des Todes, des Sterben-Müssens ist jetzt gewissermassen durch ein geistiges Phaenomen, durch einen Akt seiner Freiheit überwunden und bewältigt. In der Unsterblichkeit, die er seinen mythischen Helden leiht, hat der Mensch für sich selbst, für seine eigene Gattung die ideelle Unsterblichkeit errungen.

Erst in diesem Zusammenhang wird es völlig deutlich, daß und warum die älteste Formensprache, in der sich das geschichtliche Bewussstsein der Menschheit aussprechen lässt, keine andere als die Sprache des Mythos sein kann. Wenn die Wissenschaft der Geschichte zwischen sich selbst und dem Mythos eine scharfe und klare Grenze ziehen muss, so darf die Philosophie der Geschichte diesen Trennungsstrich nicht in der gleichen

A der Kulthandlung] der Kulthandlung ihm *die Worte* der Kulthandlung *sind vor* ihm *eingeschoben*
B Sie] Er
C ihr] ihm
D sie] ihn
E Wesens] *Lesart der Korrektur undeutlich, vielleicht als* Werdens *zu lesen*

Weise setzen. Für sie bildet vielmehr der Mythos, sofern er wahrhaft umfassend gesehen und verstanden wird, sofern er als geistige Gesamtform genommen wird, erst den Zauberschlüssel, der ihr die Welt der Geschichte aufschliesst. Dies hat in voller Klarheit schon Herder gesehen, der zuerst die Methode gelehrt hat, die mythisch-religiösen[A] Erzählungen nicht als blosse poetische Erdichtungen zu nehmen, sondern sie als die "ältesten Urkunden des Menschengeschlechts"[140] zu begreifen und zu nutzen. Die schärfere gedankliche Begründung dieser Methode und ihre geniale Durchführung aber blieb dem geschichtsphilosophischen Werk Bachofens vorbehalten. Die Auffassung des Mythos als einer geistigen Urform der geschichtlichen Erkenntnis bildet das eigentliche Zentrum von Bachofens Gesamtanschauung. In ihr müssen wir das Erkenntnisprinzip sehen, von dem all seine Einzelforschungen beseelt und gelenkt sind.[1] "Ausser der Sprache und den Werken von Menschenhand" – so betont er – "bietet der vergleichenden Forschung noch eine dritte Klasse von Denkmälern,[B] der Mythus, sich dar. Ja, dieser erteilt über die Frage des Kulturzusammenhangs unter den einzelnen Völkern die reichsten und zugleich die zuverlässigsten Aufklärungen. Denn wenn auswandernde Stämme nicht selten mit der Heimat auch die Sprache wechseln oder infolge schneller Rassenmischung sie bis zur Unkenntlichkeit entstellen, wenn andererseits die Produkte der Kunst und des Gewerbsfleisses von den Einflüssen örtlicher und klimatischer Umstände in besonderem Grade abhängig sind, so ändert dagegen kein Volk mit den Sitten auch seinen Gott, seine religiösen Grundanschauungen und seine überlieferten kultlichen Gebräuche. Der Mythus aber ist nichts anderes als die Darstellung der Volkserlebnisse im Lichte des religiösen Glaubens".[C] Hier liegt eine Objektivität des Mythischen, die, recht verstanden und gebraucht, der blossen historischen Faktizität nicht nur nichts nachgiebt, sondern ihr in einer bestimmten Hinsicht weit überlegen ist. Der mythischen Erzählung wird durch die Verneinung ihrer Geschichtlichkeit keineswegs jede Bedeutung entzogen. "Was nicht geschehen sein kann, ist jedenfalls gedacht worden. An die Stelle der äusseren Wahrheit tritt also die innere. Statt der Tatsächlichkeiten finden wir Taten des Geistes".[2][143] Diese Auffassung war Bachofen möglich, weil er von An-

[1] Vgl. jetzt hierüber bes. Alfred Bäumler, Bachofen der Mythologe der Romantik (Einleitung zu der Bachofen-Ausgabe von Bäumler und Schroeter, München 1926, bes. S. CLXXXIXff.).[141]

[2] Bachofen, Die Sage von Tanaquil (1869) [,] Einleitung; Ausg. von Bäumler und Schroeter, S. 539 ff.

[A] mythisch-religiösen] mythisch-religiöse
[B] Denkmälern,] Denkmälern;
[C] Glaubens".] *am Rande:* 540 f.[142]

fang an, im Sinne Schellings,$_{144}$ auf ein »tautegorisches« Verständnis des Mythos, statt auf eine bloss »allegorische« Deutung desselben, gedrungen hatte[1] – weil er davon ausgegangen war, daß der Mythos, vielgestaltig und wechselnd in seiner äusseren Erscheinung, dennoch bestimmten Gesetzen folge, ja die Ausprägung einer einzigen universalen Gesetzlichkeit des Geistes sei. "Überall System, überall Zusammenhang, in allen Einzelheiten Ausdruck eines grossen Grundgesetzes, das in dem Reichtum seiner Manifestationen die höchste Gewähr innerer Wahrheit und Naturnotwendigkeit besitzt".[2] Solche »Naturnotwendigkeit« bleibt der Geschichte überall versagt, so lange sie lediglich Erkenntnis des Tatsächlichen sein will, so lange sie sich damit begnügt, einzelne Begebenheiten am Faden der Zeit aufzureihen. Zu einem notwendigen, zu einem innerlich-verständlichen Zusammenhang gelangt die Historie erst, wenn sie sich, statt in eine solche Welt einzeln aufgeraffter Tatsächlichkeiten, vielmehr in die Taten des Geistes versenkt und diese als ihren eigentlichen Gegenstand betrachtet. Denn diese Taten haben, auch als freie Taten gedacht, ihre unveränderliche Bestimmtheit, ihren eigenen ehernen[A] Rhythmus. Sie folgen nicht von ungefähr auf einander, sondern sie entfalten sich gemäß einer immanenten Gesetzmässigkeit aus einander. Und diese Abfolge nicht der Ereignisse, sondern von geistigen Weltaltern ist es, was die Philosophie der Geschichte erkennen will. Sie muss den positivistischen Grundirrtum bekämpfen[,] "als drehe sich die Erforschung vergangener Zeiten um die Ermittelung der faktischen, nicht um die der geistigen Wahrheit, um die Empirie der Ereignisse[,] nicht um jene der in der Überlieferung enthaltenen Zeitgedanken".$_{146}$ Diese Zeitgedanken lassen sich nur in der Form des Mythos erfassen, die für sie nicht etwa die blosse Hülle [,] sondern[B] die einzig mögliche Darstellung ist. So wird für Bachofen der Mythos zum unentbehrlichen Erkenntnisgrund, zur *ratio cognoscendi* der Geschichte. Aber dies ist nur dadurch möglich, daß er im gewissen Sinne ihr Seinsgrund, ihre *ratio essendi* ist. Denn in seinen Gestalten werden zuerst bestimmte Urerlebnisse und Urzustände, durch welche die Menschheit hindurchgegangen ist, in gegenständlicher Form angeschaut und dadurch erst der Erinnerung, dem historischen Denken und Gedenken, zugänglich gemacht.

Auch hier indess zeigt sich alsbald wieder das gleiche Grundverhältnis, das uns in der Formung der "äusseren" Wirklichkeit entgegengetreten ist. Auch in dem Werk, das er an der Geschichte vollbringt, steht der Mythos

[1] Vgl. hierzu Bd. II, S. 6 ff.$_{145}$

[2] Bachofen, Vorrede zum Mutterrecht (Ausg. Bäumler-Schroeter, S. 11).

[A] ehernen] eheren

[B] sondern] sondern,

niemals allein; sondern er bildet nur ein einzelnes Glied in der grossen geistigen Trias, die durch ihn selbst, durch die Sprache und die Kunst bezeichnet wird. Wenn Hamann die Poesie die "Muttersprache des menschlichen Geschlechts"$_{147}$ nennt – so gilt dieser Satz vor allem für die Sprache des geschichtlichen Bewusstseins. Erst dadurch[,] daß der Mensch seine Zustände und seine Schicksale mythisch-poetisch ausspricht, gelangt er dazu, nicht nur in ihnen zu leben und da zu sein, sondern sich selber, als Subjekt dieser Zustände und Schicksale gewahr zu werden. Aber die Form der Dichtung ist hierbei der des Mythos in einer bestimmten Hinsicht überlegen. Denn es ist eine neue Anschauung der Zeit, die sich in ihr ankündigt. Schelling hat vom Mythos gesagt, daß in ihm noch eine schlechthin vorgeschichtliche Zeit herrsche – eine Zeit, in der das Ende wie der Anfang, der Anfang wie das Ende ist.[1] Der Mythos rückt den Inhalt, der in ihm angeschaut wird, in eine unbestimmte zeitliche Ferne; aber diese Ferne hat sozusagen noch keine zeitliche Tiefe erlangt. Alle Momente seiner Zeit sind noch wie ein einziges – sie liegen in der gleichen Ebene der Vergangenheit als solcher, ohne sich in dieser selbst wieder noch näher zu unterscheiden. Dies Verhältnis aber beginnt einem anderen Platz zu machen, sobald das Heldenlied oder die epische Erzählung die Vergangenheit heraufzurufen und festzuhalten suchen. Denn wie die Erzählung selbst ihre objektive Klarheit und Bestimmtheit nur dadurch erhält, daß sie ein in sich gegliedertes Ganze bildet – wie sie mit einem bestimmten Anfang anheben und durch eine Reihe von Mittelgliedern einem bestimmten Ende zuschreiten muss, so teilt sie diese ihre Gliederung auch dem Inhalt mit, auf den sie sich bezieht. Er erfährt, indem er in die epische Form eingeht, eine immer klarere zeitliche Abstufung. Das Geschehen zerlegt sich in einzelne Phasen, zwischen denen ein bestimmtes Gesetz der Folge, der epischen Succession herrscht. Solange der Mensch sich vorwiegend durch den Kult mit der Vorzeit verknüpft, so lange sein Wissen von den Ahnen und das Gefühl der inneren Zusammengehörigkeit mit ihnen sich darin gründet, daß sie ihm in der Kulthandlung noch unmittelbar nahe sind – so lange steht das, was er in dieser Weise erfasst, im wesentlichen noch als reine Gegenwart vor ihm. Der epische Bericht aber hebt diese Art von Gegenwart auf. Das mythische »Es ist« wandelt sich in das »Es war« des Märchens und der Sage. Märchen und Sage aber schliessen, so sehr sie im gleichen Stoffkreis wie der Kult sich bewegen, doch zugleich eine neue Form in sich, die letzten Endes aus der Grundform des "Sagens", der sprachlichen Darstellung selbst quillt. Im Kult und im Ritus wird das Mythische noch gelebt, wird es in lebendige Ak-

[1] Vgl. hrz. [Bd.] II, [S.] 135 ff.[A]

[A] Bd. II, S. 135 ff.] *danach gestrichen:* 242 ff.

tion umgesetzt; in der Sage erst wird es ausgesprochen und gewinnt in dieser Aussprache eine neue objektive Distanz. Und damit erst ist das Fundament gelegt, auf welchem die Anschauung einer spezifisch-historischen Zeit, einer Zeit der Menschengeschichte erwachsen kann. Der Ring, der die menschlichen und göttlichen Dinge umspannt, schliesst sich jetzt von einer neuen Seite her. Im Mythos liegt das Bindeglied zwischen Mensch und Gott in der Gestalt des Heros, der zum Gott wird, der seine Apotheose erfährt. Das Epos aber geht vorwiegend den umgekehrten Weg – in ihm blicken wir in einen geistigen Prozess hinein, den man als den der Humanisierung der Götter bezeichnen könnte. Die Maße des Menschlichen werden nicht mehr ins schlechthin-Übermenschliche gesteigert, sondern der Gott selbst ist es, der sich diesen Maßen bequemt, der in die enge menschliche Welt mit ihren Leidenschaften und Kämpfen, ihren Siegen und Niederlagen herabsteigt. Und damit ist nun ein neuer Blickpunkt geschaffen; ist die neue Aera der menschlichen, der spezifisch-historischen Zeit erst wahrhaft heraufgeführt. Man mag immerhin darüber streiten, ob Achill seiner "eigentlichen" mythologischen Urbedeutung nach nicht vielmehr ein Sonnenheros sei – für den epischen Achill, für den Achill Homers, verliert dieser Streit jeden Sinn. Denn schon die blosse Frage, die hier gestellt wird, schliesst eine Verletzung der epischen Stilgesetze in sich. Der Achill der Ilias[148] ist kein Mythologem mehr; er steht in vollkommener individueller Bestimmung und Begrenzung, als Mensch, der frohlockt und trauert, der liebt und zürnt, vor uns. Und dem Epos steht die bildende Kunst als Verbündete in diesem Prozess der Individualisierung und der Vermenschlichung zur Seite. Es ist insbesondere die Plastik, die in[A] dieser geistigen Grundrichtung wirkt. Die älteste Form der Plastik, die Plastik der Ägypter, scheint noch völlig im Banne einer bestimmten mythisch-religiösen Grundanschauung zu stehen. Das plastische Bild des Menschen steht im Dienste der religiösen Idee der Unsterblichkeit: seine Gestalt, seine körperliche Form muß aufbehalten werden, wenn ihm seine Ewigkeit, seine unbeschränkte Fortdauer gesichert werden soll. In ihrer weiteren Entwicklung tritt sodann die bildende Kunst mehr und mehr aus diesem Kreise heraus: die Darstellung der Gestalt wird zum Selbstzweck und zum aesthetischen Selbstwert. In dieser Autonomie des Aesthetischen aber ist zugleich eine neue Autonomie des Menschlichen erreicht. Der menschliche Leib gelangt in der Beseelung, die ihm durch die künstlerische Formung zu Teil wird, zu einem neuen Sinn und einer neuen Würde. Er allein erscheint jetzt als das reine Medium der Sichtbarkeit des Göttlichen. Das

[A] Plastik, die in] Plastik, in *Im Ms. ist* die *versehentlich gestrichen.*

Götterbild trägt fortan nicht mehr in bunter Mischung halb-tierische,[A] halb-menschliche Züge; es kann den Gott, sofern er überhaupt der Verkörperung fähig ist, nicht anders als in menschlicher Form sich offenbaren lassen. Wieder zeigt sich hierin, daß die Gestaltung des »Äusseren« und die des »Inneren« sich nicht von einander sondern lassen. Indem die bildende Kunst dem Menschen erst zur vollen Sichtbarkeit des eigenen Leibes verhilft, indem sie diesen Leib in klarem und bestimmtem Umriss herausmeisselt, löst sich damit erst das spezifisch-menschliche *Ichgefühl* aus der Sphaere des allgemeinen mythischen *Lebensgefühls* heraus.[1] Und im gleichen Sinne wie die räumliche Begrenzung wirkt hier die zeitliche Grenzsetzung. Erst wenn der Mensch seine Vergangenheit von seiner Gegenwart abscheidet, wenn er beide von einander gesondert und nichtsdestoweniger aufs innigste in einander verwoben erblickt, ersteht ihm in solcher Verknüpfung und Trennung ein Bild geschichtlichen Seins und ein Bild seiner selbst als "Subjekt" der Geschichte.

Und doch stehen wir auch hier, wo der Kreis der Gestaltung sich endgültig zu schliessen scheint, wo die »innere« und die »äussere« Wirklichkeit in einander eingreifen und sich zu Einem Kosmos zusammenfassen, noch nicht am Ende des Weges der geistigen Entwicklung. Denn eben dies bezeichnet diese Entwicklung[,] daß sie, ebenso wie sie die "Grenzen der Menschheit" 149 erst *setzt*, so auch schon mitten in dieser Setzung, über sie *hinausdrängt*. Alle objektive und alle subjektive Wahrheit, alle Gewissheit der Aussenwelt, wie alle Gewissheit von sich selbst, die der Mensch zu erringen vermag, scheint an die Funktion der *Darstellung* geknüpft zu sein. Der Mensch kennt die Welt und er kennt sich selbst nur in dem Bilde, das er von beiden entwirft. Aber zugleich erweist sich, daß er in diesem Kreise der anschaulichen Wahrheit und der anschaulichen Wirklichkeit nicht stehen bleiben, daß das Streben nach reiner *Erkenntnis* sich in ihm nicht begnügen und befriedigen kann. Die Erkenntnis wagt es, diesen Boden, kaum daß er gegründet ist, wieder zu verlassen – sie geht den Weg "ins Unbetretene, nicht zu Betretende". 150 Ihr geistiger Horizont fällt mit dem Horizont der Anschauung nicht zusammen: der ideelle *Sinn* der Welt erscheint ihr nicht als in den Grenzen der *Darstellbarkeit* beschlossen. Über der Dimension der Darstellung baut sich jetzt eine neue Dimension: die Dimension der reinen "Bedeutung" auf. <Wir haben den Weg, der von der einen zur andern hinführt, im einzelnen zu verfolgen gesucht.> 151 Im Aufbau der Naturerkenntnis zeigte es sich, wie sie, je schärfer sie sich auf die eigentliche Aufgabe der Objektivierung besinnt, um so mehr darauf

[1] Zum Ganzen vgl. Bd. II, S. 159 ff., 240 ff. u. ö.

[A] halb-tierische] halb tierische

verzichten muss, diese Aufgabe mit rein anschaulichen Mitteln zu erfüllen. Immer mehr werden die Bilder und Modelle, in denen der Gedanke die Wirklichkeit zu erfassen und in welche er sie zusammenzufassen versuchte, zurückgedrängt[,] und an ihre Stelle treten reine Gedankensymbole. In ihnen wird nicht mehr eine wirkliche oder mögliche Anschauung, wird kein anschauliches *»Datum«* und kein anschauliches *Dabile* mehr beschrieben – sondern es wird eine reine Ordnungsbeziehung erfasst; es wird ein Gesetz der Reihung und Verknüpfung aufgestellt und aus ihm, als konstruktivem Prinzip, die »Einheit eines Mannigfaltigen« rein gedanklich aufgebaut. Am klarsten trat uns dies in der Umbildung entgegen, die die Grund- und Urform der »reinen Anschauung«, die der Raum selbst allmählich erfährt. <Wenn[A] wir uns noch einmal, in einem kurzen Überblick und Rückblick, die mannigfachen Vermittlungen vergegenwärtigen, die vom ersten primitiven "Raumgefühl" bis zum "Raumbegriff" der Wissenschaft, der exakten theoretischen Erkenntnis, hinführen – so zeigt sich, daß das Ganze dieser Entwicklung im Zeichen einer eigentümlichen Dialektik steht. Hier findet kein einfacher und geradliniger »Fortschritt« statt: sondern an einem bestimmten Punkte scheint die Entwicklung sich zurückzubiegen, scheint sie eine Art von geistiger Peripetie zu erfahren. Es ist[,] als kehrte, vermöge dieser Rückwendung, das Ende wieder in den Anfang zurück – als würde ein bestimmtes Resultat der Formung, kaum erreicht, wieder preisgegeben und aufgegeben. In der geistigen Mitte dieser Entwicklung tritt uns der Raum in seiner reinen Gegenständlichkeit, gewissermassen in seiner substantiellen Gediegenheit, entgegen. Er ist die Aufnahmestätte, das *πρῶτον δεκτικόν* der Gegenstandswelt überhaupt – er giebt jedem Sein seinen festen Platz und damit seinen festen Halt. Aber wenn in den Anfangsstadien diese Art der »Verfestigung« des Raumes – oder besser gesagt[,] diese Art der Verfestigung zum objektiven Anschauungsraum – noch nicht erreicht ist, so ist sie in den Endstadien bereits wieder verlassen und überwunden. In ihnen ist an Stelle der substantiellen Raumauffassung wieder eine rein funktionale Auffassung getreten: der Raum ist kein Dingraum mehr, sondern ein reiner System-Raum. So scheinen sich Ausgangspunkt und Resultat in einem gemeinsamen Zuge zu begegnen, sofern in beiden ein ganz bestimmter Gegensatz zur Struktur der "Dingwelt"[,] zur Welt der empirischen Gegenständlichkeit, sich bekundet. Aber dieser Gegensatz hat freilich für beide nicht denselben Sinn und nicht die gleiche Richtung. Man könnte sagen, daß die "primitive" Raumauffassung der Form der Dingwelt noch voraus, daß die begrifflich-exakte Auffassung über sie hinaus liegt: daß jene gleichsam unter-dinglich, diese gleichsam über-dinglich ist. Der Raum der tierischen »Wahrnehmung« und

A <Wenn] *die schließende Klammer fehlt*

»Vorstellung«, und im gewissen Sinne auch der mythische Raum, ist *noch nicht* der feste Gegenstandsraum, der für die Welt der empirischen Anschauung bestimmend und charakteristisch ist – der mathematisch-physikalische Ordnungsraum ist es *nicht mehr*. Der erstere ist nicht sowohl eine Gesamtheit von Dingen, als ein Ganzes von Aktionen und Aktionsrichtungen; der letztere ist nicht sowohl ein Komplex gegenständlicher Elemente, als vielmehr ein System von Relationen. Die Frage, in welcher Weise und auf Grund welcher sinnlicher Daten die räumliche Orientierung der Tiere erfolgt, scheint trotz aller Mühe, die von seiten der Biologie und der Tierpsychologie auf sie verwendet worden ist, in den Einzelheiten noch wenig geklärt: eine wirklich befriedigende und erschöpfende Theorie, die allen beobachteten Phaenomenen gerecht wird, scheint bisher nicht erreicht zu sein.[1] Aber das eine scheint festzustehen, daß der Raum des Tieres kein eigentlicher »Gesichtsraum« ist, in dem die einzelnen Elemente sich nach gegenständlichen "Merkmalen" unterscheiden und von einander abheben, sondern daß er als reiner »Handlungsraum« gedacht werden muss. Bethe$_{153}$ hat in einer Reihe sorgfältiger Beobachtungen festgestellt, daß heimkehrende Bienen stets mit grösster Sicherheit die Stelle im Raum wiederfinden, von der sie ausgeflogen sind, daß sie dagegen ihren Stock, wenn seine Lage während ihrer Abwesenheit ein wenig verschoben wurde, bei der Rückkehr nicht unmittelbar zu finden vermögen.[2] Auf Grund dieser und ähnlicher Versuche schliesst Rádl,$_{155}$ daß das, was wir den »Raum« des Tieres nennen können, nichts anderes ist als ein System richtender Kräfte, von denen eine jede den Organismus in ein Gleichgewicht gegen sich selbst stellt. "Dieses Gleichgewicht ist die Orientierung des Tieres. Die Räume verschiedener Organismen sind nicht einander gleich: während bei einigen mehr ein Lichtraum entwickelt ist, ist bei anderen ein Schwerkraftraum und bei anderen ein Flächenraum und wieder bei anderen ein Druckraum besser ausgebildet; es ist wahrscheinlich, daß immer mehrere solche Räume bei demselben Organismus vorhanden sind, daß aber hier der eine, dort der andere überhand nimmt".[3] Ein solcher rein *dynamischer* Charakter scheint auch dem Raume des *mythischen Weltbildes* noch zu eignen. Wieder werden hier die Unterschiede der

[1] Vgl. über diese Frage z. B. das reichhaltige Material in der Schrift von Rudolf Brun,$_{152}$ Die Raumorientierung der Ameisen und das Orientierungsproblem im allgemeinen, Jena 1914.

[2] Bethe, Dürfen wir den Ameisen und Bienen psychische Qualitäten zuschreiben?, Pflügers Archiv[,]$_{154}$ Bd. 70, 1898;[A] vgl. H. Volkelt, a. a. O., S. 23 ff.

[3] Rádl, Untersuchungen über den Phototropismus der Tiere, Lpz. 1903$_{156}$ (cit. nach v. Uexküll, Umwelt und Innenwelt der Tiere, S. 208).

[A] zuschreiben? ... 1898] zusprechen? ... 1893 *Angaben berichtigt*

räumlichen Orientierung nicht dadurch gewonnen, daß aus dem Ganzen der anschaulichen Umwelt bestimmte gegenständliche, durch objektive Merkmale unterschiedene Einheiten herausgelöst und als feste Koordinaten-Mittelpunkte benutzt werden. Vielmehr zeigt sich der umgekehrte Prozess: die Ordnung der gegenständlichen Wirklichkeit baut sich auf dem Unterschied bestimmter primitiver Richtungsgefühle auf. Das »Oben« und »Unten«, das »Rechts« und »Links«: sie alle haben einen primären mythischen "Sinn" – es haftet ihnen ein eigentümlicher mythischer Gefühlswert an, an dem alle Inhalte der Wirklichkeit in irgend einer Weise Anteil gewinnen, und dem gemäss sie sich nun in sich selber zu ordnen und abzustufen beginnen. Auch hier zeigt sich die Dämonisierung als Anfang und Vorstufe aller Individualisierung. Der Norden, der Süden, der Osten und Westen, – sie alle werden ursprünglich als dämonische Kräfte konzipiert, deren jede eine gewisse Aktions- und Spannungsrichtung in sich schliesst, – und das Ganze dieser Kraftlinien ist – , woraus sich der Raum, als ein mythisches Kraftfeld, aufbaut.[1] Eine prinzipiell-andere Wendung, ein neuer Modus der Gestaltung, tritt uns sodann im Kreise der Sprache entgegen. Die Welt der Sprache ist auch hier dadurch bezeichnet und ausgezeichnet, daß in ihr das bloss labile Gleichgewicht sich in ein statisches Gleichgewicht umzusetzen beginnt. Die sprachliche Bezeichnung fixiert nicht nur die einzelnen räumlichen Bestimmungen, sondern sie schafft zwischen ihnen auch eine neue Beziehung. Sie erweisen sich jetzt nicht nur als unterscheidbar, sondern sie halten einander wechselseitig Stand; sie fügen sich einem objektiven Gesamtraum ein. Die Sprache schafft die Ausdrucksmittel, kraft deren auf ein »Hier« oder »Dort«, auf »Nähe« oder »Ferne« hingewiesen, kraft deren somit, von einem bestimmten Punkte des Raumes aus, das Ganze desselben objektiv überschaut werden kann.[2] Aber diese[A] Art der Überschau, wie sie sich auf Grund der Sprachbegriffe und auf Grund der durch die Sprache mitbedingten und vermittelten empirischen Gegenstandsbegriffe vollzieht, ist nun keineswegs das letzte und höchste Ergebnis der reinen Theorie überhaupt.

Diese bleibt nicht bei einer blossen Synopsis[B] des Wirklichen stehen, sondern sie fordert und sie erschafft eine neue Form der Synthesis. Und diese rein intellektuelle Synthesis hat das Eigentümliche, daß in ihr der Raum als isolierter oder isolierbarer "Gegenstand" überhaupt nicht mehr aufweisbar ist. Er kann in keiner Weise mehr als eine Art von Objekt an-

[1] Näheres s. Bd. II, S. 108 ff., 122 ff.
[2] Zum Ganzen vgl. Bd. I, S. 146 ff.; Bd. III, S. - ff. u. ö.,157

[A] diese] dieser
[B] Synopsis] Synopsis,

geschaut oder vorgestellt werden – sondern er ist nur noch ein Grundmittel der Objektivierung, – und zwar ein solches, das seine Aufgabe stets nur in Gemeinschaft mit anderen Kategorien der Naturerkenntnis, vor allem nur in "Union" mit dem Zeitbegriff, vollziehen kann. Mit dieser Sprengung des starren räumlichen Schematismus, mit dieser Erhebung des Raumes zum reinen Begriffs-Raum, zum Ordnungs-Symbol, scheint die Wirklichkeit[A] wieder etwas von jener Beweglichkeit und Flüssigkeit zurück erhalten zu haben, die ihr in den ersten "lebensnäheren" Stadien der Betrachtung zukam. Wieder erscheint sie jetzt nicht sowohl als ein Ganzes von Dingen, als vielmehr als ein Ganzes von Ereignissen. Aber die Flüssigkeit, die ihr hier zu Teil wird, hat nichts mehr mit jener Labilität und Volubilität, mit jener Flüchtigkeit gemein, die ihr anfänglich eignete. Denn der Gedanke hat jetzt die Mittel gefunden, kraft deren er sich, mitten in der grenzenlosen Variabilität der Erscheinungen, fixieren und kraft deren er sich in sich selbst behaupten kann. Nicht mehr vermöge des Dingbegriffs, wohl aber vermöge des Gesetzesbegriffs besiegt und beherrscht er jetzt den Fluss des Werdens. An Stelle der Annahme konstanter Dinge dient ihm nun die Annahme invarianter Beziehungen als Stütz- und Haltpunkt. Nur scheinbar hat also hier eine Bewegung im Kreise stattgefunden; nur scheinbar lenkt die Betrachtung mit ihrem Ende wieder in ihren Anfang zurück. Denn zwischen Anfang und Ende liegt jetzt eine Welt: eben jene Welt, die durch die reinen Ordnungsbegriffe selbst, durch die Voraussetzungen und Prinzipien der wissenschaftlichen Erkenntnis konstituiert wird.

Aber auf der anderen Seite hat sich uns freilich gezeigt, welche Schwierigkeiten dem Aufstieg in diese letzte Sphaere entgegenstehen. Die reine Theorie muss sich den neuen Boden, den sie hier betritt, Schritt für Schritt erobern. Es ist[,] als ob der Gedanke nicht wagte, sich von dem eigentlichen Grundmittel der Objektivierung, dem er den Aufbau der empirischen Wahrnehmungswelt verdankt, an irgend einem Punkte seiner Entwicklung loszureissen. Wie mit klammernden Organen[159] hält er sich immer wieder an diesem Grundmittel, hält er sich an der Kategorie des Dinges fest. Auch dort[,] wo die Welt der Wahrnehmung ihm, rein inhaltlich genommen, nicht mehr als die letzte, als die "eigentliche" Realität erscheint, wo er die Notwendigkeit begreift, in eine andere Wirklichkeit überzugehen, verzichtet er doch nicht auf die Form, in die er sie gefasst hat. Er fordert jetzt ein festeres Fundament: er setzt an Stelle der sinnlichen Qualitäten andere Bestimmungen, in denen er nun erst das wahre "Wesen" der Dinge zu besitzen glaubt. Aber diese neue ontologische Bestimmung ändert zunächst nichts an der rein methodischen Bestimmung. Denn auch die "zweite Wirk-

[A] Wirklichkeit] *am Rande:* Nicht mehr *ἀπρὶξ / τοῖν χεροῖν*[158] / der Raum der mod. / Physik so schwer zu / begreifen, weil er nicht / mehr zu "greifen" ist!

lichkeit" ist gleich der ersten noch durchaus dinghaft gefasst. Indem der Gedanke die Wahrnehmungsinhalte ihres absoluten substantiellen Charakters entkleidet, hebt er[A] damit diesen Charakter, rein als solchen, nicht auf, sondern verlegt ihn nur an eine andere Stelle. Hinter der ersten Dingwelt, die nunmehr der "Subjektivität" preisgegeben wird, erhebt sich eine andere – und ihr erst scheint die eigentliche Dinghaftigkeit, weil die eigentliche Solidität und Dauer, zuzukommen. Indem die theoretische Erkenntnis daran geht, die Struktur dieser Welt aufzuzeigen und sie im einzelnen zu bestimmen, weiss sie sich damit zwar in einem neuen Gebiet; aber ihr Bestreben bleibt nichtsdestoweniger darauf gerichtet, dieses Gebiet dem früheren so weit als möglich anzugleichen, es nach der "Ähnlichkeit" des früheren zu begreifen. Immer von neuem unterliegt sie dem Zwange dieses analogischen Denkens: immer wieder schleicht sich in die Formulierung der Grundgesetze des Geschehens ein Bild ein, das von der konkreten besonderen Gestalt der Sinnesdinge hergenommen ist. An Stelle des Denkens in Prinzipien tritt ein Denken in Schemata und in Modellen. Es bedarf immer erneuter Anstrengungen, um dieser Verwischung zu wehren – um die theoretischen Grundmittel der Objektivierung nicht nur zu gebrauchen, sondern um sie auch in ihrer eigentümlichen Funktion zu verstehen und ihnen ihre Eigen-Bedeutung, ihre volle Autonomie zuzugestehen. Die gesamte Geschichte der modernen Naturerkenntnis zeigte sich von diesem Kampfe erfüllt. Zuletzt aber schien das Ziel, dem sie von Anfang an mit mehr oder weniger deutlichem methodischem Bewusstsein zustrebte, erreicht: ihre reine Begriffsform löst sich klar und scharf von der blossen Dingform ab.[1]

Aber wir haben hier an diesen Übergang von der Dimension der »Darstellung« in die neue Dimension der »Bedeutung«, wie er sich in der theoretischen Naturerkenntnis vollzieht, nur darum erinnert, um an diese Erinnerung eine andere allgemeinere Frage anzuknüpfen. Lässt sich ein analoger »Bedeutungswandel« auch dort aufweisen, wo es sich statt um die Gestaltung der "äusseren" Welt um die der "inneren" Welt handelt? Daß beide Welten, ihren reinen Aufbauprinzipien nach, einander methodisch entsprechen, – daß sie gewissermassen den gleichen architektonischen Rhythmus zeigen, hat sich uns im gesamten Verlauf unserer Untersuchung immer aufs neue bestätigt. Schon aus diesem Grunde werden wir die Vermutung hegen dürfen, daß auch der letzten grossen Wendung, durch die der Dingbegriff gewissermassen über sich selbst hinauswächst, eine nicht minder bedeutsame Umgestaltung im Gebiet der "inneren Erfahrung" ent-

[1] Zum Ganzen vgl. die früheren Darlegungen; bes. Buch -, Cap. -, S. - ff.[160]

[A] er] *Lesart der Korrektur undeutlich*

spricht. Wenn der Aufbau der äusseren Welt durch die Kategorie des Dinges beherrscht wird, so ist es die Kategorie der Persönlichkeit, von der die Struktur der inneren Welt abhängt. Wenn wir dort im Gebiet der räumlichen Anschauung stehen, so bewegen wir uns hier im Medium der Zeit. Giebt es – so lässt sich daher unser Problem fassen – ein Hinausgehen über die personale Sphaere im selben Sinne, wie sich eine Überschreitung der Dingsphaere als möglich und als notwendig erwiesen hat – kann und muss sich die Betrachtung ebensowohl über die Form der Zeit erheben und sich von ihr gleichsam losreissen, wie sie über den Schematismus der räumlichen Anschauung hinausgehen musste? Vom Standpunkt der reinen "Lebensphilosophie" aus muss freilich schon diese Fragestellung als paradox und als anstössig erscheinen. Denn die Lebensphilosophie unterscheidet das »Innere« vom »Äusseren«, sie unterscheidet die Zeit vom Raume eben dadurch, daß wir dort ein durchaus mittelbares und abgeleitetes, hier dagegen ein schlechthin-ursprüngliches, ein unmittelbar-gewisses Sein vor uns haben. Haben wir einmal den Boden dieses ursprünglichen Seins betreten, haben wir uns von der Bildwelt des Raumes gelöst, um in die Welt der Zeit zurückzugehen und um wieder ganz in sie einzugehen, – so kann es hier demnach für uns kein »Jenseit«, keine »Transzendenz« mehr geben. Wir stehen an den Säulen des Herkules: das Absolute selbst ist es, das sich uns in der Intuition der reinen Dauer, der *dureé reélle*, erschliesst. So notwendig sich daher die Sprengung der Raum- und Dingform erweist, – so widersinnig erscheint jeder Versuch einer Sprengung der Zeit- und Ichform. Und doch wird man auch hier alsbald zu einer anderen Ansicht hingedrängt, wenn man die Struktur jener "Erlebniszeit", auf die sich die Lebensphilosophie als das Letztgegebene und Letztgewisse zurückzieht, einer schärferen Prüfung unterzieht. Sie selbst erweist sich jetzt als nichts schlechthin Einfaches mehr, sondern sie schliesst eine eigentümliche Spannung, eine Beziehung auf zwei einander entgegengesetzte Pole in sich. Eben der Prozess der symbolischen Formung war es, der uns diese Polarität immer von neuem bestätigt und vor Augen gerückt hat. Nur die Reihe der Erlebnisse selber, nicht aber das in ihnen Erfasste und Erlebte bleibt der Zeitform verhaftet; nur die Akte des Intendierens und Meinens, nicht aber die Sachverhalte, auf die sie sich richten, gehören ihr an. Mit dieser Einsicht aber[A] stehen wir nunmehr ebensowohl vor einer bestimmten methodischen Grenze der zeitlichen Anschauung, wie sich uns zuvor eine solche der räumlichen Anschauung ergeben hat. Die ideelle Welt der Form, die das objektive Medium bildet, ohne dessen Bestand die einzelnen Erlebniswelten nicht mit einander in Bezie-

[A] aber] *Lesart der Korrektur undeutlich*

hung treten[,] sich einander nicht "verständlich" machen könnten:[A] sie geht selbst so wenig in einem einzelnen zeitlich-begrenzten und zeitlich-gebundenen Erlebniskreis, wie etwa in der Gesamtheit dieser Kreise auf. Sie besitzt vielmehr ihnen allen gegenüber einen eigenen Gehalt, der sich in der Sprache der zeitlichen Anschauung nicht mehr bezeichnen und durch deren Maße nicht mehr messen lässt. Hier handelt es sich nicht sowohl um ein überzeitliches als vielmehr um ein prinzipiell unzeitliches Sein; um ein reines »Bestehen in sich selbst«, das einer völlig anderen Dimension als alles Werden, alles Dasein und alle Dauer in der Zeit angehört. Und jede symbolische Formung arbeitet in ihrer eigenen Weise und Richtung auf einen solchen reinen Ich-Sinn hin, der sich von jedem blossen Ich-Sinn spezifisch unterscheidet. In der Sprache tritt diese Heraushebung des Ich-Sinnes am charakteristischsten dort heraus, wo sie zu dem ihm adaequaten Ausdruck durchdringt – wo sie das »Ist« der Copula, in der die Gültigkeit und der Bestand einer reinen Beziehung ausgesagt wird, scharf und klar von allen blossen Existenz-Aussagen, von den Aussagen über ein räumliches oder zeitliches Dasein, absondert.[1] Aber selbst der Mythos, der wie keine andere Form in der Ichwelt zu wurzeln und völlig in ihr aufzugehen scheint, hat uns gewisse Motive kennen gelehrt, die bereits deutlich in eine andere Richtung weisen. Mitten in der mythischen Ich-Welt, in der Welt der persönlichen Dämonen und der persönlichen Götter, begegnen uns bisweilen Gestalten, die uns wie Fremdlinge in ihr anmuten. Sie besitzen nichts von jener individuellen Lebensfülle, von jener konkreten Unmittelbarkeit, wie sie sonst den Gebilden des mythischen Pantheon zukommt – sie erscheinen ihnen gegenüber als seltsam-abstrakte, als leib- und blutlose Bildungen. Und doch kommt ihnen im Ganzen des mythischen "Sinns" eine ganz bestimmte Bedeutung und Funktion zu. Sie erscheinen als Verwalter und Vollstrecker einer Schicksals-Macht, die über alle Zufälligkeit persönlichen Wollens und persönlichen Wirkens hinausgehoben, die von aller individuellen Willkür frei zu denken ist. Sie wirken nicht mehr, sondern sie messen: und die Maße, die sie gebrauchen, sind nicht in der Zeit veränderlich, sondern sie sind von Urzeiten her geordnet und verordnet. So steht in der griechischen Welt die

[1] Näheres s. Bd. I, S. 286 ff.

[A] könnten:] *danach Anm.-Ziffer* 1) *und auf der S. unten die dazugehörige Anm. gestrichen:* Daß auch alles psychologische "Verstehen" an den Bestand und die Anerkennung einer solchen idealen "Welt der Form" gebunden ist, hat namentlich Spranger 161 im einzelnen dargelegt; vgl. seinen Aufsatz "Zur Theorie des Verstehens und zur geisteswissenschaftlichen Psychologie["], Festschrift für Joh. Volkelt, München 1918.

Macht der Moira über allem Sein und Wirken der Götter. Aber das Griechentum hat die Gestalt der Moira nicht geschaffen; es hat sie nur bewahrt. Hier handelt es sich um einen der Religionsgeschichte fast aller Völker gemeinsamen, um einen wahrhaft typischen Zug. Immer wieder begegnen wir der Grundvorstellung, daß das Ganze des zeitlichen Geschehens unter einer Gewalt steht, die selbst nicht mehr diesem Geschehen angehörig, die nicht mehr durch dasselbe bestimmbar ist. Die Ordnung, nach der die Zeit sich dahin bewegt, und nach der allem, was in ihr ist und wird, eine bestimmte Zeitspanne, eine begrenzte Dauer des Lebens zu Teil wird: sie wird selbst als ein nicht-Werdendes, sondern Seiendes, als ein nicht-Zeitliches, sondern Ewiges angeschaut. Im chinesischen religiösen Gedankenkreis tritt uns diese Anschauung in der Vorstellung des *Tao*, im indischen in der Vorstellung des *Rita*, im Avesta in der des *Asha* entgegen.[1] In ihnen allen drückt sich jener Glaube aus, daß das Gesetz, das über der Zeit waltet, das alles Auf und Ab, alles Entstehen und Vergehen in ihr beherrscht, selbst nicht von der Art der Zeit, daß es eine über-zeitliche und damit auch eine über-persönliche Macht ist. So[A] geht schon hier, wo wir uns noch in einer Grundschicht mythischen Denkens und Vorstellens bewegen, dem Bewusstsein eine erste Ahnung davon auf, daß das Gesetz des Werdens und Vergehens, unter dem alles Leben steht, nicht mehr schlechthin dem Kreise des Lebens und dem Kreise des Einzel-Seins zugehörig gedacht werden kann. Im Aufbau des mythischen Bewusstseins bleibt eine Spannung, ein latenter Gegensatz zurück: das Bild des mythischen Universums, der allumfassenden und allbeherrschenden Zeit- und Schicksalsordnung, wird erst dadurch gewonnen, daß eine Art Lockerung und Lösung der mythischen Kategorie der Individualität eintritt.

Diese Antithetik setzt sich fort und sie gewinnt an Schärfe, sobald die mythische Weltkonzeption sich zur religiösen Weltkonzeption erhebt. Denn in dieser letzteren haben beide gegensätzlichen Motive eine ganz neue Kraft und Tiefe gewonnen. Die Anschauung des Individuellen scheint erst jetzt in wahrhafter Bestimmtheit und Klarheit erreicht: der Schritt vom mythischen Ich-Gefühl zum Selbst-Gefühl und zum Selbst-Bewusstsein ist getan. Aber auf der anderen Seite tritt immer wieder hervor, daß der religiöse Gedanke in dieser Sphaere, die er selbst erschafft und konstituiert, nicht seine endgültige Erfüllung, nicht seinen vollkommenen und adaequaten Ausdruck finden kann. Denn alle Indi-

[1] Die näheren Nachweise s. Bd. II, Abschn. 2, Cap. II, bes. S. 141 ff.

[A] So] *am Rande:* Abs! *das dazugehörige Zeichen vor* So *ist aber im Text gestrichen*

vidualität scheint zugleich Einschränkung zu bedeuten: *omnis determinatio est negatio.*[162] Wir sehen die gesamte Geschichte des philosophischen "Theismus" in diesem Widerstreit befangen – wir sehen, wie sie immer aufs neue mit der Aufgabe ringt, die Persönlichkeit Gottes festzuhalten, ohne das Göttliche damit dem Kreise des endlichen, des begrenzten Daseins zu verhaften. Erst der philosophische Idealismus zieht aus dieser Dialektik die letzte entscheidende Konsequenz. Er verzichtet darauf, die intelligible Ordnung, als die er das Göttliche denkt, in die Form des individuellen Daseins oder der individuellen Persönlichkeit zu zwingen. Und er vermag diesen Verzicht festzuhalten und durchzuführen, weil sich ihm das Wertverhältnis zwischen "Sein" und "Sinn" umgekehrt hat – weil er nicht den Sinn auf das Sein, sondern das Sein auf den Sinn gründet. Am schärfsten und klarsten tritt diese Umwendung und ihre gedanklichen Konsequenzen in Fichtes Religionsphilosophie hervor. Sie will die "Realität"[,] d.h. in ihrem Sinne die reine Bedeutung des Göttlichen sichern, indem sie diese Bedeutung prinzipiell von allen Arten und Formen der Existenz, der empirischen Wirklichkeit, sondert. Gott ist ihr nicht der Schöpfer der intelligiblen Ordnung; er ist diese Ordnung selbst, sofern sie nicht als fertige, sondern als sich vollziehende Ordnung, als *ordo ordinans*, nicht als *ordo ordinatus*[163] gedacht wird. Der Vollzugs-Sinn dieser Ordnung stammt nicht von einem absoluten Sein her, ist nicht durch dasselbe gesetzt und hervorgebracht; sondern er ist vielmehr das eigentlich-Ursprüngliche, das Seins-Begründende. Mit dieser radikalen Folgerung aber, mit diesem Primat der Kategorie der Bedeutung vor der Kategorie der Existenz, wie es von Fichte als der transscendentale Leitsatz und Grundsatz seiner Religionsphilosophie aufgestellt wird, stehen wir nunmehr wieder vor der gleichen Wendung, zu der wir uns zuvor auf einem ganz anderen Gebiet und in einem völlig anderen Problemzusammenhang hingeführt sahen. Wieder wird jetzt von uns derselbe Schritt verlangt – wird gefordert, daß wir, um einen bestimmten geistigen "Sinn" zu erfassen, uns ausschliesslich ihm selbst hingeben, statt ihn in Bilder, die wir der anschaulich-gegebenen Wirklichkeit entlehnen, einzuhüllen und ihn durch sie gleichsam auszumalen. Auch hier handelt es sich darum, alle Denkgewohnheiten eines bloss "analogischen", eines "schematisierenden" Denkens entschlossen hinter sich zu lassen, um in die Sphaere des[A] reinen Bedeutungs-Denkens einzutreten. Und damit ist ein weiteres Opfer notwendig geworden: wie zuvor auf das substantielle Ding, so sollen wir jetzt auf das Substantielle der "Person" Verzicht leisten. Mit voller Schärfe und Wucht rückt Fichtes Religionslehre den Gegnern immer wieder dieses

[A] des] des, des

entscheidende Postulat der Methode vor.[1] Aber es ist freilich verständlich, daß gegen die Durchführung dieses Postulats immer neue und immer stärkere Widerstände sich erheben. Denn was hier dem Gedanken zugemutet wird, scheint auf den ersten Blick nichts geringeres zu sein, als daß er sich jeglichen festen Halts an der "Wirklichkeit" der Dinge[,] wie an der der individuellen Subjekte, begiebt. Bleibt ihm aber, sofern er diese Forderung zu erfüllen sucht, noch irgend ein Sein, das nicht das Sein seiner selbst, das Sein seiner eigenen »Abstraktionen« wäre? Sieht er sich jetzt nicht wie in einem luftleeren Raum, im Raum der "reinen Geltung", der "Wahrheit an sich", eingeschlossen, aus dem es für ihn fortan keine Rückkehr mehr zur Fülle und zur Unmittelbarkeit des Lebens giebt? Aus diesem Dilemma scheint es zuletzt für den Gedanken nur einen Ausweg zu geben. Er kann dem Aufstieg vom Besonderen ins Allgemeine, dem Fortgang von der Wahrnehmung und von der sinnlichen Anschauung in die Sphaere der reinen "Bedeutung" nicht wehren; aber er scheint ebensowenig darauf Verzicht leisten zu können, das Allgemeine im Bilde des Besonderen anzuschauen. So muss er hier eine mittlere Richtung versuchen, in der er hoffen darf, zum mindesten die Beziehung auf beide Gegenpole festhalten zu können, wenngleich er sie nicht schlechthin zu einer Einheit verschmelzen kann. In welcher Weise dies im Gebiet der Ding-Anschauung geschieht, haben wir früher gesehen. Statt sich vom Prinzip derselben, von der Kategorie des Dinges überhaupt, loszureissen, verändert der Gedanke vielmehr nur die Qualität, die Beschaffenheit der Dinge. Er legt ihnen neue Eigenschaften bei, die die unmittelbare Wahrnehmung nicht enthält und darbietet, aber er rührt nicht an den Kern der Dingwelt selbst. Und noch näher liegt dieser Ausweg, noch mehr muss er als der einzig mögliche und gangbare Weg erscheinen, wenn es sich statt um den Aufbau der Ding-Welt, um die Gestaltung der inneren, der "geistigen" Welt handelt. Auch hier scheitert jeder Versuch, die Gebilde des "objektiven Geistes" aus den blossen Daten und Mitteln des individuellen Bewusstseins erklären zu wollen. Sie behalten gegenüber den Phaenomenen dieses Bewusstseins immer ein eigenes selbständiges und irreduzibles »Wesen«: sie erweisen sich ihnen, wie Platon

[1] Vgl. z.B. Fichtes Appellation an das Publikum gegen die Anklage des Atheismus: "Ich sage, daß der Begriff von Gott, als einer besonderen Substanz, ein unmöglicher und widersprechender Begriff sei ... Ich sage, daß der Beweis des Daseins Gottes aus dem Dasein einer Sinnenwelt unmöglich und widersprechend ist. Ich leugne sonach allerdings einen substantiellen, aus der Sinnenwelt abzuleitenden Gott. Dadurch nun, daß ich dies läugne werde ich ihnen ... zum Gottesläugner überhaupt. Was ich bejahe, ist sonach für sie nichts, absolut nichts: es giebt für sie überhaupt nichts anderes als Substantielles und Sinnliches, sonach auch nur einen substantiellen und aus der Sinnenwelt abzuleitenden Gott".[164] (S[ämtliche] W[erke, Bd.] V, [S.] 216 f.).

es von der Idee des Guten sagt, an Würde[A] und Alter[B] als überlegen.[165] Aber auch hier scheint es möglich, diese ihre ureigene Bedeutung und Würde zu wahren, ohne sie schlechthin der Sphaere der subjektiven Geistigkeit zu entrücken und zu entfremden. Wie der Gedanke, auf einer bestimmten Stufe des Prozesses der theoretischen Objektivierung, dazu übergehen musste, *Dinge* von einer neuen Art und Beschaffenheit zu setzen, so wird er jetzt eine andere Art von geistigen *Subjekten*, als diejenigen, die wir den individuellen Bewusstseinsphaenomenen zu Grunde legen, fordern müssen. Und damit scheint mit einem Schlage die Schwierigkeit gelöst, – scheint der Widerstreit zwischen den Forderungen des Individuellen und denen des Allgemeinen beschwichtigt. Die reinen Sinn-Formen erscheinen den blossen Ich-Welten der Einzelsubjekte unendlich überlegen – aber diese Überlegenheit besagt nichts anderes, als daß sich in ihnen ein überindividuelles Geistiges auswirkt und ausspricht. Wir brauchen diese Formen, um ihrem objektiven allgemeingültigen Gehalt gerecht zu werden, keineswegs über alle Maße des Lebens und des zeitlichen Werdens hinauszurücken – wir können sie vielmehr dem Leben selbst angehörig und aus seiner eigenen Tiefe hervorquellend denken, sofern wir uns nur zu der Anschauung wahrhaft umfassender und universeller Lebenszentren erheben. Der Gegensatz des Allgemeinen und Besonderen löst und versöhnt sich nunmehr innerhalb der Ebene des lebendigen Geschehens selbst: denn es ist zuletzt ein und derselbe Prozess, aus dem die organischen Formen und die Kulturformen hervorgehen, aus dem die rein vitalen Gestalten wie die Gestalten der Sprache und der Religion, der Wissenschaft und der Kunst erstehen.

So bestechend und verlockend erscheint diese Lösung, daß sie, seit es überhaupt eine selbständige "Philosophie der Kultur" giebt, immer aufs neue versucht worden ist. Immer wieder erschien hier die Annahme überindividueller Lebenseinheiten unerlässlich zu sein, schien sie den einzigen festen Halt- und Ruhepunkt zu gewähren. Die Grundideen der *organologischen Geschichtsphilosophie*[166] haben seit jeher die eigentlich bewegenden Kräfte der Kulturphilosophie gebildet, wie sie sich seit Vico[167] gestaltet und wie sie in der Romantik ihre feste Form gefunden hat. Es ist kaum zu viel gesagt, wenn man behauptet, daß sich in diesen Ideen die moderne "Philosophie des Geistes" erst selbst gefunden, daß sie durch sie ihr Problemgebiet erst in wirklicher Strenge abgegrenzt hat. Aber so hoch man diesen geschichtlichen Wert der organologischen Grundanschauung auch einschätzen mag, – so kann dies andererseits über die prinzipielle, die *systematische* Schranke[,] die ihr gesetzt ist, nicht hinwegtäuschen. Diese Schranke liegt darin, daß auch sie den Versuch macht, die Probleme der reinen

A Würde *anstelle von gestrichenem* Kraft
B und Alter] *danach gestrichen:* (δυνάμει καὶ πρεσβείᾳ)

»Bedeutung« dadurch zu lösen, daß sie sie in die Ebene des Geschehens zurückverlegt und sie in Probleme des Geschehens *verwandelt*. Der an sich überzeitliche "Sinn" soll aus der zeitlichen Entwicklung selbst hervorbrechen, soll aus ihr geboren werden. Aber hier giebt es nur eine Alternative. Entweder man muss mit Hegel das Reich des Sinnes, das Reich der »Idee« als ein für sich bestehendes, als die eigentliche Substanz des Geistes zuvor *setzen* – dann tritt es zwar in der Geschichte hervor, wird aber in keiner Weise durch sie, durch den Wechsel und Wandel der Zeitgestalten als solcher, konstituiert. Oder aber man verlegt allen geistigen Gehalt rein in den geschichtlichen Prozess selbst; man sucht ihn nirgend anders[A] als in der Folge und im Rhythmus der historischen Gebilde. Dann wird letzten Endes dieser Gehalt durch nichts anderes bestimmt[B] als durch die zeitliche *Stelle*, an der er steht. Er erscheint an diese Stelle gebunden, derart, daß schon der blosse *Versuch*, ihn unabhängig von seiner zeitlichen Umgebung und von den Bedingungen seines zeitlichen Hervortretens zu denken, sich als ein widersinniges Beginnen erweist. Die individuelle Determination, die allem Geschehen als solchem zukommt, muss sich jetzt ohne Einschränkung auf die reinen Sinngehalte übertragen. Was sie »sind«, das sind sie nicht in einem universellen, der Zeit überlegenen Sinne – sondern sie sind es nur in einem bestimmten Moment und für denselben. Diese ihre Gegenwart, diese Existenz in einem einzelnen unvertauschbaren »Jetzt«, bildet keine Schranke, der sie unterworfen sind, sondern die einzig mögliche Form ihrer Aktualität, ihres Wirklich-Seins. Daß diese Auffassung schon in den allgemeinen Praemissen der organologischen Metaphysik der Geschichte enthalten ist, kann nicht bestritten werden. Aber erst der letzten historischen Gestalt dieser Metaphysik war es vorbehalten, hier die eigentlich entscheidende methodische Folgerung zu ziehen. Die Form der Organologie, die in den romantischen Systemen herrschte, war noch allzu stark von Ideen und Idealen erfüllt, die aus anderen Gedankenkreisen herstammen, als daß hier der einmal beschrittene Weg wirklich bis zum Ende hätte durchmessen [werden] können. Erst Spenglers [168] Geschichtsphilosophie hat dem Gebäude der Organologie seinen eigentlichen Schlussstein hinzugefügt. Der skeptische Einschlag ist nicht erst durch Spengler in die organologische Lehre eingeführt worden – aber er hat vielleicht als Erster den vollen Mut zu dieser Skepsis besessen. Wenn die reinen Sinngebilde, wie wir sie in der Dichtung und in der Sprache, in der Religion oder in der wissenschaftlichen Erkenntnis vor uns sehen, nichts anderes als Schöpfungen und Erzeugnisse eines bestimmten Volksgeistes oder Kulturgeistes sind, so ist es durchaus folgerecht, sie, ebenso wie sie aus diesem entstanden sind, mit ihm auch wieder zu Grunde gehen zu lassen. Sein Werden und Blühen, sein Wel-

[A] anders] anders,
[B] bestimmt] bestimmt,

ken und Vergehen bedeutet jetzt zugleich auch das Altern und Absterben dieser Gebilde: denn diese haben ausserhalb des Prozesses, in dem sie sich entfalten, keinerlei selbständigen und eigenmächtigen Bestand mehr. Sie »sind« im strengen Sinne, sie haben Bedeutung und Wert, nur solange sie im Glanz der unmittelbaren geschichtlichen Gegenwart dastehen[A] und solange sie diesen ihren Platz an der Sonne der historischen Wirklichkeit behaupten. Eine hierüber hinausreichende Dauer ist ihnen versagt – muss ihnen versagt bleiben, da alles organische Dasein an feste organische Maße, an ein Hier- und Jetzt-Sein gebunden ist. Spenglers Philosophie des Untergangs der Kultur ist daher nur die Ergänzung, ist nur die methodische Weiterführung und die methodische Gegenwendung zu der Philosophie der "Geburt der Kultur", wie sie fast die gesamte organologische Metaphysik vor ihm vertreten hatte. "Die Kulturen, Lebewesen höchsten Ranges, wachsen in einer erhabenen Zwecklosigkeit auf, wie die Blumen auf dem Felde. Sie gehören, wie Pflanzen und Tiere, der lebendigen Natur Goethes, nicht der toten Natur Newtons an. Ich sehe in der Weltgeschichte das Bild einer ewigen Gestaltung und Umgestaltung, eines wunderbaren Werdens und Vergehens organischer Formen".[1]$_{169}$

Auf die Einzelheiten dieses Bildes, wie es sich bei Spengler entfaltet, soll hier nicht eingegangen werden: wir begnügen uns damit, lediglich diejenigen Züge aus ihm herauszuheben, die für unser eigenes systematisches Problem, für das Problem der symbolischen Formung, bedeutsam sind. Spengler scheint eben dieses Problem in seiner eigentlichen Tiefe und in seiner ganzen Weite, in seiner wahrhaften Universalität ergriffen zu haben: denn für ihn ist die gesamte Sprache der Kultur und die Sprache der Geschichte in Symbolen geschrieben. Nur dem Blick, der durch diese Symbole hindurchdringt, der hinter ihnen das erscheinende Wesen erfasst, erschließt sich der Sinn-Zusammenhang des Geschehens. Aber wenngleich damit der Symbolbegriff als der eigentliche methodische Brennpunkt von Spenglers Philosophie erscheint, so bringt sie in ihrer Durchführung dennoch nur eine bestimmte Seite, nur ein geistiges Grundmoment von ihm, zur Geltung. Denn auch für Spengler geht die gesamte Leistung der Symbolfunktion in der reinen Ausdrucksfunktion auf. Sein charakteristisches, sein durchgängig angewandtes Verfahren besteht eben darin, daß er – um es in unserer eigenen Sprache zu bezeichnen – allen Darstellungs- und Bedeutungs-Sinn in reinen Ausdrucks-Sinn verwandelt. Wieder zeigt sich hier in grösster Praegnanz und Klarheit jene Stellung zum Symbolproblem, wie wir sie in Klages' Ausdruckslehre fanden.[2] Die reine

[1] Spengler, Untergang des Abendlandes, Einleit[ung].

[2] Vgl. ob. S. ...$_{170}$

[A] dastehen] dastehen,

"Physiognomik" allein, nicht aber eine abstrakte Sach-Logik, eine Logik ideeller Sachverhalte, erschliesst uns den Gehalt und deutet uns das Geheimnis alles historischen Daseins. Nicht nur die Religion und die Kunst, sondern auch die theoretische Erkenntnis, nicht nur die Musik, sondern auch die Mathematik erscheinen in diesen Kreis, in das Ganze der reinen Kundgabe-Funktionen, eingespannt. Was sich in ihnen darstellt, sind nicht irgendwelche Strukturzusammenhänge, die einen eigenen objektiven Sinn und eine eigene objektive "Wahrheit" in sich schliessen, sondern es sind lediglich innere Zuständlichkeiten, die freilich nicht sowohl den Einzel-Seelen, als vielmehr den Gesamt-Seelen, den "Kulturseelen" zugehören. Indem auf diese Weise die Morphologie der Weltgeschichte zu einer "universellen Symbolik" wird, bedeutet dies daher zugleich, daß fortan aller Anspruch des Denkens[,] allgemeine und zeitlose Wahrheiten zu erkennen, sich als nichtig erweist – denn "Wahrheiten" giebt es nur in bezug auf ein bestimmtes Menschentum. Die Einmaligkeit und Einzigkeit, die Singularität, die allen echten Ausdrucksphaenomenen zukommt, macht den Glauben an die Universalität der Wahrheit hinfällig. Wenn die Ausdrucksfunktion nicht nur das einzige Organ der Welterkenntnis, nicht nur das einzige Mittel ist, durch welches der Mensch die Wirklichkeit erfasst, sondern wenn in ihr auch alles Erkannte, aller "Gegenstand" der Erkenntnis beschlossen ist – so erscheint der Gedanke einer über sie und ihre zeitliche Bedingtheit hinausgehobene[n] Wahrheit als eine leere und gefährliche Illusion, – gefährlich, weil sie geeignet ist, den Sinn für das schlechthin-Eigentümliche, für das Unwiederholbare und Unwiederbringliche des jeweiligen Moments in uns abzustumpfen.

Die Folgerungen, die Spengler hieraus zieht, sind bekannt. Es giebt keine Plastik, keine Malerei, keine Mathematik, keine Physik mehr, wenn wir darunter je eine allgemeine Darstellungs- und Gestaltungsform, die auf bestimmten durchgehenden Gestaltungsprinzipien beruht, verstehen: es giebt nur in ihrem tiefsten Wesen von einander getrennte und völlig verschiedene Plastiken, Malereien, Mathematiken, Physiken. Jede von ihnen »ist« nur, sofern und so lange sie lebendig ist; sofern sie ihre stets und notwendig begrenzte Lebensdauer erfüllt. Was wir in ihr an Bestimmtheit zu erfassen glauben: dies geht nicht auf den Bestand "zeitloser" Wahrheiten und zeitloser Formen zurück, sondern es spricht sich darin lediglich der rein physiognomische Charakter einer Kultur und eines Zeitalters aus. Der Gegenstandspol all dieser Formwelten verschwindet – und an seiner Statt bleibt lediglich der reine Ich-Pol, der seelische Pol zurück. Auch jede Mathematik, die als wissenschaftliches System auftritt, ist als solches nichts anderes und kann nichts anderes sein als das Bekenntnis einer Seele. "So gewiss ihre beabsichtigte Leistung nur der geschichtlichen Oberfläche angehört, so gewiss ist ihr Unbewusstes, die Zahl selbst und der Stil ihrer Entwicklung zum Gebäude einer abgeschlossenen Formenwelt ein Ausdruck des Daseins, des Blutes".[171] Wir übergehen hier alle prinzipiellen Einwände, die sich vom Standpunkt der reinen *Erkenntniskritik* gegen diese Auflösung der Mathematik in Psychologie, des »Seins« in »Dasein« erheben. Wir stellen uns ausschliesslich auf den Boden der Historie[,] und wir nehmen auch ihr Problem lediglich in derjenigen Fassung, die es durch Spengler selbst erhalten hat. Aber selbst wenn wir uns in dieser Weise ganz in den eigenen Blickpunkt Spenglers stellen – so ergiebt sich jetzt für uns eine methodische Überraschung und eine methodische Paradoxie. Denn die theoretische Objektivität, die Sachhaftigkeit und Sachhaltigkeit der Erkenntnis, die noch eben überwunden, die als Trugbild[A] eines abstrakten und ungeschichtlichen Denkens durchschaut schien: sie bricht nun an eben dem Punkte wieder durch, an dem es sich um die Begründung der Geschichts*philosophie* selbst und ihrer spezifischen "Wahrheit" handelt. Eine solche »Wahrheit« liesse sich aus der physiognomischen Schau als solcher niemals gewinnen; denn *ihre* Kraft und Stärke besteht ja eben darin, daß sie den Inhalt[,] den sie betrachtet, an der *Stelle* belässt, an der[B] sie ihn vorfindet, daß sie nicht versucht, ihn aus seiner geschichtlichen Umgebung herauszurücken, ihn gewissermassen in einen anderen Zeitpunkt zu »transponieren«. Ohne diesen Akt der Transposition aber entfällt zuletzt jede Möglichkeit, zwei zeitlich von einander getrennte Inhalte mit einander zu "vergleichen", oder sie gar mit einander ihrer reinen "Bedeutung" nach zu identifizieren. Jeder Inhalt ist, was er ist, nur in Bezug auf sich selbst, nicht in Bezug auf ein von ihm durchaus Verschiedenes, einer anderen Zeit und einem anderen Seelentum Angehöriges. Wenn unser Dasein und unser Wissen ganz in dem Heraklitischen Fluss des Werdens aufgeht, so gilt zugleich der Heraklitische Satz, daß Niemand zweimal in den gleichen Fluss hinabsteigen kann,[172] weil immer neue und neue Wellen zuströmen. Aber auch wenn man annimmt, daß alles geschichtliche *Leben* in nichts anderem als in dieser strömenden Bewegung besteht, so gilt dies doch niemals für die geschichtliche, geschweige für die geschichtsphilosophische *Erkenntnis*. Denn diese besteht immer nur in so weit, als sie sich in sich selbst zu *fixieren* vermag: als sie im Vorüberrauschen der Einzelgestalten eine Einheit und Gleichheit der *Form* ergreift. Spenglers eigene Geschichtsphilosophie steht durchaus im Zeichen dieses methodischen Strebens und dieser methodischen Forderung: denn sie will nichts anderes als Formenlehre, als "Morphologie" der Weltgeschichte sein. Aber schon in dieser *Aufgabe*, die sie ergreift, hat sie sich über die blosse Dimension des physiognomischen *Ausdrucks* hinausbegeben. Im Grundthema der Morpho*Logie* ist wiederum die Kraft, die Eigenart, die Selbständigkeit des "Logos" selbst gesetzt und anerkannt. Und noch mehr: sie erscheint hier nicht nur implizit gesetzt, sondern sie steht alsbald in einer eigentümlichen Potenzierung,

[A] die als Trugbild] die Trugbild *bei Änderung* als *versehentlich gestrichen*
[B] der] den

in einer Art Steigerung und Übersteigerung vor uns. Denn Spenglers Lehre will eben das leisten, was aller bisherigen Geschichtsphilosophie versagt war: sie will die Erkenntnis der reinen Formgesetze des Geschehens so weit treiben, daß durch sie nicht nur die Zusammenschau, die Synopsis des Vergangenen, sondern auch die Vorausbestimmung der Zukunft möglich wird. Diese Vorausbestimmung gilt als das eigentliche Endziel der Betrachtung. Das Bild der Weltgeschichte formt sich nur für den, der gelernt hat, ihre immanente »Logik« zu erfassen, der das Typische in den wechselnden Geschicken der individuellen Kulturen, das Notwendige in der unabsehbaren Fülle des Zufälligen erkennt. Hier stehen wir an der Grenze von Spenglers Skepsis: denn eben jene Geschlossenheit, jene unverbrüchliche Notwendigkeit, die er der "Logik der Mathematik" versagt hat, gewährt er jetzt der "Logik der Geschichte" im überreichen Maße zurück. Aus ihr und ihrer Allgemeinheit kann nichts Einzelnes, kann kein besonderes Dasein und kein individuelles Geschehen herausfallen. Das Schicksal unserer künftigen Kultur wird damit ein in Hinsicht auf Form und Dauer streng begrenztes und unausweichlich bestimmtes Einzelereignis, das aus den vorliegenden Beispielen übersehen und in wesentlichen Zügen berechnet werden kann.[1] Damit heben sich in Spenglers Lehre deutlich zwei völlig verschiedene Wege der Betrachtung heraus. Das Ideal der "Morphologie", in dem er selbst die Erfüllung des Ideals der "Physiognomik" sieht, tritt zu ihm vielmehr in einen nicht zu verkennenden und nicht zu schlichtenden Gegensatz. Denn wie liesse sich in der Tat eine Physiognomik denken, die nicht schauen und deuten, sondern berechnen will? Man könnte diesen Einwand damit zu entkräften suchen, daß man darauf hinweist, daß jener Begriff der »Berechnung«, den Spengler der Geschichtsphilosophie zugesteht und vorbehält, von allen Formen mathematischen Rechnens und Bestimmens spezifisch verschieden sei. Die "chronologische Zahl" ist eine völlig andere als die mathematische Zahl. Das Mittel, tote Formen zu erkennen[,] ist das mathematische Gesetz; das Mittel, lebendige Formen zu verstehen, ist die Analogie. Die Analogie enthüllt die Formensprache der Geschichte; sie zeigt, daß die Zahl der weltgeschichtlichen Erscheinungsformen eine streng begrenzte ist, daß Zeitalter, Epochen, Lagen, Personen sich dem Typus nach wiederholen. Aber wieder erhebt sich hier die Frage, ob diese Wiederholung, vorausgesetzt, daß sie besteht, auch als solche erfasst und gewusst werden könnte, wenn jedes Seelentum streng in seine eigenen Grenzen gebannt bliebe, wenn es sich immer nur in seiner eigenen Erlebnisebene bewegte, ohne über sie hinaus in ein reines Medium des idealen, des objektiven "Sinnes" einzugreifen. Ein Bewusstsein, das rein in Ausdruckswerten bestünde und das nichts anderes als reine Ausdrucksphaeno-

[1] Vgl. bes. [Spengler,] "Untergang des Abendlandes", Einleit[ung] No. 13 u. 14. 173

mene zu verstehen vermöchte: ein solches Bewusstsein wäre im Grunde ebenso wenig fähig, in Analogien zu denken, wie es in mathematischen Gesetzen denken würde. Denn auch die Erkenntnis durch Analogie setzt letzten Endes den Einblick in bestimmte objektive Sachverhalte voraus und würde ohne sie jeglichen Halt und jegliche Bestimmtheit verlieren. Man mag eine faustische und apollinische Form der Mathematik, eine faustische und apollinische Naturerkenntnis unterscheiden – und in beiden nichts anderes sehen als Ausdrucksweisen der apollinischen und faustischen Seele. Aber selbst diese Unterscheidung kann niemals aus der Dimension des Seelischen allein gewonnen werden – sondern sie ergiebt sich erst, wenn wir Maßstäbe hinzunehmen, die nicht mehr aus ihr selbst stammen. Eine Erkenntnis, die nicht im stande wäre, sich den Sinn und das Wesen eines mathematischen Satzes als solchen, als reinen Urteils-Sinn, zu vergegenwärtigen, würde auch keinerlei Handhabe besitzen, die verschiedenartige Ausprägung dieses Sinnes in verschiedenen "Kulturseelen" zu erfassen. Wir müssen immer schon die Idee der Mathematik, als eines ganz bestimmten Bereichs objektiv-möglicher Aussagen erfasst, wir müssen sozusagen ihren logischen Seinstypus erkannt haben, ehe wir aufzeigen können, wie dieser Seinstypus sich im Bereich des geschichtlichen Werdens verändert und differenziert. Jede geschichtliche Epoche mag dann aus diesem Kreis je ein besonderes Gebiet herausheben; aber sie erschafft ihn damit weder, noch erschöpft sie ihn, sondern sie giebt ihm nur seine stets begrenzte historische Aktualität und Aktualisierung. So bleibt zuletzt das *genus proximum* der Mathematik doch das einzige Mittel, um die spezifischen Differenzen zwischen den einzelnen "Mathematiken" sichtig zu machen. Was Platon von den Erscheinungen überhaupt sagt, daß sie nur durch Teilhabe an den Ideen erkannt werden: das tritt mit besonderer Praegnanz und Deutlichkeit an allen geistigen Phaenomenen, an allen Phaenomenen der "Kultur" hervor. Wir müssen sie ihrem ideellen Typus nach erkannt und von einander gesondert haben, ehe wir daran gehen können, sie als reine Lebenserscheinungen zu deuten und sie in diesem Sinne als organische Typen zu verstehen. Haben wir einmal das Wesen, das Eidos des Mathematischen erfasst, so können wir daran gehen, es in seine verschiedenen zeitlichen Darstellungs- und Verwirklichungsformen, in die Totalität seiner geschichtlichen Manifestationen zu verfolgen – aber alle Häufung dieser Manifestationen würde uns nicht dazu verhelfen, dieses Wesen selbst zu ergreifen und zu begreifen, wenn wir es nicht schon an einem einzigen Verwirklichungsfall[A] paradigmatisch zu erfassen vermöchten. Und dies gilt nicht nur für die Mathematik, sondern auch für die Plastik oder die Musik – so wahr auch hier in der Fülle der einzelnen Gebilde, der

[A] Verwirklichungsfall] Verwirklichungsfall,

in der Zeit hervortretenden Schöpfungen, eine charakteristische Form des Bildens selbst, ein produktives Prinzip der Gestaltung waltet. Man "erklärt" diese Prinzipien nicht[,] und man gelangt zu keinem tieferen Verständnis derselben, wenn man sie aus den überindividuellen Lebenseinheiten der organologischen Metaphysik hervorgehend denkt. Denn man gewinnt im günstigsten Fall aus diesen Lebenseinheiten nur denjenigen Gehalt zurück, den man zuvor fertig in sie hineingelegt hat. Man muss die ganze Fülle des "objektiven" Geistes und die verschiedenen Grundrichtungen des objektiven Sinnes schon in den Begriff dieser Subjekte aufgenommen haben, um sie aus ihnen, als ihr scheinbares reales Werk und Erzeugnis, wieder entstehen und hervorgehen zu lassen.[1]

Und von hier aus zeigt sich nun zugleich in voller Klarheit, inwiefern der Aufbau der spezifisch-"geistigen" Welt und deren Vollendung nur gelingen kann, sofern das Denken, auf einer bestimmten Stufe seiner Entwicklung, nicht nur über die Kategorie der Dingheit und Dinghaftigkeit, sondern auch über alle Kategorien des »personalen« Seins hinweggreift. Erst diese letzte Form der "Transzendenz" ist es, die ihm den Bereich des Geistigen wahrhaft aufschliesst. Es ist freilich verständlich, daß der Gedanke sich zu dieser Grenzüberschreitung nur schwer entschliesst und daß er den Standort, den er damit für sich erringt, nur mühsam behauptet. Denn indem er über die Sphaere der Dingheit, wie über die personale Sphaere hinausgeht, hat er damit den festen Grund und Boden des spezifisch-menschlichen Daseins verlassen. In Goethes Prometheus-Fragment gibt Prometheus, als Symbol der Menschheit, auf die Frage: "Wie vieles ist denn dein?" die Antwort: "Der Kreis, den meine Wirksamkeit erfüllt! Nichts drunter und nichts drüber!"$_{175}$ Der Umkreis menschlichen Wirkens aber scheint in der Tat durch die beiden Gegenpole von »Ich« und »Welt« bestimmt und durch den Raum, der sich zwischen ihnen dehnt, erschöpft zu sein. Der Mensch kann nicht anders wirken, als indem er sich das Ganze des Seins in Teileinheiten gliedert; – indem er es in

[1] In dieser Kritik der "organologischen" Anschauung stimme ich vor allem mit Th. Litt überein. "Indem der Eintritt in den Erlebniszusammenhang der gesellschaftlichen Wirklichkeit dem Ich zum Anlaß wird, sein Innenleben in symbolischen Formen zu objektivieren" – so schreibt Litt ganz im Sinne der hier durchweg vertretenen und festgehaltenen methodischen Grundansicht – "wird es zugleich hineingestellt in die Weiten einer anderen, anders gearteten und strukturierten "Welt": in die von allen Beziehungen zu "Zeit" und "Wirklichkeit" gelöste Welt des "Sinnes" – auch sie eine Welt, die gleich jener anderen das Ich unwiderstehlich über sich selbst hinausführt, indem sie es von dem einzelnen und begrenzten Sinngehalt weiter und weiter zieht in die Sinnverwebungen hinein, die mit jenem berührt waren ... Eine zeitlos-ideelle Beziehung muss ... überall da über die Aussagen der verschiedenen Subjekte übergreifen, wo seelisches Leben durch symbolische Formung in Verbindung tritt"$_{174}$ (Individuum und Gemeinschaft, zweite Aufl., Lpz. 1924, S. 180, 183).

Dinggestalten und Ichgestalten auseinanderlegt. Und wie sein Wirken, so ist all sein konkret-anschauliches[A] Erfassen der Welt an diese beiden Grundformen gebunden und dauernd in sie eingespannt. Und doch bleibt andererseits der Mensch[B] in dieser immanenten[C] Schranke seines Schauens und seines Wirkens nicht stehen, sondern er wagt den Flug über sie hinaus. Und damit erst wird ihm ein neuer Himmel und eine neue Erde – wird ihm ein "intelligibler Kosmos" zu Teil. Es wäre in sich selbst widersprechend, es wäre ein Rückfall in die eben überwundenen Denk- und Anschauungsgewohnheiten, wenn er daran gehen wollte, diesen Kosmos selbst wieder in Bildern festhalten und in ihnen beschreiben zu wollen. Nur in den Symbolen der Sprache, der Kunst, der Religion und der theoretischen Erkenntnis vermag er ihn sich noch zu vergegenwärtigen. Wir haben im gesamten Verlauf der Untersuchung, an deren Ende wir nunmehr stehen, diesen Fortgang aufzuweisen versucht – wir haben zu zeigen versucht, wie der Weg der menschlichen Erkenntnis von der »Darstellung« zur »Bedeutung«, vom Schematismus der Anschauung zur symbolischen Erfassung reiner Sinnzusammenhänge und einer Sinn-Ordnungen hinführt. Aber all diese Ordnungen, so sehr wir sie als ein Absolutes, als ein An-Sich-Bestehendes denken mögen, sind freilich "für" den Menschen nur, sofern er an ihrem Vollzug mitarbeitet. Sein Leben in ihnen kann nicht in einer tatlosen Anschauung bestehen, sondern es ist daran gebunden, daß er sie heraufführt und daß er sie kraft dieser Heraufführung in sein Bewusstsein, sein Wissen hinaufhebt. In diesem Akt der Bewusst-Werdung und der Bewusst-Machung herrscht nicht mehr jene blosse Macht des Schicksals, die im Reich des organischen Werdens waltet, sondern hier ist das Gebiet der Freiheit erreicht. Die eigentliche und höchste Leistung jeder "symbolischen Form" besteht darin, daß sie, mit ihren Mitteln und in der ihr gemässen und eigentümlichen Richtung, an diesem Ziele: an dem Übergang vom Reich der "Natur" in das der "Freiheit" mitarbeitet.

———[D]

[A] konkret-anschauliches] konkret-anschauliche
[B] Der Mensch ... andererseits der Mensch] *am rechten Rande entlang befindet sich eine Klammer*
[C] immanenten] immanente
[D] *am Rande unten rechts:* beendet 16/IV 28. *darunter Schlußstrich bis zum Rand*

ÜBER BASISPHÄNOMENE

[Konvolut 184c – ca.1940]

[DISPOSITION ZU KAPITEL I: PROBLEMSTELLUNG]

Dispos[ition][A]

Cap[itel] I: Problemstellung[B]

Objektivitätscharakter (Wahrheitswert)
α) der "Wahr"nehmung
Aufbau der »äusseren« Erfahrung
Physik etc. – »Natur«
β) der »Ausdrucks«funktion
Aufbau der »inneren« Erfahrung
Welt des »Geistes« – Kultur

Wie ist diese Objektivität zu sichern?[C]
Mögliche Formen der Sicherung[:]

[Iα Objektivitätscharakter der Wahrnehmung]

A)[D] (Formal)-logische Sicherung[E]

»Schlussfolgerung«, »Beweis«,
Syllogistische Sicherung –
Mängel dieser Sicherung[:]
a) in Bezug auf die »äussere« Erfahrung – Wahrnehmung –
Hätte sie nicht »an sich« einen bestimmten Wahrheitsgehalt, so könnte er ihr nicht durch Beweis (syllogistisch) zuwachsen –
Denn die Syllogistik (Schlussfolgerung, Beweis) kann überhaupt keinen Wahrheitsgehalt »erschaffen« –
sie kann ihn nur »übertragen«, transferieren –

[A] Disposition] *im Ms. hervorgehoben; am Rande oben rechts:* A1. / ("Wahrnehmung")
[B] Capitel I: Problemstellung] *im Ms. hervorgehoben*
[C] sichern?] *am rechten Rande verbunden mit Linie:* cf. Blatt a_{176}
[D] A)] A
[E] A) (Formal)-logische Sicherung] *im Ms. hervorgehoben*

sie sagt, daß wenn A wahr ist, dann auch B und C[,]
aber sie sagt nie, daß A wahr ist –
sie besteht aus rein hypothetischen, nicht aus assertorischen [Sätzen] (Wahrheits- Wirklichkeitssätzen)[;]
das »Assertorische« muß immer aus einer andern Quelle hinzukommen –
»Sein« kann also nur »gesetzt«, nicht »bewiesen« werden[.]

Alle syllogistischen Beweise, die man für die »Realität« der Dinge versucht hat, verfangen sich immer wieder in einem Zirkel –
Descartes – veracitas Dei[177]
Was folgt aus diesem Verzicht auf die syllogistische Sicherung (Sicherung durch Beweis) für die Wahrheit[,] Objektivität, "Wahrhaftigkeit" der »Wahrnehmung«?[A]
Theoretisch ergeben sich verschied[ene] Möglichkeiten[.]

α) der prinzipielle Skeptizismus[B]
Die Tropen des Aenesiden[179] – Bestreitung des Wahrheitswerts der sinnl[ichen] Wahrnehmung
Schleier der Maya – Welt als Illusion – "was schon die Dichter singen"[180] – Sinnestäuschung –
Charakter der Täuschung auf das Ganze übertragen –
Griech[ische] Skepsis – "problematische" Skepsis Descartes[']
(keiner Funktion zu trauen, die auch nur einmal täuschen kann)
Da also die »absolute« Wahrheit der angebl[ichen] »Wahr«-Nehmung nie zu sichern ist –
so bleibt nun die absolute Täuschung[,]
Vertrauensunwürdigkeit –
das »Leben ein Traum«[;][181]
prinzipiell scheint diese Ansicht nicht zu widerlegen[.]

es bleibt nur die eine Form der Widerlegung –
nicht auf die »absolute« Wahrheit kommt es an, sondern eben auf die relative –
Nicht auf das Wahr-Sein
(= Abbild einer absoluten Wirkl[ichkeit] sein),[C] sondern auf das "wahrer" sein –
Ausdruck des Ganzen der Erfahrung sein –

[A] »Wahrnehmung«?] »Wahrnehmung«
[B] Skeptizismus] *im Ms. hervorgehoben; am Rande rechts:* Litt: R. Richter, Skept / Hönigswald[178]
[C] sein),] sein, *undeutlich geschrieben*

Für dieses Ganze verliert die Frage[,] ob wahr oder unwahr[,] ihren Sinn – das Prädikat wahr oder unwahr ist auf dasselbe nicht anwendbar, da sich dieses Prädikat immer nur auf die Relation zum Ganzen bezieht –
Ich kann so wenig die Wahrheitsfrage für das Ganze der Erfahr[ung] stellen, wie ich die Wo-Frage für das Ganze des Universums stellen kann –

Dies [ist] die theoretische Abwehr des absoluten Skeptizismus (vgl. auch Hönigswald)[.][182]

Andere [Lösungen] ([die,] im Grunde aber nicht kritische, sondern metaphysische Lösungen sind)[:]

B)[A] Die Theorie der »unmittelbaren Erkenntnis«[B]

Sie ist berechtigt in dem[,] was sie abwehrt –
in der Abwehr des syllogist[ischen] Beweises als Sicherungsmittels der »Objektivität« der Wahrnehmung –
sie ist fragwürdig in dem[,] was sie an Stelle dieses Beweises setzt[.]

α) Die Philosophie des *»common sense«*
in der Reid'schen Form[;][183]
jedes allgemein angenommene Urteil ist eo ipso vor jedem theoretischen Zweifel gesichert –
die Philosophie kann das Urteil des "gemeinen Menschenverstandes" nicht umstoßen –
sie kann keine »höhere« Vernunft an Stelle der allgemeinen Menschenvernunft setzen –
sie kann die Urteile der letzteren nur registrieren; feststellen, was allgemein geglaubt oder nicht geglaubt wird –
aber sie hat keine Möglichkeit der Kritik dieser Urteile –
Denn womit wollte sie diese Kritik durchführen –
welches Organ besässe sie für sie – ausserhalb der "allgemeinen" Menschenvernunft –
Es gibt ja kein besonderes Organ des philos[ophischen] Denkens und

[A] B)| I) *im Gegensatz zur unten vorgenommenen Unterteilung* A) Die 'erste Dimension': I) Bergson, *ist hier ein Vergleich zu* A) (Formal)-logische Sicherung *gemacht worden*
[B] unmittelbaren Erkenntnis] *im Ms. hervorgehoben*

der philosoph[ischen] »Wahrheit« –
ausserhalb des allgem[einen] Denkens –
es gibt also keine »Kritik« der Vernunft –
denn womit wollten wir die Vernunft kritisieren als wiederum durch die Vernunft?[A]
Es[B] gilt also nur deren allgemeinsten Ausspruch und Ansprüche festzustellen, um damit ihres Geltungsanspruchs sicher zu sein –
Mit Rücks[icht] auf die eigentl[ichen] Grundwahrheiten fällt das »quid facti« und das »quid juris«[C] zusammen[.]

Andere (modernere) Formen des gleichen Standpunktes[:]

α) Fries'sche Theorie des »Selbstvertrauens der Vernunft«[184]
in der Nelson'schen Fassung:
Unmöglichkeit der Erkenntnis-Theorie[185]
(richtig, wenn darunter nur die Ablehnung des syllogist[ischen] Beweises verstanden wird –
unrichtig, wenn die relative Erkenntnis-Kritik damit gemeint ist – diese kann nicht abgewiesen werden.[)]

β) Hume'sche[D] Theorie des »Belief«[186]
Pragmatische Theorie –
Die Frage des *»quid juris«* wird, im Gegens[atz] zur Philos[ophie] des common sense, von Hume nicht abgewiesen –
sie wird vielmehr aufs schärfste gestellt –
Aber sie wird für theoretisch unbeantwortbar erklärt –
Wir können sie nur praktisch »lösen«, indem wir den Knoten zerhauen –
Biologisch – nicht logisch
Hinwegsehen über alle theoret[ische] Skrupeln
"Leichtsinn" (Hume[E] cf. Treatise ...)[187]
allein kann uns heilen –
Der (psycholog[ische]) belief ist unbeweisbar, aber unausweichlich –
sein »quid juris« ist durchaus problematischer[,] aber der Übermacht des »quid facti« lässt sich nichts entgegensetzen –
Dies [ist] die Rolle der 'Einbildungskraft' – einer ganz atheoretischen[F] Funktion – im System Humes.[188]

[A] Vernunft?] Vernunft
[B] Es] es
[C] das »quid juris«] »das quid juris«
[D] Hume'sche] *im Ms. ist* Hume *doppelt hervorgehoben*
[E] "Leichtsinn" (Hume] ("Leichtsinn" Hume
[F] atheoretischen] atheoretische

γ) Jacobis Lehre vom »Glauben«[189]
als religiös-metaphysische Spielart der Humeschen Theorie des Belief –
Die »Gründe« für unseren "Glauben an die Realität der Aussenwelt" können keine theoretischen, logischen Gründe sein[^] –
sie sind an anderer Stelle zu suchen[.]

Aber die psychologische Lösung Humes ist nur eine Scheinlösung – sie gibt dem Skeptizismus freies Feld, indem sie die Frage nach dem »quid juris« stellt, aber zugleich für unbeantwortbar erklärt.
Wir können u. müssen diese Frage beantworten –
aber dies ist nur möglich durch Rückgang auf eine andere Gewissheitsquelle –
die Quelle der religiösen Intuition
("Glaube" im religiös-intuitiven Sinne als letzter Gewissheitsgrund, der durch kein »Wissen« zu erreichen [ist])[.]
Das »Wissen« reicht niemals zum »Sein«
- Sein ist nur durch »Glauben« erfassbar[,] u. das gilt nicht nur vom »transzendenten«[,] sondern auch vom immanenten Sein –

δ) Analoge Lösungen bei Dilthey, Über die Gründe[191] –
A-theoretische Lösung – wie bei Jacobi – aber auf anderer Grundlage: voluntaristisch – auf die »Willenserfahrungen« gestützt, statt auf den religiösen »Glauben« – Erweiterung der »Erlebnis«-Grundlage[.]

Aber all diesen "absoluten" Lösungen steht die kritische Lösung als die »relative« gegenüber –
sie fragt nicht nach der "Wahrheit" der Wahrnehmung als Ganzes –
sie fragt nach der Stellung je einer besonderen 'Wahrnehmung' im Ganzen, im "Kontext der Erfahrung" –
Dieser Kontext, das »System« bedarf keiner »Bewahrung« – es ist das Maß, nicht das Gemessene –
aber jede einzelne Wahrnehm[ung] muss in diesem Ganzen gemessen, auf ihr »Wahr« oder »Falsch« geprüft werden –
keine kann sich auf »unmittelbare« Gewissheit berufen –
Die letzten »Invarianten« sind nicht gegeben, sie müssen gesucht, 'festgestellt' werden –
Und diese Feststellung ist nie eine "absolute"[,] sondern vom Fortgang der Wissenschaft abhängig[.]

[^] sein] *am Rande:* s. Jacobi .. / u. Erk[enntnis]pr[o]bl[em] III[190]

Die "Invarianten" rücken 'von Ort zu Ort'[192]
so in der allg[emeinen] R[elativitäts-]Th[eorie;][193]
dies [ist] der Sinn der "Subjektivierung"
- aber die Subjektivierung kann nie das "Ganze der Erfahrung" treffen –
es bleibt immer ein »invariantes« "Gerüst" –
aber dies Gerüst selbst ist nicht fest, sondern beweglich –
Analoge Erwägungen für die Ausdrucksfunktion
cf. **A 2.**[194]

Der "Positivismus"^ des Wiener Kreises[195] sieht richtig, daß »Wirklichkeit« in strengem Sinne niemals durch ein bloss-formales Verfahren (durch reine »Logik«, durch »Beweis« und Argumentation) zu sichern ist.
- Er verlangt für sie eine unabhängige Basis,[196] auf der sich alle (mittelbare) Schlussfolgerung aufbaut –
er sucht diese Basis in der »Wahrnehmung«[197] –
Wahrnehm[ung] ist das Einzige, was uns Wirklichkeit erschliesst –
wir "schliessen" nicht (logisch-formal) von ihr auf Wirklichkeit –
sondern sie ist das, was Wirkl[ichkeit] **auf**schliesst[;]
sie gibt uns den einzigen (unmittelbaren) Aufschluss über Wirkl[ichkeit], der auf rein begriffl[ichem], log[ischem] Wege nie zu gewinnen ist.
Insofern [wird] die Sonderstellung der »Basis« anerkannt –
Aber im »Physikalismus« ist diese Basis zu eng genommen[198] –
Der »Ausdruck« muss als zweite Dimension hinzukommen –
als Schlüssel für die Welt des »Lebens«, der »Seele«, des »Geistes«[.]
Ohne ihn blieben uns diese drei Welten für immer verschlossen –
von der bloßen (Ding-)Wahrnehmung führt kein Weg zu ihnen –
Die »Wirklichkeit« des Physikalismus balanziert auf der Spitze der blossen Wahr-Nehmung –
sie hat keinen "Sinn" für das, was unter Seele, Leben, Geist zu verstehen ist –
Und der Physikalismus ist nur das Bekenntnis, daß die blosse objektivierende Wahrnehmung für all das "keinen Sinn hat" –
Aber es ist falsch zu schließen, daß es sachlich sinnlos »ist«[;]
wir können nur schließen, daß vom Standpunkt der Physik u. mit ihren Methoden dieser Sinn nicht sichtbar zu machen ist –
Also: "Die Geisterwelt ist nicht verschlossen,
Dein Sinn ist zu, Dein Herz ist tot ..."[199]

^ Der "Positivismus"] *darüber links:* (Problemstellung) *daneben am rechten Rande:* A1 / Blatt *α*

Iβ[A] Objektivitätscharakter[B] der Ausdrucksfunktion[C]

Auch hier wiederholen sich genau die gleichen Probleme, die wir an der »Wahr«-nehmung (Aufbau der "äusseren" Erfahrung) verfolgen konnten[.]

A) Vorstufe –
Kritiklose, undifferenzierte Hinnahme der Ausdrucksfunktion –
sie ist schlechthin Ausdruck der "Wirklichkeit" –
(u. zwar der "mythischen" Wirklichkeit)
Magisch-dämonisches Weltbild
(Augenblicksgötter etc.)

Das entspricht jenem theoretischen Weltbild, in dem noch keine "Kritik der Sinne" eingesetzt hat – in dem noch alles Wahr-genommene (- als wahr genommene[s]) auch eo ipso »wahr« ist[.]

Mit der Wissenschaft (griech[ische] Philosophie etc.) setzt der Zweifel an dieser "Wirklichkeit" ein[,] u. er führt bis zu ihrer völligen Vernichtung –
Im modernen Denken [gibt es] 2 Formen dieser Vernichtung (schlechthinnigen Verneinung) [:]
Behaviorismus – Physikalismus

Die Verneinung geht bis zur Leugnung der Sinnfrage (Carnap[200]) [;]
es lässt sich sinnvoll nach keinem anderen Sein fragen[D] als nach dem physischen Sein –
Die Physik als "Universalsprache der Wissensch[aft]"[:][201]
es gibt keine anderen wissenschaftl[ichen] Feststellungen als die in physikalischer Form fassbaren –
(Hiergegen [kann] zunächst der Einwand [erhoben werden], daß die Philosophie es nicht mit der Wissensch[aft] allein zu tun hat, sondern mit allen Formen des "Weltverstehens" –
daß in Bezug auf diese ein Unterschied besteht, muß von Carnap selbst zugegeben werden[.]
- Wurm-Einwand[202] cf. Ausdrucksfunktion –
das ergibt aber jedenfalls eine aufweisbare Differenz –

[A] Iβ] *im Ms. zentriert unter* Ausdrucksfunktion
[B] Objektivitätscharakter] *darüber links:* Cap. I. Problemstellung. *daneben am rechten Rande:* A 2/ (Ausdrucksfunktion)
[C] Ausdrucksfunktion] *im Ms. hervorgehoben*
[D] fragen] fragen,

die Frage ist also nicht "sinnlos")
Auch hier wird es wohl so sein[A] wie beim absoluten »Skeptizismus« der Wahr-Nehmung[;]
wir können die »Wahrheit« der Wahr-Nehmung (und der Ausdrucksfunktion) zwar kritisch begrenzen, aber nicht skeptisch-aufheben oder bestreiten.

Negativ richtig:
ein formal-syllogistischer Beweis für das "Recht" (quid juris) der Ausdrucksfunktion kann nicht erbracht werden –
Logisch ist der »Solipsismus« eine »mögliche« Ansicht –
und nichtsdestoweniger ist er sachlich "absurd" (Schopenhauer – Festung – Irrenhaus etc.).203
Was bedeutet dieses »Sachlich« in Gegens[atz] zum »Logischen«?
Hier [gibt es] ganz die gleichen Alternativen[B] wie beim theoret[ischen] (Wahrnehmungs[-]) Problem[.] (cf. A1)204

I) Theorie der unmittelbaren Erkenntnis[C]
Wir brauchen auf das "fremde Ich" nicht zu schliessen –
wir erfahren, erleben es "unmittelbar"
viel sicherer und unmittelbarer als das dingliche Sein[.]
Abweisung der Schlußtheorien[:]
Theorie[D] des "Analogieschlusses" etc.
Richtig abgewehrt z. B. bei Scheler205
aber Sprung in die Metaphysik der "unmittelbaren Erkenntnis"
entweder im Sinne des »common sense« (cf. Reid)206
oder des metaphysischen "Intuitionismus" (- dies entspricht dem Standpunkt Jacobis – in Bezug auf das Ausdrucksprobl[em] repräsentiert durch Scheler u. Bergson)[.]
Bergson: alle Realität ist die Realität von "Leben"[,]
die sogen[annte] "Dingwelt", (Physik, Physikalismus) [ist] nur eine Illusion der "Wissenschaft"[;] wissenschaftl[iches] Erkennen ist notwendig Verdinglichen, Stabilisieren, Töten des Lebens[.]
Leben [ist] absolut-real, aber unerkennbar, nur intuitiv-fassbar[.]
[Dies ist die] Umkehr des »Physikalismus« –
Die Physik ist Illusion – das Leben (das sich in der Ausdrucksfunktion

[A] sein] sein,
[B] Alternativen] Alternativen,
[C] Theorie der unmittelbaren Erkenntnis] *im Ms. hervorgehoben; am Rande oben rechts:* A1. / ("Wahrnehmung")
[D] Theorie] *am Rande:* Scheler, Wesen u. / Formen der Sympathie

manifestiert) das allein Reale, Gegebene, Wahrhafte[.]
Die Ausdrucksfunktion [ist] une donnée immediate de la conscience.[207]

ebenso: Klages ...[208]

Unser Standpunkt [ist] der "kritische" –
nicht Falschheit (Skepsis)
oder Wahrheit (Metaphysik) } der Ausdrucksfunktion
sondern krit[ische] »Begrenzung«[:]
krit[ische] Begrenzung u. krit[ische] Rechtfertigung ihrer Leistung[:]
Aufbau der "Kulturwelt".

Als der sichere Ausgangspunkt, der von keiner wissenschaftlichen Skepsis angefochten wird, bleibt hier stets die Thatsache bestehen, daß das »eigene Ich« als Phaenomen gegeben ist – u. zwar als ein Phaenomen, das prinzipiell nicht "physikalistisch" beschreibbar ist –
An diesem Phaenomen versagt die Physik als 'Universalsprache der Wissenschaft' –
es ist nicht möglich, mathemat[isch]-physikalisch zu beschreiben, zu »definieren«, was das Wort »Ich« besagt[.]
<Dies[A] ist schon bei Leibniz gesehen –
Die »perception« ist kein physikalisch ausdrückbares Phaenomen –
wenn wir umhergehen könnten, wie in einer Mühle[209] –
Hierauf stützt sich seine ganze Philosophie[:]
ce moy qui dit beaucoup>[B][210]
Der Satz »Ich will«, »Ich denke« ist "sinnvoll", ohne »physikalisch« zu sein[.]
Vgl. zu dieser Irreduzibilität des »Ich« (nicht in ein 'Sehding' auflösbar etc.) auch die Bemerk[ung] v[on] J. Cohn gegen Carnap: S. 65 f.>[211]
Aber eine andere und schwierigere Frage ist es, ob dieser Stützpunkt, dies *δός μςοὶ ποῦ στῶ*[212] über das Wissen vom "eigenen" Ich ausdehnbar ist – ob ein Wissen vom "fremden" Ich physikalisch möglich ist –
Hier erhalten wir zunächst eine überraschende Antwort durch Schröd[inger], 'Hypothese π'[213] –
ein solches Wissen ist nicht nur möglich, sondern notwendig –
Die Physik als Wissenschaft muss gleichfalls die Hyp[othese] π in ihr

[A] <Dies] *Ms.: runde Klammer korrigiert zur Spitzklammer*
[B] beaucoup>] *Ms.: runde Klammer korrigiert zur Spitzklammer*
[C] S. 65 f.> *Die eröffnende Klammer fehlt*

Gesamtsystem einbauen – sie zu mindest stillschweigend anerkennen –
Ohne die Vorauss[etzung], daß das »Wahrgenommene« nicht nur mir, sondern auch andern »gegeben« ist, kommt sie nicht aus –
»Gegeben« meint immer, einem Subjekt, »mir« oder »andern« gegeben –
Schon die »Data« der Physik schliessen also dieses physikal[isch] irreduzible Phaenomen ein[.]
(cf. Schröd[inger] ...)214 in [der] Ausdrucksf[unktion].[A]
In dieser Schröd[ingerschen] Hypothesis liegt zumindest[B] das Eine, daß der Ich-Ansatz, obwohl physikal[isch] irreduzibel, in der Sprache der Phys[ik] nicht ausdrückbar, dieser Sprache keineswegs widerspricht –
sondern daß er »stillschweigend« (d. h. unausgedrückt, ja unausdrückbar) in sie eingeht –
es gibt eben auch solche implizite, nicht ausdrückbare »Prämissen«[.]
Daß die »Data« der Physik "irgendwem" gegeben sind, das ist ein genereller Charakter, der ihnen anhaftet, daher ein physikalisch bedeutungsloser (sich "von selbst verstehender") Charakter, der in allen physikal[ischen] Aussagen bei Seite gelassen ("ausgeklammert") werden kann –

aber er besteht trotz dieser "Ausklammerung"; er ist philosophisch nicht bedeutungslos, sondern gehört zu der vollen Aussage über die Wirkl[ichkeit].
So spricht ja auch die positivistisch-physikalische E[rkenntnis]th[eorie] von sinnlichen »Erlebnissen«[;]
solche »Erlebnisse« schliessen aber immer den Ich-Faktor ein, der rein physikalistisch nicht beschreibbar, sondern nur als genereller »Bezugspunkt« definierbar ist[.]

(cf. a[uch] Natorp, Psychologie 1. Aufl.!)216

[A] Ausdrucksfunktion.] *darunter am unteren S.-Ende eingerückt:* Von hier aus weiter215

[ÜBER BASISPHÄNOMENE]

[1.] Basisphaenomene (Urphaenomen)[A]

[I)] Goethe Max[imen] 391-93

Das Höchste[,] was wir von Gott u. der Natur ...[217][B]

Hier [haben wir den] Versuch eines Aufbaus des Lebens – nach der Art seines Seins und nach der Art, wie es uns selbst und anderen erkennbar ist –

nach der Art des Wissens, die wir von ihm gewinnen können –

Beide Fragen gehören innerlich zusammen[,] denn menschliches Leben ist seiner selbst bewusstes Leben –

es »ist« nicht schlechthin, sondern es »weiss um sich«[,] und dieses »um sich Wissen« ist für es konstitutiv, macht seine spezifische Differenz aus[.]

Goethe versucht hier eine dreifache Gradabstufung.

[Erste Stufe:]

Leben ist uns in der Form des »monadischen« Seins gegeben – ein »Sein«[,] das aber nicht ruhend, sondern als Prozess, als Beweg[ung] zu verstehen ist[218] –

the »stream of consciousness«[219] –

der stetig dahinfliessende, niemals rastende Bewusstseinsstrom, der weder Rast noch Ruhe kennt –

Ihn müssen wir als Urphaenomen hinnehmen,[220] ohne eine »Erklärung« von ihm zu versuchen[.]

Muss ich denn nicht auch mich selbst hinnehmen (zugeben)?[C]

Insofern bleibt die Monas ein Geheimnis – aber kein »Mysterium« – sie ist vielmehr geheimnisvoll-offenbar; ja die Uroffenbarung selbst[.]

Urworte, Orphisch: *Δαίμων*[221]

[Zweite Stufe:]

Das Zweite, das Goethe hier unterscheidet, ist das sich "Gewahrwer-

[A] Basisphaenomene (Urphaenomen)] Basisphaenomene *im Ms. hervorgehoben; am Rande oben rechts:* *β*1

[B] Natur ...] Natur

[C] (zugeben)?] (zugeben)

den" in der Form des Tuns
– der actio und reactio[.]
Das »Leben« der Monas bleibt nicht in sich verschlossenes Dasein[;]
es tritt "nach aussen" –
es bezeugt sich in Wirkung und Gegenwirkung[;]
erst mit dieser Form des Wirkens findet sich die Monas in einem neuen Sinne[,]
als innerlich-Gränzenloses, als äusserlich Begränztes[.]
(cf. Fichte: das Ich begrenzt, bestimmt sich selbst durch ein Nicht-Ich)[222]
3,58[:]

Und dem unbedingten Triebe
Folget Freude, folget Rath
Und dein Streben, sei's in Liebe
Und dein Leben sei die Tat[.][223]

Das »monadische« Streben bleibt nicht bei sich selbst stehen –
es gibt seine zentripetale (ego-zentrische) Bewegung, die "rotierende Bewegung der Monas um sich selbst"[,] auf; es wendet sich nach aussen, gegen andere –
es gibt sich der »Welt« preis – und damit freilich der »Äusserlichkeit«[,]
der τύχη (zweite Stufe der »Urworte«)[.][224]
Nun ist das Ich, die Monas[,] nicht mehr »unbedingt«, nicht mehr absolut und selbstherrlich –
es »bedingt« sich selbst durch die Hinwendung zu anderen Lebendigen –
Dem Urphaenomen des Ich tritt das Urphaenomen der Liebe zur Seite –
Und aus der Liebe folgt die Tat[.]
(Ungenügend ausgedrückt:
die Monas, das Ich, als »Individuum« wendet sich zur »sozialen« Welt[.]
Ethisches Urphaenomen: das Ich erkennt andere Wesen »neben« sich, »ausser« sich[,]
nicht extra[,] sondern praeter nos
an und setzt sich zu ihnen in ein tätiges Verhältnis) cf. wiederum Fichte, Sittenlehre[225] –
In diesem Bezug auf andere gewinnt der Mensch die erste Klarheit über sich selbst[.]
Sie kann ihm nach G[oethe]'s Grundüberzeugung nie durch blosse Innenschau, Selbstbeschauung zu Teil werden –
Durch Erkennen niemals, aber durch Handeln
Versuche Deine Pflicht zu tun[,] und Du weisst gleich, was an Dir ist[226] –
Der Mensch erkennt sich nur im Menschen
Inwendig lernt kein Mensch sein Innerstes erkennen (Tasso)[.][227]

Dritte Stufe:[A]
Wie werden wir andern kenntlich?
Nicht durch uns selbst, nicht durch das[,] was wir leben oder sind, sondern nur durch die Objektivierung, durch das »Werk«, das wir schaffen[.]
Nur in unserem Werk sind wir andern kennbar –
und zwar als Handlung und Tat, als Wort und Schrift –
als *πρᾶξις* und *ποίησις* (Aristoteles) 228
cf. Bühler über Sprache als Poiesis 229
– aber hier [findet] ein merkwürdiger Umschwung [statt] –
Das Werk gehört uns schon nicht mehr an – es ist die erste Stufe der »Entfremdung«[;]
es steht in einer eigenen Ordnung, die objektiven Maßstäben gehorcht.
In ihr kann sich daher das Ich nie mehr ganz wiederfinden
– Spricht die Seele ... 230
(cf. Simmel, die »Tragödie« der Kultur, daß sie das Ich in fremde Formen zwingt –) 231
es wird als Hemmung empfunden[.]
Faust: ach unsre Taten selbst, so gut als unsre Leiden
Sie hemmen unseres Lebens Drang[;] 232
es gehört der Aussenwelt mehr an als uns selbst ...
Und sie sind uns auch nicht mehr in vollem Maße erkennbar –
Denn das Sein des Werks, des Gebildes überdauert auch seinen Schöpfer –
es ist in gewissem Sinne mehr als der Schöpfer –
behält ihm gegenüber immer eine eigenartige »Transzendenz« –
cf. Goethes Prometheus –
Ich weiss es, sie sind ewig – denn sie sind 233 –
Das Werk hat eine eigentümliche *οὐσία* –
eine Form (*εἶδος*), die als dauernde beharrt: dies seine Ewigkeit –
und vermöge derer es fortwirkt in einer für das schaffende Individuum, für die Monas, die sich in ihm auswirkt, ganz unübersehbaren Weise –
In diesem Sinne gilt das Wort:
'was er webt, das weiß kein Weber'[;] 234
hierüber kann sich die "Aussenwelt" (– die in diesem Fall die geschichtliche Welt ist [–)] "eher verständigen als wir es selbst vermögen"[.][B] 235
Was Platos Werk »ist« –
das ist nicht in Platons monadischem "Bewusstsein" beschlossen –
denn es greift über die Jahrhunderte hinweg –

[A] Dritte Stufe] *im Ms. hervorgehoben*
[B] vermögen"] vermögen") *falsch gesetzte Klammer*

es wird erst in seiner totalen Wirkung und Auslegung klar.

II) Die Wendung gegen die »Urphaenomene«
Der[A] Einbruch der »Reflexion«[B]

In den drei Sätzen, die Goethe aufstellt, (Max[imen] 391-93) will er die »natürliche« Geisteshaltung wahren, der er als Künstler sich unmittelbar nahe fühlt –
Die Kunst braucht keine »metaphysische« Tiefe – ja sie muss sich vor dieser angeblichen 'Tiefe' bewahren; sie muss vor ihr auf der Hut sein, sofern sie sich nicht selbst verlieren will –
Denn sie hat es mit der »Oberfläche« der Erschein[ung] zu tun (Diderot, Vers[uch] über die Malerei₂₃₇) [;]
am »farbigen Abglanz« hat sie ihr Leben[.]₂₃₈
(cf. Goethe u. Platon)₂₃₉
Diesen Standpunkt will Goethe auch als Denker wahren: Vom Absoluten[:] Max[ime] 261.₂₄₀
Und so verwahrt er sich gegen jedes Zurückgehen hinter die Urphaenomene – gegen jeden Versuch[,] sie zu »erklären« –
wir sollen sie in ihrer Herrlichkeit und Unbegreiflichkeit stehen lassen[.]
Goethe ist kein philosoph[ischer] Systematiker; das Absolute will er nicht enthüllen und enträtseln – Aber er hat das unvergleichl[iche] Gefühl für die wahren Urphaenomene, die nur noch erscheinen u. sind, an denen aber nichts weiter zu erklären ist₂₄₁ – So können wir ihn als die wahre Wünschelrute brauchen,₂₄₂ die zu dem verborgenen Schatz dieser Urphaenomene hinleitet![C]

Und heftig wendet er sich gegen den "Kuppler[D] Verstand",₂₄₄ der dies immer wieder vereitelt – der das Unmittelbar-Gewisse auf etwas anderes, durchaus Fragwürdiges zu reduzieren sucht (Physik, Farbe!)₂₄₅ –
der stets am Werke ist, dies Unmittelbare zu vermitteln –
es aber in dieser angebl[ichen] Vermittlung und durch sie um seinen eigentlichen und ursprünglichen Sinn bringt –

Das Beruhen in den Urphaenomenen und auf ihnen: das ist die Hal-

A Der] *am Rande in Bleistift:* hrz. s. auch Litt / Einleit., S. 4ff.₂₃₆
B II) ... »Reflexion«] *im Ms. hervorgehoben und zentriert; das Wort* gegen *doppelt hervorgehoben*
C Goethe ... hinleitet!] *am rechten Rand entlang geschrieben und mit Zeichen dieser Stelle zugewiesen*
D "Kuppler] *am Rande:* Goethe Urphaen.: / vgl. Formbegr. u. / Kausalbegriff, / Bl. I.₂₄₃

tung, die Goethe von uns fordert –
und ganz insbesondere dem Urphaenomen des Lebens, des Handelns und des Tuns gegenüber –
Leben und Tun (im Sinne der *πρᾶξις* und *ποίησις*) sind ein Letztes –
an ihnen ist nichts weiter zu »wissen« und zu erklären –
Wir sind in ihnen –
aber wir können uns ihnen nicht gegenüberstellen, sie nicht von aussen oder metaphysisch "von oben" her betrachten.

Aber ist eine solche Haltung, wie sie Goethe hier als Künstler fordert und übt, im Ganzen des geistigen Lebens möglich?
Giebt es hier eine derart »unmittelbare«, ungebrochene Einheit? –
Nein – vielmehr zeigt sich die Brechung selbst als eine immanente (»dialektische«) Notwendigkeit –
Denn auch die »Verstandes«-Funktion des Fragens gehört zu den ursprünglichen u. wesenhaften Funktionen des Geistes –
zu denen, in denen er selbst erst das »wird«, was er »ist«[.]
Diese Funktion steht am Anfang aller Philosophie (keineswegs nur am Anfang der sogenannten »Metaphysik«) [.]
Das *θαυμάζειν* als Anfang der Philosophie –
Sie beginnt mit der Frage nach dem *τί ἐστι*[246] –
Das ist der Einbruch des Sokratischen Begriffs, der Einbruch der Reflexion –
Sokrates wendet die Frage gegen das sittliche Selbstbewusstsein des Ich, der Monade
und gegen ihre *πρᾶξις* und *ποίησις*[.]
Er fragt nicht (metaphysisch) woher dies alles –
aber er fragt (ethisch) nach dem »Wozu«,
nach dem *εἶδος* als *τέλος*[.][247]

Die Umgestaltung des »Lebens« durch die Form der »Frage« – das ist die spezifisch-Sokratische Leistung –
Dadurch erst soll das Leben Wert erhalten –
ὁ δὲ ἀνεξέταστος βίος οὐ βιωτὸς ἀνθρώπῳ[.][248]
Aber wo liegt hier die Grenze – wo liegt der Schutz gegen den "tätigen Kuppler Verstand"?
Was unterscheidet Sokratik und Sophistik?
– die beide von Aristophanes unmittelbar mit einander verwechselt[249] werden –
Gemeinsam ist beiden das Eine, Wichtige und Zentrale:
daß sie das Leben selbst und alle seine Formen überhaupt als etwas Fragwürdiges ansehen –

daß sie es nicht einfach weiter annehmen und hinnehmen –
nicht als ein Urphaenomen zugeben[.]

Sie können es nicht zugeben (als etwas[,] das sich 'von selbst versteht')
sie wollen es durch etwas anderes verstehen –
sie fragen nach seinem 'Grund', seinem »Logos«[.]
Das Leben ist uns gegeben – aber wir sind es, die von ihm Rechenschaft zu geben haben. Diese "Rechenschaft" ist der Beginn aller philosophischen "Rechtschaffenheit" –
"Rechtschaffenheit" ohne Rechenschaft ist nichts – ist blosse *ἐμπειρία καὶ τριβή* (Sokrates Phaidon; Leben der Bienen u. Ameisen etc.)[.][250]
Sie wird durchaus verschieden verstanden von Sokrates u. den Sophisten –

Die Rechenschaftsablegung der Sophisten
– die in ihrer Art übrigens durchaus berechtigt und notwendig ist u. der man nicht etwa von vornherein einen Makel anheften darf –
ist im wesentlichen eine intellektuelle Rechenschaftsablegung –
Sie hat ein Sein oder einen Begriff verstanden, wenn sie beides in seine Elemente zerlegt –
und die »Herkunft« dieser Elemente festgestellt hatte –
Das ist die sophistische Frage nach der *ἀρχή* –
sie lässt sich im wesentlichen historisch beantworten –
Das sophist[ische] »Wissen«[,] die *σοφία*[,] ist im wesentlichen »Kunde« (*ἱστορίη*) [.]
Die Sophistik fragt:
Woher die Sprache, woher das Recht, woher der Staat, die Sittlichkeit u.s.f.

Und die gemeinsame Antwort ist:
all dies besteht nicht wie die Naturdinge, unabhängig vom Menschen und streng-objektiv –
sondern es ist Menschenwerk; es ist nicht »gewachsen« (*φύσει*) [,] wie die Naturdinge es sind –
sondern es ist »gemacht«; es ist von Menschen hergestellt

νόμῳ, θέσει[.]

Daher hat es auch nicht das unabänderliche Sein der Naturdinge, die sind und bleiben[,] was sie sind –
es »ist« nur, indem es »gilt«[,]
aber es gilt nur, solange der Akt der Setzung (des *νόμος* oder der *θέσις*) selbst dauert und nicht durch einen anderen abgelöst und aufgehoben wird[.]
Es gibt nicht etwas Dingliches wie eine objektive Sittlichkeit –

eine solche »objektive« Sittlichkeit ist im Sinne der Sophistik eine logische Ungeheuerlichkeit, eine contradictio in adjecto –
denn sie würde die Sittlichkeit zu einem *φύσει ὄν* (zu einem physischen Ding) machen,[A] das kraft seiner eigenen »Natur« ist und beharrt –
während doch alle Sittlichkeit das genaue Gegenteil ist –
Sie ist nur[,] indem sie sich wandelt:
denn sie wurzelt im *νόμος*, u. dieser *νόμος* wird ein anderer u. anderer, je nachdem der Mensch, der ihn setzt und für den er gesetzt wird, ein anderer wird – *πάντων χρημάτων*[.][251]
Der »Grund« der Sittlichkeit ist also ihre Entstehung –
Die Frage nach ihrem »Warum« muß historisch beantwortet werden –
Hier und hier allein liegt ihre *ἀρχή* – nicht wie bei den Dingen der *φύσις* in unveränderlichen bleibenden »Elementen«, wie Feuer, Wasser, Luft und Erde[.]
Die Sokratische »Reflexion« begnügt sich bei dieser Art der Begründung und Erklärung nicht –
sie sucht eine »andere Form des Grundes« (*ἄλλο αἰτίας τὸ εἶδος*[,] Plat[on], Phaidon) [.][252]

Die *αἰτία*, die wahre *αἰτία*[,] ist nicht in der historischen Herkunft, im Anfang[,] in der *ἀρχή* zu finden –
Die wahre *αἰτία* liegt vielmehr im »Ende«[,] im Telos.

Aber trotz dieser radikalen Differenz in der sophistischen und sokratischen Fragestellung bleibt beiden das Eine, und in gewissem Sinne Wesentliche[,] gemeinsam: daß überhaupt »gefragt« wird –
daß nicht nur das Sein der Natur, sondern vor allem auch das menschliche Sein – und dies in erster Linie – als fragebedürftig und fragwürdig erkannt wird –
Dem Kreis dieses Fragens kann sich fortan nichts entziehen – nichts ist so sicher, so selbstverständlich, so alt-ehrwürdig, daß nicht die Frage:

Was bist Du? –
Von wannen kommst Du? –
Woher stammt, worauf beruht Dein Anspruch,
Deine Autorität, Deine Würde

an es gestellt werden könnte und gestellt werden müsste[.]
Der Einbruch der »Reflexion« ist damit vollzogen –
und sie macht vor keinem »Letzten« mehr Halt –
sie unterzieht alles ihrer auflösenden »Kritik« –
Die Philosophie zum mindesten ist fortan dieser Kritik verfallen, und

A Ding) machen,] Ding machen),

sie kann sich vor ihr nicht schützen, ohne sich selbst aufzugeben –

In der Scholastik sucht sich die (griechische) Ratio [mit] dem (christlichen) »Glauben« zu versöhnen –
aber aus dieser Verbindung entspringt nur ein *λογισμός νόθος*[253] eine Bastardgeburt (die scholastischen »Systeme« des Nominalismus u. Realismus) [.]
Der Geist der Kritik ist es, der bei Descartes, bei Kant – diese »Ehe« wieder löst –
u. er führt eine verschärfte Form des Fragens, des Zweifelns ein –
die Kritik geht bis an die Grenze der Skepsis:
de omnibus dubitandum[.]

Der »Reflexion«, dem *λόγον διδόναι*[254] kann keine bestimmte Schranke gesetzt werden[.]
Mittelalter – Wolfram – Ist zwîvel ...[255]
aber hier [gilt] das Umgekehrte[:]
der »Zweifel« ist das positive Instrument der Erkenntnis –
drückt die Funktion der philosoph[ischen] Erk[enntnis] aus[.]

Es entsteht nun unsere Frage:
Wie kann beides mit einander verbunden und versöhnt werden –
Wie können wir der Goethischen Forderung der »Urphaenomene« und der Cartesisch-Kantischen Forderung der »Reflexion« im Aufbau der Erkenntnis und im Aufbau der Philosophie Genüge leisten –
wie läßt sich jene Form der Gewißheit, der »Unmittelbarkeit«, die Goethe den Urphaenomenen zuerkennt, aufrecht erhalten – und nichtsdestoweniger das unantastbare Recht des »Denkens« wahren, das alles vor seinen Richterstuhl ziehen, prüfen und beglaubigen will –
Ist hier noch irgend eine Synthese möglich? –
Oder muss es bei einem unversöhnlichen Widerstreit bleiben?

Der Widerstreit, die Antinomie ist immer wieder behauptet worden –
und insbesondere den philosophischen Kämpfen der Gegenwart drückt er seinen Stempel auf –
All die bekannten Hauptgegensätze lassen sich auf ihn zurückführen –
Der »Geist« [wird] gehasst, gescholten, verfolgt im Namen einer anderen tieferen, ursprünglicheren Substanz –
mag sie nun als Seele, als Leben bezeichnet werden oder wie sonst immer[.]

Der Drang zum »Unmittelbaren« statt allen blossen »Vermittlungen« des Denkens –
die Intuition, die gegen die blosse Reflexion aufgerufen wird –
der Wille, das Triebleben, dem der Primat gegenüber dem »Intellekt« zugeschrieben wird –
das sind die Hauptthemen der »Metaphysik«[,] seit dieselbe durch die Romantik wieder erneuert worden ist –

Hie Romantik – hie Positivismus; hie »Vernunft und Wissenschaft«, hie der Gegensatz zu beiden, ja die Verachtung beider – hie »Irrationalismus«, hie Rationalismus, hie Mystizismus, hie »Physikalismus«[A] – das ist eigentlich das gesamte Thema der Philosophie der letzten 150 Jahre[,] 1781-1831[.]256

Müssen wir uns notwendig einer dieser Alternativen verschreiben –
Oder gibt es irgend eine »Versöhnung«, die mehr ist und die etwas prinzipiell Anderes ist als eine eklektische Mischung –
Lässt sich die Ehrfurcht vor den Urphaenomenen bewahren –
ohne dem »Geist« der Kritik zuwider zu handeln –
ohne sich der Versündigung gegen diesen Geist schuldig zu machen –
welche darin besteht, daß wir ihm sein ursprüngliches Recht, seine Autonomie bestreiten –
daß wir ihn als einen Fremdling und Eindringling (L'intruse) behandeln[.]

Das ist die Frage, die wir uns im Folgenden stellen wollen[.][B]

[2.] [Übersicht über die] Basisphaenomene.[C]

Wir knüpfen noch einmal an Goethe Max[imen] 391-93 an, um eine Übersicht zu gewinnen über die Basisphaenomene, von denen wir ausgehen müssen, um irgend einen Zugang zur »Wirklichkeit« zu gewinnen – und in denen sich uns all das, was wir »Wirklichkeit« nennen, ursprünglich aufschliesst und erschliesst –

Nicht »wir«, im Sinne der logisch-bewussten Subjekte, sind es[,] die, in der Form der »cogitatio« und »argumentatio«[,] "auf" die Wirklichkeit schliessen –

[A] hie Mystizismus, hie »Physikalismus«] *später zwischen die Z. eingefügt*
[B] wollen] *am Rande rechts mit Pfeil verbunden:* Forts. s. β2 u.s.f.
[C] Basisphänomene] *im Ms. hervorgehoben; am Rande oben rechts:* β2.)

Diese Form des Schliessens ist, wie wir später ausführlich darzutun haben werden, eben auf die *Basis*phaenomene nicht anwendbar

– sie sind »vor« allem Denken und Schliessen[,] liegen diesem selbst zu Grunde –
vielmehr sind [es] sie selbst, die Wirklichkeit zuerst »aufschliessen« – d. h. offenbaren, manifest-machen –
Sie sind die »originär-gebenden« Intentionen im Sinne Husserls[257] –
Sie sind für uns die eigentlichen *Quellen* der Wirklichkeitserkenntnis – denken wir uns diese Quellen verstopft, so müsste der Strom der Wirklichkeitserkenntnis alsbald versiegen –

der *Begriff* »Wirklichkeit« erhält seinen Sinn erst, sofern er aus diesen Quellen gespeist wird, sich kraft ihrer anschaulich *erfüllt* –

Die Basisphaenomene und dasjenige, was uns Wirkl[ichkeit] in all ihren verschiedenen Formen, Richtungen, Dimensionen zuerst *zugänglich* macht –
sie sind nicht ein »Resultat«, das wir mittelbar zu erschliessen haben –
sondern sie sind "das Licht und der Weg"[.][258]

– Wir können sie richtig beschreiben nicht als ein Etwas[,] das »*ist*«[,] vorhanden ist im Sinne des *absoluten* Seins[,] noch auf dessen »Sein«, in dem so verstandenen Sinne, »geschlossen«, dessen absolutes Sein logisch *gefolgert* werden kann –
(wie Descartes z. B. die Existenz der Materie, der Körperwelt aus der »veracitas Dei« folgert) [.][259]
Um ein *derartiges* »Sein« handelt es sich bei allen wirklichen Basisphaenomenen nicht
– sie sind nicht das, was uns irgendwie vermittelt *wird*, sondern sie sind die Weisen, die *Modi der Vermittlung* selbst[.]

Bildlich gesprochen: sie sind nicht etwas an sich *Vorhandenes*, was irgendwie *durch* die Fenster unseres Bewusstseins
(sei es durch die Fenster unserer »Sinnesorgane«, sei es durch andere »geistige«, spirituelle »Medien« gesehen wird)
zu uns hereinkommt[260] –
sondern sie sind selbst die Fenster der Wirkl[ichkeits]-Erk[enntnis] – das[,] wodurch wir uns der Wirkl[ichkeit] aufschließen[.]

– Basisphaenomene vermitteln uns nicht ein äusserlich-*Seiendes*, das wir mittelbar mühselig "in unseren Kreis hineinziehen" müssen ...
sie sind der *Blick*, den wir auf die Welt *werfen* –
sozusagen das Auge, das wir *aufschlagen* –

In diesem ersten Augenaufschlag erschliesst sich uns das Phaenomen: »Wirklichkeit«[.]
Wir verfolgen es hier nach den 3 Grundrichtungen, den 3 *Dimensionen*,
die auch in Goethes Darstellung klar auseinandertreten
(Diese Drei-Dimensionalität setzen wir hierbei zunächst einfach *faktisch* voraus –
fragen also nicht nach ihrer »Möglichkeit« und ihrer »Begründung«[,]
obwohl uns in einem späteren Stadium unserer Untersuchung auch diese
»Möglichkeit« beschäftigen muss)[261] –

[Erstes Moment:]
1) Das Phaenomen des *Ich*, der *Monas*, des »Lebens« schlechthin.
Es ist nicht aus etwas anderem *ableitbar*, liegt vielmehr allem anderen
"zum Grunde" –
Dies ist ersichtlich –
mögen wir nun dieses Phaenomen biologisch-*vitalistisch* beschreiben
(Die Bergson'sche Intuition der durée vécue)[262]
mögen wir es *psychologisch* fassen
(als das Phaenomen des Selbst-*Bewusstseins*, des Cogito im *weitesten* Sinne, wie es ursprünglich bei Descartes gemeint ist)
oder im *transzendentalen* Sinne
(als das Phaenomen der »Bewusstheit überhaupt«[,] vgl. h[ie]rz[u] insbesondere die Schilderung bei Natorp,[263] Einleitung[A] i. d. Psychol[ogie] nach krit[ischer] Methode) [.]

Wir sehen vorerst von all diesen Unterschieden noch ab –
wir fassen die »Monas« in *dem* Sinne ins Auge, wie sie Goethe hier meint[.]
Hier finden wir nur das Eine, Wesentliche
(was für *alle* drei Formen der Beschreibung –
die biolog[ische], die psychologische, die transzendentale wesentlich ist) [,]
daß sie kein Sein (*οὐσία* als Permanenz) [,] sondern eine strömende Bewegtheit ist –
daß sie keine Rast noch Ruhe kennt –
an keinen einzelnen »*Zustand*« gebunden, überhaupt nichts Stehendes [ist] – sondern etwas sich Bewegendes (von Perzeption zu Perzeption Übergehendes, Leibniz: status ipse praesens, dum tendit ad sequentem, seu sequentem praeinvolvit[264]) [.]
Dieses »monadische« Sein ist daher im einfachen Jetzt nicht beschlossen, ja durch ein Jetzt gar nicht *beschreibbar* [;]

[A] Einleitung] Einf.

es ist keinem Einzelaugenblick "verhaftet"[,] sondern die[A] Totalität seiner Lebensmomente, die Gegenwart, Vergangenheit und Zukunft erschliessen -

chargé du passé et gros de l'avenir[.][265]

Indem ich »mich« als gegenwärtig erlebe, erlebe ich mich nicht als »seiend« (onto-logisch; nacheinander in verschiedenen Zeitstellen fixiert und insofern "dauernd") [;]

ich erlebe mich als gegenwärtig, als gewesen und als sein-werdend[.]

(In diesem Sinne als »Leben«, als ein Subjekt, das eine »Geschichte« hat, das war und sein wird –
vgl. h[ie]rz[u] Ortega[B] i[n] d[er] Festschrift
History as a System. cit.)[266]

Zweites Moment[:][C]
Das Grundphaenomen des »Wirkens« –
Die »Monade« als isoliertes Individuum ist eine Abstraktion –
Bleiben wir beim phaenomenolog[ischen] "Befund" stehen –
so finden wir uns niemals allein –
in die Mauern unseres intrasubjektiven "Bewusstseins" eingeschlossen –
wir erfahren uns nicht nur »perceptiv« als von Zustand zu Zustand übergehend
– sondern wir erfahren uns als wirkend und handelnd[.]
Dieses Wirken und Handeln ist ein zweites wesentliches, konstitutives Moment in all unserem »Wirklichkeitsbewusstsein« –
[Es gibt] kein Bewusstsein von Wirklichkeit ohne dieses ursprüngliche, unableitbare Bewusstsein des Wirkens –
Wir »erleben« nicht nur uns selbst, sondern wir erleben etwas, das uns entgegensteht, widersteht –
und aus diesem Widerstand erwächst uns erst das Bewusstsein vom Gegen-Stand[.]
(»Voluntaristische« Theorien der Wirklichkeitserkenntnis –
Schopenhauer, Sein ursprünglich als Wille
Diltheys Beschreib[ung] u. Darstell[ung] des Realitätsbewusstseins[267])
Hierbei ist das Entgegen-Stehende, das Wider-Stehende, das ursprünglich

[A] die] *undeutlich geschrieben, vielleicht als* der *zu lesen*
[B] Ortega] Ortéga
[C] Zweites Moment] *im Ms. hervorgehoben*

in der Willenserfahrung gegeben ist, noch kein blosses unpersönliches »Es«; sondern wir finden es ursprünglich als ein »Du« –
es ist nicht sowohl ein Eigen-Seiendes, ein Etwas, das von uns nur »verschieden« ist –
es ist ein Eigen-Sinniges und Eigen-Williges
– ein Etwas, das uns den Raum des Handelns verengt und streitig macht –
(nicht nur ein Etwas, das irgendwo »draußen«, an einer andern Stelle des Raumes, »ist« und »sich befindet«) [.]
Das »Sein« – der Dinge – "im Raume" ist ein anderes und sehr viel verwikkelteres und späteres Problem –
Hier handelt es sich um etwas anderes und Primitiveres – um das Wirken in einem gemeinsamen Aktions-Raum –

Biologisch können wir dieses Phaenomen bis in die Tierwelt hinunter verfolgen –
überall dort tritt es auf, wo in dieser Tierwelt eine Form des "Zusammen-Lebens", des "Mit-Einander-Lebens"
(abstrakt ausgedrückt: des »sozialen« Lebens) gegeben ist –
Wir halten hier zunächst nur das Eine fest, daß diese Form des Mit-Einander-Seins in der Form des Auf-Einander-Wirkens ein echtes Basisphaenomen ist –
von nichts anderm ableitbar, sondern ursprünglich konstituierend –
wir finden "uns" immer schon mit dieser Bestimmtheit –
nicht nur als »lebend«, d.h. von einem Zustand in den andern übergehend, sondern als wirkend und leidend[,]
als, durch Wirken und Leiden, an andere geknüpft und mit ihnen verbunden –

Diese »Bindung« (im Wirken und Leiden) ist also ein ursprüngliches Phaenomen, ohne welches es kein »Objektivitäts-Bewusstsein« gäbe[.]
– Ein Kern dieses Gedankens bei Fichte, »Deduktion« des Nicht-Ich aus dem "Sittengesetz"[A] [268]
[(]cf. auch Max Adlers "soziologischen" Beweis der Wirklichkeit.[269])

Jedenfalls ist das Wirkens-Erlebnis ein echtes Ursprungs- und Zugangserlebnis – ein "Fenster zum Sein" (cf. ob[en]) [.][270]
Alle "pragmatistischen" »Erkenntnis«-Theorien haben hier ihre berechtigte Wurzel.

A "Sittengesetz"] "Sittengesetz")

[Drittes Moment:]
In der dritten Phase, die Goethe beschreibt, nähern wir uns der "Aussenwelt" in einem neuen Sinne:
es ist die Sphaere der »Werke«, die sich vor uns auftut –

Das »Werk« erscheint, gegenüber der Stufe des »Wirkens«, wie sie in der zweiten Phase beschrieben wurde, als ein Objektiveres, gewissermassen Starreres –
Das Werk ist das Ziel des Wirkens; aber in ihm ist das Wirken auch zu seinem Ende gelangt –
Der Ausdruck *τέλος* umfasst beides –
Die Bewegung des Wirkens hat aufgehört; sie hat sich »niedergeschlagen« im Werk –
Eine Entfernung vom Ich ist damit allerdings gesetzt –
ja in gewissem Sinne auch eine Ent-Fremdung[,] aber doch wäre es irrig und voreilig, in diesem Ausdruck der "Fremdheit", wie es oft geschieht
(Romantizismus, Mystik etc.)
einen nur negativen Sinn hineinzulegen –
Er ist vielmehr der Anfang zu einer ganz neuen Position –
zu derjenigen »Position«, die uns erst zu dem eigentlichen Wirklichkeitsbewusstsein hinführt.
(Kant: Sein ist kein Begriff von irgend etwas, was zu dem Begriffe eines Dinges hinzukommen könnte[.] Es ist bloss die Position eines Dinges oder gewisser Best[immungen] an sich selbst[.] I, 516ff. (Phil. B. Kr.d.r.V.)[271] [)]

Der erste Schritt zu dieser »Position« ist das Werk, das der Mensch aus sich »herausstellt« –
das beständige "Produkt", das sich aus seinen Werken »absetzt«
– die »Sphaere der Werke«, der »Gebilde« liefert den Durchgang, die eigentliche Vermittlung zur Sphaere des »objektiven« Seins –
Aus dem Werk-Bewusstsein erwächst das eigentliche Sach-Bewusstsein –
hier zuerst erfahren wir auch, was die sachliche Notwendigkeit bedeutet –
der "Gegenstand" meldet seine eigenen, selbständigen Forderungen an –
er verlangt, er erzwingt eine bestimmte Art der Behandlung, wenn er zum »Werk« gedeihen soll[.]
Wir müssen übergehen von der Sphaere des mythischen Affekts –
(Wunschbemeisterung ...)[272]
zur Werkbemeisterung[.]
Natura non nisi parendo vincitur[.][273]

Daher ist es auch richtig, daß das »Sein« uns zunächst nicht als ein völlig

abgelöstes So-Sein
(»Ausser uns«-Sein)
gegeben ist, sondern daß es uns gegeben ist, in dem Medium des Werks –
es ist (beharrendes) Werkzeug
(Heidegger: "vorhandenes Zeug") [.]$_{274}$
Der Übergang zum "bleibenden" Werk (Produkt)
und zum "immer in gleicher Weise anwendbaren" Werkzeug schliesst dem^A Menschen die »objektive« Sphaere
– die Sphaere der »Sachen« erst eigentlich auf –
Dabei muss man sich hüten, diese Sphaere irgendwie als blosse »Degradation« aufzufassen[,]
als einen "Abfall", Sündenfall von dem Paradies des unmittelbaren Lebensgefühls –
oder des momentanen, wechselnden, »primitiven« Wirkens –

Die Sachsphaere ist vielmehr die Sphaere der »Sachlichkeit«[;]
es ist der "Geist" der Sachlichkeit, der uns mit ihr zugänglich wird –
und mit ihr der letzte "Vorstoß" in die Wirklichkeit –
Das "Fenster", das zur Wirklichkeit führt[,] ist erst jetzt ganz geöffnet –
der »Blick« für die Wirklichkeit, für die Objektivität ist uns geöffnet, indem wir sie im Werk und in der objektiv-darstellenden Sprache vor uns ausbreiten[.]

Darin stimmen wir der These Noirés$_{275}$ zu, der Sprache u. Werkzeug aus einer Grundhaltung des Menschen sich entwickeln lässt[.]

Hier haben wir die drei Urphaenomene (Basisphaenomene) vor uns, die wir selbst nicht weiter »erklären« können und wollen –
die aber die Schlüssel zur »Wirklichkeit« sind[:]

1) das Ich-Phaenomen
2) das Wirkens-Phaenomen
3) das Werk-Phaenomen

– oder auch das Phaenomen des Ich, des Du, des Es –
das Phaenomen des Selbst, das Phaenomen des »Andern« (das sogen[annte] 'Fremdpsychische') [,]$_{276}$ das Phaenomen der Welt
(»Gegenstand«, objektive Wirklichkeit) [.]

^A dem] der

Wir können uns jetzt denselben Sachverhalt noch von einer anderen Seite her deutlich machen – nämlich von der Seite der »psychologischen« Fragestellung im weitesten Sinne. Was kann die »psychologische Analyse« tun, um von ihrer Seite her die »Urphaenomene«, die Basisphaenomene zwar keineswegs zu »erklären« – denn das wäre ein unmögliches Unterfangen, das freilich von Seiten einer dogmatischen (insbesondere "sensualistischen") Psychologie oft versucht worden ist –
aber was kann sie tun, um sie "sichtbar" zu machen –
Nicht Erklärung, wohl aber Erhellung muss die Psychologie hier leisten können, wenn sie ihrer Aufgabe gerecht werden soll –
Aber finden wir in der heutigen Psychologie auch nur den Versuch, auch nur den Ansatz zu einer derartigen Erhellung?

Man muss lange danach Ausschau halten – und die gesamte »naturalistisch« gerichtete Psychologie, die das Seelenleben in Assoziations-Mechanismen aufzulösen trachtet, bleibt in der Tat auf unsere Frage stumm[.]
Aber das Ideal jener deskriptiven Psychologie[,] wie es Dilthey vorschwebte
und wie es Husserl bestimmt dargelegt hat –
wie es Natorp systematisch zu begründen versuchte –
dies alles bildet in der Tat einen neuen "Durchbruch" zu den Basisphänomenen
- und ihm wollen wir uns nunmehr zuwenden[.][A]

[3.] Basisphaenomene (Verh[ältnis] zur Psychologie)[B]

Wenn die Psychologie irgend etwas zur Lösung der »Basisphaenomene« beitragen soll, so kann sie diese Aufgabe ersichtlich nur dann erfüllen, wenn sie sich methodisch einer ganz bestimmten Grundforderung unterwirft –
sie muss ihre Autonomie wahren; d.h. sie muss die Erscheinungen unter ihrem eigenen »Blickpunkt« auffassen –
sich diesen Blickpunkt nicht von aussen vorschreiben[C] lassen –
Das Letztere geschah überall dort, wo die Psychologie ihre höchste Aufgabe darin sah und ihren höchsten Ehrgeiz darein setzte, mit den "objektivie-

[A] zuwenden] *am Rande rechts mit Pfeil verbunden:* Forts. s. β3
[B] Basisphaenomene ... Psychologie)] Basisphaenomene *im Ms. hervorgehoben; am Rande oben rechts:* β3, 1
[C] vorschreiben] vorschreiben zu

renden" Wissenschaften, insbesondere mit den Naturwissenschaften zu wetteifern –

Daß von ihnen aus die »Basisphaenomene« nicht sichtbar gemacht werden können, liegt auf der andern Hand –
denn diese Phaenomene liegen in der genau entgegengesetzten Richtung[A] als die, die die Naturwissenschaften einschlagen –
Die Naturwissenschaft als solche – so unbestreitbar[,] so unentbehrlich u. unvergänglich ihr Erkenntniswert ist – kann gerade diese Phaenomene niemals in ihren Blickpunkt bekommen, geschweige sie erschöpfend erkennen und erklären –
denn ihr wesentliches »Pathos« und ihr methodisches Telos besteht eben darin, von ihnen mehr und mehr »abzusehen« –

Man muss sozusagen den Blick wenden, den "Sehstrahl" umkehren, um die bezeichneten »Urphaenomene« wieder zu sehen zu bekommen[.]

Der ganzen methodischen Entwicklung der Psychologie im 19ten Jahrhundert –
und insbesondere dem Streit zwischen naturwissenschaftlicher und geisteswissenschaftlicher Psychologie
(Dilthey und seine Schule –
Hönigswalds »Denkpsychologie«)[277]
liegt dieser Sachverhalt zu Grunde –

und von ihm aus rücken die method[ischen] Kämpfe, die um die Psychologie geführt worden sind, sofort in helles Licht[.]

a) Das Ideal der objektivierenden[B] Wissenschaft
Erkennen **ist** »objektivieren«
Alles Wissen, sofern es irgend eine objektive Gültigkeit für sich beansprucht –
sofern es mehr als ein bloss-subjektives »Meinen« ist (Die 'Meinung' ist 'mein'[:] Hegel)[278] kann nur Wissen von Objekten und über Objekte und Objektverhältnisse sein –
Ein Objekt erkennen – das heisst aber wieder nichts anderes, als es determinieren –
als seine Stelle in Raum und Zeit eindeutig bestimmen und zugleich festzustellen, wie es mit anderen Objekten an andern Raum- und Zeitstellen zusammenhängt und kausal von ihnen 'abhängt' –

[A] Richtung] Richtung,
[B] objektivierenden] *im Ms. hervorgehoben*

Folgen wir diesem Weg der naturwiss[enschaftlichen] Erklärung, der objektiven Erkenntnis – was wird [dann] aus den »psychischen« Phaenomena; insbesondere aus jenen Urphaenomenen des »Ich«, des »Wollens« etc.

Die Antwort ist einfach –
Sie *verschwinden*, weil sie jetzt hinter unserm Rücken liegen – und weil die Wendung des Blicks, die erforderlich wäre, um sie wieder sichtbar zu machen, ganz ausserhalb der method[ischen] Möglichkeiten u. der method[ischen] *Kompetenzen* der objekt[iven] Wissensch[aft] liegt –
Am Ichphaenomen ist das unmittelbar ersichtlich –
Für Descartes ist das Ich im Cogito noch ein echtes Urphaenomen, Basisphaenomen –
Es wird *nicht* gefolgert (– das Cogito *ergo* sum ist nur Schein, vgl. bes. *Objectiones*.)[,]
es wird intuitiv erfasst[279] –

Aber diese Intuition *zergeht* im englischen Empirismus –
Zwar erklärt Hobbes[,] daß von allen Phaenomenen *τὸ φαίνεσθαι* das fundamentalste und bewunderungswürdigste sei[280] –
aber das bedeutet bei ihm etwas Anderes, ja Entgegengesetztes als bei Descartes –
Denn *er* legt den Nachdruck nicht auf das Phaenomen des Wahrnehmens als *Akt*, sondern auf das[,] was in diesem Akt "erscheint"[,] auf das Phaenomen im sachlich-objektiven Sinn –
und dies »Erscheinende« ist nach ihm notwendig *Körper*[.]
Die *Zweiheit*, der Dualismus der subst[antia] cogitans und der substantia extensa ist Schein –
das sogen[annte] »Bewusstsein« ist Illusion[,]
"es gibt" *nur* Körper –
u. das »Empfinden« ist nichts als eine physische *Reaktion*[.]
Das Ich-*Erlebnis* ist damit restlos ausgeschaltet –
Auf anderm Wege bei Hume:
"wirklich" (Datum) ist nur die *einzelne* Empfindung –
das angebliche Ich nichts als ein "Bündel von Perzeptionen"[281] –
ein blosser Name für eine Mehrheit von Empfindungen –
Es ist bekannt, wie diese radikale Ausschaltung des Ich die gesamte Psychol[ogie] des 19ten Jahrh[underts] bestimmt hat – vgl. bes. die Ich-Lehre Mach's[.][282]

Diese Psychologie ist nicht nur eine Psychol[ogie] ohne Seele,[283] sie ist auch ganz eigentlich eine "Psychologie ohne Ich" gewesen –

Und die gleiche »Reduktion« mussten sich auch die andern »Basisphaenomene«, vor allem die Phaenomene des Gefühls und des Willens gefallen lassen –
auch sie mussten, wenn sie überhaupt sichtbar gemacht werden sollten, wenn sie vor dem Blick der naturwiss[enschaftlichen] Psychologie "erscheinen" sollten, zuvor eine radikale Umwandlung erfahren –

Das Programm dieser Umwandlung hat am präzisesten und konsequent[est]en Münsterberg entwickelt[284]
(Zu Münsterbergs Psychologie u. ihrem methodischen[A] Programm s[iehe] 2 Aufsätze von Jonas Cohn (Sep!)
vgl. unter Ausdrucksfunktion Ms. ...)[285]

Hier [ist] das Ziel erreicht:
das "Seelische" ist restlos in das Physische verwandelt –
weil es nur als Physisches aufzeigbar, erkennbar (d.h. dem R[aum-] Z[eit-] Zusammenhang kausal einorderbar[)][B] ist[.]
Ein anderes Ideal der Erkenntnis als diese kausale Einordnung gibt es nicht –
<Bei Münsterberg selbst [ist] dieser »Monismus« zugleich korrigiert durch seine Wertlehre[286] –
Aber der »Wert« ist etwas psychologisch nicht Fassbares –
Er steht auf einem ganz andern »Blatt«[.]
Die Psychol[ogie] ist u. bleibt Naturwissenschaft –
u. als solche schaltet sie alles Geistige, »Noetische« aus[,]
überlässt es einer metapsychologischen und »meta«physischen Wertlehre[.]>
Innerhalb der Psychologie geht dieser Eliminationsprozess konsequent weiter –
Die »naturalistische« Psychologie ist zwar nicht ausschliesslich, aber doch wesentlich Wahrnehmungspsychologie gewesen –
Alle andern Phaenomene waren ihr irgendwie »unfassbar« und vermöge dieser Unfassbarkeit verdächtig –
sie liess sie entweder bei Seite oder suchte sie in der Sprache der Wahrnehmungspsychol[ogie] zu beschreiben, sie in ihre Dimension zu übersetzen[.]

So wurde z.B. das Phaenomen des »Denkens« in dieser Psychol[ogie] erst spät u. nur auf merkwürdigen Umwegen entdeckt
(vgl. die Anfänge der Külpeschen Denkpsychologie, durch das Experi-

[A] ihrem methodischen] ihr methodisches
[B] einorderbar) ist] einorderbar ist)

mentieren mit Versuchspersonen u. das angebl[ich] »objektive« Registrieren dieser Aussagen![287])
Bühler, Krise[, S.] 12: Beschreib[ung] der Denkpsychol[ogie] u. ihrer "Entdeckung"[;] es fällt uns heute schwer, das als eine Entdeckung zu sehen – es mutet fast wie eine Trivialität an.[A][288]
Denken [wird] hier nur negativ als »nicht anschauliches Erlebnis« charakterisiert[;]
man vgl. z.B. Messer, Empfindung u. Denken[.][289]

Ähnliches gilt für Gefühl u. Wille[.]

Die Lange-James'sche Gefühlstheorie: Wir weinen nicht, weil wir traurig sind, sondern wir sind traurig, weil wir weinen[.][290]
Die Münsterberg'sche Willenstheorie[B] –
Wille [wird] in "Muskelempfindung" aufgelöst[.][292]
Immer die gleiche Tendenz: Denken, Fühlen, Wollen sind keine Urphaenomene, Basisphaenomene, die sich selbst erklären[,]
die einfach "erscheinen und sind"[293] –
sie können wirklich begriffen, wissenschaftlich verstanden werden nur dadurch, daß man sie zu etwas ganz Anderm macht als das, wofür sie sich unmittelbar »geben«[,] daß man sie als blosse Epiphaenomene physischer[,] körperlicher Vorgänge [versteht] –

Auf welchem Wege kann hier eine Wendung, ein *μετα νοεῖν* erwartet werden? –

Es muss zunächst gesagt werden, daß keineswegs die gesamte Psychologie des 19. Jahrh[underts] in diesem Strom der naturalist[ischen], der experimentellen Psychologie mitschwamm –
Es gab Denker, die sich ihm widersetzten; die scharf begriffen u. erklärten, daß auf diesem Wege die Urphaenomene nicht sichtbar zu machen seien –
die daher den Rückgang vom blossen Beobachten zum "unmittelbaren" »Erleben« forderten –
Eine solche »Erlebnis-Psychologie« hat insbesondere Th[eodor] Lipps[294] vertreten –
er dringt in wachsender Schärfe gegen die naturwiss[enschaftliche] Psychologie auf das Urrecht der Introspektion[295] – und sucht ihm in all seinen

A Bühler ... Trivialität an.] *nachträglich in den Text eingefügt*
B Willenstheorie] *am Rande:* vgl. auch Russell, Die Analyse / von »desire« und »will« in der / Analysis of mind / Hierüber Haupt-Ms![291]

Schriften Geltung zu verschaffen –
Hier war er derjenige Psychologe, der Husserls Phaenomenologie entscheidend vorgearbeitet hat –
Über den Kreis der blossen Wahrnehmungs-Psychol[ogie] wird er hierdurch weit hinausgeführt –
er unterscheidet als unableitbare Klassen psychischer Phaenomene, die auf das blosse Empfinden nicht reduzierbar sind, die Phaenomene des Fühlens, Wollens u. Denkens[.]
(- Eine alte Einteilung, die klar schon im 18ten Jahrh[undert], insbesondere bei Tetens[296] vorliegt[,] die aber bei Lipps mit neuem Inhalt erfüllt wird; am klarsten und knappsten dargestellt in der Schrift: Vom Fühlen, Wollen u. Denken[.)][297]
In der eigenartigen und oft recht-eigenwillig anmutenden Beschreibung dieser Grundphaenomene vollzieht Lipps, gegenüber der Psychologie seiner Zeit, doch einen sehr bedeutsamen Schritt –
denn er bringt nach u. nach einen ganzen Inbegriff von Phänomenen wieder in den Blickpunkt der Psychol[ogie], den sie ganz aus den Augen verloren hatte –
Fühlen, Wollen, Denken –
eine Einteilung, die der alltäglichen, vorwissenschaftlichen Sprache unbekümmert und ohne vorhergehende wissenschaftl[iche] Vorbereitung entnommen wird –
und die doch – vielleicht eben deshalb – der Psychol[ogie] wieder neue Tiefendimensionen erschliesst –
die sie in ihrer 'sensualistischen' Gestalt allzu sehr übersehen und geringgeschätzt hat.
Fühlen,[A] Wollen, Denken –
man könnte diese Begriffe geradezu als Kapitel-Überschriften gebrauchen[B] für jene 3 Urphaenomene, von denen Goethe (Max[imen] 391-93) spricht[;] cf. Blatt β1) β2!)[299]
Fühlen als Ausdruck des »Lebens«[,] der Monas
Wollen als Ausdruck des Handelns auf andere
und mit andere[n]
und schließlich Denken als Ausdruck jener Objektivierung, Distanz-Setzung, die im »Werk« (Opus operatum) ihren sichtbaren Ausdruck findet –

[A] Fühlen] *am Rande verbunden mit Linie:* für das »Fühlen« / vgl. auch den Cohen'schen / Begriff des F[ühlens]! / Kants Begr[ündung] d. Aesth[etik] / cf. 153ff. u. s. / Für die Kantische Einteil[ung] in Erkenntnis- / vermögen, / Gefühl (der Lust u. / Unlust) / und Begehrungsvermögen / cf. ibid. S. 159[298]
[B] gebrauchen] brauchten

Von hier aus findet Lipps den Rückweg zu den 'verschütteten' Problemen der Psychologie – vor allem den Rückweg zum Ich –

[b) Kritik am Ideal der objektivierenden Wissenschaft in der Psychologie]
Die »Psychologie ohne Ich« wird von ihm bekämpft u. verspottet –
Das Ich erhält seine Zentralstellung wieder[,] u. es wird insbesondere zum Brennpunkt der gesamten Lipps'schen Gefühlslehre[.]
Die Gefühle konstituieren nach ihm das Ich – nämlich das Ich, wie es in jedem Augenblick meines Lebens unmittelbar von mir erlebt wird[,] während die Empfindungsinhalte das Wahrnehmungsbild der objektiven Welt konstituieren[.]
Es ist dasselbe, ob ich sage: Ich fühle oder Ich fühle mich[.]
– cf. a. a. O. S. 2 u. passim[.] 300

Noch von einer anderen Seite können wir diese Rückwendung der Psychologie zu den eigentlichen Basisphaenomenen verfolgen –
Sie ging diesmal nicht von ihr selbst und ihrer immanenten Arbeit aus – sondern sie erfolgte durch Denker, die die schärfsten Kritiker des psychologistischen Einheitsanspruchs waren –
eines Einheitsanspruchs, wie er z. B. durch Lipps, für den auch Logik, Ethik, Aesthetik u.s.f. nur Teilgebiete der Psychologie sind – rückhaltlos vertreten wird –

Hier griff die entscheidende Kritik Husserls ein –
eine Kritik, die auch Lipps durchaus anerkannt hat, und die^A die letzte Phase seiner Lehre wesentlich beherrscht hat –
der Übergang vom »Psychologismus« zur Phaenomenologie ist für diese Phase charakteristisch –

Aber schon vorher war ein wesentlicher Anstoss von einer ganz anderen Seite her –
von Seiten der kritischen oder »Transzendentalphilosophie« erfolgt –
Diese war zunächst (bei Cohen) dem von Kant gewiesenen Wege gefolgt[;]
sie hatte in erster Linie und grundlegend nach der »Möglichkeit« der Mathematik u. der mathemat[ischen] Naturwissenschaft gefragt und ein »Axiomensystem« für beide aufzustellen gesucht –

^A und die die] und auf der die

Aber mit Natorps Einleitung[A] i. d. Psychol[ogie] nach kritischer Methode setzt eine neue Fragestellung ein, die die charakteristische »Umwendung« deutlich zum Ausdruck bringt –
Die Psychologie wird aus dem Kreise der objektivierenden Erkenntnis, insbesondere aus dem der Naturwissenschaft prinzipiell herausgenommen –

Ihr Weg und ihr Ziel ist der genau-Entgegengesetzte zu dem der Naturwissenschaft –
sie geht nicht vorwärts auf die Objekte zu[,] sondern sie wendet sich rückwärts –
»Subjektivierung« statt »Objektivierung« – »Minus«[-]Richtung statt Plus-Richtung –

Das Neue und Originale der Natorpschen Grundlegung der Psychologie besteht darin, daß er der Einseitigkeit der objektivierenden, naturwissenschaftl[ichen] Methodik entgegentritt –
und daß er andererseits den strengen, ja in gewissem Sinne ausschliesslichen Wissenschaftscharakter dieser Methodik durchaus anerkennt –
Er setzt ihr also nicht eine eigene und sozusagen selbstherrliche "geisteswissenschaftliche" Methodik gegenüber, die auf reiner »Introspektion« oder »Intuition« beruhen soll –
Denn es ist nach ihm ein Irrtum, daß das »Unmittelbare« des Lebens
im Sinne der "Lebensphilosophie", des Intuitionismus u.s.f.
auch unmittelbar erkannt werden kann –
Das Leben, das Subjekt etc. mag das *πρότερον τῇ φύσει* sein –
Aber es ist keineswegs das *πρότερον πρὸς ἡμᾶς* –
Es ist immer nur indirekt sichtbar zu machen –
indem wir von den »objektiven« Gebilden zurückfragen nach ihren »subjektiven« Quellen und »Ursprüngen« –

Das ist die sehr eigenartige »rekonstruktive« Methode der Natorp'schen Psychologie[.]
(Über sie meinen Natorp-Aufsatz[B] u. Philos[ophie] d. symbol[ischen] F[ormen, Bd.] III.$_{301}$)
Sie verwehrt das unmittelbare "Schauen" der Urphaenomene –
denn aus Schauen kann keine Wissenschaft entstehen, die immer des Beweises u. der Begründung bedarf –

A Einleitung] Einf.
B Natorp-Aufsatz] Natorp, Aufsatz

Aber sie betont und erkennt an, daß die Begründung der Subjektivität immer auf einem ganz anderen Wege als die der Objektivität zu erfolgen hat –

Das Wissen vom Subjektiven ist keineswegs[A] ein unmittelbar gegebenes Wissen –
es ist vielmehr ein zu erwerbendes Wissen –
und dessen Erwerb kann immer nur auf dem Umweg über die Objektivität erfolgen[;]
nur durch rekonstruktive Analyse aus dem "Sachwissen", dem objektiven Wissen[,] lässt sich ein Wissen um die Kräfte gewinnen, die dieses objektive Wissen erzeugt und aus sich herausgestellt haben.

Der Gesamtplan der Natorpschen Psychologie ist nicht zur Ausführung gekommen – sie ist ein Torso geblieben –
Und in die Entwicklung des psycholog[ischen] Denkens hat sie nirgends direkt eingegriffen; sie blieb ein völliger Fremdling, eine abseits liegende Leistung –
Nur Husserl hat sie in ihrem prinzipiellen Wert erkannt –
im Ganzen der Psychol[ogie] blieb sie doch fast unbeachtet –
auch diejenigen modernen Psychologen, die schon unter dem entscheidenden Einfluss der neuen phaenomenologischen Fragestellung stehen, haben die »transzendentale« Fragestellung Natorps nicht in ihrer Bedeutung erkannt.
Und doch gibt es in der Entwicklung der modernen Psychologie wichtige mittelbare Anzeichen dafür, daß sich die Natorpsche Forderung, die Forderung der Rekonstruktion auch in ihr Bahn zu brechen beginnt.
Wir verweisen hier nur auf ein einzelnes charakteristisches Beispiel –
auf die Wendung, die sich im psycholog[ischen] Denken Karl Bühlers vollzieht.
Sie ist seiner Schrift "Die Krise der Psychologie" u. seiner »Sprachtheorie« zu entnehmen –
Beide Schriften gehören unmittelbar zusammen – u. erläutern sich wechselseitig –

Was empfindet, was beschreibt Bühler als die »Krise der Psychologie«?[B]
Wesentlich den[C] Umstand, daß die Psychologie in der Beschreibung einfa-

[A] keineswegs] keineswegs –
[B] Psychologie«?] Psychologie« –
[C] den] der

cher u. grundlegender Bestände des geistigen Lebens versagt –
daß sie ihnen mit ihren Mitteln nicht gerecht zu werden vermag –
Das wird am Beispiel der Sprache erwiesen –
Die Sprache ist ein mehrdimensionales Gebilde – enthält ganz verschiedene Funktionen in sich u. fasst sie zu einer Einheit zusammen[.]
Sie ist »Ausdruck«[,] "Kundgabe",
»Steuerung«
und »Darstellung«
in Einem[.]
Dieser Einheit aber vermag die Psychologie in ihrem gegenwärtigen Zustand nicht gerecht zu werden –
denn sie erfasst von den drei hier aufgewiesenen[A] Momenten[B] immer nur je eines und hebt es einseitig heraus –
kann also nie das Ganze »der« Sprache und des Sprachsinnes wirklich erschaffen und erschöpfen.
Es gilt nach Bühler, von der Analyse dieses Sinnes und seiner erkannten Mehr-Dimensionalität wieder zurückzudringen zu der Mehr-Dimens[ionalität] des »Psychischen« überhaupt[.]
(Vgl. die näheren Ausf[ührungen] in der »Krise« u. der ["]Sprachtheorie["])[302] – der Vergleich mit Kants Frage nach der Mögl[ichkeit] der Math[ematik], der reinen Naturwiss[enschaft] bei Bühler selbst s[iehe] ["]Krise[", S.] 57[.][303]
Aber was ist denn hier nur geschehen – und welche Methodik der Psychol[ogie] ist denn hier angewandt?

Bühler ist nicht von sprachpsychologischen, noch auch von denkpsychologischen Untersuchungen in gewöhnl[ichem] Sinne ausgegangen –
und die Methoden der rein »naturwissenschaftlichen« Psychol[ogie] lässt er weit hinter sich –
Seine Leistung ist vielmehr eine echt »rekonstruktive« im Sinne Natorps –
Er geht davon aus, was Sprache »faktisch«[,] d.h. in der Einheit und Gesamtheit ihres Sinnes, Sinn-Vollzuges »ist«
und er zerlegt diesen Sinn in seine »Momente« (er fragt nach den "Bedingungen seiner Möglichkeit") [.]
Und für jedes der so aufgewiesenen[C] Momente

[A] aufgewiesenen] *danach am unteren Rande in der Mitte:* Forts. s. β3, 2
[B] Momenten] *die S. beginnt oben links mit der Wiederholung der Abschnittsüberschrift:* Basisphänomene (Verh[ältnis] zur Psychologie)*; am Rande oben rechts:* β3, 2.*; nach einem Querstrich am linken Rand wird der Satz von der vorherigen S. fortgesetzt*
[C] aufgewiesenen] aufgewiesen

– Ausdruck, Steuerung, Darstellung –
fordert er je einen besonderen Modus der psychischen Repraesentation –
d.h. die Klassifikation der psychischen Phaenomene wird nicht unmittelbar aus ihnen selbst abgelesen –
nicht direkt durch reine »Introspektion« gewonnen[,] sondern es wird auf sie zurückgeschlossen aus der Eigenart des Gebildes »Sprache«.
Dieses Gebilde muss irgendwie in psychischen Grundphaenomenen »angelegt« sein –
denn ohne diese »Anlagen« könnte es sich nicht »entwickeln«
– könnte es nicht zu dem werden, was es, gemäß der Funktionsanalyse des Inhalts »Sprache« ist.
Das ist deutlich eine neue Wendung des Blickes, die nach Bühler allein über ihre gegenwärtige »Krise« hinweghelfen kann –

Ein für das Ganze unserer Betrachtungen noch bedeutsameres Moment tritt jedoch hervor, wenn wir das Ergebnis der Bühlerschen Analyse etwas näher ins Auge fassen –
Denn was bedeutet denn diese Zerlegung der »Sprache« in die drei Grundmomente
Ausdruck, Steuerung, Darstellung
und worauf weist sie letztlich zurück –?[A]
Betrachtet man sie näher, so findet man zu seiner Überraschung, daß sie eben auf jene drei Klassen von Basisphaenomenen zurückweist, die wir unterschieden hatten[B] und die z.B. in der Goetheschen Betrachtung hervortraten –
Das Phaenomen des »Ausdrucks« ist das, worin sich die reine "Innerlichkeit" des Subjekts, sein monadisches Eigen-Sein und Eigen-Leben bezeugt –
»Ausdruck« – das ist der einzige Weg, auf dem diese Innerlichkeit »erscheinen«, sich »offenbaren«, nach »aussen« dringen kann –
Die Steuerung entspricht dem[C] Moment des Aktions-Zusammenhangs, Wirkens-Zusammenhangs (kein solcher Wirkens-Zusammenhang [ist] ohne »Steuerung« durch irgendwelche sinnlichen[D] »Zeichen« möglich – diese [sind] schon in der Tierwelt wirksam u. [bilden] die Grundlage u. Voraussetzung des sozialen Lebens, das sich in ihr vorfindet[)]

[A] zurück –?] *Fragezeichen (später?) über den Gedankenstrich geschrieben*
[B] hatten] hatten,
[C] dem] der
[D] sinnlichen] sinnliche

– Und schließlich das Dritte: die Darstellung: die Setzung des objektiven »Seins« u. der objektiven »Sachverhalte«[.]

Oder auch in der früheren (Lipps'schen) Terminologie[:]
Kundgabe, Ausdruck – zur Sphaere des »Fühlens«
Steuerung zur Sphaere des »Wollens«
Darstellung zur Sphaere des »Denkens« gehörig.

Das Letztere, das »Denken« ist hier nicht als bloss »abstraktes« Denken zu verstehen –
Es ist konkretes Denken –
d.h. der Inbegriff aller kognitiven Akte überhaupt –
der Inbegriff all dessen, was zur »Setzung« eines Objektiven <einer nicht nur Ich- und Du-,[A] sondern einer Es-Sphaere> hinführt und für sie die unentbehrliche Bedingung ist[.]

Darin ist also vor allem auch jedes »Wahrnehmen« beschlossen, sofern es nicht bloss subjektives Empfinden ist, sondern einen Gegenstandsbezug in sich schliesst –
also jedes »echte« Wahrnehmen überhaupt
(denn die »Empfindung« ohne Gegenstandsbezug, ohne gegenständliche Intention ist ja eine blosse Abstraktion)
ebenso jedes »Anschauen«[.]

Wahrnehmung, Anschauung und Denken bilden eine untrennbare Einheit im Aufbau der »Gegenstandswelt«, wie sie u[nter] and[erem] von der Sprache vollzogen wird –
Die Sprache ist mit allen dreien "gesättigt" – und sie ist andererseits eines der wichtigsten Vehikel, um die gegenständl[iche] Funktion des Wahrnehmens → cf. meinen Kongress-Vortrag u. Journ[al] de Psychol[ogie][304]
Anschauens und Denkens
zur vollen Wirksamkeit zu entfalten[.]

So drängen sich hier wieder all die verschiedenen Probleme, die wir an der Hand der allgemeinen erkenntniskrit[ischen] Beg[renz]ung,[B] an der Hand der Goetheschen »Urphaenomene«, an der Hand der Psychologie und Sprachtheorie verfolgen konnten –

[A] Du-,] Du,
[B] Begrenzung] *undeutlich geschriebenes, abgekürztes Wort*

in Einen Brennpunkt zusammen[,]
in die Frage nach den Funktionen, die uns »Wirklichkeit« überhaupt vermitteln und erschliessen –
in die Frage nach ihrer systematischen Gesamtheit und ihrer systematischen Gliederung.
Dieser Frage wenden wir uns nunmehr zu.

[4.] Basisphaenomene (Verh[ältnis] zur Metaphysik)[A]

Wir machen uns jetzt die »Schichtung« der Basisphaenomene von seiten der Metaphysik und ihrer geschichtlichen Entwicklung klar[.]

Zunächst eine allgemeine Bemerkung über das Verhältnis von Metaphysik und Erfahrung –
Es gibt eine Auffassung und Definition der Metaphysik, die ihr Wesen darin setzt, daß sie unabhängig von der Erfahrung ist –
daß sie eine allgemeine Aussage über das Wesen des Seins ist, die nicht aus Erfahrung geschöpft ist –
und die durch Erfahrung weder bewiesen noch widerlegt werden kann –
Die Metaphysik ist noch bei Kant geradezu dadurch definiert, daß sie über alles[,] was durch "mögliche Erfahrung" festgestellt werden kann, hinausgeht –
daß sie die Erfahrung prinzipiell »transzendiert«[.][305]

Betrachtet man aber die historischen Formen der Metaphysik –
so sieht man, daß in ihnen allen dieser Anspruch auf absolute Erfahrungsfreiheit nirgends erfüllt ist –
Irgendwie wurzeln sie alle »im fruchtbaren Bathos der Erfahrung«[.][306]
Und wie könnte es anders sein –
wie liesse sich eine allgemeingültige, schlechthin universelle Aussage über die Wirklichkeit gewinnen, wenn wir jede Brücke zur Erfahrung abbrechen –
wenn wir uns von dem Erdreich der Erfahrung loslösen?
Nicht um eine solche Losreissung handelt es sich ja daher in jeder wirklichen Metaphysik
– bei Parmenides, bei Heraklit, bei Aristoteles, bei Leibniz, bei Spinoza, bei Hegel[;]

[A] Basisphaenomene ... Metaphysik)] *im Ms. hervorgehoben; am Rande oben rechts:* β4, 1*; darunter, mit einem Pfeil von Metaphysik weisend auf:* Vgl. insbes. β5) / Erkenntnistheorie

es handelt sich vielmehr darum, daß jeweils ein bestimmtes Moment der Erfahrung absolut gesetzt –
und in dieser Isolierung, dieser absoluten Setzung als das ursprüngliche, an sich Seiende erklärt wird –
Es ist immer ein bestimmter Zug der Erfahrungswirklichkeit, der in dieser Weise hypostasiert als Ens a se und Ens per se gesetzt wird[.]
(Zu dieser Methode der Metaphysik vgl. z.B. Simmel, Hauptprobl[eme] der Philos[ophie,] bes. S. 30ff. u. Probl[eme] der Geschichtsphil[osophie.][307])
Bald ist es das Sein, bald das Werden, bald die Einheit, bald die Vielheit, bald ist es die Natur, bald Gott, bald die Seele (der Geist), bald die Materie[,] die in dieser Weise als »absolut«, als Ursprung schlechthin gesetzt wird
– aber in all diesen Setzungen ist die Nabelschnur, die den metaphys[ischen] Begriff mit der »Wirklichkeit« verbindet, nirgends zerrissen –
ist immer noch eine bestimmte »Erfahrung« aufbehalten, der nur jetzt kein bloss relativer, sondern ein absoluter Charakter gegeben wird[.]
– Die Metaphysik steht daher zur »Erfahrung« nur dann in einem radikalen Gegensatz, wenn man diese letztere selbst, mit einer an sich ganz willkürlichen Verengung ihres Begriffs, als die Summe von Sinnesdaten, Impressionen oder dgl. definiert –

An und für sich ist aber Metaphysik keineswegs Abwendung von der Erfahrung[,]
Abwendung von den Phaenomenen überhaupt
– sie will vielmehr Deutung, Interpretation, Verständnis der Phaenomene sein –
eine »Deutung«, die dann freilich in der traditionellen Metaphysik so verläuft, daß ein Phaenomen oder eine bestimmte Klasse von Phaenomenen herausgehoben wird
– und in dieser seiner Isolierung als das schlechthin-Wesenhafte, Ursprüngliche, als der »Grund alles Seins« behandelt wird –

Die »Metaphysik« fehlt hierbei nicht durch Ab**wendung** von der Erfahrung schlechthin[,] sondern durch Abblendung gewisser Grundmomente von ihr –
Vermöge dieser Abblendung vermag sie ihrem eigensten Anspruch: dem Anspruch der totalen Sicht und der totalen Interpretation des Wirklichen nicht Genüge zu leisten –

Sie muss immer bestimmte Momente unterdrücken[,] um andere sichtbar zu machen[;]
sie muss »Monismus« oder »Pluralismus«,
»Materialismus« oder »Spiritualismus«
Idealismus oder Realismus
Voluntarismus oder Intellektualismus
sein.
Aber jede dieser Thesen muss doch ihr Recht durch irgend eine ursprüngliche Anschauung beglaubigen können –
muß die Quelle aufweisen können, aus der sie fliesst –
und in der Angabe dieser Quelle besteht der eigentliche Anspruch der Gewissheit, den die Metaphysik erhebt –
besteht ihr *»quid juris«*[.]

Ist dem so, so werden wir vermuten dürfen, daß die Analyse der Metaphysik in ihrer historischen Form, uns, wenn auch mittelbar, etwas über die Struktur der Wirklichkeitserkenntnis verrät –
ja daß die Formen, die Typen der Metaphysik, wie sie tatsächlich in der Geschichte hervorgetreten sind, eine mittelbare Darstellung dieser Strukturverhältnisse ergeben –

eine Art von Karte über das gesamte Gebiet der Wirklichkeitserkenntnis –

Und diese Vermutung bestätigt sich in der Tat: – ein Überblick über die Typen der Metaphysik$_{308}$ führt uns wieder zu jenen typischen »Basisphaenomenen« zurück, die wir zu unterscheiden gesucht haben.

[Typen der Metaphysik]

Charakteristisch für die Methode der Metaphysik ist nur der Umstand, daß sie sich nicht damit begnügt, das jeweilige Urphaenomen, Basisphaenomen, auf das sie sich stützt, als solches »sichtbar« zu machen, sondern daß sie es enträtseln will, daß sie das verschleierte Bild von Sais$_{309}$ enthüllen will –
daß sie dem Rätsel des Lebens, der Natur u.s.f. "auf die Spur kommen" will.

Und sie glaubt dies Ziel nur dadurch erreichen zu können, daß sie das Phaenomen als ein schlechthin allumfassendes erweist – als "das" Wirkliche überhaupt, als den^A Kern des Seins –

^A den] der

neben dem nichts anderes mehr Platz hat,
– es sei denn als blosse Schale, als schlechthin »nichtige« Erscheinung –
als Illusion, als Schleier der Maya –

Hierbei aber können die Rollen völlig vertauscht werden:
was dem einen Denker der Kern, das ist dem andern blosse Erscheinung
und vice versa[;] was dem einen die echte, tiefste Wirklichkeit[,] ist
dem andern blosse Illusion[.]
So ist für Parmenides das Werden, für Heraklit das Sein Illusion –
für Platon [ist] die »Idee« das ὄντως ὄν[,] während sie für den strengen Nominalismus u. Empirismus eine leere Fiktion, flatus vocis ist ...

Verfolgen wir das durch die 3 Klassen der Basisphaenomene[.]

[Erster Typus]
a)[A] Die »Monade«; – das Erste: das »Leben[,] das keine Rast und Ruhe kennt«[.]
Es ist "uns und andern ein Geheimnis" –
aber die Metaphysik vermißt[B] sich[,] "die Pforten aufzureissen" –
Sie will den heiligen Schrein des Lebens öffnen –
das »Mysterium tremendum«[310] des Lebens enthüllen –
So entstehen die verschiedenen Grundformen der Lebensphilosophie –
Der vitalistische Dynamismus der Renaissance
(- Campanella, *vita*, *vis*[311]
Giordano Bruno[312]
Die Natur ist allerfülltes, göttliches Leben –
und Gott ist nichts anderes als dieses Leben selbst –
Deus non est intelligentia exterior etc.
sondern internum principium motus[313] -[)]
Von hier führt unmittelbar der Weg über die Mystik (Jakob Böhme[314]
vgl. Leese[315] ...[C]
Von Jakob Böhme zu Schelling[,] 1927)
zu Schelling[.]

[A] a)] *Diese Unterteilung ist nicht einheitlich. Hier steht* a), *aber im nächsten Fall die Überschrift links:* Zweiter Typus *und im letzten Fall:* 3). *Zur Vereinheitlichung sind entsprechende Überschriften hinzugesetzt.*
[B] vermißt] vermist
[C] Leese ...] Leese ...)

[Dies ist eine] Begründung[A] der Naturphilosophie auf den Begriff, vielmehr auf die Intuition des Lebens –
Was das Leben »ist«[,] kann nicht abstrakt im Begriff erfasst werden – denn der Begriff abstrahiert, isoliert, tötet[,] »mechanisiert«[,]
aber es gibt eine intellektuelle Anschauung des Lebens, die über alle Trennungen des Begriffs hinweggeht –
die [die] Einheit u. Ursprünglichkeit des Lebensprozesses sichtbar macht –
Und hieraus erhebt sich der »Geist« –
nicht als Gegensatz zum Leben, sondern als seine Blüte und Vollendung –
Was wir Natur nennen, [ist] nur die Odyssee des Geistes – Könnte das Rätsel sich lösen –
der wunderbar getäuscht sich selbst sucht, sich selbst flieht[318] –
Derselbe Grundtypus der Metaphysik bei Bergson: sein Begriff der Intuition u. der "schöpferischen Entwicklung"[.]

Zweiter Typus[B]
[b)] Das Urphaenomen des »Willens«
in zwei verschiedenen Grundformen, je nachdem der Wille als "blinder Trieb"[319] gefasst wird
(Schopenhauer – Primat des Willens – Wille als Ens a se
moderne Formen: das Leben als Triebleben
– der Trieb als Grund alles Seins und als Grund aller Differenzierung des Seins[C] –
Wirtschaftstrieb (histor[ischer] »Materialismus«)
Sexualtrieb (Freud)[320])

oder je nachdem der »Wille« als Eigenes, Selbständiges, Autonomes, den blossen Trieben entgegentritt, sie beherrscht und formt:
hieraus entspringt die ethische Metaphysik – wie sie am klarsten bei Fichte heraustritt.
Fichtes »System der Sittenlehre«
das Bewusstsein der Pflicht, das »Gewissen« durchbricht die blosse »mona-

[A] Begründung] *am Rande:* unmittelb[arer] Z[u]s[ammen]h[ang] mit / der Renaissance / vgl. den Dialog: Bruno[316] / *Darunter:* Ausgang ganz monadisch: / Vom Ich als Prinzip der / Philosophie – / aber dann Projektion des / Ich in das Ganze der / »Welt«/ der »Natur« und des »Geistes« / am vollendetsten im / System des transz[endentalen] Id[ealismus].[317] / *Hinzugesetzt:* 366, 368 / cf. Traest. [*undeutlich geschrieben*] 94f. *Ein Pfeil zeigt von* Philosophie – *auf* cf. Traest. 94f.
[B] Zweiter Typus] *im Ms. hervorgehoben*
[C] Seins] *am Rande in Bleistift mit Pfeil verbunden:* – dies unter 'Geschichte'

dische« Form des Selbstbewusstseins –
es[A] [321] führt zur »Realität des Du«
als des gleichberechtigten, gleich-autonomen Subjekts der Sittlichkeit –
die Individualität [ist] nur Schein[.]
Ein göttliches Leben[,]
cf. Bestimmung des Gelehrten [322] u. ö.[,]
das aber als Einheit des ethischen Lebens zu denken ist –
Die »Natur« selbst [ist] nur Mittel zur Realisierung des sittl[ichen] Endzwecks –
daher auch ihr Sein nur als ein mittelbares:
als versinnlichtes Material der Pflicht[.] [323]
Hier wird in höchst eigentümlicher Weise das gesamte Sein in Einen Punkt konzentriert – in das Phaenomen des Willens »zurückgeschlungen«, das selbst als Ich-Du-Problem im Sinne der reinen Ethik erscheint[.]

[Dritter Typus]
[c)[B]] Das Grundphaenomen des »Werkes« –
das Problem der Kultur und der »Geschichte«

Indem sich aus dem Wirken das »Werk«, als ein Beharrendes und Bleibendes, absetzt[,] entsteht damit erst jenes Sein, das wir das Sein der Kultur oder der Geschichte nennen[.]

– »Kultur« unterscheidet sich eben darin von »Natur« (*φύσις*), daß sie nichts bloss-»Gewachsenes« (*φύω, φύεσθαι*) ist –
Sie ist "Gewirktes" –
durch Menschenhand und Menschengeist Hervorgebrachtes –
Und alles geschichtliche Sein ist nur an diesen Hervorbringungen sichtbar zu machen –
aller Wirkungszusammenhang in der Geschichte »besteht« für uns nur dadurch und ist uns nur dadurch fasslich, daß er sich in bestimmten dauernden Gebilden manifestiert –
Diese Gebilde brauchen nicht, wie die der "bildenden Kunst"[,] ein physisches »Dasein« zu haben, an irgend einem bestimmten Stoffe zu haften (wie die Leinwand, auf der das Gemälde erscheint[,]
das Holz, der Marmor des plastischen Kunstwerks) [;]
sie können auch ganz "immateriell" sein –
wie das Recht, der Staat,

[A] es] *am Rande in Bleistift mit Verbindungspfeil:* hrz. vgl. Basisphaen. / (Erkenntnis[theorie)
[B] c)] 3)

wesentlich ist nur, daß sie irgendwie »fleisch-geworden« sind
(wie das Recht, der Staat die »fleischgewordene« Sitte sind)[;]
das Flüchtige, Vorbeigehende, Transitorische muss in ihnen irgendwie festgehalten sein, es muss, im Sinne Hegels, »objektiver« Geist[324] geworden sein –
Das wird es nur, indem es sich in einem bestimmten System von Werken verdichtet – Werke der Politik (Verfassungen, Gesetzbücher)[,] Werke der bild[enden] Kunst, der Litteratur, der Philosophie und der Wissenschaft –

Und diese Werk-Sphaere stellt die Metaphysik vor ganz neue Aufgaben – die 1) weder von Seiten des bloss-monadischen Seins zu bewältigen sind (– denn jedes Werk ist als solches nicht das eines Einzelnen –
sondern es geht aus einer Wechselwirkung hervor –
es bekundet sich in ihm ein »soziales« Wirken –
'Geschichte' u. 'Kultur' sind nur als soziale Phaenomene verständlich[)]

2) auch von einer Metaphysik des Willens her nicht voll zu begreifen sind[.]

Denn all diese eigenartigen Gebilde »sind« nicht das[,] was sie sind, weil sie von bewussten Wesen als solche gewollt sind – weil sie willkürlich erzeugt sind[.][A]
Es liegt freilich immer die Versuchung nahe, sie in dieser Weise zu deuten – sie als "Produkte" zu nehmen, die nach einem bestimmten »Plane« entstanden sind –
die Erklärung der »Werke« zu finden, indem sie auf Taten des Willens zurückgeführt werden –
In diesem Sinne führt z. B. der Mythos alle diese Werke auf "Geschenke von oben" zurück –
sie sind (wie z. B. die Sprache, die Schrift, das Recht, die staatl[iche] Verfassung u.s.f.[B] aber auch die einzelnen Werkzeuge u. die Lehre von ihrem Gebrauch[)]
dem Menschen durch Heilbringer (Prometheus u. das Feuer) gebracht worden
oder durch unmittelbare göttliche Lehre eingepflanzt –
Die Frage nach dem »Urheber« der 'Werke' wird also mythisch beantwor-

[A] sind] *am unteren S.-Ende in der Mitte:* Forts. s. β4, 2; *die S. beginnt:* Basisphaenomene Verh[ältnis] zur Metaphysik); *oben rechts:* β4, 2
[B] u.s.f.] u.s.f.)

tet, indem sie projiziert wird, auf eine Überwelt[,]
auf eine Welt von Göttern, Dämonen, Heroen –

Sobald diese mythische Welt versinkt, sobald nach einer "immanenten" Erklärung der »Werke«, »Gebilde« verlangt wird, sobald die Erklärung sich streng in den menschlichen Kreis einschliesst –
scheint nichts weiter übrig zu bleiben, als die Werke auf Taten der Einzelnen, der Individuen zurückzuführen, die sich zu ihrer Hervorbringung verbinden –
So entstehen die Kontrakt-Theorien in ihren verschiedenen Wendungen und Anwendungen – Anwendung auf den Ursprung der Sprache, der Gesellschaft, des Rechtes, des Staates[.]

Dies [ist] die allgemeine Antwort der Aufklärung, des klassischen "Rationalismus"[.]

Aber ihre Schwäche liegt auf der Hand – die »Werke« lassen sich nicht in dieser Weise als eine Summe individueller Taten begreifen –
sie beruhen nicht auf Vereinbarung, Verabredung[,] Kontrakt etc.
So verwirft die Romantik prinzipiell die Lösung der Aufklärung –
sowohl in den organologischen Theorien, wie, in prinzipiell anderer Wendung, bei Hegel –
Aber ein Zug ist der Romantik und Hegel in dieser Verwerfung gemeinsam
– sie verlangen beide nach einer Lösung, die über die Sphaere des individuellen Bewusstseins und des "subjektiven Geistes" hinausgeht –
weil nur so die »Objektivität« der "Werke" wirklich verstanden und wirklich garantiert werden kann –
Sie dürfen nicht Erzeugnisse der blossen "Konvention" und des blossen "Kontraktes" sein –
nicht aus dem Einzelwillen oder einer bloss-äusserlichen Verbindung (Assoziation) solcher Willen entstanden sein –
sie müssen einen anderen und festeren Halt haben –
Aber wo finden wir diesen Halt?^
Um ihn zu finden, müssen die Romantik sowohl wie Hegel die Lösung ins Überempirische, Übersinnliche verlegen –
Die Romantik greift hierbei wieder unmittelbar auf den Mythos zurück –
Sie erdenkt eine Geisterwelt, der jene Werke angehören und aus der sie ursprünglich stammen sollen –

^ Halt?] Halt –

Die »Volksgeister« in ihrer Mannigfaltigkeit, Besonderheit, Unableitbarkeit sind die Hervorbringer von Poesie, Kunst, Recht, Staat, Sittlichkeit u.s.f.
Es ist weniger eine Überwelt, als eine Unterwelt, die hier konstruiert wird –
es sind "unterirdische" Kräfte, die hier am Werke sind^A und aus deren vulkanischem Wirken die Gebirge der menschlichen »Werke« emporgetürmt werden –
die Kräfte der Erde, des Bodens, die chtonischen Gottheiten lassen dies alles, aus unbekannten Tiefen, aus sich hervorbrechen[.]

Dieser Lösung widerstrebt Hegel –
er sucht den ganzen Prozess – hierin mit der »Aufklärung« einig – aus dem romantischen Dunkel zu befreien –
in das helle Licht des Wissens
– der Philosophie, der »absoluten Idee« zu rücken[;]
– er will ihn völlig durchschaubar, wenngleich nicht im Sinne der blossen Verstandesphilosophie, der Philosophie der Reflexion begreifbar machen –
Hieraus erwächst seine Konzeption der »Idee« als desjenigen Agens, dessen Selbstbewegung die Werke aus sich heraustreibt mit immanenter, dialektischer Notwendigkeit[.]

– Aber sowohl die romantischen "Volksgeister" wie der Hegelsche "Weltgeist" unterliegen dem gleichen Einwand –
Beide enthalten keine befriedigende Antwort – sie geben uns im Grunde nur die Frage (die Frage nach dem »Ursprung« der »Werke«) in anderer Form zurück –
Sie lösen die Frage nicht, sondern sie benennen sie nur neu –
Denn die Volksgeister, der Weltgeist etc. kranken an demselben Grundfehler jeglicher metaphysischer Substantialisierung und Hypostasierung[.]
Sie geben sich als »Erklärungen« –
aber ihre Erklärung besteht in nichts anderem, als daß sie die Erscheinungen, die es zu erklären gilt, auf ein blosses unbekanntes X, als ihren letzten "Träger" zurückbeziehen –
Dieser Substanzbegriff erweist sich den geistigen Erscheinungen gegenüber im Grunde ebenso inadaequat, wie die naturwissenschaftliche »Substanz« etwas für die Erkenntnis der besonderen Naturphaenomene leistet[.]

^A sind] sind,

So war, nach dem Zusammenbruch der Hegel'schen Metaphysik, ein neuer Ansatz von nöten –
Noch einmal wurde versucht, eine rein immanente Lösung des Problems zu gewinnen –
Die Welt des Menschen – so wie sie empirisch bekannt und gegeben ist – sollte befragt und aus ihr allein –
– aus der Geschichte der Menschheit und aus ihren Strukturbedingungen –
sollten die Prinzipien der Erklärung gefunden werden –
Das ist der entscheidende Schritt, den Dilthey[A] tut –
er ist der entschiedene Gegner des »Rationalismus«, der Aufklärung, der Reflexionsphilosophie
– er weist ihnen gegenüber immer wieder darauf hin, daß Geschichte sich nicht aus abstrakten Begriffen konstruieren lässt –
sondern daß der einzige Zugang zu ihr die Welt des »Erlebens« in ihrer Fülle und Vielgestaltigkeit ist –
erst aus der Struktur des Erlebens heraus erschliesst sich uns die Welt der Geschichte –
erst von hier aus gibt es ein »Verstehen« der geschichtlichen Wirklichkeit[.]

Aber dieses 'Verstehen' ist anderseits nach Dilthey auch scharf und prinzipiell zu unterscheiden von all den verschiedenen Typen der metaphysischen Erklärung –
Sie alle werden kritisiert u. verworfen[.]
– S[iehe] vor allem den frühen Dilthey, die 'Einleitung in die Geisteswissenschaften'[326] –
Sie alle bewegen sich in Scheinerklärungen; keine von ihnen leistet, was sie zu leisten vorgibt. –
So sucht Dilthey wieder von unten aufzubauen –
geschichtliche Strukturen in concreto vor uns hinzustellen, zu analysieren, in ihren besonderen Bedingungen zu erkennen, um sie dadurch »verstehbar« zu machen.[B]

Der Schritt vom unmittelbaren »Erleben« zum Werk –
das ist, kurz bezeichnet, das grosse allgemeine Thema der Diltheyschen Geschichtsphilosophie[.]
– Dadurch, durch diese Synthese und durch diese Korrelation, befreit D[ilthey] einmal den psychologischen "Erlebnis"begriff aus seiner Enge, aus seiner bloss-psychologischen Subjektivität, von der kein Zugang

[A] Dilthey] *am Rande:* <zu D[ilthey]: vgl. / Sprangers Dilthey-Rede[325]>
[B] machen.] machen,

zur objektiven Welt der Geschichte als einem κοινός λόγος (Heraklit)[327] hinführt –
dann aber hält er die Geschichte durchaus im 'fruchtbaren Bathos der Erfahrung' fest, verwehrt und verwirft jede blosse Begriffsmetaphysik der Geschichte[.][A]

Das ist das Entscheidende bei Dilthey:
'Erlebnis' ist für ihn weder ein psychologischer, noch ist es ein metaphysischer Begriff[,] wenngleich der Begriff bezogen ist auf die Problemstellungen der Psychologie u. Metaphysik[.]

Das Grundproblem D[ilthey]'s ist das Problem des schöpferischen Tuns –
d.h. des Tuns, das aus sich das »Werk« gebiert, sich im Werk niederschlägt, manifestiert, sich im Werk und nur in ihm, offenbar wird[.]

Die Analyse des blossen subjektiven Erlebens, im Sinne der Psychologie, als Erlebnis-Psychologie, genügt daher niemals –
sie muß ergänzt werden durch die Strukturanalyse des Werkes, des Geschaffenen –
da nur an ihr und durch seine Vermittlung, durch den Reflex des Geschaffenen, das Schaffen sich selbst verstehen kann, sich in[B] seinen Grundrichtungen über sich selbst klar werden kann –
Dies Thema sucht D[ilthey] zunächst an der Dichtung durchzuführen –
Ihn interessiert durchaus die »Persönlichkeit« des Dichters –
und nur von ihr aus glaubt er das Werk, das Dichtwerk zu »verstehen« –
(seine Charakteristik von Goethe, Lessing,[328] Novalis,[329] Hölderlin[330]) [.][331]
Aber diese Form der Rekonstruktion aus dem »Erlebnis« fasst das Letztere durchaus nicht in seiner bloss psychologischen,[C] biographischen Eigenart –
Diese ist ein bloss Zufälliges, Accidentelles, nur-Subjektives,[D] aus der die Objektivität u. die Eigenart des Werkes nicht verständlich zu machen ist -
»Verstehen« bedeutet vielmehr die Aneignung des inneren Schöpfungsprozesses –
der ebensowohl auf den Bedingungen der Persönl[ichkeit] wie auf den (teleologischen) Struktur-Bedingungen des Geschaffenen, besser ge-

[A] Geschichte] *am unteren Rande rechts mit Pfeil verbunden:* Forts. s. β4, 3*; die S. beginnt mit der Wiederholung der Abschnittsüberschrift:* Basisphaenomene (Metaphysik)*; am Rande oben rechts:* β4, 3
[B] in] in in
[C] psychologischen] psychologisch
[D] nur-Subjektives] *undeutlich geschrieben, vielleicht als* rein-Subjektives *zu lesen*

sagt: des zu Schaffenden beruht –
Das Kunst-Werk z.B. hat seine eigene Struktur, die sich objektiv einsehen, die sich z.B. von der Struktur eines Werkes der Philosophie, der Wissenschaft deutlich abheben lässt[.]
Und innerhalb dieser allgemeinen Strukturgesetze vollzieht sich der individuelle Schaffensprozess des einzelnen großen Künstlers –
Wir können uns in diesen Schaffensprozess versetzen –
wir können ihn schöpferisch miterleben, weil uns diese allgemeinen Strukturen zugänglich sind
– die wir hier noch einmal in concreto in der Vermittlung, Brechung durch das Prisma einer grossen Künstler-Persönlichkeit erfassen –
"Erleben" heisst für Dilthey nicht das passive blosse Nachleben –
es heisst das schöpferische Miterleben[.][A]$_{332}$

Kraft dieses schöpferischen Miterlebens allein gibt es für uns das Faktum und das Phaenomen: »Geschichte« –
auf ihm beruht alle Möglichkeit des historischen »Verstehens«[.]
Histor[isches] Verstehen heisst die Kräfte sichtbar zu machen, die sich in Werken der Geschichte niedergeschlagen, zu ihnen verdichtet haben –
Auch die politische Gesch[ichte] verfährt nach D[ilthey] nicht anders –
Um ihre »res gestae« zu verstehen, müssen wir uns mitten hineinversetzen in den schöpf[erischen] Prozess, dem sie ursprünglich entstammen –
so [ist] das römische Recht, das römische Imperium nur aus dieser besonderen Richtung des römischen Macht- und Ordnungswillens zu erklären$_{333}$ –
aber nicht nur in abstracto, sondern so wie sich beides konkret in den grossen Persönlichkeiten, z.B. in Caesar, darstellt[.]

Dieser »personalistischen« Ansicht der Geschichte gehören z.B. die Analysen Gundolfs$_{334}$ an[B] (cf. Scheler, Philos[ophische] Weltansch[auung,] 46!),$_{335}$ der im Gebiet der modernen Litteraturwissensch[aft] das Diltheysche Programm am reinsten u. vollkommensten durchgeführt hat. –

Von hier aus ergibt sich eine neue Möglichkeit, die Geschichte als ein Ineinander von Taten und Werken –

[A] Miterleben] *am Rande:* – hierüber s. auch / Bühler, Krise, 23ff.
[B] an] an,

oder besser als eine reine Korrelation beider, ein *Einsenken* des einen in das andere, zu verstehen –
die *Persönlichkeiten*, die nicht in irgendwelchen zufälligen Lebensakten, sondern in ihren Werken leben, wirken und sind [–]

die *Werke*, die »monumenta«, die, als solche, aere perennius von den schaffenden Persönlichkeiten "Kunde geben", *Zeugnis* ablegen –
Das Zeugnis durch das Gezeugte, Erzeugte – das ist das Thema des historischen Verstehens[,] mag dieses Erzeugte nun ein Werk (Opus) der Kunst, der Wissenschaft, der Politik, der Religionsgeschichte u.s.f. sein.

Eine letzte, fundamentale Betrachtungsweise, die darauf gerichtet ist, zu einem »Verständnis« der "Werke" des Geistes u. ihrer eigentümlichen *Objektivität* zu gelangen, ist die Methode, die durch Kant in die Philosophie eingeführt worden ist –

sie verlangt jene Umwendung, jenen prinzipiellen Wechsel des Standpunkts und Blickpunkts, der durch Kants Beispiel der *Kopernikanischen Drehung* erläutert wird –

sie geht nicht von einer Analyse der *Dinge* aus,
sondern fragt je nach der spezifischen *Erkenntnisart*,[336] in der uns Dinge allein »gegeben« und durch die sie uns vermittelt werden können –

Und dieser Begriff: »Erkenntnisart« ist hierbei im *weitesten* Sinne zu verstehen:
es gibt eine bestimmte Erkenntnisart, den modus cognoscendi der *theoretischen* Erkenntnis, der uns die Gesetzlichkeit der "Natur", der Gegenstände der Erfahrung in Raum u. Zeit aufschliesst –
es gibt eine Erkenntnisart ("praktische["] Erkenntnis, praktische Vernunft) [,]
die uns die Gesetzlichkeit des Sittlichen –
die "Autonomie des Willens" [–] erschliesst
und es gibt schliesslich eine dritte[A] (die Erkenntnisart der "Urteilskraft") [,]
die uns das Gebiet der Kunst und ihrer *spezifischen* "Wahrheit" und Gegenständlichkeit durchsichtig, in ihren konstitutiven Prinzipien verständlich macht –
Alle diese Termini: Verstand, Vernunft, Urteilskraft sind hierbei nicht im Sinne einer psychologischen Vermögenslehre,

[A] dritte] dritte,

sondern sie sind streng transzendental zu verstehen.
Sie[A] werden aufgestellt nicht als "Tatsachen des Bewusstseins"[,] sondern sie werden erschlossen und gefordert als "Bedingungen der Möglichkeit" der Naturwissenschaft, der Sittlichkeit, der Kunst ...

Sie lassen sich in keiner Weise als »Dinge«
– weder als Dinge der äußeren, noch der inneren Erfahrung, der »Aussenwelt« oder »Innenwelt« – verstehen; sie müssen stets in diesem reinen Bedingungs-Charakter gedacht werden –

Ihre Gültigkeit, ihre objektive Dignität darf nicht mit dem Dasein eines[,] sei es empirischen, sei es überempirischen ("transzendentalen") Gegenstands verwechselt werden –

Kant untersucht nicht direkt das Sein der Dinge im Sinne der alten Ontologie – er untersucht das Faktum bestimmter »Werke«
(– das Werk der »mathematischen Naturwissenschaft« u.s.f.)
und er fragt, wie dieses Werk »möglich« sei[,] d.h. auf welchen logischen Voraussetzungen und Prinzipien es beruht –
Ganz anders also als jede Art von »Psychologie«, auch ganz anders als die geisteswissenschaftliche Psychologie Diltheys –
– aber mit ihm darin einig, daß es auch hier Strukturfragen sind, die im Mittelpunkt stehen –
aber nicht wie bei Dilthey besondere Strukturen, die hier und jetzt, in einem bestimmten geschichtlichen Punkte des Seins, tatsächlich verwirklicht sind und in dieser besonderen Verwirklichung verstanden werden müssen
– sondern als universelle Formen
– die Form "der" Naturwissenschaft[,]
die Form der Kunst[.]

Und hier knüpft nun die letzte Weise an, nach der »Struktur« der Werke zu fragen
– die Problemstellung der Philos[ophie] d[er] symbol[ischen] F[ormen].

Sie geht auf Kants »kritische« Fragestellung zurück; aber sie gibt ihr einen weiteren inhaltlichen Bereich –
alle »Werke« der Kultur sollen auf ihre Bedingungen befragt, in ihrer allge-

[A] Sie] sie

meinen »Form« dargestellt werden –
Diese »Form« kann nur durch Versenkung in das empirische Material gefunden werden –
und dieses ist uns – darin ist diese Analyse mit Dilthey einig – nicht anders als in geschichtlicher Form zugänglich[.][A]

Aber die Geschichte ist hierbei, für die Betrachtungsweise der Ph[ilosophie] d[er] symb[olischen] F[ormen], nur Anfangspunkt, nicht Endpunkt –
terminus a quo[,] nicht terminus ad quem
Durchgangsstadium, nicht Ziel der philosophischen Erkenntnis –
Sprachgeschichte, Mythengeschichte, Religionsgeschichte, Kunstgeschichte, Wissenschaftsgeschichte[:]
sie bilden die »Materie« der Ph[ilosophie] d[er] symb[olischen] F[ormen,] und ohne diese Materie, die sie den besonderen Wissenschaften zu danken hat, vermöchte sie nicht einen Schritt vorwärts zu tun –
aber nun vollzieht sie ihre Wendung ins Allgemeine –
die sie weder zu psychologischen Allgemeinheiten
(Grundkräften der "Seele")
hinführt, noch zu metaphysischen Allgemeinheiten
("Phaenomenologie des Geistes" im Hegelschen Sinne als Aufweis der dialektischen Stufen seiner Entwicklung und Selbstentfaltung)[,]
wohl aber zu einer allgemeinen Auffassung "der" Sprache überhaupt – ihrer "innern Form"[,] des Mythos überhaupt[,]
der Naturerkenntnis, der Mathematik überhaupt –
Das ist keine blosse Abstraktion, die als solche ein »flatus vocis« bliebe, es ist vielmehr echte Konstitution[.]

(Daß die Frage in diesem Sinne durchaus berechtigt [ist], [wird] jetzt auch von Seiten der psychologischen Forschung eingesehen und anerkannt – der wichtigste Beleg hierfür liegt in Bühlers Sprachtheorie[.])

Was die Ph[ilosophie] d[er] symb[olischen] F[ormen] behauptet, ist, daß damit erst der wahrhafte Zugang zu der Sphaere der »Werke« sich erschliesst –
Jetzt brauchen wir die »Werke« nicht mehr »überirdisch« (Hegel) oder »unterirdisch« (Romantik, Volksgeist) zu erklären – noch brauchen wir sie unmittelbar auf die schöpferischen Persönlichkeiten zurückzubeziehen, um

[A] zugänglich] *am unteren Rande rechts mit Pfeil verbunden:* Forts. s. β4, 4.*; die S. beginnt oben links mit der Wiederholung der Abschnittsüberschrift:* Basisphaenomene (Metaphysik)*; am Rande oben rechts:* β4, 4

sie von ihnen aus zu deuten und zu »verstehen«[.]
Diese Form des Verstehens wird keineswegs als entbehrlich erklärt –
aber ihr muss noch ein anderes generelles Verständnis vorausgehen,
eine Erkenntnis des *τί ἐστι* (des »Eidos« oder »Telos«)
der Sprache, der Kunst[,]
je als spezifische, aber in dieser Spezifizität ganz universelle und originelle (weil originäre) Formen der Sinngebung.

[5.] Basisphaenomene (Erkenntnistheorie)[A]

Die verschiedene Dimension der Basisphaenomene macht sich insbesondere auch im Aufbau der Erkenntnistheorie geltend –

denn innerhalb jeglicher Dimension nimmt das Problem der Erkenntnis eine andere Gestalt und einen anderen »Sinn« an –

d.h. eine andere teleologische Struktur –
es ist jeweils etwas anderes unter »Erkenntnis« verstanden, weil Verschiedenes mit ihr "gemeint", gewollt ist. –
Die verschiedenen »Erkenntnistheorien«, die in der Gesch[ichte] d[er] Phil[osophie] hervorgetreten sind, explizieren nur diese verschiedenen »Meinungen« des Begriffs »Erkenntnis« –
Erkenntnistheorie ist im Grunde nichts anderes, als eine Hermeneutik der Erkenntnis –
aber eine Hermeneutik, die je eine besondere "Richtung" von ihr erfasst und zur Grundlage der Interpretation macht –
diese verschiedenen Formen der Auslegung, die je ein bestimmtes Basisphaenomen als das zentrale, ja einzige heraushebt –
und auf dasselbe das Ganze, das wir Erkenntnis nennen, zurückzuführen –
analytisch zu konstituieren und zu reduzieren sucht
– sie bestimmen die mannigfachen Grundrichtungen der Erkenntnistheorie –

Aufgabe einer wahrhaft universellen Erkenntnislehre wäre es[,] alle diese Interpretationen in ihrer Bedingtheit –
d.h. je in ihrer Bezogenheit auf eine best[immte] Grundklasse von Basisphaenomenen, als deren »Sinndeutung«, »Auslegung«,
zu begreifen –
und sie dann synthetisch derart miteinander zu vereinen, daß alle Aspek-

[A] Basisphaenomene (Erkenntnistheorie) | Basisphaenomene *im Ms. hervorgehoben; oben rechts:* β5, 1

te der Wirklichkeitserkenntnis gleichmäßig zu ihrem Recht kommen –
Der historische Gang der Erkenntnistheorie aber ist immer ein anderer gewesen:
er bestand darin, daß irgend ein Aspekt als der eigentlich-legitime, der allein begründende festgestellt wurde –
und daß dann durch Rückführung (Reduktion) oder Ableitung (Deduktion)
die anderen mittelbar um ihn her ihre relative Wahrheit, Gültigkeit, ihr »quid juris« zugewiesen erhielten[.]
Aber all dies ergibt nur einseitige Perspektiven ...

Bei der Darlegung dieses Tatbestandes dürfen wir uns jedoch nicht durch jene konventionellen Schemata beirren lassen, gemäss derer man herkömmlicher Weise die verschiedenen "Richtungen" und "Schulen" der Erkenntnistheorie zu charakterisieren pflegt –

Hier handelt es sich nicht um die traditionellen Gegensätze von Realismus u. Idealismus, von Empirismus u. Rationalismus, sondern um eine viel tiefer liegende Unterscheidung, der gegenüber jene Gegensätze als blosse Oberflächen-Kategorien erscheinen –

Kategorien wie »Empirismus« oder »Rationalismus« beziehen sich auf die Frage nach dem »Ursprung« der Erkenntnis – nicht im genetischen Sinne, sondern im Sinne der »Dignität«[.]
Haben wir den »Ursprung« der Erkenntnis und das Kriterium ihrer Wahrheit in der »Vernunft« oder in der reinen »Erfahrung« zu suchen?[A]
ist der »Sinn« oder der »Verstand« das Gewissheits-, Gültigkeits-Fundament und welchem von ihnen gehört die ursprüngliche »Wahrheit« –
Welchem Modus der Erkenntnis sollen[B] wir uns anvertrauen, wenn wir zum ersten Anfang der Gewissheit vordringen wollen?[C]
In der Beantwortung dieser Frage scheiden sich die erkenntnistheoretischen Schulen[.]

Aber von dieser Frage des »Modus«
– und seiner verschiedenartigen Gewissheitsqualität, Evidenz ("sinnliche" Evidenz[,] logische, mathematische Evidenz) unterscheidet sich noch die Frage nach der Basis der Erkenntnis –
Denn jedes der drei Basisphaenomene, die wir unterschieden haben, kann selbst wieder in einem bestimmten Erkenntnismodus gesehen, interpretiert werden –

[A] suchen?] suchen –
[B] sollen] *undeutlich geschrieben, vielleicht als* wollen *zu lesen*
[C] wollen?] wollen –

und aus jedem dieser Modi ergiebt sich je eine spezifische Charakteristik der Erkenntnistheorie –

Diese beiden Momente:

die Erkenntnisbasis <d. h. das Urphaenomen, das zu Grunde gelegt wird>, als die »Quelle«, der alle Gewissheit entspringt u. entfliesst[,] und der Erkenntnismodus, in welchem dieses Phaenomen »erfasst« und »ausgelegt« wird

müssen also unterschieden werden, wenn wir einen systematischen Überblick über die möglichen Formen der »Erkenntnistheorie« gewinnen wollen –

[Die dreifache Basis]

Beginnen wir mit der Bestimmung der Erkenntnisbasis, so können wir, gemäß unserer früheren Ausführungen, von einer dreifachen Basis ausgehen, die je einem bestimmten Urphaenomen entspricht:

wir benennen sie der Kürze wegen als die Ich-Basis, die Du-Basis, die Es-Basis[.]

Jeder von ihnen ist je eine bestimmte, charakteristische Form der Erkenntnis zugeordnet:

die Form der »Intuition«, der »Aktion«, der »Kontemplation«[.]

Dies bedarf zunächst der näheren Erklärung[.]

A) [Die »erste Dimension«:] Der Ich-Aspekt; der »monadische Aspekt«[A]

Wie lässt sich das ihm zugehörige, korrespondierende, ursprünglich-gebende Wissen charakterisieren?[B]

Welche Art der Erkenntnis ist [es], die uns die Welt des Ich als Ganzes aufschliesst –

und die es uns ermöglicht, innerhalb derselben verschiedene Strukturen zu unterscheiden?[C]

Hierauf lässt sich zunächst negativ antworten –

die Art der Erkenntnis, die hier allein in Frage kommt, ist spezifisch verschieden von derjenigen, wie sie in den objektivierenden Wissenschaften – u. zwar sowohl in denen der »äusseren« und der »inneren« Erfahrung – in Geltung steht.

[A] Der Ich-Aspekt; der »monadische Aspekt«] Ich-Aspekt *und* monadische Aspekt *im Ms. hervorgehoben*

[B] charakterisieren?] charakterisieren –

[C] unterscheiden?] unterscheiden

Die objektivierende Erkenntnis
- Erkenntnis *von* Gegenständen –
geht auf »Tatsachen« oder »Sachverhalte«[,] auf »matter of fact« oder »relations of ideas«[337] –
Das sind die beiden *Grundinhalte* dieser Art der Erkenntnis –
über sie können wir keinen Schritt hinausgelangen[.]
(In aller Schärfe und Praegnanz ist dieses Ideal der objektivierenden Erkenntnis aufgestellt und festgestellt in Humes Enquiry – was sich nicht in *diesen* Kreis bannen lässt[,] muss, kann nichts anderes als blosse Fiktion und Illusion sein –
Does it contain any *abstract reasoning* concerning quantity or number? No. Does it contain any experimental reasoning concerning matter of fact and existence – No.
Commit it then to the flames: For it can contain nothing but sophistry and illusion (II, 135 Ess.)[338][)]

Legt man einmal dieses *Kriterium* der (objektivierenden) Erkenntnis zu Grunde, so verfällt auch das (Basis-) Phaenomen des Ich dem gleichen Urteilsspruch:
es ist »sophistry« and »illusion«[.]
Denn das Ich ist uns weder als Faktum (matter of fact) *gegeben* –
noch ist es als eine »allgemeine *Wahrheit*« (relations of ideas) auf logischem Wege erweisbar –
es ist uns auf beiden Wegen nicht »zugänglich«[.][]]Fakten« werden uns auf *induktivem* Wege durch Beobachtung und Vergleichung zugänglich –
sie müssen sich durch »Perzeptionen« (Impressionen) ausweisen lassen –
Aber es gibt zwar Perzeptionen von bestimmten Inhalten (rot, hart, sauer) nicht aber eine *Perzeption vom Ich* (cf. Treatise ...)[.][339]
Das Ich ist durch keine Einzelperzeption *gegeben* –
es ist ein blosser Sammel*name* für ein Bündel von Perzeptionen[340] –
ein Name, dem keine eigene, selbständige Realität entspricht –
Und auch die induktive *Vergleichung* von Perzeptionen kann uns diese Realität nicht zugänglich machen –
denn wo liesse sich in der blossen *Summe* finden, was in *keiner* Perzeption für sich enthalten ist –
Ebensowenig aber gibt es einen *rationalen* Weg, zum Ich vorzustossen –

alle allgemeinen *Begriffe*, die die Metaphysik von der »Seele« ausprägt, alle »rationale« Psychologie mit ihren logischen Demonstrationen über die Seelen-Substanz ist völlig leer –
ist gleichfalls blosser *Name* –
Damit ist das Phaenomen des Ich negiert und nominalistisch aufgelöst –

es sei denn, daß es gelingt, einen anderen »Zugang« zum Ich zu finden, als derjenige[,] der uns in (psychologischer) »Induktion« –
oder in metaphysisch-logischer Deduktion oder Demonstration gegeben ist –
Gelingt es nicht[,] einen derartigen Zugang (ausserhalb der Induktion oder Deduktion) aufzuweisen –
so ist es um die Wahrheit des Ich geschehen –
so müssen wir es als eine »sophistische« Illusion erkennen.
Aber es gibt einen solchen Zugang –
und er ist es, der jederzeit von all den philosophischen Theoretikern beschritten wurde, die ihre Erkenntnislehre auf dem Phaenomen des Ich aufbauten –
Die Bezeichnung, die sie für ihn wählten, lautet: »Intuition«[;]
sie glaubten damit eine Erkenntnisquelle anzugeben, die dem Ich spezifisch-zugeordnet ist –
die in einer eigenartigen unvergleichlichen Weise des Sehens das neue eigenartige "Gebilde" (»Gesicht«) des Ich aufschliesst –
Dieses »Gesicht« ist ein Ursprüngliches, Originäres –
aber dieses Originäre kann dann wieder verschiedenartig ausgelegt, interpretiert werden –
in verschiedenen »Modi« der Erkenntnis –
wobei jeder Modus eine bestimmte »Höhenlage« der Erkenntnis –
ein gewisses »Niveau« derselben bezeichnet.
Versuchen wir zunächst diese »Höhenlagen«, diese Niveau-Differenzen näher von einander zu sondern –
Gemeinsam ist ihnen ihr *δός μοί ποῦ στῶ*[,] ihre Ich-Basis [,] auf die sie sich stützen, die sie als originär (= intuitiv) gegeben ansehen
– verschieden ist der »Erkenntnismodus«[,] der diese Ur-Gegebenheit, Ur-Intuition, deutet und auslegt[.]

Wir unterscheiden hier drei Stufen, die sich [durch] die Namen Bergson, Descartes, Husserl bezeichnen lassen –
Sie alle berufen sich auf die Erkenntnisquelle der Intuition, die für sie als Fundament der Gewissheit unentbehrlich ist –
Für Bergson verschmilzt die Intuition des Ich mit der universellen Intuition des »Lebens« oder der »erlebten Dauer«, der durée vécue[.]
In dieser »Dauer« ist uns die Urform des Lebens und die des Ich gegeben[.]
Diese Art der Dauer ist unzugänglich, prinzipiell verschlossen der objektivierenden Betrachtung, der Betrachtung des wissenschaftl[ichen] Begriffs –
Dieser fasst nicht die Dauer –
er tötet sie –

und alle sogenannte »Wissenschaft« ist nichts anderes als solche Erstarrung, Ertötung der »Dauer« –
Wir müssen uns von dieser Form des wissenschaftlichen »Begreifens« frei machen, um das Ich oder das Leben in seiner spezifischen Bedeutung und in seiner Ganzheit wieder in den Blick zu bekommen.
Das ist der Charakter der metaphysischen Intuition –
gegenüber der empirischen »Induktion« u. der rationalen »Deduktion«[.]

Anders Descartes –
er löst prinzipiell das Band, das das Ich-Phaenomen mit dem Lebensphaenomen verknüpft –
Er gewinnt das Ich-Phaenomen in reiner Isolierung, in scharfer Entgegensetzung zum Lebens-Phaenomen –
»Natur« und »Ich« können nicht auf einen gemeinsamen Nenner gebracht werden
– sie stehen sich in strenger methodischer Scheidung, als unüberbrückbare Gegensätze gegenüber[.]
Die »Natur« wird dem Mechanismus, Mathematizismus preisgegeben –
was wir das »Leben« der Natur zu nennen pflegen[,] ist blosser Schein –
(die Tiere sind "Automaten", »seelenlos«)[341]
das Lebensphaenomen zieht sich auf das Ich-Phaenomen –
und damit auf das Phaenomen des Denkens, der »cogitatio« zusammen[;]
nur im Denken und kraft des Denkens erfassen wir unser "Leben", unser "Dasein", unser »Ich«
»cogito ergo sum«[.]
Dabei ist aber dieser Satz so zu interpretieren, daß er die ursprüngliche Intuition des Ich (seine "Selbstgewissheit") nicht aufhebt, sondern auslegt -

Auch für Descartes ist die reine Ich-Gewissheit eine Gewissheit sui generis – die sich keineswegs auf die diskursive (logische) Gewissheit zurückführen lässt –
sondern dieser vielmehr als ein Selbständiges »zum Grunde gelegt« werden muss[.]

Das Ich des »cogito« wird also bei Descartes nicht durch das Cogito – durch einen logischen Schlussprozess – gefunden und bewiesen –
Diese Art des Beweises hat Desc[artes] in den Medit[ationen] ausdrücklich abgelehnt[342] –
hier greift er ausdrücklich auf die »Intuition« zurück –
Aber haben wir einmal diese Ur-Intuition gefunden,
diese »Quelle« aller Gewissheit, dieses *δός μοί που στῶ* –
dann tritt die Deduktion in ihr Recht –

dann können, sollen und müssen wir alles andere, was auf Gewissheit Anspruch erhebt, auf sie im Wege eines rationalen Beweisverfahrens zurückführen –

Nicht die »Anschauung« des vielgestaltigen Lebens –
und die Versenkung in seine mannigfaltigen Formen ist das, was uns Gewissheit geben kann[.]
Diese (Bergson'sche) Anschauung liefert uns im Sinne Descartes' nichts anderes und nichts mehr als eine blosse Phantasmagorie –
aus ihr lässt sich nie und nimmer ein »Wissen vom Sein« gewinnen, wie es die Philosophie fordert –
Das »Cogito ergo sum«, das »Sum cogitans«, als das »Programm des Rationalismus« besagt vielmehr etwas anderes –
es besagt, auf seinen wesentlichen Bestandteil reduziert:
das Urphaenomen des »Ich«
– das durch Intuition, als »absolutes«
Phaenomen, gesichert und gegeben ist –
im Modus (in der Auslegungs-Weise) der logischen (deduktiven, demonstrativen) Erkenntnis.

»Wahrheit«, »Gewissheit«, hat nur das, worin diese beiden (grundverschiedenen) Formen der Erkenntnis sich durchdringen –
was gleichzeitig Teil hat, *μετέχει*, am Ursprungs-Phaenomen: Ich, ego cogito und an der Weise, den Formen, den Schlussweisen der »Cogitatio«.
Das[A] »Cogito« und die »Mathesis universalis«[343] als die beiden Pole der Cartesischen Philosophie – die Gewissheit der »Körperwelt« ist ein mittelbares, des »Beweises« bedürftiges u. des Beweises fähiges Phaenomen...

Ein anderer Weg der Intuition wieder bei Husserl –
Auch er ist »Rationalist«[,]
aber in einem weiteren Sinne als dem der Cartesischen »Mathesis universalis«[.]
Seine »ratio« umspannt das ganze Gebiet von »Noesis« und »Noema«[,]
all die Mannigfaltigkeit möglicher Sinn-Intentionen, möglicher »Noesen«[.]
Aber gegründet ist dies alles, bei Husserl wie bei Descartes, in der ursprünglichen, »transzendentalen« Anschauung des Ich, des »ego cogito«[.]

A Das] das

Alle Wirklichkeit der Dinge wird durch die phaenomenologische Reduktion, durch die ἐποχή,[344] beseitigt –
"eingeklammert", abgeblendet[;]
es bleibt nur die Wirklichkeit des Bewusstseinstromes, des »reinen Ich«, auf die alles sogenannte Sein, alle Wahrheit bezogen, u. in der es »gegründet« wird[.]

Näheres h[ie]rz[u] bes[onders] in Husserl's »Méditations Cartésiennes«[.]
Dieser Husserl'sche Standpunkt [ist] die konsequenteste Darlegung des reinen Ich-Aspekts, des »transsc[endentalen] Ideal[ismus]« in der modernen Philosophie[.]

Bei dieser Charakteristik der monadischen »Perspektive« muss allerdings im Auge behalten werden, daß keine wirkliche Erkenntnislehre sich auf einen bestimmten Aspekt festlegen kann –
Sie muss ja den verschiedenen Momenten, »Dimensionen« des Seins gerecht werden – sie irgendwie ausdrücken und mitumfassen –
Sie leugnet also diese Momente nicht – und kann ihnen nicht entraten, wenn sie ihre Aufgabe erfüllen will – das Ganze der Erkenntnis <der "möglichen Erfahrung" im weitesten Sinne, die die Erfahrung des Ich, des Du, der Welt –
die die »sinnliche« Welt so gut wie die »übersinnliche« umfasst – [>] sichtbar, zugänglich zu machen –
Aber die Frage lautet, welches Bezugssystem hier gewählt [werden] soll [und] wo der Koordinaten-Mittelpunkt gesetzt wird, auf den alle Erkenntnis aus-gerichtet[,] orientiert wird –
was also als das »Unmittelbare«
(Selbstgewisse, per se notum, Evidente) [,]
was als das Vermittelte gilt –
Dieses Koordinaten-Zentrum besitzen die »monadischen« Auffassungen in der »reinen Intuition« des Ich –
von der alles andere <das »Du«, das »Es«> erst "abgeleitet" werden muss, um seine mittelbare Evidenz zu gewinnen –

Hieraus erklärt sich jene Methodik der einzelnen erkenntnistheoretischen Systeme, die einen wahrhaft-universellen Zug an ihnen darstellt –
eine echte Struktur-Form, die über alle noch so großen »materiellen« Unterschiede hinweggreift –

Betrachten wir z.B. die drei »monadischen« Erkenntnistheorien Bergsons, Descartes', Husserls[.]
Sie sind ihrem Inhalt und ihren Schlußfolgerungen nach völlig verschieden; ja durchaus divergent und unvereinbar
- z.B. der Mechanismus Descartes' und der Vitalismus Bergsons –
der »Realismus« Bergsons verglichen mit dem transzendentalen Idealismus von Husserl u.s.f.
Aber in der Art, wie sie ihr Zentrum (die »reine Intuition« des Ich) herausarbeiten, gewinnen, sicherstellen[,]
verfolgen sie einen ganz bestimmten, durchaus entsprechenden Weg –
Welches ist dieser Weg?

Keine »Erkenntnistheorie« besteht aus sich und für sich –
sie knüpft immer an einen bestimmten faktischen Bestand des Wissens an, den sie als »gegeben« voraussetzt –
aber diese Voraussetzung ist keine absolute, unaufhebliche, sondern eine relative, provisorische –
Sie wird mit einem bestimmten Vorbehalt, dem Vorbehalt der Selbstkorrektion, gemacht.

Die »Technik« der Erkenntnistheorie besteht darin, daß sie ein bestimmtes Wissen, einen Inbegriff von Erkenntnissen setzt, um ihn hypothetisch wieder aufzuheben – und zu sehen, was aus dieser Aufhebung folgt –
dadurch allein kann sie zu ihrem "Zentrum"[,] zum Koordinaten-Mittelpunkt, zur »unbedingten« (d.h. unaufheblichen) Evidenz (dem »Archimedischen Punkt«) vordringen[.]
Diese Methode ist, wie sich bei näherer Betrachtung zeigt, allen Erkenntnistheorien eines bestimmten Typus gemeinsam –
bei aller Divergenz des Resultats, die aus dem Ausgangs-Material stammt[.]
Am Gegensatz Descartes – Bergson – Husserl lässt sich das deutlich verfolgen:
sie zielen auf denselben Punkt
(die reine »Intuition« des Ich)
aber sie erreichen ihn auf ganz verschiedenen Wegen –
Gemeinsam ist ihnen zunächst die charakteristische Form des »Absehens von«
– die doch etwas ganz anderes als die landläufige »Abstraktion« ist –
denn sie besteht vielmehr positiv in dem Hinsehen, Hinzielen auf,
in der charakteristischen Intention, Sinn-Richtung (sehen = sequi cf. Bühler)[345]

der Festlegung einer bestimmten Blickrichtung[.]
Wir müssen, um dieser Intention gerecht zu werden,^A nicht sowohl fragen, wovon abgesehen wird als vielmehr[,] worauf das Absehen, die Absicht geht –
Den »monadischen« Erkenntnistheorien ist es hierbei wesentlich, daß sie vom »Du« und »Es« »absehen«,
nicht in dem Sinne, daß sie es für ontologisch-unwirklich, ungültig erklären –
wohl aber in dem Sinne, daß sie es auf das reine Ich orientieren, hin-richten[.]
Diese Orientierung (Hin-Richtung) aber hat zunächst durchaus den Charakter einer wirklichen Exekution –
die die jeweilig anderen Aspekte jeweilig »zum Verschwinden bringt«
wenigstens insoweit, als er etwas Selbständiges zu sein glaubt –
ein »absolutes« Sein oder eine »absolute« Wahrheit außerhalb der Beziehung zum »Ich«
(als Koordinaten-Mittelpunkt der »Evidenz«)
beansprucht –
Dieser Schein muss aufgelöst werden – und das geschieht durch die charakteristische Methode der Reduktion, Einklammerung –
die auch das gesamte Ausgangs-Material mitumfasst[.]

Irgendwelches Material, das aus den wissenschaftlichen Methoden, der »Induktion« oder der »Deduktion« stammt, muss immer mit-gesetzt werden
(denn woher sollte sonst die Erkenntnistheorie ihren Stoff gewinnen) [,]
aber diese Mit-Setzung darf nicht mit einer absoluten Voraus-Setzung verwechselt werden –
das Absolute der Voraus-Setzung wird vielmehr aufgehoben –
um zur *ἀρχὴ ἀνυπόθετος*[346] zu gelangen
– Platon ist der Erste, der das als Wesen der philosophischen Erkenntnis erfasst hat, die er eben darum als dialektische Erkenntnis
(als Setzen im Aufheben und Aufheben im Setzen)
versteht –
Verfolgen wir dies am Beispiel Bergsons, Descartes', Husserls –

^A werden,] *am unteren Rande rechts:* Forts. s. *β*5, 2; *die S. beginnt oben links mit der Wiederholung der Abschnittsüberschrift:* Basisphaenomene, (Erkenntnistheorie); *am Rande oben rechts: β*5, 2. *Nach einem Querstrich vom linken Rand wird der Satz von der vorherigen S. fortgesetzt.*

[I)] Bergson[B] –
Das Auffallendste an Bergsons Entwurf der »Metaphysik« ist wohl dies, daß er die Metaphysik streng und prinzipiell von der Wissenschaft abtrennen will –
»Metaphysik« ist ihm recht eigentlich: Nicht-Wissenschaft –
der Gegensatz von Metaphysik und »Science« ist durchgehend –
Alle echte Evidenz wird der Wissenschaft versagt –
sie bleibt allein der Metaphysik und ihrer Ur-Intuition vorbehalten –

Auf der andern Seite aber stützt sich Bergsons Seins- und Lebenslehre auf ein sehr umfangreiches, vielseitiges Material biologischer Induktionen – der Aufbau der évolution créatrice, die hier aufgewiesene Stufenreihe von torpeur, instinct, intelligence u.s.f. –
dies alles ist ohne die Feststellungen der Biologie, deren empirische Wahrheit, Richtigkeit vorausgesetzt wird, gar nicht denkbar und verständlich –
Der »Kunstgriff« Bergsons nun besteht darin, daß er dieses ganze biologische und psychologische Material zwar hinnimmt, aber es zugleich dadurch ausser Kraft setzt, daß er ihm keine ontologische, sondern nur eine symbolische Bedeutung giebt –
d.h. daß er es im Sinne einer blossen Hin-Deutung nimmt, einer Hindeutung auf das Urphaenomen des reinen Ich, der durée vécue –
Der absolute (Real-) Wert wird geopfert – das »Tatsächliche«
(die starren »Fakta« der psychologischen oder biologischen Wissenschaft)
wird für die »Metaphysiker« zum "Gleichnis"[,] zur Hindeutung und Hinlenkung auf die Ur-Intuition –
Nur in dieser »Auflockerung« erhalten die Tatsachen Sinn; sie sind nicht Endziele des Wissens, sie sind Wege zu etwas Anderem, Neuem, zu einem »Jenseits« der blossen »Wissenschaft«[,]
eben zur wirklichen, echten »Evidenz«[.]

Sehr deutlich tritt diese Methode B[ergson]'s in seiner ersten Schrift, den[A] »Données immédiates« hervor –
Aus der gewöhnlichen, »induktiven«, »wissenschaftlichen« Methodik der empirischen Psychologie will er hier durch »Umwendung« ("Umwendung zum Licht" aus der Platon[ischen] Höhle)$_{347}$ die echte, die wahre Ich-Lehre[,]
die »metaphysische« Psychologie gewinnen
– die Urtatsache des bewussten Lebens, die durée vécue, sichtbar machen –

[A] Bergson] *im Ms. hervorgehoben*
[B] den] *undeutlich geschrieben, vielleicht als* der *zu lesen*

Und diese Urtatsache, Ur-Intuition wird dann in den folgenden Schriften Bergsons als Schlüssel gebraucht, der das Geheimnis des Ich aufschliesst –
»Leben« lässt sich nicht durch Anhäufung und abstraktiven Vergleich »biologischer« Fakta »erklären«[,]
denn der »Bios« fügt sich dem »Logos« nicht, der Logos bleibt für ihn eine durchaus inadaequate Form –
Sowie der Logos mit seinen »starren« Formen hervortritt, entweicht das Eigentümliche, der »Fluss« des Lebens –
aber umgekehrt lässt sich von der reinen Intuition des Lebensstromes die Differenzierung eben dieses Stromes verstehen –
lässt sich verstehen, wie er sich in verschiedene Richtungen spaltet,
in verschiedenen typischen Grundformen entwickelt, welche »Entwicklung« aber doch immer seine Schöpfung (évolution créatrice) bleibt[.]

II) [Descartes]
Diesem Verfahren Bergsons stellen wir das Verfahren Descartes' gegenüber –
Zunächst [besteht ein] äusserster Gegensatz –
bei Bergson die Richtung auf das Leben[,] bei Descartes die Abwendung von ihm, die völlige **Ent**-Seelung der Wirklichkeit [-]
bei Bergson der Riss, die unheilbare Trennung zwischen »Metaphysik« und »Wissenschaft«[,] bei Descartes die Forderung und der Drang, die Metaphysik zur Wissenschaft zu machen, zum Rang der wissenschaftl[ichen] Erkenntnis zu erheben –
Ihr Seinsgrund, ihre Rechtfertigung besteht in dieser Erhebung[.]

Und doch [besteht zwischen beiden] eine tief gehende Analogie der Methodik –
die aus der Zugehörigkeit zum gleichen »Typus«, dem "monad[ischen] Typus" stammt –
Das Wissenschafts-Material, das Descartes mit-setzt und voraussetzt (s. ob[en]) [,] gehört nicht dem Kreis der induktiven, sondern der deduktiven Wissenschaft an[A] –
Die Deduktion ist der einzige wissenschaftliche Gewissheitstypus –
ausser ihr gibt es keine "Wahrheit", "Erkenntnis", Gewissheit[.]

Das »Material«, an das Descartes anknüpft, ist daher nicht den »Tatsachenwissenschaften«[,] sondern den »Idealwissenschaften« entnommen –
es besteht nicht in den »vérités contingentes«[,] sondern in den »vérités universelles«[,]

[A] an] ab

nicht in den sinnlichen Objekten, sondern in den Gegenständen der reinen Mathematik, in Ausdehnung, Zahl, Grösse[.]

Aber nun setzt gegenüber diesen Gegenständen u. den ihnen zugeordneten universellen »Wahrheiten« dieselbe typische Rückwendung, Reduktion ein, die dazu bestimmt ist, nicht sie für "ungültig" zu erklären –

wohl aber sie "umzuwenden", hinzulenken zu einer anderen, der alleinzulänglichen und adaequaten Licht-Quelle –

der Lichtquelle des »Cogito«[.]

Darin besteht und daraus erklärt sich die Methode des Cartesischen Zweifels –

des "Zweifels um gewiss zu werden", der Negation um des Durchstoßes willen zur neuen Position hin[.]

Descartes setzt die universellen Wahrheiten, die Axiome und Prinzipien der Mathematik

– ebenso wie Bergson die induktiven "Tatsachen" der Biologie und Psychologie setzt[;]

er baut auf einer »Materie« deduktiver Sätze, ebenso wie Bergson auf einer Materie induktiver Sätze auf[,]

aber beide betrachten diese erste Setzung nur als "Sprungbrett" (*ἐπιβάσεις καὶ ὁρμάς*) [,]348 um zur *ἀρχὴ ἀνυπόθετος* zu gelangen[.]

Zu dieser *ἀρχή* ist nur durch entschlossene »Umwendung« zu gelangen – durch Ausser-Kraft-Setzen der (induktiven oder deduktiven) »Gegebenheiten«[;]

das ist es, was der Cartesische Zweifel tut – und der paradoxe Gedanke vom »Gott als Betrüger«349 erfährt erst von hier seine Aufklärung –

er ist das gewaltsame Sich-Los-Reissen Descartes['] vom Typus der mathematischen Gewissheit –

der »objektiven« fraglosen Wahrheit der Mathematik –

das "In-Frage-Stellen des Fraglosen" –

um zu dem eigentlichen Urquell der Gewissheit, zum »Cogito« durchzudringen –

Nur diese gewaltsame Negation erschliesst die neue, wahrhaft-originäre und originelle Position.

[III) Husserl]

Fast noch schärfer, praegnanter, charakteristischer stellt sich dieses Verfahren der »monadischen« Erkenntnistheorie bei Husserl dar –

der sich seines Zusammenhangs mit Descartes durchaus bewusst ist –

der in Descartes den radikalen Erneuerer des philosoph[ischen] Gedankens sieht, –

jenes Gedankens, der seine Ausführung und Durchführung in der »Phaenomenologie« erhalten hat – cf. die »Méditations Cartésiennes«[.]

Husserls »Universum« des Gedankens ist dem Cartesischen verwandt, aber es fällt mit ihm nicht zusammen –
Wie Descartes gegenüber der Zerstreuung in Einzelwissenschaften die Eine »sapientia humana« betont hatte –
wie er dem blossen Tatsachen-Wissen, das stets zweifelhaft bleibt, das reine Vernunft-Wissen –
wie er der 'Induktion' die 'Deduktion' gegenüberstellt
– so will Husserl die "Philosophie als strenge Wissenschaft"[350] begründen[,]
indem er sie vom Psychologismus erlöst,
indem er das Wissen um die »reine Form« prinzipiell und radikal sondert von jenem Wissen, das sich auf blossen matter of fact, auf "induktiven Verallgemeinerungen" aufbaut –
Er will den prinzipiell neuen Weg weisen, der zu der Welt der »reinen Formen«[,] den reinen »Wesenheiten« hinleitet –
Dieser Weg ist nicht der der induktiven Verallgemeinerung, es ist der Weg der Wesensschau, der eidetischen Schau[.]
Es ist absurd, "aus" Induktionen Wesensschau[,] Formenschau, gewinnen u. ableiten zu wollen –
es ist eine völlige ignoratio elenchi, die sich in einem solchen Versuch ausdrückt.
Dies [ist] der Kern der 'Logischen Untersuchungen':[351] das Thema der reinen Logik und der Mathesis universalis –
das Thema einer allgemeinen Bedeutungslehre und Formenlehre soll wieder sichtbar gemacht u. vor 'psychologistischer' Verkennung u. Missdeutung geschützt werden –
Diese Welt der reinen (logischen) Formen ist die »objektive« Voraussetzung und Mit-Setzung der Husserl'schen Phaenomenologie
– so wie[A] bei Bergson das Reich der biologischen Tatsachen, bei Descartes das Reich der mathematischen Wahrheiten, der Wahrheiten über Zahl, Grösse, Ausdehnung, implizit mitgesetzt wird –

aber nun wird, in der gleichen Weise der Rück-Wendung, eben dieses Gesetzte zugleich außer Kraft gesetzt –
es wird »eingeklammert«, verfällt der »transzendentalen Reduktion«[,]
und diese Reduktion macht erst das eigentümliche Zentrum der Phaenomenologie –

[A] so wie] sowie

das Zentrum des »Cogito«, »Ego-Cogito«[,] der »monadischen« Selbstgewissheit sichtbar.

cf. bes. die Méd[itations] Cartés[iennes].[352]

Alle Intentionen –

die Intention auf das »Du« wie auf das »Es«[,] auf die Wirklichkeit der »anderen Subjekte« wie auf die der Welt –

auf die empirischen Gegenstände der Natur wie auf die idealen der Mathematik –

jeder Ausblick auf den empirischen, mathematischen[,] metaphysischen Kosmos[,]

dies alles liegt beschlossen in den »Noesen«, Sinngebungen, Sinnrichtungen des reinen Ich u. muß letzten Endes auf sie zurückgelenkt, aus ihnen verstanden werden –

Das ist der "transzendentale Idealismus"[,] wie Husserl ihn versteht[.]

B) Die »zweite Dimension«[:] das Aktions- und Willens-Moment[A]

Die Erkenntnistheorie nimmt eine neue Wendung, sobald sie über das monadische Grundschema hinausgreift –

sobald sie sich, gegenüber der monadischen Innen-Wendung (Introspektion) [,]

zur radikalen Aussen-Wendung entschliesst.

In der Sprache des Bewusstseins ausgedrückt stellt sich diese Aussenwendung am deutlichsten und unverkennbar im Phaenomen des Willens dar, im Willen, der nicht in der blossen »Möglichkeit« verharrt, sondern der zur Wirksamkeit, Wirklichkeit, »Energie« hindrängt –

Das eben unterscheidet prinzipiell das Willensphaenomen von jener reinen »Intuition«, in der wir, unter der Form des »Cogito«, unser Ich ergreifen –

dort der Abschluß von aller äusseren Wirklichkeit und der Ausschluss von ihr[,]

die Zurückziehung in die reine Einsamkeit des Ich –

die Zusammendrängung aller »Welt«, aller Breite des Daseins in einen Punkt:

die äusserste Konzentration – Rückführung aller »Peripherie« auf das einzige zentrale Datum des Selbst –

[A] Die »zweite Dimension« ... Willens-Moment] *im Ms. hervorgehoben*

Im Willen dagegen die umgekehrte Richtung:
der Drang zur *Expansion*, die Wendung zur Welt – und die Eroberung der Welt.
Der Wille ist durch diese »Unendlichkeit«, durch diesen expansiven Drang des »Weiter und Weiter«, des Plus Ultra gekennzeichnet, ja ursprünglich konstituiert –
er schiesst über jedes Ziel hinaus und hat in diesem »*Hinaus*« sein Wesen[;] er ist wesentlich *zentrifugal*.

Welcher Typus »Erkenntnistheorie« wird dieser zentrifugalen Tendenz entsprechen?
Wir müssen uns auch hier wieder die Differenz zwischen dem *Typenunterschied als solchem*
und den *modalen* Unterschieden innerhalb eines bestimmten Typus (s. ob[en])$_{353}$ klar machen[.]
Beide können das Bild einer gewissen, *konkreten* »Erkenntnistheorie« sehr wesentlich beeinflussen und verändern
– aber die »modale« Änderung gehört einer anderen Dimension an als die Typenänderung –
und muss, für unsere analytische Betrachtung, sorgsam von ihr geschieden werden[.]
Bleiben wir innerhalb der allgemeinen *Typik des Willensphaenomens* stehen, so bieten sich verschiedene Arten der »Erkenntnistheorien« dar, je nachdem die Interpretation die »elementaren« oder die »höheren« Willensformen
– die »innerlichen« Triebe oder die »geistigen« –
den dumpfen, »unbewussten« oder den »rationalen«, bewussten Willen ins Auge fasst –
Beide Formen sind in der histor[ischen] Erkenntnistheorie vertreten[.]

a)[A] Der Wille als blosser *blinder* Lebenstrieb – als schlechthin grundloser, unvernünftiger Wille
– der den Intellekt aus sich heraus *schafft* –
den Intellekt, der ihm *gegenüber* tritt, ihn in seinen eigenen Formen
- Raum, Zeit, Kausalität
anschaut –
der sich aber doch in dieser Form der Anschauung nicht von ihm losreissen, nicht wirklich *emanzipieren* und frei machen kann –
der immer verhaftet am Willen klebt, sein Diener und Sklave bleibt[.]

[A] a)] A) *geändert, um eine Überschneidung mit der Zählung der* Dimensionen *zu vermeiden*

Neue Formen dieser »voluntaristischen« Erkenntnistheorien:
der moderne Pragmatismus und Fiktionalismus[.]

– Wie es keinen vom Willen unabhängigen Intellekt gibt, so gibt es keine von ihm unabhängige Wahrheit –
ein Sein, eine Geltung, die über ihm thront, und die er zu respektieren, nach der er sich "zu richten" hat –
Eine solche »Wahrheit« ist blosse Illusion[.]
Die Wahrheit hat keinen »objektiven«, sie hat lediglich instrumentalen Charakter –
sie steht im Dienst des Willens[,] ist ein Werkzeug, das er sich erschaffen [hat], um seinen Zwecken zu dienen –

alle Wahrheit muss
– um wirklich »verstanden« und um erkenntnistheoretisch gerechtfertigt zu werden –
auf diesen einen Quellpunkt
(Koordinaten-Mittelpunkt)
zurückgeführt werden.
Dadurch entsteht ein ganz neues Bezugssystem, das von dem monadischen Bezugssystem, dem System des »Cogito«, charakteristisch abweicht[;]
selbst das Phaenomen des reinen Selbstbewusstseins, Ich-Bewusstseins[,] auf dem Descartes und Husserl ihre Erkenntnislehre gründen, versinkt –
Deutlich tritt diese Wendung z. B. bei James, einem der Hauptvertreter des »Pragmatismus« hervor –
er leugnet zuletzt geradezu die "Existenz", Wirklichkeit, Wahrheit des Selbstbewusstseins, erklärt auch diese Wahrheit nur für eine nützliche Fiktion[.]
(Cf. den Essay »Does consciousness exist?« cit. bei Russell,[354] Analysis of Mind)^

Dies ist höchst charakteristisch – es bedeutet nichts anderes als daß, um dem pragmatischen Aspekt volle Geltung zu verschaffen, der andere: der Ich-Aspekt, der monadische Aspekt, auf dem der Bewusstseinsbegriff Descartes', Husserls, Kants ("reine Apperzeption"[356]) beruht, abgeblendet, ausser Kraft gesetzt werden muss[.]

<Dies mag paradox scheinen: denn – so könnte man dagegen fragen – ist denn das Grundphaenomen, das hier in den Mittelpunkt gestellt wird –

sind denn 'Trieb' u. 'Wille' und die ihnen angehörigen Kategorien: Mit-

^ Mind) | *am Rande in Bleistift:* H[ei]d[e]g[ger], Fichte, Nietzsche,/ Marx – Fasch[ismus], *θέσ*[*ις*];[355] *θέσ steht in Tinte*

tel/Zweck überhaupt *verständlich*, ohne ein 'Ich', das will[,] ohne ein Subjekt, das Zwecke 'setzt'[.]
Fällt der Pragmatismus nicht ins Bodenlose, wenn er sich dieser Begründung im Ich, im »Bewusstsein« beraubt –
Aber die Antwort darauf lautet, daß 'Trieb' und 'Wille' hier viel weiter genommen sind –
daß sie nicht aus dem Bewusstseins-Aspekt stammen, sondern einer anderen, rein-*vitalen* Schicht angehören –
Der Trieb, der Wille –
das sind jene "blinden" Potenzen, wie sie in Schopenhauers Willensmetaphysik als das »Ursein« behauptet werden –
jenes »Getriebenwerden«, das rein objektiv in bestimmten Klassen von *Handlungen* vor uns steht, die ganz ausserhalb des Kreises des Bewusstseins liegen –
den sogen[annten] *Instinkt*handlungen –
Diese Handlungen zeigen eine bestimmte *Gerichtetheit*, die wir rein behavioristisch an ihnen ablesen können –
ohne daß wir ihnen irgend ein »Bewusstsein« unterzulegen brauchen, oder auch nur unterlegen können –
So erklärt sich die scheinbare Paradoxie
– es ist im Grunde der Handlungs-Aspekt[,] nicht der (subjektive, phaenomenologische) Willens-Aspekt, der die Erkenntnistheorie des Pragmatismus beherrscht u. lenkt –

und insofern verfährt James ganz konsequent, das Bewusstsein als »reines Bewusstsein«[,] reine Apperzeption, als das »Cogito« zu streichen u. es in die Zahl der Fiktionen[357] aufzunehmen ... >

Derselben *Abblendung* wie die Ich-Sphaere verfällt die Sphaere der objektiven *Werte* und des objektiven *Seins*, der objektiven *Wahrheit*[.]

Sie alle müssen sich dem Zweck-Mittel Schema in dem oben angegebenen Sinne unterordnen –
sie sind Mittel zum Zweck (der Lebenserhaltung, Machterhaltung, Machtsteigerung)[;]
es gibt keine objektiven, "autonomen" Werte[,] alle sogen[annten] Werte sind *fremddienstlich* (aus dem "Willen zur Macht" stammend)[.]
Das ist die Folgerung, die schon Nietzsche gezogen [hat],
der der schärfste und konsequenteste Vertreter dieser pragmatist[ischen] Nivellierung des Wahrheitswertes ist[.]
(Wie wenn Irrtum *besser* wäre als Wahrheit? etc.)[358]
Hierauf geht der ganze Fiktionalismus zurück:
warum sollte es nicht lebenfördernde, machtsteigernde Irrtümer geben –

ja ist nicht vielleicht alles, was wir Wahrheit oder Wert nennen, ein solcher Irrtum?
Ist er nicht geboren aus dem Lebensdrang, der einen Schutz und Halt für sich sucht –
der aus Furcht vor der Unsicherheit des Werdens, vor der Dynamik des Lebens, sich in den Hafen eines sicheren Seins und einer sicheren Wahrheit flüchten will –
Ist nicht das Sein, ist nicht das Platonische Ideenreich, das Reich der ewigen Formen eben eine Phantasmagorie, die wir als solche durchschauen, wenn wir ihren Ursprung begriffen haben –
Dies [ist] die These Deweys, Studies (cf. Cit. Leand[er][A]) [.][359]

In der gleichen Richtung gehen alle Theorien, die das objektive »Sein« und die objektiven »Werte« als abhängig von einer »Setzung« des Willens – als abgeleitet von einem Machtspruch des Willens: sic volo, sic jubeo[360]
Stat pro ratione voluntas[361]
behandeln ...
Die früheste Form der sophistischen *θέσις*-Theorie –
die aus der Sphäre der Aktion stammt und für diese berechnet war –
die sich erbot, *τὸν ἥττω λόγον κρείττω ποιεῖν*[362]
und die eben in diesem »Überwiegen« den Charakter des »Vorwiegenden«, Besseren, Wahren sah[;]
vgl. die Protagoras-Rede im Theaetet[.][363]
Hervorgegangen [ist diese Theorie] aus der Sphaere des Rhetors, der nicht auf die Wahrheit an sich, sondern auf die Wirkung sieht –
der durch Worte (*λόγοι*) bewegen will[.]
So ist ihm der »bewegende« Logos der wahre Logos; die Wirkung das Kriterium für das Wort[.]
Diese Reduktion der Wahrheit auf die Wirkung charakterisiert dann auch alle Theorien, die den »Willen zur Macht« zum obersten Prinzip erheben –
Die faschistischen Theorien ebensowohl wie die marxistische Lehre vom Überbau –
(Was wir Wahrheit nennen, ist nichts anderes als Überbau –
d. h. im Grunde Vorwand für irgend ein bestimmtes »Interesse«, das "dahinter steckt" und das es zu enthüllen gilt –

[A] Leander)] *am unteren Rande Mitte:* Forts. s. β5, 3.; *die S. beginnt oben links mit der Wiederholung der Abschnittsüberschrift:* Basisphaenomene (Erkenntnistheorie)*; am Rande oben rechts:* β5, 3. *Nach einem zusätzlichen Querstrich vom linken Rand wird der Text fortgesetzt.*

Erkenntnis-Theorie ist nichts anderes als die Technik dieser Enthüllung
–
nicht der Aufdeckung einer "an sich" bestehenden Wahrheit, sondern die Entdeckung des Ur-Triebes, der sich hinter dieser angeblichen Wahrheit (z.B. der religiösen[,] der philosophischen Wahrheit) verbirgt – oder in ihr "symbolisiert" [ist.]
Nach der subjektiven Seite gewandt ist diese Entdeckung, Enthüllung, Demaskierung das leitende Prinzip der Psychoanalyse[.)]

Sobald wir einmal in diesen zweiten Typus eintreten, nehmen alle Sätze der »Erkenntnis«-Theorie mit einem Schlage einen völlig andern Sinn und eine andere Farbe an
– ein bezeichnendes Beispiel hierfür ist die Wendung, die die Phaenomenologie von Husserl zu Heidegger genommen hat –
Als das Maßgebende u. Entscheidende dieser Wendung lässt sich – wenn wir von allen technischen Einzelheiten absehen – dies bezeichnen, daß hier der Schritt vom ersten Typus (monad[ische] Erkenntnistheorie)
zum zweiten Typus (Willens- und Aktionstheorie) gemacht wird –
Sofort ändern sich alle Grundkategorien
– das reine Ich, das "Für sich Sein" wird zu einem "in der Welt Sein"[.]
Die Intuition (Wesens-Schau) versinkt[,]
das »Beharren in sich selbst« wird zum Getriebenwerden nach aussen, nach vorwärts[A] –
Das »Dasein« verfällt der »Sorge« u.s.f.
In alledem wird die charakteristische Wendung deutlich[.]

[b) Der Wille als ethische Energie]
Aber wieder eine ganz andere Form der Erkenntnistheorie, der Wissenschafts-Lehre begegnet uns, wenn wir in diesem zweiten Typus stehen bleibend, uns, innerhalb desselben, dem anderen Modus des Erfassens zuwenden (s. oben!)
– wenn wir den Primat des Willens vor der Erkenntnis festhaltend
den Willen selbst nicht als bloss dumpfen, dunklen, unbewussten »Trieb« ansetzen[,] sondern in ihm eine ihrer selbst bewusste, rationale, vernünftige Energie sehen –
nicht ein blosses Getriebenwerden, sondern ein aktiv, bewusst, »frei« über sich Hinausgreifendes –
wenn wir vom »Vitalen« zum »Geistigen« fortschreiten –

[A] vorwärts] *am Rande:* Zu Heidegger vgl. / das Material zu Bd. / IV – / dort Näheres![364]

kurz: wenn wir den Imperativ, der den Willen bestimmt, als ethischen Imperativ ("Vernunftgebot") denken –
Diese Wendung wird historisch am reinsten durch Fichte vertreten[.]
Fichte gilt der traditionellen Betrachtung als der "subjektive Idealist" κατ' ἐξοχήν
– seine Lehre wird gewöhnlich als Vollendung und als eine radikale Übersteigerung des blossen Ich-Standpunkts verstanden
– es ist das Ich, das hier rein aus sich selbst die Welt erschafft, produziert[,] sozusagen hervorzaubert –
So scheint er ganz dem ersten, dem rein monadischen Typus anzugehören –
Aber diese Betrachtungsweise trügt –
Denn Fichte geht keineswegs vom »Cogito« Descartes['] oder Husserls aus –
Er knüpft an Kants Lehre von der 'transzendentalen Apperzeption' an; sieht auch in ihr den "höchsten Punkt",[365] an den man die gesamte Transzendentalphilos[ophie] »anheften« müsse -

Aber der Schwerpunkt dieser transz[endentalen] Apperz[eption] hat sich ihm vom Logischen ins Ethische, vom Intellekt nach dem Willen zu verschoben –
Er ruht nicht in der reinen Intuition des Ich –
dies ist ihm nicht letzte Gegebenheit, letzte Tatsache –
ja es kann gar nicht als solche Tatsache – ruhend, statisch – "aufgewiesen" werden (im Sinne der phaenomenologischen Aufweisung) [;]
es muss produziert, durch eine Tathandlung erwiesen werden –
Schon im Aussprechen des Wortes »Ich« befinden wir uns daher mitten in der Aktions-Sphaere –
Charakteristisch hierfür ist auch, daß der alte Ausdruck der θέσις wiederkehrt – (s. ob[en]) [.]
Denn das Ich findet weder sich, noch findet es die »Welt«
rezeptiv als ein einfaches Datum vor ...
Es **»setzt«** die Welt und es setzt sich selbst
– in einem originären, spontanen Akt –
Wie kommt es zu dieser Setzung –
und worauf beruht sie?[A]

Das ist die Frage, die Fichtes Wissenschaftslehre beantworten will –
und hierbei rekurriert sie bezeichnender Weise wieder auf einen Urtrieb des Bewusstseins – aber nicht auf einen Trieb zu »etwas« (zu einem konkre-

[A] sie?] sie –

ten einzelnen Gegenstand oder einzelnen Ziele hin), sondern zu dem Trieb nach Tätigkeit schlechthin, nach Tätigkeit überhaupt –

Dieser Trieb ist es, was der Setzung des Ich den »Anstoß« giebt –
der die ganze Reihe der folgenden »Tathandlungen« auslöst und einleitet[.]
Dieser Anstoß ist, wie Fichte ausdrücklich betont, theoretisch nicht erklärbar und ableitbar –
er muß praktisch erklärt werden[.][A]

An der Spitze der Fichteschen Weltschöpfung steht also nicht das reine Ich, sich selbst betrachtend, sich selbst denkend und in dieser (statischen) Selbstbetrachtung gewissermassen versunken –
Wo er von der »intellektuellen Anschauung« spricht, da meint er damit etwas ganz Anderes –
als das entscheidende, überzeugende Beispiel für diese intellektuelle Anschauung führt er in der 1. u. 2. Einleitung zur W[issenschafts-]L[ehre] den kategorischen Imperativ$_{367}$ an –
Aus dem kategorischen Imperativ heraus wird die Anschauung des Ich, des Du, der Welt geboren –

des Ich – denn es ist nur Ich, insofern es praktisch ist, und es ist nur praktisch[,] sofern es sich einem allgemeinen, schlechthin universellen Vernunftgebot unterstellt [–]

des Du (– denn[B] die "Anerkennung" des Du kommt nur auf dem Wege des »Sollens« zu stande[,] cf. System der Sittenlehre$_{368}$ [–]

der Welt[C]$_{369}$ – denn diese ist nichts als das »versinnlichte Materiale der Pflicht«$_{370}$ u.s.f.

C) Die »dritte Dimension«: der Ausgangspunkt vom »Werk«[D]

Die Grenze zwischen ihr und der früheren Dimension – der Dimension des »Wollens« und »Wirkens« – scheint auf den ersten Blick schwer zu ziehen zu sein –

[A] werden] *am Rande:* Cit. s. Erk[enntnis]pr[o]bl[em] III / und K[uno] Fischer zur Lehre / vom "Anstoß"$_{366}$
[B] Du (– denn] *die schließende Klammer fehlt*
[C] der Welt] *am Rande, in der Z. nach* Sittenlehre *beginnend:* Cf. V, 185: Der Zwang, mit welchem / die Realität einer / Welt sich uns aufdrängt / ist ein moralischer / Zwang$_{369}$
[D] Die »dritte Dimension« ... »Werk«] *im Ms. hervorgehoben*

denn ist nicht jedes Werk ein »Gewirktes« –
gehört es nicht ganz und ausschliesslich der Welt des Wollens an und erschöpft es sich nicht in dieser Sphaere?[A]
Und doch besteht hier ein scharfer Unterschied –

Es gibt »Werke«, deren Gehalt, deren Bedeutung, deren »Sinn« nicht ausschliesslich darin besteht, daß sie eine bestimmte »Wirkung« hervorbringen –
daß sie irgend eine physische oder psychische Veränderung setzen –
in den physischen oder psychischen Kausalzusammenhang eingreifen –
sondern denen ausserhalb der vielfältigen, vereinzelten, veränderlichen Einzelwirkungen, die sie üben

<– ausserhalb der »technischen« Nutzwirkungen und ausserhalb der Wirkung auf die "Seelen" der Menschen ...>
noch ein bestimmter Eigengehalt, ein dauerndes »Sein« innewohnt.
Und gerade dieses »Sein«, das den Augenblick »überdauert«, das nicht hineingerissen wird in den Strudel des von Moment zu Moment wandelbaren physischen oder psychischen Geschehens –

- gerade das macht den entscheidenden Grundcharakter des »Werkes« aus –
Wir können uns dies am Sprachwerk und am Kunstwerk verdeutlichen –
aber auch allgemein an dem ganzen Bereich des »Poietischen« im Unterschied zum bloss und ausschliesslich Praktischen[.]
(Zum Begriff der »Poiesis« vgl. Aristoteles[371]
s. auch die Bemerk[ung] in Bühlers Sprachbuch.)[372]

Poietisches und Praktisches unterscheiden sich eben darin, daß sie verschiedene »Zeitgestalten« in sich verwirklichen –
Praktisches ist auf die Wirkung als ein Gegenwärtiges, Momentanes – als »Einfluss« auf die physische Natur oder auf den menschlichen Willen gerichtet[;]
alles Poietische hat sein Sein nicht nur in diesen Werken –
es »entsteht« und »besteht« auch ausserhalb jeglicher "Absicht"
(als "Abzielens" auf eine bestimmte, augenblickliche Einzelwirkung) [;]
es ist »interesselos«[;]
es ruht in sich selbst und ist »selig in ihm selbst«[.][373]
Solche "Interesselosigkeit"
– die deutlich den Gegensatz zur »zweiten Dimension« zum Ausdruck bringt –

[A] Sphaere?] Sphaere –

kommt keineswegs allein dem Kunstwerk zu[,]
sondern ebenso dem Sprachwerk, dem philosophischen Werk, dem Werk der Wissenschaft und der reinen Erkenntnis überhaupt[.]

Aus der Sphaere der Intuition (erste Dimension) und der Aktion (zweite Dimension) treten wir hier in die Sphaere der reinen Kontemplation ein[.]
(Zur Geschichte des Wortes vgl. Boll: Contemplatio)[374]

In der Geschichte der Philosophie ist es Sokrates, der diese Sphaere entdeckt und für immer, als einen zentralen Gegenstand der philosophischen Betrachtung und der philosophischen »Verwunderung«[,] aufgestellt und festgestellt hat –

Zu den Paradoxien der Gestalt des Sokrates, zu dem, was diese Gestalt so »utopisch« (ἄτοπος) für den Griechen machte –
und was sie auch für alle folgende philosophische Deutung so »unfassbar«, so widerspruchsvoll macht, gehört es, daß wir sie nicht eindeutig der Welt des Theoretischen und der Welt des Praktischen einordnen können –
Jeder Versuch einer solchen Einordnung schlägt alsbald dialektisch in sein Gegenteil um –
wenn wir glauben, das »wahre« Gesicht des Sokrates und der Sokratik erfasst zu haben, so zergeht uns alsbald diese »Wahrheit« –
unser »Wissen« von ihm verwandelt sich in ein »Nicht-Wissen« –
er scheint jeder »Festlegung« zu spotten; jedes »Gesicht« von ihm wandelt sich sofort in sein Gegenteil –
Dies [ist] ein Kern- und Grundbestand der Sokratischen Ironie –
Diese »Ironie« bewährt sich immer wieder an den histor[ischen] Deutungen der Sokrates-Gestalt[.]

Zunächst: wo steht sie
in dem Grundgegensatz von »Theorie« und »Praxis«[.]
Ist Sokrates Theoretiker oder Praktiker –
bezieht sich sein Grundproblem auf die Erkenntnis oder bezieht es sich ausschließlich auf das Handeln[A] –
ist er der Lehrer und Meister der Begriffszergliederung, der »diaeretischen« Kunst[,]
oder ist sein Absehen einzig und ausschließlich auf das Wollen und Tun, auf die ἀρετή, gerichtet?
Auf diese Frage lassen sich ganz verschiedene Antworten geben:

[A] Handeln] Handelns

1) Sokrates kann als der erste Entdecker des »Logos«, der ratio, des Begriffs hingestellt werden –
als der erste große »Vernunftkünstler« –
So erscheint er in den Platonischen Jugenddialogen, wo er nach dem Begriff der *ἀνδρεία*,[375] dem Begriff des *ὅσιον*[376] u.s.f. fragt –
und so bestimmt ihn Aristoteles – als den "Entdecker des Begriffs"[.][377]

[2)] Dem steht scharf gegenüber die Xenophontische Sokrates-Gestalt -
Sokrates als reiner Praktiker, als »Moralist«, seine Lehre als »praktische Weltweisheit« (Heinr[ich] Maier[378]) [.]

Aber dieses sich dialektisch auflösende Ergebnis ist nur ein Symptom dafür, daß die eigentliche Sokratische Frage noch nicht richtig gestellt –
daß das Problem, das Sokrates uns aufgiebt, noch nicht in seiner spezifischen Eigenart erfasst ist –
Dies Problem besteht eben darin, daß der Gegensatz des Theoretischen und Praktischen
– der Gegensatz von Wissen und Tun –
von Sokrates verneint, überwunden, in einer neuen »Synthese« "aufgehoben" ist ...
Den Gegensatz scheint Sokrates abzulehnen: ihm ist jedes Tun ein Wissen, jedes Wissen ein Tun:
die Tugend (*ἀρετή*) ist Wissen[379] –
Aber das scheint eine Paradoxie und Ungeheuerlichkeit –
denn gibt es nicht unzählige Formen des Wirkens, die zu bestimmten Ergebnissen hinführen, in denen sie sich unmittelbar ausweisen und beglaubigen können,
ohne daß ihnen irgend ein bestimmtes, klares, deutliches Wissen entspricht –
Schafft nicht der Dichter, der Politiker, der Handwerker »unbewusst« –
und nichtsdestoweniger in voller »instinktiver« Sicherheit –
und heisst es nicht diese Sicherheit untergraben, wenn man an ihn die Sokratische Frage richtet –
die Frage: was denn das »ist«, was er schafft und welchen Regeln und Normen es untersteht[.]

Heisst es nicht[,] die unbefangene menschliche »Praxis« bedrohen, ja völlig untergraben, wenn man ihr mit dieser Frage auf den Leib rückt –
und haben die "Wirkenden"
– die Dichter, die Politiker, die Schuster –
nicht Recht, wenn sie sie unwillig und empört von sich abweisen?
– Aber darin liegt eben die »Originalität« des Sokrates:

daß er überall vom Wirken

vom Praktischen, Technischen, Handwerklichen ausgeht[,]
aber an ihm ein neues "Gesicht" herausstellt –
daß er eine neue »Schau« des Wirkens vollzieht –

ein *θέαμα*, das den Kern aller echten *θεωρία* [bildet] –
eine Schau, die uns nicht aufgeht, wenn wir das Wirken lediglich in seinem unmittelbaren, »unbewussten« Vollzug betrachten –
sondern wenn wir uns vom Geschaffenen, vom Werk her auf dasselbe »zurückwenden«
– und es in dieser »Rückwendung«, in dieser »Reflexion« erfassen.

Die Reflexion des Wirkens im Werk: das schafft die neue Sphaere, die sich charakteristisch von der blossen »Theorie« und von der blossen »Praxis« unterscheidet –
In diesem Sinne ist die Betrachtung des Sokrates weder einseitig theoretisch, noch praktisch –
weder intuitiv, noch aktiv,
sondern echt-kontemplativ[.]
In dieser Kontemplation wird das Reich der Form
– des *εἶδος* und der *ἰδέα* –
entdeckt.
Sokrates geht von der Forderung des Delphischen Orakels[,] von dem *γνῶθι σεαυτόν*[380] aus –
aber er fasst dieses Wort, wie Goethe richtig gesehen [hat], in einem ganz andern Sinn –
er fordert nicht »Selbsterkenntnis« im Sinne der reinen (monadischen) Innenschau
(Intro-Spektion, Intuition des Ich in dem reinen Akt des Cogito) [,]
sondern ihm bedeutet sie etwas ganz anderes, Neues, Eigenartiges –
sie bedeutet die Forderung:

erkenne Dein Werk und erkenne "dich selbst["] in Deinem Werk[;]
wisse, was Du tust[,]
damit du tun kannst, was Du weisst[.]
Gestalte Dein Tun,

bilde es aus dem blossen Instinkt, der Tradition, Konvention, der Routine, der *ἐμπειρία* und *τριβή* um zum »selbstbewussten« Tun
– zu einem Werk, in dem Du Dich, als seinen Schöpfer und Täter erkennst.
<cf. Goethe, Max[imen] 657, 663[381] u.s.[w.]>

Frage in dem, was Du tust und leistest, nicht nach der blossen »Wirkung«, sondern nach dem »Werk«[;]
– stelle Dich unter den Imperativ des Werkes –

Die Entdeckung dieses Imperativs des Werks
– seines autochthonen und autonomen Sinnes,[382] seiner »Bündigkeit«[383] (Simmel, Freyer)
– das ist die eigentliche Tat des Sokrates; damit vollzieht er jene »Wendung zur Idee« (Simmel) [,][384] die die Synthese von Theorie und Praxis (s. ob[en])[385] enthält –

Die »Idee« ist nicht blosser »Begriff« (abstrakt-logisch) [,] aber sie ist auch nicht blosses »Tun«
(empirisch, technisch-praktisch, konkretes Wirken) [;]
sie wurzelt in beidem –
aber sie geht über beides hinaus; sie hat eine eigenartige »Transzendenz«[;]
– sie richtet über dem Reich des abstrakten Denkens und Begreifens und über dem Reich des unmittelbaren Tuns und Verrichtens ein »drittes Reich«
– das »Reich der reinen Formen«[386] auf[,] das sich uns in reiner Schau (*πᾶσα ψυχὴ φύσει τεθέαται τὰ ὄντα*)[387]
zu eigen giebt –
Auf diesem Reich der Form beruht und aus ihm stammt, was wir Wahrheit, Güte, Schönheit nennen[.]

α) Wahrheit –
Heraushebung und Entgegensetzung gegen die Sphaere des Wirkens –
»Wahrheit« ist nicht etwas, was dem Wirken verhaftet –
und nicht etwas, was mit seinen Maßstäben zu messen ist –
Das war der Grundirrtum der Sophistik, daß sie die Wahrheit in dieser pragmatischen Sphaere suchte und sie in ihr festzuhalten, mit ihren Maßen zu messen versuchte –
Πάντων χρημάτων μέτρον ἄνθρωπος[388]
– das bedeutet für Protagoras, daß das Kriterium der Wahrheit ein pragmatisches ist –
daß es an ihrem "Nutzwert" zu messen ist[.]
(vgl. ob[en]; Protagoras-Rede im Theaetet)[389]
Aber Wahrheit ist kein Nutzwert, sie ist ein Formwert –
es giebt ein *εἶδος* der Wahrheit, *αὐτὸ καθ' αὐτο'*[.]

Die Anerkennung dieses reinen Formwerts der Wahrheit "selbst an sich selbst" –
unterscheidet den »Philosophen« vom »Sophisten«[,]
den »Dialektiker« vom »Rhetor« und »Eristiker«[.]
Für den Sophisten und den Rhetor geht die »Wahrheit« in der Sphaere der Aktion auf

– wahr ist[,] was auf den Hörer wirkt, ihn gemäß dem konkreten Zweck des Redners bestimmt, ihn in einer bestimmten Richtung lenkt –
für den Dialektiker ist es etwas, was "auf sich selbst beruht", was nach eigenen, autonomen Regeln – den Regeln des "Logos selbst" – geformt ist und was sich in dieser reinen Formbestimmtheit erkennen, festhalten, anschauen lässt[.]

Dies Reich der »Formen«, der *ἰδέαι* als *λόγοι*, wird von Platon als Erfüllung der Sokratischen Forderung entdeckt, gesichert, systematisch beschrieben –
und damit steht die neue Sphaere der »Contemplatio« vor uns –
die der Welt des Ich (der "subjektiven" Welt der Vorstellung, Meinung, *δόξα*) ebenso wie der Welt des »Wirkens« gegenübersteht –
Das Ich als solches gehört nach Plato dem Heraklitischen Fluss des Werdens an –
in ihm findet sich kein »Archimedischer Punkt« –
es wird fortgerissen –
ἑλκόμενα ἄνω καὶ κάτω[390]
im Strom der blossen Bilder, der "Phantome"
– und auch alles Wirken, als blosses Wirken, vergeht –
es vermag sich nicht "festzustellen" und in dieser Feststellung als ein »Objektives« zu erkennen –
Nur die reine Form beharrt –
Das Wirken unter die Herrschaft und[A] Vormundschaft der reinen Form und der Erkenntnis der reinen Form zu stellen
- das ist das Ziel, das Platon sich auch als Politiker stellt –
Die Politik soll aus der reinen Macht- und Wirkenssphaere erlöst –
sie soll in die Sphaere der Erkenntnis, der »Kontemplation« hinaufgehoben werden[.]

– die »Philosophen«[,]
die Meister der Ideen-Schau, der Kontemplation[,]
nicht die blossen "Praktiker", die Wirkenden, die Handelnden, nach Macht Strebenden
sollen die Herrschaft ausüben[.]

Der "Imperativ der reinen Form" soll das Tun des Einzelnen, wie das der

[A] und] *am unteren Rande links:* Forts. s. *β*5, 4; *die S. beginnt oben links mit der Wiederholung der Abschnittsüberschrift:* Basisphaenomene (Erkenntnistheorie); *am Rande oben rechts:* *β*5, 4. *Nach einem Querstrich vom linken Rand wird der Satz von der vorherigen S. fortgesetzt.*

Gesamtheit, der $\pi o \lambda \iota \tau \varepsilon \acute{\iota} \alpha$ durchdringen und bestimmen
— aus ihm allein kann das »Recht«, ebenso wie die »Wahrheit« entstehen —

Denn auch »Recht« ist nichts anderes, als innere, »objektive« Formbestimmtheit, die Platon der Formbestimmtheit der Geometrie vergleicht —
es ist "geometrische Gleichheit"[.]

In der neueren Philosophie ist dieses Erkenntnisideal der »reinen Form« am reinsten und klarsten durch Kant verwirklicht —
Kants »Idealismus« ist nicht "subjektiver" Idealismus im Sinne von Descartes —
er ist, wie Kant ausdrücklich betont, um ihn von jeder Art von subjektivem Idealismus zu scheiden (vgl. Prolegomena)
— er ist »formaler« Idealismus$_{391}$ —

Wie verfährt dieser »formale« Idealismus u. wie unterscheidet er sich methodisch vom bloss-subjektiven Idealismus?

Auch er geht vom »Werk« aus —
und er benutzt dieses Werk, um, rückschauend von ihm, in reiner »Reflexion« auf die Werkgestalt die Formen zu ermitteln, die in ihm investiert sind[.]
So vor allem in der Wissenschaft —
sie wird als ein »Faktum« aufgezeigt; aber sie wird nicht in diesem ihrem faktischen Bestand — als ein Inbegriff von Wahrheiten, Erkenntnissen — stehen gelassen —
sondern es wird nach ihrer systematischen »Form« gefragt[,]
nach den Prinzipien, Grundsätzen, Axiomen[,] die sie »konstituieren«[,]
die die "Bedingung ihrer Möglichkeit" ausmachen[.]

Und ebenso wird nach den "Bedingungen der Möglichkeit" der Sittlichkeit, der Kunst u.s.f. gefragt —
Auch die Frage der Sittlichkeit wird auf die der reinen Form zurückgeführt —
der »kategorische Imperativ« kann kein anderer als ein "formaler Imperativ" sein —
Das ist es, was Kant
— über die Jahrhunderte hinweg, über Descartes und Leibniz hin —
wieder mit Platon verbindet[.]

Die paradoxe Gestalt von Kants Ethik wird dadurch verständlich –

Denn was ist denn das eigentlich Paradoxe dieser Ethik, das immer wieder Kopfschütteln und immer wieder Anstoss erregt –

Es besteht darin, daß Kant eine rein »formale« Ethik, statt einer »materialen« Ethik aufstellt –

daß er dem Tun, um es ethisch zu legitimieren und zu rechtfertigen, jedweden Inhalt, jedweden Gegenstand nehmen muss[.]

Aber was ist ein Tun ohne Inhalt?

Was[A] ist eine Tat, die nicht um eines bestimmten Zweckes willen, mit Hinsicht und Rücksicht auf ihre Wirkungen, auf ihren Erfolg –

sondern rein "um ihrer selbst willen" getan werden soll –

Ist nicht dieses "reine" Sollen –

ein Sollen um des Sollens willen –

ein völlig leeres Sollen?

ein Etwas, dem jede bewegende Kraft abgeht –

Stammt nicht die Kraft, wodurch der Wille allein bewegt werden kann, einzig und notwendig, aus dem Gegenstand, auf den der Wille abzielt, und der als konkretes Motiv, als Beweg"grund" wirkt –

also aus der Materie –

aus dem Gewollten, nicht aus der »Form« des Willens?[B]

Aber der Widerspruch löst sich, wenn wir die Grundtendenz der Kantischen Ethik ins Auge fassen –

die eben in nichts anderem bestand, als darin[,] die reine Ethik, ebenso wie die reine Logik aus der Zwangsherrschaft der bloss-materialen Zwecke

– d.h. aus der Zwangsherrschaft der blossen Aktion –

zu befreien und sie zur reinen Kontemplation

– zum Wissen vom reinen Sollen, zum Wissen von dem, was Pflicht »ist«, vom *ἀγαθόν* als *αὐτὸ καθ' αὐτό*$_{392}$ – zu läutern[.]

Das ist durchaus Platonisch-Sokratisch gedacht –

die Abwehr alles »Utilitaristischen«, was »von aussen«, "heteronom" bestimmt –

die Forderung der »Reinheit«, d.h. der Autonomie,

der Bestimmung des Willens durch seine reine Form –

Aus dieser kritisch-transzendentalen Fragestellung entwickelt sich die "Philosophie der symbolischen Formen" und auf ihr baut sie auf –

Sie ist reine »Kontemplation«[,]

nicht einer Einzelform, sondern der Allheit, des Kosmos der reinen Formen –

[A] Was] was

[B] Willens?] Willens

und sie sucht diesen Kosmos auf die "Bedingungen seiner Möglichkeit" zurückzuführen. –...

Im Übrigen muss hier daran erinnert werden, daß diese Wendung zur »Kontemplation«, zur reinen »Objektivität«
– die "Wendung zur Idee" im weiteren Sinne – zur »Gegenständlichkeit«, die als Gebot (Sachgebot oder Wertgebot) dem »Willen« als subjektive Willkür gegenübertritt –
daß dies nicht etwa erst in der Entdeckung der Sokratisch-Platonischen Welt, der reinen 'Ideenwelt' oder 'Formwelt'[,]
zum Durchbruch kommt.
Es stellt sich dies vielmehr, – nur in einem anderen »Modus« der Auffassung (vgl. oben!)$_{393}$ –
schon in der »Entdeckung der Natur« dar
– die nicht anders erfolgen kann, als dadurch, daß – im Griechentum, und ursprünglich nur in ihm – [an] die [Stelle der] Sphaere der »mythischen« Wahrnehmung, die überall nur »Kräfte«, Willenspotenzen, Götter und Dämonen erblickt –
die »objektive« Wahrnehmung tritt –
die »Erfahrung« der 'Natur' als einem Inbegriff von Formen und Regeln[.]

Diese Entdeckung der Natur in der objektiven »Wahrnehmung« wird dann zugleich bestätigt und weitergeführt, ergänzt
– in gewissem Sinne »transzendiert« –
in der Entdeckung des Ideenreiches, als des Reichs der »reinen Formen«[.]

SYMBOLISCHE FORMEN

ZU BAND IV.

[Konvolut 184a – ca. 1928]

SYMBOLISCHE FORMEN. ZU BAND IV.

[I.] Zur Einleitung[A]

[1. Der Begriff des Ganzen]

Ausgehen vom Begriff des Ganzen –
das Ganze ist die Wahrheit – (Hegel)[394]
Aber die Wahrheit des Ganzen kann immer nur im "Moment" erfasst werden –
Dies heisst "Erkenntnis" im weitesten Sinne –
ein "Sehen" des Ganzen "im" Moment
durch das Medium des Moments –
Damit wird das Repraesentationsproblem zum Kernproblem der Erkenntnis –

Die Erkenntnis ist »organisch«, sofern jeder Teil durch das Ganze bedingt ist, nur vom Ganzen aus »verständlich« zu machen ist[;]
sie kann nicht aus Stücken, Elementen aufgebaut werden –
außer sofern jeder Teil schon die 'Form' des Ganzen an sich trägt –
In dieser Hinsicht ist der Begriff der 'Form'[,] *εἶδος*[,] *μορφή* schon in der griech[ischen] Philosophie gefasst und geht seither durch die gesamte abendl[ändische] Philos[ophie] hindurch[.]
Entwicklung (negativ)
gegen den falschen Elementenbegriff: Mach etc.[,] cf. Einleit[ung].[395]

Transzendentalphilosophie
'Tatsache' u. 'Theorie'
Das Höchste wäre zu erkennen, daß alles Faktische schon Theorie ist[.][396]
'Begriff' und 'Erfahrung'[;]
jede einzelne Erfahrung ist Moment eines Sinn-Ganzen –
Dies [ist] der theoretische Sinnbegriff, der sich bei Kant in der Synthesis a priori ausdrückt:
alles Einzelne, empirisch-'Gegebene' ist schon durch die Form des Erfahrungsganzen bestimmt –
Dies [ist] die Auflös[ung] der Frage: Wie sind synth[etische] Urteile a pr[iori] möglich?

[A] Einleitung] *am Rande oben rechts:* Blatt I

Die Form der Erfahr[ung] lässt sich anticipieren:[397]
(cf. Leibn[iz], Klem. d. Th.)[398]
anticipatio mentis[.]
Das 'Einzelne' repraesentiert immer zugleich den 'Kontext der Erfahrung' –

[Es gibt] Mängel in der Bestimmung des Korrelations-Verhältnisses von Materie und Form bei Kant –
Sie rühren davon her, daß die reine Sinn-Frage wieder in eine genetische Ursprungs-Frage im unzuläss[igen] Sinne umgedeutet wird –
Sinngemäß, wesens-mässig giebt es nur Materie u. Form, Besonderes im Allgemeinen, Einzelnes im Ganzen –
aber Kant fragt auch: woher stammt die Materie, woher stammt die Form[.]
Und die Antwort: die Materie stammt vom Ding an sich –
die Form aus dem Gemüt –
Aber bei blossen abstrakten Momenten lässt sich nicht nach dem gesonderten Ursprung, nach der 'Herkunft' fragen –
die repräsentative Einheit, die Sinn-Einheit lässt sich nicht aus gesonderten Stücken aufbauen –
wäre das möglich, so bestünden ja eben die Teile vor dem Ganzen –
es gäbe also gar keine Synthesis a priori, sondern nur eine solche a posteriori –
Die Trennung von Empfindung (Anschauung) u. Verstandesbegriff ist daher sinnvoll bei Hume, aber sie ist es nicht mehr bei Kant[.]
Der Begriff der blossen Verbindung (conjunctio) ist ja eben durch den der Synthesis überwunden.

Synthesis a priori wäre nie u. nimmer möglich, wenn Erfahrung ein Aggregat aus dem 'Gegebenen' der Empfindung u. den Formen des Verstandes wäre –
sie fasst in Bestimmtheit dieses Gegebene durch die reine Form selbst (Logik der Tatsachen)[.]
Zu diesem Begriff der Synthesis als Ganzheits-Synthesis
vgl. jetzt auch König, Begr[iff] der Intuition[,][399] ferner Heyse, Begriff des Ganzen[400] –
[...][A]

[A] [...] *die letzten drei S. dieses Textes sind nach einem Hinweis im Ms. ans Ende des folgenden Abschnitts versetzt*

[2. Das Erkenntnisproblem als Formproblem]

Zu entwickeln: Das Erkenntnisproblem als Formproblem.[A]
Das gesamte Problem der Erkenntnis bewegt sich schon historisch gesehen um 2 Achsen[:]

a) um die Achse des Formproblems

b) um die Achse des Symbolproblems

(Repraesentations-Problem)

Man könnte geradezu jede "Erkenntnistheorie", die im Lauf der Geschichte der Philosophie hervorgetreten ist, eindeutig durch ihre Stellung zu diesen beiden Grundproblemen bezeichnen u. definieren –

Je nach der Bedeutung und der Stellung, die sie

α) dem Formbegriff

β) dem Begriff der Repraesentation

giebt, unterscheidet sich ihre philosophische Grundhaltung. –

Das Grundproblem besteht seit der Philos[ophie] der Griechen darin, wie es möglich ist, die Form des Seins auf die der Erkenntnis 'abzubilden'

- derart, daß beide als spezifisch verschiedene Welten erscheinen und doch in eben dieser Verschiedenheit ein u. dasselbe bedeuten[,] daß der Kosmos der "Vernunft", des *λόγος*[,] u. der Kosmos des Seins (die *φύσις*) einander 'entsprechen'.

Der Kampf der Systeme geht um die Bedeutung, die diesem "Entsprechen" beizulegen ist – hier werden alle Lösungen versucht[.]

[a)] Erste, gewissermassen "primitive" Lösung besteht darin, daß hier ein Verhältnis der Identität vorliegt –

es sind eigentlich gar nicht zwei Formen, sondern nur Eine –

die Beziehung der Erkenntnis, des Denkens auf das Sein ist eine analyt[ische] Beziehung –

αὐτὸ γὰϱ ἐστι νοεῖν τε καὶ εἶναι[;][401]

eine "Repraesentation" des Seins im Denken findet also nicht statt –

das repraesentative Verh[ältnis] ist als reine Koinzidenz erklärt[.]

b) [Zweite Lösung:] Umwandlung in ein kausales Verhältnis

das Sein "wirkt" auf das Denken, geht mit seiner Form oder einem Teil derselben in das Denken ein –

Repraesentation [wird] auf Gleichheit [zurückgeführt] u. [als] Wirkung

[A] Formproblem] *die S. beginnt oben links mit der Wiederholung der Abschnittsüberschrift:* Zur Einleitung*; am Rande oben rechts:* Blatt II

des Gleichen auf das Gleiche erklärt[.][A]
So Empedokles –
mit innerem Wasser erkennen wir das Wasser draussen.[402]
Praeformations-System
Die Identität als Gleichheit des Mikrokosmos und Makrokosmos macht die Beziehung, die wir in der Erkenntnis besitzen, möglich[,]

oder als System der Epigenesis[;]
das Sein dringt in die Erkenntnis ein –
εἴδωλον-Theorie[:][403]
'Repraesentation' [wird] als Gleichheit (originär) oder als Abbildung (mittelbar) »erklärt«[.]
Von Epikurs *εἴδωλ[ον]*-Theorie bis in alle Abarten und Spielarten der Abbild-Theorie[.]

c) [Dritte Lösung:] Repraesentation als *μέθεξις*
Die neue Wendung besteht darin, daß das Problem in eine andere Sphaere, Dimension versetzt wird. In allen bisherigen Theorien – in der Identitäts-Theorie sowohl wie in der Abbild-Theorie[B] oder in der Kausal-Theorie handelte es sich immer darum, die Erkenntnis als einen Teil des Seins zu denken, der aber andererseits das Ganze irgendwie "in sich fassen" sollte. Dieses "Enthaltensein des Ganzen im Teil", des "Makrokosmos im Mikrokosmos" gab dann immer neue Rätsel auf. Denn wie vermag das Umfasste zugleich das Umfassende zu sein, das Er-Fassende? Umfangend-umfangen[404] – so soll sich die Erkenntnis darstellen. Aus dieser Antinomie u. Aporie zieht die "Metaphysik der Erkenntnis" immer neue Nahrung. Diese Metaphysik enthält, wie noch ihre neueste Gestaltung bei Nik[olai] Hartmann[405] zeigt, den Keim der Skepsis in sich. In allen 'dogmatischen' Systemen, die den Seinsbegriff an den Anfang stellen, die von der 'Substanz' ausgehen, tritt immer wieder diese Aporie hervor. So bei Spinoza im Attributenbegriff[406] –
Das Sein hat unendlich viele Attribute – unter anderem als eines derselben die cogitatio[407] –
Aber wie kommt dann die cogitatio dazu[,] von dieser Unendlichkeit zu wissen, sie in sich auszudrücken. Dieser Ausdruck, die "expressio" der Ausdehnung im Denken, bleibt das eigentliche Problem: Denn jetzt ist sofort klar, daß das Verhältnis der Substanz zu den Attributen, des Seins als ens a

[A] erklärt] *Ms.:* Repraesentation auf Gleichheit und auf Wirkung des Gleichen auf das Gleiche erklärt[.] *Hier ist vermutlich sowohl an ein* Zurückführen *der Erkenntnis* auf *Gleichheit als auch an ein Erklären der Erkenntnis* als *Gleichheit gedacht.*
[B] Abbild-Theorie] Abbilds-Theorie,

se und des Denkens, nicht das des (extensiven) Ganzen zum (extensiven) Teil sein kann[.] Denn dies Verhältnis schliesst ja ein Moment prinzipieller *Nicht-Homogeneität* in sich: die cogitatio drückt zwar die extensio[,] nicht aber die extensio die cogitatio aus – Daran scheitert auch jeder "Parallelismus" – der Satz ordo et connexio rerum *idem est* atque ordo et connexio idearum,[408] das nackte Identitäts-Verhältnis reicht eben nicht aus, um das Verhältnis der expressio repraesentatio zu bezeichnen –
Das ist der entscheidende Punkt, an dem Leibniz von Spinoza abgeht –
Er rückt im Begriff der Monade, der für ihn das Ur-Sein bezeichnet, die expressio, repraesentatio in den *Mittelpunkt* –
denn die Monade ist ihrem Wesen nach repraesentatio[409] – ist multinum in sino expressio –
Anders ausgedrückt sind wir im Begriff der Repraesentation von der blossen Wirklichkeits-Ebene in die Bedeutungs-Ebene übergetreten: die Bedeutung ist die Grundkategorie, von der aus das 'Sein', die "Wirkl[ichkeit]" erst bestimmt werden kann[.]
Und die Beziehung des 'Seins' auf das 'Denken'[A] ist jetzt weder (reales) Teil-Verhältnis noch (reales) Kausal-Verhältnis (Mikrokosmos, Abbildung etc.) [,] sondern es ist ein rein *signifikatives*, ein Bedeutungs-Verhältnis oder[,] wie wir auch sagen können[,] ein *symbol[isches] Verhältnis*[.]

Diese Wendung tritt *historisch* zuerst in der *griech[ischen] Philosophie* heraus –
Bei den Pythagoreern ringen beide Motive noch mit einander. Das Seiende *ist* Zahl – u. das Seiende "ahmt die Zahl nach", "hat an der Zahl Teil"[410] –
Beide Ausdrücke scheinen nach dem Aristotelischen Bericht bei ihnen noch nicht geschieden zu sein –
Die ganz klare Trennung bringt erst der Platon[ische] Begriff der *μέθεξις*[.]

»Idee« und »Erscheinung« –
beide sind ihrem Sein nach unverwechselbar –
sie können niemals "koinzidieren" –
noch bildet etwa die Erscheinung die 'Idee' in dem Sinne ab, daß ein Teil der Idee in die Erscheinung "eingeht" –
all das sind ganz inadaequate Ausdrücke des Verhältnisses
– "die gleichen" (Steine u. Hölzer) sind eben nie "das Gleiche" (die Idee des Gleichen)
– aber dennoch besteht zwischen Erscheinung u. Idee, zwischen dem Gleichen u. der Gleichheit das Verhältnis der *μέθεξις* –

[A] Denken'] Denkens'

das über die prinzipielle ἑτερότης hinausgreift –
die Gleichen drücken das Gleiche –
die schönen Dinge[,] πράγματα[,] drücken die Idee des Schönen aus –
hier [ist] ein neues Verhältnis von 'Teil' und 'Ganzem' in der Idee der "Teilhabe" –
ein »intensives« statt eines »extensiven« Verhältnisses –
Das Erkenntnisproblem ist Problem der μέθεξις
– »Erkenntnis« und »Sein« sind unterschieden –
u. dennoch in eben dieser Unterscheidung notwendig u. korrelativ auf einander bezogen –

Dabei lässt der Begriff des εἶδος selbst eine doppelte Bestimmung zu, die sich in typischer Deutlichkeit bei Platon und bei Aristoteles ausspricht[A] –
Platon geht aus vom εἶδος als reiner Bedeutung: das Dreieck, sein τι ἐστι, ist in[B] allen Dreiecken 'gegenwärtig', steht mit ihnen in 'Gemeinschaft'[,]
die μέθεξις als παρουσία u. κοινωνία[.][411]
Die Bedeutung, der Sinn des Dreiecks "leuchtet auf", "erscheint", ist gegeben für uns immer nur in "den" Dreiecken –
das Allgemeine ist niemals anders da, niemals anders gegenwärtig als im Einzelnen[,] im einzelnen Verwirklichungs-"Fall"
– aber an diesem Fall können wir uns das Allgemeine als καθόλου, seinem reinen An-Sich nach, als ein αὐτὸ καθ' αὐτὸ erfassen[.]
Dies [ist] das Grundverhältnis bei Platon:
das Allgemeine wird im Einzelnen, die Bedeutung 'an sich' wird im einzelnen Verwirklichungsfall erfasst –
durch den einzelnen Verwirklichungsfall hindurch wird auf das Allgemeine, das εἶδος "hingesehen"[.]
Diese Art der 'Hinsicht' bestimmt das Verhältnis von Idee u. Erscheinung –

Vgl. auch Nik[olaus] Cusanus: in dem Dreieck als Besonderem, Quantitativ-Begrenzten erscheint ein Etwas, ein 'Wesen', das selbst keiner quantitativen Begrenzung mehr fähig ist –
im Endlichen erscheint ein Unendliches –
im Quantum ein »Quid« und »Quale«[,]
in der "Existenz" ein 'Essentielles'[;]
dum trigonum depingit quantum etc.[412]

Anders der Begriff des εἶδος bei Aristoteles[,] denn hier ist das εἶδος pri-

[A] ausspricht] aussprechen
[B] ist in] in ist

mär nicht das mathematische Wesen, sondern es ist die organische Form –
Die Form als Verwirklichung des Möglichen –
als Totalität der Gestaltung – an dieser Totalität der Gestaltung hat jede einzelne "Gestalt" ihren Grund –
Die Form als Ganzes expliziert sich in der Reihe des Werdens –
sie ist dynamische Form, die nur im Werden "erscheinen" kann.
Und hierauf gründet sich auch alle Erkenntnis –
Erkennen heisst: das Ganze der "Form" im Einzelnen des Werdens u. des Gewordenen erblicken –
Der Sinn des Werdens tritt erst hervor, wenn es in dieser Weise sub specie der Form gesehen wird –
wenn jede Einzelgestaltung als Phase des Ganzen genommen wird –
und wenn jede Einzelphase symbolisch das Ganze verkörpert –
dies ist Ausdrucks-Sinn, nicht wie bei Platon Bedeutungs-Sinn[.]

es sind schon hier deutlich zwei Typen der Erkenntnis gegen einander geschieden:
aber beide sind in der Auffassung des Form-Verhältnisses, als Verhältnis der *μέθεξις* – nicht der Identität oder Gleichheit – einig.

Hieran [ist] die allgemeine systematische Gliederung des 'Erkennens' anzuschliessen
vgl. Blatt I[1]
ferner 'Repraesentation' bei Kant
Problem der Synthesis als Synthesis a priori$_{413}$
Platon – *κοινωνία*[,] *μέθεξις*
Aristoteles – *εἰδος*[,] *ὕλη, ἐνεϱγεια, δύναμις*
Kant – Synthesis a priori
Form u. Materie der Erkenntnis$_{414}$
als die drei grossen Stufen des Repraesentations- u. Symbolproblems in der Geschichte der Erkenntnis[.]

Ganzheit der Erfahrung der Wissenschaft ist nur eine Stufe der Ganzheit –
Wir unterscheiden[:]

[1] Hieran ist ... anzuschliessen / vgl. Blatt I] *Diesem Hinweis gemäß ist hier nach dem Querstrich die Gliederung des Erkennens von* Blatt I *(Bl. 19v-20v) angeschlossen.*

Hermeneutik	a) Ausdruck = "Verstehen" – "Leben"
	b) Darstellung = 'Anschauen' – "Gestalt"
interpretatio naturae	c) Bedeutung = 'Erkennen' – "Gesetz"[A]

'Erfahrung' im Sinne objektivierender Wissenschaft ist nur eine Form der Ganzheit –
Wir unterscheiden von ihr:

α) die Lebens-Ganzheit, die sich im Urphaenomen des Ausdrucks darstellt –
ein 'Sinnliches' erscheint als Ausdruck –
d.h. als Manifestation eines seelischen Ganzen, dem es angehört –
u. so zwar individuell –
jede Geste etc. als Ausdruck einer Seele oder ein historisch-geistesgeschichtlicher –
Alle Geistesgeschichte beruht auf Hermeneutik –
Deutung im physiognom[ischen] Sinne –
'Morphologie der Kultur' bei Spengler –
Dies [ist] jedoch immer nur eine Seite –

β) »Darstellung«
Repraesentation im Aufbau des empir[ischen] Weltbildes
Darstellung als 'Abschattung'
(cf. Helmholtz)[415]

γ) reine Erkenntnis
System 'idealer' 'Bedeutungen' (Mathematik)

zu α) auch in aller "Hermeneutik" handelt es sich um das Erfassen von 'Totalitäten'
(Lebens-Totalitäten, 'Biographien') im einzelnen
– der durchscheinende "Charakter"[.]
Charaktere in diesem Sinne haben auch überindividuelle Ganzheiten[,]
Kulturen etc.
cf. Wach, Problem des Verstehens?[416]

ad β) Erfassung des 'Gegenstands' in einer perspektivischen "Ansicht"

[A] "Gesetz"] Hermeneutik *und* interpretatio naturae *nachträglich am Rand dazugesetzt*

ad γ) Jeder einzelne 'Satz' mathematischer aber auch physikalischer Art "gilt" nur innerhalb eines Systems von Wahrheit –
wir erfassen in ihm als Moment das »System«[;]
jede Erfahrung basiert auf einer Theorie[.]
Duhem – Hier der Symbolbegriff in der Physik[.][417]

Es giebt auch eine Erfassung der 'Natur', die sich wie bei Goethe ganz in den Grenzen der Ausdrucks-Ganzheit u. der anschaul[ichen] Ganzheit hält –

Willst Du Dich am Ganzen erquicken
So mußt Du das Ganze im Kleinsten erblicken![418]

Diese Richtung des »Blickes« auf das Ganze (der Phaenomene auf die Urphaenomene) bezeichnet eine ganz spezifische Blickrichtung,
die von der auf das System
('Bedeutung', Newton) ganz streng gesondert werden muss –
Probl[em]: Goethe u. Newton[419]

[II. 'Geist' und 'Leben']

[1. 'Geist' und 'Leben': Klages][A]

Die Lehre von der "Wirklichkeit der Bilder",[420] die Klages vertritt, ist der deutlichste Beweis dafür, daß seine gesamte Metaphysik im Ausdruckserlebnis wurzelt, nichts anderes als der Versuch einer Deutung des Urphaenomens des Ausdrucks ist –
seine Metaphysik hat durchaus visionären Charakter –
sie fasst das Ausdruckserlebnis in einer Reinheit u. Tiefe, wie vielleicht keine Lehre zuvor –
Kl[ages] ist immer reich und bedeutend, er giebt die tiefsten Aufschlüsse, wo er als Visionär, als Seher spricht –
aber seine Tragik fängt dort an, wo er diese visionäre Kraft zum Gedanken umbilden muss[.]

Und alle Metaphysik, auch die seine, ist eben doch an die Form des Gedankens gebunden, nur in ihr möglich[.]
Wo Kl[ages] als reiner Künder von Ausdruckserlebnissen spricht, da schliesst er immer Tiefen auf, die der »rationalen« Metaphys[ik] unzugänglich bleiben müssen –

[A] Klages] *die S. beginnt oben links mit der Abschnittsüberschrift:* Geist – Leben (Klages)

aber wo die Verkündung zur Lehre, zum Dogma erstarrt, da treten die Schwächen dieser Lehre alsbald hervor.
Und dogmatisch ist auch seine Grundlehre: die Lehre von der "Wirklichkeit der Bilder" –
In ihr erkennt man, wie die Philos[ophie] von Klages selbst Mythos ist: denn die Indifferenz von 'Bild' u. 'Wirklichkeit' ist gerade der Grundzug des Mythos –
Die philos[ophische] Reflexion aber enthüllt auch die ursprüngl[ichen] Ausdruckserlebnisse als ideell bedingt –
als (immanentes) Tun, nicht als blosses "Leiden".

Kl[ages] ist selbst viel zu sehr eine mythische Natur, als daß ihm der Mythos als Form aufgehen könnte –
Seine Lehre von der "Wirklichkeit der Bilder" bleibt daher naiv-objektivistisch –
Hierin besteht zugleich ihre Kraft und ihre immanente Schranke.

In der Dimension des reinen Ausdruckserlebnisses erneuert Kl[ages] hier die antike Theorie der *εἴδωλα* –
Es sind wirklich die *εἴδωλα* der Dinge, die in der myth[ischen] Anschauung in den Menschen eingehen –
Nur sind diese *εἴδωλα* nicht Indizes von "Dingen"[;]
(es[A] ist der grosse Vorzug von Kl[ages], daß er die gedankliche, die theoretische Vermittlung der »Dinge« klar erfasst hat –
daß das Ding, als empirisches Ding, als ein kategorial, durch intellekt[uelle] Funktionen Bedingtes gilt –
hier steht er weit mehr[,] als er selbst weiss, doch auf den Schultern Kants!
nicht die »Dinge« gehen also, wie in der antiken Wahrnehmungslehre, mit ihren Idolen in uns ein – wohl aber die "Seelen" der Wirklichk[eit], ihre Dämonen –
cf. Vom kosmogon[ischen] Eros
[S.] 94: die dämonisch bewegte Wirkl[ichkeit] der Bilder
u. das ganze Cap[itel]: Vom Wesen der Ekstase[,] S. 74ff.[,][421] die angestr[ichenen] Stellen –

Wiederum ist hier das reine Erlebnis der Ekstase, wie des kosmogon[ischen] Eros überhaupt, in tiefster Weise erfasst –
Aber dieser Eros ist eben für Kl[ages] wesentlich Ent-Selbstung und Ent-Geistung (cf. [S.] 48!) [,][422] ist rein "pathisch", jede Selbstheit, Selbsttätigkeit ist in ihm erloschen –

[A] (es] *die schließende Klammer fehlt*

Solche Ekstase, als blosser Zustand, erklärt aber gerade nicht die "Form" des Mythos, die Form der Dichtung[.]
Gewiss: diese Form ruht auf rein pathischen Erlebnissen –
aber sie ist nie und nimmer rein pathisches Erlebnis –

Hier (innerhalb der Ausdrucksdimension) [besteht] dieselbe Schranke, wie in der Wahrnehmungstheorie der *εἴδωλα* –
das Bild ist als dämonisches Etwas[,] u. als solches dringt es in den Menschen ein, überfällt ihn mit seiner dämonischen Gewalt –

für uns aber gilt es einzusehen, daß kein Bild an sich "ist" ohne eine Funktion des Bildens –
keine Gestalt ohne einen Prozess der Gestaltung –
Und diesem Prozess verdankt der Mythos, die Kunst ihren Ursprung –
Mythos u. Kunst sind an best[immte] Formen der Aktivität, also des geistigen Tuns gebunden, ohne dies nicht möglich –
Nicht das Leben an sich entlässt aus seinem Schoße auch schon 'Bilder', die in das Subjekt, das sich rein leidend[A] als tabula rasa verhält, 'eindringen'
– sondern nur der Geist ist es, der durch Berührung mit dem Lebensgrund Bilder formt –
Ohne daß er in den Urgrund des Lebens wieder eintaucht, zurücktaucht, ist diese Art der Gestaltung freilich nicht möglich –
er würde leere Schemen erzeugen[,]
und alle Dichtung, aller echte Mythos ist mehr als blosse Phantasmagorie –
ist Verkündung und Offenbarung, Manifestation –
aber der »Eindruck« muß andererseits Ausdruck werden[,]
u. er wird es erst durch die immanente Kraft des Subjekts, das ihn zum Ausdruck formt[.]
Nicht die dämonische Besessenheit allein macht den Seher und den Dichter –
sondern die Kraft[,] sie in Worte, Gestalten, Bilder zu fassen –
nicht das "Gesicht" als bloss Gesehenes, sondern die "Sehe".
Die völlige Ent-Selbstung, Ent-Geistung würde nicht die Wirklichkeit der Bilder zurücklassen –
sondern nur das bildlose Leben –
Nichts wirst Du sehen –
den Schritt nicht hören, den Du tust[.]₄₂₃
Im Erstarren kann der Mensch nicht sein Heil finden₄₂₄ – er muss gestalten.

[A] leidend] leidend,

Und im Gestalten freilich entfernt er sich von dem "Urgrund des Lebens", von den Müttern[425] – aber eben hierin findet er zugleich sich selbst[,] u. hier geht ihm auch erst eine Welt der Anschauung auf –
Der kosmogonische Eros kann nicht rein pathisch, erleidend sein – denn erst das Tun schafft den »Kosmos« aus der Nacht des Chaos –
Der Menschengeist ist es[,] der das Wort[,] den *λόγος*: Es werde Licht sprechen muss –
Diese Form der Lichtwerdung schafft erst ein Bild der Welt –
ohne das "Licht" des Geistes, ohne den gestaltenden Logos, den Kl[ages] schmäht u. verwirft, giebt es keine – Kosmogonie.

Kl[ages] dagegen kennt den 'Geist' nur als die "Fluchmacht des Geistes", von der es in mystischer Entrückung [sich] zu erlösen gilt[,]
vgl. kosmog[onischer] Eros[, S.] 156 u.s.[w.][426]

Das »Bild« ist eben nie rein »dionysisch«, sondern es ist »apollinisch«[,]
u. das will heissen – Sokratisch[,]
wie Klages selbst, freilich als Abwehr-Ausdruck, Apollinisch u. Sokratisch gleichstellt[, S.] 179[.][427]
Hier steht Kl[ages] auch im Gegensatz zu Bachofen, dem er vorwirft, daß er aus christlichem Einfluss den 'Geist' als das 'höhere' Prinzip verstanden habe (S. 182)![428]

Wertsystem[A] von Klages[,] vgl. die Bemerk[ung] bei Prinzhorn[429] [S.] 98ff.

ein solches festes Wertsystem spricht schon aus der Benennung der Dimensionen, erst recht aus der Formulierung der polaren Gegensätze u. aus den allgem[einen] Wertungen geschichtl[icher] Persönl[ichkeiten] u. Zeitström[ungen].[430]
Metaphys[ische] Grundkonzeption[:]
zwei metaphys[isch] gegens[ätzliche] Instanzen:
Leben u. Geist[,] cf. [S.] 101 ff.[431]

Hiergegen [ist] nun das eine zu erinnern, daß alles Wertsetzende schon Geist ist –
daß es überhaupt erst in der Sphaere des Geistes so etwas wie "Wert" giebt –

[A] Wertsystem] *die S. beginnt oben links mit der Wiederholung der Abschnittsüberschrift:* Geist – Leben (Klages)

Dies [wird] tief u. sicher schon von Cusanus, also dem eigentl[ichen] Begründer des deutschen Idealismus erkannt –
Bei Cusanus nimmt das Problem eine andere Wendung gemäss der metaphys[ischen] Lage *seiner* Zeit –
hier heisst es nicht Geist – Leben, sondern Geist – Gott –
Aber Cusanus erfasst aufs schärfste den Dualismus u. *überwindet* ihn zugleich –
Auch hier [wird] zunächst die volle Pol-*Spannung* erreicht – (Negative Theologie[)] – der Geist ist das Prinzip des 'Nennens' u. 'Messens' (ratio als nominatio und mensuratio) [,]
aber alle nominatio u. mensuratio reicht an *Gott* nicht heran
– das Sein als absolutes Sein (der »Lebensgrund«) wird dadurch *nicht* erfasst, nicht einmal berührt[.]
Dann aber der *Umschwung* in Cus[anus'] späteren Schriften –
u. zwar aus der Einsicht heraus, daß der Geist das *wertgebende* Prinzip[432] ist –
nicht Gott ist der "Schöpfer" des Wertes, sondern erst im Geist entsteht das Problem des Wertes[;]
wie Gott die seinsgebende, so ist der Geist die allein lichtgebende Kraft –

Wenden wir dies auf Klages u. auf die gesamte Romantik an –
so lässt sich sagen, daß beide ein bestimmtes Wertsystem voraussetzen, vermöge dessen sie das Leben dem Geist *überordnen* –
Aber eben diese *Überordnung* ist (wie alle "Ordnung") schon ein *Werk* des Geistes –
dieses muss also vorausgesetzt werden –
es ist – u. darin liegt die eigentliche Dialektik – hier keineswegs das Leben, das der Geist negiert[,]
sondern es ist der Geist, der sich gegen sich selbst kehrt, gegen sich selbst *fragt* –

Dies: gegen sich selbst *fragen* können ist gerade eine Urfunktion, ja die vielleicht tiefste Funktion des Geistes *selber* –
das Leben *ist*, aber es *fragt* nicht[,]
und nur in der Frage entsteht das Problem des *Wertes* –
nur der aus dem Paradies des Lebens Verstossene kennt den – »Wert« des Lebens[.]
(Problem von Byrons *Kain* –
das 'satanische' Prinzip des Geistes[433]
(cf. Prinzhorn [S.] 101: der Geistseite eine mehr oder weniger *teuflische* Rolle ...) [,][434]
aber doch ist dieser Teufel als Teufel schaffend[435] –

denn aus ihm geht erst das Problem des Wertes hervor[.])
Es gibt also gar nicht den Dualismus Leben – Geist –
sondern der hier aufgewiesene Dualismus ruht im Wesen des Geistes **selbst**,
ist eine seiner notwendigen, immanenten Äusserungsformen –
und so gesehen können wir Klages' Lehre akzeptieren[:]
die 'Entfremdung' besteht –
eben der Geist muss sich sich selbst entfremden, um sich selber zu »haben«,
er kann sich gar nicht anders als vermöge eben dieses Prozesses seiner Selbstentfremdung haben[.]
In Prinzhorns Darstell[ung] von Klages wird übrigens hervorgeh[oben], daß nicht der Geist an sich das lebensfeindl[iche] Prinzip ist, sondern nur der Geist in einer best[immten] 'Form' (cf. [S.] 102 f.) [;]
wenn schon Geist, dann höchste Form[,][436]
aber in jeder Alternative zwischen Geist u. Leben unbedingt für Leben als das Unersetzliche, den schöpf[erischen] Urgrund ([S.] 103) [.][437]

Dies [ist] der Unterschied:
das Leben, als solches, ist blind-gestaltend; es kann also auch den Geist nicht sehen; es hat keinen 'Blick' für den Geist –
dagegen der Geist ist das Prinzip des Sehens selber –
dies 'Sehen' entfernt sich vom Leben, sofern es dasselbe ihm "gegenüber", in einer bestimmten »objektiven« Distanz haben muss –
aber diese Entfernung ist nicht: Vernichtung, sondern eben dies ist Vorrang u. Vorrecht wie auch Pflicht, Notwendigkeit, Aufgabe des Geistes –
der echte Geist »bewahrt« das Leben[,] auch wo er über dasselbe hinausschreitet

τὰ φαινόμενα διασώζειν[,]

er erkennt auch die Ausdruckssphaere noch als solche an –
aber er sucht nicht die Bedeutungs-Sinnsphaere auf sie zurückzuschrauben –
In diesem Sinne hat die Philos[ophie] d. symbol[ischen] F[ormen] das Verhältnis gefasst –
sie giebt dem Mythos selbst (der Ausdruckssphaere) sein Eigenrecht[,]
belässt ihn innerhalb dieser Sphaere –
aber sie benutzt andrerseits diese Sphaere nun als Gegenhalt u. Gegenbild, um ihr gegenüber den Charakter der ihr transzendenten, der reinen Bedeutungs-Sphaere herauszuarbeiten –

Hegels Prinzip der Phaenomenologie des Geistes –
der Geist ist verpflichtet, dem Bewusstsein die Leiter darzubieten (schon cit. Band I) [,][438]
dieser Rück-Blick konstituiert ihn selbst, ja er ist geradezu diese Rücksicht.

Der Geist bekommt sich selbst nur in Sicht, sofern er ständig auf das Leben, auf den schöpferischen Urgrund "Rücksicht" nimmt –

er entfremdet sich dem Leben[,] aber noch in dieser Entfremdung vermag er es zu ehren u. zu schonen –
denn er will ja nicht sich selbst einfach tyrannisch an die Stelle dieses Lebens setzen, sondern er will nur "die Sehe" eben dieses Lebens erlangen –
das Sehen aber zerstört keineswegs die Substantialität des Lebens –
die Substanz hört nicht auf, indem sie Subjekt wird –
denn das ist eben Sinn des Subjekt-Werdens[,] daß es die früheren Stufen des 'Seins' nicht gleich Schlangenhäuten einfach abwirft, sondern daß es sich in seinem Werden weiss –
es bewahrt z. B. den Blick für die Ausdruckssphaere, (mythische Sphaere) [.]

Beide Gesichtspunkte [sind] gleich einseitig u. verwirrend[:]
wenn der Ausdruck sich zum Herrscher über die Bedeutung
u. wenn die Bedeutung sich zum Herrscher über den Ausdruck aufwirft
(Typen der Metaphysik)[439][.]

Der[A] Punkt, an dem wir uns von Kl[ages] trennen, liegt darin, daß er den 'Geist', den er im unversöhnl[ichen] Gegensatz zum Leben sieht, nur als technisches Prinzip der Herrschaft, des Willens, des Machtbedürfnisses sieht,
der das Leben, die Erde fortschreitend unterjocht und entseelt[.]
[Dies ist] am klarsten u. lebendigsten in 'Mensch u. Erde'[440] –
er fasst also den Geist immer nur von der Seite des Wirkens –, aber nicht von der des Schauens –
Die Technik als blosse Technik zerstört ebenso das reine 'Schauen', wie sie das reine »Leben« zerstört –
der blosse Macht-Wille tötet den Geist, wie er das Leben tötet –
Hier also liegt [für] uns die Grenze[;]
wir verneinen mit Kl[ages] die Form einer bloss technischen Zivilisation –

[A] Der] *die S. beginnt oben links mit der Wiederholung der Abschnittsüberschrift:* Geist – Leben (Klages)

aber diese ist uns nicht gleichbedeutend mit den reinen »Formen« des Geistes[.]

Es ist ja eben schon die Kunst, der Mythos eine solche Form des Geistes selbst[.]
Geht denn alles Geistige im Tun, im Wirken gegen die Dinge auf –
oder ist es nicht vielmehr selbst ein Zurücktreten der Aktion[A] –
ein Übergang vom Wirkungskreis, Aktionskreis zum "Gesichtskreis" –

Hier bleiben wir gegen Kl[ages] reine "Theoretiker" – die wahre Seligkeit liegt uns nicht in dem Eins-Sein mit dem schöpfer[ischen] Lebensgrund, sondern in der *νόησις νοήσεως*[.]

Und »theoretisch« in diesem reinen u. höchsten Sinne ist uns der Mythos, die Kunst, die Sprache –
Die Griechen, auf die sich Klages beruft[,]
cf. M[ensch] u. Erde[,] S. 43_{441} u.ö. –
sie haben ja auch die *νόησις νοήσεως* als höchsten Wert des Daseins erfunden!

Für[B] Kl[ages] steht es fest, daß die cogitatio, das Bewusstsein dem Leben schlechthin inadaequat bleibt –
Aber diese Inadäquatheit kann etwas Doppeltes bedeuten –
sie kann besagen, daß die cogit[atio] den "Lebensgrund" nicht erschöpfen kann –
ein anderes Mal, daß die cogit[atio] das Leben vergewaltigt, verfälscht. –
Aber der reine Blickstrahl der cogitatio, der auf das Leben fällt, greift seine Substanz nicht an –
er bekommt vielmehr eben diese Subst[anz] selbst "in den Blick" –
das Leben wird »Sehe« (Fichte)
aber es wird dadurch seiner Wesenheit nach nicht angegriffen. –

[A] Aktion] *am Rande links:* cf. Simmel!
[B] Für] *die S. beginnt oben links mit der Wiederholung der Abschnittsüberschrift:* Geist-Leben (Klages).

Kl[ages] kann seine These nur durchführen, indem er das »Bewusstsein« in einem engen u. einseitigen Sinne

als "technisches", statt als »spekulatives« Bew[ußtsein] nimmt[.]

Die symbolische Gestaltung, die kein blosses Mittel der actio ist, wird von seinen Einwänden nicht getroffen[.]

So ist z. B. der Mythos nicht bloss pathische Einfühlung u. Einsfühlung mit dem Natur- u. Lebensganzen,

sondern aktive Gestaltung aus dem Kern dieses Einheitsgefühls heraus –

er schon ist eine Form der »cogitatio«, wenngleich diese noch ganz pathisch gebunden bleibt.

[2. 'Leben' und 'Geist': Simmel][A]

der Gedanke der Transzendenz des Lebens –

daß nämlich das Leben in seiner eigenen inneren Bewegtheit, aus dem Grundgesetz seiner Dynamik heraus "Formen" erstehen lässt, deren Sinn und Bedeutung über es selbst hinaus geht –

daß das Leben die Fähigkeit hat[,] in eine ihm selbst fremde, ihm prinzipiell überlegene Dimension hinauszugreifen –

daß es Gebilde erschafft, die ganz unabhängig von dieser Art der Entstehung einen eigenen[,] objektiven Gehalt und Sinn besitzen[,]

ihm gegenüber 'Autonomie' besitzen:

dies alles tritt am deutlichsten an dem Charakter der symbol[ischen] Formen zu Tage –

Sie vermitteln u. versöhnen jenen Konflikt, den S[immel] als den Grundkonflikt, als die Tragödie der Kultur ansieht –

u. sie lösen auch den logisch-dialektischen Widerspruch, der in dieser ständigen Selbst-Transzendenz des Lebens zu liegen scheint[.]

– Denn in ihnen giebt sich das Leben nicht an ein ihm fremdes 'Sein' hin – sondern in ihnen wird es sich selbst objektiv

– sie sind sein ständiger Objektivationsprozess –

Daher kann hier ein eigentlicher Bruch gar nicht eintreten –

kein "Aufgeben" des Lebens an von außen gegebene, ihm aufgezwungene feste Formen

– sondern nur ein immer neuer Rückgang des Lebens in sich selbst u.

[A] *die S. beginnt oben links mit der Wiederholung der Abschnittsüberschrift:* 'Leben' u. 'Geist'. *Darunter:* Simmel

ein Gebären immer neuer Formen aus eben diesem Urgrund des Lebens selbst –

es ist nicht so, daß die Form als Eigenbereich den Bereich des Lebens beschränkt –
vielmehr schreitet das Leben als unendliche Formungsmöglichkeit, als Potenz zur Form über die jeweils gegebene Formung hinaus[.]

Am deutlichsten [ist dies] an der Sprache [zu sehen] –
sie erscheint auf der einen Seite als ein Gewordenes, Gegebenes, Erstarrtes[,]
als solches als Feindin des individuellen Ausdrucks, der eben nur Ausdruck und Ausdruck eben eines Momentanen, Flüchtigen sein will –
Aber eben zum "Ausdruck" kann er gar nicht werden, er würde in sich selbst verschlossen bleiben, wenn er sich nicht in die Form der 'Sprache' entliesse –
Aber indem er sich in sie entlässt, erstarrt er nicht in ihr, sondern teilt der Sprache selbst von seinem eigenen, individuellen Reichtum, von seinem momentanen Impuls mit
– so ist es Wirkung u. Gegenwirkung, die wir hier vor uns haben –
die Sprache selbst lebt von diesen dauernden Impulsen –
sie ist wirklich nur in der jeweiligen "Energie" des Sprechens –
Alles 'Sprechen' geht in die Formen der 'Sprache' ein –
aber es schafft zugleich am Sein, an der Form der Sprache –
Die echte Sprache, die Sprache der grossen Sprachschöpfer webt ständig[A] der Gottheit lebendiges Kleid[442] –
sie entspringt aus einem momentanen, zeugenden Akt –
aber dieser Akt selbst bleibt nicht einfach momentan, transitorisch[,]
sondern indem er sich der Form der Sprache hingiebt, bildet er diese Form selbst um –
er findet seinen 'Niederschlag' in der Sprache[,] scheint durch sie "begrenzt" zu werden –
u. gehemmt zu werden –
aber diese Hemmung ist vielmehr eine neue Befruchtung der Sprachform; sie hat neue Ausdrucksmöglichkeiten geschaffen.
Die grossen Sprachschöpfer haben stets beide Pole stark empfunden[:]

und so verderb ich unglücklicher Dichter in dem schlechtesten Stoff[443] –

Weil ein Vers Dir gelingt, in einer gebildeten Sprache, die für Dich dichtet u. denkt[444] –

[A] webt ständig] *undeutlich geschrieben, vielleicht als* webt so ständig *zu lesen*

Dichter ist der, dem die Sprachform, die für ihn dichtet u. denkt[,] nicht lediglich ein Gefäss ist, in das er seinen Gefühls- u. Ausdrucks-Inhalt hineinschüttet[,]

sondern dem sich die Sprache, indem er sie als Instrument, als Mittel der Objektivation benutzt, zugleich unter seinen Händen formt –

sie ist nicht geprägte Form,[445] sondern sich formende Form[,]

[nicht] forma formata, sondern forma formans

wie man in Anlehnung an den Gegensatz von natura naturans u. natura naturata sagen könnte –

So in der Kunst überhaupt –

so in der Religion –

Die prophet[ischen] Menschen – sie müssen immer wieder am Mythos, Kult, Überlief[erung] u. Offenbarung anknüpfen –

aber indem sie ihren Inhalt in diesen Formen einströmen lassen –

haben sie damit die Form selbst verändert, sie über sich hinausgehoben –

ihr einen neuen 'objektiven' Sinn u. Gehalt gegeben –

Geschichte, Kultur ist nur aus dieser ständigen Selbstverwandlung des 'Lebens' in 'Geist' möglich[.]

Zur[A] Transzendenz des "Lebens"

Simmel sieht den Konflikt der »Kultur« darin, daß sie notwendig zur Entfremdung des Lebens von sich selbst führen muss –

das Leben erfasst die Formen nicht mehr[,] die es doch aus sich selbst heraus geschaffen hat –

seine Tat wird ihm zum äussern Schicksal –

Ach unsere Taten selbst so gut wie unsere Leiden

Sie hemmen unsres Lebens Drang[446] –

Dies die Faustische Grundhaltung des Lebens selbst –

das Leiden an den "Formen", in denen es andererseits doch einzig nur ist –

es hat sich nur[,] indem es sich formt,

und es hat sich doch in keiner Form ganz, es muß über alle Form hinausgehen, transzendieren[,] um sich zu haben, immer wieder in sich, so wie es vor aller Form besteht, zurückgehen.

Der Konflikt wiederholt sich nach Simmel im Verh[ältnis] des einzelnen Individuum zu dem, was es als objektive Kultur umgiebt –

es kann den Gehalt an "objektivem" Geist, der ihm hier gegenübersteht, nie vollständig mit sich selbst erfüllen –

die objektive Form wird zur leeren Form, die das Ich hemmt, die ihm nichts mehr "sagt" (Konflikt der modernen Kultur)[.][447]

[A] Zur] *die S. beginnt oben links mit der Wiederholung der Abschnittsüberschrift:* 'Leben' und 'Geist'

Das Ich strebt sich auszudrücken in rein individueller, expressiver Art – aber es ist an fertige 'Formen' gebunden[,] sowohl durch die "Natur"
(das "Gegenständliche" der Kunst[,] z.B. in der Malerei)
wie durch die "Kultur"
(z.B. der 'Stil' der Kunst als "geprägte Form") [.]

Und doch ist dieser Dualismus nur scheinbar – die dialektische Bewegung, die hier zweifellos vorliegt, darf nicht in die absolute Dualität zweier an sich seiender u. sich ewig fremder Pole umgedeutet werden –
sondern die Polarität selbst ist das eigentliche Urphaenomen[,]
das nur von uns in der Reflexion künstlich gespalten wird –
Alles Leben und alles Schaffen ist an diese Polarität gebunden[.]
Die leichte Taube[448] meint im luftleeren Raum, in einem reinen Ausdrucks-Raum, der nicht von Formen erfüllt und mit Formen gleichsam beschwert ist, besser fortkommen zu können
- und doch ist die scheinbare Enge, in die sich das Leben als Leben – das Ich als Ich hier begiebt, die notwendige Bedingung all seiner Selbstentfaltung und Selbsterweiterung –
Auch aller persönlichste, individuellste "Ausdruck" ist auf solche Bindung an ein Über-Individuelles verwiesen –
Am praegnantesten und in wahrhaft typischer Weise stellt sich dies immer wieder an der Sprache dar –
jede Sprache strebt [danach] individueller "Ausdruck" zu sein, jede ist "Schöpfung" –
aber andererseits ist all solche Schöpfung nur in einem objektiven, überindividuellen "Medium" von Formen möglich –
Die produktive Kunst des Individuums (der großen Sprachschöpfer) bezeugt sich niemals darin, daß sie dieses Medium wegwerfen, sondern daß sie in seine eigene schöpferische Urkraft eingehen –
daß sie diese Urkraft aus ihrer konventionellen Erstarrung befreien –
daß sie hinter der bloss konventionellen Formel die Form als produktive Urkraft entdecken –
Aber sie sind hierbei nur scheinbar die eigentlichen Form-Schöpfer, sondern ihre Entdecker –
sie stossen zur Urschicht der Form wieder durch –
Nicht sie sind es, die "die Sprache" schaffen, sondern die Sprache ist [es], die in ihnen und durch sie schafft –
Weil ein Vers Dir gelingt in einer gebildeten Sprache etc.[449]
So ist es in aller Formwelt –
selbst der religiöse Genius ist an eine Welt 'objektiver' religiöser Formen, ja sogar mythischer Formen gebunden –
Hier der Ausgleich in der "Tragödie" der Kultur, von der Simmel spricht –

das Individuum, wie das 'Leben' kann sich selbst gar nicht anders haben, als indem es über sich selbst hinaus in die Welt der Formen "eingeht", sich an sie hingiebt.
Diese "Entsagung"[450] gegenüber der überpersönlichen Form ist das, worin es sich selbst erst gewinnen kann –

es muss das Leben einsetzen, um die Region des Geistes zu gewinnen – Spinozas amor Dei intellectualis.[451]

[3. 'Geist' und 'Leben': Heidegger][A]

Für Heidegger, der nicht von der Biologie, sondern von der Religionsphilosophie herkommt, – dessen Anschauung von der 'Existenz' u. von der 'Zeitlichkeit' nicht wie diejenige Bergsons durch die Betrachtung des Lebensphaenomens, des Phaenomens des natürlichen "Werdens" und "Vergehens" bestimmt wird –
sondern dem alle Zeitlichkeit im "Augenblick" (religiös gesehen) wurzelt – dem sie durch die "Sorge" konstituiert wird und durch das religiöse Urphaenomen des Todes – und der 'Angst' (vgl. Kierkegaard) [,][452]
für ihn stellt sich auch das Problem "Leben" und "Geist" anders –
er sucht nicht die 'Region' des Geistes aus der "Natur" –
die Ontologie der Existenz aus dem Sein von "Dingen", von Realität abzuleiten –
er erkennt vielmehr diese ganze Dingwelt, die Welt der 'Realität' als sekundäres Phaenomen[,]
vgl. hrz. bes. S. 350ff.[453]
Hierin wurzelt der "Idealismus" Heideggers[:]
"Die Welt ist weder vorhanden noch zuhanden[,] sondern zeitigt sich in der Zeitlichkeit. Sie »ist« mit dem Ausser-sich der Ekstasen da. Wenn kein Dasein existiert, ist auch keine Welt da"[B] ([S.] 365)[.][455]

Das Dasein als geistiges Dasein – denn auch die Sorge ist ja ein "geistiges" Grundphaenomen, ist also 'früher', ist das *πρότερον τῇ φύσει* zu aller Setzung von 'Realität' im Sinne von "Dinghaftigkeit".

[A] *die S. beginnt oben links mit der Abschnittsüberschrift:* 'Geist' und 'Leben' (Heidegger)
[B] "Die Welt ... da"] *am Rande:* bes. auch [S.] 227:[454] / Alle Wahrheit ist / gemäss deren wesenhafter / daseinsmässiger Seins-/ art relativ auf / das Sein des Daseins / dies schon bedenklich!

Aber dieser *Ausgangspunkt* selbst wird nun von H[eidegger], ganz im Sinne Kierkegaards, auf den »Augenblick« als "diesen da" bezogen u. dauernd an ihm festgehalten –
Alles "Allgemeine", Hingabe an das Allgemeine ist für H[eidegger] ein "Verfallen"[456] –
ein Wegblicken vom 'eigentlichen' Dasein – eine Hingabe an die Uneigentlichkeit[,] an das "Man". –
Hier wesentlich scheidet sich sein Weg von dem unseren –
Das Ontologische lässt sich nicht vom Ontischen, das Individuelle nicht vom 'Allgemeinen' in der Weise trennen, wie es H[eidegger] versucht – sondern das eine findet sich erst am Andern –
Wir fassen das Allgemeine nicht als blosses 'Man',[457] sondern als "*objektiven* Geist" u. objektive *Kultur* –

Eine solche 'Objektivität' bleibt bei Heidegger dem Geist versagt –
selbst der Logos, die Sprache wird ihm zu einem *bloss* sozialen Phaenomen –
das als solches – ähnlich wie bei Bergson –
keinen *echten* geist[igen] Gehalt mehr in sich schliesst; die "Rede" wird nicht als *λόγος* als Vernunftgehalt erfasst, sondern sie erstarrt zum blossen "Darüber-Sprechen"[,] zum oberflächlichen 'Gerede'. [S.] 160ff., 167ff.[458] –
Die Hingabe an die Welt des 'Allgemeinen' gilt auch hier als ein blosses *Wegsehen* von sich, als eine Art "Sündenfall"!
Hier wesentlich trennen wir uns von ihm – denn der objektive-Geist geht uns nicht in der Struktur der Alltäglichkeit auf und unter –
das 'Unpersönliche' besteht nicht nur in der abgeblassten sozialen Form der Durchschnittlichkeit, Alltäglichkeit des "Man" –
sondern in der Form des *über*persönlichen Sinnes –
für dieses Über-Persönliche hat Heideggers Philosophie kein Organ –
Sie hat zwar Sinn für geschichtliches Leben, aber alles geschichtl[iche] Verstehen ist ihr doch nur Wiederholung, Wieder-Herauf-Holung persönlichen Daseins, persönlicher Geschicke, persönl[ichen] Schicksals[.]
Dieser Zug der Geschichte sehr tief u. schön erfasst –
vgl. das über Historie & Schicksal Gesagte [S.] 384ff.[459]
Die auf sich zurückkommende[,] sich überlegende Entschlossenheit wird zur Wiederholung einer überkommenen Existenzmöglichkeit [S.] 385[.][460]
Hier ist *ein* Zug der Geschichtlichkeit tief u. klar gesehen – aber es ist doch immer eine religiös-individualistische Auffassung der Gesch[ichte,] die uns hier entgegentritt –
die Geschichte als Kultur-Geschichte, *Sinn-Geschichte*, als Leben des "objektiven Geistes" wird damit *nicht* erschlossen[.]
Besonders deutlich auch S. 152:

»Hält man die grundsätzlich ontologisch existenziale Interpretation des Begriffs von Sinn fest (- wonach aller Sinn pragmatisch aus der "Sorge" stammt -), dann muss alles Seiende von nicht daseinsmässiger Seinsart als unsinniges, des Sinnes überhaupt wesenhaft bares begriffen werden. Unsinnig bedeutet hier keine Wertung, sondern gibt einer ontolog[ischen] Bestimmung Ausdruck«.[A] [461]

Aber für uns geht keineswegs der Sinn im Dasein auf –

sondern "es giebt" "unpersönlichen" Sinn, der freilich nur für ein daseiendes Subjekt erlebbar ist.

(vgl. den 'mathematischen' Sinn[,]

es giebt objektiven Bedeutungs-Sinn (=»Geist«)[;])

es gibt zuletzt ein Losreissen vom bloss-Ontologischen, ohne daß doch das Band mit ihm zerrissen wird.

Heidegger dringt über die Sphaere des Lebens in die des persönlichen Daseins vor, die er religiös ausschöpft und auswertet

– aber er bleibt andererseits in ihr gefangen[.]

Seine Religion hat ihre Kraft und Tiefe in der individualist[ischen] Tendenz, die sie von Luther [462] u. Kierkegaard aufnimmt[.]

Demgegenüber vertreten wir den trotz allem weiteren, universelleren idealistischen Sinn der Religion u. den idealist[ischen] Sinn der Geschichte –

Und in ihm erblicken wir die Lösung, Erlösung von der "Angst", die die Signatur, die "Grundbefindlichkeit" des endlichen Daseins ist[;]

vgl. Kierkegaards Begriff der Angst und S. 342ff., [S.] 184ff. [463] –

Diese Angst aber bedeutet nur den Anfang – nicht eine endgültige, unabweisbare Gebundenheit unseres endlichen Daseins –

hier gilt das Schillersche Wort von der Welt der "Form" u. des "Ideals"[:]

Aber frei von aller Zeitgewalt ...
Wollt Ihr frei auf ihren Flügeln schweben
Werft die Angst des Irdischen von Euch
Flüchtet aus dem engen dumpfen Leben
In des Ideales Reich! [464]

Das ist uns kein blutloser, leerer "Idealismus"[,] wie es für Heidegger erscheinen muss –

sondern das "Leben in der Idee" ist die Befreiung von der ontologischen Enge und Dumpfheit des Daseins –

und die »Weltgeschichte« ist uns demgemäß keineswegs das Eingehen in eine blosse Objektivität eines unpersönlichen Man – 'uneigentliche Geschichtlichkeit'[,]

vgl. [S.] 387ff., bes. 391, [465]

[A] Ausdruck«.] Ausdruck". *einheitliche Markierung des Zitatendes*

sondern im Hegel'schen Sinne die "Stätte der Idee"[.]
H[eidegger] ordnet aber auch hier das Ontologische nicht nur dem Ontischen, sondern auch dem »Idealen« unbedingt vor:
cf. [S.] 393[: "]Weil das Dasein und nur es ursprünglich geschichtlich ist, muss das[,] was die histor[ische] Thematisierung als mögl[ichen] Gegenst[and] der Forschung vorgiebt, die Seinsart von dagewesenem Dasein[466] haben["].
Uns aber ist nicht nur das Dasein, sondern der Sinn – die Idee – ursprünglich geschichtlich[.]

Für Heidegger ist immer das »Dasein« als individuelles So-Sein das Ursprüngliche[,]
alles andere ist 'Degeneration', Abfall vom Da-Sein[.]
Die "unendliche Zeit" ist für Heidegger eine blosse Fiktion –
er versteht sie als die "endlose", deren Subjekt das "Man" ist –
also im Sinne der schlechten Unendlichkeit – demgemäß als bloss uneigentliche Zeit. ([S.] 330f.)[467]
– Aber ist diese unendl[iche] Zeit nicht mehr – und ist sie nichts Positiveres?
Uns ist sie nicht bloss objektive physikal[ische] Zeit, sondern spezif[ische] Menschheits-Zeit –
Wechsel des Subjekts der Zeitlichkeit –
diese Zeit der »humanitas« geht keineswegs im »Man« auf –
Heideggers Philos[ophie] aber kennt die Geschichte zuletzt doch nur in diesem Sinne: als Gesamtheit der religiös-individuellen Geschicke, deren jedes irrational in sich selbst geworfen ist, in sich selbst zentriert ist –
die Idee der humanitas würde er als blossen »Begriff« ablehnen[.]
(cf. Herder gegen Kants 'Averroismus')[468]
Aber die "Einheit der Idee" ist nicht averroistisch zu verstehen –
hier stellen wir uns auf den Boden Hegels gegen Kierkegaard.

[4. Heidegger und das Todesproblem][A]

Heid[eggers] gesamte Erörterung [ist] auf das Todesproblem zentriert –
Die Analytik der Existenz findet hier ihren Mittelpunkt – denn im Sinn u. Wesen der menschl[ichen] Existenz liegt es, daß diese Existenz ein Ende hat[,] daß der Mensch stirbt –

[A] *die S. beginnt oben links mit der Abschnittsüberschrift:* Todesproblem

Dies 'Sterben' ist nicht ein äusseres Schicksal, sondern aus der *Wesenheit* des Mensch[en] zu verstehen –
cf. Simmel[469] –
Das Geworfensein etc.[470] (vgl. die Darst[ellung] H[eideggers] u. das Ref[erat] von Bréhier[A][471][.])
Und hier findet sich der entscheidende Satz:
für ein Wesen, das in der Zeit ist u. in der Zeit *vergeht*[,] kann es keine 'ewigen Wahrheiten'[472] geben[473] –
Das Stigma des Todes ist *allem*, was der Mensch ist[,] u. allem[,] was es *ergreift*, aufgedrückt –
daß die "Wahrheit" Gegenstand, Inhalt des menschl[ichen] *Bewusstseins* [ist], das stempelt sie – da dieses Bew[ußtsein] notwendig endlich ist – selbst zu einer endlichen[,] vergänglichen –
Der Gedanke der 'ewigen Wahrh[eiten]' erscheint daher für Heid[egger] fast als eine Art Hybris, ein Übergreifen der Grenzen der Menschheit, ein *Vorbeisehen* am Urphaenomen des Todes –
Und seine ganze Analytik der Exist[enz] hat kein anderes Ziel, als diesen Schritt wieder rückgängig zu machen – den Tod aus der "Verdeckung" wieder zu lösen, ihn wahrhaft sichtig zu machen.

Hier – das leugnen wir nicht – werden, ganz wie bei Kierkegaard, echte *religiöse* Klänge vernehmbar. Und wie bei K[ierkegaard] tritt der Begriff der *Angst* in den Mittelpunkt dieser Phaenomenologie – die Angst ist wesentlich Angst vor der Endlichkeit, der Vergänglichkeit, der Vernichtung[.]
Und bei Heid[egger] scheint das Problem insofern noch schneidender[,] als er zwar in seiner Problem*stellung* ganz theologisch bedingt ist (hierfür auch die Bemerk[ung] bei Rick[ert][474]), die theologische Problem*lösung* aber abgelehnt –
er lässt sich die 'Angst' als Grundgefühl der Menschheit nicht durch eine theol[ogische] Metaphysik noch durch eine religiöse Heilsbotschaft der Erlös[ung] beschwichtigen –

Und doch: diese religiös[e] Stellung zum Tode, die das ganze Leben zerlegt in Angst u. in Sorge auflöst, ist nicht die einzige, – noch ist sie die eigentlich philosophische –
Hier schätzen wir die *antike* Lösung, die Heidegger auf schärfste verwirft, höher –
Stoische Ethik: ἀταραξία[475] als Gegensatz zur Angst[.]
Vergessen wir nicht: [woher] dieses Ideal des stoischen Weisen stammt – es ist wesentl[ich] Platonisch – Philosoph[ie] ist "sterben lernen".[476]

A Bréhier] Breh.

Aber Platon zieht in Bezug auf die ewig[en] Wahrh[eiten] den entgegengesetzten Schluss: weil es ewige Wahrheiten giebt, geben muss – darum kann auch der Mensch nicht schlechthin sterben, darum ist er seiner Unsterblichkeit sicher[477] –

Das ... verbürgt ihm ewigen Bestand (Goethe) [,][478]
aus der Idee der Wahrheit wird auf den *νοῦς* als Subjekt der Wahrheit[A] u. von hier auf die Unsterbl[ichkeit] geschlossen –
Noch anders Spinoza: keine ausgespr[ochene] individuelle Unsterbl[ichkeit] –
aber sub specie aeterni[tatis][479] betracht[et] –
Und wer gelernt hat, die Dinge sub specie aet[ernitatis] zu betrachten, der ist der Angst vor dem Tode überhoben –
Homo liber de nihilo nunc quam de morte cogitat[480] –
Das Entscheidende liegt darin, daß dem Menschen u. nur ihm allein das Wissen vom Tode gegeben ist. In diesem Wissen wird die blosse Tatsächl[ichkeit] des Todes überwunden – das blosse »Fatum« wird Notwendigkeit – die der Mensch weiss u. anerkennt. Nur der Mensch ist dieses »amor fati« fähig –
er unterliegt nicht schlechthin dem Tod, er erleidet ihn nicht nur gleich jedem andern organischen Wesen – sondern er beweist auch hier seine Grundfähigkeit der Distanzierung – er stellt sich ihm gegenüber –
er entwickelt, er denkt den Begriff der Natur, der Naturnotwendigkeit[,] u. in ihm giebt er dem Phaenomen des[B] Todes seine Stelle –
er denkt die eigne Vernichtung u. hebt sie damit auf[.]
Pascal: un roseau qui pense l'univers[481] –
Vgl. Schiller: Mit dem Geschick in hoher Einigkeit[482] –
Das ist[C] sehr antik gedacht – das mag man sehr heidnisch finden – aber es ist die echt philosophische Stimmung,[D] die den Tod selbst ins Reich der Notwendigkeit aufnimmt –
die durch dieses Denken der Notwendigkeit, durch den amor fati von der bloßen Todesangst erlöst –

u. damit das Leben selber über den Bereich der blossen "Sorge" (Heidegger)[483] erhebt[.]

[A] Wahrheit] Wahrheit,
[B] Phaenomen des] *am Rande oben rechts in Bleistift:* Luther / Kierkegaard
[C] ist] mag ist
[D] Stimmung] *undeutlich geschriebenes, abgekürztes Wort:* Stimg

[5. Zeit bei Bergson und Heidegger][A]

Zur Kritik des Bergson'schen Zeitbegriffs
(Zukunft)
noch zu beachten, daß hier eine eigentümliche Dialektik zwischen dem metaphys[ischen] 'Wesen' der Dauer und der Intuition der Dauer zu bestehen scheint –
Denn dem metaphys[ischen] Wesen nach erscheint Bergsons Zeit durchaus auf die Zukunft bezogen u. auf sie gerichtet –
sie ist ja der nach vorwärts drängende ganz in der Zukunft lebende élan vital[.]
Der Lebenswille, der ständig über sich hinaus will u. hinausdrängt –
vgl. hrz. die Darstell[ung] bei König, Begr[iff] der Int[uition]484
Aber Bergsons Methode der Intuition –
die Art, wie die durée erlebt u. gewollt wird, enspricht dem keineswegs –
denn sie ist Rückgang in die Vergangenheit, recollection. –
Das Zukunfts-Moment wird hier ausgeschaltet, entwertet – es gehört nicht dem reinen "Blick" der Spekulation, sondern rein der Sphaere des Handelns an –
es wird pragmatistisch verengt u. missdeutet[.]

Zum[B] Ganzen des Zeitproblems –
Unterschied der ontischen von der ontologischen Zeit –
der "Natur"-Zeit von der "Daseins"-Zeit
vgl. jetzt die Ausf[ührung] bei Heidegger[.]

Von Bergsons Auffass[ung] ist die Heideggers vor allem dadurch geschieden, daß sie nicht die Vergangenheit, sondern die "Zukunft" als das wesentl[iche] Moment der Zeit erfasst –
das "Gewesensein" selbst erfasst sich erst durch die Richtung auf die Zukunft –
der Blick auf den Tod als "Ende" der Zeit erschliesst erst die eigentl[iche] "Geschichtlichkeit" des Daseins –
hierüber sehr feine u. tiefe Bemerkungen
vgl. bes. Heidegger, [S.] 325ff[.]485
Der primäre Sinn der Existenzialität ist die Zukunft [S.] 327, 328, 329[;] ["]das primäre Phaenomen der ursprüngl[ichen] u. eigentl[ichen] Zeitlichk[eit] ist die Zukunft[".] ([S.] 329)486

A *die S. beginnt oben links mit der Abschnittsüberschrift:* Zeit
B Zum] *die S. beginnt oben links mit der Wiederholung der Abschnittsüberschrift:* Zeit

dies [ist] der Vorzug vor Bergson –
vgl. Kritik H[eidegger]'s an der ["]ontologisch völlig unbestimmten u. unzureichenden Zeitinterpretation Bergsons[",] S. 333[.][487]
vgl. bes. S. 393ff. über Geschichtlichkeit[.]
Der Grund des Fundaments der eigentl[ichen] Historie ist die Zeitlichkeit als der existenziale Seinssinn der Sorge ([S.] 397) [.][488]

Nur eine auf die Zukunft gerichtete "Existenz" kann "Geschichtlichkeit" haben ([S.] 411)[489]
vgl. bes. S. 372ff[.][490]
Das Dasein ist nicht nur gewesenes im Sinne des da-gewesenen (ontisch) [,]
sondern es ist gewesen als gegenwärtigendes-zukünftiges [,] d.h. in der Zeitigung seiner Zeitlichkeit ([S.] 381)[491]
am deutlichsten [S.] **385**[.][492]
Nur Seiendes, das wesenhaft in sein[em] Sein zukünftig ist[,] kann "gewesend" sein u. "augenblicklich" sein für "seine Zeit".
"Geschichte hat ihr wesentliches Gewicht weder im Vergangenen noch im Heute und seinem Zusammenhang mit dem Vergangenen, sondern im eigentl[ichen] Geschehen der Existenz, das aus der Zukunft des Daseins entspringt" ([S.] 386) [.][493]

[6. Zur Differenzierung der Zeitordnung][A]

Zur Differenzierung der Zeit-Ordnung in "Erlebniszeit", mathemat[ische] Zeit, physikal[ische] Zeit, biologisch-organische Zeit, historische ("ethische") Zeit[,]
vgl. jetzt auch Heyse,[494] Begriff der Ganzheit u. die Kantische Philosophie.
Hier ist richtig gesehen, wie innerhalb jeder besonderen "Region" die allgem[eine] Ordnung der Zeit sich mit einem anderen Sinn erfüllt[.]

Es liegt innerhalb jeder Zeit jener allgem[eine] Charakter, daß das eine Moment das andere in sich "hat", es »repraesentiert«,
daß es nicht als solches für sich steht[,] sondern in ein Ganzes der Zeit »eingebettet« ist –
Aber die Art, in der diese »Einbettung« geschieht u. die Kategorien, durch welche sie konstituiert wird, sind nun für jedes Gebiet durchaus verschieden –

[A] *die S. beginnt oben links mit der Wiederholung der Abschnittsüberschrift:* Zeit

[1)] Die mathematisch-physikalische Zeit ist reine Stellenordnung – sie ist bedingt durch die Form der Zahl –
Die Momente unterscheiden sich nicht qualitativ, nicht inhaltlich, sondern rein durch die 'Stelle in der Zeit'[,] d.h. durch das rein ordinale Moment, durch ihre Stellziffer – die Zeit so gefasst ist ein reines homogenes Medium – es giebt in ihr aber keine ausgezeichnete Stellen –
u. als solches homogenes Medium hat sie[A] auch die Tendenz[,] mit dem Raum zusammenzufallen. –
Beide unterscheiden sich zwar als 'Formen' des Nebeneinander u. Nacheinander
– als ordres des coexistences possibles u. als ordres des choses, qui n'existent pas à la fois[,][495]
aber diese Unterscheidung geht doch in einer höheren Einheit auf –
nur in ihrer 'Union' bestimmen sie schliesslich den Begriff der mathemat[isch]-physikal[ischen] "Natur" als einer Ereignis-Ordnung –
Auf ein anderes Moment als das der Ereignis-Ordnung, der Stell-Ziffer wird eben in der rein physikalischen Natur-Zeit gar nicht gesehen.

---

2) Die Erlebnis-Zeit, (Wahrnehmungs-Zeit)
Sie ist von der Natur-Zeit besonders dadurch unterschieden, daß es hier keine reine Homogenität mehr giebt:
ein Moment ist vielmehr herausgehoben, ist schlechthin 'ausgezeichnet'[,] u. zwar das Moment der 'Gegenwart', des 'Jetzt'.
Es bildet den (perspektivischen) Koordinaten-Mittelpunkt, von dem aus das Ganze der Zeit erfasst und gegliedert wird –
Und das gilt nicht nur für die psychologische 'Erlebniszeit', als bewußte Zeit, sondern schon für die biologisch-organische Zeit[B] –
Der Organismus 'wird', gestaltet 'sich' – aber diese Gestaltung geht durch lauter Jetzt-Punkte, durch reale Gegenwarts-Punkte hindurch – von ihnen aus, in ihnen hat er seine Vergangenheit u. seine Zukunft[,]
le présent est chargé du passé et gros de l'avenir[496] –
aber eben darum ist jedes Jetzt ein unverlierbar eigenes, weil mit anderem **Gehalt** erfüllt. –

Die 'Phasen' eines Organismus unterscheiden sich nicht nur dadurch, daß die eine 'früher', die andere 'später' ist – sondern qualitativ ist die

[A] sie] sich
[B] Koordinaten ... organische Zeit] *am rechten Rande ohne Zuweisung zum Text:* <so wie auch der / anschauliche Wahrnehm[ungs] / – Raum ein heraus-/gehobenes "Hier" / die Stelle des "eigenen / Leibes" hat u. sich / von ihm aus auf-/baut>

spätere eine »andere« als die frühere, weil sie die frühere als 'aufgehobenes Moment' in sich schliesst, weil sie chargé du passé ist –
Und ebenso in jeder echten "Biographie" –
die Jahre u. Tage eines Individ[uums] 'folgen' nicht einfach auf einander – sondern das Gesetz ihrer Folge bestimmt ihren Gehalt –
Dem mathematischen (Zahl) "Sinn" der Zeit[A] (als Richtungs-Sinn) überbaut sich schon hier ein neuer Sinn
– der Sinn der Entwicklung, der Entfaltung, der "Evolution"
(der reine organische "Form"-Sinn) [.]

In der mathemat[isch]-physikal[ischen] Zeit giebt es nur 'Stellen', die in bestimmter Weise geordnet sind –
in der organ[ischen] Entwicklungs-Zeit giebt es Phasen [,] und jede Phase ist ein notwendiges Durchgangs-Moment für die Erfüllung, Entfaltung der Form –
ein Moment ihrer Aktualisierung

– dort bedeutet die 'Repraesentation' dasselbe wie in der einfachen Zahlenreihe –
jede 'Stelle' schliesst das Gesetz der Reihenordnung als solches in sich, ist nur setzbar kraft dieses Gesetzes – als Glied eines übergreifenden Zusammenhangs, der eben durch das Reihengesetz bezeichnet wird –

– hier ist der Gehalt der Stelle einerseits durch die Totalität ihrer Vergangenheit bestimmt – die Vergangenheit ist in der Gegenwart 'aufbehalten' u. zugleich durch ihre 'Zukunft' (durch die organ[ische] Form als Ganzes[)],
die zugleich die vergangenen u. die zukünftigen Momente in sich fasst –
die 'Stelle' ist, was sie ist, durch das, was sie von der Vergangenheit in sich bewahrt[,] u. durch das, worauf sie "hinaus will" –
die Tendenz, die immer spezifische Tendenz ist, gehört zu ihrem Wesen –

[3)] Die geschichtliche-Zeit ist dann wesentlich ethische Zeit: Zeit der 'reinen Zukunft'[;]
alles 'Geschehen' [ist] gewissermaßen hinaufgehoben in die Dimension der Zukunft –
Auch das Vergangene muß ständig neu gesehen, neu gestaltet, neu geboren werden aus dem Blick auf die Zukunft heraus –

[A] Zeit] Zeit,

Jeder Zukunfts-Gedanke verändert die geschichtl[iche] Gegenwart wie die geschichtl[iche] Vergangenheit –
Das allein ist echte "Renaissance" – Wiedergeburt des Vergangenen aus dem 'Geiste' (Blickpunkt) der Zukunft.

Die Repraesentation des Zeitganzen im Zeitmoment ist also die Bedingung der Zeitform überhaupt –
aber diese Repraesentation, die Art, wie im Einzelnen das Ganze erblickt wird, gestaltet sich jeweils verschieden
in der mathemat[isch]-physikal[ischen] }
in der biolog[isch]-organ[ischen] } "Zeit"
in der historischen }
vgl. hrz. die Ausführ[ungen] bei Heyse[.][497]

[III.] Zum Schluss-Kapitel.

[1. Ding, Bedeutung, Metaphysik]

Dingsphaere u. Bedeutungssphaere.

Charakter der physikal[ischen] Objektbegriffe –
Umbildung des naiven »Weltbildes« –
Die Physik schafft eine andersartige Dingwelt[;] das wird gewöhnlich so gedeutet, daß sie an Stelle der bloss »erscheinenden« Wirklichkeit die »wahre« Wirklichkeit setzt –
sie lehrt uns die 'objektive' Bestimmung der Dinge kennen – die sinnl[ichen] Qualitäten sinken ihr gegenüber zum »Schein« herab –
der Wettstreit kann auch umgekehrt gefasst werden: die Physik drängt uns ab von der echten Wirklichkeit, mechanisiert diese Wirklichkeit, trennt uns von der durée réelle, von der Anschauung des »wahren Seins«, das im Ich vor aller Objektivierung liegt –
Für uns besteht vom Standp[unkt] der Philos[ophie] der symbol[ischen] Formen dieser Wettstreit u. Widerstreit nicht –
Denn diese Philos[ophie] sucht die Ganzheit der perspektivischen Ansichten, in denen sich uns Wirkl[ichkeit] erschliesst –
sie entscheidet nicht von vornherein über ihren Realitätscharakter, sondern sucht jede 'Sicht' nach ihren eignen Normen zu verstehen –
Jede Form der 'Sicht' trägt den Maßstab ihrer Realität in sich –

wir müssen diesen Maßstab erst finden u. verstehen lernen[A] – so Sprache, Mythos, Wissenschaft[.]

Die eigentliche Realität ist für uns das Subjekt, das aller dieser »Ansichten« fähig ist[.]

Phaenomenologie des **Ding**begriffs –
Naive Ansicht: die Wirklichkeit ist an sich 'dinghaft'-gegliedert –
Gefragt wird nun: wie kommt diese Dingwelt zur "Abbildung" –
wie entstehen aus den 'Dingen', die real an sich sind, die »Vorstellungen« der Dinge?

Aber darin liegt schon ein *πρῶτον ψεῦδος* u. eine petitio principii –
Nämlich die Annahme der objektiven "Dinghaftigkeit" des Realen.

Wir vertreten demgegenüber die These, daß die Ding-Kategorie eine einzelne Phase der Betrachtung darstellt, die durchaus vermittelt ist –
Nicht 'das' Ding ist das Letzt-Bedingende aller Erkenntnis –
sondern das Ding selbst ist bedingt: es gilt nur relativ zu einer bestimmten Betrachtungsweise –
es ist ein Modus des Weltverstehens, nicht die Voraussetzung, das Fundament des Weltverstehens. –
Und zwar ist das Ding die spezifisch-menschliche Kategorie –
es gilt weder für die Anschauungswelt der Tiere – noch für den intellectus archetypus –
Das tierische Bewusstsein steht unter der Kategorie des Dinges –
das göttliche ist über sie hinaus –

Wir beginnen mit dem ersten Punkt –
Umwelt und Innenwelt der Tiere –
Volkelt: Lockerung der Dingkategorie
Melodien etc. ... Rhythmen[498] –
Das Tier bildet einen Lebensmittelpunkt –
einen Lebenskreis, der mit anderen Lebenskreisen in Berührung tritt –
von ihnen Wirkungen empfängt u. Wirkungen auf sie ausübt –
es ist gefährlich[,] sich dieses Verhältnis bewusstseinsmäßig ausmalen zu wollen –
Wir können nur von den Handlungen ausgehen –
Wir sehen[,] wie die Aktionskreise des Lebendigen in einander greifen –
Jedes Lebendige hat seinen eigenen Aktionskreis, für den es ist u. der

A lernen] lehren

"für" dasselbe ist[A] –
Diese "Abgestimmtheit der Lebenskreise" auf einander ist das Urphaenomen der lebendigen Natur –
Aber wir kommen diesem Z[u]st[and] nicht näher, wenn wir ihn nach der fertigen Dingkategorie unserer Anschauung zu beschreiben suchen –
Das Programm hierfür hat Uexküll aufgestellt –
Ausgehen vom tier[ischen] Verhalten –
Konstruktion der tier[ischen] Umwelt u. Innenwelt –
sie ist bedingt durch die Natur des lebendigen Subjekts –
sie schliesst immer ein Ganzes von Aktionen in sich –
nicht von blossen Reaktionen.
Jedes Lebewesen zeigt ein bestimmtes Gefüge, eine Struktur –
u. gemäß dieser Struktur gestaltet sich seine »Umwelt« u. 'Innenwelt'[,]
connaitre = co-naître.
Dieser Lebens-Zusammenhang wird erst im Menschen zu einem Erkenntnis-Zusammenhang: das Stehen der Lebenskreise in einander wird zu einem Wissen der Lebenskreise von einander[;]
der Mensch gewinnt den Blick für die anderen Lebenskreise –
aber er kann ihn andererseits nur gewinnen, indem er mehr und mehr von sich selbst "absehen" lernt –
Und dieses Absehen-Lernen besteht darin, daß er nicht seine fertige Ding-Kategorie in die Welt der anderen Lebewesen hineinlegt.
Volkelt – (Spinne)[499]
See-Igel; Rhythmik-Periodik
Eine Welt, die noch nicht dingl[ich][500] gebunden ist –
Wie steht es bei den "höheren" Tieren?
Erste Stufe der 'Repraesentation' –
sie scheint schon der Sprache voranzugehen –
die Sprache selbst erst zu ermöglichen –
"Mittelbares" Verhalten – »Werkzeug«
damit [ist] die »Vorstufe« des Dingbegriffs erreicht.
Wir werden den höheren Tieren schon irgend eine Art 'gegenständlicher' Anschauung zutrauen müssen –
es beginnt eine "Gegenwelt"[,]
eine »objektive« Wirklichk[eit] – als "objizierte"[.]

[A] dasselbe ist] *am linken Rande ohne Zuweisung zum Text:* zugleich als Mauer / die es abschliesst – / u. als "Blickpunkt", / der es gegen die Welt / »offen« hält

[A) Der 'Gegenstandscharakter' der Sprache]

Im Ganzen aber ist die Ausbildung dieser 'objizierten' Wirklichkeit an die *Sprache* gebunden –
die Anfänge liegen im höheren Tierreich vor – aber der Schritt, der hier getan [wird], der Schritt der »Repraesentation«[,] gewinnt Halt u. Festigkeit erst, indem er sich das Organ der Sprache erschafft –

In der Sprache erst gelangt die dingliche Anschauung, die Objektivierung als *Objizierung*, zur Vollendung –
es löst sich der Ding*kern*, die Substanz des Dinges heraus –
dieser Kern ist vielmehr etwas *Negatives* als etwas *Positives* –
wie Plessner richtig gesehen hat[501] –
es kommt zu einer ganz neuen "Ablösung" –
Ablösung auch von der individuellen Anschauungs-Grundlage –
Das Tier kann eine *Anschauung* in gewissem Sinne als Repräsentation für eine andere einsetzen –

aber es hat noch nicht das X des Dinges – das reine Ding-*Schema*.
Dieses Schema kommt erst durch die *Sprache* zu Stande –
u. zwar dadurch, daß der Gedanke am Wort nun einen ganz neuen *Halt* gewinnt –
Ohne Sinnliches vermag er nichts zu leisten –
aber er klammert sich nunmehr an das sinnliche *Zeichen* –
Das Zeichen gewinnt *Funktionswert* (Bedeutung) für ihn –
u. durch diesen Funktionswert der Bedeutung wächst der Mensch über die Unmittelbarkeit der Anschauung hinaus –

jetzt steht der »Gegenstand« für den Menschen auch da, wenn er durch keines seiner anschaulichen Momente ("Eigenschaften") repraesentiert ist –

er hat ein »Sein«, weil und seitdem er einen »Namen« hat –
Dies [ist] der richtige Kern im »Nominalismus«: *nomen* dat esse *rei*[502] –
Der Name ist der Ursprung der Ding-Kategorie –
Nur als sprechendes Wesen hat der Mensch eine Welt sich *gegenüber* –
(Humboldt: der Mensch verkehrt mit den Dingen so[,] wie die Sprache sie ihm zuführt.)[503]
Uexkülls *Gegenwelt* –
"Schema"[.][504]
Diese Theorie ist zutreffend; sie leidet nur unter dem Mangel, daß sie das Schema noch allzu eng als »Bild«, als *räumliches* Schema fasst –
das Schema ist zu erweitern aus dem Kreise der bildl[ichen] »rappresentazione«[505] in den Kreis der Darstellung *überhaupt* –
Und das Wort ist hierbei der *eigentliche* Träger der 'Darstellungsfunktion' –

Durch das Wort wird der Mensch dessen überhoben, sich 'Bilder' der Dinge machen zu müssen –
er gelangt jetzt erst zur relativ-bildlosen 'Vorstellung' der Welt –
Eine solche 'Vorstellung' als unanschauliche "Darstellung" besitzt das Tier nicht –
Das "Ding" als bloßes X, als ideeller Einheitspunkt, ist keiner unmittelbaren Anschauung fähig –
es fungiert als solcher Einheitspunkt: u. diese Funktion geht auf die Aktion der Sprache zurück –
Uexküll hat sehr gut ausgeführt, wie alle »Umwelt« u. »Mitwelt« von solchen Aktionen abhängt, nicht von blossen »Reaktionen«[.] 506

Hier stehen wir im Zentrum einer nicht pragmatischen, sondern einer idealen »Aktion« –
– einer Aktion reiner Darstellung[.]
Der Nützlichkeitsstandpunkt ist hier viel zu eng –
die ideale Funktion beginnt schon viel früher: auch die reine Ausdruckshandlung lässt sich niemals mit Darwin auf blosse Zweckhandlung zurückführen[.]
Die Form des Mitlebens,[A] die sich als Ausdruck darstellt, ist früher als die des Wirkens auf die Dinge –
so auch hier: die Ver-Gegenwärtigung als reines ideales Endziel –

Pathologische Fälle geben die negative Instanz hierfür –
wo sich das sprachl[iche] Gefüge lockert, lockert sich auch das dingliche –
es kommt zu jener Agnosie, wo die festen 'Formen' der Gegenstände u. ihre Bedeutung sich verwischen[B] –
mit dem Namen schwindet das X des Gegenstandes –
u. er kann dann nicht mehr als das[,] was er "ist", erkannt werden –
das "Ding" verliert seine »Stabilität«, es geht in einen relativ labilen Zustand über[:]
Messer – zum Schneiden
Gabel – zum Essen[;] 507
der anschauliche "Gebrauch" tritt für die signifikative Bedeutung ein –

[A] Mitlebens] *am rechten Rande:* Der Lebenskreis / (Aktions-Kreis) / in den das Tier / eingespannt ist, / wird für den Menschen / zum "Gesichtskreis" / (Anfang aller "Spekulation")
[B] verwischen] verwischt

dies steht wieder dem tierischen Kreise näher:
Beute, Geschlechtsgenosse,
»etwas« – zum Fressen }
zum Trinken }
Apraxie –
ausserhalb des nächsten Gebrauchszwecks wird das Ding nicht mehr erkannt –
es ist nicht das Messer[,]
die Gabel[,]
sondern nur zum Schneiden[,]
zum Essen[,]
auch im praktischen Sinne[;]
es kann nur in concreto erkannt u. in concreto gebraucht werden –

B) Der 'Gegenstandscharakter' der Sprache im Gegensatz zu dem des Mythos[A]

a) Der Mythos als Gesamterscheinung umfasst schon die drei Dimensionen von Ausdruck, Darstellung u. Bedeutung –
Zum letzteren: es giebt auch 'abstrakte' Mythen
– die römischen 'Sondergötter' abstrakter Art[,] Götter der 'Gelegenheit' etc.[,] cf. Mat[erial] bei Usener[508] [–]
aber der Nachdruck, der Accent liegt hier auf der Ausdruckssphaere –
die Welt des Mythos ist nicht ein Ganzes von Dingen, als gegenständl[iche] Strukturen, sie ist eine Welt von Dämonen –
daher nicht an die örtl[ich]-zeitl[iche] Begrenzung[,] an das Hier u. Jetzt des 'Dinges' gebunden.
In der Dingsphaere <u. daher in der logisch-sprachlichen Sphaere überhaupt> ist das Sein wesentlich charakterisiert als demonstrierbares Sein: als ein Hier-Jetzt[;]
es ist daher in einem "Jetzt" nur in einem "Hier"[;]
es hat seine bestimmte Stelle in einem festen Schema "des" Raumes, "der" Zeit[,]
und aus dieser anschaulichen Identität, die in der Sprache gebunden wird, entwickelt sich erst die logische <der "Satz der Identität" als Ausdruck der **Namens**-Konstanz – das mit einem bestimmten Namen Bezeichnete »ist« ein in seiner Eigenschaft Unveränderliches> [.]

[A] B) Der 'Gegenstandscharakter' der Sprache ... Mythos] Sprache *und* Mythos *im Ms. hervorgehoben*

Das gilt für den Mythos keineswegs –
hier herrscht nicht Demonstration,
sondern Ausdruck, Manifestation –
und "dasselbe" kann sich, ja es muss sich an verschiedenen Stellen des Raumes u. der Zeit *manifestieren* –
auch in ganz verschied[enen] Gestalten *erscheinen*[,] ohne aufzuhören[,] dasselbe zu sein[.]
(Cf. Capitel Totemismus[509] –
Sprache u. Mythos[510] –
sowie Material bei Lévy-Bruhl[511])
Mit 'kollektivem Denken' aber hat das nichts zu tun.
Es äussert sich hierin vielmehr der Charakter des mythischen Objekts – der 'manifestativ', nicht »demonstrativ« ist.

Hier ist die Wurzel der mythischen *Denkart* –
der Mythos als Form bleibt freilich hierbei nicht stehen –
die Augenblicks-Dämonen werden zu Götter-Gestalten –
Aber gerade dieser Übergang in die Sphaere der Darstellung (von der des Ausdrucks) ist nur durch entscheidende *Mitwirkung* der Sprache möglich: der Götter-*Name* erst erschafft den 'persönlichen Gott' (Usener[,] cf. Sprache u. Mythos),[512]
andrerseits Gang der Sprache: Fortschritt zum *darstell[enden]* Objektivieren[.]
Die Sprache zeigt auch hier noch die ursprüngliche Verquickung, *Verwachsung* der Sphaeren[;]
sie *überwindet* nicht sofort den 'dämonischen' Gegenstand durch den 'schematischen'[,] darstellenden[,] sondern das Wort selbst **ist** Dämon[;]
erst allmähl[ich] kommt es zur Ablösung[.]

[C) Der 'Gegenstandscharakter' der Wissenschaft]

Die letzte Stufe, die Stufe der theoretischen Erkenntnis, schafft eine neue Form der Objektivierung. Sie ist im gewissen Sinne ebensowohl *gegen* die Sprache, wie gegen den *Mythos* gerichtet[;]
sie wächst über die Dingkategorie der Sprache u. damit über deren eigentümliche Schematisierung hinaus –
die Welt des Mythos u. die des Tieres ist *noch nicht* dinglich –
die Welt der Wissenschaft ist nicht *mehr* dinglich –

Auch hier freilich [vollzieht sich eine] ganz langsame kontinuierl[iche] Entwicklung –
denn die Wissensch[aft] kann nicht beginnen, ohne sich der sprachl[ichen] Formal[isierung zu bedienen] –
ja sie bleibt als "beschreibende" Wiss[enschaft] im wesentl[ichen] darstellend –
sie setzt die klassifizierende, ordnende, gliedernde Tät[igkeit] der Sprache fort –
aber sie schafft auch als klassifiz[ierende] ganz neue 'Gesichtspunkte' (Walfisch – Fisch) [;]
sie geht nicht auf das Daseiende schlechthin, sondern auf die Ordnung des Seins[,]
u. diese Ordnung erfordert, auch im Morphologischen[,] nicht blosse Gestalten,
sondern Prinzipien (z.B. genetische Prinzipen[A]) [;]
die Art der "Merkmalbildung" folgt daher hier ganz andern 'Gesichtspunkten'[.]

[erster Schritt:]
Immerhin bleibt es zunächst bei Merkmalbildung überhaupt –
in der Sphaere des Anschaulichen, Darstellbaren werden "Gruppen" gebildet
u. zu 'Begriffen' zusammengefasst, der Begriff "Hund" als Monogramm der Einbildungskraft$_{513}$ –
zweiter Schritt:
die "Modelle" der Physik
quasi anschaulich, schematisierend
dritte Stufe[:]
Stufe der reinen Bedeutung,
Prinzip statt Modell.
Das[B] [ist] der eigentl[iche] Gang der wissensch[aftlichen] Erklärung[.]

[Drei Formen von Raum]

Verdeutlichung am Raumproblem$_{514}$
α) Ausdrucks-Raum (Mythos)

[A] Prinzipien] *undeutlich geschrieben*
[B] Das] das

β) Darstellungs-Raum (Demonstrativer Artikel)
γ) Bedeutungs-Raum
von dem anschaul[ichen] Wesen des Raumes geht in die 4 dimens[ionale] Ordnung nichts mehr ein.
Unterdinglich – dinglich – überdinglich

[Der] Gang der Religion [ist] ganz analog!
[Er führt] über »Bild« u. »Namen« hinaus[.]
Reiner Sinngehalt der Welt – der nicht mehr Darstellungs-Gehalt ist.

[Drei Formen des Ich]

Dasselbe [gilt] für [die Formen des] 'Ich' –
[1] Ich als physische Individualität (als eigener »Körper«) [,] cf. Uexküll –
[Es gibt] keine »Kenntnis« des eigenen Körpers in der niederen Tierwelt – Körperbeweg[ungen] gehören der eigenen Umwelt noch gar nicht an –

[2] Ich als konkretes, pragmatisches Ich –
Tätigkeit als Wurzel der Sprachbegriffe
aus dem Tun wachsen die Sprachbegriffe, wie die myth[ischen] Gestalten heraus. –
Heraussonderung des "individuellen" Ich aus der Sphaere des »Kollektiven«
Mythos u. Sprache [dienen] hier als Vehikel[.]
s[iehe] Bd. I u. II.[515]

[3] Ich als 'Geist'
Überpersonale "Sinnsphaere"
cf. h[ie]rz[zu] Bl[att] Spranger u. Plessner[,][516] angestr[ichene] St[ellen].

[Drei] **Typen** der Metaphysik

α) Ausdrucks-Sphaere
Klages
sie ordnet das Leben dem Geist über[,]
sieht in allem Geistigen nur Zerreißung[,][A]

[A] sie ordnet ... Zerreißung] *am Rande:* Mat: Plessn. Schlußkap.[517]

Entfremdung des Lebens –
Romant[ische] Sehnsucht nach dem Paradies des Lebens –
Aber das Paradies ist verschlossen ...[518]
Pless[ner] Schlußk[apitel]: der Mensch ist nur, wozu er sich macht[519] –

β) Bergson – Mauthner[520] – (Sprache)
herüber[A] aus Einleit[ungs-]Kapitel[.]

γ) Was ist die erkennbare »Wirklichkeit«?[B]
Haeberlin – Schlick zu kontrastieren![521]

Unsere Metaphysik: Gewahrwerden[522] des Lebens[,]
Zurückgehen des Lebens in seinen "Grund" –
dadurch muss das Leben freilich "zu Grunde gehen"[,][523]
aber es ist in der Sphaere des Geistes aufgehoben.
Die[C] Subst[anz] des Lebens ist zum Subjekt geworden[,][524]
reine Sinn-Sphaere, über-dingliche u. über-personale[.]

[2. Lebensphilosophie, Dingsphäre, Sinnsphäre]

I) Simmel[D] –
Das Grundproblem u. der Typus der modernen Metaphysik –
Die Philosophie des Lebens –
ein breiter Strom –
Nietzsche, Bergson, Dilthey, Simmel –
bald naturalistisch: biologisch Darwin, Spencer
bald geisteswissenschaftlich – Dilthey
metaphysisch – Bergson[,]
Husserl, Scheler – der späte Natorp[.]
Es ist töricht u. kurzsichtig, hier von einer blossen 'Modeströmung' zu sprechen –
d. h. diese Bewegung selbst durch ein blosses Schlagwort abtun zu wollen –
Man kann sie nicht, wie Rickert es versucht, mit einer bloss vornehmen Geste abtun wollen[.]

Der eigentl[iche] Repraesentant, den wir herausgreifen, ist Simmel –

[A] herüber] *Lesart zweifelhaft, Wort endet mit unleserlicher Abkürzung*
[B] »Wirklichkeit«?] »Wirklichkeit«
[C] Die] die
[D] Simmel] *im Ms. hervorgehoben*

Er steuert immer bewusster auf den zentralen Problembegriff des Lebens zu –
aber er ist sich zugleich der Grenzen jeder blossen Lebensphilosophie bewusst –
Er entwickelt aufs schärfste die immanente Dialektik des Lebensbegriffs –
Transzendenz – zugleich Tragödie der Kultur[525]
hier: symbol[ische] F[orm]en

II) Leben und Geist[A]
Der Primat der 'Ausdruckssphaere'
Metaphysik des 'Ausdrucks' –
er wird absolut gesetzt – ihm gegenüber wird alles andere vernichtet –
als 'Abfall', als 'Sündenfall'[;]

es ist die typisch romant[ische] Philosophie[,]
the tree of knowledge is not that of life
(Klages in der Vorr[ede] zu Carus) [.][526]

III) Das Problem der "Anthropologie"[B]
Die symbol[ische] F[orm] als Definition des Wesens »Mensch«[527] –
cf. h[ie]r[zu] Scheler u. Plessner[.]
Allg[emein]: Phaenomenolog[ische] u. genet[ische] Methode –
In welcher Richtung u. Hinsicht kann sich beides ergänzen – bestätigen?[C]
(Cf. Bemerk[ung] von Litt, Ind[ividuum] u. Gem[einschaft,] 3[. Aufl.])[528]
Uexküll –
Vorstufen des "Bewusstseins"
(cf. Carus – wie wird aus Erfühlen – Empfindung
Innerung – Erinnerung
Ahnung – Voraus-Sicht)[529]
Stufen des Organischen u. der Mensch[530] –
Alles 'Leben' verläuft zunächst durchaus unbewusst –
Atmung, Embryo –
Pflanze, Trieb (Scheler)
ebenso schon eines 'Ausdrucks' fähig.[531]

[A] Leben und Geist] *im Ms. werden* Leben *und* Geist *hervorgehoben*
[B] Das Problem der "Anthropologie"] *im Ms. hervorgehoben*
[C] bestätigen?] bestätigen

IV) Ausdruck, Darstellung, Bedeutung[A]
Wir haben sie hier lediglich phaenomenologisch geschieden –
wir fassen sie als immanent-notwendige Stufen in der Entwicklung des Selbstbewusstseins – keine ist entbehrlich –
Aber jeder dieser Stufen entspricht, sofern sie absolut gesetzt werden, eine andere Metaphysik[:]
a) Vorrang des »Lebens« vor der »Natur«
b) Vorrang der Natur vor dem »Leben«
 α) cf. Haeberlin
 β) cf. Schlick (K[ant]-St[udien]!)[532]

Der Begriff der Intuition bei Bergson.

Aber es ist immer eine einseitige Ver-Absolutierung, wenn man sich in den Anfang, die Mitte oder das Ende dieses Prozesses stellt –
von hier aus die einzelnen Phasen beurteilt und verurteilt –
entweder vom Ideal des 'Lebens' oder von dem der Erkenntnis ausgeht –
statt eben den Prozess als Ganzes zu überblicken u. als Ganzes in seiner immanenten Notwendigkeit zu verstehen[.]

Non lugere, non redere sed intelligere[533]
gilt auch hier –
Wo man vom Ausdruck ausgeht, da erblickt man im "Logischen" lediglich einen Abfall, Sündenfall –
wo man den Standpunkt im Logischen nimmt, da pflegt man alles Primitive als blosse "Vorstufe" zu werten, die überschritten, überwunden werden muss –
Aber an Stelle solcher Stadien-Metaphysik müssen wir, um den Aufbau u. Sinn der Kultur zu verstehen, eine Metaphysik des Prozesses setzen –
 Gewiss: dieser Prozess vereint schlechthin-Unvereinbares –
 Wie liesse sich Mythos u. Mathematik, »Leben« u. Natur (im Sinne der "Physik") je auf einen logischen Nenner bringen –
Aber diese *κρᾶσις καὶ σύνθεσις ἐναντίων*[534] ist eben das Geheimnis des sich erzeugenden, sich in Gegensätzen entwickelnden Geistes selbst.

V) Das Medium des 'Dinges' und der Dingsphaere[B]
Die Bedeutung der Ding-Kategorie für den Fortschritt der geistigen "Objektivierung"[,]
Fruchtbarkeit und Grenze des Dingbegriffs.

[A] Ausdruck, Darstellung, Bedeutung] *im Ms. hervorgehoben*
[B] Das Medium des 'Dinges' und der Dingsphaere] *im Ms. hervorgehoben*

Das Ding u. die Sprache.
Die aesthet[ische] Anschauung als gegenständliche Anschauung

Hier erreicht die Ding-Kategorie ihre eigentliche Höhe, Reife u. Vollendung –
nämlich als Kategorie des 'gegenständl[ichen]' Anschauens
(Goethes Art der Gegenständlichkeit) [.]
Ihr entscheidender Vorzug ist, daß sie sich von der Ausdruckssphaere nicht zu lösen braucht,
sondern in ihr stehend[,] bleibend über sie hinausgreift, transzendiert –
Diese Correlation hat auch Fiedlers Theorie[535] nicht richtig gesehen, die das Gefühlsmoment einseitig ausschließt.

Auch das "Ding" hat in der Metaphysik eine völlig verschiedene Wertung erfahren –
es ist im gewissen Sinne die Urkategorie der Metaphys[ik] (Substanz - *οὐσία*)[A]
dann setzt die Kritik ein –
(empirisch: Auflös[ung] in die 'Perzeption' –
wissenschaftl[ich]-krit[isch]: Auflösung ins Gesetz, in die 'Funktion') [,]
schliesslich die Kritik von Seiten der Metaphysik des Lebens
- des »Prozesses«
(Bergson) [.]
Auch hier[:] non redere, non lugere, sed intelligere[.]
(Ebenso **ästhetisch**: Der Kampfruf gegen die 'Gegenständlichkeit' der Kunst – Los vom Gegenstand!
'Impressionismus' = Hume (Erkenntnisth[eorie])
Expressionismus[B] = Lebensphilos[ophie], Ausdrucksphilos[ophie] -[)]
Wir suchen die Stelle, an der das 'Ding' steht[,] zu beschreiben.

Dingproblem (Darstellungs-Sphaere)
Daß alle »Wahrnehmung« als solche "dinghaft" verdinglichend ist, wird richtig auch in Klages' Theorie der Wahrn[ehmung] betont –
die eben deshalb die Möglichkeit der Wahrnehm[ung] von Leben bestreitet –

[A] *οὐσία*] *die S. beginnt mit Überschrift:* VI) Die Personensphaere u. ihre Überwindung,[536] *danach: Drittelseite leer, Querstrich von Rand zu Rand, dann Fortsetzung des Satzes von der vorherigen S. (Teil V)*
[B] Expressionismus] (Expressionismus

Alle Wahrnehm[ung] verdinglicht, kann daher das Leben, das nach Klages ja der reinen Ausdruckssphaere angehört, nicht fassen –

Schon hier ist aber zu sagen, daß die Wahrnehmung darum, weil sie objektivierend, verdinglichend ist, darum nicht lediglich negativ einzuschätzen ist,
sondern daß sie eine höchst wichtige positive Funktion erfüllt –
daß der Schritt zur Objektivierung, Verdinglichung eine schlechthin notwendige Leistung ist –

Freilich bleibt es die Aufgabe der Philosophie, diese Leistung in ihrem Wert, aber zugleich in ihrer Bedingtheit klarzustellen –
also die "Grenzen" der »Darstellbarkeit«, u. der Dingfunktion (nach beiden Seiten), nach Seiten der Ausdrucksfunktion und der Bedeutungsfunktion, festzusetzen[:]
omnis determinatio est negatio[537] –
Das »Positive« muss daher zugleich in bestimmter Hinsicht negativ sein –
Aber diese Negation ist nicht negierend –

Das Ding-Schema ist eben zugleich restringierend und realisierend –
Kl[ages] hebt lediglich den "restringierenden" Charakter hervor – diesen allerdings völlig richtig –
Dem 'Leben' gegenüber bleibt die Dingkategorie unzulänglich –
aber Aufgabe dieser Kategorie ist auch nicht Erfass[ung] des Lebens als solches, sondern eine »Wendung« der Betrachtung –
eine Metamorphose.
Diese Metamorphose, dieser Gestaltwandel, der eintritt, sobald wir von der Ausdruckssphaere zur Darstellungssphaere (Dingsphaere) übergehen, erscheint bei Kl[ages] lediglich als descensus, als Abfall u. Sündenfall der Erkenntnis, durch den wir aus dem ursprüngl[ichen] Paradies des Lebens vertrieben werden -
aber er ist ebensowohl Aufstieg[,]
ascensus –
freilich[,] die ursprüngl[iche] Einheit ist nun dahin –
die Dingsphaere bedeutet die eigentlich 'gebrochene' Sphaere –
Aber dieser Bruch ist notwendig –
das »Böse«, der Sündenfall ist aber auch Ursprung aller menschl[ichen] Freiheit u. alles menschl[ichen] »Selbst«[.]
Dies wird uns nur durch Aktivität, nicht durch das blosse πάθος des unmittelb[aren] Lebensgefühls zu teil –
Im Schweisse unseres Angesichts müssen wir jetzt unser Brot essen[538] – aber in dieser Mühsal ersteht erst die neue Sphaere des Geistes.

[VI) Die Personensphäre und ihre Überwindung539]

Sinn-Sphäre (überpersönl[icher] Gehalt)

Wie eine "unterdingliche" Sphäre von einer "überdinglichen" zu scheiden ist –
so auch eine "unterpersönliche" von einer "überpersönlichen"[.]
Auf der Grundstufe (mythische Stufe) ist eigentliche Individualität noch nicht erreicht –
der Einzelne geht auf in einem kollektiven Gesamtbewusstsein –
das Ich u. das Du, insbesondere das Du der Gemeinschaft, haben sich von einander noch nicht gelöst
(cf. Bd. II!) [.]540
Diese Lösung erfolgt; ihre wichtigsten Vermittler sind auch hier Sprache u. Kunst, wie in der Gegenstandssphaere –
Aber beim Überschritt zur Welt der reinen »Bedeutung« tritt wieder der umgekehrte Schritt: der Schritt der »Entpersönlichung« ein[,]
z. B. Physik – die Welt so darzustellen, wie sie "vom Standpunkt von Niemand"541 aussieht.
Aber[A] das gleiche gilt für die Ethik[.]
Wer Gott recht liebt,542
[dies ist die] Tiefe der Spinozistischen Ethik – als amor Dei[:]
Liebe zu einer prinzipiell unpersönlichen Ordnung[.]
[Dies ist] die "Überwindung des Ich" beim Eintritt in die Sphaere des reinen Sinns –
man kann sagen:
der Eigensinn der Individualität vernichtet sich vor dem Eigen-Sinn der überpersönl[ichen] Ordnungen.

[VII)] Organologie[B]
[Der] Mangel der Organol[ogie] [ist] – daß sie den Schritt von der 'Darstellungssphaere' (Lebenssphaere) zur Bedeutungssphaere (Sinn-Sphaere) nicht rein vollzieht –
deshalb werden ihr die Kulturen nicht zu reinen Sinn-Einheiten (geistigen Ordnungen) [,] sondern allenfalls zu Ding-Einheiten oder zu Lebens-Einheiten –
Sie verharrt im Schematischen, statt sich zur rein »symbolischen« ("sinnhaften") Betrachtung zu erheben.
Die Nationen, wie die Kulturen[,] werden damit statt zu unpersönlichen

[A] Aber] aber
[B] Organologie] *im Ms. hervorgehoben*

Bedeutungs-Einheiten nur zu *über*-persönlichen Einheiten –
aber diese 'überpers[önlichen]' Einheiten sind doch in Wahrheit nach dem Modell u. *Schema* von persönl[ichen] Einheiten gestaltet –
es ist schematisches Denken, statt symbolisches[,]
ganz wie in einem bestimmten Stadium der Physik[543] –
Wir bleiben in der Sphaere einer *quasi-anschaulichen* Auffass[ung] stehen[.]
Und das bedingt, daß die geistigen Einheiten nicht im strengen Sinne überdaseiend gefasst, sondern daß sie dem Dasein verhaftet bleiben –
sie bleiben Lebens-Einheiten, ja Lebens-Dinge[,]
statt ideale (teleologische) Sinn-Einheiten zu werden[,]
biologische Begriffe, statt Sinnbegriffe[.]
Damit geht aber der Geist an das Leben, die Freiheit an die Notwendigkeit verloren[.]
– Am deutlichsten zeigt sich diese Konsequenz in Spenglers *Schicksalsbegriff* –
Die Kulturen erscheinen als Dinge, die gleich solchen entstehen u. vergehen, werden u. wachsen[,] aber gemäß einem äussern, schicksalhaften Zwang
– es sind Lebensformen, vegetative Formen[,] nicht Sinnformen –
Sinnformen, Bedeutungsformen unter das Gesetz des *Schicksals* zu stellen[,] ist selbst wider-sinnig –
denn hier stehen wir auf dem Boden der Freiheit –
als *historische* Formen unterstehen freilich die Kulturen dem Gesetz des Werdens –
aber hier handelt es sich um einen komplexen Prozess freier Gestaltung –
es ist ein Zielen auf objektiven Sinn hin[,] der jeweils in einem bestimmten spezifischen Ausschnitt verwirklicht, aktualisiert wird –
aber diese Verwirklichung ist Aktualisierung im Sinne des reinen *Vollzugs* –
und dieser Vollzug muß selbst immer von neuem *erarbeitet* werden, er ist nie *fertig*, sodaß sich seine Grenzen aus dem 'Wesen' einer best[immten] Kultur *ablesen* liessen –
Gerade dies aber versucht Spenglers Geschichtsphilosophie –
Sie hypostasiert die "Kulturen" (die letzten Endes Aufgabenbegriffe sind) zu Dingen –
u. damit ist ihre Abgeschlossenheit, Prae-determination gegeben –
es sind "Dinge", die nur nachträglich in die Form des Wirkens übergehen –
Dinge können sich (zeitlich) aus-wirken u. dann sterben[,] untergehen[.]
Kulturen aber sind Funktions-Einheiten, *Ansätze* zur Aktualisierung von »Sinn«[,] u. derlei Ansätze sind als solche in der Zeit nicht begrenzt, sind unerschöpflich –

sie sind nicht ein Gesetztes, Prae-Determiniertes, das sich nur in der Zeit auseinanderlegt, ex-pliziert[,]
sondern sie sind der nie aufhörende Akt des reinen Setzens, des immer wieder Ansetzens und Anhebens selbst –
das ist aber nur zu fassen, wenn wir entschlossen in das Reich der reinen Bedeutungen übergehen –
das Reich des schematisierbaren Daseins u. des Lebens entschlossen verlassen.

(Näher gesagt ist "Kultur" (ebenso aber auch Nation etc.) ein Relationsbegriff, der die Beziehung eines histor[isch] zeitl[ich] Gegebenen auf eine Sinndimension u. also auf ein immer neu »Aufgegebenes« in sich schliesst –
also einen prinzipiell unanschaulichen Faktor in sich schliesst – (einen reinen Sinnfaktor) [.]
[Das] Verhängnis aller 'organologischen' Theorien [ist], daß sie auch diesen Faktor noch ins anschauliche Gebiet hineinziehen, ihn in rein anschaul[iche] Dimensionen bannen wollen –
damit geht aber die spezif[ische] Eigenart der "Kultur" verloren[.])
Statt Aufgaben entstehen Dinge –
statt Bedeutungseinheiten bloss 'physiognomische' Einheiten
(so ausdrücklich bei Spengler!) [.]
Die wahre Konstitution des Kultur-Zusammenhangs (des Relationsbegriffs der Kultur, der nie u. nimmer zum Dingbegriff gemacht werden kann) stellt ein viel komplexeres Problem [dar] –
die "Kultur" ist sozusagen niemals eine reelle[,] sondern eine komplexe Größe (a + bi) [,] denn sie enthält eine "imaginäre" (Sinn-) Einheit[.]

Aller Sinn ist ideal, nicht real –

Gute Darlegungen über den 'Strukturzusammenhang' der Kultur cf. bei Litt in der Ausf[ührung] über den 'geschlossenen Kreis'[,][544] s. d.

Die organologische Auffassung nimmt die Kulturen als Substanzen –
als feste Dinge, die spezifisch als diese substantialen Formen wirken –
wir müssen sie als Funktionen nehmen –
Man kann sagen: die Geschichtsphilosophie, die Organologie, steht noch immer im Banne jener Metaphysik der substantiellen Formen, welche die Physik fortschreitend überwunden hat –
Auch als 'Entelechia' lassen sich die Kulturen nicht verstehen!

[3. Mythos, Sinnsphäre, Identität]

Sprache, Mythos, Wissensch[aft] im Aufbau des theoret[ischen] Weltbildes –
Wir blicken zurück –
a) Einheit von Mythos, Sprache, Wissenschaft als Momente der Erkenntnis –
sie bauen eine Welt von "Gegenständen" auf –
sie gehen auf die 'Wirklichkeit' –
die Kunst gehört dieser Linie nicht an –
sie steht für sich.

Mythisch[e Sphäre] –
Mythos kennt nicht Dinge noch Eigenschaften –
er kennt Kräfte, die sich verschiedenartig einhüllen –
aber die Hülle ist nur locker –
wo wir einen festen Dingkern sehen, da sieht er nur eine Maske, durch die die dämon[ischen] Kräfte hindurchscheinen. Cf. z.B. S. 46[,] 2[.] B[d.]$_{545}$
(ausdrucksmäss[ig])
Auch hier wieder Dialektik (in der höchsten Dimension der Bedeutung wird das "Ding" wieder zur – Kraft[.] (cf. Hegel!)$_{546}$)[A]
aber hier in einem ganz anderen Sinne!
Umwandl[ung] des Lebenskreises in den Gesichtskreis.
Der Prozess geht ganz langsam u. stetig vor sich.
Der Mythos selbst, die Sprache ziehen ihre Kräfte aus dem Tun selbst –
in ihnen spiegeln[B] sich die Lebenskreise[,]
s[iehe] Bd. I / II$_{547}$
aber sie spiegeln sich eben[;]
das Tun tritt allmähl[ich] gegen sich selbst zurück: es beginnt sich zu sehen[:]
des Lebens Flutstrom ebbet nach u. nach[.]$_{548}$
Schon im Mythos – [gibt es eine] Gewinnung des Gesichtskreises aus dem Aktionskreis – aber eben darin auch [ein] Zurücktreten des letzteren – wachsende Mittelbarkeit[;]
erste Stufe: Magie
noch einfaches 'Habhaftwerden'[,]

[A] cf. Hegel))] (cf. Hegel)
[B] spiegeln] spiegelt

dann immer weiteres Zurücktreten u. damit Ersatz der magischen Wirkenswelt durch mythische Formwelt[,] Vorstellungswelt[.][A]

Metaphysik u. Symbol
Sinn: wie Kants Metaphys[ik] der Sitten
allgemeinste Grundmomente
aber Gegenrichtung: nicht zum Sein[,] *ὂν ᾗ ὂν*
höchste Menschheit[;][B]
the tree of knowledge[549]
Grundsatz aller 'Romantik'

[Widerspruch der Romantik]

Widerspruch der Romantik: die Seligsprechung des Lebens –
aber 'selig' kann nur der Geist sein,
nur er – schaut –
Das nicht schauende, seiner selbst unbewußte Leben kann keine Seligkeit besitzen, denn diese ist vision béatifique
νόησις νοήσεως[.]

[Lebenseinheiten und überpersonale Einheiten]

Überpersonal[e] Einheiten –
nicht mehr als Lebenseinheiten, sondern
als rein geistige Einheiten –
Hier [ist] der Fehler aller Organologie –
sie lassen sich nicht als biolog[ische] Einheiten auffassen –
auch hier muss der Schritt von der Anschauung zur Bedeutung vollzogen werden –
Aber auch hier steht die Theorie immer wieder in Versuchung, die überpersonale Bedeutung zu einem Quasi-Anschaulichen, Quasi-Dinglichen zu machen[.]
Aber alle Organologie ist Mythologie[.]

[A] Schon im Mythos ... Vorstellungswelt] *am linken Rand und in den Text nachträglich mit Tinte hineingeschrieben*
[B] Menschheit] *undeutlich geschrieben*

Kritik der Organologie bei Litt.[550] s. d.
Die 'Natur' etc. konstituiert sich nur in geistigen **Werken** –
Alle überpersonal[en] Einh[eiten] sind nicht Lebenseinheiten, sondern geistig-eth[ische] Vollzugseinheiten, die von dem geist[igen] Subj[ekt] aufzubauen sind[.]
Fehler in der substant[iellen][A] Auffass[ung] des Staates[:] Othmar Spann[.][551]
Auch die Religion [ist] zuletzt reine Vollzugseinheit –
Mangel aller 'Theismen'[.]
Das ist ordo ordinans, nicht ordo ordonatus
(cf. auch Scheler – Fichte)
Parsismus[552] =
allem Monotheismus ist dieser Zug eigen.[B]
Aber auch hier [ist die] Überwind[ung] des Anschaul[ich]-Einzelnen gefordert: Sinn = Einheit statt substanzielle Einzelheit –
in der Metaphysik wie in der Physik[.]

[Lebensgrund und Sinnsphäre in der Religion]

Sinnsphaere: Auch in der Religion muss es zuletzt zu einer Lösung vom reinen Lebensgrund kommen –
so schwer gerade dem 'subjektiven' religiösen Gefühl dieser Schritt zu werden pflegt[.]
Religion wird reine "Sinn"-Ordnung[.]
Tiefe des Spinozistischen Wortes:
wer Gott recht liebt etc.[553]
Zu dem Konflikt, der notwendig zwischen Religion u. "Kultur" besteht[,] vgl. die Bem[erkung] bei Plessn[er, S.] 342[.][C][554]

Litt: Individ[uum] u. Gemeinsch[aft] – "geschloss[ener] Kr[eis]"[555]

[A] substant.] *darüber unleserliches Wort in Bleistift hinzugefügt*
[B] Zug eigen] *undeutlich geschrieben – hiernach ist im Ms. ein loses Bl. aus dunklerem Papier mit Stichworten in Tinte zu Mathematik und Platon eingelegt*
[C] Zu dem Konflikt ... 342] *am rechten Rand hinzugesetzt*

[Ding an sich und Bedeutungs-Transzendenz]

Ding an sich-Problem –
Auch hier wird die "Transzendenz"[A] als Bedeutungs-Transzendenz (Sinnsphaere des Objektiven, "Intention" auf das Objekt) richtig hervorgehoben –
aber der 'Realismus' bleibt in der Ding-Kategorie stecken -
erbaut eine neue Sphaere von 'Dingen' über der alten (N[icolai] Hartmann![556]) [.]
Wir geben die Transzendenz zu – halten keineswegs am Gedanken der Bewusstseins-Immanenz fest –
Aber die Sphaere 'jenseit' des Bewußtseins ist uns Sinn-Sphaere, keineswegs Ding-Sphaere –
Sie noch dinglich zu nehmen, ist naiv –
Das hat schon Geulincx erkannt[.][557]

[Aktionskreis und Gesichtskreis]

Prinzipielle Unendlichkeit des Gesichtskreises gegenüber der prinzipiellen Endlichkeit des Aktionskreises. –
Der Aktionskreis als solcher weist nicht ins Unendliche, sondern ist ein geschlossener Lebenskreis –
Ein enger Ring begrenzt unser Leben[558]
so beim Tier – u. bei allem[,] was wir Instinkt nennen –
der Instinkt hält das Tier in seiner Grenze fest u. sichert es in dieser Grenze –
wenn es sich bewegt, so bewegt es sich doch stets in einem geschlossenen Lebenskreise, kehrt immer wieder dahin zurück, wo es als Tier, als diese bestimmte Gattung steht –
Dem Tun als solchem haftet kein Faustischer Trieb ins Unendliche an –
als blosses Tun ist es rhythmisch-zyklisch[,] bis es am Ende niedersinkt u. stirbt[.]
Es dreht sich 'im engen Zirkeltanz'[559] –
Erst das Wissen ("Ideiren") durchbricht diese Schranke –
Wahre Unendlichkeit giebt es nur in der Idee –
im Gesichtskreis, nicht im Aktionskreis –
Die »Idee« bringt die Inadaequatheit in die blosse Lebensform –

A "Transzendenz"] "Transszendenz"

Sie kann nicht mehr zum Augenblicke sagen: verweile doch ...[560]
es ist daher falsch, von der Unendlichkeit des Lebensgrundes zu sprechen –
als 'unendlich' erweist sich dieser Lebensgrund erst, indem er in sein eigentliches Gegenteil, die 'Idee', den 'Geist' umschlägt –
indem er als Lebensgrund selbst "zu Grunde geht" = zu seinem eigenen geistigen Grunde zurückgeht[561] –
Nicht dem Tun als solchem, sondern dem Schauen eignet die wahrhafte Unendlichkeit –
Das Tun als solches gelangt zu einem Ziel[A] u. erlischt gewissermassen in diesem Ziel –
dem Schauen aber geht hinter jedem endlichen 'Horizont' ein neuer weiterer "Gesichtskreis" auf.-
Die niederen Organismen bedürfen[,] um einen best[immten] 'Gesichtskreis' zu »haben«[,] der steten Anregung, des Antriebs u. Impulses vom Willen aus –
die 'Welt' versinkt für den nied[eren] Organismus[,] sobald der Motor des Willens ausgeschaltet wird –
mit der Nahrungsaufnahme sinkt für das Tier die 'Reizschwelle' (Uexküll) [.][562]
Beim Überschritt zur Welt des Geistes aber ändert sich dies Verhältniss –
es beginnt die Sphaere des reinen Schauens[,] der 'interesselosen' Betrachtung
(Anfang aller Kunst)[.]
Und[B] in diesem gewaltsamen Losreissen von der Welt des blossen Bedürfnisses u. der Enge des Bedürfnisses schließt sich erst die Unendlichkeit auf –
Jeder gegebene Horizont verdeckt nun einen anderen weiteren –
Das Handeln des Tieres schafft ihm seine Umwelt –
aber diese Umwelt, die es hegt u. schützt, umschließt es auch 'wie eine Mauer'[,]
cf. Uexküll[563] –
der Mensch wagt es[,] diese hegende u. schützende Mauer zu durchbrechen[;]
er wird damit[,] wie es scheint[,] heimat- u. schutzlos –
aber diese Schutzlosigkeit erst versichert ihn der eigenen Unendlichkeit –
er muss sich eine immer neue Mitte geben, das tritt deutlich z. B. in der Geschichte der kosmologischen Theorien hervor –

[A] Ziel] Ziel,
[B] Und] *am Rande links in Bleistift:* Über-teleolog[isches] / Moment aller / Kultur[,] / cf. Simmel, / Transz[endenz] des Lebens

Zerbrechen der krystallnen Schalen[564] –
Goethes Ausdruck der Heimatlosigkeit –
im Copern[ikanischen] System –
aber zugleich Gewinnung einer neuen Mitte –
(Giord[ano] Bruno: Vernunft als Zentrum
Vernunft: Korrelat zur Unendlichkeit
eroici furori!)[565]

[Prä-dingliches, dingliches und über-dingliches Denken]

Was Lévy-Bruhl praelogisches Denken nennt[566] oder auch "mystisches" Denken: das ist in Wahrheit prae-dingliches Denken –
Es ist im wesentlichen noch ein Vorgangs-Denken –
die Synopsis erstreckt sich nicht auf 'Merkmale' u. 'Dinge' –
sondern in eins gesetzt werden diejenigen Elemente[,] die in einem (mythisch-magischen) Aktionskomplex an 'derselben' oder einer analogen Stelle stehen; die dieselbe magisch-mythische Funktion ausüben –
Nicht das dinglich-Gleichartige, sondern das Funktionell-Aequivalente; das mythisch Sinn-Entsprechende[,]
vgl. Bd. II über myth[isches] Denken[;]
so erklären sich die 'Identifikationen' des Hirsches mit dem Getreide bei den Huichol[;][567]
sie haben beide im Aktionskreis des Ritus dieselbe Funktion –
so "Abendmahl" ein "Tanz"[,]
cf. Sprache u. Mythos[568]
teleolog[ischer] Charakter der Sprachbegriffe[569] –
hier ist also alles noch viel mehr in einem labilen Stadium, einem Fluiditäts-Stadium –
die Kontinuität (der "Fluss" des Geschehens) herrscht noch vor der Diskretion (der Abteilung in starre Ding-Einheiten) [;]
je weiter die Sprache in sich fortschreitet – um so mehr überwiegt freilich in ihr der Zug zu der Setzung solcher Ding-Einheiten[;]
die "Darstellungsfunktion" der Sprache schafft eben die Ding-Einheit.
Aber z.B. die Kindersprache zeigt noch deutlich das Fluiditäts-Stadium mit dem Vorwiegen der teleologischen, "funktionalen" Einheiten. –
[Sie kennt] Vorgangs-Einh[eiten] statt Ding-Einheiten[.]
Wieder zeigt sich hier die eigentümliche Dialektik
– die wiss[enschaftliche] Begriffsbild[ung] ist wieder funktional statt substantial –

das Dingstadium steht in der Mitte als *μεταξύ*[;]
das mythische Denken u. die Grundformen, die Elementarformen des sprachlichen sind unterdinglich –
das wissenschaftl[iche], philos[ophische], religiöse Denken ist überdinglich –
die Bedeutungs-Sphaere lenkt wieder zur Ausdrucks-Sphaere zurück –
der Sinn- praevaliert gegenüber dem Ding-Charakter –
aber die Antithese hat in beiden Fällen einen ganz anderen Charakter.

[Satz der Identität]

Der sogen[annte] "Satz der Identität" nimmt eben selbst eine ganz verschied[ene] Form in der Dimension des 'Ausdrucks', der 'Darstellung' u. der 'Bedeutung' an –

[a) Satz der Identität in der Ausdruckssphäre]
Identität ist nicht notwendig **Ding**-Identität, substantielle Identität –
Im Mythos herrscht keinerlei Ding-Identität[,] sondern hier besteht eben jene eigentümliche multiprésence –
Raum u. Zeit sind hier nicht principia individuationis –
das räuml[ich] u. zeitl[ich] ganz Getrennte kann mythisch (-ausdrucksmäßig) eins sein: es ist derselbe Dämon, der im einzelnen Getreidehalm u. im ganzen Feld steckt etc.[,] in der Maisstaude etc. (cf. Sprache u. Mythos)[570]
oder alle sonstigen 'Identifikationen'[:]
Hirsch = Getreide etc.[;][571]
sie sind ihrem mythischen Sinne nach dasselbe[,] u. das myth[ische] Denken fragt eben nach gar nichts anderem als diesem Sinn –
es geht gar nicht auf das empirisch-Dingliche, "das" Ding hic et nunc[.]

[b)] Satz der Identität in der Sphaere der Darstellung
Rücks[icht] auf die Sprache –
Eindeutigkeit der »Bezeichnung«
dasselbe "Ding" soll immer mit demselben "Namen" genannt werden[.]

[c)] Satz der Identität in der Bedeutungssphaere
Über die Identität des Dinges hinaus zur Identität des Prinzips, des Gesetzes[;]
"Substanz" wird zur Konstanz, Invarianz[,] z.B. nicht mehr Energie, sondern Energie – Impuls – Tensor[;]
das mythische Denken war
vor-räumlich-zeitlich[,]
kannte diese 'Differenzierung' noch nicht[;]
das physikalisch-exakte Denken ist nach räumlich-zeitlich –
hebt die Differenzierung wieder in einer höheren Einheit (Union) auf.

[Mythos, Identität, Aktion]

Die Form der mythischen Synthesis u. Analysis wird alsbald verständlich, wenn man sich gegenwärtig hält, daß in ihr eben die eigentümliche Objekt-Distanz noch nicht gewonnen ist –
daß das Denken als gegenständliches[,] abgelöstes noch nicht besteht –
nicht der Gesichtskreis, sondern der Aktionskreis entscheidet –
Daher wird auch die "Identität" nach der Stelle im Aktionskreis bestimmt –
"identisch" ist, was innerhalb eines Aktionskreises dieselbe oder aequivalente Bedeutung hat[.]

[Identität und Kult]

Alles mythisch-Aequipollente ist identisch –
es mag übrigens an beliebigen Raum u. Zeitstellen sich befinden.
Mit dieser Identität (= myth[ische] Aequipollenz) ist die multi-présence durchaus verträglich –
Hier herrscht also gar keine Durchbrechung des Satzes d[es] Widerspruchs als solchem – sondern die »Identität« wird eben nur anders konstituiert[;]
sie ist Aequipollenz, nicht Ding-Identität[.]
Wie sehr die myth[ischen] 'Begriffe' Aktionsbegriffe sind, zeigt sich[:]
a) aus ihrem Charakter als Hand-Begriffe[,]
manual concepts (Cushing)[,][572]
b) aus ihrem Charakter als Kult-Begriffe[.]

Die Stellung im Kult ist viel wesentlicher als die in der empir[ischen] R[aum]-Z[eit]-Welt –
aus der Aktion des "Kults" leiten sich die spezif[ischen] mythischen Gegenstände ab –
Gutes Material bei den Cora und der Uitoto (Preuss)[573]

[Raum und Ausdruck]

Raum [,] erste Stufe[:] Ausdrucksraum
vgl. local relationship[,] z.B. [S.] 97 Lévy-Bruhl[574] u. früher[;]
der Gegenstand ist nicht in einem homogenen Raum –
sondern seine bestimmte Örtlichkeit ist ein qualitativer Zug, verändert seinen »Charakter«[;]
es ist ein rein physiogn[omischer] Raum –
daher die Änderung jedes Einzelzuges in der Physiognomie der Landschaft den Charakter, die Ordnung, das Tao des Ganzen stört[.]
Chines[isch] Fung Tchui; vgl. de Groot, Univers[ismus][575] u. Lévy-Bruhl[,] cit. nach de Groot[,] S. 27[.][576]

[Kunst und Darstellungs-Sphäre]

Darstellungs-Sphaere
Der Schritt zu ihr wird nicht von der Sprache allein, sondern im gleichen Sinne von der Kunst, insbesondere von der bildenden Kunst vollzogen. –
In ihr wird die anschauliche »Natur« erst eigentlich entdeckt –
Durch die Kunst entsteht erst der feste »Umriss« der Natur –
»Name« u. »Gestalt« wirken hier zusammen[:]
Nama rupa[577] als Ursprung aller Form –
die Kunst vollzieht dieselbe »Begrenzung«, Determination des Geschehens –
in ihr wird die "Plastizität" der Welt erreicht –
gegenüber der Labilität des mythischen Gefühls[.]

Sprache u. Kunst sind es auch, die den "persönlichen Gott" formen –
der Name u. das plastische Götterbild geben dem Gott seine Individualität –

und ebenso muß das eigentl[iche] Religiöse, das Religiöse des »Sinnes«, wieder auf Name u. Bild verzichten lernen. –

Die Kunst [ist] eine eigene anschaul[iche] Sprache:578 dieser Gesichtspunkt [ist] besonders bei Konr[ad] Fiedler durchgeführt – Schriften zur Kunst[.]

Vgl. jetzt auch Fiedlers Briefwechsel mit Hildebrand[A][.]579
Dieses Moment der Objektivierung, der Erhebung zum Gegenständlichen, der Ver-Gegenständlichung ist jeder Kunst eigen –
sie wurzelt im Expressiven, aber sie ist immer mehr als Expression –
Dies macht ihren eigentümlich »rationalen« Charakter aus. –
Dieser Charakter ist von Fiedler entwickelt u. betont worden –
Aber auch sonst:
Goethe – Vergangenes in ein Bild verwandeln[,]580
die Kunst ist eine zweite Natur, – aber verständlicher, denn: sie stammt aus dem Verstande!
Kant – [in der Kritik der] Urteilskraft [–]
lässt die Kunst aus einer Harmonie des "Verstandes" mit der Einbildungskraft [im]
freien[B] Spiel der Verstandeskräfte581 hervorgehen –
dies aber [ist] die Wendung zur »Gestalt«[,]
analog dem geometr[ischen] Verstand: die best[ehenden] Gestalten (Kreis, Viereck) stammen nach Kant aus dem Verstande (Prolegom[ena]) [;]582
er hat die Funktion der Begrenzung überhaupt[,] der "Determination"[.]

[Kunst, Sprache, Darstellung]

Kunst – Sprache:
Aus der Vergleichung beider mit Rücksicht auf die Funktion der 'Vergegenständlichung' (Darstellung) ergiebt sich besonders deutlich, auf welchen Bedingungen in beiden Fällen die Verständlichung beruht und welche geistige Funktion es ist, die sie erst ermöglicht –
Die Kontinuität zeigt sich hier darin, daß der notwendige Fortgang vom »Leben« zum »Schauen«, vom Aktionskreis zum Gesichtskreis selbst an eine neue Form der Aktion gebunden ist –

[A] Hildebrand] Hildebrandt
[B] freien] freies

Nur die Aktion führt zur Objektivation – nur im freien Gestalten, im Bilden entsteht dem Menschen ein "Bild" der Dinge.
Der Grund dafür liegt darin, daß im "Bilden" eine Tätigkeit gewonnen ist, die nicht schlechthin im »Wirken« aufgeht, nicht in ihrem Effekt untergeht, sondern eine Tätigkeit, die sich selbst anschaut, sich selber »objektiv« wird. –
Der Mensch allein ist solcher in sich zurückgehender Tätigkeiten fähig; dies der Charakter seiner »reflexio«[.]
Aber das für uns Wesentliche ist hierbei, daß er in dieser re-flexio nicht etwa sich selbst lediglich bespiegelt, sondern daß die Reflexion zur »Projektion« wird, daß sie ihm das »Bild« des »Gegenstandes« aufschliesst[.]

»Darstellung« ist reflektierte Objektivität, Objektivität, die durch das Medium des Tuns, des Objizierens selber hindurchgegang[en] ist –

Diesen Prozess hat Humboldt an der Sprache aufgewiesen.

Indem der Laut sich Bahn durch die Lippen bricht, kehrt er in neuer Form zurück[583] –
so auch in allem künstlerischen Bilden –
der Mensch muss die Form der Dinge erzeugen, um diese Form zu verstehen[.]
Und dies gilt ja auch in der theoretischen Sphaere – auch hier »begreifen« wir im eigentlichen Sinne nur was wir »konstruieren« können[.]

[Technik, Existenz, Kunst]

Philosophie der Technik: Organ-Projektion[584]
cf. Vortr[ag] Formproblem[;][585]
wir erkennen den eigenen Körper erst, indem wir ihn technisch aufbauen –
Auch alle Physio-Logie ist an das Bilden, an das technische Erkennen gebunden –
Aber hierin liegt andrerseits die Logodizee des Technischen selbst –
Auch die *τέχνη* ist keineswegs eine Form des "Wirkens", als Vergewaltigung der Dinge –
sondern sie ist ein Moment und Durchgangspunkt des Verstehens[;]

echte *τέχνη* ist nie ein blosses »Greifen« nach den Dingen, als stünden sie schon fertig vor uns und wollten lediglich in unsern Bannkreis hinübergezogen, in unseren Griff, unsere Gewalt gebracht werden –
sondern sie ist ein »Begreifen«[,]
ein Herausstellen der eigenen »Natur« der Dinge,

nicht ein blosses Hineinziehen –
Im Bilden gewinnen die Dinge erst die ihnen eigentümliche »Wirklichkeit«[;]
hier gelangen sie zur »Existenz«[.]
Die objektive 'Existenz' der Gegenstände (als »Gegenstände«, als selbständiger "Dinge") beruht auf einem solchen Prozess des Heraus-Stellens, des ex-sistere[.]
Im ex-sistere wird erst das Bild des Gegenstandes geformt –
Für die Tiere giebt es keine eigentliche (objektive) »Existenz«, weil ihnen diese Funktion des existere versagt ist –
die vitale Sphaere wird ihnen nicht selbst objektiv[.]
[Es gibt] 3 Grunddimensionen dieses ex-sistere in der menschl[ichen] Kultur[:]

a) Sprache
b) Werkzeug
c) bildende Kunst[.]

Auch hier [erfolgt eine] allmähliche Ablösung –
das Sprachliche, das Technische, das bildend-Darstellende ist ursprünglich magisch –
ist Mittel des "Greifens", ehe es zum Mittel des Begreifens wird[.]
Vgl. die Felszeichnungen der Primitiven –
der Mensch wirkt auf die Welt –
aber indem er anders als das Tier, dem nicht einmal die Bewegungen des eigenen Leibes bewusst werden, von dieser Tätigkeit weiss, entsteht ihm nicht nur ein Bild von sich, sondern ein Bild der Welt[;]
der Gegen-Stand ist gewusster, nicht bloss gefühlter Wider-Stand –
Wider-Stand, der nicht einfach beseitigt, sondern in seiner eigenen Bedeutung, seinem Recht anerkannt wird –
der an seinem Orte stehen gelassen wird –
Dieses »Stehen lassen« rückt das Objekt von uns ab, bestätigt es in seinem Kreise –
Und diese Art der Bestätigung führt erst zu einer in sich beharrlichen, stäten Welt[.]

So auch in der Kunst –
nicht die blosse Manier, sondern der Stil.[586]
Er^ beruht auf den höchsten Grundfesten der Erkenntnis, – auf der objektiven Natur der Dinge, sofern es uns vergönnt ist, sie in bleibenden Gestalten auszusprechen –

^ Er] er

So entsteht uns aus dem Prozess des Formens[,][A] die objektive Form,- das Wesen, εἰδος[,] ἰδέα der Dinge.[B]
Durchführ[ung] an der Kunst –
cf. Hildebrand,[C] Fiedler.[587]
Die Kunst ist die Sphaere, in der sich diese Autonomie des Objekts erst eigentlich begründet –
denn sie ist in ihren höchsten Leistungen das Bilden an sich – das Bilden um des Bildens willen – das Bilden, das sich vom Wirken ganz abgelöst hat – das daher ganz "interesselos" geworden ist[;]
die Gestalt wird hier rein 'objektiv'; es wird nicht mehr gefragt: was ist der Gegenstand für uns – was leistet er für uns – sondern was ist er "in sich".
–
Dies [ist] die erste Form des In-Sich-Seins, die dem An-Sich der theoret[ischen] Erkenntnis vorangeht; es aber zugleich vorbereitet:
die ideelle Distanz –
das Bilden um des Bildens willen enthüllt die innere Gesetzlichkeit des »Gebildes«.

[Leben und Geist]

Klages' Theorie –
Dialektik hierin –
die Verfechter des Lebens sind in Wahrheit Verfechter des Geistes –
Denn Tragödien giebt es nur für den Geist, nicht für das Leben –
Das Leben leidet nicht an sich selbst – denn es hat "sich selbst" nicht als ein Gegenüber[,]
nur der Geist leidet an sich –
Die Negation des Geistes ist also nicht ein Akt des Lebens –
sie hat Sinn nur als Akt des Geistes selbst
– daher ist eben diese Negation nicht Rückkehr zum Leben –
sondern sie ist stärkste Selbstbejahung des Geistes –
Dies [ist] der Bruch in aller Romantik –
sie ist die höchste Mittelbarkeit in ihrer scheinbaren Restitution des 'Unmittelbaren'[.]

Das Leben kennt Aufstieg und Verfall, Blüte und Niedergang,
es kennt Trieb u. Widerstand, vielleicht etwas wie Lust u. Unlust –
als momentane Zuständlichkeiten –
aber es leidet nicht an sich –
alles wahrhafte Leiden ist das notwendige Schicksal u. zugleich in gewissem Sinne der Adelsbrief, das Privileg des Geistes -

BEILAGE

SYMBOLBEGRIFF: METAPHYSIK DES SYMBOLISCHEN

[Konvolut 107 – ca. 1921-1927]

SYMBOLBEGRIFF: METAPHYSIK DES SYMBOLISCHEN[A]

[1.] Metaphysik des Seins und des Lebens]

Die Metaphysik, die wir *bekämpfen*, ist doppelter Art und geht inhaltlich, wie es scheint, von ganz entgegengesetzten Voraussetzungen aus. Die Weltanschauung des »symbolischen Idealismus« wendet sich ebensowohl gegen die Metaphysik des *dogmatischen Realismus* wie gegen die Metaphysik des sogen[annten] *Positivismus*. In beiden bekämpft sie das, was trotz aller scheinbaren Differenzen den *gemeinsamen Grundzug* in ihnen ausmacht: daß sie den Kern des geistigen Lebens und der geistigen Funktionen irgendwie in einer "Wiedergabe" und 'Abbildung' eines unabhängig von ihnen gegebenen »Wirklichen« sehen. In der alten Metaphysik ist dieses Wirkliche das absolute Sein der Dinge; innerh[alb] des Positivismus ist es die nicht minder absolute Gegebenheit der "einfachen" Empfindungen. Demgegenüber besteht der grundlegende Ausgangspunkt unserer Betrachtungsweise darin, daß die Trennung zwischen irgend einem positiv-gegebenen Sein und den geistigen Funktionen, die an dieses Material nachträglich anknüpfen, undurchführbar ist. Wir besitzen keinerlei »Sein« – sei es metaphysischer, sei es psychologischer Art – *vor* dem geistigen Tun und unabhängig von ihm, sondern immer nur in und mit diesem Tun. Schon der blosse Gedanke, beides von einander zu sondern, eine rein passive »Gegebenheit« der geistigen »Aktivität« voranzustellen u. gegenüberzustellen, ist irreführend. Außerhalb des Tuns und seiner verschiedenen Richtungen (in Sprache, Mythos, Religion, Kunst[,] Wissenschaft) giebt es für uns keine Form des »Seins«[,] weil keine Form der Bestimmtheit. Der Irrtum hierüber kann in den abstrakt-philosophischen Doktrinen immer nur dadurch entstehen, daß man hier in der Diskussion das Ergebnis irgend einer bestimmten geistigen Energie schon als selbstverständlich zu Grunde legt, ohne sich seiner Bedingungen bewusst zu werden. (Wenn z.B. der 'Positivismus' die Empfindungen als einfache "Gegebenheiten" ansieht, so übersieht er hierbei, daß das[,] was wir eine "einfache Empfindung" nennen, immer schon zum mindesten die *sprachliche Fixierung* und somit die sprachliche *Begriffsbildung* <kurz die "Energie" der Sprache als solche> in sich schliesst. Nur weil der positivistische *Logiker* diese gleichsam vorlogi-

[A] Symbolischen] *Überschrift oben links:* Symbolbegriff (Allg.) / Metaphysik des Symbolischen. *Oben rechts in grünem Wachsstift:* 229,1 sche, sprachlich-intellektuelle Arbeit übersieht oder nicht nach ihrem ganzen spezifischen Wert einschätzt, gelangt er zu seinem Fehlschluss eines Gegebenen vor aller Aktivität des Geistes. Für unsere Anschauung ist Allgemeines u. Besonderes, Sinnliches und Geistiges, Passives u. Aktives, 'Eindruck' und 'Ausdruck' überhaupt nicht zu trennen: wir besitzen beide Momente immer nur »zumal« und mit einander. Ein »Sein« irgendwelcher Art giebt es daher immer nur kraft einer best[immten] Energie[,] <die »Natur« z. B. nur kraft der künstlerischen, der religiösen, der wissenschaftlichen Energie> u. ohne den Bezug auf sie wird der Begriff eines solchen »Seins« für uns vollständig leer! Das Sein baut sich für uns geistig auf in der Stufenfolge der symbolischen »Formen«; diese aber sind symbolische Tätigkeiten. Wie die »Welt« aussieht, wenn wir von allem geistigen Tun abstrahieren – wenn wir gleichsam den Nullpunkt des Geistigen voraussetzen, dafür fehlt es uns an jedem Begriff: wir können nur den jeweiligen Seinsbegriff für die jeweilige Stufe des geistigen Tuns darstellen u. analytisch in seiner Eigentümlichkeit bestimmen. Das ist das, was die vorangeh[enden] Analysen der sprachlichen, der künstlerischen, der religiösen Energie, der logischen Energie zu leisten versucht haben!

Damit ist in der Tat eine prinzipiell neue Betrachtung gegeben. Die ältere Metaphysik, sowie der psycholog[ische] Positivismus[,] der von einem eindeutigen 'Sein' (dem der "Welt" oder der einfachen "Empfindungen") ausging, verwickelte sich in der Auslegung dieses angebl[ich] einen Seins immer wieder in unheilbare Widersprüche u. Antinomien. Die verschiedenen Weltansichten (z. B. die des 'Wissens' u. die des Glaubens, der 'Religion' u. der Wissenschaft, der Erfahrung u. der Metaphysik etc.) widersprachen sich, waren unvereinbar. Und doch beanspruchte jede von ihnen, das Eine, wahre Sein zu geben und darzustellen![A]

Diese Widersprüche sind, solange man das Sein als eindeutig gewissen Ausgangspunkt festhält, nicht zu lösen. Es zeigt sich dann immer wieder, daß die Deutungen, die wir von diesem angebl[ich] einen Sein gewinnen, in Wahrheit ganz verschiedene sind.

Hier aber muß die Wendung eintreten: "subjektiv, statt objektiv". Was zu fordern ist, ist nicht die Einheit 'des' Dinges, des absolut[en] Gegenstandes – sondern Einheit des Geistes[,] der geistigen Energie als solcher in aller Verschiedenheit der "symbolischen Formen".

Das ist es, was die Philosophie des Symbolischen zu geben und zu leisten

[A] darzustellen!] *am Rande oben rechts in grünem Wachsstift:* 229,2 versucht! – (wobei wir uns freilich nicht auf die eine Energie der »Erkenntnis«, wie Kant, einschränken dürfen!)

Die realistische Metaphysik, wie die des empirist[ischen] Positivismus stimmt eben darin ein, daß sie substantiell denkt: sie geht von der "Einfachheit" des Dinges, der vorhandenen seienden "Welt" aus. Aber es zeigt sich immer deutlicher, daß es kein Mittel für uns giebt, diese angebl[iche] "Einfachheit" zu fassen: sie fällt uns immer wieder in eine Mehrheit widerstreitender "Ansichten" auseinander.
Anders der symbol[ische] Idealismus, der nicht von der Einfachheit des Dinges (der Substanz)[,] sondern von der Einheit der Funktion ausgeht.
Zu dieser so gefassten Einheit des Tuns verhält sich die Vielheit der möglichen symbol[ischen] Ansichten nicht gegensätzlich u. feindlich: sondern sie bildet für sie vielmehr das notwendige Korrelat. In der Mannigfaltigkeit der symbol[ischen] Richtungen stellt sich erst die Einheit des Geistes – nicht als substantielle Einfachheit, sondern als funktionale Mannigfaltigkeit – dar. Der Geist ist eins, indem er sich in der Vielheit mannigfacher Richtungen des Tuns seiner Identität (als Tun überhaupt) bewusst wird. In jeder dieser Richtungen entsteht uns eine besondere Welt (die Welt der Wissenschaft, der Religion, der Kunst)[,] aber die Einheit dieser 'Welten' wurzelt in dem gemeins[amen] Ursprung, in einem identischen Prinzip des Tuns, wie es die Philos[ophie] des Symbol[ischen] aufdeckt.
Das ist die wahre, uns allein wirklich erreichbare kritisch-ideale Einheit (des Tuns)[,] die der dogmatisch-substantiellen, in Wahrheit unerreichbaren Einheit des "Seins" (des Absoluten, des »Dinges an sich«) gegenübertritt.

Wir gehen hier eben nicht von der Urtatsache des sog[enannten] »Seins«, sondern von der des »Lebens« aus – dieser Tatsache aber ist das Auseinandergehen in eine Mannigfalt[igkeit] verschiedener Richtungen durchaus wesentlich – u. das gerade ist das Urphaenomen des Lebens selbst, daß es sich in dieser Divergenz in seiner tiefen unerschütterlichen Einheit behauptet. – Dieses Urphaenomen in seinem Bestand u. in seiner vollst[ändigen] Entfaltung sucht die Philos[ophie] des Symbol[ischen] darzustellen – in sein "Warum" dringt sie freilich nicht zurück[,] u. ihm fragt sie nicht nach, sondern hier erkennt sie die notwendige u. unumgängliche "Grenze des Begreifens" an.

[2. Zum Idealismus der symbolischen Funktion][A]

Zum Idealismus der symbol[ischen] Funktion.
Es muss freilich, wenn wir diesen Gesichtsp[unkt] des Idealismus durchführen, auch hier ein letzter Identitätspunkt vorausges[etzt] werden. Worin besteht diese angenommene Identität zwischen dem Gegenstand, dem »Absoluten« u. der symbol[ischen] F[unktion]?
Das »Absolute«, das »Sein«[,] soweit es für uns überhaupt fassbar ist, löst sich uns in das Urphaenomen des Lebens auf. Das Höchste[,] was wir begreifen, ist das Leben – die rotierende Bewegung der Monas um sich selbst.₅₈₈ Diese Bewegung fasst sich zusammen in die Erschaffung immer neuer Gestalten u. in die Vernichtung dieser Gestalten. Hier stehen wir in der That vor einem Urphaenomen, das sich nur noch aussprechen, nicht mehr weiter »erklären« lässt. Und diesem Urphaenomen der Gestaltenzeugung u. Gestaltenwandlung entspricht nun das Grundphaenomen der symbol[ischen] Funktion. Die »Adaequation« betrifft hier nicht den Gegenstand, sondern den Prozess der Bewegung selbst. Jede Funktion fasst diesen Prozess innerhalb der ihr eigentümlichen Bewegung, innerhalb ihrer eigentüml[ichen] Gestaltung u. Gestaltenänderung auf. Und die Totalität dieser spezif[ischen] Funktion ist eben der einzige Weg, auf dem wir dazu gelangen können, die Gesamtheit des »Urprozesses« uns zu vergegenwärtigen.
Die Eigenbewegung des »Geistes« drückt diese Urbewegung in ihrer Sprache aus; aber sie selbst zerlegt sich wieder in einzelne spezif[ische] Sonderbewegungen etc.

[3. Philosophische Erkenntnis][B]

Das ist das Eigentümliche der philosophischen Erkenntnis als 'Selbsterkenntnis der Vernunft': sie schafft nicht eine prinzipiell neue Symbolform, begründet in diesem Sinne keine neue schöpferische Modalität – aber sie begreift die früheren Modalitäten als das[,] was sie sind: als eigentümliche symbol[ische] Formen. –
Solange die Philos[ophie] noch mit diesen Formen wetteifert, – solange sie noch Welten neben und über ihnen aufbaut, hat sie sich selbst noch nicht wahrhaft erfasst.

[A] *Überschrift oben links:* Symbolik (Allgem. – Metaphys.); *oben rechts in orangefarbenem Wachsstift:* 43
[B] *Überschrift oben links:* Symbolbegriff (Allgemeines)/ Philosophie (Metaphysik des Symbolischen; *oben rechts in orangefarbenem Wachsstift:* 91'

Die Philosophie ist zugleich Kritik u. Erfüllung der symbol[ischen] Formen.
Kritik: weil sie sich gegen den transzendenten »Gegenstand« wendet; weil sie sich[A] als aktiven geistigen Aufbau der Wirklichkeit begreift, nicht als hinzielend auf ein äußeres »Absolutes« u. weil sie über die Sinnbildlichkeit des 'Zeichens' hinausstrebt, auf 'Elimination' des Zeichens u. auf Gewinn der zeichenlosen »adaequaten« Erkenntnis geht –
Diese Tendenz ist eingeleitet in den einzelnen Symbolformen selbst. Sie alle wenden sich im Fortschritt gegen das eigene "Zeichensystem" selbst – so Religion gegen Mythos, Erkenntnis gegen Sprache, wiss[enschaftlicher] Ursachenbegriff gegen sinnl[ich]-anthropom[orph]-mythischen Ursachenbegriff etc.

– Die Philosophie aber will nun nicht an Stelle der alten Formen eine andere, höhere Form setzen, sie will nicht ein Symbol durch ein anderes ersetzen –
sondern ihre Aufgabe besteht im Durchschauen des symbol[ischen] Grundcharakters der Erk[enntnis] selbst.
Lösen können wir uns von diesen Formen nicht, obwohl uns der Drang dazu an- und eingeboren ist ("Die leichte Taube ..."!) [,]$_{589}$ aber wir können und müssen ihn in seiner relativen Notwendigkeit begreifen und einsehen.
Das ist die einzig mögliche ideelle Befreiung vom Zwang der Symbolik. Ein solcher Zwang ist mit jeder Anwendung einer positiven Form, einer positiven 'Sprache' verbunden.
(vgl. über das Verh[ältnis] von Kunst u. Begriffserk[enntnis] die guten Ausf[ührungen] bei Konr[ad] Fiedler, cf. Bl[att] 86$_{590}$)
Wir können ihn nicht überwinden, indem wir die Hülle der Symbolformen von uns werfen und nun das 'Absolute' von Angesicht zu Angesicht schauen, sondern nur indem wir jedes Symbol an seiner Stelle begreifen u. es durch andere als begrenzt u. bedingt erkennen.
Das 'Absolute' ist immer nur das vollständige, das durchgeführte u. systematisch überschaute Relative – u. besonders die Absolutheit des Geistes will u. kann nichts anderes sein.

[4. Grundgegensatz der modernen Philosophie][B]

Anzuknüpfen hier event[uell] auch an den Grundgegensatz der modernen Philosophie –

A sie sich] sie sie
B *Überschrift oben:* Zum letzten Capitel: Metaphysik des Symbolischen.

der Gegensatz, der sich in den Schlagworten:
rational – irrational; Leben und Denken
Intuition – Begriff[;] Existenz – Wert[A] etc. etc. ausdrückt.
[Es gibt eine] Übers[icht] über die Formen der modernen Lebensphilosophie bei Rickert, Philos[ophie] des Lebens[.]
vgl. Frischeisen-Köhlers Besprech[ung] des Rickert'schen Buches in den »Kant-Studien«[591] –
Unsere Betrachtung bewegt sich ganz ausserhalb dieses Gegensatzes – kann durch ihn nicht erfasst [werden,] denn das »Symbolische«, wie wir es fassen, ist vielmehr die eigentliche Vermittlung dieses Scheingegensatzes – es ist das wahre *μεταξύ* – das die *μέθεξις* – die Teilhabe der "Erscheinung" an der "Idee", des 'Lebens' am "Denken", des ewigen Fliessens an der geprägten Form erklärt –
Die modernen Theorien des »Lebens« sind völlig ungenügend, weil sie am Leben vielmehr nur das negative, das bloss Naturhafte, das biologische Element herauslösen
(Auch bei Bergson nichts anderes als dies biologische Element ...)
Aber damit kommt man noch gar nicht zum eigentümlichen Problem des »Lebens« als eines nicht bloss naturhaften »Daseins« oder sich Abrollens, sondern als eines geistigen Prozesses –
Zum Geistigen, zum 'Für sich Sein' kommt es nicht im blossen Leben, sondern in der Form, die das Leben sich selbst giebt –
und diese »Form« erschliesst sich eben nicht im bloss vegetativ-biologischen Dasein, noch in der biolog[ischen] Entwicklung –
sondern im freien Thun –
d.h. in der Schaffung der symbolischen Formen
(Sprache, Mythos, Kunst ...) [.]
Daher sind diese es, in denen das »Leben« erst zur »Form« (zum "Eidos") gelangt –
in der es sich mit der "Form" versöhnt ...
Der Begriff des "konkreten Geistes" erfährt daher erst in diesen Symbolformen seine Realisierung –
die Dialektik ist ausgeglichen, setzt sich aber freilich in die einzelnen Symbolformen fort (Überwind[ung] des »Bildes« durch das Bild etc.) [.]
Diesen Sinn des »Lebens« haben tiefer als die »Modernen«, Fichte, Schelling, Hegel erkannt[.] Sie überwinden die Antithese Leben – Denken (Fichte)
Leben – Vernunft (Schelling)
durch den neuen idealist[ischen] Begriff des Geistes –

A Existenz – Wert] Existenz – Wert ... *zwischen den Z. ohne Einfügungszeichen unter* Intuition – Begriff *hinzugesetzt*

der das blosse 'Leben' (als Dasein) verneint, um erst das voll entfaltete konkrete Leben zu "setzen" –

zum Für sich Sein zu gelangen, »Subjekt« aus der blossen Substanz zu werden –

Histor[isches]: Der naturalist[ische] Begriff des Lebens,

des Unmittelbaren, des Glaubens bei Jacobi[.][592]

Kritik Jacobis bei Fichte, Schelling, Hegel.

Fichte: Leben ist recht eigentl[ich] Nicht-Philosophieren etc.[593]

Schelling, Hegel (schlechte Unendlichkeit[,]

schlechte Unmittelbarkeit bei Jacobi)

Der Geist gewinnt die Form des Lebens, indem er sich von seiner blossen Unmittelbarkeit löst –

dies am deutlichsten in den »symbolischen Formen«

in Sprache, Kunst, Erkenntnis –

diese sind selbst freilich ein »Mittelbares«[,] nicht das sogen[annte] »An sich« der Dinge[,] aber in dieser Mittelbarkeit, in der Erschaffung und Zerbrechung dieser Formen

(dialektischer Prozess hierin ... s. früher[:] Auflös[ung] der Bildwelten)[594]

besitzt, weiss der Geist erst sich selbst –

u. eine andere »höhere« Form der Realität als dies Sich-selbst-Wissen des Geistes giebt es nicht!

Hier weiss er sich als Eins und Vieles, als unmittelbar u. vermittelt, als Einheit[,] Synthese von Leben u. Form –

Diese Einheit (Synthese) von Leben und Form macht eben den eigentlichen Begriff des Geistes, sein »Wesen« aus.

[5. Das Symbolische und das Intuitive][A]

Zu entwickeln[:] den Grundunterschied zwischen dem Symbolischen und dem Intuitiven –

Der Richtung auf das rein Intuitive scheint die geist[ige] Richtung auf das Symbolische direkt zu widerstreiten –

– Erkenntnismäßig (logisch) unterscheidet schon Leibniz ausdrücklich zwischen intuitiver und bloss »symbolischer« Erkenntnis[595] – die erstere erfasst den Gegenstand in seiner reinen Wesenheit – die andere begnügt sich mit einem »Zeichen« des Gegenstandes –

A *Überschrift oben links:* Symbolbegriff (Allgem) / (Letztes Capitel!) *; am Rande oben rechts in Bleistift:* I

Jene unmittelbare »intuitive« Erkenntnis scheint hierbei die über Vergleich wertvollere – der *göttliche* Verstand, der absolute Verstand wäre ein solcher rein intuitiver Verstand – unser »diskursiver«, der "Bilder" bedürftiger Verstand[596] ist dagegen ein inadaequater - *nur* symbolischer (signifikativer) ...

Und doch: so hoch auch Leibniz' *Metaphysik* gleich derjenigen Spinozas', das Ideal dieses rein *intuitiven* Verstandes als intellectus archetypus stellt: als *Logiker* bewegt sich doch Leibniz ganz in der Sphaere des Signifikativen ...

der Characteristica generalis,[597] die ihm zum Vorbild alles *Wissens* wird ...

Denn uns *Menschen* ist eben ein »Wissen« nicht anders als in *dieser* Form, nicht anders, als durch die Kraft und Funktion des »Zeichens« gegeben ...

Aber zwischen diesen beiden Richtungen aufs "Intuitive" und aufs "Symbolische" besteht freilich, so sehr sie einander für uns *korrelativ bedingen*, ein notwendiger *dialektischer* Widerstreit.

Der Richtung aufs Symbolische tritt die Richtung aufs Intuitive gegenüber – u. sie sucht sich zunächst durchzusetzen durch *Aufhebung* des Gehalts der symbol[ischen] Formen[.]

(*Typische* Beispiele[:]

z. B. die Kritik der Sprache kraft der Forderung einer "reinen" (begriffs- und sprachlosen) Darstellung der Grunderlebnisse, der Perzeptionen...

Berkeley[598] – F. Mauthner:[599]

Könnten wir nur den "Vorhang von Worten" wegziehen etc.[600] ...

Religion – Mystik – *reine* Gotteserkenntnis ohne Dazwischentreten irgend eines »Bildes«

Gott als das »lautre *Nichts*« – nur durch *Aufhebung* aller bildlichen Bestimmtheit (aller symbolischen Begriffs- und Bild*funktion*) zu erreichen.)

Anders drückt sich dieser Gegensatz aus als Antithese von »*Kultur*« und »*Leben*«.

Denn alle "Kultur", alles Werden des »*Geistes*« führt in der Tat vom blossen »Leben« fort – in ein Reich symbolischer, also bloß signifikativer, nicht unmittelbar »lebendiger« Formen ...

So *Wissenschaft*, *Sprache*, selbst: *Kunst* –

Aber die Forderung des reinen »Intuitionismus« (Bergson) ist unerfüllbar: – das Paradies ist verriegelt u. wir müssen die Reise um die Welt machen (Kleist, Marionettentheater ...) [.][601]

Alle Kultur bewegt und erweist sich in der Schöpfung, in der Aktivität symbolischer Formen: u. durch diese Formen erst wird das Leben zum wachen, seiner selbst bewussten Leben, wird es zu Geist –

Die Negation, die Tötung der symbol[ischen] Formen[,] um der Rückkehr zum blossen Leben hin[,] wäre daher zugleich Aufhebung, Tötung des Geistes selbst – denn der Geist ist, ungleich dem Leben, nur in der Totalität eben dieser symbol[ischen] Formen. –

Doch ist diese Tendenz der Rückkehr zum blossen Leben (entgegen dem Streben zur symbol[ischen] Form, als dem Streben zum Geist) selbst freilich eine durchgehende Erscheinung der sich entwickelnden Kultur – gleichsam ihr negatives Vorzeichen –

Aber konsequent zu Ende gedacht würde diese Aufhebung der Aktivität der symbol[ischen] Form zum reinen Quietismus gegenüber der Kultur selbst führen.

(Dies quietistische Ideal [ist] ein Grundzug aller Mystik[.]

Im 17ten J[ahr]h[under]t [wird es] am energischsten bekämpft von Leibniz – dem Vertreter der positiven Bedeutung der symbol[ischen] Formen! (L[ei]b[ni]z['] Kulturbegriff[602]

hierdurch wesentlich bedingt!)

Von romantischen Ausprägungen des gleichen Gedankens.

[6. Metaphysik und Logik][A]

Wie diese Metaphysik – in unserer Auffassung – alle vorhergehenden Symbolstufen (Sprache, Mythos, Kunst, Wissenschaft) zugleich begreift und begründet und auf der anderen Seite doch auch wieder relativiert, – das tritt am deutlichsten vielleicht an ihrer Stellung zum Logischen hervor.

Die ganze Entwicklung der »reinen Logik« führt dazu, gegenüber dem Psychologischen einen abgelösten Bestand des Logischen, ein reines Sein der logischen »Gegenstände«, unabhängig von den Vorgängen, in denen sie den einzeln[en] Individuen zum Bewussts[ein] kommen[,] festzustellen.

Erlebnis – und Geltung

Die Entwicklung des Begriffs der Geltung

(Material vielleicht bei **Liebert**?)[603]

[A] *Überschrift oben Mitte:* Zur Metaphysik des Symbolischen; *oben rechts in orangefarbenem Wachsstift:* Bl. XIII

Histor[ische] Entwickl[ung]

Leibniz: Doctrina juris[604] ...

erste Stufe ...

Streit über Psychologism[us] u. Antipsycholog[ismus] im 18t[en] Jahrh[undert] (Tetens, Lossius) cf. Erkenntnisprobl[em].[605]

Die Deutung der Platon[ischen] Idee als »Geltung« –

Lotze,[606] Cohen, Natorp (als Bestand einer Relation) [,][607] Husserls "drittes Reich".[608]

Alles das ist zweifellos innerhalb des logischen Bereichs unanfechtbar; aber es gilt einzusehen, daß dieser Begriff des »Bestandes« eben auch nichts weiter als das höchste logische Symbol ist.

Weiter als bis zur unbedingten Geltung einer Wahrheit reicht die Logik nicht; weil eben Geltung und Relation die einzigen Kategorien sind, über welche sie verfügt.

Am Ende erscheinen ihr immer nur wieder diese Kategorien (diese »Symbole«) selbst in objektiver[A] Gestalt.

Wie der Mythus seiner Funktion nach alles in Leben verwandelt, so verwandelt die log[ische] Grundfunktion ihrer Natur nach alles in »Bestand« und »Geltung« –

ihm wird daher alle »Natur« zur persönl[ichen] Kraft; ihr wird sie zum Gesetz (Beispiel des Übergangs bei Boyle) [.][612]

Aber beide Standpunkte sind nicht absolut; keiner von ihnen giebt "das" Wesen schlechthin, sondern nur einen spezifischen Blickpunkt, unter dem es von uns betrachtet wird –

Damit ist die Antinomie gelöst –

[A] objektiver] *am linken sowie unteren Rande und fortgesetzt am rechten Rande der nächsten S. ohne Zuweisung zum Text:* Wie für ihn [den Mythos] alles »Seiende« / sich notwendig in Götter / und Dämonen verwandelt – / so wandelt sich für das Log[ische] / notwendig alles Seiende / in Wahrheit. /
Nicht mehr die *πράγματα*[,] / sondern *ἐν τοῖς λόγοις σκοπεῖν τῶν ὄντων / τὴν ἀλήθειαν*[.] /[609] – Das ist der ungeheure Schritt[,] / der sich bei Platon vollzieht / und durch den er sich von / den Physikern, die ja auch / Mythologen sind, scheidet[.] / Und ebenso Descartes: la vérité étant une même chose avec l'être[.][610]
Besonders anziehend bei den Eleaten, weil bei ihnen noch beide Formen unmittelbar ineinander-/greifen. / Das Seiende wird zum / Gedanken, Begriff[.] / (Ausführ. nach Allg!) / Aber der »Begriff« hat / selbst noch halbmythische / Bedeutung / als Göttin – der Wahrheit.[611]

Das Midasgeschenk / des Mythischen, des / Logischen! / dies durchschaut erst / die Metaphysik des / symbol[ischen] Denkens!

(In[A] der letzten höchsten Einsicht müssen wir uns freilich zum Begriff der Geltung erheben; aber wir können darum nicht auf den Begriff des Lebens verzichten! Im Gegenteil: er ist der letzte – ein Leben selbst, an dem wir in wandelbaren Symbolen »teilhaben«!

Auch der Begriff des »Bestandes« ist – nur ein Gleichnis!$_{613}$
Auf diese Weise löst sich für uns auch der Streit zwischen Logizismus und Psychologismus.

———[B]

[A] (In] *die schließende Klammer fehlt*
[B] *nach dem Querstrich übrige halbe S. leer*

ANHANG

ZUR TEXTGESTALTUNG

1. Zeichen, Siglen, Abkürzungen

Sperrdruck	*Einfache Hervorhebung in Cassirers Manuskript; in Zitaten: Hervorgehobenes*
Grotesk-Schrift	*Einfache Hervorhebung Cassirers zwecks Kennzeichnung (zumeist in Randbemerkungen)*
Halbfett	*Doppelte Hervorhebung in Cassirers Manuskript*
Kursivdruck	*Im Text: von Cassirer als Kursivsatz Vorgesehenes; sonst: Herausgeberrede*
()	*Runde Klammer: in Cassirers Manuskript*
[ ]	*Eckige Klammer: Hinzufügungen des Hrsg.*
<>	*Spitzklammer: eckige Klammer in Cassirers Manuskript*
]	*Schließende eckige Klammer: Abgrenzung des Lemmas*

Im Anhang sind neben den gängigen folgende Abkürzungen (inkl. Flexionsendungen) und Siglen verwandt:

Abt.	*Abteilung*
Anm.	*Anmerkung*
Aufl.	*Auflage*
Ausg.	*Ausgabe*
Bd., Bde.	*Band, Bände*
bes.	*besonders*
bzw.	*beziehungsweise*
Bl.	*Blatt*
ECN	Ernst Cassirer · Nachgelassene Manuskripte und Texte
ed.	*edidit*
fol.	*folio*
Ges.	*Gesammelte*
Hauptst.	*Hauptstück*
hrsg.	*herausgegeben*
Hrsg.	*Herausgeber*
Kap.	*Kapitel*
KrV	Kant: Kritik der reinen Vernunft
Lib.	*Liber*
Ms., Mss.	*Manuskript, Manuskripte*
Nr.	*Nummer*
S.	*Seite*
s.	*siehe*
s.a.	*siehe auch*

s.d. *siehe dies*
s.o. *siehe oben*
s.u. *siehe unten*
vgl. *vergleiche*
Z. *Zeile*

Schriften Cassirers:

EM An Essay on Man
EP Das Erkenntnisproblem in der Philosophie und Wissenschaft der neueren Zeit
ER Zur Einsteinschen Relativitätstheorie
FF Freiheit und Form
IK Individuum und Kosmos in der Philosophie der Renaissance
LK Zur Logik der Kulturwissenschaften
LS Leibniz' System in seinen wissenschaftlichen Grundlagen
MS The Myth of the State
PG Die Philosophie der Griechen von den Anfängen bis Platon
PsF Philosophie der symbolischen Formen
SF Substanzbegriff und Funktionsbegriff
SM Sprache und Mythos

2. Regeln der Textgestaltung

Alle Texte sind ohne Auslassungen vollständig wiedergegeben. Nicht wiedergegebenes Material zu Beginn oder am Ende im Konvolut, wie bibliographische Notizen oder Paralipomena, ist in den Editorischen Hinweisen *beschrieben.*

Den Text begleiten drei Anmerkungsarten: 1) Cassirers eigene Anmerkungen stehen als Fußnoten und sind, wie sonst in Cassirers Werken, auf jeder Seite jeweils neu numeriert – im laufenden Text mit hochgestellten Indexziffern bezeichnet; 2) editorische Anmerkungen stehen mit Lemma-Angabe ebenfalls als Fußnoten und sind im Text durch hochgestellte lateinische Großbuchstaben markiert; 3) Herausgeber-Anmerkungen sind durchnumeriert – im laufenden Text durch tiefgestellte Indexziffern bezeichnet – und im Anhang zusammengefaßt aufgeführt.

Auf Markierung des Seiten- und Zeilenumbruchs in den Originalmss. ist zugunsten der Lesbarkeit des Textes verzichtet worden. In Fällen verschiedener Paginierungen wird Cassirers eigenhändiger Paginierung gefolgt. Die Ergänzungen von ausgesparten Worten sind – wie Eingriffe des Herausgebers (Einfügungen, Änderungen) – durch eckige Klammern [] *kenntlich gemacht bzw. werden in einer editorischen Anmerkung mitgeteilt. Von Cassirer gesetzte eckige Klammern sind mit Spitzklammern* <> *wiedergegeben. Cassirer zitiert in seinen Mss. mit einfachen und doppelten Anführungszeichen* (‘, “”), *die manchmal schwer von einander unterscheidbar sind, sowie mit guillemets* (› ‹, hier: » «). *Obwohl eine einheitliche Verwendung dabei nicht feststellbar ist, wird diese Zeichensetzung beibehalten. In einigen Fällen handelt es sich bei den in Anführungszeichen gesetzten Phrasen um Hervorhebungen Cassirers und nicht um eigentliche Zitate.*

Uneinheitlichkeiten (z. B.: transzendental, transcendental, transscendental, transszendental*) und Eigenarten in Cassirers Orthographie (*ss *statt* ß, ae *statt* ä *usw.) und Interpunktion wurden beibehalten, ebenso die Besonderheiten seiner Schreibweise (z. B.:* anderseits, zu einander, jenseit, giebt*). Cassirer läßt Kommata oft weg, z. B. bei Oppositionen oder zwischen vollständigen Sätzen vor* und *oder* oder. *Anderseits setzt er manchmal Kommata, wo diese unüblich sind. Korrekturen wurden nur in Fällen gemacht, wo eine Sinnentstellung entstehen könnte. In seinen Entwürfen verwendet Cassirer sowohl Wortabkürzungen (mit Punkt), z. B.* histor. »Materialismus« *oder* symbol. F., *wie auch Kürzel (ohne Punkt) bei Worten mit der Endung* ung. *Abgekürzte Worte werden in eckigen Klammern ergänzt, zumal diese möglicherweise andere Lesungen zulassen. Bei den Kürzeln ist die Schreibweise uneinheitlich, z. B. wird* Richtung *als* Richtg, Richtug *und* Richtng *geschrieben, an vielen Stellen auch undeutlich, so daß nicht erkennbar ist, ob das* u, *das* n *oder beides eingespart wird. Da der Sinn dieser Kürzel eindeutig ist, werden sie, im Gegensatz zu den Abkürzungen, ohne Nachweis aufgelöst. Eindeutige Schreibfehler (z. B. gelegentlich vergessene Akzente) werden stillschweigend berichtigt.*

Eigennamen werden in vorliegender Ausgabe nicht hervorgehoben. Alle übrigen Hervorhebungen bleiben erhalten. Unterstrichene Wörter bzw. Wortteile in Cassirers Text sind, wie sonst in Cassirers Werken, durch Sperrung ausgezeichnet. Manchmal sind in den Mss. Wörter oder Zahlenangaben offensichtlich zur Kennzeichnung unterstrichen (zumeist in Arbeitsüberschriften oder am Blattrande). Diese Unterstreichungen dienen zur Markierung von Blattreihenfolgen und dgl., nicht zur Hervorhebung wie im laufenden Text. Sie lassen sich z. T. auch nicht durch Sperrung deutlich wiedergeben (z. B.: A1*). Solche Markierungen erscheinen deshalb in Grotesk-Schrift. Zur Kursivierung markierte Wörter erscheinen im Text kursiv. Bei der Zitation aus verschiedenen Druckvorlagen werden unterschiedliche Texthervorhebungen einheitlich als Sperrtext wiedergegeben, Ligaturen dabei aufgelöst.*

Cassirers Zitierungen sind anhand der von ihm benutzen Ausgaben überprüft worden; Abweichungen werden jeweils in einer Herausgeber-Anmerkung mitgeteilt. Die dort angeführten Quellen sind im Literaturverzeichnis vollständig aufgeführt. Vom Herausgeber nachgewiesene Zitierungen sind Cassirer zugänglichen Quellen entnommen und folgen nach Möglichkeit den von Cassirer (hier oder in anderen Schriften) zitierten Ausgaben. Hierfür wurden zugrundegelegt: die Verkaufsliste der Bibliothek Ernst Cassirers (Bernard M. Rosenthal, Inc. Rare Books – Manuscripts. 120 East 85th Street New York, NY. 10028. USA; Typoskript o.J.) sowie ein Karteikatalog (Department of Philosophy, University of Illinois, Chicago), dessen Fertigstellung beim Erwerb der Bibliothek Cassirers durch die University of Illinois Library (Chicago) von Prof. Dr. Ruth B. Marcus veranlaßt wurde und der uns durch die freundliche Hilfe von Prof. Dr. Michael Friedman

(Chicago) zugänglich gemacht worden ist. Die Zeilenangaben bei Platonzitaten folgen wie heute üblich der Burnet Ausgabe, auch dort, wo eine andere Ausgabe zitiert wird.

Editorische Anmerkungen geben Auskunft über die dem Druck zugrundeliegenden Mss., insbesondere über Berichtigungen, Randbemerkungen, Abschnittsüberschriften und Lesarten bei mehrdeutigen Stellen. Auch von Cassirer gestrichene Stellen, sofern diese inhaltlich von Belang sind, werden in einer editorischen Anmerkung mitgeteilt. Eigenhändige Hinweise Cassirers für den Setzer (in 184b) werden befolgt, ohne sie zusätzlich in den Anmerkungen zu dokumentieren.

EDITORISCHE HINWEISE

1. Ziel und Gestalt der Ausgabe »Ernst Cassirer · Nachgelassene Manuskripte und Texte«

Ziel der ECN ist die Präsentation nachgelassener und bis jetzt nicht publizierter Mss. Cassirers in Textform. Dabei werden Cassirers Ms.-Texte weitgehend textdiplomatisch wiedergegeben, inkl. der Beibehaltung der ursprünglichen Gliederungen und eingeschobener Verweise. Editorische Eingriffe (Emendationen und Konjekturen) werden auf das Notwendige beschränkt und sind immer angegeben. Dadurch bleibt der Textzustand bzw. -charakter der jeweiligen Mss. erhalten: druckfertige Texte (hier: Zur Metaphysik der symbolischen Formen*) sind von Entwürfen bzw. Erstfassungen (hier:* Über Basisphänomene*) und Materialien (hier:* Symbolische Formen. Zu Band IV.*) unterscheidbar. Zu Einzelheiten der Textgestaltung s.* Textgestaltung 2.

Die Herausgeber-Anmerkungen dienen vor allem dem Nachweis unbelegter Zitate und Verweise Cassirers, der Vervollständigung von Belegen und Angaben sowie der Berichtigung von Fehlern in Zitaten. Darüber hinaus enthalten sie Querverweise auf Werke oder Mss. Cassirers und nähere Angaben für alle von Cassirer erwähnten Personen (mit Ausnahme allgemein bekannter Vertreter der Geistesgeschichte, wie Goethe oder Kant). Auf eine Kommentierung von Cassirers Text wurde verzichtet.

Die Yale University Press *hat Cassirers Nachlaß zusammen mit allen Verlagsrechten am 20. Februar 1964 von dessen Erben erworben. Ernst Cassirers Nachlaß enthält sowohl die originalen Handschriften von fast allen veröffentlichten Werken als auch von zahlreichen unpublizierten Arbeiten und Entwürfen. Etwa zwei Drittel des Nachlasses bestehen aus den Mss. oder Entwürfen zu schon publizierten Schriften; das übrige Drittel ist unveröffentlicht. Der Nachlaß wird in der* Beinecke Rare Book and Manuscript Library *der* Yale University *in New Haven, Connecticut (USA), aufbewahrt.*

Als Cassirer am 20. Mai 1941 die Überfahrt von Göteborg nach New York antrat, ließ er auf Grund der Kriegsrisiken viele seiner wissenschaftlichen Papiere in Schweden bei seinem Sohn Georg zur Aufbewahrung zurück.[1] *Ernst Cassirer starb am 13. April 1945 in New York. Seine Witwe, Toni Cassirer, holte*

[1] *Die Entscheidung traf er offensichtlich in letzter Minute, da er noch am 27.3.1941 an Åke Petzäll in Lund anläßlich seiner Übersiedlung schrieb:* Die Frage der Bibliothek ist jetzt einigermassen geklärt; die Bücher werden in den Räumen der Högskolas untergebracht werden können. Schwieriger ist es, für die fertigen, aber noch ungedruckten Manuskripte eine Vorsorge zu treffen. *Der Brief befindet sich in der Privatkorrespondenz Åke Petzälls in der Universitätbibliothek Lund.*

1946 nach einem Besuch in Göteborg seine dort aufbewahrten Papiere nach Amerika.[2]

Aus verschiedenen Briefen Toni Cassirers geht hervor, daß sie den Nachlaß ihres Mannes ordnen wollte, was aber vermutlich wegen fehlender langfristiger Hilfe von Wissenschaftlern nicht möglich war. Daß Toni Cassirer bemüht war, dem Nachlaß eine Ordnung zu geben, ist daran zu sehen, daß sie von Cassirer nicht selber beschriftete Konvolute mit kurzen Bezeichnungen versehen hat, die sie von der ersten Seite des jeweiligen Ms. abschrieb. Sie selber hat sich nach eigenem Zeugnis der Aufgabe, den Nachlaß ihres Mannes wissenschaftlich zu ordnen, offenbar nicht gewachsen gefühlt. In einem Brief vom 24. April 1945 an Edgar Wind[3] *schreibt sie:* Dass Sie mir sehr viel werden helfen und raten können ist sicher. Sie wissen ja selbst, wie gering meine wissenschaftlichen Fähigkeiten sind und es gibt viel zu entscheiden und zu ordnen.[4] *In einem Brief vom 30. April 1945 an Erwin Panofsky*[5] *heißt es:* Wind schreibt mir,

[2] *Siehe Charles Hendels* Preface *zur engl. Übersetzung von* EP, *Bd. 4:* The Problem of Knowledge. Philosophy, Science, and History since Hegel, *ins Engl. übertragen von William H. Woglom und Charles W. Hendel. New Haven und London 1950, S. VII:* It was only after his [Cassirer's] death that the copy of the manuscript was obtained by Mrs. Cassirer on a visit to Sweden in 1946. *In einem Brief an Theodor Litt aus Göteborg vom 12.7.1946 schreibt Toni Cassirer, daß sie nun entscheiden will, wo sie den Rest ihres Lebens verbringen soll:* [...] zuerst gehe ich jedenfalls nach New York zurück, wo ich für meines Mannes Nachlass wichtige Dinge zu ordnen habe und wo meine Tochter und Schwester lebt und viele unserer Freunde, die meinem Manne gerade in letzter Zeit sehr nahe gestanden haben. *Der Brief befindet sich im* Theodor-Litt-Archiv *der* Heinrich-Heine-Universität Düsseldorf.

[3] *Wind, Edgar. Kunsthistoriker und Philosoph. - * Berlin 14.5.1900, † London 11.9.1971. 1924 Prom. in Hamburg; 1925-1927 Asst. Prof. an der University of North Carolina (USA); 1929 Habil. in Hamburg; 1928-1933 Assistent an der Kulturwissenschaftlichen Bibliothek Warburg; 1930-1933 Privatdozent an der Universität Hamburg; 1934-1942 Deputy Director des Warburg Institute, London, sowie Lecturer, University of London; danach Prof.: 1940-1942 New York University; 1942-1944 University of Chicago; 1948-1955 Smith College; 1955-1967 Oxford University.* Humanitätsidee und heroisiertes Porträt in der englischen Kultur des 18. Jahrhunderts, *1932;* Das Experiment und die Metaphysik, *1934;* Pagan Mysteries in the Renaissance, *1958 (dt.:* Heidnische Mysterien in der Renaissance*);* Art and Anarchy, *1963 (dt.:* Kunst und Anarchie*). Wind promovierte bei Cassirer und hat sich bei ihm und Panofsky habilitiert. Cassirer und Wind standen in späteren Jahren öfter in Kontakt.*

[4] *Dieser Brief befindet sich in den* Edgar Wind Papers *in der* Bodleian Library, *Oxford.*

[5] *Panofsky, Erwin. Kunsthistoriker und -theoretiker. - * Hannover 30.3.1892, † Princeton 14.3.1968. 1914 Prom. in Freiburg/Br.; 1920-1933 Prof. in Hamburg; 1931-1933 Prof. an der New York University; 1935-1962 Prof. am* Institute of Advanced Studies *(Princeton, USA); 1963-1968 Prof. an der New York University.* 'Idea': Ein Beitrag zur Begriffsgeschichte der älteren Kunsttheorie, *1924;* Studies in Iconology, *1939 (dt.:* Studien zur Ikonologie*);* The Codex Huygens and Leo-

dass Saxl Mitte Mai erwartet wird. Dann würden wir an die Ordnung des Nachlasses gehen. Ich allein kann es auch mit Hilfe der hiesigen Collegen meines Mannes nicht.[6] *Und in einem Brief an Fritz Saxl*[7] *vom 17. Mai 1945 schreibt Toni Cassirer:* Ich weiss nicht, ob Sie schon hier sind und ob Sie [...] in Columbia [University] sein können, wo eine Trauerfeier für meinen Mann abgehalten wird. Auf alle Fälle brauche ich Sie dringend und bitte Sie mich so bald als möglich wissen zu lassen, wo Sie wann sind.[8] *Saxl wird Frau Cassirer bei der Gedenkfeier im* Brander Matthews Theater of Columbia University, *New York City, am 1. Juni 1945 wohl getroffen haben, wo er auch eine der Reden*[9] *hielt. Saxl, der sich als Direktor des* Warburg Institutes *in den Jahren 1945 und 1946 jeweils für wenige Wochen in Amerika aufhielt, hätte jedoch nur knappe Zeit mit Frau Cassirer verbringen und dabei Cassirers umfangreichem Nachlaß nicht ordnen können. Dies geht aus einem Brief Panofskys an William Heckscher vom 4. Juni 1945 hervor, in welchem Panofsky sich beklagt, daß Saxl während seines USA-Aufenthaltes dienstlich zu beschäftigt war, um sich mit ihm zu treffen.*[10] *Auch in den folgenden Jahren hat es anscheinend keine Bemühung gegeben, den Nachlaß zu ordnen.*[11]

Toni Cassirer verstarb am 5. Januar 1961 in New York. Mit großer Wahrscheinlichkeit läßt sich sagen, daß die Mss. bis zu diesem Zeitpunkt in ihrem ursprüngli-

nardo da Vinci's Art Theory, *1940;* Albrecht Dürer, *2 Bde., 1943;* Renaissance and Renascences in Western Art, *1960. Panofsky und Cassirer waren Kollegen in Hamburg und standen einander freundschaftlich nahe.*

[6] *Der Brief befindet sich in den* Erwin Panofsky Papers, Archives of American Art, Smithsonian Institution, *Washington, D. C.*

[7] *Saxl, Fritz. Kunsthistoriker. - * Wien 8.1.1890, † London 22.3.1948. 1912 Prom. in Wien; seit 1912 Bibliothekar in der* Kulturwissenschaftlichen Bibliothek Warburg; *1922-1923 Privatdozent, danach a.o. Prof. der Universität Hamburg; 1933-1945 Direktor des* Warburg Institute, *London; ab 1945 Prof. an der University of London.* Verzeichnis astrologischer und mythologischer illustrierter Handschriften des lateinischen Mittelalters in römischen Bibliotheken, *3 Bde., 1915-1953; mit E. Panofsky:* Dürers ›Melencolia I‹, *1923;* Antike Götter in der Spätrenaissance, *1927;* English Sculptures of the Twelfth Century, *1954. Saxl und Cassirer waren 1919-1933 in Hamburg, 1933-1935 in England und nachher brieflich in häufigem Kontakt. Beide waren Mitglieder im Kuratorium der* Kulturwissenschaftlichen Bibliothek Warburg.

[8] *Dieser Brief wird in der Korrespondenz des Direktors, 1942-1946, in den* Archives of the Warburg Institute, *London, aufbewahrt.*

[9] *Siehe* Saxl: Ernst Cassirer. *In:* Paul Arthur Schilpp *(Hrsg.):* The Philosophy of Ernst Cassirer. *Evanston 1949, S. 47-51.*

[10] *Der Brief befindet sich in der* Panofsky Collection, Archives of the History of Art, The Getty Center for the History of Art and the Humanities, *Los Angeles, California.*

[11] *Nach Hinweisen von: Ernst Cassirers Tochter, Anne Appelbaum, New York; Prof. Dr. Raymond Klibansky, Oxford; Prof. Dr. Paul Oskar Kristeller, New York; Prof. Dr. Gerda Panofsky, Princeton; Margaret Wind, Oxford.*

chen Zustand verblieben. Durch das Engagement von Prof. Charles Hendel[12] *sind die Mss. bald nach Toni Cassirers Tod nach Yale gebracht worden, wo sie zunächst in der* Sterling Library *aufbewahrt wurden.*

Nachdem der Nachlaß vertragsgemäß in das Eigentum der Yale University Press *übergegangen war, nahm im Oktober 1965 Dr. John Bacon, heute Prof. an der University of Sydney (Australien), in deren Auftrag eine erste Bestandsaufnahme und Numerierung vor. Nach Mitteilung Prof. Bacons befand sich der Nachlaß damals in der* Sterling Library *ohne erkennbare Ordnung in einer oder zwei großen Kisten. Die Mss. befanden sich z. T. in alten Umschlägen, andere wurden mit Bindfaden oder Gummibändern zusammengehalten. Diese Konvolute wurden von Herrn Bacon mit rotem Kugelschreiber in der Reihenfolge numeriert, in der er sie auspackte. Er benötigte für diese Arbeit nur wenige Tage und hat keine Umordnung vorgenommen; in nur wenigen Fällen hat er Materialien zusammengelegt: wenn sie Kopien oder Varianten desselben Textes darstellten. Diese erste Bestandsaufnahme faßt jeweils diejenigen Mss. unter einer Nr. (1-219)*[13] *zusammen, die auch in den ursprünglichen Konvoluten bzw. Umschlägen gemeinsam verpackt waren. Eine dabei erstellte Liste, die als Inhaltsverzeichnis diente, gibt die auf den Konvoluten bzw. Mss. stehenden Titel oder Überschriften an. Buchstaben wurden manchmal benützt, um den Inhalt eines Konvoluts näher zu bezeichen (z. B. 184a, b, c). Die Numerierung selbst besitzt keinerlei inhaltliche Bedeutung, auch nicht in bezug auf die Entstehungszeit der Texte. Beispielweise kommen die Mss. der englischsprachigen Spätwerke* An Essay on Man *und* The Myth of the State *am Anfang und am Ende der Liste vor. Die Mss. dieser beiden Werke sind auf Umschläge mit weit auseinanderliegenden Nummern verteilt.*

Vom Eigentümer Yale University Press *wurde der Cassirer-Nachlaß zunächst der im Jahre 1963 eröffneten* Beinecke Rare Book and Manuscript Library *lediglich als Depositum zur Aufbewahrung übergeben. Dies bedeutete, daß er von der Bibliothek nur verwahrt, also weder geordnet noch katalogisiert wurde. Der Herausgeber des vorliegenden Bandes erkundigte sich im Jahre 1970 brieflich bei Charles Hendel nach dem Inhalt des Cassirer-Nachlasses. In seinem Antwort-*

[12] *Hendel, Charles William. - * Reading (Pennsylvania, USA) 16.12.1890, † Salt Lake City (Utah) 12.11.1982. 1917 Ph.D. in Princeton; 1919 Instructor am Williams College; 1920-1929 Prof. in Princeton; 1929-1940 Prof. an der McGill University in Montreal; 1940-1959 Prof. des Department of Philosophy an Yale University: 1940-1946 und 1950-1959 Chairman ebd.* Studies in the Philosophy of David Hume, *1925;* Jean-Jacques Rousseau, Moralist, *2 Bde., 1934;* The Philosophy of Kant and our Modern World, *1959. Hendel hat die Einladung an Cassirer nach Yale ausgesprochen und ihm eine Aufenthaltsverlängerung dort ermöglicht.*

[13] *Heute umfaßt der Nachlaß 221 Stücke: Die Maschinenschrift eines Aufsatzes über Pico della Mirandola (ein Holograph des Aufsatzes befindet sich in Konvolut 79) wurde nicht numeriert; inzwischen ist auch der Holograph der* Philosophie der Aufklärung *durch Schenkung von Charles Hendel in die Beinecke-Sammlung aufgenommen. Siehe hierzu die Beschreibung durch Donald Verene in:* Appendix. *In:* Cassirer: Symbol, Myth, and Culture. Essays and Lectures of Ernst Cassirer 1935-1945, *edited by Donald P. Verene, New Haven und London, 1979, S. 293.*

schreiben vom 16. August desselben Jahres teilte Hendel mit, den Inhalt des Nachlasses nicht zu kennen. Im Jahre 1972 hat Prof. Donald Verene als erster Sachkundiger den Nachlaß gesichtet und daraus englischsprachige Texte für eine Ausgabe ausgewählt.[14] *Auf sein Anraten hin wurden sämtliche Konvolute jeweils in Umschläge gelegt, um sie vor Abnutzung und möglicher Unordnung zu schützen. Jeder Umschlag wurde mit der Bezeichnung* Cassirer Papers *und der jeweiligen Bacon-Nr. versehen. Der Herausgeber des vorliegenden Bandes hatte als Doktorand bei Prof. Verene 1972-75 den Umfang und Inhalt des Nachlasses kennengelernt. Der Plan zur Herausgabe von Cassirers Texten und Entwürfen zum vierten Band der* Philosophie der symbolischen Formen *geht auf diese Zeit zurück. Durch die Anregung von Prof. Dr. Oswald Schwemmer ist die Herausgabe des gesamten Cassirer-Nachlasses in Angriff genommen worden.*

Über die Jahre wurde der Nachlaß von verschiedenen Bibliotheks-Benutzern für Cassirer-Forschungen durchgesehen, jedoch ohne daß eine genauere Bestandsaufnahme der Ordnung und Reihenfolge der Mss. in den Umschlägen erfolgte. Mitte der 1980er Jahre veranlaßte die Yale University Press *die Anfertigung einer detaillierten Inhaltsbeschreibung. In dieser Beschreibung, vorgenommen durch eine Hilfskraft, Herrn Timothy Kircher, wurde die schon vorhandene Numerierung beibehalten. Die Mss. selbst wurden jedoch weder umgeordnet noch beschriftet.*

Erst am 19. Januar 1987 wurden die Mss. Eigentum der Beinecke-Bibliothek; Ende 1989 begann die Archivierungsarbeit in der Beinecke-Sammlung. Während der Arbeiten am vorliegenden Band befand sich der Cassirer-Nachlaß noch im Prozeß der Archivierung und Katalogisierung. Anstelle eines Katalogs dienten dem Herausgeber daher das Bacon-, das Kircher- sowie ein selbsterstelltes Verzeichnis zur Orientierung.

Aus konservatorischen Gründen wurden die z. T. sehr umfangreichen alten Konvolute auf mehrere Mappen verteilt. Die alte Numerierung wurde beibehalten, zusätzlich ist aber auch eine neue erstellt worden. Die folgende Beschreibung der Mss. bezieht sich auf den Nachlaß-Zustand vor 1989. Sie beruht auf einer Erfassung des Textzustandes, die der Herausgeber dieses Bandes im Sommer 1986 gemeinsam mit Donald Verene vorgenommen hat.

Cassirers Mss. bestehen in der Regel aus 21 x 33 cm Bl., die zu Lagen von 16,5 x 21 cm aus 5-8 Bl. pro Lage gefaltet sind. Diese Bl. sind meist auf allen vier Seiten beschriftet. Bei der Beschriftung ließ Cassirer am rechten Rand (bei Rückseiten am linken Rand) stets ca. 4 cm für eventuelle Zusätze frei. Unterstrichene Arbeitstitel schrieb er oben links auf die erste Seite und wiederholte sie auf etwa jeder 20. Seite bzw. auf jeder neuen Lage. Ein Bl. wurde um mehrere, zusammengehörende Lagen gefaltet, so daß ein Konvolut entstand. Diese Konvolute wurden teils lose, teils mit Bindfaden oder Gummibändern zusammengehalten oder in alten Umschlägen von Postsendungen an Cassirer aufbewahrt. Diese Konvolute bzw. Umschläge sind auf der Vorderseite meist mit kurzen Inhaltsangaben von Cassirers Hand ver-

[14] *Siehe vorherige Anm.*

sehen. Gelegentlich finden sich solche Identifikationen in der Handschrift von Toni Cassirer. In den folgenden Textbeschreibungen werden Überschriften in Toni Cassirers Handschrift immer so gekennzeichnet; ist keine Bezeichnung gegeben, handelt es sich um Überschriften von Ernst Cassirers Hand.

Cassirer schrieb eine lesbare lateinische Schrift von normaler Größe. Texte, die als Entwürfe oder Materialien einzustufen sind, weisen einige eindeutige Kürzel auf; Kurzschrift hat er nicht verwendet.

2. Die Konvolute 184 und 107

Das von John Bacon erstellte Verzeichnis enthält in den meisten Fällen jeweils nur den Titel oder die Überschrift (in englischer Übersetzung) der in den Konvoluten enthaltenen Mss., manchmal mit kurzen Querverweisen auf andere Konvolute. Nur ein einziges Konvolut besitzt Überschriften, die auf einen vierten Band der Philosophie der symbolischen Formen *hinweisen: Konvolut 184. Kein anderer Text im Nachlaß trägt diese Bezeichnung; dies wird durch Verenes Beschreibung,*[15] *Kirchers Verzeichnis und mehrmalige Durchsicht des Herausgebers bestätigt. Der äußere Umschlag trägt die Bezeichnung:* Cassirer 184 a,b,c *(schwarzer Filzstift).*

Bacons Beschreibung dieses Konvoluts 184 lautet:

184. a. PHILOSOPHY OF SYMBOLIC FORMS, vol. 4. ms
b. one part of (a) : LIFE AND SPIRIT – cf. # 95
c. PROBLEM OF KNOWLEDGE, vol. 4 rough draft.

Der Verweis auf Konvolut 95 bezieht sich auf ein Vortragsms. mit dem Titel Der Gegensatz von 'Geist' und 'Leben' in der modernen philosophischen Anthropologie, *datiert mit* Frankfurt 3. Oktober 1928. *Bacons Verzeichnis enthält oft Verweise auf andere Ms.-Umschläge mit ähnlichen Titeln.*

Konvolut 184 ist – wohl zum Zwecke der Haltbarkeit – in einem großen Umschlag auf drei Büroaktendeckel (numeriert mit 184a, 184b, 184c*) verteilt. Das grüne Packpapier mit Bacons eigenhändiger Numerierung* 184 *befindet sich bei der dritten Mappe (*184c*). Seine Faltung deutet darauf hin, daß es längere Zeit um den gesamten Inhalt von 184 (a,b,c) gewickelt war. Auf diesem Packpapier steht in Tinte von Toni Cassirers Hand:*

Symbolische Formen IV
Vorarbeiten.

Da die Mss. in den Umschlägen lose liegen und die Seiten hin und wieder unpaginiert sind (bes. in 184a), ist nicht sicher, daß ihre heutige Anordnung noch derjenigen zu Cassirers Lebzeiten entspricht. Das betrifft vor allem 184a und 184c, – im Gegensatz zu 184b, dessen zwei Kap. sich in satzfertigem Zustand mit festgelegter Anordnung befinden.

[15] *Eine kurze Beschreibung des Nachlasses ist nachzulesen in:* Appendix: A Description of Cassirer's Papers. *In:* Ernst Cassirer: Symbol, Myth, and Culture, *1979, S. 293-298.*

Die drei Konvolute (184a, 184b, 184c) sind im vorliegenden Band wie folgt angeordnet: 184b, 184c, 184a. Dies entspricht bei den Haupttexten 184b und 184c einer chronologischen Reihenfolge (184a und 184b liegen zeitlich nahe beieinander). Auch wo die Texte in 184c die Form einer Erstfassung oder, in der Disposition zum Kap. Problemstellung, *einen Skizzen-Charakter aufweisen, werden Gedanken kontinuierlich entwickelt. 184a enthält dagegen nur kürzere Entwürfe, die hin und wieder nicht ausgeschrieben sind und von Thema zu Thema springen; dieses Material ist deshalb hier den anderen Texten nachgestellt. Die Anordnung der Texte geht also von ihrem Bearbeitungszustand aus (nicht von der Chronologie oder dem Inhalt).*

a) Symbolische Formen. Zu Band IV. *Konvolut 184a (Box 31, folders 600-602 mit den Bl. 1-144)*

1) Äußere Beschreibung:
Papier: verschiedene weiße und stark vergilbte Sorten
Format: neutrale Bl. 33 x 33 cm gefaltet zu Lagen von 16,5 x 33 cm; Bl. mit dem Briefkopf der Zeitschrift Psychologische Forschung*: 22 x 29 cm gefaltet zu Lagen von 14,5 x 22 cm; Bl. mit dem Briefkopf vom* Hotel Languard / Pontresina / Engadin*: 18,5 x 27,5 cm gefaltet zu Lagen von 13,5 x 18,5 cm.*
Wasserzeichen: keine
Tinte: blau, z. T. auch in Bleistift

Der gesamte Inhalt wurde von fremder Hand mit Bleistift Rekto, rechts oben, durchnumeriert (1-144). Die Zahl 1 wird dabei – nach amerikanischem Usus – immer ohne Aufstrich geschrieben. Manche Teile tragen zusätzlich eine Numerierung von Cassirers Hand.

Konvolut 184a ist von allen hier herangezogenen Materialien am unübersichtlichsten. Im Unterschied zu 184b und 184c enthält es keinen längeren, kontinuierlichen Haupttext. Auch stilistisch sind die Texte in 184a eher als unfertig zu bezeichnen; sie haben nicht selten einen gedrängten, notizhaften Charakter und scheinen mitunter von einem Thema zum anderen zu springen. Der Eindruck des Vorläufigen wird auch durch das Schriftbild bestätigt: oft haben die Bl. nicht die für Cassirer meist typische Schönheit der Schrift und lassen vermuten, daß sie schnell beschrieben wurden. Die ursprüngliche Anordnung der Texte in Konvolut 184a ist, mindestens teilweise, nicht mehr erhalten. Nur wenige Querverweise ermöglichten es, die vom Verfasser beabsichtigte Reihenfolge der Texte wiederherzustellen:

(1) Zur Einleitung *(Bl. 18-27). Keines der in dieser* Einleitung *angeführten Werke datiert später als 1927; inhaltlich läßt sich jedoch feststellen, daß die zentrale Bedeutung, die Cassirer hier der Hermeneutik beimißt, sonst nur in den Schriften der 30er Jahren augenfällig wird, etwa in* Zur Logik der Kulturwissenschaften, *sowie hier in Ms. 184c.*[16] *Inhaltlich befaßt sich diese* Einleitung *mit Goethes Begriff vom* Ganzen, *der Cassirers Text über die Basisphänomene (184c) zugrun-*

[16] *Siehe vorliegenden Bd., S. 165.*

de liegt. Diese Entwürfe Zur Einleitung *werden wegen ihres einführenden Charakters an den Anfang der Materialien (Teil III) gestellt.*

(2) Geist und Leben *(Klages und Simmel) (Bl. 34-54). Diese in sich geschlossene Diskussion von Klages und Simmel gehört zum Thema* Geist und Leben – *das Thema auch des 1. Kap. von 184b. Die Wiedergabe unmittelbar nach dem Material* Zur Einleitung *folgt der Anordnung des 1. Teiles (184b), dessen 1. Kap. ebenfalls mit einer Diskussion von* 'Geist' und 'Leben' *beginnt.*

(3) 'Geist' und 'Leben' (Heidegger) *(Bl. 10-13). Dieser Text ist von Titel und Thema her als Ergänzung zu (2)* Geist und Leben *(Klages und Simmel) zu verstehen.*

(4) Todesproblem *(S. 109a-e). Dieser Text zu Heideggers* Sein und Zeit, *ebenfalls aus 184a, ergänzt die Diskussion in (3) und wird der Kontinuität wegen an dieser Stelle wiedergegeben.*

(5) Zeit *(Bl. 14-15). Dieser Text zum Zeitbegriff Bergsons und Heideggers folgt im Konvolut 184a unmittelbar dem hier als (3) gebrachten Text* 'Leben' und 'Geist' (Heidegger). *Auch mit dem Einschub des zusätzlichen Textes über das* Todesproblem *bei Heidegger entsteht kein Gedankenbruch, da beide Texte eine gedankliche Kontinuität aufweisen.*

(6) Zeit *(Bl. 28-30). Dieser Text folgt im Konvolut 184a auf das Material* Zur Einleitung, *das hier zu Beginn dieser Entwürfe (Teil III) erscheint. Mit dieser Umstellung rückt er unmittelbar hinter den vorherigen Text* Zeit *(hier: 5); dadurch entsteht eine sinnvollere Fortsetzung der Ausführungen zum Thema Zeit. Der erste Text (5) enthält die Kritik am Zeitbegriff Bergsons und Heideggers; in diesem zweiten Text zum Zeitbegriff dagegen entwickelt Cassirer seine eigene Zeit-Auffassung.*

(7) Zum Schluss-Kapitel. *(Bl. 56-101). Dieses Konvolut folgt den oben genannten Texten und Entwürfen in 184a. Innerhalb des Konvoluts ist hier folgende Umstellung vorgenommen:*
a) Bl. 76-97 liegen im Nachlaß-Konvolut nicht in der richtigen Reihenfolge. Es wird Cassirers eigenhändiger Paginierung gefolgt, um die richtige Reihenfolge der S. β 1-β 22 herzustellen.
b) Bl. 87r-97 gehören inhaltlich unter die Überschrift: VI) Die Personensphäre und ihre Überwindung *(Bl. 71r), zu der Cassirer an dieser Stelle nichts ausgeführt hat; sie sind im vorliegenden Band diesem Titel zugeordnet.*

2) Datierung:
Keine der in 184a zitierten Literatur datiert später als 1928.[17] *Auffallend ist die Überschneidung der hier zitierten Werke mit denen, die in 184b, bes. im Kap.* Das Symbolproblem als Grundproblem der philosophischen Anthropologie, *her-*

[17] *Die neuesten Titel in 184a sind* Pleßner: Die Stufen des Organischen *und* Uexküll: Theoretische Biologie, *2. Aufl., beide 1928.*

angezogen werden.[18] *Die Diskussionen von* 'Leben' und 'Geist' *in 184a stehen in direktem Zusammenhang mit dem 1. Kap. in 184b. Diese Entwürfe in 184a sind deshalb möglicherweise zur Zeit der Niederschrift des explizit datierten Textes in 184b also auch um 1928, entstanden.*

3) Inhalt:

(Box 31, folder 600 mit den Bl. 1-55):

Bl. 1r: Um den ganzen Inhalt von 184a (Bl. 1-144) ist ein Bl. gefaltet, auf dem in der Mitte von Cassirers Hand steht:

Symbolische Formen.

Zu Band IV .

Bl. 1v: leer; Bl. 2r: trägt die Überschrift: a) Historisches, *darunter:* 1. "Leben" und "Geist" in der antiken / Philosophie., *danach Text; Bl. 2-4r: Text; Bl. 4v-5: leer; Bl. 6 trägt nur die Überschrift:* Aristoteles. *Bl. 7: leer.*

Bl. 8-9 (das gleiche, weiße Papier wie das Material Geist – Leben (Klages)*):*
Bl. 8r trägt die Überschrift: Leben und Geist bei Augustin, *mit Literaturangaben; Bl. 8v: leer; Bl. 9: leer.*

Bl. 10-13 (das gleiche, weiße Papier wie das Material Geist – Leben (Klages)*):*
Bl. 10r trägt die Überschrift: 'Geist' und 'Leben' (Heidegger)*; Bl. 10-13: Text. Auf Bl. 10r beginnt eine zweite Rekto Bleistift-Blattnumerierung, die aber nur für 12 Bl. fortgesetzt wird.*

Bl. 14-17 (vergilbtes Papier):
Bl. 14r und 15r tragen jeweils die Überschrift: Zeit*; Bl. 14r: Text (zum Zeitbegriff Bergsons und Heideggers); Bl. 14v: leer; Bl. 15: Text (Fortsetzung zum Zeitbegriff Bergsons und Heideggers); Bl. 16-17: leer.*

Bl. 18-27 (vergilbtes Papier):
S. 18r trägt die Überschrift: Zur Einleitung*; oben rechts:* Blatt I, *danach Text bis Bl. 20v; Bl. 21: leer; Bl. 22r trägt die Überschrift:* Zur Einleitung*; oben rechts:* Blatt II, *danach Text bis Bl. 26v; Bl. 27: leer.*

[18] *Zu nennen sind:* Lévy-Bruhl: Das Denken der Naturvölker, *1926;* Lord Byron: Manfred *(dieselbe Stelle wird zitiert);* Nikolaus von Kues: De ludo globi *(über Geist als wertgebend, vgl. das Kap. in 184b* 'Geist' und 'Leben'*);* Epikurs *εἴδωλον*-Theorie*;* Fiedler: Aphorismen aus dem Nachlaß, *1914;* Klages: Vom kosmogonischen Eros, *1922;* Litt: Individuum und Gemeinschaft, *2. Aufl., 1924;* Lumholtz: Symbolism of the Huichol Indians, *1900;* Pleßner: Die Stufen des Organischen und der Mensch, *1928;* Scheler: Die Sonderstellung des Menschen, *1927;* Spengler: Der Untergang des Abendlandes, *1918;* Uexküll: Theoretische Biologie, *1920, 2. Aufl. 1928, sowie* Umwelt und Innenwelt der Tiere, *2. Aufl. 1921;* Volkelt: Über die Vorstellungen der Tiere, *1914*.

Bl. 28-33 (vergilbtes Papier):
Bl. 28r trägt die Überschrift: Zeit, *danach Text bis Bl. 30v; Bl. 31-33: leer.*

Bl. 34-55 (weißliches Papier):
Bl. 34r trägt die Überschrift: Geist – Leben (Klages), *danach Text bis Bl. 37r; Bl. 37v: leer; Bl. 38r trägt die Überschrift:* Geist – Leben (Klages), *danach Text bis Bl. 39v; Bl. 40: leer; Bl. 41: Text; Bl. 42r trägt die Überschrift:* Geist – Leben (Klages), *danach Text bis Bl. 42v; Bl. 43-45: leer; Bl. 46r trägt die Überschrift:* Geist – Leben (Klages)., *danach Text bis Bl. 46v; Bl. 47: leer; Bl. 48r trägt die Überschrift:* 'Leben' u. 'Geist'*; darunter:* Simmel, *danach Text bis Bl. 49v; Bl. 50r trägt die Überschrift:* 'Leben' und 'Geist'., *danach Text bis Bl. 52r; Bl. 52v-53: leer; Bl. 54r: Text; Bl. 54v-55: leer.*

(Box 31, folder 601 mit den Bl. 56-101):
Bl. 56 ist um Bl. 57-101 gefaltet; auf Bl. 56 steht vorne in der Mitte:

Zum Schluss-Kapitel.

Bl. 57-59: leer; Bl. 60-67 (mit Seitennumerierung von Cassirers Hand: α 1-α 16*):*
*Bl. 60r (*α 1*) trägt die Überschrift:* Dingsphaere u. Bedeutungssphaere., *danach Text; Bl. 60v (*α 2) trägt eine Abschnittsüberschrift Mitte des Bl.: Phaenomenologie des **Ding**begriffs -, *danach Text bis Bl. 67r (*α 3-α 15*); Bl. 67v (*α 16*) trägt die Überschrift:* **Typ**en der Metaphysik, *danach Text; Bl. 68r trägt die Überschrift:* I) Simmel –, *danach Text; Bl. 68v trägt die Überschrift:* II) Leben und Geist, *danach Text; Bl. 69r trägt die Überschrift:* III) Das Problem der 'Anthropologie', *danach Text; Bl. 69v trägt die Überschrift:* IV) Ausdruck, Darstell[un]g, Bedeutung, *danach Text bis Bl. 70r; Bl. 70v trägt die Überschrift:* V) Das Medium des 'Dinges' und der / Dingsphaere, *danach Text; Bl. 71r trägt die Überschrift:* VI) Die Personensphaere u. ihre Überwind[un]g, *danach ein Drittel des Bl. leer, dann Querstrich von Rand zu Rand, danach Fortsetzung des Textes vom vorherigen Bl.; Bl. 71v-73: leer; Bl. 74r trägt die Überschrift:* Dingproblem (Darstellungs-Sphaere)., *danach Text bis Bl. 75r; Bl. 75v: leer.*

Bl. 76-83:
Manche Bl. haben eine Seitennumerierung von Cassirers Hand in Tinte: β1-β22*; der Text auf S.* β1 *bis* β5 *steht in Bleistift. Diese Bl. liegen aber nach der Rekto-Bleistiftnumerierung im Umschlag geordnet.*
*Bl. 76r (*β1*) trägt die Überschrift:* Sprache, Mythos, Wissensch. im Aufbau des / theoret. Weltbildes -, *danach Text bis Bl. 76v (*β2*); Bl. 77r (*β15*) trägt die Überschrift:* Darstellungs-Sphaere, *danach Text bis Bl. 80v (*β16-β22*); Bl. 81-83: leer; Bl. 84 (*β3-β4*): Text in Bleistift; Bl. 85r mit Notizen in Tinte; Bl. 85v-86: leer; Bl. 87r trägt die Überschrift:* Sinn-Sphaere (Überpersönl. Gehalt), *danach Text bis Bl. 87v; Bl. 88: leer; Bl. 89r trägt die Überschrift:* Organologie, *danach Text bis Bl. 91r; Bl. 91v-92: leer; Bl. 93r (*β5*) setzt den Text in Bleistift von Bl. 84v (*β 4*) über eine Drittelseite fort, danach Überschrift in Tinte:* Sinnsphaere*; folgender Text auch in Tinte; Bl. 93v bis 97v (*β6-β14*): Text; Bl. 98-101: leer. Damit endet das Konvolut* Zum Schluss-Kapitel.

(Box 31, folder 602 mit den Bl. 102-144):
Bl. 102r trägt die Überschrift: Seminar, *mit Autorennamen und Buchtiteln; Bl. 102v: leer; Bl. 103r mit Autorennamen und Buchtiteln; über dem ganzen Bl. steht diagonal:* **Material : Scheler-Vortrag /Wien 1928!** *; Bl. 103v: Text; Bl. 104: Notizen auf Briefpapier mit dem Briefkopf:* Hotel Languard / Pontresina / Engadin[19] *; Bl. 105r: leer; Bl. 105v: Notizen; Bl. 106-108r: leer; Bl. 108v: Notizen; Bl. 109(a-e) (auf Briefpapier mit dem Briefkopf:* Hotel Languard / Pontresina / Engadin*): Die Bleistiftnumerierung zählt Bl. 109r als 109a und die nächten 4 S. als [109]b-e. Bl. 109a trägt die Überschrift:* Todesproblem, *danach Text bis S. [109]e; S. [109f]: leer; Bl. 110r trägt die Überschrift:* Fichte u. Schelling –, *oben am rechten Rand:* Bl. α, *danach Text bis Bl. 115r; Bl. 115v-116: leer; Bl. 117: Text (z. T. textidentisch mit S. 258 in Cassirers Aufsatz* "Geist" und "Leben" in der Philosophie der Gegenwart[20]*); Bl. 118-119: leer. Bl. 118 ist Briefpapier mit dem Briefkopf der Zeitschrift* Psychologische Forschung,[21] *mit Namen und Adresse des Mithrsg.:* Prof. Dr. K. Goldstein.[22]*; Bl. 120r hat Text mit den Unterteilungen:* I) Kleist-Stelle Marionettentheater, II) Abstamm. aus der Romantik u. aus Kant -, III) *; Bl. 120v: Text; Bl. 121r: Text mit den Unterteilungen:* VII) Kritik an Klages –, VIII) *; Bl. 121v: Text mit den Unterteilungen:* IX) Heidegger –, X) *; Bl. 122r: Text; 122v: Text mit der Unterteilung:* XI) *; Bl. 123r: Text mit den Unterteilungen:* XII), XIII), XIV), XV), XVI) *; Bl. 123v: Text mit der Unterteilung:* XVII) *; Bl. 124r: Text; Bl. 124v: drei kurze Namenslisten; Bl. 125r: Text mit den Unterteilungen:* IV), V) *; Bl. 125v: Text mit der Unterteilung:* VI) Klages*; Bl. 126r: Text, oben rechts steht:* 4/ *; Bl. 126v: Text; Bl. 127r: Text, oben rechts steht:* 5 *; Bl. 127v: Text; Bl. 128r: leer; 128v: Text; Bl. 129r: leer; Bl. 129v: Text; Bl. 130r: Notizen; Bl. 130v: Notizen mit den Unterteilungen:* 1), 2), 3) *; Bl. 131: Text; Bl. 132: Notizen; Bl. 133r trägt die Überschrift:* ›Leben‹ u. ›Geist‹ -, *danach Text (Bl. 133 ist Briefpapier, auf 133v mit dem Briefkopf:* Hotel Languard / Pontresina /

[19] *Toni Cassirer berichtet in* Mein Leben mit Ernst Cassirer, *1981, S. 153:* Vom Jahre 1924 an verbrachten wir immer einige Wochen im Hochgebirge, im Engadin in der Schweiz.

[20] *Siehe* Cassirer: "Geist" und "Leben" in der Philosophie der Gegenwart. *In:* Die Neue Rundschau, *1930, S. 244-264. Das Ms. der Abhandlung ist erhalten (Konvolut 103) ebenso ein weiteres Vortragsms.:* Der Gegensatz von "Geist" und "Leben" in der modernen philosophischen Anthropologie *(Konvolut 95, beschrieben als* Vortrag: Frankfurt a/M; 3. X. 28 / (Paralipomena)*).*

[21] *Ebenfalls Briefpapier mit dem Briefkopf der Zeitschrift* Psychologische Forschung*: 128r; 129r; 130r; 132v; 139r; 140r; 141r; 142r.*

[22] *Goldstein, Kurt. Neurologe und Psychiater. - * Kattowitz, Oberschlesien 6.11.1878, † New York 19.9.1965. 1917-1933 leitete er das* Institut zur Erforschung der Folgeerscheinungen von Hirnverletzungen, *Frankfurt/Main. 1934 Emigration nach USA, dort Prof. u. a. an der Columbia University.* Psychologische Analysen hirnpathologischer Fälle *(mit Adhémar Gelb), 1920;* Der Aufbau des Organismus, *1934;* Human Nature in the Light of Psychopathology, *1940. Goldstein war Cassirers Vetter und enger Freund. Cassirer entwickelte die Gedanken in dem Kap.* Zur Pathologie des Symbolbewußtseins *im Bd. 3 der* PsF *an Hand von Beobachtungen in Goldsteins Frankfurter Institut.*

Engadin*); Bl. 133v-134r: leer; Bl. 134v: Notizen; Bl. 135: Text; Bl. 136r: oben links steht:* 1., *danach Text; Bl. 136v-137v: Text; Bl. 138r: Text, oben am rechten Rand steht:* 3// ; *Bl. 138v: Text; Bl. 139r: leer; Bl. 139v: Text; Bl. 140r: leer; Bl. 140v: oben rechts steht:* 2// ; *Bl. 141-142r: leer; Bl. 142v: Autorennamen und Buchtitel; Bl. 143-144: leer.*

b) Zur Metaphysik der symbolischen Formen *Konvolut 184b (Box 31, folder 599 mit den Bl. 1-13 und folders 606-610 mit den Bl. 1-284)*

Die zwei Kap. in 184b lagen schon im Konvolut abgeschlossen und geordnet in satzfertigem Zustand vor. Sie sind hier in der Anordnung des Nachlasses als Kap. 1 und 2 wiedergegeben.

1) Äußere Beschreibung:
Papier: weiß
Format: 21 x 33 cm Bl. gefaltet zu Lagen von 16,5 x 21 cm
Wasserzeichen: keine
Tinte: schwarz
*Dieser Text ist vom gesamten Material in Konvolut 184 am besten ausgearbeitet; als einziger Text hat er ausgeschriebene Anmerkungen als Fußnoten, die durch einen Strich deutlich vom Text getrennt sind. Cassirer hatte den Text so weit überarbeitet, daß er offensichtlich schon für den Setzer vorbereitet war: Kursiv zu setzende Stellen sind im Text und meist auch am Rande gekennzeichnet, verschmierte Worte sind manchmal am Rande deutlich wiederholt, auch Hinweise für neue Absätze (*Abs.!*) werden hin und wieder am Rande angegeben, mit dazugehörigen Markierungen im Text. Ebenso stehen am Rande Hinweise zur Fortsetzung des Textes nach ausgekreuzten Passagen.*

2) Datierung:
Das Ms. in 184b ist der einzige der hier publizierten Texte, den Cassirer mit einem Datum versehen hat, und zwar am Ende des Konvoluts: beendet 16/IV 28.

3) Inhalt:
(Box 31, folder 599 mit den Bl. 1-13):
Ein Bl. ist um das ganze Konvolut gefaltet, auf der Vorderseite steht:

'Leben' und 'Geist'

I: Historischer Teil.

Eingelegt wurde ein loses 22 x 33 cm Bl. mit einer Bibliographie in Maschinenschrift, übertitelt: Literatur über die / Idee des Lebens in der Antike *(das neueste darin aufgeführte Werk datiert von 1927; handschriftliche Hinzufügungen stammen nicht von Cassirer).*

Danach folgt eine Lage mit 13 unnumerierten Bl.; Bl. 1r trägt die Überschrift: Der Neuplatonismus — Plotin, *danach: Notizen; Bl. 1v: leer; Bl. 2r trägt die Überschrift:* Zum **Allgemeinen**, *danach: Umriß mit den Unterteilungen:* I) Die νοῦς Lehre des Aristot. u. ihre Forts. / in der Renaissance, II) Das ›Cogito‹ Descartes —, III) Fichte – Jacobi, IV) Schelling, V) Hegel – Kierkegaard*; Bl. 2v: leer; Bl. 3r trägt die Überschrift:* Lebensbegriff (Romantik): **Hegel**, *am rechten Rand daneben steht:* 1., *danach Text bis Bl. 7v; Bl. 4r trägt die Überschrift:* Leben u. Geist (neuere, vorkant. Philosophie), *am rechten Rand daneben steht:* 1, *danach Text bis Bl. 4v; Bl. 5r trägt die Überschrift:* Leben u. Geist / (Neuere, **vorkant.** Philos.) (Forts.), *am rechten Rand daneben steht:* 2, *danach Text bis Bl. 8v; Bl. 9r trägt die Überschrift:* Lebensbegriff (Hölderlin), *danach Text bis Bl. 9v; Bl. 10r trägt die Überschrift:* Lebensbegriff (Romantik) (**Hegel**), *am rechten Rand daneben steht:* 2, *danach Text bis Bl. 10v; Bl. 11r trägt die Überschrift:* Lebensbegriff (W. v. Humboldt)., *danach Text; Bl. 11v: leer; Bl. 12r trägt die Überschrift:* Lebensbegriff (Fichte), *danach Text bis Bl. 13r, danach drei leere Bl.*

(Box 31, folders 606-610 bilden ein großes, ausgeschriebenes Konvolut aus gefaltetem Papier in 12 Lagen. Von Cassirer paginiert von 1-284):

(Box 31, folder 606 mit den paginierten Seiten 1-79):
Auf dem Titelbl. steht:

Teil:

Zur Metaphysik der symbolischen Formen.

Die erste S. trägt die Überschrift:

Erstes Kapitel:
'Geist' und 'Leben'.

(Box 31, folders 607-610 mit den paginierten Seiten 80-284[23]):
S. 80 trägt die Überschrift:

Zweites Kapitel.
Das Symbolproblem als Grundproblem der
philosophischen Anthropologie.

Auf S. 80 folgt eine Unterteilung (1.); eine weitere Unterteilung (2.) folgt auf S. 140. Auf S. 284 heißt es unten rechts: beendet 16/IV 28. *Danach folgen 7 leere unnumerierte Bl.*

[23] *Im Einzelnen: folder 607: S. 80-139, 608: S. 140-183, 609: S. 184-245; 610: S. 247-284.*

c) [Über Basisphänomene] *Konvolut 184c (Box 31, folder 599 (Packpapier) und folders 603-605 mit den Seiten 1-164)*

*In Konvolut 184c befinden sich die Texte (*A1, A1 Blatt α, A2*) unmittelbar vor dem Haupttext, der die Basisphänomene (*β1-β5, 4*) behandelt. Der mit* 1928 *datierte Text (184b), den Cassirer mit* Zur Metaphysik der symbolischen Formen *betitelte, findet in 184c eine inhaltliche Ergänzung.*

1) Äußere Beschreibung:

Papier: weiß

Format: 21 x 33 cm Bl. gefaltet zu Lagen von 16,5 x 21 cm

Wasserzeichen: keine; Tinte: schwarz; Titelbl.: blau

Das ganze Konvolut ist von fremder Hand oben rechts mit einer Bl.-Zählung von 1 bis 164 versehen; dabei ist die Zahl 1 – amerikanischem Usus entsprechend – immer ohne Aufstrich geschrieben.

Unterstrichene Arbeitstitel sind oben links angegeben und werden in der Regel nach etwa jeder 20. Seite wiederholt, auch bei Fortlaufen des Textes.

In diesem Ms. verwendet Cassirer eine verkürzte Zeichensetzung. Die meisten Sätze enden mit einem Gedankenstrich. Manchmal ist kein Endzeichen gesetzt und der nächste Satz mit Großschreibung begonnen. Hin und wieder beginnt Cassirer auf neuer Z., um den Gedankengang hervorzuheben; dabei fehlt oft jegliche Interpunktion.

2) Datierung:

Die herangezogene Literatur in 184c ist oft jüngeren Datums, von Mitte bis Ende der 30er Jahre, z. B.: E. Schrödinger: Quelques remarques au sujet des bases de la connaissance scientifique, *1935;* Ortega: History as a System, *1936. Die jüngste Schrift ist* F. Leander: The Philosophy of John Dewey, *1939. Cassirer kannte diese Arbeit vor der Drucklegung;*[24] *da sie das Ergebnis eines Forschungsaufenthalts in Amerika von Februar bis Dezember 1937 ist, kann sie auch erst 1938 geschrieben worden sein. Eine Randbemerkung*[25] *bezieht sich wahrscheinlich auf das Ms. von* Zur Logik der Kulturwissenschaften.[26]

Die Mitteilung von Cassirers Frau (in ihren Erinnerungen*) über Cassirers Arbeit an Band 4 der* PsF *(s. vorliegenden Bd., S. 300), bezieht sich vielleicht auch auf die Niederschrift des Textes über Basisphänomene in 184c oder Teile davon; keiner der anderen Texte in Konvolut 184 erwähnt Literatur vom Ende der 30er Jahre.*

[24] *Leander bedankt sich in der Vorrede bei Cassirer für seine Hilfe bei der Vorbereitung. Siehe* Leander: The Philosophy of John Dewey, *1939, S. III.*

[25] *Sie lautet:* Urphaen.: vgl. Formbegr. u. Kausalbegriff Bl. I*; s. vorliegenden Bd., S. 126. Die Studie* Formproblem und Kausalproblem *in:* LK, *enthält S. 109f. eine Diskussion des Begriffes* Urphänomen.

[26] *Eine mit* 5.3.1942 *datierte redaktionelle Anm. in* LK, *auf S. 2 lautet:* Das Manuskript ist am 25. April 1941 eingeliefert worden. *Es gibt auch Exemplare der Erstaufl. dieser Arbeit, in denen es a. a. O.* am 25. April 1942 *heißt. Daß es sich bei dieser Jahresangabe um einen Druckfehler handelt, beweist die Datierung der redaktionellen Anm.*

3) Inhalt:

(Box 31, folder 599):

Ein grünes Packpapier im Format 45 x 45 cm, dessen Faltung darauf hindeutet, daß es um den gesamten Inhalt von 184 (a,b,c) gewickelt war. Auf diesem Papier steht in Toni Cassirers Handschrift:

Symbolische Formen IV
Vorarbeiten.

Darunter rechts in Ernst Cassirers Handschrift:

Manuskript
an
Prof. Cassirer, Föreningsgatan 11.

Diese Beschriftungen stehen in dunkelblauer Tinte.
Unten links mit rotem Kugelschreiber und eingekreist von John Bacons Hand: 184

(Box 31, folder 603 mit Umschlagsblatt und Bl. 1-57)
Weißes Bl. um den ganzen Inhalt gefaltet. Darauf steht oben rechts: Erkenntnisproblem / Bd. IV. *und in der Mitte:* Allg. *Beide Beschriftungen in blauer Tinte; das ganze Ms. in schwarzer Tinte. Text und Thematik in 184c unterscheiden sich völlig von denen in* Das Erkenntnisproblem. *Das Deckbl. kann als verlegt angesehen werden.*

Bl. 1-11 (eine Disposition in Stichworten und Kap.-Entwurf):
Bl. 1r trägt die Überschrift: Dispos. / Cap. I: Problemstellung, *oben rechts steht:* A1. / ("Wahrnehm[un]g"), *dann Text bis Bl. 3v; Bl. 4r trägt die Überschrift:* (Problemstellung), *am Rand rechts:* A1 / Blatt α; *dann Text bis Bl. 4v; Bl. 5: leer; Bl. 6r: Fortsetzung des Textes von Bl. 4r bis Bl. 7r; Bl. 7v: leer; leeres unnumeriertes Bl.; Bl. 8r trägt die Überschrift:* Cap. I. Problemstellung., *oben rechts steht:* A2 / (Ausdrucksfunktion), *danach Text bis Bl. 11v.*
Bl. 12-57 und (folder 604:) 58-90 (mit relativ gut ausgeschriebenem Text)
Bl. 12r trägt die Überschrift: Basisphaenomene (Urphaenomen), *oben rechts steht:* β1), *danach Text bis Bl. 21r; zwei leere unnumerierte Bl.; Bl. 22r trägt die Überschrift:* Basisphaenomene, *oben rechts steht:* β2), *danach Text; Bl. 22v: leer; danach Text bis Bl. 29r, Bl. 29v: leer; zwei leere unnumerierte Bl.; Bl. 30r trägt die Überschrift:* Basisphaenomene (Verh. zur Psychologie), *oben rechts steht:* β3, 1, *danach Text bis Bl. 37v; Bl. 38r trägt die Überschrift:* Basisphaenomene (Verh. zur Psychologie), *oben rechts steht:* β3, 2, *danach Text bis Bl. 40v; Bl. 41: leer; Bl. 42r trägt die Überschrift:* Basisphaenomene (Verh. zur Metaphysik), *oben rechts steht:* β4, 1, *danach Text bis Bl. 47v; Bl. 48r trägt die Überschrift:* Basisphaenomene (Verh. zur Metaphysik), *oben rechts steht:* β4, 2, *danach Text bis Bl. 51v; Bl. 52r trägt die Überschrift:* Basisphaenomene (Metaphysik), *oben rechts steht:* β4, 3, *danach Text bis Bl. 55v; Bl. 56r trägt die Überschrift:* Basisphaenomene (Metaphysik), *oben rechts steht:* β4, 4, *danach Text bis Bl. 57r; Bl. 57v: leer;*

(Box 31, folder 604 mit Bl. 58-116):
Bl. 58r trägt die Überschrift: Basisphaenomene (Erkenntnistheorie), *oben rechts steht:* β5, 1, *danach Text bis Bl. 67v; Bl. 68r trägt die Überschrift:* Basisphaenomene, (Erkenntnistheorie), *oben rechts steht:* β5, 2, *danach Text bis Bl. 76v, danach weiter beidseitig auf einem unnumerierten Bl.; Bl. 77r trägt die Überschrift:* Basisphaenomene (Erkenntnistheorie), *oben rechts steht:* β5, 3, *danach Text bis Bl. 86v; Bl. 87r trägt die Überschrift:* Basisphaenomene (Erkenntnistheorie), *oben rechts steht:* β5, 4, *danach Text bis Bl. 90r, das mit einem Schlußstrich endet, Bl. 90v: leer.*

Bl. 91-116 und (folder 605:) 117-164 (eine Reihe von alphabetisch geordneten, teils zusammengehörenden, teils lose gefalteten Bl., deren Text teils ausgeschrieben, teils stichwortartig ist. Die Reihenfolge der Bl. stimmt mit der anfangs erwähnten Numerierung des ganzen Konvoluts von fremder Hand überein; einige Bl. sind offensichtlich falsch eingeordnet.)
Bl. 91r trägt die Überschrift: Biologie ; *Bl. 91v: leer; Bl. 92r trägt die Überschrift:* Ethik, *oben rechts steht:* E1, *danach Text bis Bl. 92v; Bl. 93r trägt am rechten Rand in Tinte die Überschrift:* Ethik, *Text in Bleistift bis Bl. 93v; Bl. 94r trägt die Überschrift:* Ethik, *oben rechts steht:* E2, *danach Text bis Bl. 96v; Bl. 97r trägt die Überschrift:* ›Form‹ / Zur ›Objektivität der Form‹, *oben rechts steht:* F. 1, 1, *danach Text bis Bl. 102v; Bl. 103r trägt die Überschrift:* Form, *danach Text; Bl. 103v: leer; Bl. 104r trägt die Überschrift:* ›Form‹, *oben rechts steht:* F1, 2, *danach Text bis Bl. 106r; Bl. 106v: leer; leeres unnumeriertes Bl.; Bl. 107r trägt die Überschrift:* ›Form‹ / (Objektivität der Form), *oben rechts steht:* F2,1, *danach Text bis Bl. 110v; Bl. 111r trägt die Überschrift:* ›Form‹ / (Objektivität der Form), *oben rechts steht:* F2, 2, *danach Text bis Bl. 111v; Bl. 112: leer; Bl. 113r trägt die Überschrift:* ›Form‹ (Kontemplation) / (Verh. zur Geschichte), *oben rechts steht:* F3, *danach Text bis Bl. 116v;*

(Box 31, folder 605 mit Bl. 117-164):
Bl. 117r trägt die Überschrift: Form / (Geschichte der Form), *oben rechts steht:* F4, 1, *danach Text bis Bl. 119v; Bl. 120: Notizen mit bibliographischen Angaben; Bl. 121r trägt die Überschrift:* Form (Geschichte der Form), *oben rechts steht:* F4, 2, *danach Notizen mit bibliographischen Angaben bis Bl. 122v; Bl. 123r trägt die Überschrift:* Form, Formanalyse, *oben rechts steht:* F5, 1, *danach Text bis Bl. 126v; Bl. 127r trägt die Überschrift:* Form (Formanalyse), *oben rechts steht:* F5, 2, *danach Text bis Bl. 127v; Bl. 128r trägt die Überschrift:* Stilbegriffe, *danach Notizen; Bl. 128v: leer; zwei leere unnumerierte Bl; Bl. 129r trägt die Überschrift:* Kategorienlehre, *oben rechts steht:* Kat. 1, *danach Notizen und Text bis Bl. 132v; Bl. 133r trägt die Überschrift:* Kategorienlehre / ›Form‹ und ›Ursache‹, *oben rechts steht:* Kat. 2, 1, *danach Text bis Bl. 136v; Bl. 137r trägt die Überschrift:* Kategorienlehre / ›Form‹ und ›Ursache‹, *oben rechts steht:* Kat. 2, 2, *danach Text bis Bl. 137v; Bl. 138: leer; Bl. 139r trägt die Überschrift:* Kunst, *oben rechts steht:* K1, 1, *danach Text bis Bl. 146v; Bl. 147r trägt die Überschrift:* Kunst, *oben rechts steht:* K1, 2, *danach Text bis Bl. 148r; Bl. 148v: leer; Bl. 149r trägt die Überschrift:* Kunst — (Lyrik), *oben rechts steht:* **K3**, 1, *danach Text bis Bl. 152v; Bl. 153r trägt die Über-*

schrift: Kunst (Lyrik), *oben rechts steht:* K3,2, *danach Text bis Bl. 154v; Bl. 155r trägt die Überschrift:* Kunst, *oben rechts steht:* K 2/, *danach Text bis Bl. 156r; Bl. 156v: leer; Bl. 157r trägt die Überschrift:* Kunst, *oben rechts steht:* K4), *danach Notizen bis Bl. 159r; Bl. 159v: leer; leeres unnumiertes Bl; Bl. 160r trägt die Überschrift:* Organologie, *oben rechts steht:* O1), *danach Notizen; Bl. 160v: leer; leeres unnumiertes Bl; Bl. 161r trägt die Überschrift:* Sinn, Wert, *oben rechts steht:* σ1), *danach Notizen; Bl. 161v: leer; leeres unnumiertes Bl; Bl. 162r trägt die Überschrift:* Sprache, (Ursprung), *danach Notizen bis Bl. 162v; Bl. 163: leer; Bl. 164r trägt die Überschrift:* Zeit, *danach Notizen; Bl. 164v: leer; leeres unnumiertes Bl.*

d) Metaphysik des Symbolischen *Konvolut 107 (Box 29, folders 546-548 mit Bl. 1-12)*

Das Material aus Konvolut 107 zur Metaphysik des Symbolischen *hängt von Titel wie Thematik her eng mit Konvolut 184 zusammen. Das Material ist hier in der Reihenfolge wiedergegeben, in der es auch im Nachlaß-Umschlag liegt.*

1) Äußere Beschreibung:
Papier: verschiedene weiße Sorten, auch bräunliches
Format: 21 x 33 cm Bl. gefaltet zu Lagen von 16,5 x 21 cm
Wasserzeichen: keine
Tinten: schwarz, violett, blau
Dieses Konvolut enthält, seiner äußeren Erscheinung nach (häufig wechselnden Tinten und Papiersorten), Entwürfe, die zu unterschiedlichen Zeiten entstanden sind bzw. nach und nach ergänzt wurden. Der in den hier publizierten Entwürfen vorkommende Titel Metaphysik des Symbolischen *deutet auf einen Zusammenhang hin mit dem mit April 1928 datierten Konvolut 184b* Teil: Zur Metaphysik des Symbolischen Formen.

2) Datierung:
Die in dem hier publizierten Teil des Konvoluts herangezogene, relativ wenige Literatur ist jüngeren Datums; belegbar ist noch eine Arbeit von 1921.[27] *Die anderen, hier nicht wiedergegebenen Teile von 107 sind als Entwürfe zu Band 3 der* PsF *erkennbar, dessen Ms. 1927 abgeschlossen war.*[28] *Die vorliegenden Entwürfe entstanden wahrscheinlich zwischen 1921 und 1927.*

3) Inhalt:
Um den gesamten Inhalt ist ein Bl. gefaltet, worauf vorne mit rotem Bleistift von Toni Cassirers Hand steht:

[27] *Max Frischeisen-Köhler:* Philosophie und Leben. Bemerkungen zu Heinrich Rickerts Buch: 'Die Philosophie des Lebens'. *In:* Kant-Studien *26, 1921, S.112-138.*
[28] *Sie befassen sich mit solchen Themen wie* Ausdruck, Darstellung, Bedeutung *oder* Leib u. Seele.

Vorarbeiten zum
III[.] Band
Symb. Formen.

Darunter zentriert mit rotem Kugelschreiber und eingekreist von John Bacons Hand: 107

(Box 29, folder 548 mit den Bl. 1-7):
1) Vier Bl. (schwarze Tinte auf bräunlichem Papier):
Bl. 1r trägt die Überschrift: Symbolbegriff (Allg.) / Metaphysik des Symbolischen., *oben rechts steht in grünem Wachsstift:* 229,1, *danach Text bis Bl. 2v; Bl. 3r: oben rechts steht in grünem Wachsstift:* 229,2, *Fortsetzung des Textes von Bl. 2v bis Bl. 4r; Bl. 4V: leer.*

2) Bl. (schwarze Tinte auf weißem Papier):
Bl. 5r trägt die Überschrift: Symbolik (Allgem. – Metaphys.), *oben rechts steht im orangefarbenem Wachsstift:* 43, *danach Text bis Bl. 5v.*

3) zwei Bl. (blaue Tinte auf hell-weißem Papier):
Bl. 6r trägt die Überschrift: Symbolbegriff (Allgemeines) / Philosophie (Metaphysik des Symbolischen, *oben rechts steht in orangefarbenem Wachsstift:* 91', *danach Text bis Bl. 7r; Bl. 7v: leer.*

4) zwei Bl. (violett-farbene Tinte auf beige-weißem Papier):
Bl. 8r trägt die Überschrift: Zum letzten Capitel: Metaphysik des Symbolischen., *danach Text bis Bl. 9v.*

5) zwei Bl. (blaue Tinte auf bräunlichem Papier):
Bl. 10r trägt die Überschrift: Symbolbegriff (Allgem) / (Letztes Capitel!), *oben rechts in Bleistift steht:* I, *Text bis Bl. 11v.*

6) zwei Bl. (schwarze Tinte auf weißem Papier):
Bl. 12r trägt die Überschrift: Zur Metaphysik des Symbolischen, *oben rechts steht in orangefarbenem Wachsstift:* Bl. XIII, *danach Text bis Bl. 13r; 13v: leer.*

e) Nicht veröffentlichtes Material aus Konvolut 184 und 107

Aus 184a: das gemischte, notizenhafte Material (Bl. 102-139) am Ende von Konvolut 184a, nach dem Ms. Zum Schluss-Kapitel – *mit Ausnahme des Textes* Todesproblem *(Bl. 109a-e). Siehe dazu in den* Editorischen Hinweisen, *S. 289f. Es handelt sich hier eindeutig um Entwürfe zu früheren Arbeiten zum Thema Geist und Leben.*

Aus 184b: die Lage zu Anfang (Bl. 1-13) mit bibliographischen Notizen und Paralipomena. Diese Bl. enthalten Notizen in Stichworten zur nicht ausgearbeiteten Geschichte des Lebensbegriffs.

Aus 184c: die gemischten Bl. am Ende des Konvoluts (Bl. 91-163). Bei diesen Aufzeichnungen zu diversen Themen handelt es sich meist nur um Skizzen oder gar nur Notizen. Selbst der ausführlichste Teil zu Form *ist keine kontinuierliche Darstellung, sondern besteht aus kurzen gedrängten Texten zu Aspekten des Formbegriffs.*

Auch der längere Teil Kunst *enthält nur notizartige Texte zu verschiedenen Themen, wie Geschichte der Ästhetik, Intuition, Lyrik. Diese Sammlung von diversen Materialien hat keine eindeutige Bestimmung; weder bildet sie einen Teil der vorangehenden Diskussion der Basisphänomene, noch ergänzt sie die Ausführungen zum Thema Geist und Leben. Die Aufbewahrung in alphabetischer Reihenfolge deutet darauf hin, daß es sich um eine registerartige Sammlung nur von Materialien ohne spezifische oder zusammenfassende Verwendung handelt.*

Aus 107: die Entwürfe in folders 546-547 sowie die Bl. 14-51 aus folder 548 (s. die Editorischen Hinweise, *S. 296. Es handelt sich um Vorarbeiten für Teile von Band 3 der* PsF*; hier sind aus sachlich-thematischen Gründen, als Beilage, nur die Texte zur* Metaphysik der symbolischen Formen *veröffentlicht.*

3. Konvolut 184 im Verhältnis zu Band 3 der PsF

a) Der nicht realisierte Abschluß von Band 3 der PsF

In der Vorrede *zu Band 3 der* PsF *berichtet Cassirer, daß er ursprünglich beabsichtigte, dem Band noch einen* Schlußabschnitt *beizufügen, in dem er das Verhältnis der* PsF *zur zeitgenössischen Philosophie erörtern wollte. Cassirer schreibt:*
In dem ursprünglichen Plane dieses Buches war ein besonderer Schlußabschnitt vorgesehen, in welchem das Verhältnis der Grundgedanken der "Philosophie der symbolischen Formen" zur Gesamtarbeit der Philosophie der Gegenwart eingehend dargelegt und kritisch begründet und gerechtfertigt werden sollte. Wenn ich auf diesen Abschnitt schließlich verzichtet habe, so geschah es nur, um den vorliegenden Band nicht noch weiter, als es im Verlauf der Ausarbeitung geschehen war, in seinem Umfang anwachsen zu lassen, und um ihn nicht mit Diskussionen zu belasten, die zuletzt doch außerhalb seines eigenen, durch sein sachliches Problem vorgeschriebenen Weges lagen. Ich gedenke jedoch auf diese Diskussion als solche nicht zu verzichten: denn der jetzt wieder so vielfach beliebte Brauch, die eigenen Gedanken sozusagen in den leeren Raum hineinzustellen, ohne nach ihrer Beziehung und Verknüpfung mit der Gesamtarbeit der wissenschaftlichen Philosophie zu fragen, ist mir niemals förderlich und fruchtbar erschienen. So soll der kritische Teil, der anfangs diesen Band abschließen sollte, einer eigenen künftigen Veröffentlichung vorbehalten werden, die ich unter dem Titel: "»Leben« und »Geist« – zur Kritik der Philosophie der Gegenwart" demnächst vorlegen zu können hoffe *(*PsF, *Bd. 3, S. IX).*

Es ist angenommen worden, daß Cassirer mit dieser künftigen Veröffentlichung *den Aufsatz* "Geist" und "Leben" in der Philosophie der Gegenwart[29] *meinte, der bald darauf erschien.*[30] *Dieser Aufsatz befaßt sich jedoch fast ausschließ-*

[29] *Charles Hendel wies in einer Anm. zu der zitierten Cassirer-Stelle in der engl. Übersetzung auf jenen Aufsatz als die Erfüllung dieses Vorhabens hin:* The Philosophy of Symbolic Forms. *Vol. 3:* The Phenomenology of Knowledge. *New Haven und London 1957, S. XVI.*

[30] *In:* Die Neue Rundschau *1, 1930, S. 244-264.*

lich mit Schelers Anthropologie, so daß die in der Vorrede *zu Band 3 angekündigte kritische Darstellung des* Verhältnisses der Grundgedanken der 'Philosophie der symbolischen Formen' zur Gesamtarbeit der Philosophie der Gegenwart *kaum ausgeführt ist. Vor diesem Hintergrund wird man die Vorarbeiten und Skizzen für die Verwirklichung dieses Vorhabens eher in den hier veröffentlichten Texten aus Konvolut 184 zu sehen haben.*

In der mit Juli 1929 *datierten* Vorrede *zu Band 3 der* PsF *heißt es, daß das Ms. des Bandes* bereits zu Ende des Jahres 1927 abgeschlossen war *(S. IX). In einem Brief an seinen Vetter Kurt Goldstein vom 13. Februar 1928 berichtet Cassirer jedoch, daß er Band 3 noch nicht fertig habe und hoffe, ihn in den kommenden Ferien zu beenden.*[31] *Das Ms.* Zur Metaphysik der symbolischen Formen *(184b) wurde* 16/IV 28, *also in eben jenen Ferien abgeschlossen, und war wahrscheinlich zunächst als der in der* Vorrede *erwähnte* Schlußabschnitt *für den 3. Band gedacht. So spricht der Anfangssatz von einem Blick rückwärts auf den* langen Weg, *den* unsere Betrachtung durchmessen hat. *Auch beziehen sich einige Anmerkungen in 184b auf Stellen im 3. Band, so als sei dieser Text tatsächlich als Teil jenes Bandes konzipiert worden. Dennoch befindet sich auf Seite 241 des Ms. ein ausdrücklicher Hinweis sowohl auf Band 1 als auch auf Band 3.*[32] *Wahrscheinlich betrachtete Cassirer an dieser Stelle das umfangreich gewordene Ms. nicht mehr als Teil von Band 3. Obwohl das Ms. des Schlußabschnitts am 16.4.1928 fertiggestellt wurde, hatte Cassirer offensichtlich weder während des Semesters noch in den darauffolgenden Sommermonaten die Zeit, weiter an dem Band zu arbeiten. So schreibt er in einem Brief vom 29.12.1928 an Aby Warburg:* Ich hatte mir vorgenommen, den Abschluss des dritten Bandes der 'symbol[ischen] Formen' noch in diesem Jahre zu erzwingen. Ganz ist dies nun freilich nicht gelungen – denn bei der Rückkehr zu der Arbeit, die ich viele Monate nicht berührt hatte, zeigte sich doch alsbald, wie vieles zu erweitern, zu berichtigen, schärfer und klarer zu fassen war. Aber nun glaube ich doch, nachdem ich die letzten drei Monate ganz dieser Arbeit gewidmet habe, endlich Land vor mir zu sehen.[33] *Das Ms.*

[31] *Gemeinsamer Brief von Toni und Ernst Cassirer an Kurt Goldstein. Ohne Absendeort (vermutlich Hamburg), datiert* 13.2.1928; *2 Bl., beidseitig beschrieben, nur letzte S. von Ernst Cassirer. Darin erläutert er, weshalb er eine Einladung Goldsteins ausschlagen mußte:* Aber es sprachen doch zu viele Gründe dagegen: vor allem der Wunsch den dritten Band der symbol. F. in diesen Ferien zum Abschluss zu bringen. Ich hatte schon für den Februar auf diesen Abschluss gehofft, der dann aber durch die Semester-Arbeit hinausgeschoben worden ist. *Der Brief befindet sich in der* Rare Book and Manuscript Library, Columbia University, *Kurt Goldstein Collection, Box 1, folder:* Correspondence with Ernst Cassirer.

[32] *Der Hinweis bezieht sich auf frühere Diskussionen der deiktischen Funktion der Sprache und Raumworte und lautet (im vorliegenden Bd., S. 93):* Zum Ganzen vgl. Bd. I, S. 146ff., Bd. III, S. -ff, u.ö. *Gemeint ist wahrscheinlich die Diskussion in* PsF, *Bd. 3, S. 176f.*

[33] *Cassirer an Warburg, Hamburg, 29.12.1928. Der Brief befindet sich im* Archive of the Warburg Institute, *London, in Zettelkasten 10:* Ikonologie Probleme.

von Band 3 in der Beinecke Bibliothek[34] *zeigt, daß Abschnitte umgestellt, neu numeriert und überarbeitet wurden. Das Buch erschien 1929 ohne einen Schlußabschnitt.*

In der Vorrede *zu Band 3 nennt Cassirer zwei Gründe für sein Abrücken von der Absicht, dem Band einen* Schlußabschnitt *beizufügen: 1) um den Umfang des Bandes 3 nicht weiter anwachsen zu lassen. Band 1 hat einen Umfang von 305 Seiten, Band 2 hat 336 Seiten und Band 3 immerhin 571; eine Erweiterung war also nicht wünschenswert. 2) Die Erörterungen im Schlußkapitel würden sich von dem Problem des Bandes entfernen. Die in Konvolut 184 entwickelten Gedanken sind in den drei Bänden der* PsF *kaum angesprochen. Philosophische Anthropologie und die Frage der* Metaphysik der symbolischen Formen *haben weder mit der Darstellung einer spezifischen, kulturellen symbolischen Form (wie Sprache oder Mythos) noch mit der Ausführung der Phänomenologie der Erkenntnis unmittelbar zu tun. Offensichtlich hat sich Cassirer bei seinen Versuchen, den in der* Vorrede *erwähnten* Schlußabschnitt *für Band 3 auszuarbeiten, vom Umfang, aber auch vom Inhalt des geplanten Abschnitts immer weiter entfernt.*

b) Idee und Titel einer Phänomenologie der Erkenntnis *und das Problem der Metaphysik*

Sachlich gesehen geht die Fragestellung einer Metaphysik der symbolischen Formen *über die einer* Phänomenologie der Erkenntnis *hinaus. Den Begriff der Metaphysik hatte Cassirer bis dahin stets negativ, von seiner Kritik am Substanzbegriff her, bestimmt, wofür folgende Passage in Band 3 der* PsF *(S. 110f.) charakteristisch ist:* Es ist überall das Bestreben der Ontologie, das schon in ihrer ursprünglichen Fragestellung begründet ist, alle Sinn-Probleme in reine Seins-Probleme umzusetzen. Das Sein ist das Fundament, in dem aller Sinn zuletzt in irgendeiner Weise befestigt werden soll. Keine rein symbolische Beziehung gilt als anerkannt und als gesichert, solange es nicht gelungen ist, ihr *»fundamentum in re«* aufzuweisen, d.h. solange das, was sie in sich selbst bedeutet, nicht auf irgendeine reale Bestimmung zurückgeführt und in ihr gegründet wird. Und hier sind es vor allem zwei Bestimmungen, die die gesamte Problematik der Metaphysik beherrschen: der Dingbegriff und der Kausalbegriff. *Eine Philosophie der symbolischen Formen ist hiernach explizit der Gegensatz aller Metaphysik. Um diesen Gegensatz zu unterstreichen, betont Cassirer den Terminus* Phänomenologie. *Der vorliegende Band zeigt, daß Cassirer später auch zu einem positiven Begriff der Metaphysik gekommen ist.*

Cassirer verstand den Ausdruck Phänomenologie der Erkenntnis *nicht nur als Titel des Bandes 3, sondern als Bezeichnung für die Aufgabe der drei Bände insgesamt, die alle explizit an die Hegelsche Phänomenologie anschließen.*[35] *Der Nachlaß*

[34] *Das Ms. von Bd. 3 der* Philosophie der symbolischen Formen *ist in 29,551-31,598.*

[35] *Siehe die Erklärungen dazu in der* Vorrede zu PsF, *Bd. 3, S. VIf.; bes. S. VI:* Wenn ich von einer "Phänomenologie der Erkenntnis" spreche, so knüpfe

zeigt, daß Cassirer der PsF *insgesamt, d. h. allen drei Bänden, ursprünglich nicht den Titel* Philosophie der symbolischen Formen *geben wollte, sondern den Titel, den er später dem Band 3 allein verlieh. Bis zur Drucklegung des Bandes 1 der* PsF *nannte Cassirer das gesamte Werk:* Phänomenologie der Erkenntnis.

Im Ms. des Vorwortes zu Band 1 (in Konvolut 159) heißt es auf dem Deckbl. (zentriert in S.-Mitte):

Ernst Cassirer
Phaenomenologie der Erkenntnis.

Oben rechts befindet sich der Stempel des Bruno Cassirer Verlags mit dessen Berliner Anschrift und das Datum: 3 April 1923 *in Bleistift, sowie in Bleistift eine Bitte um Korrektur (vielleicht mit Bezug auf den Umbruch, der dem Original beigegeben war). Daran schließt sich das Ms. des* Vorwortes *an, gefolgt vom (hier abgebildeten) Titelbl. in Cassirers Handschrift. Darauf ist rechts oben in der Ecke zu lesen, später durchgestrichen:* Manuskript zum Titelblatt / Nb: Das Manuskript zur Vorrede folgt / in einigen Tagen. *In Bleistift hinzugefügt:* anbei! *(s. Abb. S. 301)*

Zwischen dem Datum des Verlagsstempels (3 April 1923) *auf dem Deckbl. und dem Erscheinen des Bandes 1, ebenfalls noch 1923, wurde der Titel also geändert in* Philosophie der symbolischen Formen. Erster Teil, Die Sprache. *Das* Vorwort *des Bandes trägt das Datum:* im April 1923.

Die Bezeichnung Phänomenologie *– sogar im ursprünglichen Titel des Gesamtwerks – verleiht daher dem Titel* Zur Metaphysik der symbolischen Formen *rein sachlich einen besonderen Stellenwert. Cassirers Versuch in den Texten von Konvolut 184, bes. in 184c, dem Begriff der* Metaphysik *einen neuen, eigenen und positiven Sinn zu geben, unterscheidet sie von dem in den drei Bänden der* PsF.

4. Cassirers Nachlaß und Hinweise auf den Plan zu einem Band 4 der PsF

Ein Zeugnis für Cassirers Arbeit an einem Band 4 der PsF *gibt Cassirers Witwe, Toni Cassirer, in ihren Lebenserinnerungen. Dort berichtigt sie, daß sie mit ihrem Mann nach der Beendigung der Vorlesungen in Göteborg fünf Wochen in der Stadt Alingsås verbrachte. Während dieser Zeit – im Juni 1940 – sind, wie sie schreibt,* Holland, Belgien [...] überrannt, Frankreich besiegt worden. *Toni Cassirer fährt fort:* In dieser Situation beschloß Ernst plötzlich, sich an eine neue Arbeit zu machen. Vormittags ging er mit mir spazieren und erzählte mir von dem, was er arbeitete, und daß diese neue Arbeit eigentlich den vierten Band der symbo-

ich hierin nicht an den modernen Sprachgebrauch an, sondern ich gehe auf jene Grundbedeutung der »Phänomenologie« zurück, wie Hegel sie festgestellt und wie er sie systematisch begründet und gerechtfertigt hat. *Bd. 1 der* PsF *ist auf dem Titelblatt mit* Die Sprache *betitelt, im Inhaltsverzeichnis nennt er den Bd. aber* Zur Phänomenologie der sprachlichen Form. *Auch in Bd. 2 erörtert er im* Vorwort *(S. Xf.) sein Anliegen als Vertiefung der Hegelschen* Phänomenologie des Geistes.

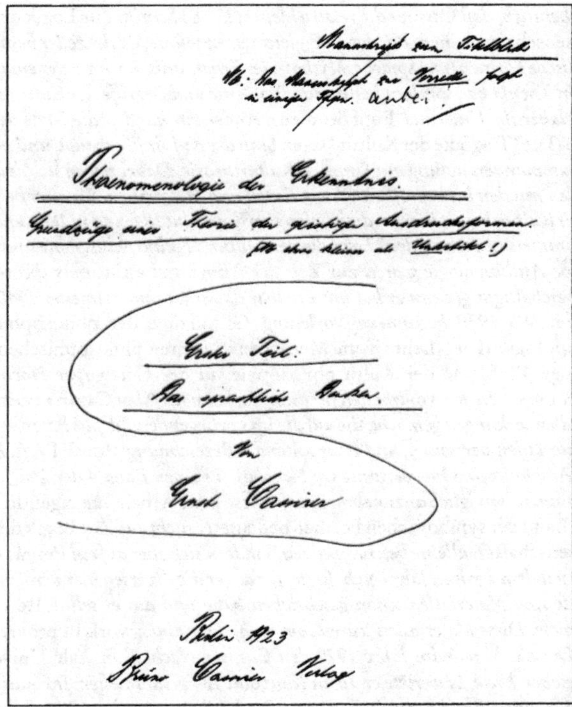

Manuskript zum Titelblatt

Phaenomenologie der Erkenntnis.

Grundzüge einer Theorie der geistigen Ausdrucksformen.

Erster Teil.

Das sprachliche Denken.

von

Ernst Cassirer

Berlin 1923

Bruno Cassirer Verlag

schen Formen bedeutete.[36] *Toni Cassirer berichtet auch,*[37] *daß ihr Mann eine Woche nach der Rückkehr von dieser Reise nach Alingsås das fertige Manuskript des neuen Buches, das den Titel* Zur Logik der Kulturwissenschaften *erhielt, zum Abschreiben gab und wenige Tage später auch mit der Niederschrift des vierten Bandes des* Erkenntnisproblems *begann.*[38] *Einerseits erscheint es jedoch als wenig*

[36] Toni Cassirer: Mein Leben mit Ernst Cassirer, *1981, S. 267-270; Zitate S. 270.*

[37] Toni Cassirer: Mein Leben mit Ernst Cassirer, *1981, S. 271.*

[38] *Die englische Übersetzung dieses letzteren Werkes, die vor dem dt. Original erschien, enthält eine Vorrede von Charles Hendel, in der er Cassirers handschriftliche Angabe zur Abfassungszeit dieses Werkes zitiert:* Von 9. Juli bis 26. November 1940. *Siehe* Charles W. Hendel: Preface *zu* Cassirer: The Problem of Knowledge, *1950, S. IX. Das Ms. zu Bd. 4 des* Erkenntnisproblems *ist in der Beinecke-Sammlung nicht nachzuweisen. Die deutsche Publikation erfolgte i.J. 1957:* Das Erkenntnisproblem in der Philosophie und Wissenschaft der neueren Zeit, *4.*

wahrscheinlich, daß Cassirer die relativ kleine (139 S.) Schrift Zur Logik der Kulturwissenschaften *einem Bd. der* PsF *gleichsetzen würde, da sie weder bestimmte symbolische Formen (wie Sprache, Mythos oder Erkenntnis) noch die Systematik der PsF zum Thema hat, sondern bestimmte Probleme und Begriffe der Kulturwissenschaft (daher ihr Untertitel* Fünf Studien*). Anderseits handelt die letzte der fünf Studien (*Die "Tragödie der Kultur"*) vom Sinn der Kultur überhaupt, und zwar in einer Auseinandersetzung mit Simmels Kulturtheorie. Dabei zeigen sich deutliche Parallelen mit den hier veröffentlichten Texten und Materialien. Cassirer bespricht Simmels Kulturtheorie in allen drei Teilen von Konvolut 184, und in 184a und 184c sogar Simmels Lehre von der "Tragödie der Kultur". Kulturphilosophie und philosophische Anthropologie waren zur Zeit der Alingsåsreise Cassirers theoretische Hauptbeschäftigung, denn er hat unmittelbar davor (Sommersemester 1940) eine schon im WS 1939 begonnene Vorlesung* Grundzüge der philosophischen Anthropologie (Die »Lehre vom Menschen« in ihrer philosophischen Entwicklung), Probleme der Kulturphilosophie *an der Göteborger Hochschule abgeschlossen.*[39] *In den Vorarbeiten für diese Vorlesungen*[40] *hat Cassirer verschiedene Randbemerkungen gemacht, die auf die im vorliegenden Bd. publizierten Texte und Materialien verweisen, und zwar unter der Bezeichnung* P.d.s.F IV. *(s. hierzu unten, Abschnitt b): Querverweise im Nachlaß auf einen Band 4 der* PsF*). Es ist deshalb auch als möglich anzunehmen, daß* diese neue Arbeit, *die* eigentlich den vierten Band der symbolischen Formen bedeutete, *nicht auf* Zur Logik der Kulturwissenschaften *alleine beschränkt war, sondern sich eher auf ein Projekt bezog, das ihn seit dem vorigen Jahr beschäftigte, für das er die diversen hier veröffentlichten Texte und Materialien schon geschrieben hatte und das er selbst* P.d.s.F IV. *bezeichnete. Diese Materialien waren ihm wohl Teile eines* work in progress.

Als Donald Verene im Jahre 1972 den Cassirer-Nachlaß in Yale University *durchgesehen hatte, bewertete er die in Konvolut 184 gesammelten Texte als Materialien für einen Band 4 der* PsF. *Deren Beschreibung wurde 1979 publiziert.*[41] *Cassirer versah fast alle seiner Mss., einschließlich aller Teile in Konvolut 184, mit Titeln oder deskriptiven Bezeichnungen; nur in diesem Konvolut hat er Texte mit* Phil.d.s.F. Bd IV *bezeichnet oder betitelt. Die verschiedenen Teile dieses Konvoluts sind nicht zur selben Zeit entstanden. Die mit* Symbolische Formen. / Zu Band IV. *betitelten Materialien (184a) zitieren Schriften aus den 20er Jahren. Die Datierung am Ende des Textes* Zur Metaphysik der symbolischen Formen *(184b) lautet:* beendet 16.IV.1928. *Der Text* Basisphaenomene *(184c) zitiert Schriften von Mitte der 30er Jahre, sogar eine Arbeit von 1939.*

Bd.: Von Hegels Tod bis zur Gegenwart (1832-1932), *Stuttgart: W. Kohlhammer. Eine Anfrage beim Kohlhammer-Verlag hat ergeben, daß das Ms. nicht im Besitz des Verlages ist und auch keine Hinweise über seinen Verbleib vorliegen.*

[39] *Die Texte und Materialien für diese Vorlesungen werden in Bd. 5 und Bd. 6 der ECN erscheinen.*

[40] *Diese Vorarbeiten sind in Konvolut 119 überliefert und tragen den Titel:* Vorarbeiten zu / Ausdrucksfunktion / Kulturphilosophie / Vorl. etc.

[41] *Siehe* Appendix: A Description of Cassirer's Papers. *In:* Cassirer: Symbol, Myth, and Culture, *1979; zu* PsF, *Bd. 4, S. 296f.*

a) Das Verhältnis der hier publizierten Texte zueinander

Textgrundlage für den vorliegenden Band ist das Konvolut 184. Dieses enthält keinerlei Hinweise über die Beziehung der darin enthaltenen Texte zueinander. Die Bezeichnung dieser Texte durch Cassirer (in 184 und in Querverweisen in Konvolut 119) als Symbolische Formen. Zu Band IV. *bzw.* Phil.d.s.F. IV *berechtigt zu der Annahme, daß sie für die Ausarbeitung eines Band 4 vorgesehen waren, läßt aber die Frage ihrer Zusammenstellung offen.*

Da die Titel der verschiedenen Teile in Konvolut 184 uneinheitlich sind (sie heißen bei 184a: Symbolische Formen. / Zu Band IV.*; 184b:* Teil : / Zur Metaphysik der symbolischen Formen.*; 184c:* Erkenntnisproblem / Bd. IV / Allg.*), stellt sich die Frage ihrer Zusammengehörigkeit. Vor allem bildet das Deckbl. zu 184c ein Problem. Der Titel dieses Deckbl. scheint auf eine andere Verwendung hinzuweisen, die aber zum Inhalt des Textes in keinem Zusammenhang steht: Der Inhalt von 184c ist systematisch-philosophischer Art (über Basisphänomene), wie auch die Materialien in 184a und 184b. Dieses Ms. in 184c läßt sich aber weder als Teil noch als Vorarbeit zu* Das Erkenntnisproblem in der Philosophie und Wissenschaft der neueren Zeit. Bd. 4: Von Hegels Tod bis zur Gegenwart (1832-1932) *verstehen, dessen Themen sämtlich auf ganz anderem, historischem, Gebiet liegen. Auch ist dort nirgends die Rede von* Basisphänomenen, *und eine solche systematische Fragestellung ist dem Werk* Das Erkenntnisproblem *als Ganzes völlig fremd. Wahrscheinlich ist das Deckbl. zu 184c versehentlich an diese Stelle gelegt worden, zumal es auch äußerlich nicht zum Ms. paßt: Der Text dieses Bl. steht in blauer Tinte, das ganze Ms. dagegen in schwarzer Tinte.*

Vom systematisch-philosophischen Standpunkt aus betrachtet, hängen die Texte in Konvolut 184 eng zusammen. Am bemerkenswertesten ist der Text über Basisphänomene *in 184c, der – mehr noch als die Texte in 184b, die die Bezeichnung* Zur Metaphysik der symbolischen Formen *tragen – Cassirers Stellung zur Metaphysik zeigt. Sein in der* Vorrede *zu Band 3 der* PsF *erwähntes Vorhaben, dem Band einen* Schlußabschnitt *anzufügen, ließ Cassirer fallen, und von dem hierfür vorgesehenen Text (184b) machte er keinen Gebrauch. Ohnehin werden die darin behandelten Fragen der Lebensphilosophie und der philosophischen Anthropologie bzw.* Anthropogonie *in den ersten drei Bänden der* PsF *kaum gestreift. Im Gegenteil, die ganze Fragestellung von Cassirers Philosophie scheint sich hier in eine gegenüber den drei Bänden der* PsF *andere, neue Richtung zu bewegen. Anstatt eine Analyse symbolischer Formen zu geben, soll nun das* Urphänomen *des Lebens, der Prozeß der Gestaltenwandlung selbst, untersucht werden. Diese neue Denkrichtung in den Texten über* 'Geist' und 'Leben' *und* Philosophische Anthropologie *(184b) findet sich noch viel ausgeprägter im Text über* Basisphänomene *(184c), wo Cassirer* Leben *als das erste von drei Basisphänomenen auslegt. Auch die mit* Symbolische Formen. / Zu Band IV. *betitelten Materialien (184a), enthalten Untersuchungen zum Problem des Lebensprozesses und kritische Auseinandersetzungen mit der Lebensphilosophie. Die Kontinuität dieser neuen Denkrichtung wie auch die inhaltliche Übereinstimmung der Texte in Umschlag 184 bilden einen wesentlichen Beleg für deren Zusammengehörigkeit.*

Neben Konvolut 184b gibt es für den in der Vorrede *erwähnten* Schlußabschnitt *des Bandes 3 der* PsF *im Nachlaß weiteres Material, und zwar im Konvolut 107. Die betr. Texte stehen jeweils unter der Überschrift* Metaphysik der symbolischen Formen, *in zwei Fällen heißt es sogar zusätzlich:* Zum letzten Kapitel: Metaphysik des Symbolischen. *bzw.* Symbolbegriff (Allgem)/ (Letztes Capitel!). *Da Konvolut 107 sonst nur Entwürfe enthält, die eindeutig als Vorstudien für* PsF, *Band 3, zu erkennen sind,*[42] *wurden diese Texte zur* Metaphysik des Symbolischen *wahrscheinlich im Hinblick auf den in der* Vorrede *erwähnten* Schlußabschnitt *zu Band 3 geschrieben. Da dieses Material aus Konvolut 107 den Texten in Konvolut 184 inhaltlich verwandt ist und diese auch durch sonst unbekannte Ausführungen zum Begriff der Philosophie ergänzt, erschien es angebracht, sie hier als Beilage zu veröffentlichen, damit alle zum Thema Metaphysik der symbolischen Formen erhaltenen Texte im vorliegenden Band vereint sind.*

Um sämtliches Material von 184a ist ein Deckbl. gefaltet, auf dem es in Cassirers Handschrift heißt: Symbolische Formen. / Zu Band IV. *Neben einem Teil* Zur Einleitung *befinden sich in 184a auch Entwürfe für einen eigenen Teil* Zum Schluss-Kapitel. *Die Entwürfe* Zur Einleitung *sprechen dem Begriff* Hermeneutik *eine zentrale Stellung zu (s. vorliegenden Bd., S. 206), die er auch in 184c und in späten Publikationen erhält.*[43] *Es handelt sich bei diesem Material* Zum Schluss-Kapitel *vielleicht ursprünglich um einen Entwurf für den* Schlußabschnitt *des Bandes 3, aber vielleicht auch um einen Entwurf für einen Band 4. Diese zweite Vermutung wird dadurch gestützt, daß sich hier Äußerungen zu den Hauptthemen aller drei Konvolute in 184 finden: zum Thema* Leben und Geist *(184b, Kap. 1 und 184a), zur philosophischen Anthropologie (184b, Kap. 2), zum Thema Metaphysik der symbolischen Formen,*[44] *zu den* Typen der Metaphysik *(erwähnt in 184a, ausführlich erörtert in 184c, im vorliegenden Bd., S. 152-165 und 213), zur Organologie (184b und 184c) sowie auch zu Themen, die sonst nur gestreift werden, z. B. zur Sprachpathologie (184a und 184b).*[45] *Die eingehende Beschäftigung mit Klages und Simmel zeigt eine Verbindung sowohl zu 184b, Kap. 1, wie auch zu den noch ausführlicheren Diskussionen dieser Denker in anderen Teilen von 184a.*

Nach ihrem sehr verschiedenartigen Aussehen zu urteilen, sind die unterschiedlichen Entwürfe Zum Schluss-Kapitel *vermutlich nach und nach entstanden und zusammengelegt worden. Die wiederholte Erwähnung, auch zu Anfang, von Plessners 1928 erschienenem Werk über* Die Stufen des Organischen und der Mensch *macht eine Entstehung ab 1928 wahrscheinlich.*

[42] *Es handelt sich um Entwürfe für den Teil 1, Kap. 3:* Die Ausdrucksfunktion und das Leib-Seelen-Problem.

[43] Basisphaenomene (Erkenntnistheorie) ß5,1, *s. vorliegenden Bd., S. 165. Zur Hermeneutik vgl.* LK, *S. 107.*

[44] *Cassirer spricht im Material* Zum Schluss-Kapitel *expressis verbis über* Unsere Metaphysik, *im vorliegenden Bd., S. 238.*

[45] *Das gleiche Beispiel des Umgangs mit dem Wort* Messer *in* Zum Schluss-Kapitel *kommt auch in 184b (Kap. 2) und in 184a zur Sprache.*

Die Entwürfe Zum Schluss-Kapitel *fassen Cassirers philosophische Position zusammen. Die Abschnitte* Phaenomenologie des **Ding**begriffs, Das Medium des 'Dinges' und der Dingsphaere, Die Personensphaere u[nd] ihre Überwind[un]g, Sprache, Mythos, Wissensch[aft] im Aufbau des theoret[ischen] Weltbildes *haben sämtlich einen summarischen Charakter und umreißen viele der Hauptthemen aus 184b und 184a sowie die in 184c ausführlich besprochene Typik der Metaphysik.*

b) Querverweise im Nachlaß auf einen Band 4 der PsF

Bei der Durchsicht der Mss. in der Beinecke-Bibliothek sind vier Querverweise auf einen projezierten Band 4 der PsF *gefunden worden. Alle befinden sich in Konvolut 119. Auf dessen Umschlag-Vorderseite heißt es in Cassirers Handschrift:*

Vorarbeiten zu
Ausdrucksfunktion
Kulturphilosophie
Vorl. etc.

Um den Inhalt ist ein Bl. gefaltelt, auf dem steht:

Vorarbeiten:
"Ausdrucksfunktion"
Kulturphilosophie (Vorlesung zur Kulturphilosophie. etc.)

Konvolut 119[46] *enthält Material zu 1939 und 1940*[47] *gehaltenen Lehrveranstaltungen: einer Vorlesung* Probleme der Kulturphilosophie[48] *(Wintersemester 1939/40) sowie einer Lehrveranstaltung* Philosophische Übungen zur Kulturphilosophie *(Wintersemester 1939/40 und Sommersemester 1940). Es bestehen sachliche Zusammenhänge zwischen den Texten für die* Übungen *in 119 und dem Text zu den* Basisphänomenen *in 184c, vor allem in der Auseinandersetzung mit Carnaps Auffassung des Problems des sogen. Fremdpsychischen. Cassirers Kritik dieser Posi-*

[46] *Der gesamte Inhalt von Konvolut 119 befindet sich in einem weiteren, alten Umschlag, mit dem Aufdruck:* Goteborgs Högskola.

[47] hösttermin *(Herbst-, =Winter-Semester) 1939/40 und* vårtermin *(Frühjahrs-, =Sommer-Semester) 1940.*

[48] *Das Hauptms. der Vorlesung ist erhalten (Konvolut 13; 135 S., datiert:* (5.9.39)*). Es endet mit einem Hinweis auf eine Fortsetzung, die sich als geschlossener Teil in Konvolut 119 befindet. Das letzte Bl. von Ms. 13 endet:* von hier an weiter nach: / *zentriert:* Obj. Ausdruck IV. *Etwa die zweite Hälfte der Texte in Konvolut 119 ist zusammenhängend betitelt mit:* Zur ›Objektivität der Ausdrucksfunktion‹ *und geordnet mit* Obj. Ausdr[uck] Blatt I *bis* Blatt X. *Bei der Überschrift:* Zur ›Objektivität der Ausdrucksfunktion‹ Blatt IV *steht am oberen rechten Seitenrand:* Obj. Ausdr. IV. *In diesem Abschnitt beginnt eine Diskussion der Kulturwissenschaft, die bis zum Ende von* Blatt X *durchgehalten wird.*

tion – im Hinblick auf die Theorie des Aufbaus der Kulturwissenschaften – wird zum Anlaß einer Stellungnahme zu Carnaps Theorem der Basis.[49] *Cassirer scheint durch seine Auseinandersetzung mit Carnaps* Der Logische Aufbau der Welt, *1928, zu Reflexionen über seine eigene Auffassung des Problems der* Basis *angeregt worden zu sein, die in Cassirers häufigem Gebrauch von Goethes Begriff des* Urphänomens *zum Ausdruck kommt. Der sachliche Grund für Cassirers Beschäftigung mit den* Basisphänomenen *liegt in seiner eigenen, augenfälligen Verwendung dieses Goetheschen Terminus',*[50] *für die er aber keine philosophische Begründung gibt. Er bezeichnet als* Urphänomene *u.a.: Ausdruck, Leben, das Leib-Seele-Verhältnis, Person, Sprache, Tod, Zeit.*[51]

Die vier Querverweise in Konvolut 119 auf Phil.d.s.F. IV *zeigen, daß Cassirer sich mit dem Projekt eines Bandes 4 der* PsF *zur Zeit der Niederschrift dieser Texte (Wintersemester 1939 und Sommersemester 1940) befaßte. Es handelt sich um folgende Verweise (in der Reihenfolge ihres Auftretens):*

(1) In Abschnitt 5,2 *im Teil* Zur Relativität der Bezugssysteme *(darin: Bl. 3r) am Rande neben einer Bemerkung zu Klages' Theorie der Wirklichkeit der Bilder, heißt es:* Näheres hrz. im Klages-Manuskr[ipt] / Phil.d.s.F. IV. *Bei dem erwähnten Klages-Ms. handelt es sich wahrscheinlich um den Text* Geist und Leben *in 184a, der eine längere Diskussion von Klages' Theorie der Wirklichkeit der Bilder unter der Überschrift* Geist – Leben (Klages) *enthält.*[52]

(2) In Zur "Objektivität der Ausdrucksfunktion", Blatt IV *(darin: Bl. 6v) heißt es neben dem Schiller-Zitat:* Spricht die Seele, so spricht, ach schon die Seele nicht mehr *am Rand hinzugefügt:* "Tragödie der Kultur" / (Eingehen in die / ›objektiven‹ Formen) / Simmel – / vgl. Ms: Phil.d.s.F. IV!!

Der Simmelsche Begriff der Tragödie der Kultur *kommt in Konvolut 184 vier-*

[49] *Siehe vorliegenden Bd., S. 118 und Hrsg.-Anm. 196.*

[50] *Die von Cassirer in 184c behandelten drei* Maximen *Goethes hat er schon früh (1916) als zentral für dessen Philosophie hervorgehoben. Siehe* FF, *S. 281, wo bereits der Terminus* Monas *als ein Zurückgreifen Goethes auf die Grundkategorien der Leibnizschen Monadenlehre gedeutet wird.*

[51] *Siehe z.B. zu Ausdruck:* PsF, *Bd. 3, S. 86, 102, 108, 116f., 144; Leben:* Language and Art II, *in:* Cassirer: Symbol, Myth, and Culture, *1979, S. 194; Leib-Seele-Verhältnis:* PsF, *Bd. 3, S. 116-121; Person:* William Stern, *in:* Acta Psychologica *5, 1941, S. 8; Sprache:* Davoser Disputation zwischen Ernst Cassirer und Martin Heidegger, *in:* Martin Heidegger: Kant und das Problem der Metaphysik. *Frankfurt/Main 1991, S. 292; Tod:* Heidegger-Vorles[ung] (Davos) März 1929 *(in Beinekke Umschlag 94, unpaginiert, beginnend:* Ich wende mich nun ...*):* Denn wenn irgend ein Phaenomen, so gehört das Phaenomen des Todes zu jenen Urphaenomenen , von denen Goethe sagt, daß der Mensch darauf verzichten solle, sie weiter "erklären" zu wollen, sondern daß er sie in ihrer unerforschlichen Grösse stehen lassen solle.*; Zeit:* PsF, *Bd. 3, S. 194, 204. Vgl.* LK, *S. 108f.:* Die Funktion der Sprache – und ebenso die der Kunst, der Religion u.s.f. – ist und bleibt ein »Urphänomen« im Goethischen Sinne.

[52] *Siehe vorliegenden Bd., S. 207-210. Auch in 184b gibt es eine kürzere Diskussion dieser Lehre Klages': Teil I, Kap. I:* 'Geist' und 'Leben', *im vorliegenden Bd., S. 24f.*

mal vor: dreimal in 184a (zweimal in dem mit Simmel *überschriebenen Teil, einmal in dem Material* Zum Schluss-Kapitel*) und einmal in 184c (in der Diskussion der* Dritten Stufe *der Urphänomene). Nur an dieser letzten Stelle, in 184c, wird der Gedanke der Tragödie der Kultur zusammen mit dem Schiller-Zitat angeführt. Auch paßt die von Cassirer betonte Bezeichnung* Manuskript (Ms : Phil.d.s.F. IV*) eher zu dem Text über Basisphänomene in 184c als zu dem sonst immer mit* Material *betitelten Teil 184a. In einer Randbemerkung in 184c bezeichnet Cassirer einen Text aus 184a schlicht als Material zu Band 4:* Zu Heidegger vgl. / das Material zu Bd. / IV – / dort Näheres![53] *Daß hier ausnahmsweise nur das Kürzel* Bd. IV *statt* Phil.d.s.F. IV *Verwendung findet, liegt wohl daran, daß dieser Text (in 184c) ebenfalls zu dem Gedankenkreis von Band 4 der* PsF *gehört, aber als Ms., nicht als Material angesehen wurde.*

(3) Im Teil Zur "Objektivität der Ausdrucksfunktion", Blatt V *(darin: Bl. 2v), ist zu lesen:* So ist ›Sprache‹ nur "wirklich" in solcher / ständigen Neuschaffung / von Generation zu Generation, ja von Individuum / zu Individuum / (s. Paul, Prinz. der Sprachgesch.[,] u. / Wilh. v. Humboldt[,] cf. meinen Humb[oldt]-Aufsatz!) / Und das gilt von aller ›Sprache‹ / Regeneration durch individuelle Aneign[un]g und individ[uelle] Form[un]g.- / das ist der Weg der Kunst, der Weg der Religion! / (vgl. die Ausführ. in Phil.d.s.F. IV!) /.

Cassirer spricht von Aneignung *in den hier veröffentlichten Texten und Entwürfen dreimal: zweimal (nicht zusammenhängend) in 184b – im Kap.* 'Geist' und 'Leben' *– und einmal in 184c.*[54] *Im ersten wie im letzten Fall bespricht er die* Aneignung *der Kultur (auch Kunst und Religion) im Zusammenhang von individueller Formung, aber nur im ersten Fall ausgehend vom Zusammenhang des Sprechens.*

(4) Im Teil Zur "Objektivität der Ausdrucksfunktion", Blatt IX *(darin: Bl. 2r), heißt es:*
Hier eröffnet sich das weite Feld der "Ausdrucks- / Kunde", wie es insbesondere von Klages ausgebaut / worden ist (Litt. s. Brockh. Ausdruck u. Klages) / s. auch Symb. F. IV /.
Mit dem Hinweis auf Klages ist wahrscheinlich wieder der Text Geist – Leben (Klages) *in 184a gemeint, der von Klages' Ausdruckslehre handelt.*

Diese Hinweise geben Anhalt für die Vermutung, daß Cassirer 1939/40 mit einem 4. Band der PsF *beschäftigt war.*

c) Schlußfolgerung zu Band 4 der PsF

Konvolut 184 enthält nach Auffassung von Donald Verene und der Herausgeber Material für einen wohl zeitweilig geplanten Band 4 der PsF, *aber dieses Material läßt sich weder als dieser Band selber noch als Sammlung voneinander völlig getrennter Texte behandeln. Angesichts des physischen Beisammen der drei Texte in Konvolut 184 und ihrer sachlichen Zusammengehörigkeit, angesichts auch der*

[53] *Siehe vorliegenden Bd., S. 184.*
[54] *Siehe vorliegenden Bd., S. 15, 26, 160.*

genannten Verweisungen und Belege von Cassirers eigener Hand und des eindeutig formulierten Deckblattes zu Beginn des Konvolutes (s. hier S. 287) von Cassirers eigener Hand wie auch des Titels auf dem Wickelpapier zum gesamten Konvolut (s. hier S. 293) kann man von den im vorliegenden Band vereinigten Texten und Materialien als Vorarbeiten zu einem Band 4 der PsF *sprechen.*

ANMERKUNGEN DES HERAUSGEBERS

[1] Wenn wir am Ende des langen Weges] *Zum Verständnis und zur Einordnung dieses Textanfangs s. den Anhang im vorliegenden Bd., Abs. 3. a): Der nicht realisierte Abschluß von Band 3 der* PsF.

[2] vorangehenden Betrachtungen] *Siehe* PsF, *Bd. 3:* Phänomenologie der Erkenntnis, *dessen drei Teile betitelt sind:* Ausdrucksfunktion und Ausdruckswelt, Das Problem der Repräsentation und der Aufbau der anschaulichen Welt *und* Die Bedeutungsfunktion und der Aufbau der wissenschaftlichen Erkenntnis. *Zu dieser Dreiteilung s.* Cassirer: Das Symbolproblem und seine Stellung im System der Philosophie, *1927.*

[3] "Eins, Zwei, Drei"] *Anspielung auf* Goethe: Faust, *Z. 1918-1933:* Dann lehret man euch manchen Tag, / Daß, was ihr sonst auf einen Schlag / Getrieben, wie Essen und Trinken frei, / Eins! Zwei! Drei! dazu nöthig sei. / [...] Der Philosoph der tritt herein, / Und beweis't euch, es müßt' so sein: / Das Erst' wär' so, das Zweite so, / Und drum das Dritt' und Vierte so; / Und wenn das Erst' und Zweit' nicht wär', / Das Dritt' und Viert' wär' nimmermehr. (WA, *Bd. 14, S. 90 f.).*

[4] Ein Tritt tausend Fäden regt ... fließen] *Siehe* Goethe: Faust, *Z. 1922-1926:* Zwar ist's mit der Gedanken-Fabrik / Wie mit einem Weber-Meisterstück, / Wo Ein Tritt tausend Fäden regt, / Die Schifflein herüber hinüber schießen, / Die Fäden ungesehen fließen. (WA, *Bd. 14, S. 90 f.). Ähnlich in Goethes Gedicht* Antepirrhema. *In:* WA, *Bd. 3, S. 92.*

[5] "Panspermie"] *Das Wort πανσπερμία kommt bei Anaxagoras nicht vor, wird aber seit Aristoteles referiert. Siehe* Anaxagoras, *Fragm. A 45* (Diels, *Bd. 1, S. 386) für ein vergleichendes Referat in* Aristoteles: Physik *203a.*

[6] Anaxagoras ... abgehackt"] *Siehe* Anaxagoras, *Fragm. B 8. In:* Diels, *Bd. 1, S. 403: οὐ κεχώρισται ἀλλήλων τὰ ἐν τῶι ἑνὶ κόσμωι οὐδὲ ἀποκέκοπται πελέκει οὔτε τὸ θερμὸν ἀπὸ τοῦ ψυχροῦ οὔτε τὸ ψυχρὸν ἀπὸ τοῦ θερμοῦ.* (Die in unserem einheitlichen Weltsystem enthaltenen Stoffe sind nicht voneinander gesondert oder mit dem Beile abgehauen, weder das Warme vom Kalten noch das Kalte vom Warmen.*).*

[7] Gegensatz ... *ἓν διαφερόμενον ἑαυτῷ*] *Wohl frei zitiert nach Heraklit. Siehe* Herakleitos, *Fragm. B 51. In:* Diels, *Bd. 1, S.* 87: *καὶ ὅτι τοῦτο οὐκ ἴσασι πάντες οὐδὲ ὁμολογοῦσιν, ἐπιμέμφεται ὧδέ πως˙ οὐ ξυνιᾶσιν ὅκως διαφερόμενον ἑωυτῶι ὁμολογέει˙ παλίντροπος ἁρμονίη ὅκωσπερ τόξου καὶ λύρης.* (Sie verstehen nicht, wie es (das Eine) auseinander strebend ineinander geht: gegenstrebige Vereinigung wie beim Bogen und der Leier.*). Vgl. im vorliegenden Bd., S. 59. Im Apparat zu diesem Fragm. befindet sich ein Zitat von Platon* (Symposium *187a) mit ἓν, das in Diels Übersetzung als* das Eine *erscheint.*

[8] *Bergson, Henri. Philosoph. - * Paris 18.10.1859, † ebd. 4.1.1941. 1900-1921*

Prof. am Collège de France. 1927 Nobelpreis für Literatur. Essai sur les données immédiates de la conscience, *1889 (dt.:* Zeit und Freiheit*);* Matière et mémoire, *1896 (dt.:* Materie und Gedächtnis*);* L'Evolution créatrice, *1907 (dt.:* Schöpferische Entwicklung*);* Les deux sources de la morale et de la religion, *1932 (dt.:* Die beiden Quellen der Moral und der Religion*).*

[9] *Dilthey, Wilhelm. Philosoph. - * Biebrich am Rhein 19.11.1833, † Seis am Schlern 1.10.1911. 1864 Prom. in Berlin; 1866-1882 Prof. in Basel, Kiel, Breslau, 1882-1905 in Berlin.* Einleitung in die Geisteswissenschaften, *1883;* Das Erlebnis und die Dichtung, *1906. Diltheys Votum gibt am 26.7.1906 für die Erteilung der venia legendi bei Cassirers Habilitationsverfahren in Berlin den Ausschlag zu seinen Gunsten.*

[10] *Simmel, Georg. Philosoph und Soziologe. - * Berlin 1.3.1858, † Straßburg 26.9.1918. 1881 Prom. in Berlin, wo er bis zu seinem Ruf nach Straßburg im Jahre 1914 blieb.* Die Probleme der Geschichtsphilosophie, *1892;* Philosophie des Geldes, *1900;* Soziologie, *1908;* Lebensanschauung, *1918. 1892-1893 ein Lehrer Cassirers, 1906-1914 sein Kollege in Berlin.*

[11] *Rickert, Heinrich. Philosoph. - * Danzig 25.5.1863, † Heidelberg 30.7.1936. 1891 nach Freiburg/Br. als Riehls Nachfolger berufen, 1916 als Windelbands Nachfolger nach Heidelberg. Führender Denker der Südwestdeutschen Schule des Neukantianismus.* Die Grenzen der naturwissenschaftlichen Begriffsbildung, *2 Bde., 1896-1902;* Kulturwissenschaft und Naturwissenschaft, *1899.*

[12] überschreitet – das] *Bei Simmel heißt es a. a.* O., *S. 13:* überschreitet, – das [.]

[13] "Daß das Leben ... immanent ist"] *Die beiden Zitate finden sich bei* Simmel: Lebensanschauung, *1918, S. 13 f. Das zweite Zitat heißt vollständig:* Sie [die Kategorie des Hinausgreifens des Lebens über sich selbst] ist freilich bisher nur schematisch und abstrakt bezeichnet, so nur die Vorzeichnung oder Form für das konkret erfüllte Leben hergebend, insofern dessen Wesen ist (nicht etwas, was zu seinem Sein hinzukäme, sondern sein Sein ausmachend): daß ihm die Transzendenz immanent ist.

[14] "Daß wir ... Lebendige"] *Siehe* Simmel: Lebensanschauung, *1918, S. 7. Cassirer macht zwischen* wissen *und* und so fort *eine Auslassung nicht kenntlich:* auch dieses umgreifende Wissen wiederum wissen.

[15] das Unbegreifliche g e t a n] *Anspielung auf* Goethe: Faust II, *Z. 12108 f.:* Das Unbeschreibliche / Hier ist's gethan. (WA, *Bd. 15.1, S. 337).*

[16] jenseit] *Bei Simmel heißt es a. a.* O., *S. 24:* jenseits

[17] *»coincidentia oppositorum«*] *Der mittelalterliche Begriff Gottes als ein Zusammenfallen von Gegensätzen hat seine Quelle in 1. Kor. 15,28, wo Gott als ἐν πᾶσι πάντα (alles in allem) beschrieben wird. In der mittelalterlichen Philosophie bilden Gegensätze wie die zwischen dem Absoluten und Empirisch-Bedingten oder zwischen dem Unendlichen und Endlichen die Grundlage für ein hierarchisches Bild eines Stufenkosmos. In der Philosophie des Nikolaus von Kues dagegen werden diese Gegensätze auf vergleichende Tätigkeit des Geistes zurückgeführt, was Cusanus nach Cassirer zum ersten modernen Denker macht. Siehe hierzu* IK, *S. 8-11.*

[18] "Es ist ... in sich schliesst"] *Siehe* Simmel: Lebensanschauung, *1918, S. 22.*

[19] "Achsendrehung des Lebens"] *Siehe* Simmel: Lebensanschauung, *1918, S. 38:* Und nun geschieht die große Wendung, mit der uns die Reiche der Idee entstehen: die Formen oder Funktionen, die das Leben um seiner selbst willen, aus seiner eigenen Dynamik hervorgetrieben hat, werden derart selbständig und definitiv, daß umgekehrt das Leben ihnen dient, seine Inhalte in sie einordnet, und daß das Gelingen dieser Einordnung als eine ebenso letzte Wert- und Sinnerfüllung gilt, wie zuvor die Einfügung dieser Formen in die Ökonomie des Lebens. Die großen geistigen Kategorien bauen zwar am Leben, auch wenn sie noch ganz in ihm befangen sind, noch ganz in seiner Ebene liegen. Allein so lange haben sie dennoch etwas ihm gegenüber Passives, mittelhaft Nachgiebiges, ihm Untertanes, weil sie sich seiner Gesamtforderung fügen und ihr gemäß das, was sie ihm leisten, modifizieren müssen. Erst wenn jene große Achsendrehung des Lebens um sie herum geschehen ist, werden sie eigentlich produktiv; [...].

[20] "für sich ist und für sich gedacht werden kann"] *Siehe die Definition der Substanz in* Spinoza: Ethica, *Pars 1, Def. 3. In:* Opera, *Bd. 1, S. 37:* Per substantiam intelligo id, quod in se est, et per se concipitur: hoc est id, cujus conceptus non indiget conceptu alterius rei, a quo formari debeat. (Spinoza: Ethik, *1905, S. 1:* Unter Substanz verstehe ich das, was in sich ist, und durch sich begriffen wird, das heißt das, dessen Begriff den Begriff eines anderen Dinges als Voraussetzung nicht bedarf.*).*

[21] *γένεσις εἰς οὐσίαν*, wie Platon sagt] *Entwicklung zum Seienden; s.* Platon: Philebus, *26d8.*

[22] Sprache im Humboldtschen Sinne ... fasst] *Siehe* Humboldt: Ueber die Verschiedenheit des menschlichen Sprachbaues, *1907, S. 45 f.:* Die Sprache, in ihrem wirklichen Wesen aufgefasst, ist etwas beständig und in jedem Augenblicke Vorübergehendes. Selbst ihre Erhaltung durch die Schrift ist immer nur eine unvollständige, mumienartige Aufbewahrung, die es doch erst wieder bedarf, dass man dabei den lebendigen Vortrag zu versinnlichen sucht. Sie selbst ist kein Werk (Ergon), sondern eine Thätigkeit (Energeia). – *Humboldt, Wilhelm von. Staatsmann und Sprachwissenschaftler. - * Potsdam 22.6.1767, † Tegel bei Berlin 8.4.1835. 1802-1808 preußischer Ministerresident in Rom; ruft 1810 Berliner Universität ins Leben; 1810-1819 verschiedene diplomatische Tätigkeiten als preußischer Gesandter; 1820-1835 privatwiss. Forschungen zur Sprachtheorie.* Über den Dualis, *1827;* Über die Verschiedenheit des menschlichen Sprachbaues und ihren Einfluß auf die geistige Entwicklung des Menschengeschlechts, *1830-1835.*

[23] "schlechtesten Stoff" ... verderben müsse] *Siehe* Goethe: Epigramme. Venedig 1790, *Epigramm 29:* Vieles hab' ich versucht, gezeichnet, in Kupfer gestochen, / Öl gemahlt, in Thon hab' ich auch manches gedrückt, / Unbeständig jedoch, und nichts gelernt noch geleistet; / Nur ein einzig Talent bracht' ich der Meisterschaft nah: / Deutsch zu schreiben. Und so verderb' ich unglücklicher Dichter / In dem schlechtesten Stoff leider nun Leben und Kunst. (WA, *Bd. 1, S. 314).*

[24] "Was reich ... Ruhm!"] *Siehe* Goethe: Sprache. *In:* WA, *Bd. 2, S. 256.*

[25] nicht zum schlechthin-Starren waffnen] *Anspielung auf den Beginn der 3. Strophe des Goethe-Gedichtes* Eins und Alles: Und umzuschaffen das Geschaffne, / Damit sich's nicht zum Starren waffne, / Wirkt ewiges lebendiges Thun. (WA, *Bd. 3, S. 81).*

[26] Bd. II, S. 216 ff.] *Cassirer bezieht sich auf frühere Bde. der* PsF, *gemäß seiner Praxis in Bd. 2 und 3 nur durch Angabe von Bd. und S.*

[27] Platonisch gesprochen ... sich verhält"] *Siehe z. B. die Beschreibung des Göttlichen in Platons* Phaedo, *80b1 f.: τῷ ... ἀεὶ ὡςαύτως κατὰ ταὐτὰ ἔχοντι ἑαυτῷ* [...]. (Platon: Phaidon, *S. 41:* immer einerlei und sich selbst gleich sich verhaltenden [...].*).*

[28] Vgl. auch ob. S. ...] *Ms. gibt keine S. Vgl.* PsF, *Bd. 3, S. 411, Anm. 2, wo zur* Raum-Metrik *auf* Weyl: Raum – Zeit – Materie, *4. Aufl., 1921, S. 124 ff. verwiesen wird. – Weyl, Hermann. Physiker. - * Elmshorn 9.11.1885, † Zürich 8.12.1955. Studium bei David Hilbert in Göttingen; 1913 Prof. in Zürich; 1930 Hilberts Nachfolger in Göttingen; ab 1933 am Institute for Advanced Studies (Princeton).* Raum – Zeit – Materie, *1918;* Gruppentheorie und Quantenmechanik, *1928.*

[29] Byron'schen Manfred: »the tree of ... life«] *Siehe* Byron: Manfred, *Act 1, Scene 1, Z. 9-12:* But Grief should be the Instructor of the wise; / Sorrow is Knowledge: they who know the most / Must mourn the deepest o'er the fatal truth, / The Tree of Knowledge is not that of Life. *(In:* Byron: Works, *Bd. 5, S. 85;* Byron: Manfred. *In:* Werke, *Bd. 4, S. 3:* Doch Gram soll ja des Weisen Lehrer sein: / Leiden ist Wissen: wer am meisten weiß, / Beklagt am tiefsten die unsel'ge Wahrheit: / Der Baum des Wissens ist kein Baum des Lebens.*). – Byron, Lord George Gordon. Dichter. - * London 22.1.1788, † Mesolongion (Griechenland) 19.4.1824. Verläßt 1816 England und lebt in Italien; fährt 1823 nach Griechenland, um die griech. Unabhängigkeitsbewegung zu unterstützen.* Childe Harold's Pilgrimage, *1812-1818 (dt.:* Lord Harolds Pilgerfahrt*);* Manfred, *1817;* Don Juan, *1819-1824.*

[30] *Klages, Ludwig. Philosoph und Psychologe. - * Hannover 10.12.1872, † Kilchberg bei Zürich 29.7.1956. 1901 Prom. in München; gehört zum Kreis um Stefan George; gründet 1905 an der Universität München ein privates Seminar für Ausdruckskunde; 1919 Umzug des Seminars nach Kilchberg.* Prinzipien der Charakterologie, *1910;* Handschrift und Charakter, *1917;* Der Geist als Widersacher der Seele, *3 Bde., 1929-1933;* Geist und Leben, *1934. Ein reges Interesse an Klages' Arbeit in der unmittelbaren Umgebung Cassirers ist in den Beiträgen zur Klages-Festschrift von den Hamburger Kollegen William Stern und Jakob von Uexküll sowie von Cassirers Schüler Kurt Leese zu sehen. Siehe die Klages-Festschrift* Die Wissenschaft am Scheidewege von Leben und Geist, *hrsg. von Hans Prinzhorn, 1932.*

[31] *Bachofen, Johann Jakob. Altertumsforscher und Jurist. - * Basel 22.12.1815, † ebd. 25.11.1887. 1839 Prom. in Göttingen. 1839-1841 Forschung in Oxford, Cambridge und Paris. 1841-1844 Prof. des röm. Rechts in Basel; 1844 Appellationsrichter in Basel.* Das römische Pfandrecht, *1847;* Das Mutterrecht, *1861;* Die Sage von Tanaquil, *1870.*

[32] vgl. Bd. II, S.] *Ms. gibt keine S. Gemeint ist vielleicht S. 264; dort zum mythischen Bildzauber und der Errichtung von technischen Schranken.*

[33] Wort Bacons: *scientia propter potentiam*] *Siehe* Bacon: Novum Organum, *Bd. 1, S. 157 (Buch 1, Aphorismus 3):* Scientia et potentia humana in idem coincidunt, quia ignoratio causae destituit effectum. (Bacon: Neues Organon, *1990, S. 81:* Wissen und menschliches Können ergänzen sich insofern, als ja Unkenntnis der Ursache die Wirkung verfehlen läßt.*). – Bacon, Francis, Baron Verulam. Philosoph und Staatsmann. - * London 22.1.1561, † Highgate bei London 9.4.1626. 1584-1618 im Parlament; 1618-1621 Lord Chancellor.* The Advancement of Learning, *1605 (dt.:* Über die Würde und den Fortgang der Wissenschaften*);* Novum Organum, *1620 (dt.:* Neues Organon*);* New Atlantis, *1627 (dt.:* Neu-Atlantis).

[34] *Schopenhauer, Arthur. Philosoph. - * Danzig 22.2.1788, † Frankfurt/Main 21.9.1860. 1809 Studium in Göttingen, 1811 in Berlin bei Fichte; 1813 Prom. in Jena; 1820 Habil. in Berlin; hält nur eine einzige Vorlesung; ab 1831 Privatgelehrter in Frankfurt/Main.* Die Welt als Wille und Vorstellung, *1819;* Parerga und Paralipomena, *2 Bde., 1851.*

[35] Für Nietzsche ... sich zudeckt] *Vgl. Aphorismus 338:* Die maskirten Arten des Willens zur Macht. *In:* Nietzsche: Der Wille zur Macht, *1901, S. 360 f.*

[36] "Taten und Leiden"] *Siehe* Goethe: Zur Farbenlehre. *In:* WA, *Abt. 2, Bd. 1, S. IX:* Die Farben sind Thaten des Lichts, Thaten und Leiden.

[37] "Zweckmäßigkeit ohne Zweck"] *Siehe* Kant: Kritik der Urteilskraft, *§ 17:* Schönheit ist Form der Zweckmäßigkeit eines Gegenstandes, sofern sie, ohne Vorstellung eines Zwecks, an ihm wahrgenommen wird. *(In:* Werke, *Bd. 5, S. 306).*

[38] Fichte'schen Ausdruck ... "Sehe"] *Siehe* Fichte: Das System der Sittenlehre. *In:* Nachgelassene Werke, *Bd. 3, S. 17:* die Sehe ist unmittelbar und durch sich selbst schöpferisches Leben: die Realität wird in der That hingesehen; hingesehen, sage ich, ohne Anwendung irgend eines anderen Organs, als Realität hingesehen, nicht etwa als bloßes Bild, indem sie eben Realität ist für die andere objektive Anschauungsform. *– Fichte, Johann Gottlieb. Philosoph. - * Rammenau 19.5.1762, † Berlin 29.1.1814. Ab 1780 Studium in Jena; 1794 Prof. in Jena; 1810 Prof. in Berlin.* Versuch einer Kritik aller Offenbarung, *1792;* Grundlage der gesamten Wissenschaftslehre, *1794-1795;* Grundlage des Naturrechts nach Prinzipien der Wissenschaftslehre, *1796.*

[39] νόησις νοήσεως] *Denken des Denkens; s.* Aristoteles: Metaphysik, *1074b34.*

[40] Friedrich Schlegels ... "heiligen Passivität"] *Siehe* Idylle über den Müssiggang *im Roman* Lucinde, *1799, S. 77-94, bes. S. 85-87:* Nur mit Gelassenheit und Sanftmuth, in der heiligen Stille der ächten Passivität kann man sich an sein ganzes Ich erinnern, und die Welt und das Leben anschauen. [...] Und doch ist das Sprechen und Bilden nur Nebensache in allen Künsten und Wissenschaften, das Wesentliche ist das Denken und Dichten, und das ist nur durch Passivität möglich. [...] Um alles in Eins zu fassen: je göttlicher ein Mensch oder ein Werk des Menschen ist, je ähnlicher werden sie der Pflanze; diese ist unter allen Formen der Natur die sittlichste, und die schönste. Und also wäre ja das höchste vollendetste Leben nichts als ein reines Vegetieren. *– Schlegel, Friedrich von. Dichter und Ästhetiker. - * Hannover 10.3.1772, † Dresden 12.1.1829.*

1801 Habil. in Jena; 1809-1818 Hofsekretär und Gesandter; Begründer und Mithrsg. (neben August Schlegel, Tieck und Novalis) der Zeitschrift Athenäum, *die die Ideen der Romantik verbreitet.* Über die Sprache und Weisheit der Inder, *1808;* Philosophie des Lebens, *1828;* Philosophie der Sprache, *1828/29.*

[41] "Unter den indogermanischen ... Gewalt des Lebens"] *Bei Klages heißt es a. a. O.:* gibt es denn schwerlich *statt* giebt es schwerlich*;* beschriebe! *statt* beschreibe.*;* (passio) *statt* (p a s s i o) *;* Gefühls! *statt* Gefühls[.]

[42] Meister Eckhart ... "Funke"] *Meister Eckhart spricht häufig von einem* fünkelîn. *Siehe z. B. seine Predigt* Homo quidam fecit coenam magnam *(Luc. XIV, 16),* Predigten, *S. 113:* Und ein kraft ist in der sêle, diu spaltet abe dez gröbeste unde wirt vereinet in got. Daz ist daz fünkelîn der sêle. (Und eine Kraft ist in der Seele, die spaltet ab das Gröbste und wird vereinigt mit Gott. Das ist das Fünklein der Seele.*). Vgl.* PsF, *Bd. 2, S. 307 f., wo Cassirer auch ohne Stellenangabe auf diese Lehre Eckharts Bezug nimmt. – Meister Eckhart. Mystiker und Philosoph. - * Hochheim bei Gotha um 1260, † Avignon? vor dem 30.4.1328. Dominikaner, lehrt an verschiedenen Klöstern, u. a. 1300 in Paris; 1304 Provinzial für Sachsen; 1307 Generalvikar für den Orden in Böhmen; 1311-1313 Lehrer in Paris; 1314-1322 in Straßburg; 1323 nach Köln; 1326 Inquisitionsprozeß wegen glaubensfeindlicher Lehren; 1327 zum Prozeß bei der päpstlichen Kurie in Avignon; das Urteil gegen 28 seiner Thesen wird nach seinem Tod gefällt.* Opus tripartitum*;* Liber benedictus.

[43] εἴδωλα] *Siehe* Epicurea, *1887, Epistula Prima, 46a, 47a, 48, 50.*

[44] Immer wechselnd ... fern und nah] *Vgl. Goethes Gedicht* Parabase. *In:* WA, *Bd. 3, S. 84:* Immer wechselnd, fest sich haltend; / Nah und fern und fern und nah; / So gestaltend, umgestaltend – / zum Erstaunen bin ich da.

[45] *Nicolaus Cusanus. Theologe, Philosoph, Mathematiker. - * Kues 1401, † Todi (Umbrien, Italien) 11.8.1464. 1416 Rechtsstudium in Heidelberg; 1417-1423 in Padua; 1425 in Köln; 1426 Priesterweihe; 1427-32 in Koblenz; 1448 Kardinal; 1450 Bischof von Brixen; 1458 nach Rom und zum päpstlichen Legaten ernannt.* De docta ignorantia, *1440 (dt.:* Die belehrte Unwissenheit*);* Idiota de sapientia *(dt.:* Der Laie über die Weisheit*), 1450;* Idiota de mente, *1450 (dt.:* Der Laie über den Geist*);* De ludo globi, *1463 (dt.:* Das Kugelspiel*).*

[46] Individuum und Kosmos in der Philosophie der Renaissance ... S. 46 ff.] *Cassirer zitiert Cusanus in* IK, *S. 46, in eigener Übersetzung ohne den lat. Text aus* De ludo globi*:* Denn obwohl der menschliche Intellekt dem Wert nicht das Sein gibt, so ließe sich doch ohne ihn kein Wert unterscheiden. Setzt man also den Intellekt bei Seite, so läßt sich nicht wissen, ob es einen Wert gibt. Ohne die Kraft der Beurteilung und des Vergleichens hört jegliche Schätzung auf, und mit ihr müßte auch der Wert wegfallen. Hieraus ergibt sich die Köstlichkeit des Geistes, da ohne ihn alles Geschaffene ohne Wert gewesen wäre. Wollte also Gott seinem Werke Wert verleihen, so mußte er neben anderen Dingen die intellektuelle Natur erschaffen. *Cassirer gibt als Zitatstelle:* De ludo globi, Lib. II, fol. 236 f.; vgl. hierzu Erkenntnisproblem[3], [Bd.] I[, S.] 57 ff. *Die Angabe* fol. 236 *sollte lauten:* 167b. *In:* EP, *Bd. 1, S. 58, Anm. wird diese Passage in Originalsprache mit Hervorhebungen Cassirers unter korrekter Stellenangabe wiedergegeben:* Et quamvis intellectus non det esse valori, t a m e n s i n e i n t e l l e c t u va-

lor discerni etiam, quia est, non potest. Semoto enim intellectu: non potest sciri, an sit valor. Non existente virtute rationali et proportionativa, cessat aestimatio, qua non existente utique valor cessaret. In hoc apparet preciositas mentis, quoniam sine ipsa omnia creata valore caruissent. Si igitur Deus voluit opus suum debere aestimari aliquid valere: oportebat inter illa intellectualem creare naturam. *– In* IK *bezieht sich Cassirer S. 46 f. auch auf verschiedene Stellen von Cusanus'* Idiota de mente *(1450), das im Anhang zu Cassirers Werk wiedergegeben ist.*

[47] er unterscheidet ... richtet] *Siehe Goethes Gedicht* Das Göttliche. *In:* WA, *Bd. 2, S. 84:* Nur allein der Mensch / Vermag das Unmögliche: / Er unterscheidet, / Wählet und richtet; / Er kann dem Augenblick / Dauer verleihen.

[48] "selig in ihm selbst"] *Die letzte Z. von Eduard Mörikes Gedicht* Auf eine Lampe *heißt:* Was aber schön ist, selig scheint es in ihm selbst. *(In:* Mörike: Gedichte, *S. 113). – Mörike, Eduard. Dichter und Schriftsteller. - * Ludwigsburg 8.9.1804, † Stuttgart 4.6.1875. 1822-1826 Studium der Theologie im Tübinger Stift; 1826-1834 Vikar, nach 1834 Pfarrer.* Maler Nolten, *1832;* Gedichte, *1838;* Mozart auf der Reise nach Prag, *1856.*

[49] "die andere geht ... bekomme"] *Es handelt sich um ein einziges Zitat (nicht um zwei, wie es hier durch die Anführungszeichen erscheint) aus der* Vorrede *zur ersten Aufl. der* KrV. *Siehe* KrV, *A XVII. Dort heißt es:* Die andere *statt* die andere; betrachten; und obgleich *statt* betrachten." "Obgleich; großer *statt* grosser; gehöret *statt* gehört; demselben; weil *statt* demselben, weil; bleibt: was *statt* bleibt, was; erkennen? und nicht: *statt* erkennen und nicht,; ist und *statt* ist, und; Ähnliches an sich hat, (ob *statt* Ähnliches hat (ob ; nehme zu *statt* nehme, zu; müsse anders *statt* müsse, anders; tun *statt* thun[.] *(In:* Werke, *Bd. 3, S. 10).*

[50] "Stelle ... Schöpfung"] *Siehe* Kant: Nachricht von der Einrichtung seiner Vorlesungen, 3. Ethik. *Dort bezeichnet Kant den Gegenstand des Menschenstudiums als* die Natur des Menschen, die immer bleibt, und deren eigentümliche Stelle in der Schöpfung. *(In:* Werke, *Bd. 2, S. 326).*

[51] N.b. S. / 105-151] *Ms. S. 105-151 entsprechen im vorliegenden Bd. S. 42-59.*

[52] Comte'sche Drei-Phasen-Gesetzes] *Siehe* Comte: Système de politique positive, *Bd. 4, Appendice général, S. 77:* Par la nature même de l'esprit humain, chaque branche de nos connaissances est nécessairement assujettie dans sa marche à passer successivement par trois états théoriques différents: l'état théologique ou fictif; l'état métaphysique ou abstrait; enfin, l'état scientifique ou positif. (Aufgrund der gleichbleibenden Natur des menschlichen Geistes muß jede Art unseres Wissens in seinem Fortgang drei verschiedene Phasen durchlaufen: die theologische oder fiktive; die metaphysische oder abstrakte; und schließlich die wissenschaftliche oder positive.*). – Comte, Auguste. Philosoph und Soziologe. - * Montpellier (Frankreich) 19.1.1798, † Paris 5.9.1857. 1817-1824 Sekretär von C. H. de Saint-Simon; lehrt an der École polytechnique in Paris. Begründer des Positivismus.* Cours de philosophie positive, *6 Bde., 1830-1842; (dt.:* Soziologie, *Auszug in 3 Bden.).*

[53] *Spencer, Herbert. Philosoph. - * Derby (England) 27.4.1820, † Brighton (England) 8.12.1903. 1837-1846 Eisenbahningenieur; ab 1848 Mitarbeiter bei* The Economist; *seit 1859 freier Schriftsteller. Evolutionstheoretiker.* First Princi-

ples, *1862 (dt.:* Grundsätze einer synthetischen Auffassung der Dinge*);* Principles of Ethics, *1879-1892 (dt.:* Principien der Ethik*).*

[54] *Scheler, Max. Philosoph. - * München 22.8.1874, † Frankfurt/Main 19.5.1928. 1897 Prom. in Jena, 1899 Habil. in Jena, 1900-1906 Privatdozent in Jena, 1906-1910 in München, 1910-1911 Göttingen; 1911-1918 freier Schriftsteller in Berlin; 1919 Prof. in Köln, 1928 in Frankfurt/Main.* Der Formalismus in der Ethik und die materiale Wertethik, *1913;* Vom Ewigen im Menschen, *1921;* Die Stellung des Menschen im Kosmos, *1928.*

[55] immer von neuem ... muss] *Bei Plessner heißt es a. a. O.:* immer von Neuem *statt* immer von neuem*;* muß *statt* muss[.]

[56] *Plessner, Helmuth. Philosoph. - * Wiesbaden 4.9.1892, † Göttingen 12.6.1985. Mitbegründer der philosophischen Anthropologie. 1920 Habil. bei Scheler in Köln; bis 1933 Privatdozent in Köln; 1933 Emigration; 1934 nach Groningen zu Buytendijk; 1946 Prof. in Groningen, 1951 in Göttingen.* Die Einheit der Sinne, *1923;* Die Stufen des Organischen und der Mensch, *1928;* Die verspätete Nation, *1959.*

[57] *Darwin, Charles Robert. Biologe. - * Shrewsbury 12.2.1809, † Down bei Bekkenham 19.4.1882. Weltumseglung 27.12.1831-2.10.1836; ab 1842 wohnt er auf seinem Landgut in Down.* On the Origin of the Species by Means of Natural Selection, *2 Bde., 1859 (dt.:* Die Entstehung der Arten durch natürliche Zuchtwahl*);* The Descent of Man and Selection in Relation to Sex, *2 Bde., 1871 (dt.:* Die Abstammung des Menschen und die geschlechtliche Zuchtwahl*);* The Expression of the Emotions in Men and Animals, *1872 (dt.:* Über den Ausdruck der Gemüthsbewegungen bei Menschen und Thieren*).*

[58] Das Verfahren ... gebraucht wurden] *Siehe bes.* Uncovering the canine tooth on one side. *In:* Darwin: The Expression of the Emotions in Man and Animals, *1872, S. 249-253.* (Darwin: Der Ausdruck der Gemüthsbewegungen bei dem Menschen und den Thieren, *1877, S. 228-231:* Entblöszen des Eckzahns auf einer Seite.*).*

[59] *Wundt, Wilhelm. Psychologe. - * Neckerau (Baden) 16.8.1832, † Großbothen 31.8.1920. Helmholtz' Assistent in Heidelberg; 1875 nach Leipzig. Richtet dort 1879 ein Labor für experimentelle Psychologie ein.* Grundzüge der physiologischen Psychologie, *1874;* System der Philosophie, *2 Bde., 1889;* Völkerpsychologie, *2 Bde., 1904.*

[60] "Entwicklungstheorie" ... die Wundt vertritt] *Siehe* Wundt: Völkerpsychologie, *Bd. 1:* Die Sprache, *Kap. 1:* Die Ausdrucksbewegungen. *Vgl.* PsF, *Bd. 1, S. 124 f.*

[61] "Alles Höchste ... herab"] *Siehe Schillers Gedicht* Das Glück. *In:* Sämtliche Werke, *Bd. 1, S. 121.*

[62] "alles mit einem Male"] Goethe: Allerdings. Dem Physiker. *In:* WA, *Bd. 3, S. 105:* Natur hat weder Kern / Noch Schale, / Alles ist sie mit einemmale.

[63] *Uexküll, Jakob, Baron von. Biologe und Verhaltensforscher. - * Keblas (Estland) 8.9.1864, † Capri (Italien) 25.7.1944. Studium in Dorpat (Tartu) und Heidelberg; Feldforschung in Süditalien und Afrika; ab 1926 Direktor des Instituts für Umweltforschung in Hamburg.* Umwelt und Innenwelt der Tiere, *1909;* Theoretische Biologie, *1920. Uexkülls Theorie der verschiedenen tierischen* Umwel-

ten *beeinflußt Cassirer nachhaltig und wird in seinem* Essay on Man, *1944, eingehend aufgearbeitet. Zu dem wissenschaftlichen und freundschaftlichen Verhältnis zwischen Cassirer und Uexküll in Hamburg s.* Gudrun von Uexküll: Jakob von Uexküll, *1964, S. 168-173.*

[64] Bauplan alles ... naturgemässe] *Bei Uexküll heißt es a. a. O.:* Bauplan, alles *statt* Bauplan alles*;* naturgemäße *statt* naturgemässe[.]

[65] Umgebung ... eingepasst] *Bei Uexküll heißt es a. a. O.:* Umwelt *statt* Umgebung*;* z u s a m m e n, so *statt* z u s a m m e n : – *;* läßt *statt* lässt*;* eingepaßt *statt* eingepasst[.]

[66] "Merkwelt" ... im Zustand der Sättigung] *Siehe* Uexküll: Theoretische Biologie, *1928, S. 131 f.:* Es ist sicher, daß das völlig veränderte Benehmen der Tiere im Hunger- und Sättigungszustand auf Veränderung der Erregbarkeit der Zentralorgane, die dem Nahrungskreis angehören, beruht. Eine tote Sardine ist für einen satten Haifisch gar nicht vorhanden, weil in diesem Zustand seine Reizschwelle zu hoch ist. Erst der Hungerzustand setzt die Reizschwelle herab, und die Sardine erscheint in der Merkwelt des Haifisches.

[67] Überall ist es von ...muss] *Bei Uexküll heißt es a. a. O.:* Überall von *statt* Überall ist es von*;* hineingebaut *statt* eingebaut*;* muß *statt* muss[.]

[68] "frei von allem Interesse"] *Siehe Kants Lehre vom Geschmacksurteil in seiner* Kritik der Urteilskraft, *§ 2:* Das Wohlgefallen, welches das Geschmacksurteil bestimmt, ist ohne alles Interesse. *(In:* Werke, *Bd. 5, S. 272 f.).*

[69] μετανοεῖν] *Zur Umwendung s. das Höhlengleichnis in* Platon: Staat *515cf. sowie 518d, wo allerdings nicht von μετανοεῖν die Rede ist (s. dazu* 2. Kor. *7,9).*

[70] "das erste liberale Verhältnis ... umgibt"] *Siehe* Schiller: Ueber die ästhetische Erziehung des Menschen in einer Reihe von Briefen, *25. Brief. In:* Sämtliche Werke, *Bd. 12, S. 99:* Die Betrachtung (Reflexion) ist das erste liberale Verhältnis des Menschen zu dem Weltall, das ihn umgibt.

[71] "Wenn die Begierde ... Grunde"] *Es handelt sich um ein einziges Zitat aus Schillers* Ueber die ästhetische Erziehung des Menschen, *nicht um zwei, wie es hier durch die Anführungszeichen erscheint. Vgl. die vorhergehende Hrsg.-Anm. Bei Schiller heißt es a. a. O.:* eben dadurch *statt* eben darin*;* ihn im Zustand der bloßen *statt* den Menschen im Zustand der blossen[.]

[72] *μετάβασις εἰς ἄλλο γένος] Der "Übergang in eine andere Gattung" ist ein erstmals von Aristoteles* (Zweite Analytiken, *75b38-40) benannter logischer bzw. Argumentations-Fehler. Cassirer verwendet den Topos von der metabasis eis allo genos häufig und auch positiv im Sinne einer gestalttheoretischen Reversion.*

[73] "wiederholten Spiegelung"] *Anspielung auf* Goethe: Wiederholte Spiegelungen. *In:* WA, *Bd. 42.2, S. 56 f.*

[74] Einleitung, bes. S. - ff.] *Vermutlich die* Einleitung *zu Bd. 3 der* PsF, *wo S. 43 Bergsons Definition der Metaphysik herangezogen wird:* die Wissenschaft, die den Anspruch erhebt, der Symbole entraten zu können. *Vgl.* Bergson: Introduction à la Métaphysique, *1903, S. 4:* L a m é t a p h y s i q u e e s t d o n c l a s c i e n c e q u i p r é t e n d s e p a s s e r d e s y m b o l e s.

[75] *torpeur, intelligence, instinct*] *Siehe* Bergson: L'évolution créatrice, *1907, Kap. 2:* Les directions divergentes de l'evolution de la vie. Torpeur, intelligence, instinct.

[76] "Der Unterschied ... Wesens"] *Cassirers Übersetzung. Bei Bergson heißt es a.a. O., S. 147:* La différence entre elles n'est pas une différence d'intensité, ni plus généralement de degré, mais de nature.

[77] "Laterne ... erleuchtet"?] *Cassirers Übersetzung. Bei Bergson heißt es a.a. O.:* [...] elle fait de cette lanterne manœuvrée au fond d'un souterrain un Soleil qui illuminerait le monde.

[78] *Il faut brusquer ... chez elle*] *Vgl.* Bergson: Schöpferische Entwicklung, *1912, S. 198:* Vielmehr, es muß eine Gewalttat geschehen, und der Intellekt durch einen Akt des Willens aus seinem eigenen Reiche vertrieben werden.

[79] "Überbau"] *Siehe* Karl Marx: Zur Kritik der Politischen Ökonomie, *1907, S. LV:* In der gesellschaftlichen Produktion ihres Lebens gehen die Menschen bestimmte, notwendige, von ihrem Willen unabhängige Verhältnisse ein, Produktionsverhältnisse, die einer bestimmten Entwicklungsstufe ihrer materiellen Produktivkräfte entsprechen. Die Gesamtheit dieser Produktionsverhältnisse bildet die ökonomische Struktur der Gesellschaft, die reale Basis, worauf sich ein juristischer und politischer Überbau erhebt, und welcher bestimmte gesellschaftliche Bewußtseinsformen entsprechen.

[80] "Scheidekunst des Gedankens"] *Für Kant geht der Philosoph, der den empirischen von dem reinen Bestimmungsgrund des Willens unterscheidet, wie ein* Chemist *– den er einen* Scheidekünstler *nennt – vor, der etwa in einer Lösung Kalkgeist von Kalkerde trennt. Siehe* Kant: Kritik der praktischen Vernunft, *1. Teil, 1. Buch, 3. Hauptst. In:* Werke, *Bd. 5, S. 101 f.*

[81] vgl. bes. ob., Cap. -, S. - ff.] *Die fehlenden Angaben sollten vermutlich auf die Ausführungen in:* PsF, *Bd. 3, Teil 1, Kap. 2:* Das Ausdrucksphänomen als Grundmoment des Wahrnehmungsbewußtseins, *S. 73 f. verweisen. Dort: über das Primat der Erfahrung des "Du" vor der des "Es".*

[82] Kritik des "Behaviorismus" ... S. 18 ff.] *Zu Bühlers Kritik des Behaviorismus s.* Bühler: Die Krise der Psychologie, *Teil 1, § 3:* Der Behaviorismus und die geisteswissenschaftliche Psychologie.– *Bühler, Karl. Psychologe. - * Bad Meckesheim 27.5.1879, † Los Angeles 24.10.1963. Mitarbeiter bei Külpe in Würzburg; 1922-1938 Prof. in Wien; 1938 wegen "philosemitischen Verhaltens" verhaftet; 1939 Emigration in die USA.* Die geistige Entwicklung des Kindes, *1918;* Die Krise der Psychologie, *1927;* Die Axiomatik der Sprachwissenschaft, *1933;* Sprachtheorie, *1934.*

[83] *»intellectus ectypus« ... »intellectus archetypus«*] *Siehe den Vergleich unseres* discursiven, der Bilder bedürftigen Verstandes (intellectus ectypus) *mit der Vorstellung eines intuitiven* intellectus archetypus *in Kants* Kritik der Urteilskraft, *§ 77. In:* Werke, *Bd. 5, S. 487.*

[84] "Abenteuer der Vernunft"] *Siehe* Kant: Kritik der Urteilskraft, *§ 80:* Eine Hypothese von solcher Art [von einer auf alle Geschöpfe der Natur zweckmäßig gestellten Organisation] kann man ein gewagtes Abenteuer der Vernunft nennen; und es mögen wenige, selbst von den scharfsinnigsten Naturforschern, sein, denen es nicht bisweilen durch den Kopf gegangen wäre. *(In:* Werke, *Bd. 5, S. 498 f., Anm.).*

[85] "Rekonstruktion"] *Siehe* Natorp: Allgemeine Psychologie nach kritischer Methode, *1912, Kap. 8:* Die Methode der Rekonstruktion. *Diese Methode soll*

weder erklären wie eine Gesetzeswissenschaft, noch bloß beschreiben wie eine Tatsachenwissenschaft, sondern zu einer Rekonstruktion des Unmittelbaren im Bewußtsein führen.

[86] "Plus- und Minus-Sinnes"] *Natorp expliziert den Unterschied zwischen geistigen Sinngebieten mit dem Bilde einer geraden Linie, auf der es quantitativ mehr oder weniger objektive Erkenntnis gibt; s.* Natorp: Allgemeine Psychologie nach kritischer Methode, *1912, Kap. 4, § 5. Die erwähnte frühere Diskussion bezieht sich vermutlich auf* PsF, *Bd. 3, S. 63-67. – Natorp, Paul. Philosoph. - *Düsseldorf 24.1.1854, Marburg 17.8.1924. 1881 Habil. in Marburg bei Cohen; 1885 dort a. o. Prof.; 1892 o. Prof;* Einleitung in die Psychologie nach kritischer Methode, *1888;* Platos Ideenlehre, *1903;* Die Philosophie, ihr Problem und ihre Probleme, *1911;* Allgemeine Psychologie nach kritischer Methode, *1912. Neben Cohen zweite Hauptfigur des Marburger Neukantianismus, ein Lehrer Cassirers.*

[87] "Propaedeutik" wie als "Disziplin"] *Für Kant ist die Philosophie als Kritik eine Propaedeutik und darum eine Art Disziplin. Siehe* Kant: KrV, *A 841 / B 868:* Die Philosophie der reinen Vernunft ist nun entweder Propädeutik (Vorübung), welche das Vermögen der Vernunft in Ansehung aller reinen Erkenntnis a priori untersucht, und heißt Kritik, oder zweitens das System der reinen Vernunft (Wissenschaft), die ganze (wahre sowohl als scheinbare) philosophische Erkenntnis aus reiner Vernunft im systematischen Zusammenhange, und heißt Metaphysik; ... *(In:* Werke, *Bd. 3, S. 562). Vgl. zu* Disziplin, KrV, *A 709 / B 737:* Man nennet den Zwang, wodurch der beständige Hang, von gewissen Regeln abzuweichen, eingeschränkt, und endlich vertilget wird, die Disziplin. *(In:* Werke, *Bd. 3, S. 483). Zur Kritik als Disziplin vgl.* KrV, *A 711 / B 739:* Wo aber weder empirische noch reine Anschauung die Vernunft in einem sichtbaren Geleise halten, nämlich in ihrem transszendentalen Gebrauche nach bloßen Begriffen, da bedarf sie so sehr einer Disziplin, die ihren Hang zur Erweiterung über die engen Grenzen möglicher Erfahrung bändige und sie von Ausschweifung und Irrtum abhalte, daß auch die ganze Philosophie der reinen Vernunft bloß mit diesem negativen Nutzen zu tun hat. *(In:* Werke, *Bd. 3, S. 483 f.).*

[88] "eine Erkenntnisart ... erfordert"] *Siehe* KrV, *B XVII:* [...] ich nehme an, die Gegenstände oder, welches einerlei ist, die Erfahrung, in welcher sie allein (als gegebene Gegenstände) erkannt werden, richte sich nach diesen Begriffen, so sehe ich sofort eine leichtere Auskunft, weil Erfahrung selbst eine Erkenntnisart ist, die Verstand erfodert, [...]. *(In:* Werke, *Bd. 3, S. 18).*

[89] Vgl. ob. S. ...] *Die fehlende Angabe sollte vermutlich auf S. 33 f. im vorliegenden Bd. verweisen.*

[90] Anmerk. zur Amphibolie der Reflexionsbegriffe, S. 324 ff.] *Siehe* KrV, *B 324-336. In:* Werke, *Bd. 3, S. 229-236.*

[91] "dritte Hauptrichtung der Kulturgestaltung"] *Siehe* Natorp: Allgemeine Psychologie nach kritischer Methode, *1912, S. 127.*

[92] früheren Stelle] *Gemeint ist wohl* PsF, *Bd. 3, S. 66. Dort wird die Objektivität von Sittlichkeit, Kunst und Religion mit dem Begriff der* Gestalt *anstatt des Gesetzes erklärt.*

[93] "Gesetzgebung für die Natur"] *Vgl.* KrV, *A 126. In:* Werke, *Bd. 3, S. 627.*

[94] Buch -, Cap. -, S. -] *Die fehlenden Angaben sollten vermutlich auf* PsF, *Bd. 3, S. 67 verweisen.*

[95] "Wenn wir ... variieren"] *Cassirers Übersetzung. Vgl.* Bergson: L'évolution créatrice, *S. 151:* Si nous pouvions nous dépouiller de tout orgueil, si, pour définir notre espèce, nous nous en tenions strictement à ce que l'histoire et la préhistoire nous présentent comme la caractéristique constante de l'homme et de l'intelligence, nous ne dirions peut-être pas Homo sapiens, mais Homo faber. En définitive, l'intelligence, envisagée dans ce qui en paraît être la démarche originelle, est la faculté de fabriquer des objets artificiels, en particulier des outils à faire des outils, et d'en varier indéfiniment la fabrication.

[96] Heraklitischen Worte, als "doppelstrebige ... Bogens"] *Siehe* Herakleitos, *Fragm. B 51. In:* Diels, *Bd. 1, S. 87; vgl. im vorliegenden Bd., S. 7.*

[97] »Gegenwelt«] *Terminus in der theoretischen Biologie Uexkülls zur Bezeichnung der bestimmten Umwelt eines Tieres. Siehe* Uexküll: Umwelt und Innenwelt der Tiere, *1921, S. 169:* Die Umgebung, die wir um das Tier ausgebreitet sehen, ist selbstverständlich ein anderes Ding als die der Tiere; aber dafür ist sie auch nicht ihre Umwelt, sondern unsere. Die Umwelt, wie sie sich in der Gegenwelt des Tieres spiegelt, ist immer ein Teil des Tieres selbst, durch ihre Organisation aufgebaut und verarbeitet zu einem unauflöslichen Ganzen mit dem Tiere selbst. *Vgl. Hrsg.-Anm. 504.*

[98] S. 182, 219] *Das in Anführungszeichen stehende Zitat entstammt* Uexküll: Umwelt und Innenwelt der Tiere, *1921, S. 182; der davor stehende Satz ohne Anführungszeichen ist ein ungekennzeichnetes Zitat von S. 219 und gibt Nr. 15 von Uexkülls 21* Grundsätzen der Biologie *wieder.*

[99] "Eine Verdunkelung ... bringen"] *Siehe* Uexküll: Umwelt und Innenwelt der Tiere, *1921, S. 151. Bei Uexküll heißt es a. a. O.:* Tentakel, die *statt* Tentakel die*;* auf die Netzhaut entworfen *statt* auf der Netzhaut entworfen*;* Einfluß *statt* Einfluss*;* großen Tentakel *statt* grossen Tentakel*;* ihre Rezeptoren *statt* die Rezeptoren[.]

[100] S. 274 ff.] *Siehe* KrV, *B 274-279:* Widerlegung des Idealismus. *In:* Werke, *Bd. 3, S. 200-203.*

[101] Volkelts ... Versuchen an der Radspinne] *Siehe* Volkelt: Über die Vorstellungen der Tiere, *1914, S. 17f. Siehe auch vorliegenden Bd., S. 231f. – Volkelt, Hans. Psychologe. - * Basel 4.6.1886, † Bissingen (Württemberg) 18.1.1964. 1926-1945 Prof. in Leipzig.* Über die Vorstellungen der Tiere, *1912; Arbeiten zur Entwicklungspsychologie.*

[102] Vgl. oben S. -] *Die fehlende Angabe sollte vermutlich auf die Ausführungen in:* PsF, *Bd. 3, S. 178, Anm. verweisen.*

[103] An diesen Melodien] *Bei Volkelt heißt es a. a. O.:* An diesen optischen Melodien [...].

[104] »Anthropogonie«] *Dieser Terminus erscheint auch in der* Einleitung *zu* PsF, *Bd. 2, wo Cassirer den methodischen Ansatz zur Thematisierung des Mythos in der Metaphysik Schellings dem in der Völkerpsychologie entgegenstellt. Der eine gehe von einer schon bestehenden Identität des Absoluten aus, der andere von*

der Identität der Menschennatur. Siehe S. 17: Dort stehen wir auf dem Boden der "Theogonie"; hier auf dem Boden der "Anthropogonie".

[105] *multiprésence* ... Lévy-Bruhl] *Siehe* Lévy-Bruhl: Les fonctions mentales dans les sociétés inférieures, *1910, S. 101. – Lévy-Bruhl, Lucien. Philosoph und Sozialanthropologe. - * Paris 10.4.1857, † ebd. 13.3.1939. Ab 1889 Prof. an der Sorbonne.* Les fonctions mentales dans les sociétés inférieures, *1910 (dt.:* Das Denken der Naturvölker*);* La mentalité primitive, *1921 (dt.:* Die geistige Welt der Primitiven*). Cassirer besucht Lévy-Bruhl in Paris; Lévy-Bruhl liefert einen Beitrag für die Cassirer-Festschrift.*

[106] *Werner, Heinz. Psychologe. - * Wien 11.2.1890, † Worcester (Massachusetts, USA) 14.5.1964. 1915 Prom. in Wien; 1917 Assistent am psychol. Labor der Universität Hamburg; seit 1926 dort Prof. für Psychologie; 1933 Zwangspensionierung, anschließend an der University of Michigan; ab 1947 Clark University, Massachusetts.* Die Ursprünge der Metapher, *1921;* Einführung in die Entwicklungspsychologie, *1926. Cassirer verfolgte Werners Arbeit in Hamburg mit Interesse.*

[107] *Vignoli, Tito. Philosoph. - * Rosignano al Mare (Italien) 1829, † Mailand 5.12.1914. Prof. in Mailand. Positivist, Anhänger Darwins.* Mito e scienza, *1879 (dt.:* Mythus und Wissenschaft*);* Dell' origine del linguaggio articolato, *1888;* La psicologia come scienza positiva, *1890.*

[108] "Personifikation"] *Siehe* Vignoli: Mito e scienza, *1879, Kap. 2, z. B. S. 42:* Ed in fatti i moti, i suoni, gli atteggiamenti, la forma d'altri animali, occasionano necessariamente un tal senso d'identita internà psichica; onde sorge l'implicita nozione di un soggetto animato e personale. (Vignoli: Mythus und Wissenschaft, *1880, S. 45:* Und in der That bringen die Bewegungen, Laute, Geberden und die Gestalten anderer Thiere ein solches Gefühl innerer physischer Identität nothwendig mit sich; und hieraus geht dann die unbestimmte Vorstellung eines lebenden persönlichen Gegenstandes hervor.*).*

[109] *Köhler, Wolfgang. Psychologe und Physiologe. - * Reval (Estland) 21.1.1887, † Lebanon (New Hampshire, USA) 11.6.1967. Ab 1910 Assistent am Psychol. Institut der Akademie für Sozial- und Handelswissenschaften in Frankfurt/Main; 1914-1920 Leiter der Anthropoidenstation der* Preußischen Akademie der Wissenschaften *auf Teneriffa; 1922-1935 Prof. und Direktor des Psychol. Instituts der Universität Berlin; 1934-1935 Gastprof. an der Harvard University (USA); 1935-1948 Prof. an Swarthmore College; ab 1948 am Dartmouth College und der Freien Universität Berlin tätig.* Intelligenzprüfungen an Anthropoiden, *1917;* Die physischen Gestalten in Ruhe und im stationären Zustand, *1920;* Gestalt Psychology, *1929.*

[110] Vgl. ob. S. -] *Die fehlende Angabe sollte vermutlich auf die Ausführungen in:* PsF, *Bd. 1, S. 136 verweisen mit Hinweis auf* Köhler: Zur Psychologie des Schimpansen, *1921, S. 27; oder* PsF, *Bd. 3, S. 77, mit Hinweis auf dasselbe Werk Köhlers, S. 27f., 39.*

[111] *Mannhardt, Johann Wilhelm. Mythenforscher. - * Friedrichstadt a. d. Eider 26.3.1831, † Danzig 25.12.1880. 1858 Habil. in Berlin; 1863-1873 Bibliothekar an der Danziger Stadtbibliothek.* Germanische Mythen, *1858;* Wald- und

Feldkulte, *2 Bde., 1875. Nicht zu verwechseln mit Johann Wilhelm Mannhardt, 1883-1969, Politologe.*

[112] *Herder, Johann Gottfried. Schriftsteller, Philosoph, Theologe. - * Mohrungen 25.8.1744, † Weimar 18.12.1803. 1762 Studium der Medizin, dann Theologie in Königsberg; seit 1764 in Riga als Lehrer und Geistlicher; 1776 Generalsuperintendent in Weimar.* Abhandlung über den Ursprung der Sprache, *1770;* Ideen zur Philosophie der Geschichte der Menschheit, *4 Teile, 1784-1791;* Briefe zur Beförderung der Humanität, *1793-1797;* Metakritik zur Kritik der reinen Vernunft, *1799.*

[113] "Indem die ... betet an."] *In Suphans Ausg. heißt es a. a. O.:* tönt: *statt* tönt,; sahe *statt* sah; rauschte! *statt* rauschte -; der Gottheit! *statt* der Gottheit!,; an! *statt* a.

[114] Solche Bildungen ... sehen] *Zum* mana, orenda *und* wakanda *s.* PsF, *Bd. 2, S. 98 f.*

[115] fliessend immer gleichen Reihe] *Siehe* Goethe: Faust, *Z. 146 f.:* Wer theilt die fließend immer gleichen Reihe / Belebend ab, daß sie sich rhythmisch regt? (WA, *Bd. 14, S. 13).*

[116] recogn. / path. / sine Met. / Tel? / σταт] *Identifizierbar ist der erste Hinweis: auf Kants* Synthesis der Rekognition im Begriffe *in:* KrV, *A 103-110. In:* Werke, *Bd. 3, S. 614-618.*

[117] Buch -, Cap. -, S. - ff.] *Die fehlenden Angaben sollten vermutlich auf* PsF, *Bd. 1, S. 250; Bd. 3, S. 126, 133 verweisen.*

[118] Buch -, Cap. -, bes. S. - ff.] *Die fehlenden Angaben sollten vermutlich auf* PsF, *Bd. 3, Teil 2, Kap. 2, S. 139-142 verweisen; vgl. die Diskussion von* sensorischen Melodien *bei* Volkelt: Über die Vorstellungen der Tiere, *1914, S. 125 f., im vorliegenden Bd., S. 64.*

[119] nicht ballt sich ihm ... Legende] *In Goethes* Legende *trägt die Frau des Brahmenen Wasser ohne Gefäß. Siehe* WA, *Bd. 3, S. 10:* Seligem Herzen, frommen Händen / Ballt sich die bewegte Welle / Herrlich zu krystallner Kugel.

[120] *Lumholtz, Karl Sofus. Ethnologe. - * bei Lillehammer (Norwegen) 23.4.1851, † New York 5.5.1922. Studiert an der Universität in Christiania; für das Museum in Christiania nach Australien; Forschungen in Mexico und Neu Guinea.* Among cannibals, *1889 (dt.:* Unter Menschenfressern*);* Unknown Mexico, *1902;* Decorative Arts of the Huichol Indians, *1903;* Through Central Borneo, *1920.*

[121] Fabre ... *»Souvenirs Entomologiques«*] *Sammlung von Fabres Arbeiten zur Entomologie, in der Edition définitive illustrée, Paris 1914-1924, 11 Bde. – Fabre, Jean Henri. Entomologe. - * Saint Léons du Lévezou (Frankreich) 21.12.1823, † Sérignan (Frankreich) 11.10.1915. 1853 Prof. am Lyzeum in Avignon; 1870 freier Forscher.* Souvenirs Entomologiques, *10 Bde., 1879-1907 (dt.:* Bilder aus der Insektenwelt, *4 Reihen, 1908-1914).*

[122] Volkelt ... S. 29; ob. S. -] *Die fehlende Angabe sollte vermutlich auf* PsF, *Bd. 3, S. 321 f. verweisen. Dort wird ebenfalls auf Volkelts Besprechung von Fabres Untersuchungen des Verhaltens der Sandwespe hingewiesen. Volkelt referiert die Ergebnisse von Fabres Untersuchungen, ohne die Quelle bei Fabre zu nennen. Die gemeinte Diskussion ist zuerst erschienen in:* Fabre: Étude sur l'instinct et les mé-

tamorphoses des sphégiens, *1856; S. 148:* [...] il est constaté que ces manœuvres sont d'une rigoureuse invariabilité. Je citerai à ce sujet une expérience qui m'a singulièrement intéressé: Au moment où le Sphex opère sa visite domiciliare, je prends le Grillon, abandonné à l'entrée du logis, et le place quelques pouces plus loin. Le Sphex revient, jette son cri ordinaire, regarde étonné de çà et de là, et voyant son gibier trop loin, il sort de son trou pour aller le saisir et le ramener dans la position voulue; cela fait, il redescend encore, mais seul. Même manœuvre de ma part, même désappointement du Sphex à son arrivée. Le gibier est encore rapporté au bord du trou, mais l'Hyménoptère descend toujours seul; et ainsi de suite, tant que la patience de l'expérimentateur n'est pas lassée. J'ai répété coup sur coup une quarantainc dc fois la même épreuve sur le même individu; son obstination a triomphé de la mienne, et sa tactique n'a jamais varié. ([...] allerdings ist zu bemerken, daß diese Tätigkeiten eine strenge Invariabilität besitzen. Hierbei kann ich mich auf folgende Beobachtung von besonderem Interesse berufen. Während die Sandwespe ihre Höhle besichtigt, nehme ich die Grille, entferne sie vom Eingang der Höhle und lege sie ein bißchen weiter weg. Die Sandwespe kommt zurück, stößt ihren üblichen Ton aus, schaut erstaunt hin und her, und wie sie sieht, daß ihre Beute zu weit weg ist, geht sie hinaus, um die Beute zu greifen und sie an ihre richtige Stelle zu bringen. Anschließend geht sie wieder in ihre Höhle hinunter, aber allein. Das Gleiche mache ich meinerseits, die gleiche Enttäuschung wieder seitens der Sandwespe, wenn sie herankommt. Die Beute wird nochmals an ihren Platz gebracht, aber der Hautflügler steigt wieder allein in die Höhle; und so geht es weiter, so lange die Geduld des Beobachters nicht nachläßt. Ich habe die gleiche Untersuchung vierzigmal mit demselben Individuum wiederholt. Seine Hartnäckigkeit hat immer gesiegt über meine. Und seine Taktik hat sich nie geändert.*).*

[123] "auf dem Wesen ... Gestalten zu erkennen"] *Siehe* Goethe: Einfache Nachahmung der Natur, Manier, und Stil. *In:* WA, *Bd. 47, S. 80:* Wie die einfache Nachahmung auf dem ruhigen Dasein und einer liebevollen Gegenwart beruht, die Manier eine Erscheinung mit einem leichten fähigen Gemüth ergreift, so ruht der Stil auf den tiefsten Grundfesten der Erkenntniß, auf dem Wesen der Dinge, in so fern uns erlaubt ist es in sichtbaren und greiflichen Gestalten zu erkennen.

[124] "Manifestation ... verborgen geblieben"] *Siehe* Goethe: Maximen und Reflexionen, *1907, Nr. 183, S. 32.*

[125] saper vedere!] *Zu sehen verstehen; vgl. hierzu* IK, *S. 166 f. Dieser Leonardo oft zugeschriebene Ausspruch findet sich nicht in dessen überlieferten Texten.*

[126] *Liebermann, Max. Kunstmaler. - * Berlin 20.7.1847, † ebd. 8.2.1935. Präsident der 1898 gegründeten* Berliner Sezession, *deren Geschäftsführer Ernst Cassirers Vettern Paul und Bruno Cassirer waren; 1920-1933 Präsident bzw. Ehrenpräsident der* Preußischen Akademie der Künste. *Nach seinem Umzug von Berlin nach Hamburg im Jahre 1919 stand Cassirer mit Liebermann im Briefwechsel.*

[127] "Kunst des Weglassens"] *Vermutlich eine persönliche Mitteilung. Nach Günter Busch hat Liebermann diesen Spruch des Berliner Bildhauers Johann Gottfried Schadow (1764-1850) oft zitiert. Siehe* Busch: Einleitung *zu:* Lieber-

mann: Die Phantasie in der Malerei, *1978, S. 12:* Er [Liebermann] liebte das Schadow-Wort: »Zeichnen ist Weglassen« und hat es oft gebraucht, um seine Art der zeichnerischen Erfassung zu umschreiben [...].

[128] *saper vedere] Zu diesem Ausspruch s. Hrsg.-Anm. 125.*

[129] "Sehen mit Geistes Augen"] *Siehe* Goethe: Zur Morphologie. *In:* WA, *Abt. 2, Bd. 8, S. 37:* Wir lernen mit Augen des Geistes sehen, ohne die wir, wie überall, so besonders auch in der Naturforschung, blind umher tasten.

[130] *Croce, Benedetto. Philosoph. - * Pescasseroli (Italien) 25.2.1866, † Neapel 20.11.1952. 1883-1886 lebt in Rom und besucht die Universität, ab 1886 in Neapel. Ein führender Denker der italienischen Philosophie, auch als liberaler Politiker tätig.* Estetica come scienza dell'espressione linguistica generale, *1902 (dt.:* Ästhetik als Wissenschaft des Ausdrucks und allgemeine Linguistik*);* Logica come scienza del concetto puro, *1905 (dt.:* Logik als Wissenschaft vom reinen Begriff*);* La storia come pensiero e come azione, *1937 (dt.:* Die Geschichte als Gedanke und als Tat*);* La filosofia di Giambattista Vico, *1911 (dt.:* Die Philosophie Giambattista Vicos*).*

[131] "Wissenschaft des Ausdrucks"] *Siehe* Croce: Estetica come scienza dell'espressione e linguistica generale, *1902.*

[132] *Fiedler, Konrad. Kunsttheoretiker und Mäzen. - * Öderan (Sachsen) 23.9.1841, † München 3.6.1895.* Über die Beurteilung von Werken der bildenden Kunst, *1876;* Über modernen Naturalismus und künstlerische Wahrheit, *1881;* Über den Ursprung der künstlerischen Tätigkeit, *1887.*

[133] "Copernikanische Drehung"] *Diese von Cassirer häufig (auch in anderer Formulierung) gebrauchte Wendung findet sich nicht wörtlich bei Kant. Cassirer bezieht sich auf die von Kant vorgenommene* Umänderung der Denkart, *die dieser selbst in der* Vorrede *zur 2. Aufl. der* KrV, *B XVI-XVII, XXII (In:* Werke, *Bd. 3, S. 17 f., 21) mit der des Kopernikus vergleicht.*

[134] wie Fiedler darlegt] *Siehe* Fiedler: Über den Ursprung der künstlerischen Tätigkeit. *In:* Schriften über Kunst, *Bd. 1, S. 188-195, bes. S. 195 f.:* [...] wollen wir daran festhalten, daß der sprachliche Ausdruck irgend ein Wirkliches, was abgesehen von der sprachlichen Form auf das Recht des Vorhandenseins Anspruch habe, zu bedeuten und somit zum Gegenstand unseres Denkens und Erkennens zu machen vermöge, so können wir das nur, wenn wir einesteils auf dem Standpunkte des naiven Realismus verharren, d. h. die Wirklichkeit als gegeben annehmen, ohne daran zu denken, daß wir sie doch erst wahrnehmen müssen, damit sie gegeben sei, anderenteils Geist und Körper als selbständige in einem Subordinationsverhältnis zu einander stehende Bestandteile der menschlichen Natur betrachten. *Siehe auch S. 196 f.:* Nicht die Wirklichkeit schlechthin ist es, wie wir doch gern glauben möchten, die wir durch das in der Sprache sich vollziehende Denken und Erkennen erfassen, sondern immer nur die Wirklichkeit, sofern sie in der Form der Sprache überhaupt zu einem entwickelten Dasein gelangt ist.

[135] "Wenn das Auge ... möglich ist".] *Bei Fiedler heißt es a. a. O.:* Wenn ihn das Auge *statt* Wenn das Auge den Menschen; schließlich im Stiche läßt, *statt* schliesslich im Stiche lässt; ; Entwickelung seines Bewußtseins *statt* Entwicklung seines Bewusstseins[.]

[136] "Erst dadurch ... verdunkelte"] *Bei Fiedler heißt es a.a.O.:* bloß als wahrnehmendes, vorstellendes, sondern als tätiges, äußerlich tätiges *statt* bloss wahrnehmendes, sondern als tätiges*;* von ihm hinwegtreten *statt* von ihr hinwegtreten*;* Bewußtsein *statt* Bewusstsein[.]

[137] Über diesen Unterschied ... Lecture IX (vgl. oben S. ...)] *Siehe* Russell: The Analysis of Mind, *S. 157-187, bes. S. 165. Dort wird* habit-memory *als* knowledge by heart *(Wissen auf Grund von Wiederholung) und* knowledge-memory *als* recollection of a unique event *(Erinnerung an ein bestimmtes Ereignis) erklärt. Die fehlende Angabe* (Vgl. oben S. ...) *sollte vermutlich auf die Diskussion von* Russell: The Analysis of Mind *in:* PsF, *Bd. 3, S. 202 f. verweisen. – Russell, Bertrand. Philosoph und Logiker. - * Trelleck (Wales) 18.5.1872, † Penrhydendraeth (Wales) 2.2.1970. 1890 Trinity College, Cambridge; 1950 Nobelpreis für Literatur.* Principia Mathematica *(mit A. N. Whitehead), 3 Bde., 1910-1913;* Introduction to Mathematical Philosophy, *1919 (dt.:* Einführung in die mathematische Philosophie*);* The Analysis of Mind, *1921 (dt.:* Die Analyse des Geistes*);* An Inquiry into Meaning and Truth, *1940.*

[138] "die Leiter reichen"] *Siehe* Hegel: Phänomenologie des Geistes. *In:* Sämtliche Werke, *Bd. 2, S. 28 f.:* Die Wissenschaft verlangt von ihrer Seite an das Selbstbewußtseyn, daß es in diesen Aether sich erhoben habe, um mit ihr und in ihr leben zu können und zu leben. Umgekehrt hat das Individuum das Recht zu fordern, daß die Wissenschaft ihm die Leiter wenigstens zu diesem Standpunkte reiche, ihm in ihm selbst denselben aufzeige.

[139] wichtigsten Sprossen dieser Leiter] *Vgl. Cassirers Bemerkung über seine erweiterte Auffassung der Hegelschen Phänomenologie, die schon beim Mythos ansetzt, in* PsF, *Bd. 2, S. XI:* Soll daher, gemäß der Forderung Hegels, die "Wissenschaft" dem natürlichen Bewußtsein die Leiter darreichen, die zu ihr selbst hinanführt, so muß sie diese Leiter noch um eine Stufe tiefer ansetzen.

[140] "ältesten ... Menschengeschlechts"] *Siehe* Herder: Älteste Urkunde des Menschengeschlechts, *1883, 1884.*

[141] Bäumler, Bachofen ... bes. S. CLXXXIXff.] *Siehe* Baeumler: Bachofen der Mythologe der Romantik, *S. CXC:* Wir brauchen nur auf den Mythus zurückzugehen, um zu den Ursprüngen der historischen Welt zu finden, und ein zusammenhängendes Wissen um die Geschicke des menschlichen Geschlechtes zu erlangen. *– Baeumler, Alfred. Philosoph. - * Neustadt an der Taffelfichte 19.11.1887, † Eningen unter der Achalm 19.3.1968. 1924 Habil. an der TH Dresden; 1929 o. Prof. der Philosophie und Pädagogik; 1933 o. Prof. für Philosophie und politische Pädagogik in Berlin, später Leiter des Amtes Wissenschaft beim* Beauftragten des Führers für die Überwachung der geistigen Schulung und Erziehung der NSDAP. Kants Kritik der Urteilskraft, *1923;* Bachofen und Nietzsche, *1929;* Nietzsche, der Philosoph und Politiker, *1931;* Nietzsche als politischer Erzieher, *1935;* Weltdemokratie und Nationalsozialismus, *1943.*

[142] 540 f.] *Zitatbeleg:* Bachofen: Italien und der Okzident, *1926, S. 540 f. Bei Bachofen heißt es a. a. O., S. 541:* anderes, als

[143] "Was nicht ... Taten des Geistes"] *Das Zitat findet sich a. a. O., S. 542.*

[144] *Schelling, Friedrich Wilhelm Joseph von. Philosoph. - * Leonberg 27.1.1775, † Bad Ragaz (Schweiz) 20.8.1854. 1790 Tübinger Stift; 1798 Prof. in Jena; 1803*

Prof. in Würzburg; 1820-1826 Vorlesungen in Erlangen; 1827 Prof. in München; 1841-1846 Prof. in Berlin. Vom Ich als Prinzip der Philosophie, *1795;* Ideen zu einer Philosophie der Natur, *1797;* System des transcendentalen Idealismus, *1800.*

[145] Vgl. hierzu Bd. II, S. 6 ff.] *Zum »tautegorischen« Verständnis des Mythos s.* PsF, *Bd. 2, S. 7:* Die allegorische Deutung der Mythenwelt wird von ihm [Schelling] durch die "tautegorische" ersetzt – d. h. durch eine solche, die die mythischen Gestalten als autonome Gebilde des Geistes nimmt, die aus sich selbst, aus einem spezifischen Prinzip der Sinn- und Gestaltgebung begriffen werden müssen. *Vgl.* Schelling: Einleitung in die Philosophie der Mythologie. *In:* Sämmtliche Werke, *Abt. 2, Bd. 1, S. 195 f.:* Die Mythologie ist nicht allegorisch, sie ist tautegorisch. Die Götter sind ihr wirklich existirende Wesen, die nicht etwas anderes sind, etwas anderes bedeuten, sondern nur das bedeuten, was sie sind. *Schelling weist S. 196 in einer Anm. darauf hin, daß er den Begriff* tautegorisch *von Coleridge übernommen hat.*

[146] "als drehe sich ... Zeitgedanken"] *Siehe* Bachofen: Italien und der Okzident, *1926, S. 578.*

[147] Hamann ... "Muttersprache des menschlichen Geschlechts"] *Siehe* Hamann: Aesthetica in nuce, *1821, S. 258. – Hamann, Johann Georg. Philosoph und Schriftsteller. - * Königsberg 27.8.1730, † Münster 21.6.1788. Privatgelehrter, Kritiker der Aufklärung.* Sokratische Denkwürdigkeiten, *1759;* Kreuzzüge des Philologen *(enthält u. a.* Aesthetica in nuce*), 1762.*

[148] Ilias] *Cassirer besaß die* Ilias *in der Ausgabe ex rec. Frid. Aug. Wolfii, 2 Bde., Leipzig, 1804.*

[149] "Grenzen der Menschheit"] *Anspielung auf Goethes Gedicht* Gränzen der Menschheit. *In:* WA, *Bd. 2, S. 81 f.*

[150] "ins Unbetretene ... Betretende"] *Siehe* Goethe: Faust II, *Z. 6222 f. In:* WA, *Bd. 15.1, S. 70.*

[151] <Wir haben ... gesucht.>] *Siehe* PsF, *Bd. 3, Teil 2:* Das Problem der Repräsentation und der Aufbau der anschaulichen Welt *und Teil 3*: Die Bedeutungsfunktion und der Aufbau der wissenschaftlichen Erkenntnis.

[152] *Brun, Rudolf. Neurologe und Neurobiologe. - * Zürich 15.3.1885, † ebd. 14.1.1969. 1922-1952 Dozent an der Universität Zürich.* Klinische und anatomische Studien über Apraxie, *1922;* Allgemeine Neurosenlehre, *1942.*

[153] *Bethe, Albrecht. Physiologe. - * Stettin 25.4.1872, † Frankfurt/Main 19.10.1955. 1911 Prof. in Kiel, 1915 in Frankfurt/Main.* Allgemeine Anatomie und Physiologie des Nervensystems, *1903. Mithrsg. des* Archiv für die gesammte Physiologie des Menschen und des Tieres.

[154] Pflügers Archiv] Das Archiv für die gesammte Physiologie des Menschen und der Thiere *änderte zu Ehren des langjährigen Hrsg. Eduard Friedrich Wilhelm Pflüger, Prof. der Physiologie in Bonn, mit Bd. 132 (1910) seinen Titel in:* Pflüger's Archiv für die gesammte Physiologie des Menschen und der Thiere.

[155] *Rádl, Emanuel. Biologe und Philosoph. - * Pysely (Böhmen) 21.12.1873, † Prag 12.5.1942. Ab 1904 an der Universität in Prag.* Geschichte der biologischen Theorien seit dem Ende des siebzehnten Jahrhunderts, *2 Bde., 1905-*

1909; Der Kampf zwischen Tschechen und Deutschen, *1928. Organisator und Präsident des 8. Weltkongresses für Philosophie, Prag 1934.*

[156] Rádl, Untersuchungen ... 1903] *Das Zitat findet sich bei Rádl, a. a. O., S. 174.*

[157] Zum Ganzen vgl. ... Bd. III, S. - ff. u. ö.] *Die fehlende Angabe sollte vermutlich auf die Diskussion der deiktischen Funktion der Sprache und Raumworte in* PsF, *Bd. 3, S. 176 f. verweisen.*

[158] *ἀπρὶξ τοῖν χεροῖν*] *Festhalten mit den Händen; vgl.* Platon: Theaetetus, *155e5.*

[159] mit klammernden Organen] *Anspielung auf* Goethe: Faust, *Z. 1115. In:* WA, *Bd. 14, S. 57.*

[160] Buch -, Cap. -, S. - ff.] *Die fehlenden Angaben sollten vermutlich auf* PsF, *Bd. 3, Teil 3, Kap. 3:* Sprache und Wissenschaft – Dingzeichen und Ordnungszeichen *verweisen.*

[161] Spranger] *Siehe* Spranger: Zur Theorie des Verstehens und zur geisteswissenschaftlichen Psychologie, *1918, S. 357-403. – Spranger, Eduard. Philosoph. - * Groß-Lichterfelde bei Berlin 27.6.1882, † Tübingen 17.9.1963. Studium in Berlin bei Dilthey und Paulsen. 1920 Prof. in Berlin, 1946 in Tübingen.* Wilhelm von Humboldt und die Humanitätsidee, *1909;* Die Lebensformen, *1914.*

[162] *omnis determinatio est negatio*] *Vgl.* Spinoza: Epistola *50. In:* Opera, *Bd. 3, S. 173:* determinatio negatio est.

[163] *ordo ordinans ... ordo ordinatus*] *Fichte erläutert diese Termini – ein tätiges Ordnen im Vergleich zu einer bestehenden Ordnung – in:* Aus einem Privatschreiben. *In:* Sämmtliche Werke, *Bd. 5, S. 381 f.*

[164] "Ich sage ... abzuleitenden Gott"] *Bei Fichte heißt es a. a. O.:* Ich sage (Seite 188 jenes Aufsatzes), dass *statt* Ich sage, daß*;* sey *statt* sei*;* dass *statt* daß*;* Daseyns *statt* Daseins*;* Daseyn *statt* Dasein*;* läugne *statt* leugne*;* a b z u l e i t e n d e n Gott *statt* a b z u l e i t e n d e n Gott*;* daß *statt* dass*;* läugne, werde *statt* läugne werde*;* anderes, als *statt* anderes als*;* substantielles und sinnliches *statt* Substantielles und Sinnliches[.] *Fichtes geklammerte Verweisung bezieht sich auf seinen Aufsatz* Ueber den Grund unseres Glaubens an eine göttliche Weltregierung*; die Paginierung gilt für Bd. 5, 1845, der* Werke. *Zum Vorwurf des Atheismus gegen Fichte s.* Hans Lindau *(Hrsg.):* Die Schriften zu J. G. Fichte's Atheismus-Streit, *1912.*

[165] wie Platon ... überlegen] *Siehe* Platon: De Republica, *509b6-10: Καὶ τοῖς γιγωσκομένοις τοίνυν μὴ μόνον τὸ γιγνώσκεσθαι φάναι ὑπὸ τοῦ ἀγαθοῦ παρεῖναι, ἀλλὰ καὶ τὸ εἶναί τε καὶ τὴν οὐσίαν ὑπ' ἐκείνου αὐτοῖς προσεῖναι, οὐκ οὐσίας ὄντος τοῦ ἀγαθοῦ, ἀλλ' ἔτι ἐπέκεινα τῆς οὐσίας πρεσβείᾳ καὶ δυνάμει ὑπερέχοντος.* (Platon: Der Staat, *S. 227:* Eben so nun sage auch, dass dem erkennbaren nicht nur das Erkanntwerden von dem guten komme, sondern auch das Sein und Wesen habe es von ihm, da doch das gute selbst nicht das Sein ist, sondern noch über das Sein an Würde und Kraft hinausragt.*).*

[166] o r g a n o l o g i s c h e n G e s c h i c h t s p h i l o s o p h i e] *Cassirer benutzt den Terminus* Organologie *zur Bezeichnung von Lehren, die kulturelle Bedeutungsprozesse anhand des Bildes vom Wachsen und Ableben eines lebendigen Organismus deuten. Hierin folgt er Theodor Litt, der von der Unterstellung eines* über-

persönlichen Wirkungszusammenhangs unter die Idee eines "Organismus" *spricht. Siehe* Litt: Individuum und Gemeinschaft, *3. Aufl., 1926, S. 281; vgl. S. 327-332. Vgl. auch* Cassirer: Naturalistische und humanistische Begründung der Kulturphilosophie, *1939, S. 6f. Siehe vorliegenden Bd., S. 243-245, 247f.*

167 *Vico, Giambattista. Philosoph. - * Neapel 23.6.1668, † ebd. 23.1.1744. 1699-1741 Prof. der Rhetorik in Neapel.* De nostri temporis studiorum ratione, *1709 (dt.:* Vom Wesen und Weg der geistigen Bildung*);* De antiquissima Italorum sapientia ex linguae Latinae originibus eruenda, *1710 (dt.:* Über die älteste Weisheit der Italier, wie sie zu erheben ist aus den Ursprüngen der lateinischen Sprache*);* Principi di una Scienza Nuova, *1725 (dt.:* Neue Wissenschaft*).*

168 *Spengler, Oswald. Philosoph. - * Blankenburg 29.5.1880, † München 8.5.1936. 1904 Prom. in Halle; 1908-1911 Gymnasiallehrer in Hamburg; ab 1911 Privatgelehrter in München.* Der Untergang des Abendlandes, *2 Bde., 1918, 1922.*

169 "Die Kulturen ... organischer Formen"] *Siehe* Spengler: Untergang des Abendlandes, *Bd. 1, 1923, S. 29. Bei Spengler heißt es a. a. O.:* Diese Kulturen [...].

170 Vgl. ob. S. ...] *Die fehlende Angabe sollte vermutlich auf S. 23-25 im vorliegenden Bd. verweisen.*

171 "So gewiss ... Blutes"] *Siehe* Spengler: Der Untergang des Abendlandes, *1923, Bd. 1, S. 137. Frühere Aufl. geben diese Stelle in anderer Form wieder (1918, Bd. 1, S. 148).*

172 Heraklitische Satz ... hinabsteigen kann] *Siehe* Herakleitos, *Fragm. B 91. In:* Diels, *Bd. 1, S. 96: ποταμῶι γὰϱ οὐκ ἔστιν ἐμβῆναι δὶς τῶι αὐτῶι καθ' Ἡϱάκλειτον* [...]. (Man kann nicht zweimal in denselben Fluß steigen nach Heraklit [...].*).*

173 Vgl. bes. ... Einleitung No. 13 u. 14.] *Siehe* Spengler: Der Untergang des Abendlandes, *1923, Bd. 1, S. 51-58.*

174 "Indem der Eintritt ... Verbindung tritt"] *Bei Litt heißt es a. a. O., S. 179f.:* Bis zu dieser Stelle beschäftigten uns die Vorgänge der Erweckung und Gestaltung, die dem Ich vermöge seines Eintritts in den *Erlebnis*zusammenhang der gesellschaftlichen Wirklichkeit zuteil werden. [...] Aber indem der Eintritt in diese Wirklichkeit dem Ich zum Anlaß wird, [...]. *– Litt, Theodor. Philosoph. - * Düsseldorf 27.12. 1880, † Bonn 16.7.1962. 1919 a. o. Prof. in Bonn; 1920-1947 o. Prof. für Philosophie und Pädagogik in Leipzig; 1937-1945 auf eigenen Antrag emeritiert; seit 1947 Prof. in Bonn. Theoretiker der Geisteswissenschaften.* Individuum und Gemeinschaft, *1919;* Mensch und Welt, *1948;* Denken und Sein, *1948. Litt liefert einen Beitrag für die Cassirer-Festschrift.*

175 Goethes Prometheus-Fragment ... drüber!] *Siehe* Goethe: Prometheus. Dramatisches Fragment. *In:* WA, *Bd. 39, S. 198.*

176 cf. Blatt a] *Gemeint ist im vorliegenden Bd. der Abschnitt S. 118f.*

177 Zirkel ... Descartes – veracitas Dei] *Siehe Arnaulds Formulierung des Zirkels in Descartes'* Meditationes. Objectiones quartae. *In:* Oeuvres, *Bd. 7, S. 214:* Unicus mihi restat scrupulus, quomodo circulus ab eo non committatur, dum ait, non aliter nobis constare, quae a nobis clare & distincte percipiuntur, vera esse, quàm quia Deus est. – At nobis constare non potest Deum esse, nisi quia id a nobis clare & evidenter percipitur; er-

go, priusquam nobis constet Deum esse, nobis constare debet, verum esse quodcunque a nobis clare & evidenter percipitur. (Descartes: Meditationen über die Grundlagen der Philosophie mit den sämtlichen Einwänden und Erwiderungen, *1915, S. 194:* Nur ein Bedenken bleibt mir noch, ob er nicht einen Zirkelschluß gemacht hat, wenn er sagt, "es steht uns aus keinem anderen Grunde fest, daß das, was wir klar und deutlich erfassen, wahr ist, als dadurch, daß Gott ist". – Aber es kann uns nicht feststehen, daß Gott ist, es sei denn, daß es von uns klar und evident erfaßt wird. Also bevor es uns feststeht, daß Gott ist, muß es uns feststehen, daß wahr ist, was immer von uns klar und evident erfaßt wird.*)*.

[178] Litt: R. Richter, Skept / Hönigswald] *Litt bespricht den Skeptizismus in seiner* Einleitung in die Philosophie, *1933, S. 26-34. Auf dieses Werk weist Cassirer in einer Randbemerkung im vorliegenden Bd., S. 126, hin.* R. Richter, Skept *ist ein Hinweis auf* Raoul Richter: Der Skeptizismus in der Philosophie, *2 Bde., 1904/1908.* Hönigswald *bezieht sich wohl auf* Hönigswald: Die Skepsis in Philosophie und Wissenschaft, *1914. – Richter, Raoul. Philosoph. - * Berlin 16.1.1871, † Wannsee. 14.5.1912. 1903 Habil. in Leipzig. a. o. Prof. in Leipzig.* Friedrich Nietzsche, *1903;* Religionsphilosophie, *1912;* Essays, *1913. – Hönigswald, Richard. Philosoph. - * Altenburg (Ungarn) 18.7.1875, † New Haven (Connecticut, USA) 11.7.1947. 1902 Dr. med. in Wien; 1904 Prom. in Halle bei Riehl; 1906 Habil. in Breslau; 1916 a. o. Prof., 1919 o. Prof. in Breslau; 1930 nach München; 1933 Zwangspensionierung; 1939 Emigration in die USA.* Die Grundlagen der Denkpsychologie, *1921;* Grundfragen der Erkenntnistheorie, *1931;* Philosophie und Sprache, *1937. Cassirer und Hönigswald stehen einander schon früh philosophisch wie persönlich nah. Sie begegnen sich im Exil in Amerika wieder.*

[179] Tropen des Aenesiden] *Ainesidemos von Knossos, 1. Jh., lehrte in Alexandria, stellt zehn Tropen oder Argumentationsweisen auf, die sich gegen die Zuverlässigkeit der Wahrnehmung richten. Diese τρόποι gehen von der Verschiedenheit der Menschen, der Sinne, der Lagen, der Sitten usw. aus. Siehe* Sextus Empiricus: Pyrrhoneion hypothyposeon, *I, 36-163. In:* Ders.: Opera, *1912, S. 12-41.*

[180] "was schon die Dichter singen"] *Siehe* Platon: Phaedo, *65b1-4: οἷον τὸ τοιόνδε λέγω· ἆρα ἔχει ἀλήθειάν τινα ὄψις τε καὶ ἀκοὴ τοῖς ἀνθρώποις, ἢ τά γε τοιαῦτα καὶ οἱ ποιηταὶ ἡμῖν ἀεὶ θρυλοῦσιν, ὅτι οὔτ' ἀκούομεν ἀκριβὲς οὐδὲν οὔτε ὁρῶμεν*; (Platon: Phaidon, *S. 25:* Ich meine so, Gewähren wol Gesicht und Gehör den Menschen einige Wahrheit? Oder singen uns selbst die Dichter das immer vor, dass wir nichts genau hören noch sehen?*)*.

[181] »Leben ein Traum«] *Anspielung auf* Calderón de la Barca: Das Leben ein Traum (La vida es sueño, *1636). Goethe, der sich eingehend mit Calderón befasst, ließ das Stück 1811 in Weimar aufführen. – Calderón de la Barca, Pedro. Dramatiker. - * Madrid 17.1.1600, † ebd. 25.5.1681. Seit 1635 Hofdramatiker.* La vida es sueño, *1636 (dt.:* Das Leben ein Traum*);* El gran teatro del mundo, *ca. 1633-1636 (dt.:* Das große Welttheater*); La hija del aire (dt.:* Die Tochter der Luft*).*

[182] absoluten Skeptizismus ... (vgl. auch Hönigswald)] *Siehe* Hönigswald: Die Skepsis in Philosophie und Wissenschaft, *1914, S. 85:* Nur gegen relative Geltungsansprüche kann sich mit anderen Worten ein Zweifel richten, genauer

gegen solche, die selbst nur unter dem Gesichtspunkt absoluter Geltungsansprüche überhaupt erst bestimmbar werden.

183 *»common sense« ...* Reid'schen Form] *Siehe* Reid: An Inquiry into the Human Mind, *1765, Chapt. 2, Sect. 6, S. 41:* If there are certain principles, as I think there are, which the constitution of our nature leads us to believe, and which we are under a necessity to take for granted in the common concerns of life, without being able to give a reason for them – these are what we call the principles of common sense; and what is manifestly contrary to them, is what we call absurd. (Wenn es bestimmte Prinzipien gibt, wie ich denke, daß es sie gibt, an welche zu glauben uns die Eigenart unserer Natur anhält und die notwendigerweise in unseren gewöhnlichen Lebensbeschäftigungen vorausgesetzt werden müssen, ohne dafür einen Grund angeben zu können – sind es diese, was wir die Prinzipien des common sense nennen; und was ihnen eindeutig widerspricht, nennen wir absurd.*). – Reid, Thomas. Philosoph. - * Strachan (Schottland) 26.4.1710, † Glasgow 7.10.1796. 1751 Prof. in Aberdeen; 1764 in Glasgow. Begründer der Schottischen Schule der* common sense *Philosophie.* An Inquiry into the Human Mind on the Principles of Common Sense, *1764.*

184 Fries'sche ... »Selbstvertrauens der Vernunft«] *Siehe* Fries: Neue Kritik der Vernunft, *Bd. 2, S. 37f.:* Der höchste subjective Grundsatz aller menschlichen Beurtheilungen ist der Grundsatz des Selbstvertrauens der menschlichen Vernunft: jeder Mensch hat das Vertrauen zu seinem Geiste, daß er der Wahrheit empfänglich und theilhaft sey. *- Fries, Jacob Friedrich. Philosoph und Physiker. - * Barby/Elbe 23.8.1773, † Jena 10.8.1843. 1801 Habil. in Jena; 1805 Prof. in Heidelberg, 1816 in Jena; 1819 die Professur aus politischen Gründen entzogen; 1824 erneut Prof. in Jena.* Neue oder anthropologische Kritik der Vernunft, *3 Bde., 1807.*

185 Nelson'schen Fassung ... Unmöglichkeit der Erkenntnis-Theorie] *Siehe die Zusammenfassung des Arguments in:* Nelson: Die Unmöglichkeit der Erkenntnistheorie, *1912, S. 594f.:* Es ist die Aufgabe der Erkenntnistheorie, die Wahrheit oder objektive Gültigkeit unserer Erkenntnis zu prüfen. Ich behaupte, daß eine Lösung dieses Problems unmöglich ist, und beweise dies folgendermaßen. Um das gestellte Problem lösen zu können, müßten wir ein Kriterium haben, durch dessen Anwendung wir entscheiden können, ob eine Erkenntnis wahr ist oder nicht. Ich will es kurz das "erkenntnistheoretische Kriterium" nennen. Dieses Kriterium würde entweder selbst eine Erkenntnis sein oder nicht. Wäre es eine Erkenntnis, so würde es gerade dem Bereich des Problematischen angehören, über dessen Gültigkeit erst mit Hülfe des erkenntnistheoretischen Kriteriums entschieden werden soll. Es kann also nicht selbst eine Erkenntnis sein. Ist aber das erkenntnistheoretische Kriterium keine Erkenntnis, so müßte es doch, um anwendbar zu sein, bekannt sein, d. h. wir müßten erkennen können, daß es ein Kriterium der Wahrheit ist. Um aber diese Erkenntnis des Kriteriums zu gewinnen, müßten wir das Kriterium schon anwenden. Wir kommen also in beiden Fällen auf einen Widerspruch. Ein erkenntnistheoretisches Kriterium ist folglich unmöglich, und es kann daher keine Erkenntnistheorie geben. – *Nelson, Leonard. Philosoph und Pädagoge. - * Berlin 11.7.1882, † Göttingen 29.10.1927. 1904 Prom. in Göttingen; 1909 dort*

Habil.; 1919 dort a. o. Prof.; gründet 1904 neue Folge der Abhandlungen der Fries'schen Schule *und später die* Fries-Gesellschaft. Über das sogenannte Erkenntnisproblem, *1908;* Die Unmöglichkeit der Erkenntnistheorie, *1911. Auf Cassirers Kritik an Nelsons Philosophie in* Der kritische Idealismus und die Philosophie des "gesunden Menschenverstandes", *1906, folgt eine ausgedehnte, nicht unpolemische Kontroverse mit Mitgliedern der Nelson-Schule.*

[186] Theorie des »Belief«] *Siehe* Hume: A Treatise of Human Nature, *1896, Book 1, Part 3, Sect. 10:* Of the influence of belief. *Für Hume ist* belief *(Überzeugung) eine Empfindung und hängt weder vom Willensentschluß noch vom Denken ab. – Hume, David. Philosoph und Historiker. - * Edinburgh 7.5.1711, † ebd. 25.8.1776. 1734-1737 in Frankreich; 1746-1749 Sekretär von General St. Clair; 1752-1757 Bibliothekar in Edinburgh, 1763-1766 Tätigkeit an der Pariser Botschaft; 1767-1769 in London als Unter-Staatssekretär; 1769 in Edinburgh.* A Treatise of Human Nature, *3 Bde., 1739-1740 (dt.:* Ein Traktat über die menschliche Natur*);* An Enquiry concerning Human Understanding, *1748 (dt.:* Eine Untersuchung über den menschlichen Verstand*);* An Enquiry concerning the Principles of Morals, *1751 (dt.:* Untersuchung über die Prinzipien der Moral*);* The History of Great Britain, *2 Bde., 1754-1757.*

[187] "Leichtsinn" (Hume cf. Treatise ...)] *Siehe* Hume: A Treatise of Human Nature, *1896, Book 1, Part 4, Sect. 2, S. 218:* As the sceptical doubt arises naturally from a profound and intense reflection on those subjects, it always encreases, the farther we carry our reflections, whether in opposition or conformity to it. Carelessness and in-attention alone can afford us any remedy. (Hume: Über den Verstand, *1904, S. 287:* Da der skeptische Zweifel das natürliche Ergebnis jedes gründlichen und intensiven Nachdenkens über die dabei in Betracht kommenden Fragen ist, so wird er um so stärker, je weiter wir unser Nachdenken treiben, mögen wir dies tun, um den Zweifel zu bekämpfen oder um ihn zu rechtfertigen. Sorglosigkeit und Nichtachten <auf die Zweifelsgründe>, das allein kann uns heilen.*)*.

[188] Der (psychologische) belief ... im System Humes] *Zur Unbeweisbarkeit von* belief *s.* Hume: A Treatise of Human Nature, *1896, Book 1, Part 3, Sect. 10, S. 118-123:* Of the influence of belief.

[189] Jacobis Lehre vom »Glauben«] *Siehe z. B.* Jacobi: Ueber die Lehre des Spinoza, in Briefen an Herrn Moses Mendelssohn. *In:* Werke, *Bd. 4, S. 210 f.:* Die Ueberzeugung durch Beweise ist eine Gewißheit aus der zweiten Hand, beruht auf Vergleichung, und kann nie recht sicher und vollkommen seyn. Wenn nun jedes Fürwahrhalten, welches nicht aus Vernunftgründen entspringt, Glaube ist, so muß die Ueberzeugung aus Vernunftgründen selbst aus dem Glauben kommen, und ihre Kraft von ihm allein empfangen. – Durch den Glauben wissen wir, daß wir einen Körper haben, und daß ausser uns andere Körper und andere denkende Wesen vorhanden sind. *Vgl.* EP, *Bd. 3, S. 32, wo diese Stelle zitiert ist. – Jacobi, Friedrich Heinrich. Philosoph und Schriftsteller. - * Düsseldorf 25.1.1743, † München 10.3.1819. 1764 Übernahme des väterlichen Geschäfts; 1807-1812* Präsident der Bayerischen Akademie der Wissenschaften *in München.* Aus Eduard Allwills Papieren,*1775-1776;* Woldemar, *1779;* Über die Lehre des Spinoza, in Briefen an Herrn Moses Men-

delssohn, *1785;* David Hume, über den Glauben, oder Idealismus und Realismus, *1787.*

[190] s. Jacobi .. / u. Erkenntnisproblem III] *Zu Jacobi s.* EP, *Bd. 3, S. 17-33.*

[191] Dilthey, Über die Gründe] *Siehe* Dilthey: Beiträge zur Lösung der Frage vom Ursprung unseres Glaubens an die Realität der Aussenwelt und seinem Recht, *1890, S. 982 f.:* Ich erkläre den Glauben an die Aussenwelt nicht aus einem Denkzusammenhang, sondern aus einem in Trieb, Wille und Gefühl gegebenen Zusammenhang des Lebens, der dann durch Processe, die den Denkvorgängen aequivalent sind, vermittelt ist. [...] Aus dem Eigenleben, aus den Trieben, Gefühlen, Volitionen, welche es bilden und deren Aussenseite nur unser Körper ist, scheint mir nun innerhalb unserer Wahrnehmungen die Unterscheidung von Selbst und Object, von Innen und Aussen zu entspringen.

[192] rücken 'von Ort zu Ort'] *Siehe* Goethe: Faust, *Z. 1972-1975:* Es erben sich Gesetz' und Rechte / Wie eine ew'ge Krankheit fort; / Sie schleppen von Geschlecht sich zum Geschlechte, / Und rücken sacht von Ort zu Ort. (WA, *Bd. 14, S. 92).*

[193] Die letzten »Invarianten« ... Relativitäts-Theorie] *Zur Relativitätstheorie als Illustration des abhängigen Charakters aller Invarianten s.* ER, *S. 40:* Wahrhaft invariant sind niemals irgendwelche Dinge, sondern immer nur gewisse Grundbeziehungen und funktionale Abhängigkeiten, die wir in der symbolischen Sprache unserer Mathematik und Physik in bestimmten Gleichungen festhalten. *Vgl. S. 42:* Die Gesetze des Geschehens ohne alle Relation zu irgend einem Bezugssystem erkennen zu wollen, ist ein unvollziehbares und widerspruchvolles Verlangen: – nur das kann gefordert werden, daß der Inhalt dieser Gesetze von der Individualität des Bezugssystems nicht abhängig ist.

[194] cf. **A2**.] *Siehe vorliegenden Bd., S. 119-122.*

[195] "Positivismus" des Wiener Kreises] *Zu den Wissenschaftlern des* Wiener Kreises, *die sich zwischen ca. 1907 und Ende der 1930er Jahre in Wien trafen, gehörten u. a. die Mathematiker Hans Hahn und Kurt Gödel, der Physiker Philipp Frank, der Philosoph und Ökonom Otto Neurath und die Philosophen Rudolf Carnap, Herbert Feigl, Moritz Schlick und Friedrich Waismann. Siehe ihr Manifest* Wissenschaftliche Weltanschauung. Der Wiener Kreis, *1929. Die Ideen des* Wiener Kreises *wurden in Schweden durch den Philosophen Åke Petzäll verbreitet, u. a. in:* Logistischer Positivismus, *1931, sowie vor allem durch die von ihm gegründete Zeitschrift* Theoria, *dessen Hrsg. er 1935-1957 war. Petzäll war 1935-1939 Cassirers Kollege in Göteborg. Mittels logischer Analyse des philosophischen Sprachgebrauchs und eines Festhaltens am Kriterium der empirischen Verfizierbarkeit versuchten Denker des Wiener Kreises, metaphysische Fragestellungen als unwissenschaftlich bzw. sinnlos aufzuzeigen.*

[196] Basis] *In der folgenden Diskussion verwendet Cassirer das Wort* Basis *im Hinblick auf* Carnap: Der logische Aufbau der Welt, *Teil III, Kap. C:* Die Basis. *Für Carnap bedeutet* Basis *die* Grundgegenstände *eines* Konstitutionssystems. *Siehe bes. Teil I, Kap.* A, *Abschnitt 2:* Was heißt "konstituieren"?; *S. 2:* Unter einem "Konstitutionssystem" verstehen wir eine stufenweise Ordnung der Gegenstände derart, daß die Gegenstände einer jeden Stufe aus denen der niederen Stufen konstituiert werden. Wegen der Transitivität der Zurückführbar-

keit werden dadurch indirekt alle Gegenstände des Konstitutionssystems aus den Gegenständen der ersten Stufe konstituiert; diese "Grundgegenstände" bilden die "Basis" des Systems. *Carnap geht von einer* eigenpsychischen Basis *aus und nennt deshalb seine Vorgehensweise* methodischen Solipsismus *(Abschnitt 64, S. 86).*

197 Basis in der »Wahrnehmung«] *Cassirer hat hier vermutlich Carnaps Lehre von den* Elementarerlebnissen *im Sinn. Siehe* Carnap: Der logische Aufbau der Welt, *Abschnitt 67:* Die Wahl der Grundelemente: die "Elementarerlebnisse". *Carnap kritisiert dabei die Auffassung Machs, wonach einfache Empfindungen eine Ausgangsbasis bilden, und knüpft dagegen explizit an die Gestalttheorie Wertheimers und Köhlers an. Siehe bes. S. 91 f.:* Man könnte etwa daran denken, die letzten Bestandteile, die sich bei psychologischer und phänomenologischer Analyse der Erlebnisse ergeben, als Grundelemente zu nehmen, also etwa einfachste Sinnesempfindungen (wie Mach ‹Anal.›), oder allgemeiner: psychische Elemente verschiedener Arten, aus denen die Erlebnisse aufgebaut werden könnten. Bei näherer Betrachtung müssen wir jedoch erkennen, daß in diesem Falle nicht das Gegebene selbst, sondern Abstraktionen daraus, also etwas erkenntnismäßig Sekundäres, als Grundelemente genommen werden. Zwar sind Konstitutionssysteme, die von solchen Grundelementen ausgehen, ebenso berechtigt und durchführbar, wie etwa Systeme mit physischer Basis. Da wir jedoch von unserem Konstitutionssystem auch die Berücksichtigung der erkenntnismäßigen Ordnung der Gegenstände verlangen wollten (§ 54), so müssen wir von dem ausgehen, was zu allem anderen erkenntnismäßig primär ist, vom "Gegebenen", und das sind die Erlebnisse selbst in ihrer Totalität und geschlossenen Einheit.

198 »Physikalismus« ... Basis zu eng genommen] *Für Carnap, im Anschluß an Neurath, heißt* Physikalismus *die Auffassung, daß die physikalische Sprache die* Universalsprache *ist. Demnach sind alle Beobachtungssätze private Beschreibungen, bis sie in die Form physikalischer Beschreibung gebracht werden; daraus ergibt sich die These der Einheitswissenschaft. Siehe* Carnap: Die physikalische Sprache als Universalsprache der Wissenschaft, *1931, S. 462:* Der Deutlichkeit wegen mag man anstatt oder neben der Bezeichnung "physikalische Sprache" die Bezeichnung "physikalistische Sprache" verwenden, wenn man die Universalsprache meint, die außer der physikalischen Terminologie (im engeren Sinne) auch alle jene Sonderterminologien (z. B. eine biologische, eine psychologische, eine soziologische) enthält, wobei diese aber durch ihre Definitionen auf die Basis physikalischer Bestimmungen zurückgeführt sein müssen.

199 "Die Geisterwelt ... ist tot ..."] *Siehe* Goethe: Faust, *Z. 443 f.:* "Die Geisterwelt ist nicht verschlossen; / "Dein Sinn ist zu, dein Herz ist todt! (WA, *Bd. 14, S. 30).*

200 *Carnap, Rudolf. Philosoph und Logiker. - * Ronsdorf bei Barmen 18.5.1891, † Santa Monica (California, USA) 14.9.1970. 1921 Prom. in Jena; 1926 Habil. in Wien; 1931 a. o. Prof. in Prag; 1936-1952 Prof. in Chicago; 1954-1961 in Los Angeles. Repräsentativer Denker des Wiener Kreises.* Der logische Aufbau der Welt, *1928;* Logische Syntax der Sprache, *1934;* Meaning and Necessity, *1947;* Logi-

cal Foundations of Probability, *1950. Carnap und Cassirer sind einander 1929 bei den Davoser Hochschulkursen begegnet.*

201 "Universalsprache der Wissenschaft"] *Siehe* Carnap: Die physikalische Sprache als Universalsprache der Wissenschaft, *1931.*

202 Wurm-Einwand] *Siehe* Carnap: Scheinprobleme in der Philosophie, *1928; § 11, S. 40 beschreibt Carnap diesen, von ihm sogenannten Wurm-Einwand:* [...] in der Aussage "dieses Tier hier hat Bewußtsein" muß doch mehr liegen als in der bloßen Angabe, das Tier zeige bei bestimmten Reizen bestimmte, beobachtbare Reaktionen; denn jene Aussage hat Einfluß auf mein Handeln; wenn ich weiß, daß der Wurm Schmerz fühlt, so trete ich ihn nicht; während mich die bloße Beobachtung, daß er sich dabei krumm legt, nicht daran zu hindern braucht.

203 (Schopenhauer – Festung – Irrenhaus etc.)] *Siehe* Schopenhauer: Die Welt als Wille und Vorstellung, *Bd. 1, Buch 2, § 19, S. 124 f.:* Der theoretische Egoismus ist zwar durch Beweise nimmermehr zu widerlegen: dennoch ist er zuverlässig in der Philosophie nie anders, denn als skeptisches Sophisma, d. h. zum Schein gebraucht worden. Als ernstliche Ueberzeugung hingegen könnte er allein im Tollhause gefunden werden: als solche bedürfte es dann gegen ihn nicht sowohl eines Beweises, als einer Kur. Daher wir uns insofern auf ihn nicht weiter einlassen, sondern ihn allein als die letzte Feste des Skeptizismus, der immer polemisch ist, betrachten. Bringt nun also unsere stets an Individualität gebundene und eben hierin ihre Beschränkung habende Erkenntniß es nothwendig mit sich, daß Jeder nur Eines seyn, hingegen alles andere erkennen kann, welche Beschränkung eben eigentlich das Bedürfniß der Philosophie erzeugt; so werden wir, die wir eben deshalb durch Philosophie die Schranken unserer Erkenntniß zu erweitern streben, jenes sich uns hier entgegenstellende skeptische Argument des theoretischen Egoismus ansehen als eine kleine Gränzfestung, die zwar auf immer unbezwinglich ist, deren Besatzung aber durchaus auch nie aus ihr herauskann, daher man ihr vorbeigehen und ohne Gefahr sie im Rücken liegen lassen darf.

204 (cf. A1)] *Dieser Querverweis bezieht sich vermutlich auf die in der Disposition* (A1) *am Anfang von Konvolut 184c erörterten Alternativen zum* syllogistischen Beweis, *die dort als die* Theorie der unmittelbaren Erkenntnis *und die* kritische Lösung *bezeichnet werden.*

205 Theorie des "Analogieschlusses" ... Scheler] *Siehe* Scheler: Wesen und Formen der Sympathie, *1923, S. 274:* Sowohl die Theorie, daß es "Analogieschlüsse" seien, die dazu führen, bei Wahrnehmung von unseren eigenen Ausdrucksbewegungen gleichartigen Ausdrucksbewegungen, die wir als Folgen unserer individuellen Ichtätigkeit erleben, auf gleichartige Ichtätigkeiten im Anderen zu schließen; als die besonders von Th. Lipps vertretene Theorie, daß jene Annahme ein durch einen "Einfühlungsprozeß" des Ich in die fremde Körpererscheinung fundierter "Glaube" an fremde seelische Existenzen sei, waren bisher Mittel, jene Schwierigkeiten zu lösen. Beide Theorien vermögen ihr Ziel indes nicht zu erreichen. *Scheler kritisiert die Theorie des "Analogieschlusses" a. a. O., S. 274-277.*

206 »common sense« (cf. Reid)] *Vgl. vorliegenden Bd., S. 115 mit Hrsg.-Anm. 183.*

[207] Die Ausdrucksfunktion ... conscience] *Anspielung auf Bergson; s. vorliegenden Bd., S. 8 mit Hrsg.-Anm. 8.*

[208] Die Ausdrucksfunktion ... ebenso: Klages...] *Siehe den Abschnitt* 1. 'Geist' und 'Leben': Klages *im vorliegenden Bd., S. 207-210, wo Cassirer diesen Ausgangspunkt von Klages erörtert.*

[209] Die »perception« ... Mühle] *Siehe* Leibniz: Monadologie, *§ 17. In:* Philosophische Schriften, *Bd. 6, S. 609:* Et feignant, qu'il y ait une Machine, dont la structure fasse penser, sentir, avoir perception, on pourra la concevoir aggrandie en conservant les mêmes proportions, en sorte qu'on y puisse entrer comme dans un moulin. Et cela posé, on ne trouvera en la visitant au dedans que des pieces qui poussent les unes les autres, et jamais de quoy expliquer une perception. (Leibniz: Hauptschriften, *Bd. 2, S. 439:* Denkt man sich etwa eine Maschine, deren Einrichtung so beschaffen wäre, daß sie zu denken, zu empfinden und zu perzipieren vermöchte, so kann man sie sich unter Beibehaltung derselben Verhältnisse vergrößert denken, sodaß man in sie wie in eine Mühle hineintreten könnte. Untersucht man alsdann ihr Inneres, so wird man in ihm nichts als Stücke finden, die einander stoßen, niemals aber Etwas, woraus man eine Perzeption erklären könnte.*). Vgl.* Leibniz an Bayle, *undatierter Brief Nr. 10. In:* Philosophische Schriften, *Bd. 3, S. 68:* Et quand on auroit les yeux aussi penetrans qu'on voudroit, pour voir les moindres parties de la structure du corps, je ne voy pas qu'on seroit plus avancé, et l'on y trouveroit l'origine de la perception aussi peu qu'on la trouve maintenant ou dans une montre où les parties constitutives de la Machine sont toutes visibles, ou dans un moulin, où même on peut se promener entre les roues: puisque la difference du moulin et d'une machine plus subtile n'est que de plus et du moins. On peut concevoir que la machine produise les plus belles choses du monde, mais jamais qu'elle s'en aperçoive. (Und auch wenn man die schärfsten Augen hätte, um die kleinsten Teile des Körperaufbaus zu sehen, sehe ich nicht, wie man dann besser daran ist, den Ursprung der Wahrnehmung zu entdecken oder diese in einer Uhr zu finden, in den Bestandteilen einer Maschine, die alle sichtbar sind, oder in einer Mühle, selbst wenn man zwischen den Rädern spazieren könnte: denn der Unterschied zwischen einer Mühle und einer noch feineren Maschine ist nichts weiter als der zwischen mehr oder weniger. Man kann begreifen, wie eine Maschine die schönsten Sachen dieser Welt produziert, aber niemals, daß sie sie wahrnimmt.*).*

[210] ce moy qui dit beaucoup] *Siehe* Leibniz: Discours de métaphysique. *In:* Philosophische Schriften, *Bd. 4, S. 459 f.:* Mais l'ame intelligente connoissant ce qu'elle est, et pouvant dire ce MOY, qui dit beaucoup, ne demeure pas seulement et subsiste Metaphysiquement, bien plus que les autres, mais elle demeure encor la même moralement et fait le même personnage. Car c'est le souvenir, ou la connoissance de ce moy, qui la rend capable de chastiment et de recompense. (Leibniz: Hauptschriften, *Bd. 2, S. 183:* Die verstandesbegabte Seele aber, die weiß, was sie ist und die jenes "Ich" auszusprechen vermag, das viel besagt, besteht nicht nur im metaphysischen Sinne fort – obgleich sie auch dies in höherem Grade als die andern tut – sondern sie bleibt auch moralisch dieselbe und macht dieselbe Persönlichkeit aus. Denn es ist die Erkenntnis dieses Ich

und die Erinnerung daran, die sie der Strafe und Belohnung zugänglich macht.*).*

[211] Cohn gegen Carnap: S. 65 f.] *Siehe* Cohn: Kritische Bemerkungen zur neupositivistischen Erkenntnislehre, namentlich zu der Carnaps, *1936, bes. S. 66, Anm.:* Carnap's Objektivismus, sein Mißkennen des Subjekts, zeigt sich darin, daß "mein Leib" von ihm als Sehding abgeleitet wird. (Aufbau § 94, S. 132; § 129, S. 171.). – *Cohn, Jonas. Philosoph und Pädagoge. - * Görlitz 2.12.1869, † Birmingham (England) 12.1.1947. 1892 Prom. in Berlin als Pflanzenphysiologe; 1892 in Leipzig, bei Wundt, Volkelt und Külpe; 1897 Habil. in Freiburg/Br.; 1901 dort a. o. Prof; 1919-1933 Prof.; 1933 Zwangspensionierung; 1933 Emigration nach England.* Experimentelle Untersuchungen über die Gefühlsbetonung der Farben, Helligkeiten und ihrer Kombinationen, *1894;* Die Gefühlswirkung der Begriffe, *1894/95;* Allgemeine Ästhetik, *1901;* Voraussetzungen und Ziele des Erkennens, *1908;* Wertwissenschaft, *2 Bde., 1932.*

[212] *δός μοὶ ποῦ στῶ*] *Siehe* Archimedes: *δός μοὶ ποῦ στῶ καὶ κινῶ τὴν γῆν.* (Gib mir einen Punkt, auf dem ich stehen kann, und ich bewege die Erde.*). Siehe in:* Pappi Alexandrini collectionis, *Bd. 3, S. 1060.*

[213] 'Hypothese π'] *π = Persönlichkeit; s.* Schrödinger: Quelques remarques au sujet des bases de la connaissance scientifique, *1935, bes. S. 186:* Pour être bref, je désignerai l'hypothèse qui s'o p p o s e au solipsisme par la lettre P («personnalité» des créatures qui m'entourent). (Um es kurz zu sagen, ich bezeichne die Hypothese, die dem Solipsismus entgegengesetzt ist, mit dem Buchstaben P ("Persönlichkeit" für die Geschöpfe, die mich umgeben).*). – Schrödinger, Erwin. Physiker. - * Wien 12.8.1887, † Alpach (Österreich) 4.1.1961. 1927-1933 Prof. in Berlin als Nachfolger Max Plancks; 1933 Nobelpreis für Physik; 1933-1936 Oxford; 1936-1938 Graz; 1939-1956 an dem für ihn eingerichteten* Institute for Advanced Studies *in Dublin (Irland).* Abhandlungen zur Wellenmechanik, *1927. Bekanntschaft mit Cassirer im englischen Exil.*

[214] (cf. Schrödinger ...)] *Die leer gebliebene Angabe sollte vermutlich auf die gerade erwähnten* 'Hypothese π' *Schrödingers hinweisen.*

[215] Von hier aus weiter] *Vielleicht ein Hinweis auf den Anschluß an den folgenden Abschnitt.*

[216] (cf. auch Natorp, Psychologie 1. Aufl.!)] *Siehe* Natorp: Einleitung in die Psychologie nach kritischer Methode, *1888, § 4, bes. S. 13:* Der Mittelpunkt eines Kreises gehört mit den Punkten der Peripherie doch in e i n e Ordnung der Gegenstände, er hat zu ihnen ein Verhältniss gleicher Art, wie sie zu ihm. Nicht so in unserem Falle: das Ich, als das subjective Beziehungscentrum zu allen mir bewussten Inhalten, steht diesen Inhalten unvergleichlich gegenüber, es hat zu ihnen nicht eine Beziehung gleicher Art wie sie zu ihm, es ist nicht seinen Inhalten bewusst wie der Inhalt ihm; es zeigt sich ebendarin nur sich selber gleich, dass wohl Anderes ihm, aber nie es selbst einem Andern bewusst sein kann. Es kann selbst nicht Inhalt werden und ist in nichts dem gleichartig, was irgend Inhalt des Bewusstseins sein mag.

[217] Goethe Maximen 391-93 ... Gott und der Natur ...] *Cassirer zitiert nach Heckers Ausg.:* Goethe: Maximen und Reflexionen, *1907, S. 76f:* – 391. Das Höchste, was wir von Gott und der Natur erhalten haben, ist das Leben, die

rotirende Bewegung der Monas um sich selbst, welche weder Rast noch Ruhe kennt; der Trieb, das Leben zu hegen und zu pflegen, ist einem jeden unverwüstlich eingeboren, die Eigenthümlichkeit desselben jedoch bleibt uns und andern ein Geheimniß.
392. Die zweite Gunst der von oben wirkenden Wesen ist das Erlebte, das Gewahrwerden, das Eingreifen der lebendig-beweglichen Monas in die Umgebungen der Außenwelt, wodurch sie sich erst selbst als innerlich Gränzenloses, als äußerlich Begränztes gewahr wird. Über dieses Erlebte können wir, obgleich Anlage, Aufmerksamkeit und Glück dazu gehört, in uns selbst klar werden; andern bleibt aber auch dieß immer ein Geheimniß.
393. Als Drittes entwickelt sich nun dasjenige, was wir als Handlung und That, als Wort und Schrift gegen die Außenwelt richten; dieses gehört derselben mehr an als uns selbst, so wie sie sich darüber auch eher verständigen kann, als wir es selbst vermögen; jedoch fühlt sie, daß sie, um recht klar darüber zu werden, auch von unserm Erlebten soviel als möglich zu erfahren habe. Weßhalb man auch auf Jugendanfänge, Stufen der Bildung, Lebenseinzelnheiten, Anekdoten und dergleichen höchst begierig ist. - *Im folgenden wird wiederholt Bezug genommen auf diese drei Maximen. Schon in* FF, *S. 281, wurden die beiden ersten Maximen besprochen und der Terminus* Monas *als ein Zurückgreifen Goethes auf die Grundkategorien der Leibnizschen Monadenlehre gedeutet. Vgl. auch Cassirers Kommentar zur* Monadologie *in:* Leibniz: Hauptschriften, *Bd. 2, S. 437, Anm. 482:* So gelangen wir zum Begriff der "Monade" als der "geprägten Form, die lebend sich entwickelt". *Zu diesem Goethe-Wort s. Hrsg.-Anm. 221.*

[218] Leben ... als Prozeß, als Bewegung zu verstehen ist] *Vgl.* Cassirer: Goethes Idee der Bildung und Erziehung, *1932, S. 343:* Goethe sieht die Göttlichkeit des Alls in seiner inneren Lebendigkeit, in seinem Werden, seiner Entfaltung, seiner Bildung und Umbildung schlechthin. Und es gibt für ihn weder ein natürliches noch ein geistiges Sein, das nicht von solcher Lebens- und Werdelust erfüllt und durchströmt ist. Hier liegt für ihn das eigentliche Urphänomen, [...].

[219] the »stream of consciousness«] *Siehe* James: The Principles of Psychology, *Bd. 1, S. 239:* In talking of it [consciousness] hereafter, let us call it the stream of thought, of consciousness, or of subjective life. (Wenn wir vom Bewußtsein sprechen, wollen wir es von nun an den Strom des Denkens, des Bewußtseins oder des subjektiven Lebens nennen.*). – James, William. Psychologe und Philosoph. - *New York 11.1.1842, † Chocorua (New Hampshire, USA) 26.8.1910. 1869 Dr. med. an der Harvard University, lehrt 1872-1907 an der Harvard University, zuletzt als Prof. der Philosophie.* Principles of Psychology, *2 Bde., 1890 (dt.:* Psychologie*);* Pragmatism, *1907 (dt.:* Der Pragmatismus*);* A Pluralistic Universe, *1909 (dt.:* Das pluralistische Universum*);* Essays in Radical Empiricism, *1912.*

[220] Leben ... als Urphaenomen hinnehmen] *Siehe z. B.* Goethe: Versuch einer Witterungslehre. *In:* WA, *Abt. 2, Bd. 12, S. 74:* Das Wahre, mit dem Göttlichen identisch, läßt sich niemals von uns direct erkennen, wir schauen es nur im Abglanz, im Beispiel, Symbol, in einzelnen und verwandten Erscheinungen; wir werden es gewahr als unbegreifliches Leben und können dem Wunsch nicht

entsagen, es dennoch zu begreifen. *Vgl. Cassirers Diskussion dieser Passage und der Unerklärbarkeit von* Leben *in* Language and Art II *(entstanden 1942), 1979, S. 193-195.*

[221] Urworte, Orphisch: *Δαίμων*] *Siehe* Goethe: Urworte. Orphisch. *ΔΑΙΜΩΝ,* Dämon. *In:* WA, *Bd. 3, S. 95:* Wie an dem Tag, der dich der Welt verliehen, / Die Sonne stand zum Gruße der Planeten, / Bist alsobald und fort und fort gediehen, / Nach dem Gesetz wonach du angetreten. / So mußt du sein, dir kannst du nicht entfliehen, / So sagten schon Sibyllen, so Propheten; / Und keine Zeit und keine Macht zerstückelt / Geprägte Form die lebend sich entwikkelt.

[222] (cf. Fichte ... Nicht-Ich)] *Siehe* Fichte: Grundlage der gesammten Wissenschaftslehre. *In:* Fichte: Sämmtliche Werke, *Bd. 1, S. 127:* das Ich setzt sich, als bestimmt durch das Nicht-Ich.

[223] 3,58 ... Tat] *Vgl. Goethes* Wanderlied. *In:* WA, *Bd. 3, S. 58. Dort heißt es* unbedingten *statt* u n *bedingten und* That *statt* Tat.

[224] *τύχη* (zweite Stufe der »Urworte«)] *Siehe* Goethe: Urworte. Orphisch. *ΤΥΧΗ,* das Zufällige. *In:* WA, *Bd. 3, S. 95:* Die strenge Gränze doch umgeht gefällig / Ein Wandelndes, das mit und um uns wandelt; / Nicht einsam bleibst du, bildest dich gesellig, / Und handelst wohl so wie ein andrer handelt: / Im Leben ist's bald hin- bald wiederfällig, / Es ist ein Tand und wird so durchgetandelt. / Schon hat sich still der Jahre Kreis geründet, / Die Lampe harrt der Flamme die entzündet.

[225] Fichte, Sittenlehre] *Gemeint sind vermutlich Fichtes Ausführungen zur* Freiheit des anderen *in seinem* System der Sittenlehre nach den Principien der Wissenschaftslehre. *In:* Sämmtliche Werke, *Bd. 4, S. 221f., bes. S. 222:* Ich darf nicht selbstständig seyn, zum Nachtheil der Freiheit anderer.

[226] Durch Erkennen ... was an Dir ist] *Siehe* Goethe: Maximen und Reflexionen, *1907, Nr. 442, S. 93:* Wie kann man sich selbst kennen lernen? Durch Betrachten niemals, wohl aber durch Handeln. Versuche, deine Pflicht zu thun, und du weißt gleich, was an dir ist.

[227] Der Mensch erkennt (Tasso)] *Siehe* Goethe: Torquato Tasso. *In:* WA, *Bd. 10, S. 154: (Antonio)*: Inwendig lernt kein Mensch sein Innerstes / Erkennen; denn er mißt nach eignem Maß / Sich bald zu klein und leider oft zu groß. / Der Mensch erkennt sich nur im Menschen, nur / Das Leben lehret jedem was er sei.

[228] *πρᾶξις* und *ποίησις* (Aristoteles)] *Handeln und Hervorbringen; s.* Aristoteles: Nikomachische Ethik, *1140a1f.: Τοῦ δ ἐνδεχομένου ἄλλως ἔχειν ἔστι τι καὶ ποίητὸν καὶ πρακτόν, ἕτερον δ' ἐστὶ ποίησις καὶ πρᾶξις[.]* (Aristoteles: Nikomachische Ethik, *1967, S. 125:* Bei dem, was Veränderung zuläßt, ist die Möglichkeit des Hervorbringens und die des Handelns zu unterscheiden.*).*

[229] cf. Bühler über Sprache als Poiesis] *Siehe* Bühler: Sprachtheorie, *1934, § 4:* Sprechhandlung und Sprachwerk; Sprechakt und Sprachgebilde, *bes. S. 52f. Vgl. vorliegenden Bd., S. 187 mit Hrsg.-Anm. 372.*

[230] Spricht die Seele ...] *Hinweis auf* Schiller: Sprache, Votivtafeln, *Spruch Nr. 41. In:* Sämtliche Werke, *Bd. 1, S. 149:* Warum kann der lebendige Geist dem Geist nicht erscheinen? / Spricht die Seele, so spricht, ach! schon die Seele nicht mehr.

231 (cf. Simmel ... zwingt -)] Simmel: Der Begriff und die Tragödie der Kultur, *1923, S. 236f.*

232 ach unsre Taten ... Drang] *Vgl.* Goethe: Faust, *Z. 632f.:* Ach! unsre Thaten selbst, so gut als unsre Leiden, / Sie hemmen unsres Lebens Gang. (WA, *Bd. 14, S. 37).*

233 cf. Goethes Prometheus ... denn sie s i n d] *Siehe* Goethe: Prometheus. *In:* WA, *Bd. 39, S. 201:* So bin ich ewig, denn ich bin!

234 'was er webt ... Weber'] *Siehe* Heine: Jehuda ben Halevy, *aus dem Gedichtzyklus* Romanzero. *In:* Heines sämtliche Werke, *Bd. 3, S. 126:* Jahre kommen und vergehen – / In dem Webstuhl läuft geschäftig / Schnurrend hin und her die Spule – / Was er webt, das weiß kein Weber. *– Heine, Heinrich. Dichter, Schriftsteller, Kritiker. - *Düsseldorf 13.12.1797, † Paris 17.2.1856. 1819-1823 Jura-Studium in Bonn, Göttingen und Berlin; 1825 Prom. in Göttingen; seit 1831 in Paris als Zeitungskorrespondent und freier Schriftsteller. Das Buch der Lieder, 1827;* Zur Geschichte der Religion und Philosophie in Deutschland, *1834;* Die Romantische Schule, *1836;* Deutschland. Ein Wintermärchen, *1844.*

235 "eher verständigen ... vermögen"] *Anspielung auf Kants Bemerkung zur Platon-Deutung in der* KrV, *A 314 / B 370:* Ich merke nur an, daß es gar nichts Ungewöhnliches sei, sowohl im gemeinen Gespräche als in Schriften durch die Vergleichung der Gedanken, welche ein Verfasser über seinen Gegenstand äußert, ihn sogar besser zu verstehen, als er sich selbst verstand, [...]. *(In:* Werke, *Bd. 3, S. 256f.).*

236 Litt / Einleit., S. 4ff.] *Siehe* Litt: Einleitung in die Philosophie, *1933, S. 5-10:* Die Reflexion, *sowie S. 10-14:* Die Reflexion zweiten Grades.

237 »Oberfläche« ... Diderot, Versuch über die Malerei] *Siehe Goethes Bemerkung in seiner Übertragung von Diderots* Essai sur la peinture. Diderot's Versuch über die Mahlerei. *In:* WA, *Bd. 45, S. 254:* Eine vollkommene Nachahmung der Natur ist in keinem Sinne möglich, der Künstler ist nur zur Darstellung der Oberfläche einer Erscheinung berufen. *– Diderot, Denis. Philosoph und Schriftsteller. - *Langres 5.10.1713, † Paris 31.7.1784. 1751-1772 Hrsg. der* Encyclopédie, *1. Bd.: 1751, letzter, 28. Bd.: 1772. Autor von darin enthaltenen programmatischen Artikeln, u.a.:* Art, Encyclopédie, Philosophie. Jacques le fataliste et son maître, *2 Bde., 1796 (dt.:* Jaques, der Fatalist*);* Le Neveu de Rameau, *entstanden um 1761-1774 (dt.:* Der Neffe des Rameau*);* Rêve de d'Alembert, *entstanden 1769 (dt.:* Der Traum d'Alemberts*).*

238 am »farbigen Abglanz« hat s i e ihr Leben] *Vgl.* Goethe: Faust II, Z. *4727:* Am farbigen Abglanz haben wir das Leben. (WA, *Bd. 15.1, S. 7).*

239 (cf. Goethe u. Platon)] *Vermutlich ist eine Bemerkung Goethes gemeint, die Cassirer ohne Angabe der Ausg. zitiert in* Goethe und Platon, *1932, S. 123 (hier zitiert nach* Goethe: Diderot's Versuch über die Mahlerei. *In:* WA, *Bd. 45, S. 260):* Die Kunst übernimmt nicht mit der Natur, in ihrer Breite und Tiefe, zu wetteifern, sie hält sich an die Oberfläche der natürlichen Erscheinungen; aber sie hat ihre eigne Tiefe, ihre eigne Gewalt; sie fixirt die höchsten Momente dieser oberflächlichen Erscheinungen, indem sie das Gesetzliche darin anerkennt.

240 Vom Absoluten ... 261] *Siehe* Goethe: Maximen und Reflexionen, *1907, Nr. 261, S. 47:* Vom Absoluten in theoretischem Sinne wag' ich nicht zu reden;

behaupten aber darf ich, daß, wer es in der Erscheinung anerkannt und immer im Auge behalten hat, sehr großen Gewinn davon erfahren wird.

241 Aber ... nichts weiter zu erklären ist] *Vgl. Goethes Äußerung zu Eckermann am 18.2.1829 in:* Goethes Gespräche, *Bd. 4, Nr. 2661, S. 72:* Das Höchste, wozu der Mensch gelangen kann, [...] ist das Erstaunen, und wenn ihn das Urphänomen in Erstaunen setzt, so sei er zufrieden; ein Höheres kann es ihm nicht gewähren, und ein Weiteres soll er nicht dahinter suchen: hier ist die Grenze. Aber den Menschen ist der Anblick eines Urphänomens gewöhnlich noch nicht genug, sie denken, es müsse noch weiter gehen, und sie sind den Kindern ähnlich, die wenn sie in einen Spiegel geguckt, ihn sogleich umwenden, um zu sehen, was auf der anderen Seite ist.

242 als die wahre Wünschelrute brauchen] *Vgl.* Goethe: Maximen und Reflexionen, *1907, Nr. 713, S. 158:* Lichtenbergs Schriften können wir uns als der wunderbarsten Wünschelruthe bedienen: wo er einen Spaß macht, liegt ein Problem verborgen.

243 Goethe Urphaen.: ... Formbegr. u. / Kausalbegriff, Bl. I] *Siehe Cassirers Diskussion des Urphänomens in* Formproblem und Kausalproblem *in:* LK, *S. 109f. Diese Randbemerkung bezieht sich vermutlich auf das (nicht mehr erhaltene) Ms. zu* LK.

244 "Kuppler Verstand"] *Anspielung auf* Goethe: Maximen und Reflexionen, *1907, Nr. 412, S. 82:* Vor den Urphänomenen, wenn sie unseren Sinnen enthüllt erscheinen, fühlen wir eine Art von Scheu, bis zur Angst. Die sinnlichen Menschen retten sich in's Erstaunen; geschwind aber kommt der thätige Kuppler Verstand und will auf seine Weise das Edelste mit dem Gemeinsten vermitteln.

245 das Unmittelbar-Gewisse ... reduzieren sucht (Physik, Farbe!)] *Vgl.* Goethe: Maximen und Reflexionen, *1907, Nr. 580, S. 126:* Unser Fehler besteht darin, daß wir am Gewissen zweifeln und das Ungewisse fixieren möchten. Meine Maxime bei der Naturforschung ist, das Gewisse festzuhalten und dem Ungewissen aufzupassen.

246 τί ἐστι] *Was ist es? Zur Sokratischen Gesprächsführung durch das Medium dieser Frage s.* PG, *S. 80.*

247 Sokrates ... εἶδος als τέλος] *Vgl.* PG, *S. 79f. über den Sokratischen Begriff als Ziel des Denkens.*

248 ὁ δὲ ἀνεξέταστος βίος οὐ βιωτὸς ἀνθρώπῳ] *Siehe* Platon: Apologia Socratis, *38a5f.* (Platon: Des Sokrates Vertheidigung, *S. 153:* [...] ein Leben ohne Selbsterforschung aber gar nicht verdient gelebt zu werden, [...].*)*.

249 von Aristophanes ... mit einander verwechselt] *Siehe z. B.* Aristophanes: Nubes, Z. *110ff., 358ff.*

250 ἐμπειρία καὶ τριβή ... Bienen u. Ameisen etc.)] *Erfahrung und Übung; in* Platon: Phaedo, *82a-b, vergleicht Sokrates ein Leben der Selbstbeherrschung und Aufrichtigkeit auf Grund von Gewöhnung und Übung ohne Philosophie und Vernunft mit dem Leben der Bienen, Wespen und Ameisen.*

251 πάντων χρημάτων] *Anspielung auf* Protagoras, *Fragm. B 1. In:* Diels, *Bd. 2, S. 228: πάντων χρημάτων μέτρον ἐστὶν ἄνθρωπον εἶναι,* [...]. (Aller Dinge Maß ist der Mensch, [...].*)*.

252 »andere Form des Grundes« ... Phaidon)] *Siehe* Platon: Phaedo, *97d5-*

98a1: ταῦτα δὴ λογιζόμενος ἄσμενος ηὑρηκέναι ᾤμην διδάσκαλον τῆς αἰτίας περὶ τῶν ὄντων κατὰ νοῦν ἐμαυτῷ, τὸν Ἀναξαγόραν, καί μοι φράσειν πρῶτον μὲν πότερον ἡ γῆ πλατεῖά ἐστιν ἢ στρογγύλη, ἐπειδὴ δὲ φράσειεν, ἐπεκδιηγήσεσθαι τὴν αἰτίαν καὶ τὴν ἀνάγκην, λέγοντα τὸ ἄμεινον καὶ ὅτι αὐτὴν ἄμεινον ἦν τοιαύτην εἶναι· καὶ εἰ ἐν μέσῳ φαίη εἶναι αὐτήν, ἐπεκδιηγήσεσθαι ὡς ἄμεινον ἦν αὐτὴν ἐν μέσῳ εἶναι· καὶ εἴ μοι ταῦτα ἀποφαίνοιτο, παρεσκευάσμην ὡς οὐκέτι ποθεσόμενος αἰτίας ἄλλο εἶδος. (Platon: Phaidon, *S. 60:* Dieses nun bedenkend freute ich mich, dass ich glauben konnte, über die Ursache der Dinge einen Lehrer gefunden zu haben, der recht nach meinem Sinne wäre, an dem Anaxagoras, der mir nun auch sagen werde, zuerst ob die Erde flach ist oder rund, und wenn er es mir gesagt, mir dann auch die Nothwendigkeit der Sache und ihre Ursache dazu erklären werde, indem er auf das bessere zurükkginge, und mir zeigte, dass es ihr besser wäre, so zu sein. Und wenn er behauptete, sie stände in der Mitte, werde er mir dabei erklären, dass es ihr besser wäre in der Mitte zu stehn; und wenn er mir dies deutlich machte, war ich schon ganz entschlossen, dass ich nie mehr eine andere Art von Ursache begehren wollte.*)*.

[253] *λογισμός νόθος*] *Platon spricht von einer Bastardgeburt in* Timaios, *52b2.*

[254] *λόγον διδόναι*] *Siehe* Platon: Phaedo, *78d1.*

[255] Wolfram – Ist zwîvel ...] *Siehe* Wolfram von Eschenbach: Parzival, *1926, S. 13:* Ist zwîvel herzen nâchgebûr, daz muoz der sêle werden sûr. (Wolfram: Parzival, *1885, S. 1:* Wohnt der Zweifel nah dem Herzen, / Das bringt bitt'res Weh der Seele.*)*. – *Wolfram von Eschenbach. Dichter. - * Eschenbach ca. 1170, † ca. 1220. Seit etwa 1203 am Hofe Hermanns von Thüringen.* Minnelieder; Parzival, *1200/10;* Willehalm, *um 1215;* Titurel, *nach 1215.*

[256] letzten 150 Jahre 1781-1831] *Es muß wohl* 1781-1931 *heißen; 1781 ist das Erscheinungsjahr der 1. Aufl. von Kants* KrV.

[257] »originär-gebenden« Intentionen im Sinne Husserls] *Siehe* Husserl: Ideen zu einer reinen Phänomenologie und phänomenologischen Philosophie, *1913, §§ 1, 19, 24, bes. S. 36:* Das unmittelbare »Sehen«, nicht bloß das sinnliche, erfahrende Sehen, sondern das Sehen überhaupt als originär gebendes Bewußtsein welcher Art immer, ist die letzte Rechtsquelle aller vernünftigen Behauptungen. – *Husserl, Edmund. Philosoph. - * Proßnitz (Südmähren) 8.4.1859, † Freiburg/Br. 26.4.1938. 1882 Prom. in Wien; 1887 Habil. in Halle; 1901-1916 Prof. in Göttingen; 1916-1928 Prof. in Freiburg.* Philosophie der Arithmetik, *1891;* Logische Untersuchungen, *2 Bde., 1900, 1901;* Ideen zu einer reinen Phänomenologie und phänomenologischen Philosophie, *Bd. 1, 1913. Cassirer schickt Husserl von 1910 bis zu dessen Tod alle größeren Publikationen und besucht ihn am 19.2.1932 anläßlich eines Vortrages in Freiburg.*

[258] "das Licht und der Weg"] *Anspielung auf* Joh. *8,12.*

[259] (wie Descartes ... folgert)] *Siehe* Descartes: Meditationes, Meditatio VI. *In:* Oeuvres, *Bd. 7, S. 79f.*

[260] durch die Fenster ... hereinkommt] *Anspielung auf* Leibniz: Monadologie, *§ 7. In:* Philosophische Schriften, *Bd. 6, S. 607:* Les Monades n'ont point de fenêtres, par lesquelles quelque chose y puisse entrer ou sortir. *(*Leibniz:

Hauptschriften, *Bd. 2, S. 436:* Die Monaden haben keine Fenster, durch die etwas hinein- oder heraustreten könnte.*)*.

[261] (Diese Drei-Dimensionalität ... beschäftigen muss)] *Eine solche Stellungnahme zur Möglichkeit bzw. Begründung der Drei-Dimensionalität konnte in den Mss. nicht nachwiesen werden.*

[262] (Die Bergson'sche ... durée vécue)] *Zuerst formuliert in Bergsons* Essai sur les données immédiates de la conscience, *1889, S. 149.*

[263] »Bewusstheit überhaupt« ... Schilderung bei Natorp] *Siehe* Natorp: Einleitung in die Psychologie nach kritischer Methode, *1888, S. 1-13, 112.*

[264] Leibniz: status ... praeinvolvit] *Siehe Leibniz' Brief an de Volder, Nr. 29 vom 21.1.1704. In:* Philosophische Schriften, *Bd. 2, S. 262:* Vis autem derivativa est ipse status praesens dum tendit ad sequentem, seu sequentem prae-involvit, uti omne praesens gravidum est futuro. *(*Leibniz: Hauptschriften, *Bd. 2, S. 336:* Die derivative Kraft aber ist der gegenwärtige Zustand selbst, sofern er einem folgenden zustrebt, oder diesen im voraus involviert, wie denn alles Gegenwärtige das Zukünftige in seinem Schoße trägt.*)*.

[265] chargé du passé ... l'avenir] *Siehe* Leibniz: Nouveaux Essais. *In:* Philosophische Schriften, *Bd. 5, S. 48:* On peut même dire qu'en consequence de ces petites perceptions le present est gros de l'avenir et chargé du passé, [...]. (Leibniz: Neue Abhandlungen über den menschlichen Verstand, *1915, S. 11:* Ja man kann sagen, daß vermöge dieser kleinen Perzeptionen die Gegenwart mit der Zukunft schwanger und mit der Vergangenheit erfüllt ist [...].*)*.

[266] (In d i e s e m Sinne als »Leben« ... History as a System. cit.)] *Siehe Ortega y Gassets Beitrag* History as a System *in der Cassirer-Festschrift* Philosophy and History, *1936, bes. S. 307-311. Dort wird Leben als die Präsenz einer Lebensgeschichte erläutert. – Ortega y Gasset, José. Philosoph und Politiker. - * Madrid 6.5.1883, † ebd. 18.10.1955. 1901 Prom. in Madrid; danach Aufenthalt in Deutschland, 1906-1908 in Marburg als Schüler bei Cohen und Natorp, in Berlin bei Georg Simmel, in Leipzig bei Wundt; 1910-1936 Prof. in Madrid, zeitweilig Parlamentsabgeordneter; bis 1948 in der Emigration.* Meditaciónes del Quijote, *1914;* La rebelión de las masas, *1929 (dt.:* Der Aufstand der Massen*);* Historia como sistema y De imperio Romano, *1942 (dt.:* Geschichte als System*).*

[267] Diltheys Beschreibung ... Realitätsbewusstseins] *Siehe* Dilthey: Beiträge zur Lösung der Frage vom Ursprung unseres Glaubens an die Realität der Aussenwelt und seinem Recht, *1890.*

[268] »Deduktion« des Nicht-Ich aus dem "Sittengesetz"] *Siehe* Fichte: Das System der Sittenlehre nach den Principien der Wissenschaftslehre. *In:* Sämmtliche Werke, *Bd. 4, S. 64-75.*

[269] Max Adlers "soziologischen" Beweis der Wirklichkeit] *In* Adler: Das Soziologische in Kants Erkenntniskritik, *1924, wird eine Lehre von der* T r a n s z e n d e n t a l i t ä t d e s S o z i a l e n *(S. 350) auf der Basis von Kants praktischer Philosophie entwickelt. Vgl. darin S. 460f.:* Der Mensch vereinigt sich nicht mit seinesgleichen: er hat vielmehr von Anfang an sich selbst nur zusammen mit seinesgleichen. Sowie Subjekt und Objekt voneinander nicht geschieden werden können und nur in wechselweiser Beziehung aufeinander bestehen, so das Ich und die anderen. Sie bilden die Daseinsweisen, in welchen überhaupt Bewußtsein

da ist: es existiert nicht anders, als indem ein Ich von sich in Beziehung zu anderen ebenso gearteten, also mit ihm verbundenen Ichen weiß. – *Adler, Max. Soziologe und Philosoph. - * Wien 15.1.1873, † ebd. 28.6.1937. Rechtsanwalt in Wien. Theoretiker des Austromarxismus.* Das Soziologische in Kants Erkenntniskritik, *1924;* Kant und der Marxismus, *1925.*

270 "Fenster zum Sein" (cf. oben)] *Siehe die dreifache Erwähnung von* Fenster *in Anspielung auf Leibniz'* Monadologie *im vorliegenden Bd., S. 132.*

271 I, 516ff. (Phil. B. Kr.d.r.V.)] *Gemeint ist Kants* KrV, *A 598/B 626 in der Edition der* Philosophischen Bibliothek*; s. d.:* KrV, *1919, S. 516:* Sein ist offenbar kein reales Prädicat, d. i. ein Begriff von irgend etwas, was zu dem Begriffe eines Dinges hinzukommen könne. Es ist bloss die Position eines Dinges oder gewisser Bestimmungen an sich selbst. *(Vgl.:* Kant: Werke, *Bd. 3, S. 414).*

272 (Wunschbemeisterung ...)] *Cassirer bespricht Mythos als Wunschbemeisterung in:* Form und Technik, *1930, S. 32-35.*

273 Natura non nisi parendo vincitur] *Siehe* Bacon: Novum Organum, *1858, S. 157 (Buch 1, Aphorismus 3):* Natura enim non nisi parendo vincitur. (Bacon: Neues Organon, *1990, S. 81:* Die Natur nämlich läßt sich nur durch Gehorsam bändigen.*).*

274 (Heidegger: "vorhandenes Zeug")] *Siehe* Heidegger: Sein und Zeit, *1927, bes. § 15. Bei Heidegger ist Zeug freilich zunächst und zumeist gerade* zuhanden, *nicht* vorhanden.

275 These Noirés] *Siehe* Noiré: Das Werkzeug und seine Bedeutung für die Entwickelungsgeschichte der Menschheit, *1880, bes. den Abschnitt (in Anlehnung an Ernst Kapp)* Die Organ-Projection, *S. 53-58. Zu Noiré vgl. auch* Cassirer: Form und Technik, *1930, S. 38, Anm. – Noiré, Ludwig. Philosoph. - * Alzey (Hessen) 26.3.1829, † Mainz 27.3.1889. Studium der Psychologie und der alten Sprachen in Gießen. Prof. der alten Sprachen am Gymnasium zu Mainz.* Die Welt als Entwicklung des Geistes, *1874;* Logos, *1885.*

276 (das sogenannte 'Fremdpsychische')] *Carnaps Bezeichnung für das Phänomen des Anderen in seiner Schrift* Scheinprobleme in der Philosophie. Das Fremdpsychische und der Realismusstreit, *1928.*

277 (Dilthey ... Hönigswalds »Denkpsychologie«)] *Siehe* Dilthey: Ideen über eine beschreibende und zergliedernde Psychologie, *1894;* Hönigswald: Die Grundlagen der Denkpsychologie, 2. *umgearb. Aufl. 1925.*

278 (Die 'Meinung' ist 'mein': Hegel)] *Siehe* Hegel: Vorlesungen über die Geschichte der Philosophie, *Bd. 1. In:* Sämtliche Werke, *Bd. 17, S. 40:* Eine Meinung ist eine subjektive Vorstellung, ein beliebiger Gedanke, eine Einbildung, die ich so oder so, und ein Anderer anders haben kann; – eine Meinung ist mein, sie ist nicht ein in sich allgemeiner, an und für sich seyender Gedanke.

279 Es wird nicht gefolgert ... es wird intuitiv erfasst] *Siehe* Descartes: Meditationes. Secundae Responsiones. *In:* Oeuvres, *Bd. 7, S. 140:* Cùm autem advertimus nos esse res cogitantes, prima quaedam notio est, quae ex nullo syllogismo concluditur; neque etiam cùm quis dicit, ego cogito, ergo sum, sive existo, existentiam ex cognitatione per syllogismum deducit, sed tanquam rem per se notam simplici mentis intuitu agnoscit, [...]. (Descartes: Meditationen über die Grundlagen der Philosophie mit den sämtlichen Einwän-

den und Erwiderungen, *1915, S. 127f.:* Wenn wir aber bemerken, daß wir denkende Dinge sind, so ist das ein gewisser Grundbegriff, der aus keinem Syllogismus geschlossen wird; und auch, wenn jemand sagt: "Ich denke, also bin ich, oder existiere ich", so leitet er nicht die Existenz aus dem Denken durch einen Syllogismus ab, sondern erkennt etwas "durch sich selbst Bekanntes" durch einen einfachen Einblick des Geistes (mentis intuitus) an [...].*)*.

280 Zwar erklärt Hobbes ... bewunderungswürdigste sei] *Siehe* Hobbes: De corpore, *1668, Pars 4, Cap. 25, S. 192f.:* Phaenomenῶn autem omnium quae propè nos existunt, id ipsum *τὸ φαίνεσθαι* est admirabilissimum, [...]. (Hobbes: Vom Körper, *1915, S. 161:* Von allen Phänomenen oder Erscheinungen, die uns vertraut sind, ist das Erscheinen selbst, das *φαίνεσθαι*, das wunderbarste.*) – Hobbes, Thomas. Philosoph. - * Westport bei Malmsbury (England) 5.4.1588, † Hardwick Hall (England) 4.12.1679. 1603-1608 Studium in Oxford; seit 1608 Privatlehrer im Hause Cavendish; 1610, 1629-1631 und 1634-1637 als Privatlehrer in Frankreich und Italien; 1640-1651 in Frankreich; ab 1651 wieder in England.* De cive, *1642 (dt.:* Vom Bürger*);* Leviathan, *1651;* De corpore, *1655 (dt.:* Vom Körper*);* De homine, *1658 (dt.:* Vom Menschen*).*

281 "Bündel von Perzeptionen"] *Siehe* Hume: A Treatise of Human Nature, *1896, Book 1, Part 4, Sect. 6, S. 252:* But setting aside some metaphysicians of this kind, I may venture to affirm of the rest of mankind, that they are nothing but a bundle or collection of different perceptions, [...]. (Hume: Über den Verstand, *1904, S. 327:* Wenn ich aber von einigen Metaphysikern, die sich eines solchen Ich zu erfreuen meinen, absehe, so kann ich wagen, von allen übrigen Menschen zu behaupten, daß sie nichts sind als ein Bündel oder ein Zusammen verschiedener Perzeptionen, [...].*)*.

282 die Ich-Lehre Mach's] *Siehe* Mach: Die Analyse der Empfindungen und das Verhältniss des Physischen zum Psychischen, *1900, S. 16:* Nicht das Ich ist das Primäre, sondern die Elemente (Empfindungen). Die Elemente b i l d e n das Ich. *Auf Grund dieser Ansicht leugnet Mach die Dauerhaftigkeit des Ich (S. 17):* Das I c h ist unrettbar. *– Mach, Ernst. Physiker und Philosoph. - * Chirlitz-Turas bei Brünn (Mähren) 18.2.1838, † Haar bei München 19.2.1916. 1864 Prof. für Mathematik in Graz; 1867 Prof. für experimentelle Physik in Prag; 1885 Prof. für Philosophie in Wien. Wegbereiter des logischen Positivismus.* Die Mechanik in ihrer Entwicklung historisch-kritisch dargestellt, *1883;* Beiträge zur Analyse der Empfindungen, *1886;* Die Prinzipien der Wärmelehre, *1896.*

283 Psychologie ohne Seele] *Terminus aus der 2. Aufl. von* Lange: Geschichte des Materialismus und Kritik seiner Bedeutung in der Gegenwart. *Buch 2:* Geschichte des Materialismus seit Kant, *1875, S. 381. (Abs. 3, Kap. 3). – Lange, Friedrich Albert. Philosoph. - * Wald (Solingen) 28.9.1828, † Marburg 21.11.1875. 1855 Privatdozent in Bonn; Lehrer in Duisburg; 1862-1866 Zeitungsredakteur; 1870-1873 Prof. in Zürich, 1873-1875 in Marburg. Die Arbeiterfrage, 1865;* Geschichte des Materialismus und Kritik seiner Bedeutung in der Gegenwart, *1866.*

284 Das P r o g r a m m ... Münsterberg entwickelt] *Münsterbergs Psychologie orientiert sich an James' Pragmatismus. Siehe z. B.* Münsterberg: Psychology and the Teacher, *1909, S. 115f.:* The doings of man determine his possibilities of ex-

perience ... our actions shape our knowledge. (Menschliche Taten bestimmen seine Erfahrungsmöglichkeiten ... unsere Handlungen geben unserer Erkenntnis ihre Form.). – *Münsterberg, Hugo. Psychologe und Philosoph. - * Danzig 1.6.1863, † Cambridge (Massachusetts, USA) 16.12.1916. 1885 Prom. in Leipzig bei Wundt; 1892 von William James nach Harvard geholt.* Grundzüge der Psychologie, *1900;* Philosophie der Werte, *1908. Mit Ralph Barton Perry und Josiah Royce ist Münsterberg 1913 bemüht, Cassirer als Gastdozent nach Harvard einzuladen.*

[285] (Zu Münsterbergs Psychologie ... Ausdrucksfunktion Ms. ...)] *Siehe* Cohn: Münsterbergs Versuch einer erkenntnistheoretischen Begründung der Psychologie, *1900, sowie ders.:* Der psychische Zusammenhang bei Münsterberg, *1902. – Beinecke Umschlag 119 enthält ein 53seitiges Ms. mit der Überschrift* Ausdrucksfunktion. *Darin heißt es im Abschnitt* Obj. Ausdr. VIII *auf S. 20:* Über Münsterbergs Stellung: cf. Natorp, Allg. Psych. und die beiden Aufsätze von Jonas Cohn in der Vierteljahrsschr. f. wiss. Phil. (s. Separata). *Die Hinweise* (Sep!) *und* (s. Separata) *belegen, daß Cassirer Separatdrucke dieser Aufsätze besaß. Seine umfangreiche Sammlung von meist an ihn gesandten Separatdrucken hat Cassirer bis zum Lebensende mit seiner Bibliothek mitgeführt. Die Sammlung befindet sich im Besitz der University of Illinois, Chicago.*

[286] Bei Münsterberg ... Wertlehre] *Siehe* Münsterberg: Philosophie der Werte, *1908.*

[287] Külpeschen Denkpsychologie ... Registrieren dieser Aussagen!] *Siehe z.B.:* Külpe: Grundriss der Psychologie, *1893, S. 10:* Durch die Erlebnisse selbst muss die Beschreibung des unbefangenen Beobachters ausschließlich bestimmt werden. – *Külpe, Oswald. Psychologe. - * Candau (Kurland) 3.8.1862, † München 30.12.1915. 1887-1894 Assistent bei Wundt in Leipzig; 1894-1904 Prof. in Würzburg; Begründer der Würzburger Schule.* Grundriss der Psychologie, *1893.*

[288] Bühler, Krise S. 12 ... es mutet fast wie eine Trivialität an] *Siehe* Bühler: Die Krise der Psychologie, *1927, S. 12:* Ein Kreis junger Psychologen um Külpe in Würzburg erweiterte den Forschungsbereich des Experimentes auf das Denken und den Willen. Und siehe da! Im ersten Anlauf schon stand man vor dem doppelten Tatbestand von der Eigenart und der Eigengesetzlichkeit der Gedankenfolgen. Gedanken [...] folgen im wohlgeordneten, disziplinierten Denken nicht dem Assoziationsgesetz, sondern den Forderungen der gedachten Gegenstände.

[289] man vgl. z.B. Messer, Empfindung u. Denken] *Siehe* Messer: Empfindung und Denken, *1924, S. 5:* Wenn wir über sinnlich wahrnehmbare Gegenstände reden oder mit solchen innerlich beschäftigt sind, ist es durchaus nicht immer so, daß sie uns anschaulich vor der Seele stünden. Und wie vieles gar, von dem wir reden oder über das wir nachdenken, läßt sich überhaupt nicht anschauen! Gleichwohl können wir es denken, es "meinen", und dies "Denken" und "Meinen" ist ebensowenig anschaulich wie das Gedachte, das Gemeinte. – *Messer, August. Philosoph und Psychologe. - * Mainz 11.2.1867, † Rostock 11.7.1937. 1910-1933 Prof. in Giessen. Von Külpe beeinflußt.* Psychologie, *1914;* Lebensphilosophie, *1931.*

[290] Lange-James'sche Gefühlstheorie ... weinen.] *Unabhängig voneinander entwickelten Lange und James eine am Körperzustand orientierte Theorie der Emotionen. Cassirers Formulierung* Lange-James'sche Gefühlstheorie *spielt vielleicht auf die gemeinsame Publikation der Schriften an:* Carl Georg Lange and William James: The Emotions, *1922. Cassirer bezieht sich hier auf* James: Principles of Psychology, *Bd. 2, S. 450:* The hypothesis here to be defended says that [...] the one mental state is not immediately induced by the other, that the bodily manifestations must first be interposed between, and that the more rational statement is that we feel sorry because we cry, angry because we strike, afraid because we tremble, and not that we cry, strike, or tremble, because we are sorry, angry, or fearful, as the case may be. (James: Psychologie, *1909, S. 376:* Die hier vertretene Hypothese aber behauptet, daß [...] der eine psychische Zustand nicht unmittelbar durch den andern herbeigeführt wird; daß erst die körperlichen Äußerungen dazwischen treten müssen, und daß man infolgedessen behaupten muß, wir sind traurig, weil wir weinen, zornig, weil wir zuschlagen, erschrocken, weil wir zittern: statt zu sagen: wir weinen, schlagen zu oder zittern, weil wir traurig, zornig oder erschrocken sind.*). – Lange, Carl Georg. Physiologe und Psychologe. - * Vordingborg (Dänemark) 4.12.1834, † Copenhagen 29.5.1900. 1859 Dr. med. in Copenhagen; 1875-1900 Prof. für pathologische Anatomie in Copenhagen.* Om Sindsbevaegelser, *1885 (dt.:* Über Gemüthsbewegungen*).*

[291] vgl. auch Russell ... Hierüber Haupt-Ms!] *Cassirer bezieht sich in einem späteren Teil dieses Konvoluts (184c:*Basisphaenomene, (Erkenntnistheorie) ß5, 2*) – auch wieder mit Bezug auf James – auf* Russell: The Analysis of Mind*; s. vorliegenden Bd., S. 181. Die Randbemerkung könnte insofern mit* Haupt-Manuskript *diese spätere Diskussion meinen, als die Abschnitte* ß5, 1-ß5, 4 *die drei Dimensionen der* Basisphänome *systematisch darlegen.*

[292] Münsterberg'sche Willenstheorie ... aufgelöst] *Siehe* z. *B.* Münsterberg: Die Willenshandlung, *1888, S. 109, wo er die Ansicht vertritt,* dass die Reihenfolge der Bewusstseinserscheinungen bedingt sei durch den gesetzmässigen Ablauf des materiellen Geschehens.

[293] "erscheinen und sind"] *Siehe* Goethe: Zur Farbenlehre. *In:* WA, *Abt.* 2, *Bd. 1, S. XXXVI:* Vom Philosophen glauben wir Dank zu verdienen, daß wir gesucht die Phänomene bis zu ihren Urquellen zu verfolgen, bis dorthin, wo sie bloß erscheinen und sind, und wo sich nichts weiter an ihnen erklären läßt.

[294] *Lipps, Theodor. Psychologe und Ästhetiker. - * Wallhalben 28.7.1851, † München 17.10.1914. Gründer und Leiter des psychol. Instituts in München. Vertrat die Theorie der Einfühlung.* Grundtatsachen des Seelenlebens, *1883;* Vom Fühlen, Wollen und Denken, *1902;* Leitfaden der Psychologie, *1903;* Ästhetik, *2 Bde., 1903, 1906.*

[295] Introspektion] *Siehe z. B.* Lipps: Vom Fühlen, Wollen und Denken, *1902, S. 1-5, wo Lipps Kritik an der Introspektion dadurch begegnet, daß er den Schein bei Gefühlen nicht anerkennt, z. B. S. 5:* Da ja doch hier [bei Gefühlen] ein Gegensatz zwischen Schein und Wirklichkeit gar nicht besteht, sondern einzig und allein von dem, was mir scheint, genauer von der Art, wie ich mir erscheine, die Rede ist.

[296] alte Einteilung ... bei Tetens] *In* Tetens: Philosophische Versuche über die menschliche Natur und ihre Entwickelung, *1777, finden sich Ausführungen über* Gefühl, Willenskraft *und* Denkkraft. – *Tetens, Johann Nicolaus. Psychologe. - * Tetenbüll (Schleswig) 16.9.1736, † Kopenhagen 14.8.1807. 1763 Prof. an der Universität von Bützow, übernimmt 1765 auch das Directorat des dortigen Pädagogicums; 1776-1789 Prof. in Kiel; 1789-1807 Finanzbeamter in Kopenhagen.* Philosophische Versuche über die menschliche Natur und ihre Entwickelung, *2 Bde., 1777. Gründer der Vermögenspsychologie.*

[297] Schrift: Vom Fühlen, Wollen und Denken] *Siehe Hrsg.-Anm. 337.*

[298] Cohen'schen Begriff des Fühlens ... S. 159] *Cohens* Kants Begründung der Ästhetik, *1899, behandelt auf S. 153-55 den Begriff des Fühlens. Fühlen wird als eine spontane Art des Bewußtseins aufgefaßt, als* unmittelbare Wirkung der Eigenbewegungen des Nervensystems auf das Bewusstsein *(S. 155). Auf S. 159 definiert Cohen das Gefühl i. S. von Lust und Unlust als ein Seelenvermögen, das als Mittelglied zwischen Erkenntnis- und Begehrungsvermögen steht. – Cohen, Hermann. Philosoph. - * Coswig (Anhalt) 4.7.1842, † Berlin 4.4.1918. 1865 Prom. in Halle/Saale; 1873 Habil. in Marburg; 1876-1912 Prof. in Marburg als Nachfolger F. A. Langes. Haupt der Marburger Schule des Neukantianismus; nach der Emeritierung wirkt Cohen an der Berliner* Lehranstalt für die Wissenschaft des Judentums. Kants Theorie der Erfahrung, *1871;* Logik der reinen Erkenntnis, *1902;* Ethik des reinen Willens, *1904;* Ästhetik des reinen Gefühls, *2 Bde., 1912;* Die Religion der Vernunft aus den Quellen des Judentums, *1919. 1899 promoviert Cassirer bei Cohen und wird sein enger Freund. 1912-1918 wirken Cassirer und Cohen in Berlin. Zusammen mit Albert Görland gibt Cassirer die zweibändige Sammlung* Hermann Cohen: Schriften zur Philosophie und Zeitgeschichte, *1928, heraus. Cassirer hält in den 1930er Jahren mehrere Reden zur Religionsphilosophie Cohens.*

[299] cf. Blatt β1) β2!] *Diese Teile des Ms. in 184c enthalten den Anfang der Besprechung der* Basisphänomene*; zur Überlieferung s. vorliegenden Bd., S. 293.*

[300] Es ist dasselbe ... S. 2 u. passim] *Siehe* Lipps: Vom Fühlen, Wollen und Denken, *1902, S. 2:* Es ist Dasselbe, ob ich sage "Ich empfinde", oder "Ich empfinde etwas Objektives", d. h. etwas Anderes als Ich. So ist es auch Dasselbe, ob ich sage "Ich fühle", oder "Ich fühle mich".

[301] »rekonstruktive« Methode ... III.] *Siehe* Cassirer: Paul Natorp, *1925, bes. S. 286-288. Mit* PsF, *Bd. 3, ist vermutlich gemeint, S. 61-66, 236, 292.*

[302] (Vgl. ... »Krise« u. der "Sprachtheorie")] *Siehe* Bühler: Die Krise der Psychologie, *1927, S. 29-62; zu den drei* Funktionen *der Sprache s.* Bühler: Sprachtheorie, *1934, Teil I, § 2.*

[303] Bühler ... Krise" S. 57] *Siehe* Bühler: Die Krise der Psychologie, *1927, S. 57:* Das Ziel dieser Untersuchung war eine Deduktion, eine Ableitung der drei psychologischen Aspekte aus den Aufgaben, vor denen unsere Wissenschaft steht, und aus den Untersuchungsmitteln, über die sie verfügt. Wer an die Kantsche Terminologie gewöhnt ist, mag dies kleine Unternehmen im Bereich einer einzelnen Wissenschaft mit dem großen erkenntnistheoretischen Versuch eines Berechtigungsnachweises der Mathematik und der "reinen Naturwissenschaft" dem Charakter nach vergleichen.

[304] meinen Kongress-Vortrag ... Journal de Psychologie] *Siehe* Cassirer: Die Sprache und der Aufbau der Gegenstandswelt. *In:* Bericht über den XII. Kongress der deutschen Gesellschaft für Psychologie, *1932, S. 134-145. Die von Paul Guillaume angefertigte franz. Übersetzung des Vortrags* (Le Langage et la Construction du Monde des Objects) *erschien in:* Journal de Psychologie normale et pathologique, *1933. Sie enthält vier weitere Abschnitte (4.2 bis 8), die nicht in der deutschen Publikation enthalten waren. Diese Abschnitte erschienen erstmalig auf Deutsch in dem Nachdruck des Aufsatzes in:* Cassirer: Symbol, Technik, Sprache, *1985, S. 134-151.*

[305] Die Metaphysik ... »transzendiert«] *Siehe etwa Kants* Prolegomena, *§ 1:* Von den Quellen der Metaphysik*:* Zuerst, was die Quellen einer metaphysischen Erkenntnis betrifft, so liegt es schon in ihrem Begriffe, daß sie nicht empirisch sein können. Die Prinzipien derselben, (wozu nicht bloß ihre Grundsätze, sondern auch Grundbegriffe gehören,) müssen also niemals aus der Erfahrung genommen sein: denn sie soll nicht physische, sondern metaphysische, d. i. jenseit der Erfahrung liegende Erkenntnis sein. *(In:* Werke, *Bd. 4, S. 13f.).*

[306] »im fruchtbaren Bathos der Erfahrung«] *Siehe* Kant: Prolegomena, *A 204, Anm.:* Mein Platz ist das fruchtbare Bathos der Erfahrung [...]. *(In:* Werke, *Bd. 4, S. 129).*

[307] Simmel, Hauptprobleme ... Geschichtsphilosophie] *Gemeint ist vermutlich* Simmel: Hauptprobleme der Philosophie, *1910, S. 30-34 und* Die Probleme der Geschichtsphilosophie, *1923, S. 160-163 über* Die metaphysische Sinngebung *und S. 196-199 über* Metaphysik und Empirie der Historik.

[308] Typen der Metaphysik] *Vgl. im vorliegenden Bd., S. 237f. die Ausführungen zu den* Typen der Metaphysik *im Material zum* Schluß-Kapitel.

[309] verschleierte Bild von Sais] *Anspielung auf* Schiller: Das verschleierte Bild zu Sais. *In:* Sämtliche Werke, *Bd. 1, S. 207-210.*

[310] »Mysterium tremendum«] *Siehe* Otto: Das Heilige, *1917, Kap. 4:* Mysterium tremendum. – *Otto, Rudolf. Theologe. - *Peine 25.9.1869, † Marburg. 6.3.1937 Prof. in Göttingen und Marburg.* Kantisch-Fries'sche Religionsphilosphie und ihre Anwendung auf die Theologie, *1909.*

[311] Campanella, *vita, vis*] *Siehe* Campanella: Universalis philosophiae seu metaphysicarum rerum, *1638, Pars 3, Lib. 18, Cap. 1, Art. 1, S. 249:* Vita dicitur à vi, hoc est essendi virtute potestateque: ea igiturratione, qua sunt Entia cuncta, viuunt: & vbi sunt, & de quo sunt. (Leben [vita] kommt von Kraft [vis], d.h., im Sinne einer Wirksamkeit: und aus dem gleichen Grunde leben alle Dinge: wo immer sie sein mögen und wohin sie auch kommen.). – *Campanella, Tommaso. Philosoph. - *Stilo, Kalabrien (Italien) 5.9.1568, † Paris 21.5.1639. 1583 Domikaner, Student von Telesio; 1591-1598 in Rom wegen Ketzerei eingekerkert; 1599-1626 in Neapel durch die span. Regierung eingekerkert; 1634 Flucht nach Frankreich.* La città del sole, *1602 (lat.:* Civitas Solis, *1612);* Universalis philosophiae seu metaphysicarum rerum, *1638.*

[312] *Bruno, Giordano. Philosoph. - *Nola bei Neapel 1548, † Rom 17.2.1600. 1565 Eintritt in den Dominikanerorden; 1572 Priesterweihe; 1579-1591 lehrt er in verschiedenen Städten in Frankreich, England und Deutschland; 1592 An-*

klage und Verhaftung wegen Ketzerei; 1600 von der Inquisition öffentlich verbrannt. Della causa, principio ed uno, *1584 (dt.:* Von der Ursache, dem Prinzip und dem Einen)*;* De l'infinito, universo e mondi, *1584 (dt.:* Vom Unendlichen, dem All und den Welten).

313 Deus non est ... motus] *Siehe* Bruno: De Immenso et Innumerabilibus, *1884, S. 158:* Non est Deus vel intelligentia exterior circumrotans et circumducens; dignius enim illi debet esse internum principium motus, quod est natura propria, species propria, anima propria quam habeant tot quot in illius gremio et corpore vivunt ... (Gott ist keine externe Intelligenz, die herumkreist und dabei [das Universum] herumführt; es ist ihm würdiger, das interne Prinzip der Bewegung zu sein, welches der Natur eigen, den Arten eigen, dem Leben eigen, als daß diejenigen [Entitäten], die in seiner Brust und seinem Körper leben, [Bewegung] haben sollen.).

314 *Böhme, Jakob. Mystiker (Theosoph). - *Alt-Seidenberg bei Görlitz 1575, † Görlitz 17.11.1624.* Aurora, oder die Morgenröte im Aufgang, *1612.*

315 *Leese, Kurt. Theologe und Pfarrer. - *Gollnow (Pommern) 6.7.1887, † Hamburg 6.1.1965. 1927 Prom. in Hamburg bei Cassirer mit der hier angeführten Arbeit* Von Jakob Böhme zu Schelling, *anschließend Lehrbeauftragter für Philosophie in Hamburg; 1935 a. o. Prof. der Theologie in Hamburg; 1940 Entzug der Lehrbefugnis; 1945-1955 wieder a. o. Prof. in Hamburg.* Philosophie und Theologie im Spätidealismus, *1929;* Natürliche Religion und Christlicher Glaube, *1936.*

316 vgl. den Dialog: Bruno] *Siehe* Schelling: Bruno oder über das göttliche und natürliche Princip der Dinge. *In:* Sämmtliche Werke, *Abt. 1, Bd. 4, S. 213-332.*

317 Vom Ich als Prinzip ... System des transzendentalen Idealismus] *Siehe* Schelling: Vom Ich als Princip der Philosophie. *In:* Sämmtliche Werke, *Abt. 1, Bd. 1, S. 149-244 sowie* Schelling: System des transcendentalen Idealismus. *In:* Sämmtliche Werke, *Abt. 1, Bd. 3, S. 327-634.*

318 Was wir Natur nennen ... selbst flieht] *Siehe* Schelling: System des transcendentalen Idealismus. *In:* Sämmtliche Werke, *Abt. 1, Bd. 3, S. 628:* Was wir Natur nennen, ist ein Gedicht, das in geheimer wunderbarer Schrift verschlossen liegt. Doch könnte das Räthsel sich enthüllen, würden wir die Odyssee des Geistes darin erkennen, der wunderbar getäuscht, sich selber suchend, sich selber flieht; denn durch die Sinnenwelt blickt nur wie durch Worte der Sinn, nur wie durch halbdurchsichtigen Nebel das Land der Phantasie, nach dem wir trachten.

319 "blinder Trieb"] *Siehe* Schopenhauer: Die Welt als Wille und Vorstellung, *Bd. 1, Buch 4, § 54, S. 323:* Der Wille, welcher rein an sich betrachtet, erkenntnißlos und nur ein blinder, unaufhaltsamer Drang ist, wie wir ihn noch in der unorganischen und vegetabilischen Natur und ihren Gesetzen, wie auch im vegetativen Theil unseres eigenen Lebens erscheinen sehen, erhält durch die hinzugetretene, zu seinem Dienst entwickelte Welt der Vorstellung die Erkenntniß von seinem Wollen und von dem was es sei, das er will, daß es nämlich nichts Anderes sei, als diese Welt, das Leben, gerade so wie es dasteht.

320 (Schopenhauer ... Sexualtrieb (Freud)] *Cassirer verbindet auch sonst Schopenhauer mit Freud und diesen mit Marx; s.* EM, *S. 21 und* MS, *S. 31f.*

321 hierzu vgl. Basisphaen. / (Erkenntnistheorie)] *Siehe Abschnitt* (ß 5, 1) *im vorliegenden Bd., S. 165-174.*

322 Ein göttliches Leben, cf. Bestimmung des Gelehrten] *Siehe* Fichte: Einige Vorlesungen über die Bestimmung des Gelehrten. *In:* Sämmtliche Werke, *Bd. 6; vgl.* Ueber das Wesen des Gelehrten, und seine Erscheinungen im Gebiete der Freiheit, *a. a. O., bes. die 2. Vorlesung:* Nähere Bestimmung des Begriffs der göttlichen Idee.

323 versinnlichtes Material der Pflicht] *Siehe* Fichte: Ueber den Grund unseres Glaubens an eine göttliche Weltregierung. *In:* Sämmtliche Werke, *Bd. 5, S. 185:* Unsere Welt ist das versinnlichte Materiale unserer Pflicht; [...].

324 das Recht ... im Sinne Hegels, »objektiver« Geist] *Siehe* Hegel: System der Philosophie, *Dritter Teil:* Die Philosophie des Geistes. *In:* Sämtliche Werke, *Bd. 10, §§ 483-552:* Der objective Geist*; §§ 488-502:* Das Recht.

325 Sprangers Dilthey-Rede] *Siehe* Spranger: Wilhelm Dilthey, *1912.*

326 Siehe ... 'Die Einleitung in die Geisteswissenschaften'] *Siehe* Dilthey: Einleitung in die Geisteswissenschaften, *1883, Buch 2, Abschnitt 4, Kap. 4:* Schlußbetrachtung über die Unmöglichkeit der metaphysischen Stellung des Erkennens.

327 *κοινός λόγος* (Heraklit)] *Gemeinsame Auffassung; s.* Herakleitos, *Fragm. B 2. In:* Diels, *Bd. 1, S. 77: διὸ δεῖ ἕπεσθαι τῶι [ξυνῶι, τουτέστι τῶι] κοινῶι· ξυνὸς γὰρ ὁ κοινός. τοῦ λόγου δ' ἐόντος ξυνοῦ ζώουσιν οἱ πολλοὶ ὡς ἰδίαν ἔχοντες φρόνησιν.* (Drum ist's Pflicht, dem Gemeinsamen zu folgen. Aber obschon das Wort (Weltgesetz) allen gemein ist, leben die meisten doch so, als ob sie eine eigene Einsicht hätten.).

328 *Lessing, Gotthold Epraim. Dramatiker und Philosoph. - * Kamenz (Sachsen) 22.1.1729, † Braunschweig 15.2.1781. Dramaturg in Hamburg, Bibliothekar in Wolfenbüttel.* Laokoon, *1766;* Emilia Galotti, *1772;* Nathan der Weise, *1779;* Erziehung des Menschengeschlechts, *1780.*

329 *Novalis, eigentlich Friedrich Freiherr von Hardenberg. Schriftsteller. - * Oberwiederstedt 2.5.1772, † Weißenfels 25.3.1801.* Hymnen an die Nacht, *1800;* Heinrich von Ofterdingen, *1802.*

330 *Hölderlin, Friedrich. Dichter. - * Lauffen (Wütt.) 20.3.1770, † Tübingen 7.6.1843.* Hyperion oder der Eremit in Griechenland, *1797/99;* Empedokles-Fragmente, *1797ff.;* Gedichte, *1826.*

331 (seine Charakteristik ... Hölderlin)] *Siehe* Dilthey: Das Erlebnis und die Dichtung, *1906.*

332 "Erleben" heisst für Dilthey ... Miterleben] *Die Randbemerkung hierzu* (Bühler, Krise, 23 ff.) *bezieht sich auf die Diskussion zu Dilthey in* Bühler: Die Krise der Psychologie, *1927, S. 23-26.*

333 Auch die politische Geschichte ... zu erklären] *Siehe* Dilthey: Der Aufbau der geschichtlichen Welt in den Geisteswissenschaften, *1910, S. 9f., wo er das römische Recht in diesem Sinne charakterisiert.*

334 Dieser »personalistischen« Ansicht ... Analysen Gundolfs] *Siehe vor allem Gundolfs Abhandlung* Dichter und Helden, *1921. – Gundolf, Friedrich.*

*Literaturwissenschaftler. - * Darmstadt 20.6.1880, † Heidelberg 12.7.1931. Gehört zum Kreis um Stefan George; 1911 Habil. in Heidelberg, 1916 dort a. o. Prof., 1920 o. Prof.;* Goethe, *1916;* George, *1920;* Heinrich von Kleist, *1922. Seit dem Erscheinen von Gundolfs* Goethe *stehen Cassirer und Gundolf in brieflichem Kontakt.*

[335] (cf. Scheler ... 46!)] *Siehe* Scheler: Mensch und Geschichte. *In: Ders.:* Philosophische Weltanschauung, *1929, S. 46:* Und was ist nun dieser Anthropologie die Geschichte? Auf diese Frage hat Kurt Breysig in seinem neuen Werke über Historik eine Antwort zu geben versucht. Wenn man auch diese Antwort falsch findet (wie der Verfasser) – jedenfalls ist anerkennend von ihr zu sagen, daß hier der historische strenge Seins- und Wertpersonalismus ganz erheblich vertieft ist. Werden doch hier die kollektiven Mächte der Geschichte nicht einfach geleugnet, wie z.B. bei Treitschke, Carlyle – "Männer machen die Geschichte" –, sondern anerkannt, aber doch immer wieder auf personale Kausalität zurückgeführt. Die tatsächliche Auswirkung einer solchen Anthropologie in der Geschichtsschreibung selbst sehen wir wohl am deutlichsten in denjenigen Mitgliedern des Stefan-George-Kreises, die sich um geschichtliche Dinge bemühen, vor allem in F. Gundolfs Werken über Shakespeare, Goethe, Cäsar, George, Hölderlin, Kleist.

[336] sie geht nicht ... Erkenntnisart] *Siehe* KrV, *B 24-25:* Ich nenne alle Erkenntnis transszendental, die sich nicht sowohl mit Gegenständen, sondern mit unserer Erkenntnisart von Gegenständen, sofern diese a priori möglich sein soll, überhaupt beschäftigt. *(In:* Werke, *Bd. 3, S. 49).*

[337] »matter of fact« ... »relations of ideas«] *Siehe* Hume: An Enquiry Concerning Human Understanding, *1898, S. 20:* All the objects of human reason or enquiry may naturally be divided into two kinds, to wit, Relations of Ideas, and Matters of Fact. (Hume: Eine Untersuchung über den menschlichen Verstand, *1893, S. 34:* Alle Gegenstände menschlicher Vernunft oder Forschung können ungekünstelt in zwei Gruppen eingeteilt werden: Beziehungen (Relationen) von Ideen, und Thatsachen.).

[338] Humes Enquiry ... (II, 135 Ess.)] *Siehe* Hume: An Enquiry Concerning Human Understanding, *1898, S. 135; dort sind die beiden Fragen – auch die zweite mit Fragezeichen – kursiv gesetzt.* (Hume: Eine Untersuchung über den menschlichen Verstand, *1893, S. 201:* Enthält er irgend einen abstrakten Schluss über Grösse oder Zahl? Nein. Enthält er irgend einen auf Erfahrungs-Schluss über Thatsache und Existenz? Nein. Also in's Feuer damit; denn er kann nichts als Sophisterei und Täuschung enthalten!).

[339] (cf. Treatise ...)] *Siehe* Hume: A Treatise of Human Nature, *1896, Book 1, Part 4, Sect. 6, S. 252:* For my part, when I enter most intimately into what I call myself, I always stumble on some particular perception or other, of heat or cold, light or shade, love or hatred, pain or pleasure. I never can catch myself at any time without a perception, and never can observe any thing but the perception. (Hume: Über den Verstand, *1904, S. 326:* Ich meines Teils kann, wenn ich mir das, was ich als "mich" bezeichne, so unmittelbar als irgend möglich vergegenwärtige, nicht umhin, jedesmal über die eine oder die andere bestimmte Perzeption zu stolpern, die Perzeption der Wärme oder Kälte, des Lichtes oder

Schattens, der Liebe oder des Hasses, der Lust oder Unlust. Niemals treffe ich mich ohne eine Perzeption an und niemals kann ich etwas anderes beobachten als eine Perzeption.).

340 Bündel von Perzeptionen] *Siehe vorlieg. Bd., S. 140 mit Hrsg.-Anm. 281.*

341 (die Tiere ... »seelenlos«)] *Siehe* Descartes: Discours de la méthode. *In:* Oeuvres, *Bd. 6, S. 58f.:* C'est aussi une chose fort remarquable que, bien qu'il y ait plusiers animaux qui tesmoignent plus d'industrie que nous en quelques unes leurs actions, on voit toutefois que les mesmes n'en tesmoignent point du tout en beaucoup d'autres: de façon que ce qu'ils font mieux que nous, ne prouue pas qu'ils ont de l'esprit; car, a ce conte, ils en auroient plus qu'aucun de nous, & feroient mieux en toute chose; mai plutost qu'ils n'en ont point, & que c'est la Nature qui agist en eux, selon la disposition de leurs organes [...]. (Descartes: Abhandlung über die Methode, *1919, S. 49:* Es ist auch recht bemerkenswert, daß, wenngleich es eine Reihe von Tieren gibt, die in einigen ihrer Handlungen mehr Geschicklichkeit bezeugen, als wir, man trotzdem sieht, daß dieselben Tiere in vielen anderen gar keine bezeugen, sodaß, was sie es besser ausführen, als wir, nicht beweist, daß sie Geist haben, denn alsdenn hätten sie mehr als wir und würden auch in jeder anderen Sache uns überlegen sein. Vielmehr beweist dies nur, daß sie keinen haben, und daß es die Natur ist, die in ihnen je nach der Anordnung ihrer Organe handelt.).

342 Das Ich des »cogito« ... abgelehnt] *Siehe vorliegenden Bd., S. 140 mit Hrsg.-Anm. 279.*

343 »Mathesis universalis«] *Die Wissenschaft von Ordnung und Maß* (ordo vel mensura) *überhaupt. Sie gilt nach Descartes für die gesamte körperliche Welt der* res extensa. *Siehe* Descartes: Regulae ad directionem ingenii. *In:* Oeuvres, *Bd. 10, S. 377f.*

344 ἐποχή] *Zur* Epoché *im Husserlschen Sinne s.* Husserl: Ideen, *1913, § 31.*

345 (sehen = sequi cf. Bühler)] *Siehe* Bühler: Die Krise der Psychologie, *1927, S. 133:* Merkwürdig ist, daß selbst Sinn = sensus (Sinnesorgan) und die Verba für die wichtigsten Sinnestätigkeiten noch an diesem teleologischen Begriffsaufbau teilnehmen. Man denke an "Spur" und "spüren" oder an "Sehen", das mit lat. sequi = folgen verwandt und ursprünglich "mit den Augen folgen" bedeuten soll.

346 ἀρχὴ ἀνυπόθετος] *Siehe* Platon: De Republica, *510b4-9.*

347 ("Umwendung zum Licht" ... Höhle)] *Siehe* Platon: De Republica, *518b, 521c.*

348 (ἐπιβάσεις καὶ ὁρμάς)] *Zugang und Anlauf; s.* Platon: De Republica, *511b6.*

349 »Gott als Betrüger«] *Zur Vorstellung von Gott als* genius malignus *s.* Descartes: Meditationes, Meditatio I. *In:* Oeuvres, *Bd. 7, S. 22f.*

350 "Philosophie als strenge Wissenschaft"] *Husserls Aufsatz in:* Logos *1, 1910/11, S. 289-341.*

351 'Logischen Untersuchungen'] *Siehe* Husserl: Logische Untersuchungen, *2 Bde., 1900, 1901.*

352 diese Reduktion ... Méditations Cartésiennes] *Siehe* Husserl: Méditations cartésiennes, *1931, 1. Méditation:* L'acheminement vers l' «ego» transcen-

dental; *vgl.* Husserl: Cartesianische Meditationen, *1950: 1. Meditation:* Der Weg zum transzendentalen ego.

[353] (s. oben)] *Siehe vorliegenden Bd., S. 166-171.*

[354] »Does consciousness exist?« cit. bei Russell] *Verschiedene Stellen aus James' Aufsatz* Does consciousness exist? *werden in* Russell: The Analysis of Mind, *1921, S. 22-24, zitiert. Russell zitiert nach der Ausg.* James: Essays in Radical Empiricism, *1912, S. 2-4, 9, 10, 36f.*

[355] θέσις] *Zur sophistischen θέσις-Theorie s. vorliegenden Bd., S. 128, 183.*

[356] "reine Apperzeption"] *Siehe* KrV, *B 131-137, § 16:* Von der ursprünglich-synthetischen Einheit der Apperzeption. *(In:* Werke, *Bd. 3, S. 114-117).*

[357] James ... Fiktionen] *Siehe* James: Does "Consciousness" Exist? *1912, S. 37:* That entity [consciousness] is fictitious, while thoughts in the concrete are fully real. (Jene Entität [das Bewußtsein] ist fiktiv, während Gedanken als etwas Konkretes volle Wirklichkeit besitzen.).

[358] Nietzsche ... Irrtum besser wäre als Wahrheit? etc.)] *Vgl.* Nietzsche: Jenseits von Gut und Böse, *Erstes Hauptstück:* Von den Vorurtheilen der Philosophen. *In:* Werke, *Bd. 7, S. 9:* Gesetzt, wir wollen Wahrheit: warum nicht lieber Unwahrheit?

[359] These Deweys, Studies (cf. Cit. Leander)] *Siehe* Dewey: Studies in Logical Theory, *1903, S. 53f., wo die Ideenlehre Platons gestreift wird. – Dewey, John. Philosoph, Pädagoge, Psychologe. - * Burlington (Vermont, USA) 20.10.1859, † New York 1.6.1952. 1884-1894 Prof. an der University of Michigan; 1894-1904 University of Chicago; 1904-1930 Columbia University.* Reconstruction in Philosophy, *1920 (dt.:* Die Erneuerung der Philosophie); Experience and Nature, *1925;* The Quest for Certainty, *1929;* Art as Experience, *1934 (dt.:* Kunst als Erfahrung). *Vgl.* Leander: The Philosophy of John Dewey, *1939. Leander zitiert Deweys* Studies in Logical Theory *nicht. – Leander, Folke. Philosoph. - * Uppsala 13.4.1910, † Norrköping 10.9.1981. 1937 Prom. in Göteborg; 1938-1946 Dozent für Philosophie an der Universität in Göteborg, 1946-1975 Lektor am Gymnasium in Norrköpings Högre Allmänna Läroverk.* Humanism and Naturalism: A Comparative Study of Ernest Seillière, Irving Babbitt, and Paul Elmer More, *1937;* The Philosophy of John Dewey, *1939;* Estetik och Kunskapsteori: Croce, Cassirer, Dewey, *1950;* The Inner Check, *1974. Cassirer war Gutachter bei Leanders Promotion.*

[360] sic volo, sic jubeo] *So will ich, so befehle ich; dieses abgewandelte Wort Juvenals verwendet Kant in seiner* Kritik der praktischen Vernunft, *Teil 1, § 7, Anm. In:* Werke, *Bd. 5, S. 36.*

[361] Stat pro ratione voluntas] *Siehe* Leibniz: Méditation sur la notion commune de la justice. *In:* Mittheilungen aus Leibnizens ungedruckten Schriften, *1893, S. 41:* Et de dire "stat pro ratione voluntas", ma volonté me tient lieu de raison, c'est proprement la devise d'un tyran. (Leibniz: Hauptschriften, *Bd. 2, S. 506:* Sagte jemand: "stat pro ratione voluntas!" mein bloßer Wille dient mir als Grund, so wäre dies geradezu der Wahlspruch eines Tyrannen.).

[362] τὸν ἥττω λόγον κρείττω ποιεῖν] *Aus dem schwächeren Argument das stärkere [überwiegende] machen); s.* Platon: Apologia Socratis, *19b5-c1.*

[363] Protagoras-Rede im Theaetet] *Siehe* Platon: Theaetetus, *165e-168c.*

[364] Zu Heidegger ... dort Näheres!] *Das hier erwähnte Material befindet sich in Konvolut 184a. Siehe vorliegenden Bd., S. 219-224.*

[365] Kants ... "höchsten Punkt"] *Siehe* KrV, *B 134 Amn., § 16:* Und so ist die synthetische Einheit der Apperzeption der höchste Punkt, an dem man allen Verstandesgebrauch, selbst die ganze Logik und nach ihr die Transszendental-Philosophie heften muß, ja dieses Vermögen ist der Verstand selbst. *(In:* Werke, *Bd. 3, S. 116).*

[366] Erkenntnisproblem III / und Kuno Fischer ... "Anstoß"] *In* EP, *Bd. 3, S. 153-155, gibt Cassirer Zitate aus verschiedenen Werken Fichtes zum Thema des Wechsels von der theoretischen zur praktischen Erklärung. – Zum* Anstoß *s. Fischer:* Fichtes Leben, Werke und Lehre, *1900, S. 370-372:* Die Deduktion des Anstoßes. *– Fischer, Kuno. Philosoph und Philosophiehistoriker. - * Sandewalde (Schlesien) 23.7.1824, † Heidelberg 5.7.1907. 1850 Habil. in Jena; venia legendi in Heidelberg wegen pantheistischer Überzeugung entzogen; 1856 Prof. in Jena; nimmt 1872 erneuten Ruf nach Heidelberg an.* Kants Leben und die Grundlagen seines Systems, *1860;* Immanuel Kant, *2 Bde., 1861 (= Bd. 3 und 4 der* Geschichte der neueren Philosophie, *6 Bde., 1852-1877).*

[367] 1. u. 2. Einleitung ... kategorischen Imperativ] *Siehe* Fichte: Erste Einleitung in die Wissenschaftslehre. *In:* Sämmtliche Werke, *Bd. 1, S. 441:* die Intelligenz handelt, aber sie kann vermöge ihres eigenen Wesens nur auf eine gewisse Weise handeln. *Fichte spricht an dieser Stelle von der* Voraussetzung des Idealismus *als Einsicht in die* Gesetze des Handelns. *Von der intellektuellen Anschauung des kategorischen Imperativs ist die Rede in* Fichte: Zweite Einleitung in die Wissenschaftslehre. *In:* Sämmtliche Werke, *Bd. 1, S. 472:* Die intellektuelle Anschauung, von welcher die Wissenschaftslehre redet, geht gar nicht auf ein Seyn, sondern auf ein Handeln, und sie ist bei Kant gar nicht bezeichnet (ausser, wenn man will, durch den Ausdruck reine Apperception). Doch lässt auch im Kantischen Systeme sich ganz genau die Stelle nachweisen, an der von ihr gesprochen werden sollte. Des kategorischen Imperativs ist man nach Kant sich doch wohl bewusst? Was ist denn dies nun für ein Bewusstseyn? Diese Frage vergass Kant sich vorzulegen, weil er nirgends die Grundlage aller Philosophie behandelte, sondern in der Kritik der r. V. nur die theoretische, in der der kategorische Imperativ nicht vorkommen konnte; in der Kritik der prakt. Vern. nur die praktische, in der es bloss um den Inhalt zu thun war, und die Frage nach der Art des Bewusstseyns nicht entstehen konnte.

[368] "Anerkennung" ... cf. System der Sittenlehre] *Siehe z. B.* Fichte: Das System der Sittenlehre nach den Principien der Wissenschaftslehre. *In:* Sämmtliche Werke, *Bd. 4, S. 69:* z. B. theoretisch fliesst aus dem Begriffe meiner Freiheit der Satz: jeder Mensch ist frei. Derselbe Begriff, praktisch betrachtet, gäbe das Gebot: du sollst ihn schlechthin als freies Wesen behandeln.

[369] Zwang] *Siehe* Fichte: Ueber den Grund unseres Glaubens an eine göttliche Weltregierung. *In:* Sämmtliche Werke, *Bd. 5, S. 185. Bei Fichte heißt es:* Der Zwang, mit welchem der Glaube an die Realität derselben sich uns aufdringt, ist ein moralischer Zwang; der einzige, welcher für das freie Wesen möglich ist.

[370] »versinnlichte Materiale der Pflicht«] *Vgl. vorliegenden Bd., S. 155 mit Hrsg.-Anm. 323.*

[371] »Poiesis« vgl. Aristoteles] *Siehe Hrsg.-Anm. 228.*

[372] (Zum Begriff der »Poiesis« ... in Bühlers Sprachbuch.)] *Siehe* Bühler: Sprachtheorie, *1934, § 4:* Sprechhandlung und Sprachwerk; Sprechakt und Sprachgebilde, *S. 52f.:* Zu einer begrifflich scharfen Abhebung der Sprechhandlung vom Sprachwerk liefert Aristoteles die Kategorien und das spielende Kind die durchsichtigsten Beobachtungsdaten. Aristoteles denkt uns im ersten Schritt einer wichtigen Begriffsreihe die Scheidung menschlichen Verhaltens in Theoria und Praxis vor, um dann im zweiten Schritt von der Praxis im engeren Sinn die Poiesis abzusondern; [...]. Die Rückschau aufs Fertige, zufällig fertig Gewordene ist beim spielenden Kinde ein Anstoß, es folgt die entscheidende Phase, wo das in einer Konzeption vorweggenommene Resultat des Tuns schon prospektiv die Betätigung am Material zu steuern beginnt und wo dann schließlich das Tun nicht mehr zur Ruhe kommt, bevor das Werk vollendet ist. Genau so im Prinzip redet der Schaffende an einem Sprachwerk nicht wie der praktisch Handelnde redet; es gibt für uns alle Situationen, in denen das Problem des Augenblicks, die Aufgabe aus der Lebenslage redend gelöst wird: Sprechhandlungen. Und es gibt andere Gelegenheiten, wo wir schaffend an der adäquaten sprachlichen Fassung eines gegebenen Stoffes arbeiten und ein Sprachwerk hervorbringen.

[373] »selig in seinem Selbst«] *Siehe hier S. 32 mit Hrsg.-Anm. 48.*

[374] (Zur Geschichte ... Böll: Contemplatio)] *Siehe* Boll: Vita contemplativa, *1920, S. 1-34. – Boll, Franz. Altphilologe. - * Rothenburg o. T. 1.7.1867, † Heidelberg 3.7.1924. 1898 Leiter der Handschriftenabt. der* Bayerischen Staatsbibliothek*; 1903 Prof. in Würzburg, 1908 in Heidelberg.* Die Lebensalter, *1913;* Sternglaube und Sterndeutung, *1918.*

[375] Begriff der ἀνδρεία] *Tapferkeit; s.* Platon: Laches, *190dff.*

[376] Begriff des ὅσιον] *heilig; s.* Platon: Euthyphro, *5dff., 98c8ff.*

[377] Sokrates ... "Entdecker des Begriffs"] *Siehe* Aristoteles: Metaphysik, *987b3; vgl. 1078b19.*

[378] Xenophontische Sokrates ... Maier] *Zu Xenophons Sokrates s.* Maier: Sokrates, *1913, Kap. 2. – Maier, Heinrich. Philosoph. - * Heidenheim/Brenz 5.2.1867, † Berlin 28.11.1933. 1896 Habil. in Tübingen; 1900 a. o. Prof. in Zürich, 1901 o. Prof.; 1902-1911 Prof. in Tübingen, 1911-1918 in Göttingen, 1918-1922 in Heidelberg, 1922-1933 in Berlin.* Die Syllogistik des Aristoteles, *3 Bde., 1896;* Sokrates, *1913;* Das geschichtliche Erkennen, *1914;* Philosophie der Wirklichkeit, *3 Bde., 1926-1935.*

[379] Tugend (ἀρετῄ) ist Wissen] *Zur Tugend als Wissen vgl. z. B.* Platon: Meno, *98c8-d1.*

[380] *γνῶθι σεαυτόν*] *Erkenne dich selbst; s.* Platon: Phaedrus, *230a.*

[381] Goethe, Maximen 657, 663] *Siehe* Goethe: Maximen und Reflexionen, *1907, Nr. 657, S. 145:* Nehmen wir sodann das bedeutende Wort vor: Erkenne dich selbst, so müssen wir es nicht im ascetischen Sinne auslegen. Es ist keineswegs die Heautognosie unserer modernen Hypochondristen, Humoristen und Heautontimorumenen damit gemeint; sondern es heißt ganz einfach: Gib einigermaßen Acht auf dich selbst, nimm Notiz von dir selbst, damit du gewahr werdest, wie du zu deines Gleichen und der Welt zu stehen kommst. Hie-

zu bedarf es keiner psychologischen Quälereien; jeder tüchtige Mensch weiß und erfährt, was es heißen soll; es ist ein guter Rath, der einem jeden praktisch zum größten Vortheil gedeiht. – *Nr. 663, S. 146:* Wie Sokrates den sittlichen Menschen zu sich berief, damit dieser ganz einfach einigermaßen über sich selbst aufgeklärt würde, so traten Plato und Aristoteles gleichfalls als befugte Individuen vor die Natur; der eine, mit Geist und Gemüth sich ihr anzueignen, der andere, mit Forscherblick und Methode sie für sich zu gewinnen. Und so ist denn auch jede Annäherung, die sich uns im Ganzen und Einzelnen an diese dreie möglich macht, das Ereigniß, was wir am freudigsten empfinden und was unsere Bildung zu befördern sich jederzeit kräftig erweis't.

[382] autochthonen und autonomen Sinnes] *Simmel spricht von der* autochthonen Bedeutung *und* autonomen Sachlichkeit *von Kulturwerken als Objekten im Gegensatz zu ihrem Kulturwert. Siehe* Simmel: Vom Wesen der Kultur, *1908, S. 39f.*

[383] »Bündigkeit«] *Bezeichnung für das selbsttätige Zusammenschließen von inhaltlichen Elementen in einem schöpferischen Prozeß. Siehe* Freyer: Theorie des objektiven Geistes, *1923, S. 71. – Freyer, Hans. Philosoph und Soziologe. - * Leipzig 31.7.1887, † Wiesbaden 18.1.1969. 1922-1925 Prof. in Kiel, 1925-1948 in Leipzig; 1953-1954 Prof. der Soziologie in Münster.* Theorie des objektiven Geistes, *1923;* Soziologie als Wirklichkeitswissenschaft, *1930.*

[384] »Wendung zur Idee« (Simmel)] *Siehe* Simmel: Lebensanschauung, *1918, Kap. 2:* Die Wendung zur Idee.

[385] (s. oben)] *Siehe vorliegenden Bd., S. 189.*

[386] »drittes Reich« ... »Reich der reinen Formen«] *Vgl.* Cassirer: Das Symbolproblem und seine Stellung im System der Philosophie, *1927, S. 305:* So geht die Sprache vom Ausdruckssinn zum reinen Darstellungssinn fort – und sie strebt von diesem beständig dem »dritten Reich«, dem Reich der reinen Bedeutung zu.

[387] (*πᾶσα ψυχὴ φύσει τεθέαται τὰ ὄντα*)] *Siehe* Platon: Phaedrus, *249e4f.:* [...], *πᾶσα μὲν ἀνθρώπου ψυχὴ φύσει τεθέαται τὰ ὄντα,* [...]. (Platon: Phaidros, *S. 81:* [...], jede Seele eines Menschen muss zwar ihrer Natur nach das Seiende geschaut haben, [...].).

[388] *Πάντων χρημάτων μέτρον ἄνθρωπος*] *Siehe vorliegenden Bd., S. 129 mit Hrsg.-Anm. 251.*

[389] (vgl. oben; Protagoras-Rede im Theatet)] *Vgl. vorliegenden Bd., S. 183 mit Hrsg.-Anm. 363.*

[390] *ἑλκόμενα ἄνω καὶ κάτω*] *Hin und her gezogen; s.* Platon: Cratylus, *386d8-e4: ΣΩ: Οὐκοῦν εἰ μήτε πᾶσι πάντα ἐστὶν ὁμοίως ἅμα καὶ ἀεί, μήτε ἑκάστῳ ἰδίᾳ ἕκαστον τῶν ὄντων ἐστίν, δῆλον δὴ, ὅτι αὐτὰ αὑτῶν οὐσίαν ἔχοντά τινα βέβαιόν ἐστι τὰ πράγματα, οὐ πρὸς ἡμᾶς οὐδὲ ὑφ' ἡμῶν, ἑλκόμενα ἄνω καὶ κάτω τῷ ἡμετέρῳ φαντάσματι, ἀλλὰ καθ' αὑτὰ πρὸς τὴν αὑτῶν οὐσίαν ἔχοντα ᾗπερ πέφυκε.* (Platon: Kratylos, *S. 21:* Also wenn weder Allen alles auf gleiche Weise zugleich und immer zukommt, noch auch jedes Ding für jeden auf eine besondere Weise da ist: so ist offenbar, dass die Dinge an und für sich ihr eigenes bestehendes Wesen haben, und nicht nur je nachdem wir sind, oder von uns hin und her gezogen nach unserer Einbildung, sondern für sich bestehend, je nach ihrem eigenen Wesen seiend wie sie geartet sind.).

391 (vgl. Prolegomena) ... »formaler« Idealismus] *Siehe* Kant: Prolegomena, *A 208. In:* Werke, *Bd. 4, S. 131; vgl.* KrV, *A 491/B 519. In:* Werke, *Bd. 3, S. 349, Anm.*

392 *ἀγαθόν* als *αὐτὸ καθ αὑτό*] Das Gute als an und für sich; s. Platon: Phaedo, *100b5-7:* [...], *ὑποθέμενος εἶναί τι καλὸν αὐτὸ καθ' αὑτὸ καὶ ἀγαθὸν καὶ μέγα καὶ τἆλλα πάντα.* (Platon: Phaidon, *S. 63:* [...] dass ich vorausseze, es gebe ein Schönes an und für sich, und ein Gutes und Grosses und so alles andere, [...].).

393 »Modus« der Auffassung (vgl. oben!)] *Siehe vorliegenden Bd., S. 166-169.*

394 (Hegel)] *Siehe Hegels* Vorrede *zur* Phänomenologie des Geistes. *In:* Sämtliche Werke, *Bd. 2, S. 24:* Das Wahre ist das Ganze.

395 Elementenbegriff: Mach ... Einleitung] *Cassirer kritisiert Machs Begriff der elementaren Empfindungen in der* Einleitung *zu* PsF, *Bd. 3, S. 30-32.*

396 Das Höchste ... Theorie ist] *Siehe* Goethe: Maximen und Reflexionen, *1907, Nr. 575, S. 125:* Das Höchste wäre: zu begreifen, daß alles Factische schon Theorie ist. [...] Man suche nur nichts hinter den Phänomenen: sie selbst sind die Lehre.

397 Auflösung der Frage...Erfahrung lässt sich anticipieren] *Siehe Kants Bilanz der Untersuchungen in der transzendentalen Analytik in* KrV, *A 245/B 303:* Die transszendentale Analytik hat demnach dieses wichtige Resultat, daß der Verstand a priori niemals mehr leisten könne, als die Form einer möglichen Erfahrung überhaupt zu antizipieren, und, da dasjenige, was nicht Erscheinung ist, kein Gegenstand der Erfahrung sein kann, daß er die Schranken der Sinnlichkeit, innerhalb denen uns allein Gegenstände gegeben werden, niemals überschreiten könne. *(In:* Werke, *Bd. 3, S. 217). Vgl.* KrV, *A 762/B 790:* Wir sind wirklich im Besitz synthetischer Erkenntnis a priori, wie dieses die Verstandesgrundsätze, welche die Erfahrung antizipieren, dartun. *(In:* Werke, *Bd. 3, S. 514f.).*

398 (cf. Leibniz, Klem. d. Th.)] *Nicht verifizierter Hinweis.*

399 König, Begriff der Intuition] *Siehe* König: Der Begriff der Intuition, *1926, Abschnitt 1:* Die Kantische Synthesis a priori und ihre Bezüge zum Begriff der Intuition. – *König, Josef. Philosoph. - * Kaiserslautern 24.2.1893, † Göttingen 17.3.1974. 1923 Prom. bei Georg Misch in Göttingen; 1935 Habil. dort; 1946 auf Cassirers bis dahin unbesetzten Lehrstuhl für Philosophie nach Hamburg berufen; 1953 nach Göttingen.*

400 Heyse, Begriff des Ganzen] *Siehe* Heyse: Der Begriff der Ganzheit und die Kantische Philosophie, *1927. – Heyse, Hans. Philosoph. - * Bremen 8.3.1891, † Göttingen 19.10.1976. 1932-1937 Prof. in Königsberg, 1937-1945 in Göttingen; 1935-1944 Hrsg. der* Kant-Studien. Idee und Existenz, *1935.*

401 *αὐτὸ γὰρ ἐστι νοεῖν τε καὶ εἶναι*] *Siehe* Parmenides, *Fragm. B 5. In:* Diels, *Bd. 1, S. 152: ... τὸ γὰρ αὐτὸ νοεῖν ἐστίν τε καὶ εἶναι.* (Denn (das Seiende) denken und sein ist dasselbe).

402 So Empedokles ... Wasser draussen] *Siehe* Empedokles, *Fragm. B 109. In:* Diels, *Bd. 1, S. 262: γαίηι μὲν γὰρ γαῖαν ὀπώπαμεν, ὕδατι δ' ὕδωρ, αἰθέρι δ' αἰθέρα δῖον, ἀτὰρ πυρὶ πῦρ ἀίδηλον, στοργὴν δὲ στοργῆι, νεῖκος δέ τε νείκεϊ λυγρῶι.* (Denn mit unserem Erdstoff erblicken wir die Erde, mit unserem

Wasser das Wasser, mit unserer Luft die göttliche Luft, mit unserem Feuer endlich das vernichtende Feuer; mit unserer Liebe ferner die Liebe (der Welt) und ihren Haß mit unserem traurigen Haß.).

[403] εἴδωλον-Theorie] *Siehe vorliegenden Bd., S. 29 mit Hrsg.-Anm. 43.*

[404] Umfangend-umfangen] *Siehe* Goethe: Ganymed. *In:* WA, *Bd. 2, S. 80:* Umfangend umfangen! / Aufwärts an deinen Busen, / Allliebender Vater!

[405] *Hartmann, Nicolai. Philosoph. - * Riga (Lettland) 20.2.1882, † Göttingen 9.10.1950. 1905-1907 Studium in Marburg; dort 1907 Prom.; 1920 a. o. Prof., 1925 o. Prof. in Marburg; 1925-1931 in Köln; 1931-1945 in Berlin; 1946-1950 in Göttingen.* Grundzüge einer Metaphysik der Erkenntnis, *1921;* Ethik, *1925;* Das Problem des geistigen Seins. Untersuchungen der Geschichtsphilosophie und Geisteswissenschaften, *1933.*

[406] Spinoza im Attributionsbegriff] *Siehe* Spinoza: Ethica, *Pars 1, Def. 4. In:* Opera, *Bd. 1, S. 37:* Per attributum intelligo id, quod intellectus de substantia percipit, tanquam ejusdem essentiam constituens. (Spinoza: Die Ethik, *1905, S. 1:* Unter Attribut verstehe ich das, was der Verstand an der Substanz als deren Wesenheit ausmachend wahrnimmt.).

[407] cogitatio] *Siehe* Spinoza: Ethica, *Pars 2, Prop. 1. In:* Opera, *Bd. 1, S. 74:* Cogitatio attributum Dei est, sive Deus est res cogitans. (Spinoza: Die Ethik, *1905, S. 45:* Das Denken ist ein Attribut Gottes, oder Gott ist ein denkendes Ding.).

[408] der Satz ordo ... idearum] *Siehe* Spinoza: Ethica, *Pars 2, Prop. 7. In:* Opera, *Bd. 1, S. 77:* Ordo et connexio idearum idem est, ac ordo et connexio rerum. (Spinoza: Die Ethik, *1905, S. 48:* Die Ordnung und Verknüpfung der Ideen ist die selbe, wie die Ordnung und Verknüpfung der Dinge.).

[409] Monade ... ihrem Wesen nach repraesentatio] *Siehe z. B. Leibniz' Erläuterung der Monade als Repräsentation in dem Entwurf eines Briefes an Remond* (Beilage *zum Brief an Remond von Juli 1714). In:* Philosophische Schriften, *Bd. 6, S. 622:* Elles [Monades] ont toutes de la perception (qui n'est autre chose que la representation de la multitude dans l'unité)[...]. (Leibniz: Hauptschriften, *Bd. 2, S. 467:* Sie [die Monaden] alle besitzen Vorstellung – die nichts anderes ist, als der Ausdruck der Vielheit in der Einheit)[...].).

[410] Bei den Pythagoreern ... "hat an der Zahl Teil"] *Siehe* Aristoteles: Metaphysik, *987b10-13: τὴν δὲ μέθεξιν τοὔνομα μόνον μετέβαλεν· οἱ μὲν γὰρ Πυθαγόρειοι μιμήσει τὰ ὄντα φασὶν εἶναι τῶν ἀριθμῶν, Πλάτων δὲ μεθέξει, τοὔνομα μεταβαλών.* (Aristoteles: Metaphysik, *Bd. 1, S. 39:* Dieser Ausdruck "Teilhabe" ist nur ein neues Wort für eine ältere Ansicht; denn die Pythagoreer behaupten, das Seiende existiere durch Nachahmung der Zahlen, Platon, mit verändertem Namen, durch Teilhabe.).

[411] *μέθεξις* als *παρουσία* u. *κοινωνία*] *Teilhabe als Anwesenheit und Gemeinschaft; s.* Platon: Phaedo, *100d5f.*

[412] Cusanus: ... quantum etc.] *Siehe* Complementum theologicum figuratum in complentis mathematicis Nicolai de Cusa Cardinalis, *Cap. V, fol. 95:* Nam dum trigonú depingit quantú: non ad trigonum respicit quátum/sed ad trigonum simpliciter absolutum ab omni quátitate/& qualitate/magnitudine &

multitudine (Nikolaus von Kues: Complementum theologicum, *1967, S. 669:* Denn während er [der Mathematiker] das quantitativ bestimmte Dreieck zeichnet, schaut er nicht auf dieses, sondern auf das von aller Quantität und Qualität, Größe und Vielheit schlechthin losgelöste Dreieck.*).*

[413] Problem der Synthesis ... a priori] *Siehe* Cassirer: Kants Leben und Lehre, *1918, S. 135-140, wo Cassirer die Entstehung dieser Problemstellung auf die Frage nach der Beziehung der Vorstellung auf den Gegenstand bei Kant zurückführt.*

[414] Form u. Materie der Erkenntnis] *Vgl. hierzu* Cassirer: Zur Logik des Symbolbegriffs, *1938, Teil 2:* "Form" und "Materie" der Erkenntnis.

[415] Darstellung als 'Abschattung' / (cf. Helmholtz)] *Nicht eindeutig zu belegender Hinweis. Der Einfluß des Schattens auf die Darstellung von Formen wird kurz besprochen in* Helmholtz: Handbuch der Physiologischen Optik, *1896, S. 773, 792f. – Helmholtz, Hermann Ludwig Ferdinand von. Physiologe und Physiker. - * Potsdam 31.8.1821, † Berlin-Charlottenburg 8.9.1894. 1849-1855 Prof. der Physiologie in Königsberg; 1855-1858 in Bonn; 1858-1871 in Heidelberg; 1867 Prof. für Physik in Berlin.* Über die Erhaltung der Kraft, *1847;* Handbuch der Physiologischen Optik, *1856-1867;* Über die Tatsachen der Wahrnehmung, *1879.*

[416] cf. Wach, Problem des Verstehens ?] *Gemeint ist vermutlich* Wach: Das Verstehen, *3 Bde., 1926-1933. – Wach, Joachim. Philosoph. - * Chemnitz 25.1.1898, † Orselina bei Locarno 27.8.1955. 1924 Habil. in Leipzig; 1929 dort a.o. Prof. der Theologie; 1937-1945 Prof. an der Brown University in Providence (Rhode Island, USA); 1945-1955 Prof. der Religionswissenschaft an der University of Chicago. Führt Diltheys Ansatz weiter.* Typen religiöser Anthropologie, *1932;* Sociology of Religion, *1944;* Types of Religious Experience, *1951.*

[417] Duhem ... Symbolbegriff in der Physik] *Siehe* Duhem: La Théorie physique, *1906, Teil 2, Kap. 5, § 1:* Les lois de Physique sont des relations symboliques. *Vgl.* SF, *S. 372, Anm. – Duhem, Pierre. Physiker und Philosoph. - * Paris 10.6.1861, † Cabrespine (Frankreich) 14.9.1916. Lehrt 1887-1893 Physik in Lille und Renne; 1894-1916 Prof. in Bordeaux.* L'évolution de la mécanique, *1903 (dt.:* Die Wandlungen der Mechanik und der mechanischen Naturerklärung)*;* Les sources des théories physiques, *2 Bde., 1905, 1906;* tudes sur Léonard de Vinci, *3 Bde., 1906-1913;* La Théorie physique. Son objet et sa structure, *1906 (dt.:* Ziel und Struktur der physikalischen Theorien).

[418] Willst Du Dich ... erblicken!] *Vgl.* Goethe: Gott, Gemüth und Welt. *In:* WA, *Bd. 2, S. 216:* Willst du dich am Ganzen erquicken, / So mußt du das Ganze im Kleinsten erblicken.

[419] Problem: Goethe u. Newton] *Vielleicht ein Hinweis auf Cassirers Diskussion des Verhältnisses von Goethe und Newton in* Goethe und die mathematische Physik, *1921. Der letzte Absatz darin ist ein Plädoyer für eine* Philosophie der symbolischen Formen. *Zur Unterscheidung zwischen dem* Ganzen *und dem* System *vgl. die Bemerkung Cassirers in* Zur Logik des Symbolbegriffs, *1938, S. 173:* Die "Philosophie der symbolischen Form" kann und will [...] kein philosophisches "System" in der traditionellen Bedeutung des Wortes sein.

[420] "Wirklichkeit der Bilder"] *Siehe* Klages: Vom kosmogonischen Eros, *1922, S. 94:* Führwahr, was irgend uns heute befremdlich anmuten mag an

Kulthandlungen, heiligen Festen, Zauberbräuchen, Tabuierungen, Wahrsagekünsten, es gründet ohne Ausnahme im Uebergewicht der schauenden Innerlichkeit über das bloß wahrnehmungsfähige Eindrucksvermögen und im Verflochtensein der stets nur mechanisch bewegten Gegenstandswelt in die dämonisch-lebendige Wirklichkeit der Bilder. *A. a. O., S. 79:* das Bild hat bewußtseinsunabhängige Wirklichkeit (denn es bleibt gänzlich unberührt davon, ob ich hernach mich seiner erinnere oder nicht); das Ding ist in die Welt vom Bewußtsein hineingedacht und existiert nur für eine Innerlichkeit persönlicher Wesen. Darum: wer die Personenhaftigkeit in der Ekstase zersprengt, für den geht im selben Augenblick die Welt der Tatsachen unter, und es aufersteht ihm mit alles verdrängender Wirklichkeitsmacht die Welt der Bilder.

[421] Vom Wesen der Ekstase, S. 74ff.] *Siehe* Klages: Vom kosmogonischen Eros, *1922, Kap.* Vom Wesen der Ekstase: *S. 74-115.*

[422] Ent-Geistung (cf. S. 48!)] *Siehe* Klages: Vom kosmogonischen Eros, *1922, S. 48:* [...] die Ekstase ist nicht der Seele Entleibung, sondern Entselbstung und mithin Entgeistung. – Verhält es sich aber so, dann wird jede Ekstasis eines geistbehafteten Wesens zwei Phasen durchmessen: die Phasen, in der das Ich untergeht, und die Phase, in der das Leben aufersteht. *Vgl. hierzu Cassirers sinnumkehrende Paraphrase dieser Stelle im Material* Zum Schluss-Kapitel *im vorliegenden Bd., S. 238.*

[423] Nichts wirst Du sehen ... tust] *Siehe* Goethe: Faust II, Z. *6246-6248:* Nichts wirst du sehn in ewig leerer Ferne, / Den Schritt nicht hören den du thust, / Nichts Festes finden wo du ruhst. (WA, *Bd. 15.1, S. 71.).*

[424] Im Erstarren ... Heil finden] *Siehe* Goethe: Faust II, *Z. 6271:* Doch im Erstarren such' ich nicht mein Heil. (WA, *Bd. 15.1, S. 72.).*

[425] Müttern] *Siehe* Goethe: Faust II, Z. *6216ff. In:* WA, *Bd. 15.1, S. 70.*

[426] "Fluchmacht des Geistes" ... 156 u.s.w.] *Siehe* Vom kosmogonischen Eros, *1922, S. 156-158.*

[427] Klages ... 179] *In* Vom Kosmogonischen Eros, *1922, S. 179, macht Klages folgende Bemerkung über Nietzsches* Geburt der Tragödie*:* Unwesentliche Mängel des hochbedeutenden Werkes sind zu erblicken in der Uebernahme schopenhauerischer Kunstwörter und in der Hereinziehung von Musikproblemen (insonderheit solcher des Wagnerrummels), ein wesentlicher dagegen in jener ganz unscharf begrenzten Fassung des Apollinismus, die den Entdekker zu bemerken verhindert hat dessen Bedeutungsgleichheit mit ihm so gründlich vertrauten "Sokratismus"!

[428] Hier steht Klages ... (S. 182)] *Siehe* Vom kosmogonischen Eros, *1922, S. 182:* Derselbe Forscher, der auf der einen Seite mit Worten, die wie unterirdische Quellen rauschen, die in sich geschlossene Vollkommenheit des mütterlich umfangenden Chthonismus preist, in Vergleichung mit dem alles Spätere nur friedlose Unrast bedeute, bringt es fertig, auf der anderen den Einbruch des friedenstörenden Gegenwillens als Uebergang zu einer "höheren Stufe" der Gesittung mißzuverstehen!

[429] *Prinzhorn, Hans. Arzt und Psychotherapeut. - * Hemer (Westf.) 8.6.1886, † München 16.6.1933. Studiert bei Lipps. Sammelt Bilder von Geisteskranken*

(Sammlung Prinzhorn). Bildnerei der Geisteskranken, *1922, 2. Aufl. 1923;* Leib-Seele-Einheit, *1927;* Um die Persönlichkeit, *1927; Hrsg. der Klages-Festschrift* Die Wissenschaft am Scheidewege von Leben und Geist, *1932. Prinzhorn und Cassirer begegnen sich 1927 in Halle beim 3. Kongreß für Ästhetik und allgemeine Kunstwissenschaft.*

430 Prinzhorn S. 98ff. ... Zeitströmungen] *Siehe* Prinzhorn: Die Begründung einer reinen Charakterologie durch Ludwig Klages, *1927, S. 98:* Die Hauptschwierigkeiten, die sich dem Psychologen wie dem Philosophen entgegenstemmen, wenn er sich mit der Charakterologie von Klages einläßt, sind diese: es spricht erstens ein festes Wertsystem schon aus der Wahl und Benennung der Dimensionen, erst recht aus der Formulierung der polaren Gegensätze und aus den allgemeinen Wertungen etwa geschichtlicher Persönlichkeiten und Zeitströmungen.

431 cf. S. 101 ff.] *Siehe* Prinzhorn: Die Begründung einer reinen Charakterologie durch Ludwig Klages, *1927, bes. S. 101:* Der metaphysische Dualismus Leben – Geist läßt wie bekannt mehrere Wertsysteme zu: man kann die höchsten Werte auf seiten des Geistes ansetzen und das Ziel der Menschheit in der Vergeistigung erblicken, wie das die abendländische Menschheit bis zu Nietzsche, Klages und ihren Nachfolgern getan hat – der Erfolg steht vor aller Augen. Oder man kann in rein romantischer Form die höchsten Werte auf seiten des Lebens sehen und muß dann der Geistseite eine mehr oder weniger teuflische Rolle zuschreiben, wenn man folgerichtig ist.

432 nominatio und mensuratio ... wertgebende Prinzip] *Siehe* Cusanus: Liber de mente. [= Idiota de mente]. *Im Anhang zu* IK, *S. 208:* Puto neminem esse aut fuisse hominem perfectum, qui non de mente aliqualem saltem fecerit conceptum. Habeo quidem et ego mentem esse, ex qua omnium rerum terminus et mensura; mentem quidem a mensurando dici conicio. *(a. a. O., S. 209:* Ich glaube, daß es keinen vollkommenen Menschen gibt, noch gegeben hat, der sich nicht irgendeinen Begriff vom Geiste gebildet hätte. So habe denn auch ich einen und meine, daß es der Geist sei, von dem Maß und Grenze aller Dinge herstamme. Ich vermute also, daß das Wort "mens" sich vom Worte "mensurare" herleite.). *Zu Cusanus' Auffassung vom Geist als dem wertgebenden Prinzip vgl. vorliegenden Bd., S. 31.*

433 Byrons Kain ... 'satanische' Prinzip des Geistes] *Byrons Luzifer ist zugleich das Prinzip des Wissens und des Bösen; s.* Byron: Cain, *Act 2, Scene 2, Z. 162-165:* Lucifer: It may be death leads to the highest knowledge; / And being of all things the sole thing certain, / At least leads to the surest science: therefore / The Tree was true, though deadly. *(In:* Byron: Works, *Bd. 5, S. 246;* Byron: Kain. *In:* Werke, *Bd. 4, S. 104:* Vielleicht, daß Tod zum höchsten Wissen führt, / Zum sichersten gewiß, denn er allein / Von allen Dingen ist gewiß. Der Baum / War tödtlich, aber wahr.). *Zum Baum der Erkenntnis in Byrons* Manfred *s. vorliegenden Bd., S. 23 mit Hrsg.-Anm. 29.*

434 (cf. Prinzhorn S. 101 ... teuflische Rolle ...)] *Vgl. vorliegenden Bd., S. 210 mit Hrsg.-Anm. 431.*

435 als Teufel schaffend] *Anspielung auf Goethes* Faust, *Z. 343. In:* WA, *Bd. 14, S. 23.*

[436] In Prinzhorns Darstellung ... dann höchste Form] *Siehe* Prinzhorn: Die Begründung einer reinen Charakterologie durch Ludwig Klages, *1927, S. 102f.:* Die große Gefahr liegt nicht darin, daß Geist zu stark würde, sondern daß er nicht stark und frei genug auftritt oder sich in falschem Gewande in Masken des Lebens auswirkt – hier erst erhebt sich das Problem der abendländischen Kultur und mit Nietzsche der Versuch, durch Entlarvung der Scheinwerte noch einmal die Bahn frei zu machen für einen "Höheren Menschen". Der Geist als Instrument des Erkennens kann nicht fein genug geschliffen sein – aber man muß Vorsorge treffen, daß er für das echte Leben eingesetzt werde, weil starke Strömungen ihn zum autonomen Götzen zu erheben trachten. Also: wenn schon Geist, dann höchste Form – aber in jeder Alternative zwischen Geist und Leben unbedingt für Leben als das Unersetzliche, den schöpferischen Urgrund.

[437] (S. 103)] *Siehe* Prinzhorn: Die Begründung einer reinen Charakterologie durch Ludwig Klages, *1927, S. 103. Vgl. die vorhergehende Hrsg.-Anm.*

[438] Hegels Prinzip ... schon cit. Band I)] *In der* Einleitung *zu* PsF, *Bd. 1, S. 15, wird die Hegelsche* Phänomenologie *besprochen, nicht jedoch die hier gemeinte Stelle, die aber im* Vorwort *zu* PsF, *Bd. 2, S. XI, ausdrücklich herangezogen wird; vgl. dazu vorliegenden Bd., S. 84 mit Hrsg.-Anm. 138 und 139.*

[439] (Typen der Metaphysik)] *Siehe im vorliegenden Bd., S. 152-162; vgl. S. 237f.*

[440] 'Mensch u. Erde'] *Zu* Klages: Mensch und Erde, *1920, s. vorliegenden Bd., S. 26.*

[441] Die Griechen ... cf. Mensch u. Erde, S. 43] *Siehe* Klages: Mensch und Erde, *1920, S. 43:* Wenn die Griechen einen Strom überbrückten, so baten sie den Flußgott für die Eigenmächtigkeit des Menschen um Verzeihung und spendeten Trankopfer.

[442] Gottheit lebendiges Kleid] *Anspielung auf Goethes* Faust, *Z. 508f.:* So schaff' ich am sausenden Webstuhl der Zeit, / und wirke der Gottheit lebendiges Kleid. (WA, *Bd. 14, S. 32).*

[443] so verderb ich ... Stoff] *Siehe vorliegenden Bd., S. 17 mit Hrsg.-Anm. 23.*

[444] Weil ein Vers ... dichtet u. denkt] *Siehe* Schiller: Dilettant, Votivtafeln, *Spruch Nr. 48. In:* Sämtliche Werke, *Bd. 1, S. 150:* Weil ein Vers dir gelingt in einer gebildeten Sprache, / Die für dich dichtet und denkt, glaubst du schon Dichter zu sein?

[445] geprägte Form] *Siehe Hrsg.-Anm. 217 und 221.*

[446] Ach ... Drang] *Siehe vorliegenden Bd., S. 125 mit Hrsg.-Anm. 232.*

[447] (Konflikt der modernen Kultur)] *Siehe* Simmel: Der Konflikt der modernen Kultur, *1918, z. B. S. 9:* Jetzt erleben wir diese neue Phase des alten Kampfes, der nicht mehr Kampf der heute vom Leben gefüllten Form gegen die alte, leblos gewordene ist, sondern Kampf des Lebens gegen die Form überhaupt, gegen das Prinzip der Form.

[448] Die leichte Taube] *Anspielung auf* KrV, *B 8-9:* Die leichte Taube, indem sie im freien Fluge die Luft teilt, deren Widerstand sie fühlt, könnte die Vorstellung fassen, daß es ihr im luftleeren Raum noch viel besser gelingen werde. Ebenso verließ Plato die Sinnenwelt, weil sie dem Verstande so enge Schran-

ken setzt, und wagte sich jenseit derselben auf den Flügeln der Ideen in den leeren Raum des reinen Verstandes. *(In:* Werke, *Bd. 3, S. 39).*

[449] Weil ein Vers Dir ... etc.] *Vgl. vorliegenden Bd., S. 216 mit Hrsg.-Anm. 444.*

[450] "Entsagung"] *Zu Goethes Auffassung der* Entsagung *s.* Cassirer: Goethes Idee der Bildung und Erziehung, *1932, bes. S. 350, 353, sowie* Cassirer: Goethes Pandora, *1921, S. 23f.*

[451] Spinozas amor Dei intellectualis] *Siehe* Spinoza: Ethica, *Pars 5, Prop. 19. In:* Opera, *Bd. 1, S. 257: Qui Deum amat, conari non potest, ut Deus ipsum contra amet.* (Spinoza: Die Ethik, *1905, S. 258:* Wer Gott liebt, kann nicht danach streben, daß Gott ihn widerliebt.).

[452] 'Angst' (vgl. Kierkegaard)] *Siehe etwa die Erläuterung der Unwissenheit als Angst in* Kierkegaard: Der Begriff Angst, *1923, S. 36:* In diesem Zustande ist Friede und Ruhe; doch es ist zur selben Zeit noch etwas anderes da, das doch nicht Unfriede und Streit ist[,] es gibt ja nichts, um damit zu streiten! Was ist nun das? Nichts! Welche Wirkung hat aber Nichts? Es erzeugt Angst. Dies ist das tiefe Geheimnis der Unschuld, daß sie zu gleicher Zeit Angst ist. *– Kierkegaard, Søren. Philosoph. - * Kopenhagen 5.5.1813, † ebd. 4.11.1855. 1830 Beginn des Theologie- und Philosophie-Studiums in Kopenhagen; 1840 Beginn der Pfarrer-Ausbildung in Kopenhagen; hört 1841-1842 in Berlin Philosophie bei Schelling; ab 1842 freier Schriftsteller in Kopenhagen.* Enten-Eller, *1843 (dt.:* Entweder/Oder)*;* Frygt og Baeven, *1843 (dt.:* Furcht und Zittern)*;* Begrebet Angest, *1844 (dt.:* Der Begriff der Angst)*;* Sygdommen til Døden, *1849 (dt.:* Die Krankheit zum Tode).

[453] S. 350 ff.] *Die Seitenangaben beziehen sich auf* Heidegger: Sein und Zeit, *1927, § 69:* Die Zeitlichkeit des In-der-Welt-seins und das Problem der Transzendenz der Welt*: S. 350-366.*

[454] bes. auch S. 227] *Vgl.* Heidegger: Sein und Zeit, *1927, S. 227:* Alle Wahrheit ist gemäß deren wesenhafter daseinsmäßiger Seinsart relativ auf das Sein des Daseins.

[455] Ekstasen da ... Welt da (S. 365)] *Bei* Heidegger: Sein und Zeit, *1927, S. 365, ist* da *jeweils hervorgehoben.*

[456] Alles "Allgemeine" ... "Verfallen"] *Siehe* Heidegger: Sein und Zeit, *1927, § 38:* Das Verfallen und die Geworfenheit.

[457] Heidegger ... 'Man'] *Vgl.* Heidegger: Sein und Zeit, *1927, § 27:* Das alltägliche Selbstsein und das Man, *bes. S. 128:* Das Man, mit dem sich die Frage nach dem Wer des alltäglichen Daseins beantwortet, ist das Niemand, dem alles Dasein im Untereinandersein sich je schon ausgeliefert hat.

[458] 160 ff., 167 ff.] *Siehe* Heidegger: Sein und Zeit, *1927, S. 160-167: § 34:* Dasein und Rede. Die Sprache *sowie S. 167-170: § 35:* Das Gerede.

[459] vgl. das über Historie & Schicksal Gesagte S. 384 ff.] *Siehe bes.* Heidegger: Sein und Zeit, *1927, S. 386:* Das eigentliche Sein zum Tode, d. h. die Endlichkeit der Zeitlichkeit, ist der verborgene Grund der Geschichtlichkeit des Daseins. Das Dasein wird nicht erst geschichtlich in der Wiederholung, sondern weil es als zeitliches geschichtlich ist, kann es sich wiederholend in seiner Geschichte übernehmen. Hierzu bedarf es noch keiner Historie.

[460] Die auf sich zurückkommende ... 385] *Vgl.* Heidegger: Sein und Zeit, *1927, S. 385:* Die auf sich zurückkommende, sich überliefernde Entschlossenheit wird dann zur Wiederholung einer überkommenen Existenzmöglichkeit. Die Wiederholung ist die ausdrückliche Überlieferung, das heißt der Rückgang in Möglichkeiten des dagewesenen Daseins.

[461] »Hält ... Ausdruck.«] *Vgl.* Heidegger: Sein und Zeit, *1927, S. 152:* Hält man diese grundsätzlich ontologisch-existenziale Interpretation des Begriffes von "Sinn" fest, dann muß alles Seiende von nicht-daseinsmäßiger Seinsart als unsinniges, des Sinnes überhaupt wesenhaft bares begriffen werden. »Unsinnig« bedeutet hier keine Wertung, sondern gibt einer ontologischen Bestimmung Ausdruck.

[462] Luther] *In seinen Notizen für einen Vortrag vom März 1929 in Davos über* Grundprobleme der philosophischen Anthropologie *(Beinecke-Konvolut 94 [Box 42, folder 839]; darin Ms.* Das Todesproblem, *Bl. 15v) vergleicht Cassirer Ausführungen Heideggers und Luthers. Dabei bezieht er sich auf* Heidegger: Sein und Zeit, *1927, S. 239:* Und selbst wenn es möglich und angängig wäre, das Sterben der Anderen im Dabeisein sich "psychologisch" zu verdeutlichen, die damit gemeinte Weise zu sein, als Zu-Ende-kommen nämlich, wäre keineswegs erfaßt. Die Frage steht nach dem ontologischen Sinn des Sterbens des Sterbenden als einer Seinsmöglichkeit seines Seins und nicht nach der Weise des Mitdaseins und Nochdaseins des Verstorbenen mit den Gebliebenen. *Dies vergleicht Cassirer mit folgender Passage Luthers (aus:* Sieben Predigten D. Martini Luthers ... zu Wittenberg *(1522), 1. Predigt), hier zitiert nach* Luther: Werke, *Abt. 3, Bd. 10, S. 1f.:* Wir sind alle zum tode gefoddert und wird keiner fur den andern sterben, sondern ein iglicher in eigner Person mus geharnischt und geruestet sein fur sich selbs mit dem Teufel und Tode zu kempffen. In die ohren koennen wir wol einer dem andern schreien, in troesten und vermanen zu gedult, zum streit und kampff, aber fur in koennen wir nicht kempffen noch streiten, es mus ein iglicher alda auff seine schantz selbs sehen und sich mit den feinden, mit dem Teufel und Tode selbs einlegen und allein mit inen im kampff liegen: ich werde denn nicht bey dir sein noch du bey mir.

[463] 342ff. ... 184ff.] *Siehe* Heidegger: Sein und Zeit, *1927, S. 342ff. Dort wird die Zeitlichkeit der Angst behandelt; vgl. S. 184-191, § 40:* Die Grundbefindlichkeit der Angst als eine ausgezeichnete Erschlossenheit des Daseins.

[464] Schillersche Wort ... Ideales Reich!] *Cassirer zitiert aus der 3. Strophe des Schiller-Gedichtes* Das Ideal und das Leben. *In:* Ders.: Sämtliche Werke, *Bd. 1, S. 192. Bei Schiller heißt es:* Nur der Körper eignet jenen Mächten, / Die das dunkle Schicksal flechten; / Aber frei von jeder Zeitgewalt, / Die Gespielin seliger Naturen, / Wandelt oben in des Lichtes Fluren / Göttlich unter Göttern, die Gestalt. / Wollt ihr hoch auf ihren Flügeln schweben, / Werft die Angst des Irdischen von euch, / Fliehet aus dem engen dumpfen Leben / in des Ideales Reich!

[465] 387 ff., bes. 391] *Siehe* Heidegger: Sein und Zeit, *1927, S. 391:* In der uneigentlichen Geschichtlichkeit dagegen ist die ursprüngliche Erstrecktheit des Schicksals verborgen. Unständig als Man-selbst gegenwärtigt das Dasein sein "Heute". [...] Die Zeitlichkeit der eigentlichen Geschichtlichkeit dagegen ist

als vorlaufend-wiederholender Augenblick eine Entgegenwärtigung des Heute und eine Entwöhnung von den Üblichkeiten des Man.

466 dagewesenem Dasein] Heidegger: Sein und Zeit, *1927, S. 393:* dagewesenem Dasein.

467 (S.330f.)] *Vgl.* Heidegger: Sein und Zeit, *1927, S. 330f.:* In welchem Sinne ist "die Zeit" endlos? [...] Das Problem kann nicht lauten: wie wird die "abgeleitete" unendliche Zeit, "in der" das Vorhandene entsteht und vergeht, zur ursprünglichen endlichen Zeitlichkeit, sondern wie entspringt aus der endlichen eigentlichen Zeitlichkeit die un eigentliche, und wie zeitigt diese als un eigentliche aus der endlichen eine un-endliche Zeit? Nur weil die ursprüngliche Zeit endlich ist, kann sich die "abgeleitete" als un-endliche zeitigen.

468 (cf. Herder gegen Kants 'Averroismus')] *Siehe* Kant: Idee zu einer allgemeinen Geschichte in weltbürgerlicher Absicht. *Zweiter Satz:* Am Menschen (als dem einzigen vernünftigen Geschöpf auf Erden) sollten sich diejenigen Naturanlagen, die auf den Gebrauch seiner Vernunft abgezielt sind, nur in der Gattung, nicht aber im Individuum vollständig entwickeln. *(In:* Werke, *Bd. 4, S. 153). Ohne Kants Namen zu nennen, lehnt Herder diese Ansicht ab und bezeichnet sie als* averroistisch *mit dem Hinweis, daß nach der Averroischen Philosophie* das ganze Menschengeschlecht nur Eine und zwar eine sehr niedrige Seele besitzet. *Siehe* Herder: Ideen zur Philosophie der Geschichte der Menschheit, *1887, Teil 2, Buch 9, S. 345f.*

469 cf. Simmel] *Heidegger bezieht sich in* Sein und Zeit, *1927, § 49, S. 249, Anm., auf Simmels Diskussion des Todes in* Lebensanschauung, *Kap. 3:* Tod und Unsterblichkeit.

470 Das Geworfensein etc.] *Siehe* Heidegger: Sein und Zeit, *1927, S. 135:* Diesen in seinem Woher und Wohin verhüllten, aber an ihm selbst um so unverhüllter erschlossenen Seinscharakter des Daseins, dieses "Daß es ist" nennen wir die Geworfenheit dieses Seienden in sein Da, so zwar, daß es als In-der-Welt-sein das Da ist. Der Ausdruck Geworfenheit soll die Faktizität der Überantwortung andeuten.

471 vgl. ... das Referat von Bréhier] *Vielleicht ein Hinweis auf ein Referat zu Heidegger vom Philosophiehistoriker Emile Bréhier. Der Hinweis konnte nicht verifiziert werden. – Bréhier, Emile. Philosophiehistoriker. – * Bar-le-Duc (Frankreich) 12.4.1876, † Paris 3.2.1952. 1909-1911 Prof. der Philosophie in Rennes; 1912-1914 in Bordeaux; 1919-1946 in Paris.* Histoire de la philosophie, 2 *Bde. in 7, 1926-1932. Bréhier liefert einen Beitrag zur Cassirer-Festschrift.*

472 'ewigen Wahrheiten'] *Siehe die Formulierung Descartes' in* Principia philosophiae. *In:* Oeuvres, *Bd. 8, S. 23:* Cùm autem agnoscimus fieri non posse, ut ex nihilo aliquid fiat, tunc propositio haec: Ex nihilo nihil fit, non tanquam res aliqua existens, neque etiam ut rei modus consideratur, sed ut veritas quaedam aeterna, quae in mente nostrâ sedem habet, vocaturque communis notio, sive axioma. Cujus generis sunt: Impossibile est idem simul esse & non esse: Quod factum est, infectum esse nequit: Is qui cogitat, non potest non existere dum cogitat: & alia innumera, quae qui-

dem omnia recenseri facilè non possunt, sed nec etiam ignorari, cùm occurrit occasio ut de iis cogitemus, & nullis praejudiciis excaecamur. (Descartes: Die Prinzipien der Philosophie, *1908, S. 17:* Wenn wir aber anerkennen, daß unmöglich aus Nichts Etwas werden kann, dann gilt der Satz: Aus Nichts wird Nichts, nicht als ein existierendes Ding und auch nicht als Zustand eines Dinges, sondern als eine ewige Wahrheit, welche in unserem Geiste ihren Sitz hat und ein Gemeinbegriff oder ein Axiom genannt wird. Von dieser Art sind die Sätze: Es ist unmöglich, daß dasselbe zugleich ist und nicht ist; das Geschehene kann nicht ungeschehen werden; wer denkt, muß, während er denkt, existieren, und unzählige andere Sätze, die nicht wohl alle aufgezählt werden können, die man aber doch wissen muß, wenn die Gelegenheit kommt, an sie zu denken und sich durch keine Vorurteile verblenden zu lassen.).

473 der entscheidene Satz ... keine 'ewigen Wahrheiten' geben] *Siehe* Heidegger: Sein und Zeit, *1927, S. 227:* Daß es "ewige Wahrheiten" gibt, wird erst dann zureichend bewiesen sein, wenn der Nachweis gelungen ist, daß in alle Ewigkeit Dasein war und sein wird. Solange dieser Beweis aussteht, bleibt der Satz eine phantastische Behauptung, die dadurch nicht an Rechtmäßigkeit gewinnt, daß sie von den Philosophen gemeinhin »geglaubt« wird.

474 Bemerkung bei Rickert] *Siehe* Rickert: Die Logik des Prädikats und das Problem der Ontologie, *1930. Zu Heidegger: S. 227-236. Vielleicht ist die abschließende Bemerkung gemeint, in der Rickert einen Bekenntnischarakter in Heideggers Denken feststellt und kritisiert, S. 236:* Man weiß dann nicht mehr, was sachlich begründet und was persönliches "Bekenntnis" ist, und solche Unklarheiten sind unter allen Umständen vom Übel.

475 Stoische Ethik: *ἀταραξία*] *Leidenschaftslosigkeit; s. die Beschreibung von ἀταραξία als Erlösung von Angst in:* Epicuri ad Herodotum. Epistula prima. *In:* Epicurea, *1887, bes. Abschnitt 81f., S. 31f.*

476 "sterben lernen"] *Siehe* Platon: Phaedo, *63b-84c et passim, bes. über die Einstellung der Seele, 67e4-6: Τῷ ὄντι ἄρα, ἔφη, ὦ Σιμμία, οἱ ὀρθῶς φιλοσοφοῦντες ἀποθνήσκειν μελετῶσι, καὶ τὸ τεθνάι ἥκιστ' αὐτοῖς ἀνθρώπων φοβερόν.* (Platon: Phaidon, *S. 28:* In der That also, o Simmias, trachten die richtig philosophierenden danach zu sterben und todt zu sein ist ihnen unter allen Menschen am wenigsten furchtbar.).

477 Platon ... Unsterblichkeit sicher] *Vgl.* PG, *S. 111-113 zu Platons Lehre von der Wiedererinnerung* (Anamnesis).

478 ewigen Bestand (Goethe)] *Siehe Goethes Gedicht* Zwischengesang *aus* Zur Logenfeier des dritten Septembers 1825. *In:* WA, *Bd. 3, S. 68:* Laßt fahren hin das allzu Flüchtige! / Ihr sucht bei ihm vergebens Rath; / In dem Vergangnen lebt das Tüchtige, / Verewigt sich in schöner That. / Und so gewinnt sich das Lebendige / Durch Folg' aus Folge neue Kraft, / Denn die Gesinnung die beständige / Sie macht allein den Menschen dauerhaft. / So lös't sich jene große Frage / Nach unserm zweiten Vaterland; / Denn das Beständige der ird'schen Tage / Verbürgt uns ewigen Bestand.

479 sub specie aeternitatis] *Siehe* Spinoza: Ethica, *Pars 5, Prop. 30. In:* Opera, *Bd. 1, S. 264.*

480 Homo liber ... cogitat] *Siehe* Spinoza: Ethica, *Pars 4, Prop. 67. In:* Opera,

Bd. 1, S. 232: Homo liber de nulla re minus quam de morte cogitat, et ejus sapientia non mortis, sed vitae meditatio est. (Spinoza: Die Ethik, *1905, S. 229:* Der freie Mensch denkt an nichts weniger, als an den Tod; und seine Weisheit ist nicht ein Nachsinnen über den Tod, sondern ein Nachsinnen über das Leben.).

481 Pascal ... l'univers] *Ein Ried, das das Weltall denkt; gemeint ist vermutlich folgende Stelle aus Pascals* Pensées, *1904, Nr. 347, S. 261f.:* L'homme n'est qu'un roseau, le plus faible de la nature; mais c'est un roseau pensant. Il ne faut pas que l'univers entier s'arme pour l'écraser: une vapeur, une goutte d'eau suffit pour le tuer. Mais, quand l'univers l'écraserait, l'homme serait encore plus noble que ce qui le tue, parce qu'il sait qu'il meurt, et l'avantage que l'univers a sur lui; l'univers n'en sait rien. (Der Mensch ist nur ein Ried, das schwächste Wesen in der Natur; aber er ist ein Ried, das denkt. Es ist nicht nötig, daß das ganze Weltall sich bewaffnet, um ihn zu vernichten: ein Dunsthauch, ein Wassertropfen genügt, um ihn zu töten. Wenn ihn aber auch das Weltall vernichten würde, wäre der Mensch immer noch erhabener als das, was ihn tötet, weil er weiß, daß er stirbt, und die Überlegenheit kennt, die das Weltall über ihn hat; das Weltall weiß das nicht.) – *Pascal, Blaise. Mathematiker, Physiker, Philosoph. - * Clermont-Ferrand (Auvergne) 19.6.1623, † Paris 19.8.1662. 1631 nach Paris; erfand 1642 Rechenmaschine.* Essai pour les coniques, *1640;* Expériences nouvelles touchant le vide, *1647;* De l'Esprit géométrique, *1658;* Pensées, *1670 (dt.:* Gedanken).

482 Vgl. Schiller ... Einigkeit] *Siehe* Schiller: Die Künstler. *In:* Sämtliche Werke, *Bd. 1, S. 186:* Mit dem Geschick in hoher Einigkeit, / Gelassen hingestützt auf Grazien und Musen, / Empfängt er das Geschoß, das ihn bedräut, / Mit freundlich dargebot'nem Busen / Vom sanften Bogen der Nothwendigkeit.

483 "Sorge" (Heidegger)] *Siehe* Heidegger: Sein und Zeit, *1927, Abschnitt 1, Kap. 6:* Die Sorge als Sein des Daseins.

484 vgl. hrz. ... König, Begriff der Intuition] *Siehe* König: Der Begriff der Intuition, *1926, Abschnitt 2, Kap. 5:* Die Intuition bei Bergson und ihr Verhältnis zur intellektualen Anschauung der spekulativen Philosophie.

485 der Blick auf den Tod ... 325 ff.] *Siehe* Heidegger: Sein und Zeit, *1927, bes. S. 325:* Wenn zum Sein des Daseins das eigentliche bzw. uneigentliche Sein zum Tode gehört, dann ist dieses nur möglich als zukünftiges in dem jetzt angezeigten und noch näher zu bestimmenden Sinn. "Zukunft" meint hier nicht ein Jetzt, das, noch nicht "wirklich" geworden, einmal erst sein wird, sondern die Kunst, in der das Dasein in seinem eigensten Seinkönnen auf sich zukommt.

486 das primäre Phänomen ... Zukunft". (S. 329)] *Bei* Heidegger: Sein und Zeit, *1927, S. 329, ist dieser ganze Satz hervorgehoben.*

487 vgl. Kritik Heidegger's ... S. 333] *Siehe* Heidegger: Sein und Zeit, *1927, S. 333:* Das innerweltliche Seiende wird so als "in der Zeit seiend" zugänglich. Wir nennen die Zeitbestimmtheit des innerweltlichen Seienden die Innerzeitigkeit. Die an ihr zunächst ontisch gefundene "Zeit" wird die Basis der Ausformung des vulgären und traditionellen Zeitbegriffes. Die Zeit als Innerzeitigkeit aber entspringt einer wesenhaften Zeitigungsart der ursprünglichen

Zeitlichkeit. Dieser Ursprung sagt, die Zeit, "in der" Vorhandenes entsteht und vergeht, ist ein echtes Zeitphänomen und keine Veräußerlichung einer "qualitativen Zeit" zum Raum, wie die ontologisch völlig unbestimmte und unzureichende Zeitinterpretation Bergsons glauben machen will.

488 Der Grund ... (S. 397)] *Siehe* Heidegger: Sein und Zeit, *1927, S. 397:* Der Grund [...] der eigentlichen Historie aber ist die Zeitlichkeit [...].

489 Nur eine auf die Zukunft gerichtete "Existenz" ... (S. 411)] *Eine entsprechende Stelle läßt sich nicht nachweisen; vielleicht ist gemeint:* Heidegger: Sein und Zeit, *1927, S. 411f.:* Wenngleich sich das Besorgen der Zeit in der charakterisierten Weise der Datierung aus umweltlichen Begebenheiten vollziehen kann, so geschieht das doch im Grunde schon immer im Horizont eines Besorgens der Zeit, das wir als astronomische und kalendarische Zeitrechnung kennen. Sie kommt nicht zufällig vor, sondern hat ihre existenzial-ontologische Notwendigkeit in der Grundverfassung des Daseins als Sorge.

490 vgl. bes. S. 372ff.] *Siehe* Heidegger: Sein und Zeit, *1927, Abschnitt 2, S. 372-404: Kap. 5:* Zeitlichkeit und Geschichtlichkeit.

491 Das Dasein ... (S. 381)] *Siehe* Heidegger: Sein und Zeit, *1927, S. 381:* Die noch vorhandenen Altertümer haben einen "Vergangenheits"- und Geschichtscharakter auf Grund ihrer zeughaften Zugehörigkeit zu und Herkunft aus einer gewesenen Welt eines da-gewesenen Daseins. Dieses ist das primär Geschichtliche. Aber wird das Dasein erst geschichtlich dadurch, daß es nicht mehr da ist? Oder ist es nicht gerade geschichtlich als faktisch existierendes? Ist das Dasein nur gewesenes im Sinne des da-gewesenen, oder ist es gewesen als gegenwärtigendes-zukünftiges, d.h. in der Zeitigung seiner Zeitlichkeit?

492 am deutlichsten S. **385**] *Cassirer meint vermutlich* Heidegger: Sein und Zeit, *1927, S. 385:* Nur Seiendes, das wesenhaft in seinem Sein *zukünftig* ist, so daß es frei für seinen Tod an ihm zerschellen und sein faktisches Da sich zurückwerfen lassen, kann, d.h. nur Seiendes, das als zukünftiges gleichursprüglich *gewesend* ist, kann, sich selbst die ererbte Möglichkeit überliefernd, die eigene Geworfenheit übernehmen und *augenblicklich* sein für "seine Zeit". Nur eigentliche Zeitlichkeit, die zugleich endlich ist, macht so etwas wie Schicksal, d.h. eigentliche Geschichtlichkeit möglich.

493 "Geschichte ... entspringt" (S. 386)] *Vgl.* Heidegger: Sein und Zeit, *1927, S. 386:* Wenn aber Schicksal die ursprüngliche Geschichtlichkeit des Daseins konstituiert, dann hat die Geschichte ihr wesentliches Gewicht weder im Vergangenen, noch im Heute und seinem "Zusammenhang" mit dem Vergangenen, sondern im eigentlichen Geschehen der Existenz, das aus der Zukunft des Daseins entspringt.

494 Zur Differenzierung der Zeit-Ordnung ... Heyse] *Siehe* Heyse: Der Begriff der Ganzheit und die Kantische Philosophie, *1927, § 71b, zur Erlebniszeit bes. § 76 (S. 117), zur mathematischen und physikalischen Zeit bes. § 71b (S. 104), zur biologisch-organischen Zeit § 73 (S. 110f.), zur historischen Zeit § 72 (S. 107-109).*

495 ordres des choses ... à la fois] *Siehe die Erörterung von Raum und Zeit in:*

Leibniz: Streitschriften zwischen Leibniz und Clarke. Leibniz' drittes Schreiben. *In:* Philosophische Schriften, *Bd. 7, S. 363:* Pour moy, ja'y marqué plus d'une fois, que je tenois l'Espace pour quelque chose de purement relatif, comme le Temps; pour un ordre des Coexistence, comme le temps est un odre de successions. Car l'espace marque en termes de possibilité un ordre des choses qui existent en même temps, en tant qu'elles existent ensemble, sans entrer dans leur manieres d'exister particulieres: [...]. (Leibniz: Hauptschriften, *Bd. 1, S. 134:* Ich habe mehrfach betont, daß ich den Raum ebenso wie die Zeit für etwas rein Relatives halte; für eine Ordnung der Existenzen im Beisammen, wie die Zeit eine Ordnung des Nacheinander ist. Denn der Raum bezeichnet unter dem Gesichtspunkt der Möglichkeit eine Ordnung der gleichzeitigen Dinge, insofern sie zusammen existieren, ohne über ihre besondere Art des Daseins etwas zu bestimmen.).

496 le présent ... gros de l'avenir] *Siehe vorliegenden Bd., S. 134 mit Hrsg.-Anm. 265.*

497 Ausführungen bei Heyse] *Siehe vorliegenden Bd., S. 226, mit Hrsg.-Anm. 494.*

498 Volkelt: ... Rhythmen] *Siehe* Volkelt: Über die Vorstellungen der Tiere, *1914, S. 79ff. und 125f., wo er von* Rhythmen *und* Melodien *in der Wahrnehmung der Tiere spricht; vgl. vorliegenden Bd., S. 64.*

499 Volkelt – (Spinne)] *Siehe* Volkelt: Über die Vorstellungen der Tiere, *1914, S. 15-21, 64f.*

500 noch nicht dinglich] *Siehe* Volkelt: Über die Vorstellungen der Tiere, *1914,* Die Nicht-Dinghaftigkeit des tierischen Umgebungsbildes*: S. 61-64.*

501 etwas Negatives ... wie Plessner richtig gesehen hat] *Siehe* Pleßner: Die Stufen des Organischen und der Mensch, *1928, S. 83:* Der reellen Erscheinung ist der Dingkern, die "Achse" seines Seins weder reell immanent, d. h. belegbar, in ihr aufweisbar noch transzendent bzw. hinzugedacht und deshalb ohne Brücken zu ihr.

502 nomen dat esse rei] *Vgl.* Kant: Von einem neuerdings erhobenen vornehmen Ton in der Philosophie. *In:* Werke, *Bd. 6, S. 493:* In der Form besteht das Wesen der Sache (forma dat esse rei, hieß es bei den Scholastikern), sofern dieses durch Vernunft erkannt werden soll.

503 (Humboldt: ... zuführt.)] *Siehe* Humboldt: Ueber die Verschiedenheit des menschlichen Sprachbaues, *1907, S. 60:* Der Mensch lebt mit den Gegenständen hauptsächlich, ja, da Empfinden und Handeln in ihm von seinen Vorstellungen abhängen, sogar ausschliesslich so, wie die Sprache sie ihm zuführt.

504 Uexkülls Gegenwelt – / "Schema"] *Bei Uexküll ist die Umwelt der Tiere durch die Art ihrer Organisation bedingt; der Terminus* Gegenwelt *bezeichnet diese limitierte Umwelt.* Schemata *sind durch die Organisation des Tieres gegebene Erfassungsmechanismen. Siehe* Uexküll: Umwelt und Innenwelt der Tiere, *1921, Kap:* Die Gegenwelt, *S. 165-182, bes. S. 168f.:* In der Gegenwelt sind die Gegenstände der Umwelt durch Schemata vertreten, die je nach dem Organisationsplan des Tieres sehr allgemein gehalten sein und sehr viele Gegenstandsarten zusammen fassen können. [...] Die Schemata sind kein Produkt der Umwelt, sondern einzelne, durch den Organisationsplan gegebene Werkzeuge des

Gehirnes, die immer bereitliegen, um auf passende Reize der Außenwelt in Tätigkeit zu treten. [...] Die Schemata wechseln mit den Bauplänen der Tiere. Dadurch ergibt sich eine große Mannigfaltigkeit der Gegenwelten, die die gleiche Umgebung darstellen. *Zum* Schema *s. auch* Uexküll: Theoretische Biologie, *1928, S. 76-80.*

[505] »rappresentazione«] *Die ital. Schreibung für bildliche Darstellung in der Kunst. In Aby Warburgs Sprachgebrauch ein häufiger Begriff; s. die unter* Rappresentazione *angeführten Stellen im Register zu* Warburg: Gesammelte Schriften, *Bd. 2, S. 714. – Warburg, Aby. Kultur- und Kunsthistoriker - * Hamburg 13.6.1866, † ebd. 26.10.1929. Studiert in Bonn bei Usener. Begründer der* Kulturwissenschaftlichen Bibliothek Warburg *in Hamburg. Der Kreis von Gelehrten um Warburgs Bibliothek bildet die Arbeitsgemeinschaft, in der Cassirer seine Ideen in den 20er Jahren ausarbeitet. Warburg trägt maßgeblich dazu bei, daß Cassirer in Hamburg bleibt, als dieser 1928 einen Ruf nach Frankfurt erhält.*

[506] Uexküll hat sehr gut ausgeführt ... »Reaktionen«] *Gemeint sind vermutlich die detaillierten Ausführungen über Reflexhandlungen und Handlungen anderer Art in* Uexküll: Theoretische Biologie, *1928, S. 216-221.*

[507] Messer ... Essen] *Zu solchen pathologischen Fällen s.* PsF, *Bd. 3, Teil 2, Kap. 6:* Zur Pathologie des Symbolbewußtseins.

[508] römischen 'Sondergötter' ... bei Usener] *Zu den römischen Sondergöttern s.* Usener: Götternamen, *1929, S. 76-79. Vgl.* SM, *S. 12 und 16 und* PsF, *Bd. 2, S. 208, 252f. – Usener, Hermann. Klassischer Philologe. - * Weilburg/Lahn 23.10.1834, † Bonn 21.10.1905. Prof. in Bern, Greifswald und von 1866 bis zu seinem Tode in Bonn.* Epicurea, *1887;* Religionsgeschichtliche Untersuchungen, *3 Bde., 1889-1899;* Götternamen, *1896.*

[509] Cf. Capitel Totemismus] *Siehe* PsF, *Bd. 2, Abschnitt 3, Kap. 2, Nr. 1:* Die Gemeinschaft des Lebendigen und die mythische Klassenbildung. – Der Totemismus, *bes. S. 224:* Die Anwendung der Kategorie der Gleichheit erfolgt nicht auf Grund der Übereinstimmung in irgendwelchen sinnlichen Merkmalen oder abstrakt-begrifflichen Momenten, sondern sie ist bedingt durch das Gesetz des magischen Zusammenhangs, der magischen "Sympathie".

[510] Sprache u. Mythos] *Siehe zum totemistischen Weltbild* SM, *S. 75f.:* Auch sonst ist die Gattung, wo immer sie überhaupt erscheint und sich offenbart, stets als Ganzes präsent und als Ganzes wirkungskräftig.

[511] Material bei Lévy-Bruhl] *Vgl. den Hinweis Cassirers in* PsF, *Bd. 2, S. 225, Anm., auf ethnologisches Material zur gefühlten Identität bei* Lévy-Bruhl: Das Denken der Naturvölker, *1926, S. 200ff.*

[512] (Usener, cf. Sprache u. Mythos)] *Siehe* SM, *S. 59:* [...] der Name des Gottes und sein Wesen sind eins. So bildet die Vielnamigkeit der persönlichen Götter geradezu einen notwendigen Zug ihrer Natur und Wesensart. *Anschließend zitiert Cassirer* Usener: Götternamen, *1929, S. 334:* Für die religiöse Empfindung spricht sich die Machtstellung des Gottes in der Fülle der Zunamen aus; Vielnamigkeit (*πολυωνυμία*) ist Forderung und Voraussetzung für einen höheren persönlichen Gott.

[513] "Hund" als Monogramm der Einbildungskraft] *Vgl.* KrV, *A 141-142 / B 180-181:* Der Begriff vom Hunde bedeutet eine Regel, nach welcher meine Ein-

bildungskraft die Gestalt eines gewissen vierfüßigen Tieres allgemein verzeichnen kann, ohne auf irgendeine einzige besondere Gestalt, die mir die Erfahrung darbietet, oder auch ein jedes mögliche Bild, was ich in concreto darstellen kann, eingeschränkt zu sein. [...] das Bild ist ein Produkt des empirischen Vermögens der produktiven Einbildungskraft, das Schema sinnlicher Begriffe (als der Figuren im Raume) ein Produkt und gleichsam ein Monogramm der reinen Einbildungskraft a priori, [...]. *(In:* Werke, *Bd. 3, S. 143f.).*

514 Verdeutlichung am Raumproblem] *Zu den verschiedenen Raumauffassungen s.* Cassirer: Mythischer, ästhetischer und theoretischer Raum, *1931.*

515 Tun ... siehe Bd. I u. II.] *Zur Rolle des* Tuns *in Sprache und Mythos s. bes.* PsF, *Bd. 1, S. 252-254; Bd. 2, S. 246-269.*

516 Blatt Spranger u. Plessner] *Besonderes Bl. ist nicht nachzuweisen.*

517 Mat: Plessn. Schlußkap.] *Zum Schluß-Kap. von* Pleßner: Die Stufen des Organischen und der Mensch, *1928, s. vorliegenden Bd., Anm. 519 zu S. 238.*

518 Paradies ist verschlossen ...] *Anspielung auf* Kleist: Ueber das Marionettentheater, *1905, S. 137:* Doch das Paradies ist verriegelt und der Cherub hinter uns; wir müssen die Reise um die Welt machen, und sehen, ob es vielleicht von hinten irgendwo wieder offen ist. *Vgl. Cassirers Diskussion dieses Kleist-Aufsatzes in:* Geist und Leben in der Philosophie der Gegenwart, *1930, S. 244f. – Kleist, Heinrich von. Dramatiker. - *Frankfurt/Oder 18.10.1777, † Kleiner Wannsee bei Berlin 21.11.1811. 1792-1799 Offizierslaufbahn; 1799-1800 Studium in Frankfurt/Oder; 1805-1806 Anstellung in Königsberg; 1807 Gefangener in Frankreich; 1807-1809 in Dresden.* Die Familie Schroffenstein, *1803;* Penthesilea, *1807;* Das Käthchen von Heilbronn, *1810;* Der zerbrochene Krug, *1811;* Die Hermannsschlacht, *1821;* Der Prinz von Homburg, *1821.*

519 Plessner Schlußkapitel ... sich macht] *Siehe im letzten Kap. von* Pleßner: Die Stufen des Organischen und der Mensch, *1928, S. 309:* Als exzentrisch organisiertes Wesen muß er [der Mensch] sich zu dem, was er schon ist, erst machen.

520 *Mauthner, Fritz. Schriftsteller und Philosoph. - *Horice (Böhmen) 22.11.1849, † Meersburg am Bodensee 29.6.1923. Redakteur und Theaterkritiker, u. a. beim* Berliner Tageblatt *1895-1905.* Beiträge zu einer Kritik der Sprache, *3 Bde., 1901-1902;* Wörterbuch der Philosophie, *2 Bde., 1910;* Der Atheismus und seine Geschichte im Abendlande, *4 Bde., 1920-1923.*

521 Haeberlin – Schlick zu kontrastieren] *Carl Haeberlin oder Paul Haeberlin? Haeberlin, Carl. Arzt. - *Frankfurt/Main 20.1.1878, † 1947. Leitender Arzt des Städt. Krankenhauses in Bad Nauheim.* Einführung in die Forschungsergebnisse von Ludwig Klages, *1934. – Haeberlin, Paul. Philosoph und Pädagoge. - *Kesswil, Kanton Thurgau (Schweiz) 17.2.1878, † Basel 29.9.1960. 1922-1944 Prof. in Basel.* Der Geist und die Triebe, *1924; verschiedene Werke zur Lebensphilosophie und Pädagogik. Mit Cassirer persönlich bekannt; s.* Peter Kamm: Paul Häberlin, *Bd. 2, S. 110. Schlicks Aufsatz* Erleben, Erkennen, Metaphysik *wird unten erwähnt, möglicherweise sollte aber ein Vergleich gemacht werden mit Schlicks Aufsatz* Vom Sinn des Lebens, *1927. – Schlick, Moritz. Philosoph. - *Berlin 14.4.1882, † Wien 22.6.1936. 1904 Prom. in Physik bei Planck in Berlin; 1917 Prof. in Rostock; 1921 in Kiel; 1922-1936 Prof. in Wien. Begründer des* Wie-

ner Kreises *des logischen Positivismus.* Allgemeine Erkenntnislehre, *1918;* Fragen der Ethik, *1930. Seit 1920 standen Cassirer und Schlick in brieflichem Kontakt.*

[522] Gewahrwerden] *Vgl. die Diskussion des Goethischen* Gewahrwerden *im vorliegenden Bd., S. 123 f. und Hrsg.-Anm. 217.*

[523] "zu Grunde gehen"] *Die Formulierung ist an Klages angelehnt, Cassirer vertritt aber die entgegengesetzte Ansicht. Vgl.* Klages: Vom kosmogonischen Eros, *1922, S. 48 (vgl. das Zitat in Hrsg.-Anm. 422).*

[524] Substanz des Lebens ... Subjekt geworden] *Vgl.* Hegel: Phänomenologie des Geistes. *In:* Sämtliche Werke, *Bd. 2, S. 22:* Es kommt nach meiner Einsicht, welche sich durch die Darstellung des Systems selbst rechtfertigen muß, alles darauf an, das Wahre nicht als Substanz, sondern ebenso sehr als Subjekt aufzufassen und auszudrücken.

[525] Tragödie der Kultur] *Siehe* Simmel: Der Begriff und die Tragödie der Kultur, *1923; vgl.* Cassirer: Die "Tragödie der Kultur", *1942.*

[526] (Klages in der Vorrede zu Carus)] *Siehe* Klages: Vorwort *in:* Carus: Psyche, *1926, S. XX:* Wir heute inmitten einer Zeit der glücklosen Hast, die mehr oder minder jeden in ihren zermalmenden Maëlstrom reißt, stehen zaghaft und kaum es fassend vor solcher Früchtelast eines einzigen Lebens, das keiner Einsiedelei und Absonderung bedurfte, um sich dennoch gleich einem Riesenbaum nach allen Seiten zu verzweigen, ohne deshalb zu verflachen, und mögen uns an dergleichen Monumenten der Vergangenheit darauf besinnen, daß die Menschheit jeden Gewinn an machthungriger Tatkraft unfehlbar bezahlt mit schwerer wiegenden Verlusten an Seele und Bildnertum! *Zum Vergleich zieht Cassirer das Zitat von Byron heran. Vgl. vorliegenden Bd., S. 25. – Carus, Carl Gustav. Arzt, Biologe, Philosoph. - *Leipzig 3.1.1789, † Dresden 28.7.1869. Ab 1814 Prof. für Medizin in Dresden.* Psyche, *1846;* Physis, *1851.*

[527] symbolische Form als Definition des Wesens »Mensch«] *Vgl. die Definition des Wesens Mensch in* EM, *S. 26:* Reason is a very inadequate term with which to comprehend the forms of man's cultural life in all their richness and variety. But all these forms are symbolic forms. Hence, instead of defining man as animal rationale, we should define him as an animal symbolicum. (Cassirer: Versuch über den Menschen, *1990, S. 51:* Der Begriff der Vernunft ist höchst ungeeignet, die Formen der Kultur in ihrer Fülle und Mannigfaltigkeit zu erfassen. Alle diese Formen sind symbolische Formen. Deshalb sollten wir den Menschen nicht als animal rationale, sondern als animal symbolicum definieren.*).*

[528] (Cf. Bemerkung von Litt ... 3. Aufl.)] *Siehe die Diskussion zum Unterschied zwischen Diltheys Lebensphilosophie und Husserls Phänomenologie in* Litt: Individuum und Gemeinschaft, *1926, S. 136-139, bes. S. 139:* Wir selbst sind in der Verfolgung des Weges, den die Phänomenologie betreten hat, auf Einsichten geführt worden, die dieser Erwartung und Verheißung nicht nur keine Stütze geben, sondern aufs entschiedenste widersprechen. Weit entfernt davon, die perspektivischen Weltansichten verdrängen zu wollen, erweist die Bewußtseinsanalyse in strengster Form – nicht auf Grund empirischer Ermittlungen – ihren Sinn und ihre Unersetzbarkeit. Die Denkmethodik, von deren

Verfolgung und Ausbreitung sich Husserl die Entsetzung der Weltanschauungsphilosophie glaubt versprechen zu können, ist gerade diejenige, die den "Perspektivismus" der konkreten Weltbilder in seiner Notwendigkeit evident macht. Es will mir scheinen, daß die Phänomenologie des Bewußtseins sich nur so lange jenen Hoffnungen hingeben kann, wie sie das monadologische Prinzip, das unweigerlich in ihren Konsequenzen liegt, nicht zu voller Entfaltung kommen läßt. Gibt sie ihm Raum, so muß sie der Weltanschauung alten Schlages ihr Recht nicht nur lassen sondern recht eigentlich begründen.

529 (cf. Carus ... Voraus-Sicht)] *Siehe* Carus: Psyche, *1926, S. 35, 36:* Erfühlung also hat die Pflanze, Erfühlung hat jede Urzelle, jedes nicht nervöse Gebilde im Tier wie im Menschen, ja selbst die Empfänglichkeit der Nerven, solange noch keine vollkommene Zentrizität des Nervenlebens entwickelt oder wenn sie wieder aufgehoben ist, kann nichts anders als Erfühlung sein; so z.B. ist vom Embryo nicht zu sagen: er empfinde, und ebensowenig vom Neugebornen, sobald wie bei hirnlosen Mißgeburten die Zentralstelle des Nervensystems gar nicht ausgebildet worden war; es ist vielmehr in beiden Fällen hier nur ein unbewußtes Reizaufnehmen und Fortleiten – ein Erfühlen – eine perceptio, aber keine sensatio vorhanden. Ich will hiermit zugleich bemerken, daß ebenso, wie es bisher an einer bestimmten Bezeichnung für diese unbewußten Selbstgefühle fehlte, wir auch für das, was ich oben die bewußtlose Erinnerung des Organismus von seiner Vergangenheit und die ebenso bewußtlose Voraussicht seiner Zukunft nannte, kein bestimmtes Wort besitzen [...] Soll daher auch hier eine eigene Wortbildung eintreten, so würde die Sprachform "Innerung" für das bewußtlose Erfühlen des Vergangenen, sowie "Ahnung" für das bewußtlose Vorerfühlen des Kommenden gewiß die zweckmäßigste sein, und ich bemerke daher hier ein für allemal, daß Erfühlung, Innerung, Ahnung in diesem Maße und zum Unterschiede von Empfindung, Erinnerung und Voraussehung oder Vorahnen, in gegenwärtigen Betrachtungen immer, wo es die Gelegenheit ergibt, so gebraucht werden sollen.

530 Stufen des Organischen u. der Mensch] *Titel von Plessners Buch; hier als Topos gemeint?*

531 Alles 'Leben' ... 'Ausdrucks' fähig] *Nach Scheler ist das pflanzliche Leben unbewußt, gleichwohl ist seine Physiognomik ein Ausdruck von seinen Innenzuständen (matt, kraftvoll, üppig, arm usw.). Siehe* Scheler: Die Sonderstellung des Menschen, *1927, S. 165-169.*

532 cf. Schlick (Kant-Studien!)] *Siehe* Schlick: Erleben, Erkennen, Metaphysik, *1926.*

533 Non lugere ... intelligere] *Siehe* Spinoza: Tractatus politicus, *Cap. 1, § 4. In:* Opera, *Bd. 2, S. 4:* [...] et ut ea, quae ad hanc scientiam spectant, eadem animi libertate, qua res Mathematicas solemus, inquirerem, sedulo curavi, humanas actiones non ridere, non lugere, neque detestari, sed intelligere [...]. (Spinoza: Abhandlung vom Staate, *1907, S. 57:* Um das Gebiet dieser Wissenschaft mit ebensolcher Unbefangenheit zu durchforschen wie das der Mathematik, habe ich mich sorglich bemüht, die menschlichen Handlungen nicht zu verlachen, nicht zu beklagen, auch nicht zu verabscheuen, sondern zu verstehen.).

[534] *Κρᾶσις καὶ σύνθεσις ἐναντίων*] *Mischen und Zusammensetzen von Gegensätzen; s.* Aristoteles: De Anima, *407b30-32: καὶ γὰρ τὴν ἁρμονίαν κρᾶσιν καὶ σύνθεσιν ἐναντίων εἶναι, καὶ τὸ σῶμα συγκεῖσθαι ἐξ ἐναντίων.* (Aristoteles: Über die Seele, *1973, S. 16:* Denn auch die Harmonie sei Mischung und Zusammenfügung des Gegensätzlichen, und der Körper sei aus Gegensätzlichem zusammengefügt.).

[535] Fiedlers Theorie] *Zu Fiedler s. vorliegenden Bd., S. 79-83; zur Kritik an Fiedler: S. 81-83.*

[536] Die Personensphaere u. ihre Überwindung] *Wie aus der Ms.-Beschreibung zu ersehen (S. 289), befindet sich an dieser Stelle (Bl. 71r) die Überschrift:* VI) Die Personensphaere und ihre Überwind[un]g, *zu der aber nichts ausgeführt wird; nach einem Trennstrich wird die Diskussion von Teil* IV) Ausdruck, Darstell[un]g, Bedeutung *fortgesetzt. Kurze Ausführungen zu dem Thema: 'Die Personensphäre und ihre Überwindung' gibt Bl. 87. Diese Diskussion trägt die Überschrift:* Sinn-Sphaere (Überpersönl. Gehalt) *und erscheint im vorliegenden Bd. auf S. 243 unter dem Titel:* VI) Die Personensphäre und ihre Überwindung.

[537] omnis determinatio est negatio] *Siehe Hrsg.-Anm. 162.*

[538] Im Schweisse ... essen] *Anspielung auf 1.* Mose *3,19.*

[539] Die Personensphäre und ihre Überwindung] *Siehe vorliegenden Bd., S. 241 mit Hrsg.-Anm. 536.*

[540] (cf. Bd. II!)] *Gemeint ist in* PsF, *Bd. 2, vermutlich Abschnitt 3, Kap. 2:* Die Herausbildung des Selbstgefühls aus dem mythischen Einheits- und Lebensgefühl.

[541] "vom Standpunkt von Niemand"] *Übersetzung aus* Eddington: Space, Time and Gravitation, *1923, S. 30:* To obtain a conception of the world from the point of view of no one in particular is a [...] difficult task. (Eine Konzeption der Welt vom Standpunkt von Niemand zu erhalten ist eine schwierige Aufgabe.). *Vgl.* PsF, *Bd. 3, S. 558. – Eddington, Arthur S. Astronom. - * Kendal (England) 28.12.1882, † Cambridge 22.11.1944. Ab 1913 Prof. in Cambridge. Liefert die empirische Bestätigung von Einsteins Relativitätstheorie bei der Sonnenfinsternis am 29.5.1919.* Space, Time and Gravitation, *1920 (dt.:* Raum, Zeit und Schwere); The Philosophy of Physical Science, *1939 (dt.:* Philosophie und Naturwissenschaft).

[542] Wer Gott recht liebt] *Siehe vorliegenden Bd., S. 219 mit Hrsg.-Anm. 451.*

[543] schematisches Denken, statt symbolisches ... Physik] *Siehe* PsF, *Bd. 3, Teil 3, Kap. 5, Abschnitt 3:* "Symbol" und "Schema" im System der modernen Physik.

[544] 'geschlossenen Kreis'] *Siehe* Litt: Individuum und Gemeinschaft, *1926, Kap. 3:* Der geschlossene Kreis, *bes. S. 239:* Wir bezeichnen das gesellschaftliche Phänomen, das seine grundsätzliche Struktur schon mit der Einbeziehung des Dritten offenbart, als den "geschlossenen Kreis".

[545] Cf. z. B. S. 46, 2. Bd.] *Siehe* PsF, *Bd. 2, S. 45f.:* Das positive Sein des empirischen Objekts wird gleichsam durch eine doppelte Negation gewonnen: durch seine Abgrenzung gegen das "Absolute" einerseits und gegen den Sinnenschein andererseits. Es ist Objekt der "Erscheinung", aber diese ist nicht "Schein", sofern sie in notwendigen Gesetzen der Erkenntnis gegründet, – sofern sie ein

"phaenomenon bene fundatum" ist. [...] Und es gibt keine einzige noch so "primitive" und unreflektierte Phase des Erfahrungsbewußtseins, in der dieser sein Grundcharakter nicht schon klar erkennbar wäre.

546 (in der höchsten Dimension ... cf. Hegel!)] *Vermutlich ein Hinweis auf die Diskussion des Dings im Abschnitt* Kraft und Verstand, Erscheinung und übersinnliche Welt *in* Hegel: Phänomenologie des Geistes. *In:* Sämtliche Werke, *Bd. 2, S. 108-138.*

547 Tun ... siehe Bd. I / II] *Siehe vorliegenden Bd., S. 237 mit Hrsg.-Anm. 515*

548 des Lebens Flutstrom ebbet nach u. nach] *Anspielung auf* Goethe: Faust, *Z. 698:* Des Geistes Fluthstrom ebbet nach und nach. (WA, *Bd. 14, S. 40).*

549 the tree of knowledge] *Siehe vorliegenden Bd., S. 23 mit Hrsg.-Anm. 29 und S. 239.*

550 Kritik der Organologie bei Litt] *Siehe* Litt: Individuum und Gemeinschaft, *1926, S. 327-332:* Organologie und Sinngefüge.

551 substantiellen Auffassung des Staates ... Spann] *Siehe* Spann: Der wahre Staat, *1921. Spanns Theorie des* wahren Staates *geht von einer hierarchischen Ständeordnung aus. – Spann, Othmar. Philosoph und Soziologe. - * Altmannsdorf bei Wien 1.10.1878, † Neustift im Burgenland 8.7.1950. Ab 1919 Prof. der Ökonomie und Soziologie in Wien.* Der wahre Staat, *1921;* Gesellschaftsphilosophie, *1932.*

552 **Parsismus**] *Der Parsismus wird in* PsF, *Bd. 2, S. 297f., als repräsentativ für die Entwicklung vom Bildhaftem zum Bildlosen in der Religion aufgefaßt.*

553 wer Gott recht liebt etc.] *Siehe vorliegenden Bd., S. 219 mit Hrsg.-Anm. 451.*

554 Plessner, S. 342] *Siehe* Pleßner: Die Stufen des Organischen und der Mensch, *1928, S. 342:* Zwischen ihr [der Religion] und der Kultur besteht [...] trotz aller geschichtlichen Friedensschlüsse und der selten aufrichtigen Beteuerungen, wie sie z. B. heute so beliebt sind, absolute Feindschaft. Wer nach Hause will, in die Heimat, in die Geborgenheit, muß sich dem Glauben zum Opfer bringen. Wer es aber mit dem Geist hält, kehrt nicht zurück.

555 Litt: ... "geschlossener Kreis"] *Siehe vorliegenden Bd., S. 245 mit Hrsg.-Anm. 544.*

556 'Realismus' bleibt in der Ding-Kategorie ... Hartmann] *Siehe* Hartmann: Metaphysik der Erkenntnis, *1921. Zu Cassirers Kritik an Hartmann s.* Cassirer: Erkenntnistheorie nebst den Grenzfragen der Logik und Denkpsychologie, *1927, bes. S. 79-91.*

557 Sinn-Sphaere ... Geulincx erkannt] *Zu Geulincx' Unterscheidung zwischen der dinglichen Existenz und dem Sinn einer Aussage s.* EP, *Bd. 1, S. 532-543. – Geulincx, Arnold. Philosoph. - * Antwerpen 31.1.1624, † Leiden, November 1669. 1646-1658 Prof. in Löwen; 1658 Entlassung und Umsiedlung nach Leiden; 1665 Prof. in Leiden. Vertreter des Occasionalismus.* Logica fundamentis suis ... restituta, *1662;* Ethica, *1665.*

558 Ein enger Ring begrenzt unser Leben] *Siehe Goethes Gedicht* Gränzen der Menschheit. *In:* WA, *Bd. 2, S. 82:* Ein kleiner Ring / Begränzt unser Leben, / Und viele Geschlechter / Reihen sich dauernd / An ihres Daseins / Unendliche Kette.

[559] 'im engen Zirkeltanz'] *Anspielung auf* Goethe: Faust, *Z. 2163. In:* WA, *Bd. 14, S. 102.*

[560] zum Augenblicke sagen: verweile doch ...] *Anspielung auf* Goethe: Faust, *Z. 1699f. In:* WA, *Bd. 14, S. 82.*

[561] "zu Grunde geht" ... Grunde zurückgeht] *Siehe vorliegenden Bd., S. 238 über* Unsere Metaphysik. *Die Stelle bei Klages, auf die Cassirer hier anspielt, wird in Hrsg.-Anm. 422 wiedergegeben.*

[562] 'Reizschwelle' (Uexküll)] *Siehe* Uexküll: Theoretische Biologie, *1928, S. 131f. Vgl. Hrsg.-Anm. 66.*

[563] 'wie eine Mauer', cf. Uexküll] *Siehe* Uexküll: Umwelt und Innenwelt der Tiere, *1921, S. 219; vgl. das Zitat dieser Passage im vorliegenden Bd., S. 61.*

[564] Zerbrechen der krystallenen Schalen] *Vgl.* EP, *Bd. 1, S. 281:* Copernicus ist für Bruno der geistige Befreier der Menschheit, weil er die kristallenen Sphären, in die der Zwang der Sinne und ein jahrhundertelanger Irrtum uns eineng-te, zerbrochen hat und damit das Selbst und seine Erkenntniskraft ins Ungemessene erweitert hat.

[565] (Giordano Bruno ... eroici furori!)] *Siehe* Bruno: De gl' heroici furori, *1888, z. B. S. 731:* [...] perche (come é detto commune) il summo della specie inferiore é infimo et principio della specie superiore, ó si prendano gli gradi secondo le forme le quali non possiamo stimar che siano infinite; ó secondo gli modi et raggioni di quelle, nella qual maniera per essere infinito il sommo bene, infinitamente credemo che si comunica secondo la conditione delle cose alle quali si diffonde: peró non é specie definita à l'uniuerso, (parlo secondo la figura et mole) non é specie definita á l'intelletto, non é definita la specie de l'affetto. (Bruno: Von den heroischen Leidenschaften, *1989, S. 178:* Weil nämlich, wie allgemein gesagt wird, der Höhepunkt der niederen Erscheinung der Tiefpunkt und Anfang der höheren Erscheinung ist, lassen sich Stufen entweder entsprechend den Formen einteilen, von denen ich allerdings nicht glaube, daß sie unendlich sind, oder entsprechend den Arten und Seinsgründen dieser Formen, was ich für die Weise halte, in der sich das höchste Gut, weil es unendlich ist, unendlich mitteilt, je nach dem Zustand der Dinge, in die es sich ergießt. Darum gibt es keine endliche Erscheinung für das Universum (ich meine in Gestalt und Masse), keine endliche Erscheinung für den Intellekt, keine endliche Erscheinung für die Zuneigung.*).*

[566] Was Lévy-Bruhl praelogisches Denken nennt] *Siehe* Lévy-Bruhl: Les fonctions mentales dans les sociétés inférieures, *1910, S. 76-93:* La mentalité prélogique. *Zu Cassirers Kritik am Begriff des prälogischen Denkens bei Lévy-Bruhl s.* MS, *S. 11-15.*

[567] vgl. Bd. II über mythisches Denken ... bei den Huichol] *Siehe* PsF, *Bd. 2, S. 224, Anm. 2.*

[568] "Abendmahl" ... cf. Sprache u. Mythos] *Siehe* SM, *S. 35:* Die Eingeborenen am Schwanenflusse in Australien nannten selbst das christliche Abendmahlsakrament, als es ihnen zuerst bekannt wurde, einen Tanz, worin wiederum ersichtlich wird, wie sehr in der Sprache über alle Verschiedenheit, ja über die völlige Disparatheit der anschaulichen Inhalte hinweg sich eine Einheitssetzung vollziehen kann, sofern nur die Inhalte ihrem teleologischen "Sinn"

nach – hier nach ihrer kultischen Bedeutung – als übereinstimmend, als einander entsprechend angesehen werden.

569 teleologischer Charakter der Sprachbegriffe] *Siehe* SM, *S. 33:* Die Zuordnungen im Sein vollziehen sich nach Maßgabe des Tuns, also nicht nach der "objektiven" Ähnlichkeit der Dinge, sondern nach der Art, wie die Inhalte durch das Medium des Tuns erfaßt und miteinander in einen bestimmten Zweckzusammenhang eingeordnet werden. Dieser teleologische Charakter der Sprachbegriffe läßt sich durch mancherlei Beispiele der Sprachgeschichte noch unmittelbar belegen und verdeutlichen. *Cassirer verweist hier in einer Anm. auf nähere Ausführungen in* PsF, *Bd. 1, S. 254ff. Dort enthält Kap. 4, Abschnitt 1* (Die qualifizierende Begriffsbildung) *zahlreiche empirische Illustrationen von Sprachbegriffen, die durch Handlungszwecke geprägt sind.*

570 derselbe Dämon ... (cf. Sprache u. Mythos)] *Siehe* SM, *S. 76:* In Mexiko und bei den Cora ist in jeder Maisstaude, ja in jedem Maiskorn die Gottheit des Maises ganz und uneingeschränkt enthalten. Die mexikanische Maisgöttin Chicome coatl ist als junges Mädchen die Maisstaude, als alte Frau die Maisernte; sie ist aber auch jedes einzelne Maiskorn und jedes besondere Gericht.

571 Hirsch = Getreide etc.] *Vgl. vorliegenden Bd., S. 73, Anm. 2 und S. 251 mit Hrsg.-Anm. 567.*

572 manual concepts (Cushing)] *Siehe* Cushing: Manual Concepts, *1892. – Cushing, Frank Hamilton. Ethnologe. - *North East (Pennsylvania, USA) 22.7.1857, † Washington, D.C. 10.4.1900. 1874-1900 Ethnologische Forschungen im Auftrag der* Smithsonian Instituion. Outlines of Zuñi Creation Myths, *1896;* Manual Concepts, *1892;* Zuñi Folk Tales, *1901.*

573 Cora und der Uiteto (Preuss)] *Vgl.* PsF, *Bd. 2, S. 52:* Von den Cora- und den Uitoto-Indianern berichtet Preuß, daß ihnen die Ausführung der heiligen Riten, der Feste und Gesänge wichtiger erscheine, als das Ergebnis der ganzen Feldarbeit – denn von ihnen hängt alles Gedeihen und Wachstum ab. Der Kult ist das eigentliche Werkzeug, kraft dessen der Mensch sich die Welt nicht sowohl geistig als vielmehr rein physisch unterwirft – die Hauptfürsorge, die der Urheber, der Schöpfer der Welt für den Menschen getroffen hat, besteht darin, daß er ihm die verschiedenen Formen des Kults verliehen hat, durch die er sich die Kräfte der Natur unterwirft. *Cassirer verweist dann auf mehrere Werke von Preuß. – Preuß, Konrad Theodor. Ethnologe. - * Eylau (Ostpreußen) 2.6.1869, † Berlin 8.6.1938. Feldforscher in Mexiko; Direktor des Museums für Völkerkunde in Berlin.* Die Religion der Cora Indianer, *1912;* Die geistige Kultur der Naturvölker, *1914;* Religion und Mythologie der Uitoto, *2 Bde., 1921-1923;* Tod und Unsterblichkeit im Glauben der Naturvölker, *1930.*

574 local relationship ... Lévy-Bruhl] *Siehe* Lévy-Bruhl: Das Denken der Naturvölker, *1926, S. 97:* [...] in Zentralaustralien [fühlt sich] jede soziale Gruppe dem Stück Erde, das sie besetzt hält oder durchwandert, mystisch verbunden, und könnte gar nicht den Gedanken fassen, daß sie auch ein anderes Land besetzen oder daß eine andere Gruppe das ihrige bewohnen könnte. Zwischen dem Boden und der Gruppe gibt es Partizipationen, die den Wert von mystischen Eigenschaften haben, welche weder übertragen, noch geraubt, noch er-

worben werden können. *Die Bezeichnung* local relationship *entstammt* Baldwin Spencer *und* F. J. Gillen: The Native Tribes of Central Australia, *1899, S. 14, 303, 544, bzw. dies.:* The Northern Tribes of Central Australia, *1904, S. 30.*

575 de Groot, Universismus] *Nach de Groot ist* Universismus *eine Weltanschauung, die von kosmischen Einflüssen ausgeht und die die urtümliche, gemeinsame Grundlage des Taoismus, Konfuzianismus und Buddhismus bildet. Siehe* de Groot: Universismus, *1918, S. 2. – de Groot, Jan Jakob Maria. Sinologe. - * Schiedam (Niederlande) 18.2.1854, † Berlin 24.9.1921. Seit 1912 Prof. der Sinologie in Berlin, Gründer des sinologischen Seminars.* Religious System of China, *6 Bde., 1894-1910;* Universism, *1912 (erweiterte dt. Ausg. 1918).*

576 Chinesisch Fung Tchui ... S. 27] *Zum chinesischen Begriff des* Fung Tchui *(Wind und Wasser) s.* de Groot: Universismus, *1918, S. 365, wo dies als Teil der altchinesischen Deutung von kosmischen Einflüssen erklärt wird. In* Lévy-Bruhl: Das Denken der Naturvölker, *1926, S. 27, steht* Fung Tchui *als Beispiel für eine mythische Vorstellung von der Ordnung der Welt, für die jede menschliche Änderung am Zustand der Dinge Unglück bringen kann. Dort findet sich folgendes Zitat (in deutscher Übersetzung) aus* de Groot: The Religious System of China, *Bd. 1, S. 1041:* "Wenn jemand plötzlich erkrankt oder stirbt", so sagt de Groot, "so ist seine Familie sofort bereit, die Verantwortung dafür irgend einem aufzubürden, der es sich herausgenommen hat, eine Änderung an der festen Ordnung der Dinge vorzunehmen oder der seine Besitzung verbessert hat ... Man könnte viele Fälle anführen, wo sie sein Haus erstürmt, seine Möbel zerstört, seine Person angegeriffen haben ... So ist es auch nicht zu verwundern, daß die Chinesen ihre Häuser nicht reparieren und sie in Trümmer fallen lassen." Der Glockenturm der katholischen Kirche zu Peking hat eine solche Protestbewegung hervorgerufen, daß man ihn entfernen mußte. Dieser mystische Glaube ist eng mit dem verbunden, was die Chinesen das Fungshui nennen.

577 Nama rupa] *Sanskrit: Name und Form* Nāma rūpa *bezeichnet die Erscheinungswelt der* Māyā, *in der alles Name und Form besitzt. In der indischen Mythologie sind Name und Form die Mittel, wodurch das unbestimmte Brahman in die Welt eintritt. Siehe* The Satapatha-brâhmana *(XI 2.3,3), 1900, S. 27f.*

578 Die Kunst ... Sprache] *Siehe* Fiedler: Schriften zur Kunst, *Bd. 2, S. 74-77, Aphorismen Nr. 104-107; vgl. Fiedlers Brief vom 29.11.1881 in* Günther Jachmann *(Hrsg.):* Adolf von Hildebrands Briefwechsel mit Conrad Fiedler, *1927, S. 171:* Was tut nun der Künstler um [...] Form im künstlerischen Sinn zu machen? Er spricht gleichsam die Formwelt durch und für das Auge aus; die Kunst wird sozusagen zur Sprache des Auges.

579 *Hildebrand, Adolf von. Bildhauer. - *Marburg 6.10.1847, † München 18.1.1921. Seit 1866 mit Konrad Fiedler befreundet.* Briefwechsel mit Conrad Fiedler, *1927.*

580 Goethe – Vergangenes in ein Bild verwandeln] *Siehe* Cassirer: Thomas Manns Goethe-Bild, *1945, bes. S. 193f.*

581 Spiel der Verstandeskräfte] *Siehe* Kant: Kritik der Urteilskraft, *§ 35. In:* Werke, *Bd. 5, S. 360f.*

582 geometrischen Verstand ... (Prolegomena)] *Siehe bes.* Kant: Prolegomena, *§ 38. In:* Werke, *Bd. 4, S. 73f. Dort führt Kant die Erkenntnis der verschiede-*

nen geometrischen Figuren auf die Konstruktion des Verstandes zurück. Vgl. EP, *2, S. 696.*

583 Humboldt ... zurück] *Siehe* Humboldt: Ueber die Verschiedenheit des menschlichen Sprachbaues, *1907, S. 55:* Denn indem in ihr [der Sprache] das geistige Streben sich Bahn durch die Lippen bricht, kehrt das Erzeugniss desselben zum eignen Ohre zurück. Die Vorstellung wird also in wirkliche Objectivität hinüberversetzt, ohne darum der Subjectivität entzogen zu werden.

584 Organ-Projektion] *Ernst Kapps Bezeichnung für die Erweiterung des Körpers durch die Technik. Siehe* Kapp: Grundlinien einer Philosophie der Technik, *1877, S. 29-39:* Die Organprojection. *Vgl. Cassirers Besprechung der* Organprojektion *in* Form und Technik, *1930, S. 44-46. – Kapp, Ernst. Philosoph. - * Ludwigstadt (Oberfranken) 15.10.1808, † Düsseldorf 30.1.1896.* Philosophie oder vergleichende Erdkunde als wissenschaftliche Darstellung der Erdverhältnisse und des Menschenlebens in ihrem inneren Zusammenhang, *2 Bde., 1845;* Grundlinien einer Philosophie der Technik, *1877. Nicht zu verwechseln mit Ernst Kapp, 1888-1978, bis zur Zwangsemeritierung 1937 Prof. für klassische Philologie in Hamburg.*

585 cf. Vortrag Formproblem] *In Beinecke-Konvolut 82 (Box 37, folder 710) befindet sich ein unpublizierter Vortrag mit dem Titel* Der Begriff der Form als Problem der Philosophie *(datiert:* Berlin. 20.3.1924.*), worin u. a. Ernst Kapps Idee der Organprojektion erörtert wird.*

586 Manier ... **Stil**] *Siehe* Goethe: Einfache Nachahmung der Natur, Manier, Stil. *In:* WA, *Bd. 47, S. 80. Vgl. Hrsg.-Anm. 123.*

587 Prozess des Formens ... cf. Hildebrand, Fiedler] *Siehe* Günther Jachmann *(Hrsg.):* Adolf von Hildebrands Briefwechsel mit Conrad Fiedler, *S. 171, zitiert im vorliegenden Bd. in Hrsg.-Anm. 578.*

588 die rotierende Bewegung der Monas um sich selbst] *Siehe vorliegenden Bd., S. 123 mit Hrsg.-Anm. 217.*

589 ("Die leichte Taube"!)] *Siehe vorliegenden Bd., S. 218 mit Hrsg.-Anm. 448.*

590 Fiedler, cf. Blatt 86] *Besonderes Bl. ist nicht nachzuweisen.*

591 Frischeisen-Köhlers Besprechung ... in den »Kant-Studien«] *Siehe* Frischeisen-Köhler: Philosophie und Leben. Bemerkungen zu Heinrich Rickerts Buch: 'Die Philosophie des Lebens', *1921. – Frischeisen-Köhler, Max. Philosoph und Pädagoge. - * Berlin 19.7.1878, † Halle/Saale 22.10.1923. 1902 Prom. in Berlin; 1906 Habil. dort; bis 1915 Privatdozent in Berlin; danach a. o. Prof. in Halle, seit 1921 dort Ordinarius. Von Dilthey beeinflußt.* Das Realitätsproblem, *1912;* Wissenschaft und Wirklichkeit, *1912. Cassirers Kollege in Berlin; beide wirken bei der durch Arthur Liebert herausgegebenen Reihe* Philosophische Vorträge *mit.*

592 Begriff des ... Glaubens bei Jacobi] *Siehe vorliegenden Bd., S. 117.*

593 Fichte ... Nicht-Philosophieren etc.] *Siehe* Fichte: Rückerinnerungen, Antworten, Fragen. *In:* Sämmtliche Werke, *Bd. 5, S. 343:* Leben ist ganz eigentlich Nicht-Philosophiren; Philosophiren ist ganz eigentlich Nicht-Leben; und ich kenne keine treffendere Bestimmung beider Begriffe, als diese.

[594] (dialektischer Prozess ... A u f l ö s u n g der Bildwelten)] *Vielleicht ein Hinweis auf die Diskussion der* Dialektik *der* Überwindung des »Bildes« durch das Bild *im vorliegenden Bd. Vgl. S. 266.*

[595] intuitiver und bloß »symbolischer« Erkenntnis] *Bei Leibniz: zusammengesetzte, nicht in allen Aspekten gleichzeitig erfassbare Erkenntnis vs. Erkenntnis von einfachen, distinktiven Vorstellungen. Siehe* Leibniz: Meditationes de Cognitione, Veritate et Ideis. *In:* Philosophische Schriften, *Bd. 4, S. 423:* Et certe cum notio valde composita est, non possumus omnes ingredientes eam notiones simul cogitate: ubi tamen hoc licet, vel saltem in quantum licet, cognitionem voco i n t u i t i v a m . Notionis distinctae primitivae non alia datur cognitio, quam intuitiva, ut compositarum plerumque cogitatio non nisi symbolica est. (Leibniz: Hauptschriften, *Bd. 1, S. 25:* In der Tat können wir, wenn eine Vorstellung sehr zusammengesetzt ist, nicht alle in sie eingehenden Merkmale zugleich denken; wo dies dennoch möglich ist, und in dem Maße wie es möglich ist, nenne ich die Erkenntnis i n t u i t i v . Von den distinkten, primitiven Vorstellungen ist keine andere als intuitive Erkenntnis möglich, während das Denken der zusammengesetzten Vorstellungen für gewöhnlich nur symbolisch ist.).

[596] "Bilder" bedürftiger Verstand] *Siehe Hrsg.-Anm. 83.*

[597] Characteristica generalis] *Leibniz' Programm zur Übersetzung aller Streitfragen in eine berechenbare Zeichensprache; s.* Leibniz: Characteristica universalis. *In:* Philosophische Schriften, *Bd. 7, S. 184-189.*

[598] Kritik der Sprache ... Berkeley] *Cassirer untersucht Berkeleys Forderung einer begriffslosen Darstellung der Erfahrung in* EP, *Bd. 2, bes. S. 286f., 297-309. – Berkeley, George. Philosoph. - *Dysert Castle (Irland) 12.3.1685, † Oxford 14.1.1753. 1700-1704 Studium am* Trinity College, *Dublin; 1710 anglikanischer Prediger; 1734-1752 Bischof in Cloyne (Irland).* An Essay Towards a New Theory of Vision, *1709 (dt.:* Versuch einer neuen Theorie der Gesichtswahrnehmung)*;* A Treatise Concerning the Principles of Human Knowledge, *1710 (dt.:* Eine Abhandlung über die Prinzipien der menschlichen Erkenntnis)*;* Three Dialogues between Hylas and Philonous, *1713 (dt.:* Drei Dialoge zwischen Hylas und Philonous).

[599] F. Mauthner] *Zu Mauthners Sprachkritik s.* Cassirer: Erkenntnistheorie nebst den Grenzfragen der Logik und Denkpsychologie, *1927, S. 88; vgl.* PsF, *Bd. 1, S. 135, Anm.*

[600] "Vorhang von Worten" wegziehen etc.] *Siehe* Berkeley: A Treatise concerning the Principles of Human Knowledge, *1897, § 24, S. 177:* In vain do we extend our view into the heavens and pry into the entrails of the earth, in vain do we consult the writings of learned men and trace the dark footsteps of antiquity – we need only draw the curtain of words, to behold the fairest tree of knowledge, whose fruit is excellent, and within the reach of our hand. (Berkeley: Abhandlungen über die Principien der menschlichen Erkenntniss, *1879, S. 23:* Vergeblich erweitern wir unsern Blick in die himmlischen Räume und erspähen das Innere der Erde; vergeblich ziehen wir die Schriften gelehrter Männer zu Rathe und verfolgen die dunklen Spuren des Alterthums; wir sollten nur den Vorhang von Worten wegziehen, um klar und rein den Erkenntniss-

baum zu erblicken, dessen Frucht vortrefflich und unserer Hand erreichbar ist.).

601 (Kleist, Marionettentheater ...)] *Siehe Hrsg.-Anm. 518.*

602 Leibniz' Kulturbegriff] *Cassirer erläutert Leibniz' Kulturideal im Hinblick auf quietistische Religionsideale in:* FF, *S. 84f.*

603 (Material vielleicht bei **Liebert**?)] *Siehe* Liebert: Das Problem der Geltung, *1914. – Liebert, Arthur. Philosoph. - * Berlin 10.11.1878, † ebd. 5.11.1946. 1925-1933 Dozent an der Handels-Hochschule sowie an der Berliner Universität, zuletzt als a. o. Prof.; 1918-1933 Mithrsg. der* Kant-Studien*; 1933 nach Belgrad, später nach England emigriert.* Das Problem der Geltung, *1914;* Der Geltungswert der Metaphysik, *1915;* Von der Pflicht der Philosophie in unserer Zeit, *1938.*

604 Leibniz: Doctrina juris] *Gemeint ist vermutlich die folgende, in* LS, *S. 425, Anm., angeführte Passage, zitiert hier nach Leibniz:* Juris et aequi elementa. *In:* Mittheilungen aus Leibnizens ungedruckten Schriften, *1893, S. 21f.:* Doctrina juris ex earum numero est, quae non ab experimentis, sed definitionibus nec a sensuum, sed rationis demonstrationibus pendent et sunt, ut ita dicam, juris, non facti. (Leibniz: Hauptschriften, *Bd. 2, S. 504:* Die Rechtslehre gehört zu den Wissenschaften, die nicht von Erfahrungen, sondern von Definitionen und nicht von den sinnlichen, sondern von den vernunftgemäßen Beweisen abhängen und bei denen es sich sozusagen um Fragen der Geltung, nicht um tatsächliche Fragen handelt.).

605 (Tetens, Lossius) cf. Erkenntnisproblem] *Zu Tetens und Lossius s.* EP, *Bd. 2, S. 574-582. – Lossius, Johann Christian. Philosoph. - * Liebstedt (Sachsen-Weimar) 22.4.1743, † Erfurt 8.1.1813. Seit 1770 Prof. der Philosophie in Erfurt.* Physische Ursachen des Wahren, *1775;* Unterricht der gesunden Vernunft, *2 Bde., 1777;* Neues philosophisches allgemeines Real-Lexikon, *4 Bde., 1803. Vertrat eine physiologische Psychologie.*

606 *Lotze, Rudolf Hermann. Philosoph. - * Bautzen 21.5.1817, † Berlin 1.7.1881. 1844-1881 Prof. in Göttingen als Nachfolger Herbarts.* Metaphysik, *1841, Neufassung unter dem Titel* Grundzüge der Metaphysik, *1843;* Logik, *1843, Neufassung 1874;* Mikrokosmos, *3 Bde., 1856-1864.*

607 Idee als »Geltung« – Lotze, Cohen, Natorp ... Relation)] *Siehe* Lotze: Logik, *Buch 3, Kap. 2, 1880, S. 509:* [Wahrheit] besitzen wir als Wahrheit kraft der Identität jedes so angeschauten Inhalts mit sich selbst und der beständigen Gültigkeit derselben Beziehungen zwischen verschiedenen. So begreift man wohl, welche Bedeutung es hat, wenn Platon die Prädicate, die an den Außendingen in beständigem Wechsel vorkommen, zu einem festen und gegliederten Ganzen zu vereinigen suchte und in dieser Ideenwelt den ersten wahren Gegenstand sicherer Erkenntniß sah; [...]. *Vgl.* Cohen: Platons Ideenlehre und die Mathematik, *1878, S. 12-17, bes. S. 14:* Diese Idee des Daseienden ist, als Idee, nur *ἀλήθεια*, nicht *οὐσία* nach der schlechten Bedeutung dieses Wortes; sie bezeichnet das Dasein als solches, in Abstraction von aller qualitativen Bestimmtheit, in der Geltung des *ὄντως ὄν*, als Object der *ἐπιστήμη*. *Zur Deutung von Geltung als Bestand einer Relation s.* Natorp: Platos Ideenlehre, *1903, S. 196. Dort beschreibt Natorp die oberste Gattung des Seins wie folgt:* Diese ist, nach den

deutlichtsten Erklärungen namentlich des Phaedo, vielmehr das »Sein« der Urteilsfunktion. Dieses besagt aber ganz allgemein: den Bestand von Relationen; seien es die ursprünglich logischen, in denen die mathematischen Grundrelationen einbegriffen sind, oder seien es die Zweckrelationen, oder auch Zeitrelationen des Geschehens, Gesetze im gewöhnlich gemeinten Sinne von Naturgesetzen. Versteht man unter Gesetz in umfassendster Bedeutung jeden Ausdruck des allgemeinen Bestandes einer Relation, so sagt die Idee in dieser ganz generellen Bedeutung das Gesetz.

608 Husserls "drittes Reich"] *Kein terminus technicus bei Husserl; Cassirer meint damit vermutlich die Idealitäten im Unterschied zum Physischen und Psychischen. Cassirer nennt die Sphäre der reinen Bedeutung manchmal ein* drittes Reich. *Siehe die Verwendung dieses Begriffs im vorliegenden Bd., S. 191 und in Hrsg.-Anm. 386.*

609 *πράγματα ... ἐν τοῖς λόγοις σκοπεῖν τῶν ὄντων τὴν ἀλήθειαν*] *Zum Gegensatz von greifbaren und begriffenen Dingen s.* Platon: Phaedo, *99e4-6: ἔδοξε δή μοι χρῆναι εἰς τοὺς λόγους καταφυγόντα ἐν ἐκείνοις σκοπεῖν τῶν ὄντων τὴν ἀλήθειαν.* (Platon: Phaidon, *S. 62:* Sondern mich dünkt, ich müsse zu den Gedanken meine Zuflucht nehmen, und in diesen das wahre Wesen der Dinge anschauen.).

610 Descartes: la vérité étant une même chose avec l'être] *Da die Wahrheit die gleiche Sache ist wie das Sein ... Dieser Satz entstammt der franz. Übersetzung der* Meditationen *von Victor Cousin:* Méditations métaphysiques, *1824, S. 312. Er findet sich nicht im lat. Text der* Meditationes (Descartes: Oeuvres, *Bd. 7, S. 65). Cassirer zitiert ihn bereits in seiner Dissertation* Descartes' Kritik der mathematischen und naturwissenschaftlichen Erkenntnis, *1902, S. 83, Anm. 2.*

611 Eleaten ... Göttin – der Wahrheit] *Die Wahrheit erzählt eine Göttin bei* Parmenides, *Fragm. B 1. In:* Diels, *Bd. 1, S. 150.*

612 »Natur« zur persönlichen Kraft ... Boyle)] *Vgl. hierzu* EP, *Bd. 2, S. 433:* Boyle vollendet [...] was Kepler und Galilei in ihrem Kampf gegen Aristoteles begonnen hatten; er entkleidet die Natur ihrer innerlichen qualitativen Strebungen und Kräfte, um sie lediglich als das geordnete Ganze der Bewegungen selbst zu denken. – *Boyle, Robert. Chemiker. - *Lismore Castle (Irland) 25.1.1627, † London 30.12.1691. 1654-1668 in Oxford, 1668-1691 in London. Schöpfer der Grundbegriffe der modernen Chemie.* New Experiments, Physico-Mechanical, touching the Spring of the Air, *1660;* The Sceptical Chymist, *1661.*

613 nur ein Gleichnis] *Anspielung auf* Goethe: Faust II, *Z. 12104f.:* Alles Vergängliche / Ist nur ein Gleichniß. (WA, *Bd. 15.1, S. 337).*

LITERATURVERZEICHNIS

Vorbemerkung:
Im Manuskript Cassirers nachgewiesene Literaturangaben und Zitate werden in den entsprechenden Ausgaben ermittelt. Auch die vom Herausgeber hinzugefügten Zitat- und Belegstellenangaben folgen nach Möglichkeit den von Cassirer (hier oder in anderen Schriften[1]) zitierten oder in seiner Privatbibliothek befindlichen Ausgaben. Das Zeichen "◇" weist auf Werke hin, von denen bekannt ist, daß Cassirer sie besessen hat.
Ernst Cassirers Verfahren, auf die Erstausgaben oder wichtige Neubearbeitungen zurückzugreifen, sowie der abgekürzten Zitation insbesondere griechischer Klassiker und der Hauptwerke Kants ist der Herausgeber in seinen Anmerkungen insoweit gefolgt. Er hat jedoch Übersetzungen originalsprachiger Zitationen und Belegstellen anhand verläßlicher zweisprachiger oder deutscher Gesamtausgaben hinzugefügt, resp. nachgewiesen und zitiert. Auch hier werden nach Möglichkeit Cassirer zugängliche Ausgaben herangezogen. Sie sind im Literaturverzeichnis an dem Vermerk "zitiert nach" zu erkennen. – Lediglich die vom Herausgeber in zumeist biographischen Anmerkungen erwähnten Schriften sind nicht verzeichnet.

Adler, Max: Das Soziologische in Kants Erkenntniskritik. Ein Beitrag zur Auseinandersetzung zwischen Naturalismus und Kritizismus. Wien 1924.

Ainesidemos s. Sextus Empiricus

Anaxagoras s. Diels

Archimedes s. Pappus Alexandrinus

Aristophanes: Nubes. In: Aristophanis Comoedias. Edidit Theodorus Bergk. Bd. I. Editio altera correctior stereotypa. Leipzig 1903.

Aristoteles

– ◇ Aristoteles graece ex recensione Immanuelis Bekkeri. Edidit academia regia Borussica. 2 Bde. Berlin 1831.

– De Anima. – Deutsch zitiert nach: Ders.: Über die Seele. Übersetzt von Willy Theiler. 4., gegenüb. der 3. unv. Aufl. Darmstadt 1973 (= Aristoteles Werke in deutscher Übersetzung. Bd. 13).

– Metaphysik. – Deutsch zitiert nach: Ders.: Metaphysik. Neubearbeitung

[1] *Herangezogen wurden: K. C. Köhnke: Ernst Cassirers ideale Bibliothek, Ms. Berlin 1992, der die Verkaufsliste der Bibliothek Ernst Cassirers (Bernard M. Rosenthal, Inc. Rare Books – Manuscripts. 120 East 85th Street, New York, NY. 10028. USA; Typoskript o.J.) zugrundelegt und veröffentlichte Schriften bibliographisch auswertet, sowie der Karteikatalog der Bibliothek Cassirers (University of Illinois, Chicago).*

der Übersetzung von Hermann Bonitz. Mit Einl. und Kommentar hrsg. von Horst Seidl. Griechischer Text in der Edition von Wilhelm Christ. 3., verb. Aufl. 2 Bde. Hamburg 1989-1991.

– Nikomachische Ethik. – Deutsch zitiert nach: Ders.: Nikomachische Ethik. Übersetzt und kommentiert von Franz Dirlmeier. 4., ern. durchges. Aufl. Berlin 1967 (= Aristoteles Werke in deutscher Übersetzung. Bd. 6).

– Physik.

– Zweite Analytiken.

Bachofen, Johann Jacob: Vorrede zum Mutterrecht. In: Ders.: Der Mythus von Orient und Occident. Eine Metaphysik der alten Welt. Aus den Werken von J. J. Bachofen. Mit einer Einleitung von Alfred Baeumler. Hrsg. von Manfred Schroeter. München 1926. S. 1-59.

– Italien und der Okzident. [Die Sage von Tanaquil] In: Ders.: Der Mythus von Orient und Occident. Eine Metaphysik der alten Welt. Aus den Werken von J. J. Bachofen. Mit einer Einleitung von Alfred Baeumler. Hrsg. von Manfred Schroeter. München 1926. S. 537-582.

Bacon, Francis: Novum Organum, sive indicia vera de interpretatione naturae. In: The Works of Francis Bacon, etc. Collected and edited by James Spedding, Robert Leslie Ellis and Douglas Denon Heath. Bd. I. London 1858. – Deutsch zitiert nach: Ders.: Neues Organon. Lateinisch-deutsch. Teilband 1. Hrsg. und mit einer Einleitung von Wolfgang Krohn (In der Übersetzung von Rudolf Hoffmann.). Hamburg 1990.

Baeumler, Alfred: Bachofen der Mythologe der Romantik. Einleitung. In: Bachofen, Johann Jacob: Der Mythus von Orient und Occident. Eine Metaphysik der alten Welt. Aus den Werken von J. J. Bachofen. Mit einer Einleitung von Alfred Baeumler. Hrsg. von Manfred Schroeter. München 1926. S. XXIII-CCXCIV.

Bergson, Henri: Essai sur les données immédiates de la conscience. Thèse pour le doctorat. Présentée à la faculté des lettres de Paris par Henri Bergson. Paris 1889.

– Introduction à la Métaphysique. In: Revue de Métaphysique et de Morale 11. 1903. S. 1-36.

– ◇L'évolution créatrice. 2e édition. Paris 1907. – Deutsch zitiert nach: Bergson: Schöpferische Entwicklung. Übersetzt von Gertrud Kantorowicz. Jena 1912.

Berkeley, George: ◇A Treatise Concerning the Principles of Human Knowledge. In: The Works of George Berkeley. Edited by George Sampson. With a Biographical Introduction by A. J. Balfour. London 1897. Bd. 1. S. 153-252. – Deutsch zitiert nach: ◇Berkeley's Abhandlungen über die Principien der menschlichen Erkenntniss. In's Deutsche übersetzt und mit erläuternden und prüfenden Anmerkungen versehen von Friedrich Ueberweg. 2. Aufl. Leipzig 1879.

Bethe, Albrecht: Dürfen wir den Ameisen und Bienen psychische Qualitäten zuschreiben? In: Archiv für die gesammte Physiologie des Menschen und der Thiere 70. 1898. S. 15-100.

Bibel. Altes Testament: 1. Mose 3,19.
– Neues Testament: Joh. 8,12; 1. Kor. 15,28; 2. Kor. 7,9.
Boll, Franz: Vita contemplativa. Festrede zum zehnjährigen Stiftungsfeste der Heidelberger Akademie der Wissenschaften, Stiftung Heinrich Lanz am 24. April 1920. In: Sitzungsberichte der Heidelberger Akademie der Wissenschaften. Stiftung Heinrich Lanz. Philosophisch-historische Klasse Jg. 1920. 8. Abhandlung. Heidelberg 1920.
Brun, Rudolf: Die Raumorientierung der Ameisen und das Orientierungsproblem im allgemeinen. Eine kritisch-experimentelle Studie; zugleich ein Beitrag zur Theorie der Mneme. Jena 1914.
Bruno, Giordano: ◇ De gl' heroici furori. In: Ders.: Le opere italiane. Ristampate da Paolo de Lagarde. Bd. 2. Göttingen 1888. S. 607-754. – Deutsch zitiert nach: Ders.: Von den heroischen Leidenschaften. Übersetzt und hrsg. von Christiane Bacmeister. Mit einer Einleitung von Ferdinand Fellmann. Hamburg 1989.
– De Immenso et Innumerabilibus. In: Jordani Bruni Nolani Opera Latine Conscripta. Recensebat F. Fiorentino. 3 Bde. Bd. 1. Pars 2. Neapel 1884. – Zitiert nach dem Faksimile-Neudruck: Ders.: Dass. Stuttgart-Bad Cannstatt 1962.
Bühler, Karl: Die Krise der Psychologie. Jena 1927.
– Sprachtheorie. Die Darstellungsfunktion der Sprache. Jena 1934.
Busch, Günter: Einleitung. In: Liebermann, Max: Die Phantasie in der Malerei. Hrsg. und eingeleitet von Günter Busch. Frankfurt/Main 1978. S. 5-21.
Byron, Lord George Gordon: Cain. In: The Works of Lord Byron. A new, revised and enlarged Edition, with Illustrations. Poetry. Bd. V. Ed. by Ernest Hartley Coleridge. London 1905. – Deutsch zitiert nach: Ders.: ◇ Kain. Ein Mysterium. In: Byron: Werke. Bd. 4. Übersetzt von Otto Gildemeister. 3. Aufl. Berlin 1877. S. 55-142.
– Manfred: A dramatical Poem. In: The Works of Lord Byron. A new, revised and enlarged Edition, with Illustrations. Poetry. Bd. IV. Ed. by Ernest Hartley Coleridge. London 1905. – Deutsch zitiert nach: Ders.: ◇ Manfred. In: Werke. Bd. 4. Übersetzt von Otto Gildemeister. 3. Aufl. Berlin 1877. S. 1-54.
Campanella, Tommaso: Universalis philosophiae seu metaphysicarum rerum, juxta propria dogmata, partes tres, libri 18, duce Deo. Paris 1638.
Carnap, Rudolf: Der logische Aufbau der Welt. Berlin-Schlachtensee 1928.
– Die physikalische Sprache als Universalsprache der Wissenschaft. In: Erkenntnis 2. 1931. S. 432-465.
– Scheinprobleme in der Philosophie. Das Fremdpsychische und der Realismusstreit. Berlin-Schlachtensee 1928.
Carus, Carl Gustav: Psyche. Ausgewählt und eingeleitet von Ludwig Klages. Jena 1926.
Cassirer, Ernst: An Essay on Man. An Introduction to a Philosophy of Human Culture. New Haven/London 1944. – Deutsch zitiert nach: Ders.: Versuch über den Menschen. Einführung in eine Philosophie der Kultur. Aus dem Englischen von Reinhard Kaiser. Frankfurt/Main 1990.

– Das Erkenntnisproblem in der Philosophie und Wissenschaft der neueren Zeit. 1. Bd. 3. Aufl. Berlin 1922.
– Dass.: 2. Bd. 3. Aufl. Berlin 1922.
– Dass.: 3. Bd.: Die nachkantischen Systeme. Berlin 1920.
– Das Symbolproblem und seine Stellung im System der Philosophie. In: Zeitschrift für Ästhetik und allgemeine Kunstwissenschaft 21. 1927. S. 295-322.
– Der kritische Idealismus und die Philosophie des "gesunden Menschenverstandes". Gießen 1906 (= Philosophische Arbeiten. Hrsg. von Hermann Cohen und Paul Natorp 1, 1. Heft).
– Descartes' Kritik der mathematischen und naturwissenschaftlichen Erkenntnis. In: Ders.: Leibniz' System in seinen wissenschaftlichen Grundlagen. Marburg 1902. S. 1-102.
– Die Philosophie der Griechen von den Anfängen bis Platon. In: Die Geschichte der Philosophie. Dargestellt von Ernst von Aster, Ernst Cassirer, Max Frischeisen-Köhler, Josef Geyser, Ernst Hoffmann. Berlin 1925 (= 1. Teil). (= Max Dessoir (Hrsg.): Lehrbuch der Philosophie. Berlin 1925). S. 7-139.
– Die Sprache und der Aufbau der Gegenstandswelt. In: Bericht über den XII. Kongress der Deutschen Gesellschaft für Psychologie in Hamburg am 12.-16. April 1931. Im Auftrage der Deutschen Gesellschaft für Psychologie hrsg. von Gustav Kofka. Jena 1932. S. 134-145.
– Dass. [erweitert:] In: Symbol, Technik, Sprache. Aufsätze aus den Jahren 1927-1933. Hrsg. von Ernst Wolfgang Orth und John Michael Krois unter Mitwirkung von Josef M. Werle. Hamburg 1985. S. 121-160.
– Die 'Tragödie der Kultur'. In: Ders.: Zur Logik der Kulturwissenschaften. S. 113-139.
– Erkenntnistheorie nebst den Grenzfragen der Logik und Denkpsychologie. In: Jahrbücher der Philosophie 3. 1927. S. 31-92.
– Form und Technik. In: Kunst und Technik. Hrsg. von Leo Kestenberg. Berlin 1930. S. 15-61.
– Formproblem und Kausalproblem. In: Ders.: Zur Logik der Kulturwissenschaften. S. 96-112.
– Freiheit und Form. Studien zur deutschen Geistesgeschichte. Berlin 1922.
– 'Geist' und 'Leben' in der Philosophie der Gegenwart. In: Neue Rundschau 41. 1930. S. 244-264.
– G. W. Leibniz, Hauptschriften ... (Hrsg.) s.d.
– Goethe und die mathematische Physik. Eine erkenntnistheoretische Studie. In: Ders.: Idee und Gestalt. Goethe. Schiller. Hölderlin. Kleist. Fünf Aufsätze. Berlin 1921. S. 27-76.
– Goethe und Platon. In: Ders.: Goethe und die geschichtliche Welt. Drei Aufsätze. Berlin 1932. S. 103-148.
– Goethes Idee der Bildung und Erziehung. In: Pädagogisches Zentralblatt 12. 1932. S. 340-358.
– Goethes Pandora. In: Ders.: Idee und Gestalt. Goethe. Schiller. Hölderlin. Kleist. Fünf Aufsätze. Berlin 1921. S. 1-26.
– Immanuel Kants Werke ... (Hrsg.) s.d.

– Individuum und Kosmos in der Philosophie der Renaissance. Leipzig/Berlin 1927 (= Studien der Bibliothek Warburg 10).
– Kants Leben und Lehre. Berlin 1918.
– Language and Art II (1942). In: Cassirer: Symbol, Myth, and Culture. Essays and Lectures of Ernst Cassirer 1935-1945. Ed. by Donald Phillip Verene. New Haven/London 1979. S. 166-195.
– Le Langage et la Construction du Monde des Objets. [Übersetzung Paul Guillaumes von: Die Sprache und der Aufbau der Gegenstandswelt.] In: Journal de Psychologie normale et pathologique 30. 1933. S. 18-44.
– Leibniz, Gottfried Wilhelm. Neue Abhandlungen ... (Hrsg.) s.d.
– Leibniz' System in seinen wissenschaftlichen Grundlagen. Marburg/Lahn 1902.
– Mythischer, ästhetischer und theoretischer Raum. In: Vierter Kongreß für Ästhetik und allgemeine Kunstwissenschaft, Hamburg, 7.-9. Oktober 1930. Bericht im Auftrage des Ortsausschusses hrsg. von Hermann Noack. Stuttgart: F. Enke 1931 (= Beilageheft zur Zeitschrift für Ästhetik und allgemeine Kunstwissenschaft, Bd. 25). S. 21-36.
– Naturalistische und humanistische Begründung der Kulturphilosophie. In: Göteborgs Kungl. Vetenskaps- och Vitterhets-Samhälles Handlingar. Femte följden. Ser. A. Bd. 7. Nr. 3. 1939. S. 1-28.
– Paul Natorp. In: Kant-Studien 30. 1925. S. 273-298.
– Philosophie der symbolischen Formen. Teil 1: Die Sprache. Berlin 1923.
– Dass. Teil 2: Das mythische Denken. Berlin 1925.
– Dass. Teil 3: Phänomenologie der Erkenntnis. Berlin 1929.
– Sprache und Mythos. Ein Beitrag zum Problem der Götternamen. Leipzig/Berlin 1925 (= Studien der Bibliothek Warburg 6).
– Substanzbegriff und Funktionsbegriff. Untersuchungen über die Grundfragen der Erkenntniskritik. Berlin 1910.
– The Myth of the State. New Haven/London 1946.
– Thomas Manns Goethe-Bild. Eine Studie über 'Lotte in Weimar'. In: Germanic Review 20. 1945. S. 166-194.
– Zur Einsteinschen Relativitätstheorie. Berlin 1921.
– Zur Logik der Kulturwissenschaften. Fünf Studien. In: Göteborgs Högskolas Årsskrift 48. Heft 1. 1942. S. 1-139.
– Zur Logik des Symbolbegriffs. In: Theoria 4. 1938. S. 145-175.
Cohen, Hermann: ◇Kants Begründung der Aesthetik. Berlin 1889.
– Platons Ideenlehre und die Mathematik. Marburg 1878 (Separat-Abdruck aus dem Rectoratsprogramm der Univ. Marburg vom Jahre 1878).
Cohn, Jonas: ◇Der psychische Zusammenhang bei Münsterberg. In: Vierteljahrsschrift für wissenschaftliche Philosophie und Soziologie 26. N.F. 1. 1902. S. 1-20.
– Kritische Bemerkungen zur neupositivistischen Erkenntnislehre, namentlich zu der Carnaps (Methodenmonismus und Problemabweisung.). In: Philosophische Hefte. Hrsg. von Maximilian Beck. 5. Jg. Heft 1/2. Prag/Dejvice: Verlag der Philosophischen Hefte. Dr. Maximilian Beck 1936. S. 51-74.
– ◇Münsterbergs Versuch einer erkenntnistheoretischen Begründung der

Psychologie. In: Vierteljahrsschrift für wissenschaftliche Philosophie 24. 1900. S. 1-22.

Comte, Auguste: Système de politique positive, ou traité de sociologie, instituant la religion de l'humanité. Tome quatrième. Paris 1854.

Croce, Benedetto: Estetica come scienza dell'espressione e linguistica generale. 2 Bde. Mailand 1902.

Cusanus, Nicolaus: Complementum theologicum figuratum in complementis mathematicis. In: Nicolai Cusae Cardinalis opera. Paris 1514. Bd. 2. – Zitiert nach dem unveränderten Nachdruck. Frankfurt/Main 1962. Fol. 92-100. – Deutsch zitiert nach: Ders.: Complementum theologicum. Theologische Ergänzung. In: Nikolaus von Kues: Philosophisch-theologische Schriften. Hrsg. und eingeführt von Leo Gabriel. Übersetzung von Dietlind und Wilhelm Dupré. Studien- und Jubiläumsausg. Lateinisch-deutsch. Bd. 3. Wien 1967. S. 649-703.

– De ludo globi (1463). In: Nicolai Cusae opera. Bd. 1. Paris 1514. Unveränderter Nachdruck. Frankfurt/Main 1962. Fol. 152-173.

– Liber de mente. [= Idiota de mente] (1450). Lateinischer Text hrsg. von Joachim Ritter. Mit einer Übersetzung ins Deutsche von Heinrich Cassirer. In: Cassirer, Ernst: Individuum und Kosmos in der Philosophie der Renaissance. Leipzig/Berlin 1927 (= Studien der Bibliothek Warburg 10). S. 204-297.

Cushing, Frank Hamilton: Manual Concepts. A Study of the Influence of Hand-Usage on Culture-Growth. In: The American Anthropologist 5. 1892. S. 289-317.

Darwin, Charles: ◇ Der Ausdruck der Gemüthsbewegungen bei dem Menschen und den Thieren. In: Ders: Gesammelte Werke. Bd. 7. Stuttgart 1877.

– The Expression of the Emotions in Man and Animals. London 1872.

de Groot, Jan Jakob Maria: The Religious System of China. Its Ancient Forms, Evolution, History and Present Aspect, Manners, Customs, and Social Institutions Connected Therewith. 6 Bde. Leyden 1892-1910.

– Universismus. Die Grundlage der Religion und Ethik, des Staatswesens und der Wissenschaften Chinas. Berlin 1918.

Descartes, René

– ◇ Oeuvres de Descartes. Publiées par Charles Adam & Paul Tannery. 11 Bde. Paris 1897-1909 (= Oeuvres).

– Discours de la méthode. In: Oeuvres. 6. Bd. Paris 1902. S. 1-78. – Deutsch zitiert nach: Ders.: ◇ Abhandlung über die Methode. 3 Aufl. Übersetzt und mit Anmerkungen hrsg. von Artur Buchenau. Leipzig 1919 (= Philosophische Werke. Übersetzt und hrsg. von Artur Buchenau. 1. Bd.). S. 1-64.

– Meditationes de prima philosophia. In: Oeuvres. 7. Bd. Paris 1904. S. 1-90. – Deutsch zitiert nach: Ders.: ◇ Meditationen über die Grundlagen der Philosophie mit den sämtlichen Einwänden und Erwiderungen. Zum erstenmal vollständig übersetzt und hrsg. von Artur Buchenau. Leipzig 1915.

– Dass. Objectiones quartae. In: Oeuvres. 7. Bd. Paris 1904. S. 196-218.

– Dass. Secundae responsiones. In: Oeuvres. 7. Bd. Paris 1904. S. 128-170.

– Méditations métaphysiques. In: Oeuvres de Descartes. Publiées par Victor Cousin. 11 Bde. Bd. 1. Paris 1824. S. 213-350.

– Principia philosophiae (= Oeuvres. 8. Bd. Paris 1905). – Deutsch zitiert nach: Ders.: ◇ Die Prinzipien der Philosophie (= René Descartes' philosophische Werke. 3. Abt.). Mit einem Anhang, enthaltend Bemerkungen René Descartes' über ein gewisses in den Niederlanden gegen Ende 1647 gedrucktes Programm [übersetzt] von Artur Buchenau. 3. Aufl. Leipzig 1908.
– Regulae ad directionem ingeni. In: Oeuvres. 10. Bd. Paris 1908. S. 349-469.
Dewey, John: Studies in Logical Theory. With the co-operation of Members and Fellows of the Department of philosophy. Chicago 1903.
Diels, Hermann: ◇ Die Fragmente der Vorsokratiker. Griechisch und deutsch. 4. Aufl. 3 Bde. Berlin 1922.
Dilthey, Wilhelm: Beiträge zur Lösung der Frage vom Ursprung unseres Glaubens an die Realität der Aussenwelt und seinem Recht. In: Sitzungsberichte der Königlich Preussischen Akademie der Wissenschaften zu Berlin. Jg. 1890. 2. Halbband. Juni bis December. Berlin 1890. S. 977-1022.
– Das Erlebnis und die Dichtung. Lessing, Goethe, Novalis, Hölderlin. Leipzig/ Berlin 1906.
– Der Aufbau der geschichtlichen Welt in den Geisteswissenschaften. In: Abhandlungen der Königlich Preussischen Akademie der Wissenschaften zu Berlin. Jg. 1910. Philosophisch-Historische Classe. Berlin 1910. S. 1-123.
– ◇ Einleitung in die Geisteswissenschaften. Versuch einer Grundlegung für das Studium der Gesellschaft und der Geschichte. 1. Bd. Leipzig 1883.
– Ideen über eine beschreibende und zergliedernde Psychologie. In: Sitzungsberichte der Königlich Preussischen Akademie der Wissenschaften zu Berlin. Jg. 1894. 2. Halbband. Juni bis December. Berlin 1894. S. 1309-1407.
Duhem, Pierre: ◇ La Théorie physique. Son objet et sa structure. Paris 1906.
Eddington, Arthur S.: ◇ Space, Time and Gravitation. An Outline of the General Relativity Theory. Cambridge 1923.
Empedokles s. Diels
Epicurea. Edidit Hermannus Usener. Leipzig 1887.
Fabre, Jean Henri: Étude sur l'instinct et les métamorphoses des sphégiens. In: Annales des sciences naturelles. Série 4: Zoologie 6. 1856. S. 137-182.
– Souvenirs Entomologiques. Études sur l'instinct et les moeurs des insectes. Edition définitive illustrée. 11 Bde. Paris 1914-1924.
Fichte, Johann Gottlieb
– ◇ Nachgelassene Werke. Hrsg. von I. H. Fichte. 3 Bde. Bonn 1834-1835.
– ◇ Sämmtliche Werke. Hrsg. von I. H. Fichte. 8 Bde. Berlin 1845-1846.
– Appellation an das Publicum. In: Sämmtliche Werke. 2. Abt.: B. Zur Religionsphilosophie. 3. Bd. Berlin 1845. S. 191-299 (= Dass. 5. Bd.).
– Aus einem Privatschreiben. (Im Jänner 1800.) In: Sämmtliche Werke. 2. Abt.: B. Zur Religionsphilosophie. 3. Bd. Berlin 1845. S. 375-396.
– Das System der Sittenlehre. In: Nachgelassene Werke. 3. Bd. Bonn 1835. S. 1-208.
– Das System der Sittenlehre nach den Principien der Wissenschaftslehre. In: Sämmtliche Werke. 2. Abt.: A. Zur Rechts- und Sittenlehre. 2. Bd. Berlin 1845. S. 1-365 (= Dass. 4. Bd.).
– Einige Vorlesungen über die Bestimmung des Gelehrten. In: Sämmtliche

Werke. Abt. 3: Populärphilosophische Schriften. 1. Bd. Berlin 1845. S. 289-346 (= Dass. 6. Bd.).
– Erste Einleitung in die Wissenschaftslehre. In: Sämmtliche Werke. 1. Abt.: Zur theoretischen Philosophie. 1. Bd. Berlin 1845. S. 417-449 (= Dass. 1. Bd.).
– Grundlage der gesammten Wissenschaftslehre, als Handschrift für seine Zuhörer. In: Sämmtliche Werke. 1. Abt.: Zur theoretischen Philosophie. 1. Bd. Berlin 1845. S. 83-328 (= Dass. 1. Bd.).
– Rückerinnerungen, Antworten, Fragen. In: Sämmtliche Werke. 2. Abt.: B. Zur Religionsphilosophie. 3. Bd. Berlin 1845. S. 335-373 (= Dass. 5. Bd.).
– Ueber das Wesen des Gelehrten, und seine Erscheinungen im Gebiete der Freiheit. In: Sämmtliche Werke. 3. Abt.: Populärphilosophische Schriften. 1. Bd.: Zur Politik und Moral. Berlin 1845. S. 347-448 (= Dass. Bd. 6).
– Ueber den Grund unseres Glaubens an eine göttliche Weltregierung. In: Sämmtliche Werke. 2. Abt.: Zur Religionsphilosophie. 3. Bd. Berlin 1845. S. 175-189 (= Dass. 5. Bd.).
– Zweite Einleitung in die Wissenschaftslehre. In: Sämmtliche Werke. 1. Abt.: Zur theoretischen Philosophie. 1. Bd. Berlin 1845. S. 451-518 (= Dass. 1. Bd.).
Fiedler, Konrad: Aphorismen (aus dem Nachlaß). In: Ders.: Schriften über Kunst. Hrsg. von Hermann Konnerth. Bd. 2. München 1914. S. 1-147.
– Moderner Naturalismus und künstlerische Wahrheit (1881). In: Ders.: Schriften über Kunst. Hrsg. von Hermann Konnerth. Bd. 1. München 1913. S. 133-182.
– Schriften über Kunst. Hrsg. von Hermann Konnerth. 2 Bde. München 1913-14.
– Über den Ursprung der künstlerischen Tätigkeit. In: Ders.: Schriften über Kunst. Hrsg. von Hermann Konnerth. Bd. 1. München 1913. S. 183-367.
– Wirklichkeit und Kunst. Drei Bruchstücke. In: Ders.: Schriften über Kunst. Hrsg. von Hermann Konnerth. Bd. 2. München 1914. S. 149-282.
Fischer, Kuno: Fichtes Leben, Werke und Lehre. 3., durchges. Aufl. Heidelberg 1900 (= Ders.: Geschichte der neuern Philosophie. Jubiläumsausg. Bd. 6).
Freyer, Hans: Theorie des objektiven Geistes. Eine Einleitung in die Kulturphilosophie. Leipzig/Berlin 1923.
Fries, Jakob Friedrich: Neue Kritik der Vernunft. 3 Bde. Heidelberg 1807.
Frischeisen-Köhler, Max: Philosophie und Leben. Bemerkungen zu Heinrich Rickerts Buch: 'Die Philosophie des Lebens'. In: Kant-Studien 26. 1921. S. 112-138.
Goethe, Johann Wolfgang von
– ◇ Goethes Werke. Hrsg. im Auftrage der Großherzogin Sophie von Sachsen. 133 Bde. in 143 Bdn. in 4 Abt. Weimar 1887-1919 (Weimarer Ausg. [= WA]).
– Allerdings. Dem Physiker. In: WA Abt. 1. Bd. 3. S. 105.
– Antepirrhema. In: WA Abt. 1. Bd. 3. S. 92.
– Das Göttliche. In: WA Abt. 1. Bd. 2. S. 83-85.

– Diderot's Versuch über die Mahlerei. [Goethes Übertragung von Diderots 'Essai sur la peinture']. In: WA Abt.1. Bd. 45. S. 245-322.
– Einfache Nachahmung der Natur, Manier, Stil. In: WA Abt. 1. Bd. 47. S. 77-83.
– Eins und alles. In: WA Abt. 1. Bd. 3. S. 81.
– Epigramme. Venedig 1790. In: WA Abt. 1. Bd. 1. S. 305-331.
– Faust. In: WA Abt. 1. Bd. 14.
– Faust II. In: WA Abt. 1. Bd. 15/1-2
– Ganymed. In: WA Abt. 1. Bd. 2. S. 79-80.
– ◇ Gespräche. Gesamtausgabe. Begründet von Woldemar Frhr. von Biedermann. Neu hrsg. von Flodoard Frhr. von Biedermann. 2., durchges. und stark verm. Aufl. 5 Bde. Leipzig 1909-11.
– Gott, Gemüth und Welt. In: WA Abt. 1. Bd. 2. S. 213-220.
– Gränzen der Menschheit. In: WA Abt. 1. Bd. 2. S. 81-82.
– Legende. In: WA Abt. 1. Bd. 3. S. 10-15.
– ◇ Maximen und Reflexionen. Nach den Handschriften des Goethe- und Schiller-Archivs hrsg. von Max Hecker. Weimar 1907 (= Schriften der Goethe-Gesellschaft 21).
– Parabase. In: WA Abt. 1. Bd. 3. S. 84.
– Prometheus. Dramatisches Fragment. In: WA Abt. 1. Bd. 39. S. 193-215.
– Sprache. In: WA Abt. 1. Bd. 2. S. 256.
– Torquato Tasso. In: WA Abt. 1. Bd. 10. S. 103-244.
– Urworte, Orphisch: *ΔΑΙΜΩΝ*. Dämon. In: WA Abt. 1. Bd. 3. S. 95.
– Urworte. Orphisch: *ΤΥΧΗ*. das Zufällige. In: WA Abt.1. Bd. 3. S. 95.
– Versuch einer Witterungslehre (1825). In: WA Abt. 2. Bd. 12. S. 73-109.
– Wanderlied. In: WA Abt. 1. Bd. 3. S. 58.
– Werke. s. o.
– Wiederholte Spiegelungen. In: WA Abt. 1. Bd. 42.2. S. 56-57.
– Zur Farbenlehre. Didaktischer Theil. In: WA Abt. 2. Bd. 1.
– Zur Logenfeier des dritten Septembers 1825. In: WA Abt. 1. Bd. 3. S. 67-70.
– Zur Morphologie. 3. Theil. In: WA Abt. 2. Bd. 8.

Gundolf, Friedrich: Dichter und Helden. In: Ders.: Dichter und Helden. Heidelberg 1921. S. 23-58.

Hamann, Johann Georg: ◇ Aesthetica in nuce. Eine Rhapsodie in kabbalistischer Prose. In: Hamann's Schriften. Hrsg. von Friedrich Roth. 2. Teil. Berlin 1821. S. 255-308.

Hartmann, Nicolai: ◇ Grundzüge einer Metaphysik der Erkenntnis. Berlin/Leipzig 1921.

Hecker, Max (Hrsg.): Maximen und Reflexionen. Nach den Handschriften des Goethe- und Schiller-Archivs. Weimar 1907 (= Schriften der Goethe-Gesellschaft 21).

Hegel, Georg Wilhelm Friedrich
– Sämtliche Werke. Jubiläumsausgabe in zwanzig Bänden. Auf Grund des von Ludwig Boumann, Friedrich Förster, Eduard Gans, Karl Hegel, Leopold von Henning, Heinrich Gustav Hotho, Philipp Marheineke, Karl Ludwig Michelet, Karl Rosenkranz und Johannes Schulze besorgten Ori-

ginaldruckes im Faksimilieverfahren neu hrsgeg. von Hermann Glockner.

– Phänomenologie des Geistes. In: Sämtliche Werke. Bd. 2. Stuttgart 1927.

– System der Philosophie. 3. Teil: Die Philosophie des Geistes. In: Sämtliche Werke. Bd. 10. Stuttgart 1929.

– Vorlesungen über die Geschichte der Philosophie. 1. Bd. In: Sämtliche Werke. Bd. 17. Stuttgart 1928.

Heidegger, Martin: Sein und Zeit. (Erste Hälfte.). In: Jahrbuch für Philosophie und phänomenologische Forschung. In Gemeinschaft mit M. Geiger/Göttingen, M. Heidegger/Marburg, A. Pfänder/München, M. Scheler/Köln hrsg. von Edmund Husserl. 8. Bd., Halle/Saale 1927. S. V-XII, 1-438.

Heine, Heinrich: ◇ Jehuda ben Halevy, aus dem Gedichtzyklus 'Romanzero'. In: Heinrich Heines sämtliche Werke in zwölf Bänden. Mit einer biographisch-literarhistorischen Einleitung von Stephan Born. Stuttgart/Berlin 1887. 3. Bd. S. 120-146.

Helmholtz, Hermann von: ◇ Handbuch der Physiologischen Optik. 2., umgearb. Aufl. Hamburg/Leipzig 1896.

Herakleitos s. Diels

Herder, Johann Gottfried: ◇ Abhandlung über den Ursprung der Sprache. In: Ders.: Sämmtliche Werke. Hrsg. von Bernhard Suphan. Bd. 5. Berlin 1891. S. 1-147.

– ◇ Aelteste Urkunde des Menschengeschlechts (1774, 1776). Bd. 1. In: Herder: Sämmtliche Werke. Bd. 6. 1883. S. 193-511; Bd. 2. In: Herder: Sämmtliche Werke. Bd. 7. 1884. S. 1-171.

– ◇ Ideen zur Philosophie der Geschichte der Menschheit (1785). Teil 2. In: Herder: Sämmtliche Werke. Bd. 13. 1887. S. 205-439.

Heyse, Hans: ◇ Der Begriff der Ganzheit und die Kantische Philosophie. Ideen zu einer regionalen Logik und Kategorienlehre. München 1927.

Hobbes, Thomas: ◇ De corpore (= III. Libros tres de Corpore). In: Thomae Hobbes Malmesburiensis Opera Philosophica, quae Latine scripsit, omnia. Amsterdam 1668. S. 1-261. – Deutsch zitiert nach: Ders.: Grundzüge der Philosophie. Erster Teil: Lehre vom Körper. In Auswahl übersetzt und hrsg. von Max Frischeisen-Köhler. Leipzig 1915.

Hönigswald, Richard: Die Grundlagen der Denkpsychologie. Studien und Analysen. 2., umgearb. Aufl. Leipzig/Berlin 1925.

– Die Skepsis in Philosophie und Wissenschaft. Göttingen 1914.

Homer: ◇ Ilias. In: Homeri et Homeridarum opera et reliquiae. Ex recensione Frid. Aug. Wolfii. 2 Bde. Leipzig 1804.

Humboldt, Wilhelm von: ◇ Ueber die Verschiedenheit des menschlichen Sprachbaues und ihren Einfluß auf die geistige Entwicklung des Menschengeschlechts (1830-1835). In: Ders.: Werke. Hrsg. von Albert Leitzmann. 7. Bd. 1. Hälfte. Einleitung zum Kawiwerk. Berlin 1907 (= Ders.: Gesammelte Schriften. Hrsg. von der Königlich Preussischen Akademie der Wissenschaften. 1. Abt. Werke. Bd. 7. 1. Hälfte. Berlin 1907). S. 1-351.

Hume, David: A Treatise of Human Nature. Reprinted from the original edition ... and ed. by L. A. Selby-Bigge. Oxford 1896. – Deutsch zitiert nach: Ders.: Über den Verstand. In deutscher Bearbeitung mit Anmerkungen und einem

Sachregister hrsg. von Theodor Lipps. 2., durchges. Aufl. Hamburg/Leipzig 1904 (= David Hume's Traktat über die menschliche Natur (Treatise on human nature). Ein Versuch die Methode der Erfahrung in die Geisteswissenschaft einzuführen. In deutscher Bearbeitung mit Anmerkungen und einem Sachregister hrsg. von Theodor Lipps. I. Teil. Über den Verstand. 2., durchges. Aufl. Hamburg/Leipzig 1904).

– ◇ An Enquiry concerning human Understanding. In: Ders.: Essays Moral, Political, and Literary, ed., with preliminary dissertations and notes, by T. H. Green and T. H. Grose. Bd. II. New Impression. London 1898. S. 1-135. – Deutsch zitiert nach: Ders.: ◇ Eine Untersuchung über den menschlichen Verstand. Deutsch von C. Nathansohn. Leipzig 1893.

Husserl, Edmund: ◇ Ideen zu einer reinen Phänomenologie und phänomenologischen Philosophie. Des ersten Bandes Teil I. In: Jahrbuch für Philosophie und phänomenologische Forschung. 1. Bd. Teil I. Halle/Saale 1913.

– ◇ Logische Untersuchungen. 1. Teil: Prolegomena zur reinen Logik. Halle/Saale 1900.

– ◇ Dass. 2. Teil: Untersuchungen zur Phänomenologie und Theorie der Erkenntnis. Halle/Saale 1901.

– Méditations cartésiennes. Introduction à la phénoménologie. Traduit de l'Allemand par Gabrielle Peiffer et Emmanuel Levinas. Paris 1931.

– Philosophie als strenge Wissenschaft. In: Logos 1. 1910-11. S. 289-341.

Jachmann, Günther (Hrsg.): Adolf von Hildebrands Briefwechsel mit Conrad Fiedler. Dresden 1927.

Jacobi, Friedrich Heinrich: ◇ Ueber die Lehre des Spinoza, in Briefen an Herrn Moses Mendelssohn. In: Ders.: Werke. 1. Abt. 4. Bd. Leipzig 1819.

James, William: Does 'Consciousness' exist? In: Ders.: Essays in Radical Empiricism. London u.a. 1912. S. 1-38.

– Essays in Radical Empiricism. London u.a. 1912.

– ◇ The Principles of Psychology. 2 Bde. London 1901. – Deutsch zitiert nach: Ders.: Psychologie. Übersetzt von Marie Dürr mit Anmerkungen von E. Dürr. Leipzig 1909.

Kant, Immanuel

– ◇ Immanuel Kants Werke. In Gemeinschaft mit Hermann Cohen, Artur Buchenau, Otto Buek, Albert Görland, B. Kellermann hrsg. von Ernst Cassirer. 10 Bde. Berlin 1912-1922 (= Werke).

– Idee zu einer allgemeinen Geschichte in weltbürgerlicher Absicht. In: Werke. 4. Bd.: Schriften von 1783-1788. Hrsg. von Artur Buchenau und Ernst Cassirer. Berlin 1913. S. 149-166.

– Kritik der praktischen Vernunft. Hrsg. von Benzion Kellermann. In: Werke. 5. Bd. Berlin 1914. S. 1-176.

– Kritik der reinen Vernunft. Hrsg. von Albert Görland. Berlin 1913 (= Werke. Bd. 3).

– Dass. Neu hrsg. von Theodor Valentiner. 11., mit der 10. gleichlautende Aufl. Leipzig 1919.

– Kritik der Urteilskraft. Hrsg. von Otto Buek. In: Werke. 5. Bd. Berlin 1914. S. 233-568.

– Nachricht von der Einrichtung seiner Vorlesungen in dem Winterhalbjahre von 1765-1766. In: Werke. 2. Bd.: Vorkritische Schriften. Hrsg. von Artur Buchenau. Berlin 1912. S. 317-328.
– Prolegomena zu einer jeden künftigen Metaphysik die als Wissenschaft wird auftreten können. In: Werke. 4. Bd.: Schriften von 1783-1788. Hrsg. von Artur Buchenau und Ernst Cassirer. Berlin 1913. S. 1-139.
– Von einem neuerdings erhobenen vornehmen Ton in der Philosophie. In: Werke. 6. Bd.: Schriften von 1790-1796. Hrsg. von A. Buchenau, E. Cassirer, B. Kellermann. Berlin 1914. S. 475-496.

Kapp, Ernst: Grundlinien einer Philosophie der Technik. Zur Entstehungsgeschichte der Cultur aus neuen Gesichtspunkten. Braunschweig 1877.

Kierkegaard, Sören: ◇ Der Begriff der Angst. Übersetzt von Christoph Schrempf. 3.-4. Tsd. Jena 1923 (= Ders.: Gesammelte Werke. 5. Bd.).

Klages, Ludwig: Bewußtsein und Leben. In: Ders.: Mensch und Erde. München 1920. S. 47-66.
– Einführendes Vorwort des Herausgebers. In: C. G. Carus: Psyche. Ausgewählt und eingeleitet von Ludwig Klages. Jena 1926. S. I-XX.
– Mensch und Erde. Fünf Abhandlungen. München 1920.
– Vom kosmogonischen Eros. München 1922.

Kleist, Heinrich von: Über das Marionettentheater. In: H. von Kleists Werke. Im Verein mit Georg Minde-Pouet und Reinhold Steig hrsg. von Erich Schmidt. Kritisch durchges. und erläuterte Gesamtausg. 4. Bd.: Kleinere Gedichte. Hrsg. von E. Schmidt. Kleinere Schriften. Hrsg. von R. Steig. Leipzig/Wien o.J. (= 1905). S. 133-141.

Köhler, Wolfgang: Zur Psychologie des Schimpansen. In: Psychologische Forschung 1. 1921. S. 2-46.

König, Josef: Der Begriff der Intuition. Halle/Saale 1926.

Külpe, Oswald: Grundriss der Psychologie. Auf experimenteller Grundlage dargestellt. Leipzig 1893.

Lange, Carl Georg/William James: The Emotions. Baltimore 1922.

Lange, Friedrich Albert: Geschichte des Materialismus und Kritik seiner Bedeutung in der Gegenwart. 2 Bde. 2., verb. und verm. Aufl. Iserlohn 1873-1875.

Leander, Folke: ◇ The Philosophy of John Dewey. In: Göteborgs Kungl. Vetenskaps- och Vitterhets-Samhälles Handlingar. Femte följden, Ser. A. Bd. 7. Nr. 2. 1939. S. 1-154.

Leese, Kurt: Von Jakob Böhme zu Schelling. Zur Metaphysik des Gottesproblems. Erfurt 1927 (= Weisheit und Tat 10).

Leibniz, Gottfried Wilhelm
– ◇ Die philosophischen Schriften von G. W. Leibniz. Hrsg. von C. J. Gerhardt. 7 Bde. Berlin 1875-90 (= Philosophische Schriften).
– ◇ Hauptschriften zur Grundlegung der Philosophie. 2 Bde. Übersetzt von Artur Buchenau. Durchges. und mit Einleitungen und Erläuterungen hrsg. von Ernst Cassirer. Leipzig 1904-1906 (= Hauptschr.).
– [Characteristica universalis] Scientia Generalis. Characteristica. XI.: Oh-

ne Überschrift, die Characteristica Universalis betreffend. In: Philosophische Schriften. 7. Bd. Berlin 1890. S. 184-189.
– Die philosophischen Schriften. s.o.
– [Discours de métaphysique] Philosophische Abhandlungen 1684-1703. II.: Ohne Ueberschrift, enthaltend Discours de metaphysique. In: Philosophische Schriften. 4. Bd. Berlin 1880. S. 427-463. – Deutsch zitiert nach: Ders.: Hauptschr. Bd. 2. S. 135-188.
– Hauptschriften s.o.
– ◇Juris et aequi elementa. In: Mollat (Hrsg.): Mittheilungen aus Leibnizens ungedruckten Schriften. Leipzig 1893. S. 19-34. – Deutsch zitiert nach: Ders.: Hauptschr. Bd. 2. S. 504-506.
– Leibniz an Bayle. (Undatierter) Brief Nr. 10. In: Philosophische Schriften. 3. Bd. Berlin 1887. S. 65-72.
– Leibniz an Remond. Brief von Juli 1714. Beilage. In: Philosophische Schriften. 3. Bd. Berlin 1887. S. 621-624. – Deutsch zitiert nach: Ders.: Hauptschr. Bd. 2. S. 467-471.
– Leibniz an de Volder. Brief Nr. 29 vom 21. Januar 1704. In: Philosophische Schriften. 2. Bd. Berlin 1879. S. 261-265. – Deutsch zitiert nach: Ders.: Hauptschr. Bd. 2. S. 334-341.
– Méditation sur la notion commune de la justice. In: Mollat (Hrsg.): Mittheilungen aus Leibnizens ungedruckten Schriften. Leipzig 1893. S. 41-70. – Deutsch zitiert nach: Ders.: Hauptschr. Bd. 2. S. 506-516.
– Meditationes de Cognitione, Veritate et Ideis. In: Philosophische Schriften. 4. Bd. Berlin 1880. S. 422-426. – Deutsch zitiert nach: Ders.: Hauptschr. Bd. 1. S. 22-29.
– Mittheilungen s. Mollat
– [Monadologie] Philosophische Abhandlungen 1703-1716. Nr. IX.: Ohne Überschrift, enthaltend die sogenannte Monadologie. In: Philosophische Schriften. 6. Bd. Berlin 1885. S. 607-623. – Deutsch zitiert nach: Ders.: Hauptschr. Bd. 2. S. 435-456.
– Nouveaux essais sur l'entendement par l'auteur du systeme de l'harmonie preestablie. In: Philosophische Schriften. 5. Bd. Berlin 1882. S. 39-509. – Deutsch zitiert nach: Ders.: Neue Abhandlungen über den menschlichen Verstand. Übersetzt, eingel. und erläut. von Ernst Cassirer. Leipzig 1915.
– Streitschriften zwischen Leibniz und Clarke 1715. 1716. In: Philosophische Schriften. 7. Bd. 1890. S. 345-440. – Deutsch zitiert nach: Ders.: Hauptschr. Bd. 1. S. 120-241.
Lévy-Bruhl, Lucien: Das Denken der Naturvölker. Aus dem Französischen übersetzt von Paul Friedländer. Hrsg. und eingeleitet von Wilhelm Jerusalem. 2. Aufl. Wien/Leipzig 1926.
– Les fonctions mentales dans les sociétés inférieures. Paris 1910.
Liebert, Arthur: ◇Das Problem der Geltung. Berlin 1914 (= Kantstudien. Ergänzungshefte 32).
Lindau, Hans (Hrsg.): Die Schriften zu J. G. Fichte's Atheismus-Streit. München 1912.
Lipps, Theodor: ◇Vom Fühlen, Wollen und Denken. Eine psychologische

Skizze. Leipzig 1902 (= Schriften der Gesellschaft für psychologische Forschung 13 und 14).
Litt, Theodor: Einleitung in die Philosophie. Leipzig/Berlin 1933.
– ◇ Individuum und Gemeinschaft. Grundlegung der Kulturphilosophie. 2., völlig neu bearb. Aufl. Leipzig/Berlin 1924.
– Dass. 3., abermals durchgearb. und erw. Aufl. Leipzig/Berlin 1926.
Lotze, Hermann: ◇ Logik. Drei Bücher vom Denken vom Untersuchen und vom Erkennen. 2. Aufl. Leipzig 1880 (= Ders.: System der Philosophie. 1. Teil).
Lumholtz, Carl: Symbolism of the Huichol Indians. In: Memoirs of the American Museum of Natural History. Bd. 3. Teil 1. Anthropology 2. May 1900. S. 1-228.
Luther, Martin: Sieben Predigten D. Martini Luthers ... zu Wittenberg (1522). In: Ders.: Werke. Kritische Gesamtausg. Bd. 10. Abt. 3. Weimar 1905. S. 1-64.
Mach, Ernst: ◇ Die Analyse der Empfindungen und das Verhältniss des Physischen zum Psychischen. 2., verm. Aufl. der Beiträge zur Analyse der Empfindungen. Jena 1900.
Maier, Heinrich: Sokrates. Sein Werk und seine geschichtliche Stellung. Tübingen 1913.
Mannhardt, Wilhelm: Wald- und Feldkulte. 2 Bde. Berlin 1875-1877.
Marx, Karl: Zur Kritik der Politischen Ökonomie. Hrsg. von Karl Kautsky. 2., verm. Neuausg. Stuttgart 1907.
Meister Eckhart: Predigten. Zitiert nach: Meister Eckhart. Hrsg. von Franz Pfeiffer. 1. (Einzige) Abteilung: Predigten, Traktate. Neudruck der Ausg. Leipzig 1857. Neudruck: Aalen 1962 (= Deutsche Mystiker des vierzehnten Jahrhunderts. Hrsg. von Franz Pfeiffer. Bd. 2).
Messer, August: Empfindung und Denken. 2., verb. Aufl. Leipzig 1924.
Mollat, Georg (Hrsg.): ◇ Mittheilungen aus Leibnizens ungedruckten Schriften. Leipzig 1893.
Mörike, Eduard: ◇ Auf eine Lampe. In: Ders.: Gedichte. 9., mit einem Nachtrag vermehrte Aufl. Stuttgart 1890. S. 113.
Münsterberg, Hugo: Psychology and the Teacher. New York 1909.
– Die Willenshandlung. Ein Beitrag zur Physiologischen Psychologie. Freiburg i.Br. 1888.
– ◇ Philosophie der Werte. Grundzüge einer Weltanschauung. Leipzig 1908.
Natorp, Paul: ◇ Allgemeine Psychologie nach kritischer Methode. Buch 1: Objekt und Methode der Psychologie. Tübingen 1912.
– Einleitung in die Psychologie nach kritischer Methode. Freiburg i.Br. 1888.
– Philosophische Propädeutik. (Allgemeine Einleitung in die Philosophie und Anfangsgründe der Logik, Ethik und Psychologie) In Leitsätzen zu akademischen Vorlesungen. 3., verb. Aufl. Marburg 1909.
– ◇ Platos Ideenlehre. Eine Einführung in den Idealismus. Leipzig 1903.
Nelson, Leonard: Die Unmöglichkeit der Erkenntnistheorie. Vortrag gehalten am 11. April 1911 auf dem 4. internationalen Kongreß für Philosophie in Bologna. In: Abhandlungen der Fries'schen Schule. Neue Folge. Hrsg. von Gerhard Hessenberg und Leonard Nelson. 3. Bd. Göttingen 1912. S. 583-617.

Nietzsche, Friedrich: ◇ Der Wille zur Macht. Versuch einer Umwerthung aller Werthe. (Studien und Fragmente.). Leipzig 1901 (= Nietzsches Werke. 2. Abt. Bd. XV. = Siebenter Band der zweiten Abtheilung).

– ◇ Jenseits von Gut und Böse. In: Ders.: Jenseits von Gut und Böse. Zur Genealogie der Moral. 6. Aufl. des Jenseits von Gut und Böse. 5. Aufl. der Genealogie der Moral. Leipzig 1896 (= Nietzsches Werke. 1. Abt. Bd. VII).

Nicolaus Cusanus s. Cusanus

Noiré, Ludwig: ◇ Das Werkzeug und seine Bedeutung für die Entwickelungsgeschichte der Menschheit. Mainz 1880.

Ortega y Gasset, José: ◇ History as a System. In: Philosophy and History. Essays presented to Ernst Cassirer. Ed. by Raymond Klibansky and H. J. Paton. Oxford 1936. S. 283-322.

Otto, Rudolf: Das Heilige. Über das Irrationale in der Idee des Göttlichen und sein Verhältnis zum Rationalen. Breslau 1917.

Pappi Alexandrini collectionis quae supersunt, e libris manu scriptis edidit, latina interpretatione et commentariis instruxit Fridericus Hultsch. Voluminis III Tomus I. Berlin 1878.

Parmenides s. Diels

Pascal, Blaise: Pensées. Publiées ... par Léon Brunschvicg. In: Oeuvres. Bd. 13. Paris 1904.

Platon

– ◇ Platonis Opera Omnia. Recensuit et commentariis instruxit Godofredus Stallbaum (= Opera).

– [Deutsch zitiert nach:] ◇ Platons Werke von F. Schleiermacher. 2. bzw. 3. Aufl. Berlin 1855-1862 (= Werke).

– Apologia Socratis. In: Opera. Bd. I. Abt. I. Editio auctior et emendatior. Gotha/Erfurt 1833. – Deutsch zitiert nach: Ders.: Des Sokrates Vertheidigung. In: Werke. Teil 1. Bd. 2. 3. Aufl. Berlin 1855.

– Euthyphron. In: Opera. Bd. VI. Abt. II. Gotha/Erfurt 1836.

– Cratylus. In: Opera. Bd. V. Abt. II. Gotha/Erfurt 1835. – Deutsch zitiert nach: Ders.: Kratylos. In: Werke. Teil 2. Bd. 2. 3. Aufl. Berlin 1857.

– Laches. In: Opera. Bd. V. Abt. I. Gotha/Erfurt 1834.

– Meno. In: Opera. Bd. VI. Abt. II. Gotha/Erfurt 1836.

– Phaedo. In: Opera. Bd. I. Abt. II. Editio auctior et emendatior. Gotha/Erfurt 1834. – Deutsch zitiert nach: Ders.: Phaidon. In: Werke. Teil 2. Bd. 3. 3. Aufl. Berlin 1861.

– Phaedrus. In: Opera. Bd. IV. Abt. I. Editio Secunda multo auctior et emendatior. Gotha/Erfurt 1857. – Deutsch zitiert nach: Ders.: Phaidros. In: Werke. Teil 1. Bd. 1. 3. Aufl. Berlin 1855.

– Philebus. In: Opera. Bd. IX. Abt. II. Gotha 1842.

– De Republica. Libr. I-V. In: Opera. Bd. III. Abt. I. Editio nova plurimum aucta et emendata. Gotha/Erfurt 1858.

– De Republica. Libr. VI-X. In: Opera. Bd. III. Abt. II. Editio Secunda plurimis locis aucta et emendata. Gotha/Erfurt 1859. – Deutsch zitiert nach: Ders.: Der Staat. In: Werke. Teil 3. Bd. 1. 2. Aufl. Berlin 1862.

– Theaetetus. In: Opera. Bd. VIII. Abt. I. Gotha/Erfurt 1839.

Pleßner, Helmuth: Die Stufen des Organischen und der Mensch. Einleitung in die philosophische Anthropologie. Berlin/Leipzig 1928.

Prinzhorn, Hans (Hrsg.): Die Wissenschaft am Scheidewege von Leben und Geist. Festschrift Ludwig Klages zum 60. Geburtstag. 10. Dezember 1932. Leipzig 1932.

– Die Begründung einer reinen Charakterologie durch Ludwig Klages. In: Ders.: Um die Persönlichkeit. Gesammelte Abhandlungen und Vorträge zur Charakterologie und Psychopathologie. 1. Bd. Heidelberg 1927. S. 83-113.

Protagoras s. Diels

Rádl, Emanuel: Untersuchungen über den Phototropismus der Tiere. Leipzig 1903.

Reid, Thomas: An Inquiry into the Human Mind, on the Principles of Common Sense. The Second edition corrected. Edinburgh 1765.

Richter, Raoul: Der Skeptizismus in der Philosophie. 2 Bde. Leipzig 1904-1908.

Rickert, Heinrich: ◊ Die Logik des Prädikats und das Problem der Ontologie. In: Sitzungsberichte der Heidelberger Akademie der Wissenschaften. Philosophisch-historische Klasse Jg. 1930/31. 1. Abhandlung. Heidelberg 1930.

– Die Philosophie des Lebens. Darstellung und Kritik der philosophischen Modeströmungen unserer Zeit. Tübingen 1920.

Russell, Bertrand: The Analysis of Mind. London/New York 1921.

Scheler, Max: Die Sonderstellung des Menschen. In: Keyserling, Hermann (Hrsg.): Mensch und Erde. Darmstadt 1927 (= Der Leuchter 8). S. 161-254.

– Mensch und Geschichte. In: Ders.: Philosophische Weltanschauung. Bonn 1929. S. 15-46.

– Wesen und Formen der Sympathie. Der "Phänomenologie der Sympathiegefühle". 2., vermehrte und durchges. Aufl. Bonn 1923 (= Ders.: Die Sinngesetze des emotionalen Lebens. 1. Bd.).

Schelling, Friedrich Wilhelm Joseph von: ◊ Bruno oder über das göttliche und natürliche Princip der Dinge. Ein Gespräch. In: Ders.: Sämmtliche Werke. 1. Abt. 4. Bd. Stuttgart/Augsburg 1859. S. 213-332.

– ◊ Einleitung in die Philosophie der Mythologie. In: Ders.: Sämmtliche Werke. 2. Abt., 1. Bd. Stuttgart/Augsburg 1856.

– ◊ System des transscendentalen Idealismus. In: Ders.: Sämmtliche Werke. 1. Abt. 3. Bd. Stuttgart/Augsburg 1858. S. 327-634.

– ◊ Vom Ich als Princip der Philosophie oder über das Unbedingte im menschlichen Wissen. In: Ders.: Sämmtliche Werke. 1. Abt. 1. Bd. Stuttgart/Augsburg 1856. S. 149-244.

Schiller, Friedrich

– ◊ Schillers Sämtliche Werke. Säkular-Ausgabe in 16 Bänden. In Verbindung mit Richard Fester, Gustav Kettner, Albert Köster, Jakob Minor, Julius Petersen, Erich Schmidt, Oskar Walzel, Richard Weißenfels hrsg. von Eduard von der Hellen (= Sämtliche Werke).

– Das Glück. In: Sämtliche Werke. 1. Bd.: Gedichte I. Mit Einleitung und Anmerkungen von Eduard von der Hellen. Stuttgart/Berlin o.J. (= 1904). S. 121-124.

– Das Ideal und das Leben. In: Sämtliche Werke. 1. Bd.: Gedichte I. Mit Einleitung und Anmerkungen von Eduard von der Hellen. Stuttgart/Berlin o.J. (= 1904). S. 191-196.

– Das verschleierte Bild zu Sais. In: Sämtliche Werke. 1. Bd.: Gedichte I. Mit Einleitung und Anmerkungen von Eduard von der Hellen. Stuttgart/Berlin o.J. (= 1904). S. 207-210.

– Die Künstler. In: Sämtliche Werke. 1. Bd.: Gedichte I. Mit Einleitung und Anmerkungen von Eduard von der Hellen. Stuttgart/Berlin o.J. (= 1904). S. 176-191.

– Dilettant. Spruch Nr. 48. [Votivtafeln]. In: Sämtliche Werke. 1. Bd.: Gedichte I. Mit Einleitung und Anmerkungen von Eduard von der Hellen. Stuttgart/Berlin o.J. (= 1904). S. 150.

– Sprache. Spruch Nr. 41. [Votivtafeln]. In: Sämtliche Werke. 1. Bd.: Gedichte I. Mit Einleitung und Anmerkungen von Eduard von der Hellen. Stuttgart/Berlin o.J. (= 1904). S. 149.

– Ueber die ästhetische Erziehung des Menschen in einer Reihe von Briefen. In: Sämtliche Werke. 12. Bd.: Philosophische Schriften. Mit Einleitung und Anmerkungen von Oskar Walzel. 2. Teil. Stuttgart/Berlin o.J.

Schlegel, Friedrich: Lucinde. Ein Roman. Erster Theil. Berlin 1799.

Schlick, Moritz: Erleben, Erkennen, Metaphysik. In: Kant-Studien 31. 1926. S. 146-158.

– Vom Sinn des Lebens. In: Symposion 1. 1927. S. 331-354.

Schopenhauer, Arthur: Die Welt als Wille und Vorstellung. 3., verb. und beträchtlich verm. Aufl. Erster Band: Vier Bücher, nebst einem Anhange, der die Kritik der Kantischen Philosophie enthält. Leipzig 1859.

Schrödinger, Erwin: Quelques remarques au sujet des bases de la connaissance scientifique. In: Scientia. Rivista internazionale di sintesi scientifica 57. 1935. S. 181-191.

Sextus Empiricus: Pyrrhoneion hypothyposeon. In: Sexti Empirici opera. Recensuit Hermannus Mutschmann. Bd. 1. Leipzig 1912.

Simmel, Georg: Der Begriff und die Tragödie der Kultur. In: Ders.: Philosophische Kultur. Gesammelte Essais. 3. Aufl. Potsdam 1923. S. 236-267.

– Der Konflikt der modernen Kultur. München/Leipzig 1918.

– Die Probleme der Geschichtsphilosophie. Eine erkenntnistheoretische Studie. 5. Aufl. München/Leipzig 1923.

– ◇Hauptprobleme der Philosophie. Leipzig 1910.

– Lebensanschauung. Vier metaphysische Kapitel. München/Leipzig 1918.

– Vom Wesen der Kultur. In: Österreichische Rundschau 15. Heft 1. 1908. S. 36-42.

Spann, Othmar: Der wahre Staat. Abbruch und Neubau der Gesellschaft. Jena 1921.

Spencer, Baldwin/F. J. Gillen: The Native Tribes of Central Australia. London/New York 1899.

– The Northern Tribes of Central Australia. London/New York 1904.

Spengler, Oswald: Der Untergang des Abendlandes. Umrisse einer Morphologie der Weltgeschichte. 1. Bd.: Gestalt und Wirklichkeit. Wien/Leipzig 1918.

– Dass. 33. bis 47. völlig umgestaltete Aufl. München 1923.
Spinoza, Benedictus de
– ◇ Opera quotquot reperta sunt. Recognoverunt J. van Vloten et J. P. N. Land. Editio Tertia. 4 Bde. Den Haag 1914 (= Opera).
– Epistola L. (Jarigh Jelles). In: Opera. Bd. 3. S. 172-174.
– Ethica ordine geometrico demonstrata. In: Opera. Bd. 1. S. 35-273. – Deutsch zitiert nach: Ders.: Ethik. Übersetzt und mit einer Einleitung und einem Register versehen von Otto Baensch. Leipzig 1905.
– Tractatus politicus. In: Opera. Bd. 2. S. 1-82. – Deutsch zitiert nach: Ders.: Abhandlung über die Verbesserung des Verstandes. Abhandlung vom Staate. In 3. Aufl. neu übertragen und eingeleitet, sowie mit Anmerkungen und Register versehen von Carl Gebhardt. Leipzig 1907.
Spranger, Eduard: Wilhelm Dilthey. Eine Gedächtnisrede gehalten in der Societas Joachimica zu Berlin. Leipzig 1912.
– Zur Theorie des Verstehens und zur geisteswissenschaftlichen Psychologie. In: Festschrift Johannes Volkelt zum 70. Geburtstag. Dargebracht von Paul Barth u.a. München 1918. S. 357-403.
Tetens, Johann Nicolaus: Philosophische Versuche über die menschliche Natur und ihre Entwicklung. 1. Bd. Leipzig 1777.
The Satapatha-Brâhma*n*a. According to the Text of the Mâdhyandina School. Translated by Julius Eggeling. Part 5. Books 11-14. Oxford 1900 (= The Sacred Books of the East. Translated by various Oriental Scholars and edited by F. Max Müller. Bd. 44).
Uexküll, Jakob von: Theoretische Biologie. 2., gänzlich neu bearb. Aufl. Berlin 1928.
– ◇ Umwelt und Innenwelt der Tiere. 2., verm. und verbesserte Aufl. Berlin 1921.
Usener, Hermann: Götternamen. Versuch einer Lehre von der religiösen Begriffsbildung. Bonn 1896. – Zitiert nach: Ders.: Dass. 2., unveränderte Aufl. mit einem Geleitwort von Eduard Norden. Ebd. 1929.
Vignoli, Tito: Mito e scienza. Saggio. Milano 1879. – Deutsch zitiert nach: Ders.: Mythus und Wissenschaft. Eine Studie. Leipzig 1880.
Volkelt, Hans: Über die Vorstellungen der Tiere. Ein Beitrag zur Entwicklungspsychologie. Leipzig/Berlin 1914.
Wach, Joachim: Das Verstehen. Grundzüge einer Geschichte der hermeneutischen Theorie im 19. Jahrhundert. 3 Bde. Tübingen 1926-1933.
Warburg, Aby Moritz: ◇ Die Erneuerung der Heidnischen Antike. Kulturwissenschaftliche Beiträge zur Geschichte der europäischen Renaissance. Mit einem Anhang unveröffentlichter Zusätze. 2 Bde. Leipzig/Berlin 1932 (= Ders.: Gesammelte Schriften. Hrsg. von der Bibliothek Warburg. Unter Mitarbeit von Fritz Rougemont hrsg. von Gertrud Bing).
Werner, Heinz: ◇ Einführung in die Entwicklungspsychologie. Leipzig 1926.
Weyl, Hermann: ◇ Raum – Zeit – Materie. Vorlesungen über allgemeine Relativitätstheorie. 4., erw. Aufl. Berlin 1921.
Wolfram von Eschenbach: Parzival. Zitiert nach: Wolfram von Eschenbach. Hrsg. von Karl Lachmann. 6. Ausg. Berlin/Leipzig 1926. S. 11-388. – In

moderner Übertragung zitiert nach: Ders.: ◇ Dass. in neuer Übertragung von Gotthold Bötticher. Berlin 1855.

Wundt, Wilhelm: ◇ Völkerpsychologie. Eine Untersuchung der Entwicklungsgesetze von Sprache, Mythus und Sitte. 1. Bd.: Die Sprache. 1. Teil. 2., umgearb. Aufl. Leipzig 1904.

PERSONENREGISTER

Das Register berücksichtigt alle ausdrücklichen Erwähnungen von Personen durch Cassirer. Formen wie Averroismus, Cartesisch usw. sind unter den jeweiligen Namen mitvermerkt. Die auf eine Seitenangabe folgende tiefgestellte Ziffer bezeichnet die Nummer der Anmerkung des Herausgebers, die biographische Einträge zur Person enthält. Nicht berücksichtigt sind Hrsg. und Übersetzer sowie Namen, die nur in den Titeln der zitierten Literatur enthalten sind.